应用型高等院校会计系列教材

财务管理

（第二版）

郭勇峰　编　著

南开大学出版社
天　津

图书在版编目(CIP)数据

财务管理 / 郭勇峰编著. —2 版. —天津：南开大学出版社，2020.9
应用型高等院校会计系列教材
ISBN 978-7-310-05936-2

Ⅰ. ①财… Ⅱ. ①郭… Ⅲ. ①财务管理－高等学校－教材 Ⅳ. ①F275

中国版本图书馆 CIP 数据核字(2020)第 107152 号

财务管理(第 2 版)
CAIWU GUANLI (DI-ER BAN)

南开大学出版社出版发行
出版人:陈　敬
地址:天津市南开区卫津路 94 号　　邮政编码:300071
营销部电话:(022)23508339　营销部传真:(022)23508542
http://www.nkup.com.cn

三河市天润建兴印务有限公司印刷　全国各地新华书店经销
2020 年 9 月第 2 版　　2020 年 9 月第 1 次印刷
230×170 毫米　16 开本　39.25 印张　1 插页　679 千字
定价:78.00 元

如遇图书印装质量问题,请与本社营销部联系调换,电话:(022)23508339

内容提要

财务管理是工商管理类专业的必修课程，更是财务管理、会计专业的核心主干课程。本书采用理论、案例与大量练习相结合的编著方式，将财务管理的基本概念、基本理论、基本方法和实务操作介绍给读者。本书内在逻辑严谨，内容深入浅出，并紧扣当前时代背景和中国企业实际情况，是一本“走心”的教材。在总论之后，本书先讲解财务管理实务的四大基础：时间价值、风险价值、财务报表分析和证券估价，然后按照筹资、投资、营运资本管理、利润分配、并购与重组的顺序展开内容，由此构筑了财务管理课程的完整体系。

第二版前言

时光荏苒，拙作初版已经面世五年有余。这五年多来，我国的经济环境发生了不小的变化，相关的法律、法规已进行了修订，企业的财务管理活动出现了新变化，我自己在理论学习和教学经验方面也得到了进一步积累。这本我颇为“敝帚自珍”的教材也需要与时俱进，为此，我着力对本书进行内容的丰富与更新，完成了第二版的编著。

第二版在保持了初版的基本体系和体例的基础上，根据企业理财环境的变化和实践的发展，充分吸纳了初版读者们的意见和建议，对内容进行了多方面的修订和充实。本次修订的主要思路是：①让全书逻辑更清晰，体系更完整，语言更准确，分析更透彻；②让内容更符合我国新时期的法律、法规、政策和制度，让读者在读懂弄通后，能更好地服务中国企业；③让案例更具代表性，更贴合理论经验，更具时效性和可读性。与初版相比，本版主要做了以下修订：

（1）对初版的案例尽可能做了更新，力求案例更具时效性，与上下文内容更加贴合。

（2）根据新法律、法规、政策和制度补充更新相关内容。

（3）各章增加了一些脚注，让读者理解问题更加深入。

（4）对一些重要的概念和论断增加了着重号，以便读者能够重点掌握这些知识。

（5）对各章的思考题和练习题做了适当充实。

（6）第一章补充了“特殊普通合伙企业”的有关内容。

（7）第四章、第五章根据最新会计准则，更新了财务报表的项目。

（8）第四章补充了“改进的沃尔评分法”的内容。

（9）第六章增加了第四节“期权估价”。

（10）第七章增加了科创板和注册制的相关内容，并根据最新的《公司法》《证券法》以及其他法律、法规改写了部分内容。

（11）第八章增加了“筹资突破点对投资项目选择的影响”的内容。

（12）第十章增补了“短期融资券”和“应收票据贴现”的内容。

（13）第十一章增补了“获利指数法”的内容。

（14）第十二章补充了“具备时机或后续选择性的项目投资决策”“概率法”

“敏感性分析”“决策树模型”等相关内容和方法。

（15）第十三章增加了“考虑缺货成本的安全库存量”和“存货的 ABC 分类管理”等内容。

（16）第十四章根据最新《公司法》和《证券法》改写了股票回购的部分内容。

（17）增加了第十五章“企业并购与重组”。

本书第二版保留了初版的诸多特色，特别是以下两个方面还需要重点强调一下：一是本书立足中国本土的财务管理实践活动，在实务中出现与以美国为代表西方国家存在差异时，主要以中国本土情况为准，必要时进行对比分析；二是本书特别注重课堂和课后练习，希望读者能够在练习中掌握知识、运用知识，提高财务管理的综合技能。

本书第二版仍由本人独自修订完成，作为作者，本人对书中内容负责并再次申明：本书中很多案例的数据和信息来自真实上市公司的公告或网上公开信息，书中仅作为示例之用，并非代表作者对其包含任何正面或负面判断，也不代表作者的任何投资建议。

在本书编写过程中，引用、借鉴、参考了许多著作、教材和其他有关资料的研究成果，大多数已经在参考文献中列出，在此对文献作者的努力表示由衷感谢，如有未尽之处，敬请见谅！此外，还要感谢南开大学出版社的审校和编辑，特别是王乃合主任的帮助和支持！

本书已经再版，按道理说错误应该绝缘，但作者虽极尽努力却囿于水平所限，书中仍可能存在一些疏漏和不足，恳请各位专家和读者批评指正（本人邮箱 eddieguoyf@126.com），即便是一字之师，本人也不胜感激。

郭勇峰

2019 年 11 月

第一版前言

财务管理涉及企业的筹资、投资、营运资本管理及利润分配等活动，它以企业的资金运动为研究对象。每一个企业管理人员都应该了解基本的财务知识，而作为企业财务管理从业人员则更应该熟练掌握财务计划、财务决策和财务控制的专业知识。本人从事财务管理的教学和科研工作已近十年，使用和接触过多种财务管理教材，其中不乏流传较广的版本。在阅读和使用过程中，总觉得或多或少存在某些方面不是那么“顺心顺手”，因此早有自己编写一本财务管理教材的愿望。适逢此次系列教材出版计划，使我得以达成夙愿。书稿完成后，虽深感功力尚浅，但还算基本满意。也许是“敝帚自珍”的缘故吧，我觉得它至少是一本博采众家之长、“走心”的财务管理教材。本教材具有以下特色：

第一，本教材系统性强，内在逻辑严谨。在总论之后，本教材先讲解财务管理实务的四大基础：时间价值、风险价值、财务报表分析和证券估价；然后按照筹资、投资、营运资本管理和利润分配的顺序展开内容。这些内容前后安排逻辑连贯，环环相扣，构筑了基础财务管理课程的完整体系。

第二，本教材内容深入浅出，适合多层次的读者学习、使用。首先，本教材虽然包含理论和公式推导，但文字解释清楚明白，并配合大量图形说明，初学者大可跳过相对复杂的理论和公式推导，并不影响对知识体系的整体学习。其次，本教材包含大量例题，基本做到每个知识点都有例题，特别适合读者自学；当然，若加上教师讲授，效果自然事半功倍。最后，本教材涵盖的财务管理理论、综合计算和案例，拓展了教材知识体系的深度和广度，同样适合有一定基础知识的相关专业研究生以及财务管理从业人员阅读、研究之用。

第三，本教材强调理论与实践相结合，并注意引入新内容和新应用。在讲解传统财务管理理论知识的基础上，本教材引入大量案例，做到每章至少4～5个案例。案例小而精，紧扣所学知识，克服了传统财务管理案例教学中过分强调综合性，从而造成初学者无从下手的弊端。此外，本教材特别关注财务管理相关领域的新趋势，例如互联网理财产品、新三板市场、《公司法》的修订、《优先股试点管理办法》的出台等都在本教材中有所体现。

第四，本教材注意西方财务管理理论在中国本土应用中所体现出的特殊性。财务管理理论具备通用性，但也会表现出一些国别差异。对中国来说，很多情况下的单利计息方式，《公司法》《证券法》及其他相关法律、法规所体现出的在企业制度、公司治理结构、债券发行、股票发行、股票上市、利润分配等方面都与以美国为代表的西方国家存在差异。本教材特别注意到这些差异，在讲解这些问题及引入相应案例时，主要以中国本土情况为准，必要时进行对比分析。

第五，本教材注重课堂、课后练习。对一门学问来说，听得懂、读得懂也许并不难，但要真正掌握则离不开大量练习。借鉴国外类似教材的先进经验，本教材特别注重课堂、课后练习，并希望求知欲强的读者在大量练习中掌握相应知识。每一节之后的课堂练习形式多种多样，目的是让学生利用“碎片化”的时间掌握所学。每一章之后除了思考题之外，还包括单项选择、多项选择、判断和计算综合题，其中，客观题的目的是让学生掌握基本概念、基本知识、基本方法和基本计算，而计算综合题则需要学生综合利用所学知识，解决问题。

本书由郭勇峰副教授编著。作为作者，有一点需要申明：本书中很多案例的数据和信息来自真实上市公司的公告，书中仅作为示例之用，并非代表作者对其包含任何正面或负面判断，也不代表作者的任何投资建议。

在本书编著过程中，借鉴参考了许多著作、教材和其他研究资料的研究成果，在此一并表示由衷感谢。此外，还要感谢王昭凤副教授作为本书主审，对全书大纲和书稿进行了审阅；感谢丛书主编崔彤教授、韩传模教授对系列教材出版的统筹安排；感谢王小娟讲师、左杰讲师对书稿文字和内容的初步校订；感谢南开大学出版社王乃合主任的帮助和支持！

由于作者“其心有余而能力不足”，书中难免存在疏漏和不足，敬请各位专家和读者不吝赐教，在此先行谢过。

郭勇峰

2014 年 5 月

目　录

第一章　财务管理总论

本章作为“财务管理”这一学科的总论，也是本书的开篇章节，主要论述企业财务管理的基本概念和基本理论。通过本章的学习，可以了解财务领域及各分支的关系、企业的基本形式以及现代企业中各利益相关者之间存在的代理问题；熟悉财务管理部门的职能、财务管理与会计的区别以及财务管理的内容；掌握财务管理的含义、财务管理的目标以及财务管理的对象。

开篇案例

给学姐的一封电子邮件

陈学姐：

您好！我是您的学弟也是您的同乡王某某，咱们是在去年的同乡聚会认识的。很冒昧给您写这封信，我知道您现在已经大四了，面临学业和找工作的双重压力，不过我确实有一些疑问需要向您咨询一下。

咱们都是学财务管理专业的，可是我现在已经大二了，还是懵懵懂懂的。大一主要学了一些基础课，专业课就只开了管理学和基础会计学，我还不知道究竟什么是财务管理呢？财务管理与会计有什么区别和联系呢？企业的财务管理要实现哪些目标呢？在企业之中财务管理很重要吗？咱们专业毕业的学生有哪些工作是专业对口的呢？希望您能回答这些问题，帮我消除这些疑惑。

谢谢！

祝您一切顺利！

学弟：王XX

20X1[①]年9月5日

---

① 注：关于本书案例或例题中涉及年份的，大多采用模糊年代，用“X”表示，如“20X1年”；若遇到连续年份跨越年代，下一个年代用“Y”表示，如“20Y2年”；以此类推。

第一节　理解财务管理

一、财务领域

财务学的英文是“finance”，指的是与货币（或资金，更通俗的说法是“钱”）打交道的艺术和科学。在西方发达国家，财务学涵盖的范围很广，这是因为在现实世界中，政府、非营利组织、企业甚至是家庭或个人的绝大多数活动都与货币相关。从这个意义上说，政府财政、营利与非营利组织的财务以及个人理财均属于“finance”的范畴。目前，国内对“finance”及其派生词的翻译并不统一，有的译作“财务”，而有的则译作“金融”。在中文语境中，“金融”的语义似乎偏向宏观，而“财务”则偏向微观，不过这并非正式的区别。本书主要采用“财务”或“财务学”来对译“finance”，在一些约定俗成的地方使用“金融”一词，但并不表示其含义与“财务”存在实质差别。因此，财务领域可以看作与资金运作相关的领域，它的范围比较宽广。一般认为，财务领域大体可以分为3个紧密联系在一起的分支领域：金融市场与金融机构、投资以及财务管理（见图1-1）。

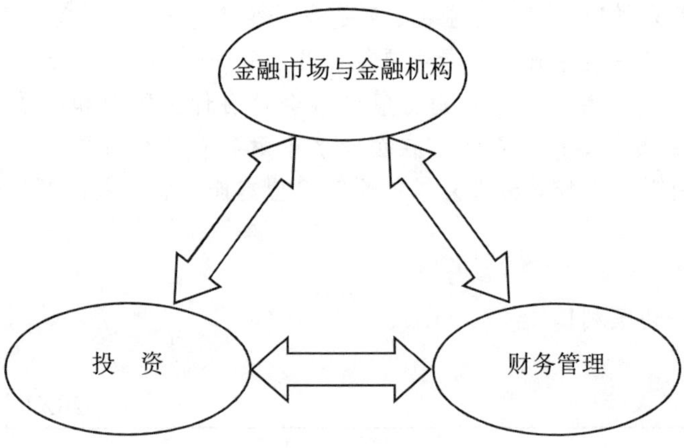

图1-1　财务领域

（一）金融市场与金融机构

金融市场与普通产品市场类似，都是交易某种资产的场所。不同的是，普通产品市场交易的是实物资产（即生产经营性资产），而金融市场交易的则是金融资产。很显然，金融资产（Financial Assets）是与实物资产（Real Assets）相对应的概念。一般而言，实物资产包括原材料、产成品、土地、厂房、机器设备、运输工具等各种有形资源以及一些无形资源；实物资产之所以具有价值，是因为它们可以构成生产要素，用来生产产品或提供服务。与此相反，金融资产并不构成生产要素，不直接对社会生产做出贡献，它们只是纸面上的记录、电子代码记录或一些法定的凭证；金融资产具有价值是因为它们能够在未来的某一时刻产生或可能产生现金流，而持有者拥有金融资产就拥有了获得这些现金流的权利或可能。所有金融资产都可以归结为代表债权的凭证（如债券）或代表所有权的凭证（如股票）以及它们的衍生品（如期权）。一般而言，能够在金融市场上公开交易的金融资产又被称作证券（Security），例如股票和交易性债券，但并非所有的金融资产都可以被叫作证券。如果忽略金融衍生品市场的话，可以根据所交易金融资产的期限差异，将金融市场分为货币市场和资本市场两类。货币市场是交易短期（期限短于 1 年）债务证券的市场，资本市场是交易长期（期限超过 1 年）债务或权益证券的市场。

与普通产品市场的交易通过各种商铺来完成类似，金融市场的具体交易则通过金融机构来完成。金融机构主要分为银行和非银行金融机构两类。银行包括中央银行、商业银行和专业银行。中央银行的职能包括货币发行、制订和实施货币政策以及一定范围的金融监管；商业银行属于以盈利为目的的公司，主要经营存贷款业务，同时提供多种金融服务；专业银行则提供特定金融服务，在中国也称为政策性银行。非银行金融机构包括保险公司、财务公司、信托公司、融资租赁公司、期货公司、投资基金、养老基金、投资银行或证券公司、证券交易所以及新生的互联网金融中介等。各种从业者通过这些金融机构进行金融资产的交易，从而产生活跃的金融市场。这样的金融市场把资金需求者与资金提供者联系在一起，也为各种金融资产的拥有者提供了把权利变现的渠道。按照证券的发行和流通的差异，金融市场又可分为一级市场（发行市场）和二级市场（流通市场）。

（二）投资

此处的投资指的是狭义的投资，不包括企业内部进行的营运资本投资（如购买原材料等）、项目投资和固定资产投资等经营性行为，主要包括个人或金融机构从事组合投资而获得回报的领域，也包括企业进行的非经营性对外投资以实现某种投资目的的行为。金融市场上的投资者（个人、机构或企业）通过金融机构对标的金融资产（如某企业发行的股票、债券及其衍生品）进行分析、评估并投入资金，选定其资产分布的组合，以期获得股利、利息或其他衍生收入，实现投资回报的行为都属于投资领域的活动。投资领域主要包括三大功能：一是交易证券，二是金融资产分析，三是为投资人确定最佳投资组合。

（三）财务管理

在经济社会中，作为营利性组织的企业是至关重要的组成部分。对企业内部资金及与资金运营相关事务的管理与控制活动就是财务管理（Financial Management），它是企业管理最重要的组成部分。广义的企业财务管理活动包括：记录有关资金的事项、与供应商及客户进行资金往来、通过负债或发行股票等方式筹措资金、购置资产、支付股利以及资金的日常管理等活动。可见，广义的财务管理是包括会计职能的，因此我们可以发现，在企业中会计部门是隶属于职权更大的财务部门的。不过，狭义的财务管理主要包括筹资决策、投资决策、经营决策、利润分配，以及长期、短期财务计划的制订、执行、评价和控制等日常管理工作。

财务领域的 3 个分支领域彼此存在分野，但并非相互割裂，而是相互联系、相互依存的。金融市场与金融机构离不开企业为了筹资而提供的交易标的（各种证券），也离不开投资者投入资金和参与交易；对企业而言，其外部筹资活动往往需要在金融市场上进行，同时又会给金融市场上的投资者提供股利（或利息）回报；投资活动又能够使企业筹资渠道更加通畅，同时促进金融市场与金融机构的繁荣与活跃，而企业本身有时也可以作为投资者而存在（即企业的外部投资活动）。如今，财务领域的这 3 个分支领域均已形成了各自的学科体系，即货币银行学（或金融市场与金融机构）、投资学和财务管理学。本书的主要内容是企业的财务学，即上述的第 3 个分支领域——财务管理学，但也不可避免地会涉及其他财务领域的部分基本知识和基本理论。

二、财务管理的含义

如前所述，财务管理是财务领域的一部分，是 3 个分支领域之一，它主要涉及企业内部的资金运动或财务活动，因此财务管理也称为“企业财务”“公司理财”或“公司金融”等。对于财务管理的含义，我们可以从两个角度理解，一是“资金运动”角度，即财务角度；二是“问题处理、协调和控制”角度，即管理角度。

（一）从资金运动角度理解财务管理

从某种意义上讲，企业就是一个资金不断循环和运动的组织，在这一持续往复的过程中，资金不断增值，就构成了企业的盈利，资金恰如企业的“血液”。例如，某制造业企业通过发行股票或债券筹集到一笔资金[①]，然后用它引进机器设备，购建厂房，招募员工，购买原材料，进行生产经营活动；当然企业在经营过程中还要支付各种成本、费用和税款，最终通过销售产品，收回资金，实现利润；进而进行利润分配，要么留下来形成留存收益，要么以股利或利息的形式发放给提供资金的投资者。如图 1-2 所示，箭头指向为资金运动的方向，我们先以外部筹资为起点，那么企业的财务管理活动囊括：企业通过金融市场从投资者那里获得资金；企业以生产经营为目的将资金投放于各种短期、长期实物资产；企业通过有效的资金运营实现利润；企业将实现的利润进行分配。其中，在利润分配的过程中，盈利资金一部分以股利或利息的形式支付给持有本公司标的金融资产的投资者；另一部分留存在企业之中并积累到企业资本中去，当然，这部分资金从箭头起点来看属于利润分配，而从箭头终点来看则是与外部筹资相并列的，即形成所谓的内部筹资。在图 1-2 中可以看出，存在两种资金循环，一是由“外部筹资——资金投放——利润实现——支付股利（利息）——外部筹资”形成的外部循环；二是由“利润留存——资金投放——利润实现——利润留存”形成的内部循环。在实际的企业中，上述两种循环是交织在一起的。

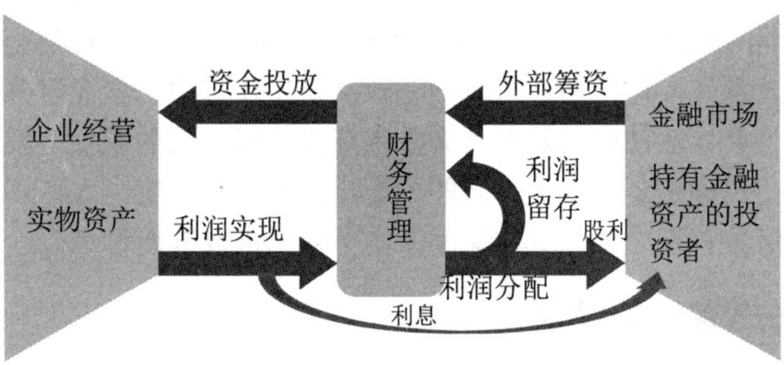

图 1-2　财务管理与资金运动

① 这里假定仅考虑外部资金，即所谓“他人的钱”（Other People's Money），对于上市公司来说，“他人的钱”主要是由股东和债权人提供的。

因此，从资金运动角度理解，财务管理是企业有效地进行资金筹集（筹资）、资金投放（投资）、资金运营实现利润（营运资本管理）和利润分配的过程。这些活动实际上构成了企业的资金循环，而财务管理则强调资金循环的效果和效率。因此，财务管理就要求通过权衡筹资手段和筹资渠道控制筹资成本，进而优化企业的财务结构和资本结构，并对投资领域和投资时机进行决策，以及通过对现金、应收账款、存货等管理加快营运资本循环速度（或缩短营业周期），制订合理有度的利润分配政策等手段，以期改善企业的财务绩效，增加企业的价值。

（二）从管理角度理解财务管理

财务管理也是一项管理活动，是对企业有关资金的事务进行管理，它强调企业财务问题的处理、协调与控制。可以说，财务管理是企业管理最重要的组成部分。一般认为，企业管理是指对企业的人、财、物进行计划、组织、领导和控制，以有效地实现组织目标的过程，其中，显然包含了“财务活动”这一对象。因此，从管理的角度看，财务管理可以理解为通过对企业内部有关资金的事务进行计划、组织、决策和控制，以有效地实现企业财务目标的过程。从这一角度看，财务管理又包括为了有效地实现企业财务目标而进行的财务计划、资本预算、财务组织、财务决策和财务控制等活动。所谓的财务目标，即本章第二节即将陈述的企业财务管理的目标。

在企业经营实践中，财务管理的上述两个角度并不截然分开，而是混合在一起，所以企业财务管理的主要活动是综合上述两个角度的。实际上，我们也可以将“财务管理”这一术语在广义上理解为在一个企业中财务副总裁或首席财务官（Chief Financial Officer, CFO）要处理的事务，或者说是企业财务部所负责的事情。当然，这样的理解会使企业会计工作也被包含在财务管理范畴之内，这是因为会计活动确实是财务副总裁或首席财务官的职权范围，而不少企业的会计部门也确实是财务部下属的。不过，从学科角度，人们还是习惯于将会计独立于财务管理之外，具体原因在本节第四部分有所讨论。

三、财务管理部门的职能

财务管理无疑是企业经营管理中一项重要的职能，在企业管理中占有举足轻重的地位。财务管理的职能活动与资金密切相关，而资金又是企业的“血液”，因此很多重大财务决策的成败会影响整个企业的经营管理、未来发展和前途命运，可以说财务管理关乎企业的生死存亡。企业的财务管理主要是通过财务管理部门来完成的，很显然财务管理部门应该是隶属于企业财务部的。从财务组织来看，在西方国家的多数大中型企业[①]中，财务部的最高主管是财务副总裁或称首席财务官（Chief Financial Officer, CFO，后文统称财务副总），它是企业总经理或首席执行官（Chief Executive Officer, CEO，后文统称总经理）任命并协助其工作的最重要的三个副总经理的之一（另外两个是生产副总和营销副总）。财务副总主持有关企业资金运作的工作，对企业总体管理有重要影响，因而在三大副总中从内部升任总经理的机会最大（相对而言）。财务副总主要负责监管两个部门：财务管理部（有一些企业简称财务部）和会计部。这两个部门的负责人即财务长（Treasurer）和会计长（Controller）。其中，财务长（中国企业一般称财务总监）负责管理现金和有价证券、信用和信贷、筹资、财务计划和资本预算、资本运作等；会计长（中国企业一般称总会计师）负责财务会计、管理会计、成本控制、内部审计、税务等。图 1-3 显示了一个典型企业中财务管理部门的位置及构成。

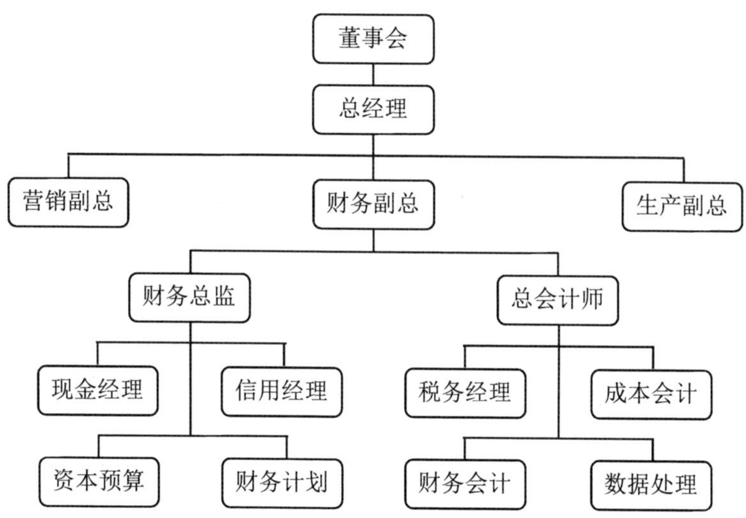

图 1-3　财务管理部门的位置及构成

具体到财务管理部门，其职能是做出有关财务管理的决策，包括重大的投资决策、筹资决策和营运资本管理等。重大的投资决策，诸如项目投资决策及资本预算、养老保险基金计划等；筹资决策，诸如资本结构政策的制订、筹资

① 目前，我国大中型企业在组织形式上也逐渐向西方国家靠拢。

渠道和方式以及筹资时机的选择、股利政策的制订[①]等；营运资本的管理，诸如现金、应收账款和存货的管理等。当然，大多数资本投资项目都与产品开发、生产甚至是市场营销密切相关，因此这些部门的负责人都要参与投资项目的分析和规划。在这一过程中，财务管理部门主要负责项目可行性分析和项目实施过程中的财务分析、本量利预测、资本预算和资金筹集等活动，因此财务管理部门的影响可谓广泛而又深远。表 1-1 列出了传统上认为财务管理部门的主要职能，表 1-2 则是某管理咨询机构曾经对美国 1000 家上市公司财务总监工作进行调查之后得出的财务总监的工作重心。

表 1-1 财务总监与总会计师的主要职责

财务总监	总会计师
● 与银行关系	● 会计
● 现金管理	● 财务报告准备
● 筹集资金	● 内部审计
● 信贷管理	● 职工薪酬支付
● 股利支付	● 凭证、账簿管理
● 资本预算	● 成本管理
● 商业信用	● 税务事项
● ……	● ……

表 1-2 典型财务总监的工作重心

重大财务活动		具体财务活动	
项目	时间比例	项目	时间比例
（1）财务计划与筹资预算	35%	（1）资产管理	58%
（2）资本预算	32%	流动资产管理	60%
（3）营运资本管理	19%	固定资产管理	40%
（4）筹集长期资金	14%	（2）负债管理	42%
		流动负债管理	60%
		非流动负债管理	40%

应该指出的是，在许多企业特别是中小企业里，财务管理职能和会计职能可能重叠在一起。所以，许多企业并不划分财务部门和会计部门，而是合为一个部门，不过其中人员的职责分工相当明确。

① 此处股利政策的制定划入筹资决策的原因在于，股利支付与利润留存是此消彼长的关系，因此股利政策也可以认为属于内部筹资决策。

四、财务管理与会计的区别

在现实中，很多人会混淆财务管理与会计，认为财务管理与会计都与企业的财务活动相关，都是企业财务部的下属职能，它们差别不大，只是从不同角度的不同说法而已。然而，财务管理与会计实际上存在显著的不同，认识到这一点对于我们正确理解财务管理的概念很重要。下面，主要从 3 个方面介绍财务管理与会计的区别。

（一）二者内涵与职能不同

企业会计是以货币为主要计量单位，运用一系列专门方法，对企业有关财务的交易或事项进行公平、无偏地确认、计量和报告的一种经济管理活动。从内涵上看，首先，会计是一个收集、处理和输送经济信息的信息系统；其次，会计是企业管理者了解有关企业财务状况的工具；最后，会计工作的目的是提供会计信息，确保信息质量，进而保证决策科学，最终提高经济效益。而财务管理，前文已经探讨过，它是对企业资金运动的管理工作，目的在于实现企业财务目标。

在早期，人们认为会计的主要职能是信息提供；不过，对于现代会计人们日益看重的是它的管理职能。虽然如此，会计的管理职能更多地体现在为企业决策者提供信息上，当然这些信息可能经过筛选和处理。会计本身很少具有决策的职能，即使考虑会计政策的选择、管理会计或税收筹划等领域，其决策职能也很有限。财务管理则不同，从前面的探讨可以看出，财务管理具有明显的决策职能，无论是投资方向、资本预算，还是资本筹集、营运资本的管理或是股利分配，无一不体现着在既定财务目标下的选择和优化，这些都需要做出决策。因此，在一家企业中，财务总监比总会计师要担当更多的决策职能，承担更大的风险。也就是说，财务总监的责任更大。

（二）二者对待现金的态度不同

对现金重视程度的差异也是会计与财务管理的差异之一。在会计系统中，现金被看作是一种流动资产，或者说是货币性最强的资产，会计重视现金，但重视的程度不如财务管理。在早期会计报告中，需要的报表仅仅包括资产负债表和利润表（损益表），并不强调现金流量表；不过会计对现金也越来越重视，如今现金流量表已经是会计报告中基本报表之一，对日常现金的记录和管理也更为严格，比如要求记日记账等。

在财务管理中，资金是企业的命脉，财务管理更为重视现金的来龙去脉。资金需求几何、如何获得、从何而来，需要筹资决策；资金向何处投放、何时投放、如何投放，需要投资决策；企业如何赚取资金、如何赚取更多资金，需要营运资本的管理；盈利资金的分配，需要内部筹资决策和股利政策。这些都是财务管理的职能活动。例如，对企业盈利来说，会计关注的是投入多少资产，产生多少利润；财务管理关注的是如何通过合理投资和营运资本的管理获得更多的净现金流。又如，固定资产折旧在会计上被看作是一种成本，而在财务管理上，固定资产折旧的回收则被看作是一种现金流入，或者说是一种内部资金来源。

（三）二者对资产价值的评估方式不同

在会计中，进行会计确认、计量和报告的基础是权责发生制，也就是说，在会计中资产价值的评估主要考虑权责发生制，资产（无论是实物资产，还是金融资产）价值主要是体现历史成本的账面价值。当然，随着会计理论的发展，为了使会计信息更加准确，对于一些价值变动幅度较大、存在活跃交易市场的资产（例如交易性金融资产、投资性房地产等），资产价值的评估可以采用公允价值。不过，无论如何，会计对于资产价值的评估主要采用历史成本或公允价值，这考虑的是资产的过去和现在。

财务管理则不然，对于一项资产，财务管理主要考虑的是它的未来，也就是说，财务管理认为一项资产的价值取决于其在未来能够给资产的拥有者或控制者带来收益的大小。实际上，资产的价值等于其在未来能够带来收益的净现金流量的折现价值（有关折现价值的讨论，见本书第二章）之和，是整个财务金融领域的基本理念之一。例如，对于一台设备的价值，在会计上可能考虑的是其账面原值是 100 万元，当前已累计计提折旧 80 万元，其账面价值是 20 万元，这是考虑过去；在会计上也可能考虑这台设备在活跃二手交易市场上当前的价值是 25 万元（可能因为抵押而需要评估），这是公允价值，考虑的是现在。在财务管理上，评估这台设备的价值则要考虑未来，若这台设备在未来不能带来任何净现金流，那么不管其账面价值几何，它都一文不值；若这台设备能够带来收益，产生现金净流量，那么它的价值等于未来所有现金净流量的折现价值之和，这一价值可能是 10 万元，也可能是 50 万元，与其账面价值无关。考虑资产的未来价值虽然在财务管理实务中并不一定被严格执行，但它却是财务管理与会计的理念差异之一。

【课堂测试 1-1】

1. 从下列资产中区分实物资产和金融资产，并说明每种资产的显著特点。

a. 送货卡车　b. 公司股票　c. 厂房　d. 土地

e. 企业债券　f. 应收票据　g. 存货　h. 电脑

2. 你认为债券为什么具有价值？你认为影响债券价值的首要因素是什么？

3. 讨论财务管理与会计的区别和联系。除了书中提到的三个区别，你还能想到其他区别吗？

4. 讨论对财务管理理解的两个角度。你认为它们是一致的吗？

第二节　财务管理的目标

由于财务管理是企业管理的一部分，所以财务管理的目标取决于企业的总目标，并且受财务管理自身特点的制约。因此，对企业的理解不同，会影响到对财务管理目标的理解。在企业理论中，人们对于企业主要存在两种理解方式：第一种是将企业看作营利性组织，企业及企业财产具有相对独立性，因而企业也就具有独立的目标；第二种是将企业看作各种资源投入者的契约联结，所谓的企业目标应该是"人"的目标，满足企业资源投入者的要求。在西方的财务管理理论中，上述第二种观点被人们越来越广泛地接受。后文中，我们将基于上面的观点探讨企业财务管理的目标。

一、企业的形式

按照企业资源投入者的关系及其对企业债务承担的清偿责任来划分，典型的企业形式有 3 种：个人独资企业（Sole Proprietorship）、合伙企业（Partnership）以及公司制企业（Corporation）。

（一）个人独资企业

个人独资企业是由一个自然人投资，财产为投资人个人所有，投资人以其个人财产对企业债务承担无限责任的经济实体。[①]个人独资企业以企业的名义从事生产经营活动，依法设置会计账簿，进行会计核算，其所有权、经营权和

① 见 2000 年 1 月 1 日起施行的《中华人民共和国个人独资企业法》。

收益权高度合一。

个人独资企业最大的优点是创立容易且不用缴纳企业所得税。企业的成立无须与他人协商并取得一致，仅仅需要一些启动资金并申请营业执照即可对外宣告企业开门营业；由于个人独资企业投资人对企业债务承担无限责任，实际上企业财产与投资人个人财产无须截然分开，所以企业的利润可以看作是投资者个人收益，仅需缴纳个人所得税，无须缴纳企业所得税。

个人独资企业最大的缺陷是融资困难，而且也受制于其非法人企业的特性。企业的存续年限受制于业主的寿命，一般规模较小，因而当其需要贷款时，会缺乏足够的信用和抵押品。因为个人独资企业的形式基本排除了采用其他外部筹资方式（如债券、股票等）的可能，所以抵御经营失败的能力弱。大部分个人独资企业存续时间不长，有一部分个人独资企业能够发展壮大，规模扩大后会发现其固有缺点日益严重，通常会转变为公司制企业。

（二）合伙企业

虽然《合伙企业法》中规定可以设立普通合伙企业和有限合伙企业[①]，但普通合伙企业才是典型的合伙企业。有限合伙企业由普通合伙人和有限合伙人组成，普通合伙人对合伙企业债务承担无限连带责任，有限合伙人以其认缴的出资额为限对合伙企业债务承担责任，它在本质上是一种两合企业，本书不做过多讨论。普通合伙企业（下文简称合伙企业）是由两个或两个以上的自然人（法人或其他组织）订立合伙协议，共同出资、合伙经营、共担风险、共享收益，并对合伙企业债务承担无限连带责任的营利性组织。

合伙企业也属于非法人企业，其优点和缺点与个人独资企业类似，只是程度上存在差异。《合伙企业法》规定每个合伙人对企业债务需承担无限连带责任，合伙协议不针对善意第三人，因而每个合伙人都可能因偿还企业债务而失去其原始投资之外的个人财产，投资风险较大。法律还规定合伙人转让其所有权时需要取得其他合伙人的同意，有时甚至还需要修改合伙协议。此外，合伙企业的经营管理可能会出现相互推诿或经营理念不同而引发纠纷等。因此，在中国合伙企业的数量不多，而且一般效率不高。

此外，《合伙企业法》还规定了一种特殊普通合伙企业。它适用于以专业知识和专门技能为客户提供有偿服务的专业服务机构成立的普通合伙企业，比如，律师事务所、会计师事务所、设计师事务所等。《合伙企业法》规定的其特

① 见 2007 年 6 月 1 日经修订施行的《中华人民共和国合伙企业法》，正文中简称《合伙企业法》。

殊性体现在:“一个合伙人或者数个合伙人在执业活动中因故意或者重大过失造成合伙企业债务的，应当承担无限责任或者无限连带责任，其他合伙人以其在合伙企业中的财产份额为限承担责任”；而“合伙人在执业活动中非因故意或者重大过失造成的合伙企业债务以及合伙企业的其他债务，由全体合伙人承担无限连带责任”。

（三）公司制企业

与个人独资企业或合伙企业相比，公司制企业是真正的现代企业，具备现代企业制度的基本特征，即具有独立的法人资格，出资人（股东）以其认缴的出资额为限对公司债务承担有限责任。对于公司的具体要求，各国的公司法差异很大，因此公司的具体形式并不完全相同。根据 2013 年修订并施行的《中华人民共和国公司法》:“公司是企业法人，有独立的法人财产，享有法人财产权。公司以其全部财产对公司的债务承担责任。有限责任公司的股东以其认缴的出资额为限对公司承担责任；股份有限公司的股东以其认购的股份为限对公司承担责任。”可见，在中国，公司主要被分为有限责任公司和股份有限公司两大类。公司的出资人称作股东，有限责任公司股东的股权一般以持股比例衡量，资本无须划分为等额股份；而股份有限公司最主要的特征是资本划分为等额股份（股票），此外有限责任公司与股份有限公司相比，在产权转让、融资方式、设立条件、设立方式、财务公开制度以及公司治理结构等方面存在差异。

由于公司是独立法人，其财产独立于所有者和经营者，使它具有以下优点：①无限存续；②所有权转让相对容易；③对公司债务的清偿责任有限；④更容易在资本市场上筹集资金；⑤更容易实现职业经理人的科学管理。不过，公司制企业也有缺点：①公司组建成本高于个人独资企业和合伙企业；②双重课税，即企业法人的利润需要缴纳企业所得税，利润分配给股东后，股东还需要缴纳个人所得税；③公司的经营权与所有权的分离，会带来代理问题和代理成本。

在上述 3 种企业组织中，个人独资企业的数量最多，但从资本量上来看，公司制企业占绝对优势。就财务管理而言，个人独资企业与合伙企业的财务管理相对简单，而公司制企业的财务管理则要复杂得多，因此，公司理财是财务管理课程讨论的重点。**除非特别指明，本书所讨论的企业是公司制企业，财务管理也是指公司财务管理。**

篇中案例 1-1

企业形式的选择

赵先生现在拥有一家企业，当年实现税前利润 1 000 000 元。他准备将这笔利润移做其他用途，这就需要考虑所得税的问题。如果他的企业是公司制企业，企业所得税税率为 25%；而如果他的企业是个人独资企业，这笔利润的平均个人所得税税率为 30%。不过，不要忘了从公司分配获得的现金股利同样要交纳个人所得税，税率为 20%。如果仅仅从所得税负担考虑，赵先生的企业应该选择哪种形式的企业呢？

二、企业的目标及其对财务管理的要求

既然公司的法人资格决定了公司具有相对的独立性，而且企业被认为是营利性组织，那么其出发点和归宿就是获利。企业一旦成立，就会面临竞争，并始终处于生存和倒闭、发展和萎缩的矛盾之中。企业必须生存下去才能获利，只有不断发展才能求得生存。因此，如果认为企业具有独立的目标，那么这一目标可以概括为生存、发展和获利。

（一）生存

企业只有生存，才可能获利。企业生存下去的第一个基本条件是以收抵支。企业一方面付出货币，从市场上取得所需的资源；另一方面提供市场需要的产品或服务，从市场上换回货币。企业从市场获得的货币至少要等于付出的货币，才能够维持经营，这是企业长期存续的基本条件。企业生存的另一个基本条件是到期偿债。企业为扩大业务规模或满足经营周转的临时需要，可以向其他个人或法人借债。国家为了维持市场经济秩序，通过立法规定债务人必须“偿还到期债务”，必要时“破产偿债”。企业如果不能偿还到期债务，就可能被债权人接管或被法院判定破产。

力求保持以收抵支和偿还到期债务的能力，减少破产风险，使企业能够长期、稳定地生存下去，是对财务管理的第一个要求。

（二）发展

企业是在发展中求得生存的。企业的生产经营如“逆水行舟”，不进则退。在科技进步的现代社会中，产品不断更新换代，企业必须不断推陈出新，满足消费者的要求，才能在市场中立足。企业的停滞是死亡的前奏，企业的发展主要包括两种方式：一是内生式发展，通过提高产品质量，扩大销售收入，从而

通过资金积累来扩大企业规模或扩张经营范围；二是外取式发展，通过并购的方式获取外部资源，扩大规模，扩张范围。无论是内生式发展，还是外取式发展，都需要付出货币，因此，企业的发展离不开资金。

筹集企业发展所需的资金，是对财务管理的第二个要求。

（三）获利

企业必须能够获利，才有存在的价值。创立企业的目的是盈利。盈利不但体现了企业的出发点和归宿，而且可以概括其他目标的实现程度，并有助于其他目标的实现。从财务上看，盈利就是资产获得超出其投资的回报。在市场经济中，没有“免费使用”的资金，资金的每项来源都有其成本。每项资产都是投资，都应该获取回报。财务总监务必使企业正常经营产生的和从外部获得的资金能以产出最大的形式加以利用，以便能够实现盈利。

通过合理、有效地使用资金使企业获利，是对财务管理的第三个要求。

三、企业中的利益相关者及代理问题

对企业理解的另一种观点认为，企业虽然具有相对的独立性，但是企业毕竟不具备理性的思考能力，而仅仅是虚拟的法律主体而已；真正具备理性思考能力的是企业中各种资源的投入者，如果把企业看作是各种资源投入者的契约联结，企业的目标必然应该满足其资源投入者的理性要求。在企业理论中，这些与企业经营密切相关的资源投入者被称为利益相关者（Stakeholder）。一般认为，这些利益相关者主要包括：股东、管理者、员工、债权人、客户、供应商、政府、社区团体等。

企业的这些利益相关者之间的理性利益并不是完全一致的，因此，在利益相关者之间可能存在利益冲突。例如，企业员工可能需要在工厂中建立一个健身娱乐场所，以便他们能够在午餐时间或者下班以后进行休闲健身，他们认为尽管需要花些钱，但这会使他们更开心、更健康，从而工作更有效率。虽然管理者[①]原则上认可开心、健康的员工对提高效率有好处，但他们也有顾虑，担心员工会过多地考虑工作之外的事情，甚至玩物丧志，因此他们不能确定这些设施到底会提高还是降低工作效率。从这一例子中可以看出，员工与股东之间似乎存在某种利益冲突，对健身娱乐设施的考虑角度不同：员工考虑的是个人福利，虽然他们的理由是提高工作效率；股东会考虑属于自己的收益流失是否

① 这里暂假定管理者会完全考虑股东的利益。

能够弥补。虽然最终的决策权掌握在为股东服务的管理者手中，但员工与股东的利益冲突显而易见。在企业中，最重要的3种利益冲突存在于：①股东与管理者之间；②大股东与小股东之间；③股东与债权人之间。

股东是企业剩余收益的索取者，他们的目标是企业价值最大化，并千方百计要求管理者尽最大的努力实现这个目标。但管理者并不总是这么想，他们通常的目标是：①获得工资、奖金、荣誉和社会地位等物质的和非物质的报酬更多；②增加闲暇时间和奢华的在职享受；③避免风险，以免使职业生涯中的身价下跌。可见，股东与管理者之间的目标并非完全一致，存在利益冲突的可能；再加上股东与管理者之间的信息不对称，导致管理者有机会按照自己的意志行事而不被发觉或制裁，这无疑会损害股东的利益。这种利益侵害在代理理论中被认为是一种典型的代理问题，即代理人（管理者）利用信息优势侵害委托人（股东）的利益。协调股东和管理者的代理问题的机制主要包括监督和激励。构成的监督机制包括：①股东利用公司法或公司章程规定的权利干预管理者的决策；②通过董事会树立起对管理者的解雇威胁；③外部投资者对企业的敌意收购威胁（管理者通常被解雇）。监督机制约束了管理者侵害股东利益的行为，而激励手段则有助于协调管理者的理性目标向股东靠拢，常见的激励手段包括绩效薪酬、股权、期权等。

对公司而言，大股东通常是指控股股东，他们持有公司大多数股份，能够左右股东大会和董事会的决议，公司总经理往往也由其指派，从而拥有对公司的控制权。众多的中小股东持有股份数量很少，他们难以也不愿（出于搭便车考虑）参与企业的经营管理。尽管他们拥有跟持股比例相应的剩余索取权，但由于与控股股东之间存在严重的信息不对称，因此他们的利益很容易被控股股东侵害。控股股东侵害中小股东利益的主要表现形式有：①利用关联交易转移下游子公司（往往是上市公司）的利润，如大股东向子公司高价出售劣质资产，或低价购买子公司优质资产等；②非法占用下游子公司的巨额资金，或以子公司的名义进行各种担保和恶意筹资；③发布虚假信息，操纵股价，欺骗中小投资者；④利用不合理的股利政策，掠夺中小股东的既得利益。协调大股东与小股东关系的措施主要包括：①监管部门制订相应的法律、法规，严控不正常的关联交易；②完善资本市场信息披露和利润分配制度；③完善独立董事制度；④在股东大会投票时采用并完善代理投票制和累积投票制。

债权人将资金贷给企业，其目标是到期收回本金并取得规定的利息收入；而公司借款的目的是用它扩大经营，获取更大收益。二者的目标并不一致。当然，借款利率的大小会根据资金的风险而定，不过借款合同一旦成为事实，资金到了公司手中，债权人就可能失去了控制权，股东可能为了自己的利益，通过经营者而伤害债权人的利益。常见的方式有：①将资金投资于高风险的项目，由于借款利息的固定性，这样的项目若成功，超额利润属于股东，若失败，则债权价值会大大下降；②不征得债权人的同意而发行新债，致使旧债价值下降，债权人遭受损失。这也构成了一种代理问题，即代理人（债务人）利用对资金的实际控制权侵害委托人（债权人）的利益。为了防止其利益受到侵害，债权人除了寻求立法保护之外，通常采取如下措施：①在借款合同中加入限制性条款，比如规定资金用途、限制发行新债等；②要求定期提供财务报告，一旦发现财产遭受损失，拒绝进一步合作（拒绝新的贷款或提前收回贷款等），或者要求高额利息。

此外，企业的存在在客观上能够给社会带来利益，比如丰富社会消费品、提供各种服务、创造就业、缴纳各种税款等，在主观上企业也需要承担社会责任，比如节能减排、参与社会公益活动、捐赠等。然而，承担社会责任需要付出一定的代价，而那些不承担社会责任，甚至是投机取巧的企业（生产假冒伪劣产品、高污染经营等）往往能够获得短期超额收益。那么，这是否意味着股东利益与承担社会责任之间存在矛盾呢？长期看并非如此，因为良好的社会形象有利于企业的长远发展。不过，为了约束企业因为短视而侵害社会利益的行为，则需要靠：①商业道德约束；②社会舆论监督；③法律、法规保障。

四、企业财务管理的目标

考虑到众多的利益相关者，财务管理的目标应该满足他们的理性要求，遗憾的是，这些利益相关者的理性目标并不完全一致，甚至还可能存在冲突。正如通用电气（GE）前首席执行官杰克·韦尔奇（Jack Welch）所说："我们都在试图使雇员、股东和社会之间达到适当的平衡，但这可不容易。因为最终如果不能使股东满意，我们就无法机动灵活地去照顾雇员和社会。在我们这个社会中，不管你愿意不愿意都必须让股东满意。"由此可见，以满足股东的理性要求为基本前提，追求股东财富最大化是财务管理的合理目标。

（一）股东财富最大化目标

股东作为企业资金的提供者，提供了企业最稀缺的资源，承担了企业经营的主要风险。即使是人力资源稀缺的高科技新兴企业，这些人力资源的提供者也因为原始的人力资源入股而成为股东。因此，为股东创造价值，增加股东财富显然是符合逻辑的。否则，企业若不能为股东谋得财富，那么就不会有人投入最稀缺、最关键的资源，企业成立也就无从谈起，因为恰恰是股东身份和剩余索取权带来的财富效应吸引着这些资源拥有者的投入。

然而，现实中股东财富增加与否很难衡量，因此，在有效的资本市场上（有关有效资本市场的讨论见本书第六章），人们将股东财富最大化的目标描述为股票价格最大化，从而用股东权益的市场价值来衡量股东财富。由于股东财富本质上是股东所拥有的企业股权（所有权）的价值，而股票价格是股权价值的市场反映，那么，当资本市场有效时，股票价格很大程度上会如实反映着股权价值。故此，在股东投资资本不变的情况下，股价上升可以反映股东财富的增加，股价下跌可以反映股东财富的减损。因此，假设股东投资资本不变，股价最大化与增加股东财富具有同等意义。此外，财务管理目标有时还被描述为企业价值最大化。企业价值往往指的是企业的市场价值，其增加是由权益市场价值增加和债务市场价值增加引起的。由于债务价值具有相对稳定性，若假定债务价值不变，则企业价值增加与权益市场价值增加（即股价上升）具有相同意义。因此，假设股东投资资本和债务价值不变，有效资本市场上的企业价值最大化同样与增加股东财富具有相同的意义。不过，企业价值最大化目标也不如股票价格最大化目标那么直观和易于理解。

（二）有关其他目标的讨论

随着管理者、员工、债权人、客户、供应商等利益相关者在企业运营中的作用越来越重要，有人提出了利益相关者利益最大化的观点。他们认为，企业不能单纯以实现股东利益为目标，而应该实现包括股东在内的所有利益相关者的利益。这种观点包含着普世伦理的平均主义思维，但不被广泛接受的原因在于它违背了“矛盾分主次”的原理，忽视了股东投入稀缺、关键资源对企业的重要意义所在。在所有利益相关者理性目标不完全一致的情况下，追求利益相关者利益最大化是不现实而又无效率的。况且，主张股东财富最大化，并非不考虑其他利益相关者的利益。因为企业追求股东财富最大化具有社会效益，牺牲其他利益集团的正常利益是无法实现股东财富最大化的。例如，企业要想实现股东财富最大化，其产品必须适销对路，这样的产品能够满足消费者的需求，使消费者受益；企业要想实现股东财富最大化，需要有有竞争力的优秀员工，这就需要提供有竞争力的工资，无疑可以使员工受益。

长久以来，很多经济学家相信利润最大化是企业经营的目标。他们认为，企业作为营利性组织，利润代表了企业新创造的财富，利润越多则企业的财富增加得越多。即使现在，很多人也仍然对利润最大化情有独钟。例如，我国企业多数情况下评判业绩仍然以利润为基础，比如公司上市或增资扩股要考虑最近 3 年的盈利情况，高管的股权激励也以利润来衡量业绩等。但是，越来越多的人接受了企业财务管理在理论上更合理的目标是股东财富最大化。那么，为什么不是利润最大化或每股收益（每股利润）最大化呢？这是因为：

第一，这两个目标暗含着将企业看作具有独立人格并具有理性思考能力的组织，并不是考虑企业各资源投入者的理性要求，这种思想倾向越来越不为人们所接受。

第二，这两个目标所涉及的企业利润这一术语，在现实的核算中是短期的（通常是一年），这种短期利润无法反映企业的长期发展。这样的目标也会使企业的发展更注重短期目标，更急功近利，这对企业来说未必有利。

第三，这两个目标中所谓的利润没有考虑利润的实现时间，在项目投资决策时会忽略时间价值（有关时间价值的讨论见本书第二章）。例如，存在甲、乙两个投资项目，其利润都是 100 万元，甲项目的利润今年实现，乙项目的利润明年实现。若不考虑时间，两个项目难分优劣；若考虑了时间，甲项目则优于乙项目。

第四，这两个目标并未有效地考虑风险问题（有关风险的讨论见本书第三章）。如果某企业为了追求利润而选择高风险的项目进行投资或进行过度的负债，这显然是不合理的。而追求股东财富最大化则会权衡利润与风险，从而决策会更加科学。

篇中案例 1-2

董事的困惑

刘女士是一家中型股份有限公司的董事，也是薪酬委员会的成员，她负责为公司高管薪酬体系的建立提出建议。她认为公司现任总经理王某某很有才干，不过有点不安于现状。王某某总是试图寻求更好的工作机会，为此他格外重视公司的短期业绩，以使自己的表现出类拔萃，从而受到其他公司的青睐。刘女士觉得王某某的做法可能会不利于公司的长期发展，但也不想失去王某某这个人才。出于对股东利益负责的态度，刘女士应该对当前高管的薪酬体系提出什么样的改善建议呢？

【课堂测试 1-2】

上市公司天籁实业的总经理在年度工作报告中写道：“天籁实业的一贯目标是不断增加普通股权的价值，为股东创造财富。”你认为该公司后来公布的以下消息，会引起股东哪些反应？这些反应可能会对公司股价产生怎样的影响呢？

a. 公司向总部所在地的某大学捐赠 200 万元。

b. 公司准备在西部地区的银川斥资 3 000 万元设立一家新的工厂。报告称，该工厂三年之内不会产生收益，但并未公布投资该新厂的理由。

c. 公司准备提高负债率，负债水平从先前的 35%提高到 50%。

d. 公司支付现金股利占净利润的比例由先前的 50%下降到 30%。

第三节 财务管理的对象和内容

财务管理是企业管理的一部分，在企业的人、财、物 3 种要素中，财务管理是对“财”（即资金）的筹集、投放和分配的管理工作。财务管理的对象是资金（或现金）的循环和周转，主要内容包括筹资、投资、营运资本的管理以及利润分配，涉及的职能活动包括计划、组织、决策和控制。

一、财务管理的对象

财务管理是对企业有关资金事务的管理，因此，财务管理的对象是资金及其流转，这是容易理解的。企业盈利就是在资金流转的过程中产生的，而资金流转的起点和终点是现金，其他资产都是现金在流转中的转化形式，因此，财务管理的对象也可以说是现金及其流转。在生产经营中，现金流转体现在现金变为非现金资产，非现金资产又变为现金（简称变现）。这种流转无始无终，不断循环，又称为现金的循环。现金的循环有多种途径，按照现金循环周期的时间长短，现金循环可以分为现金的短期循环和现金的长期循环。

（一）现金的短期循环

现金变为非现金资产，然后又回到现金，所需时间不超过 1 年的流转，称为现金的短期循环。图 1-4 显示了典型的制造业企业现金短期循环的基本形式。如图所示，在现金短期循环中，涉及的资产都是流动资产，包括现金本身以及企业正常经营周期之内可以完全变现（或流转到下个生产环节）的应收账款、各种存货等。

在图 1-4 中，箭头指向为现金流转的方向，可以看出：在短期循环中，现金通过多条路径转化成原材料、在产品和产成品等非现金资产后，经过销售活动又变为现金。我们通过会计学的学习知道，短期循环中涉及的资产都凝结着一定数量的资金，这些资金通过各种成本、费用被归集到资产中。对于一家正常盈利的企业，其盈利体现在流转回的现金大于流转出的现金。经过思考我们可以发现，对于现金的短期循环，企业在一年中的盈利水平无疑取决于两个因素：一是现金每循环一个周期的盈利比率；二是现金循环和周转的速度，或者说是一年内完全循环的次数。因此，对企业来说，要想提高盈利水平，应该从这两个方面考虑。[①]

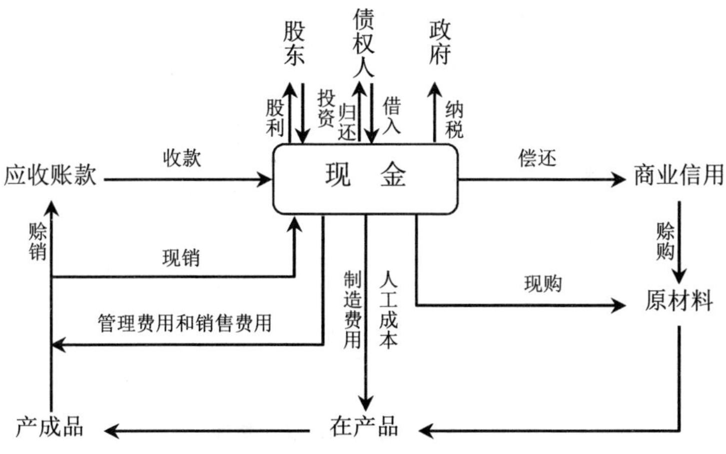

图 1-4　现金短期循环示意图

（二）现金的长期循环

现金变为非现金资产，然后又回到现金，所需时间在 1 年以上的流转，称为现金的长期循环。图 1-5 是现金长期循环的示意图。现金长期循环中流转的非现金资产是非流动资产，包括固定资产、无形资产等，以固定资产最为典型。企业用现金购买固定资产，固定资产的价值不可能在 1 年之内完全流转和变现，其价值在使用中逐步减少，减少的价值称为折旧费。折旧费一般以制造费用的形式进入产品成本，并随着产品出售收回现金。收回的现金体现了固定资产的部分变现，想要完全变现则需要若干年的时间，因此被称为长期循环。可以看出，在现金长期循环中，现金支出与现金回收相分离。前面说过，在财务管理中，折旧被看作是一种现金来源，这是因为固定资产的现金流出发生在购买固

① 这两个方面从财务比率上说分别是销售净利率和总资产周转率，二者的乘积即为资产报酬率，具体讨论见本书第四章。

定资产投放资金之时，其后一般不会再有现金流出[①]；在每一次计提折旧时，虽然折旧被计入成本，但其实并没有现金流出，因此折旧也被称为非付现成本；随着产品销售，折旧的这部分资金被回收，其实在当期没有现金流出，而只有这部分现金流入，因此折旧可以看作一种现金来源。如果这种固定资产寿终报废需要重置，那么数次回收的现金与资产重置也是相分离的。

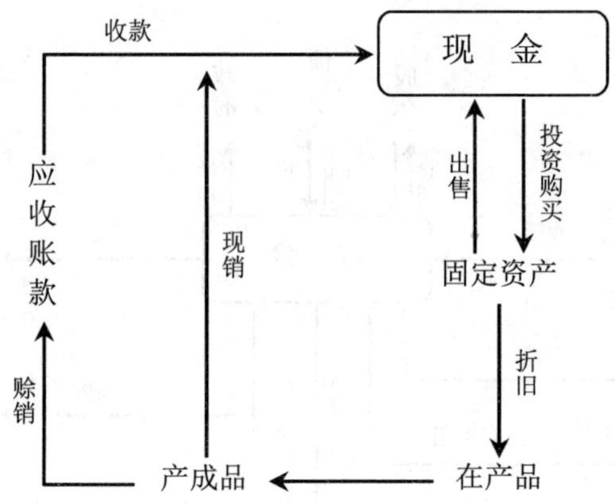

图 1-5　现金长期循环示意图

其实，现金是长期循环和短期循环的共同起点，在变成非现金资产时分离，分别转化为各种长期资产和短期资产。它们被使用时，分别通过“在产品”的各种费用账户，又汇合在一起，同步形成“产成品”，产品经出售又同步转化为现金。现金的长期循环与短期循环是嵌套在一起的，一个完整的长期循环加上若干个短期循环，构成现金的一个大循环，只不过这需要若干个经营周期。现金的短期循环和长期循环不是截然分开的，它们共同构成了财务管理的对象，其复杂性也带来了财务管理的复杂性。

二、财务管理的内容

财务管理的对象是现金及其流转，足见财务管理对现金的重视，从现金的来龙去脉来看，财务管理的基本活动包括筹资、投资、日常经营和利润分配。从财务管理的角度看，筹资可以分为长期筹资和短期筹资，投资也可以分为长

---

① 若固定资产在后续存在升级、改造或大修理，的确存在现金流出，这种情况会改变后续的折旧额，此处暂时忽略。

期投资和短期投资，这样财务管理的内容可以分为6个部分：长期筹资、短期筹资、长期投资、短期投资、营业现金流管理和利润分配。由于短期筹资、短期投资和营业现金流管理关系密切，通常可以合并在一起，称为营运资本管理，因此本书将财务管理的内容分为4个部分：长期筹资、长期投资（简称投资）、营运资本管理和利润分配。

（一）长期筹资

筹资是指筹集资金。长期筹资主要包括：取得长期借款、发行债券、留存收益、发行股票、发行优先股、融资租赁等。长期筹资决策要解决的问题是如何取得企业所需要的长期资本，包括确定筹资对象、筹资时机、筹资数量、筹资方式、筹资渠道等。筹资决策的关键是决定各种资金来源在总资金中的比重，即确定资本结构，以使筹资风险与筹资成本相配合。所谓资本结构，主要指权益资本与负债资本的比例关系。一般说来，完全通过权益资本筹资是不明智的，不能得到负债经营的好处；但负债比例过大，则会带来财务风险，企业随时可能陷入财务危机。筹资决策的一个重要内容就是确定合理的资本结构。

（二）长期投资

因为短期投资通常被认为是营运资本管理的一部分，所以在企业中经常将长期投资直接称为投资活动。长期投资的目的是获取投资收益，一般包括对外投资和内部投资。对外投资指的是对其他企业进行长期债权投资和股权投资，比较常见的是长期股权投资，其主要目的是控制或影响投资对象的经营和资产，以增加本企业的价值；内部投资主要指内部的固定资产投资以及项目投资，目的是保证生产经营需要、扩大企业规模和范围，以实现企业价值增值。长期投资决策涉及的问题主要包括：投资方向、投资规模、投资时机、投资风险等。长期投资现金流量的计划和管理过程，称为资本预算。

（三）营运资本管理

经营活动产生的现金对于价值创造有直接意义，它是增加股东财富的基础。财务管理人员不直接从事经营活动，他们的职责是管理营业运转所需要的资金。营运资本管理分为营运资本投资和营运资本筹资两部分。营运资本投资管理主要是制订营运资本的投资政策，确定分配多少资金用于应收账款和存货，决定保留多少现金以备支付，以及对这些资金进行日常管理。营运资本的筹资策略主要是制订营运资本筹资政策，决定短期筹资对象、数量等。营运资本管理的目标主要有以下3个：①有效地运用流动资产，力求其边际收益大于边际成本；②选择最合理的筹资方式，最大限度地降低流动资金的使用成本；③加速流动资金周转。

（四）利润分配

对公司而言，利润分配主要体现在股利分配上。股利分配是指在公司赚得的利润中，有多少作为股利发给股东，有多少留在公司作为再投资。过高的股利支付率，影响企业的投资能力，会减少未来收益，造成股价下跌；过低的股利支付率，可能引起股东不满，股价也会下跌。股利分配决策受到多种因素影响，包括法律法规因素、公司未来发展机会、各种资金来源及成本状况、股东对股利的偏好程度等。每个公司根据自己的具体情况确定最佳股利政策，是财务决策的一项重要内容。

【课堂测试 1-3】

1. FML 公司斥资 300 000 元购买了一台冲压机。该冲压机预计可以使用 10 年，假定 10 年之后将不具有任何价值。若公司对这台机器采用直线法计提折旧，那么与该机器相关的现金流将：

a. 构成短期循环还是长期循环？

b. 在机器购买的时候现金流状况如何？

c. 在未来十年中每年的现金流状况如何？

2. 讨论财务管理的四项内容，你认为它们彼此之间存在怎样的联系？

本章小结

财务学是与货币打交道的艺术和科学，大体可以分为 3 个相互联系的分支领域：金融市场与金融机构、投资和财务管理。财务管理是财务领域的一个组成部分，主要涉及企业内部的资金运动或财务活动，可以从两个角度理解：一是“资金运动”，即财务角度；二是“问题处理、控制和协调”，即管理角度。从资金运动角度理解，财务管理是企业有效进行筹资、投资、营运资本管理和利润分配的过程；从管理的角度看，财务管理可以理解为通过对企业内部有关资金的事务进行计划、组织、决策和控制，以有效实现企业财务目标的过程。财务管理无疑是企业经营管理中一项重要的职能，在企业管理中具有举足轻重的地位。企业的财务管理主要是通过财务管理部门来完成的，财务管理部门的影响广泛而深远。虽然同属于财务部门的下属活动，财务管理与会计在内涵、对待现金流的态度以及对资产价值的评估方面存在差异。

在现代经济社会中，典型的企业形式主要有 3 种：个人独资企业、合伙企业以及公司制企业。如果将企业看作营利性组织，认可其相对独立性特征，企业的目标可以概括为生存、发展和获利，因此对财务管理的要求体现为保持以收抵支和到期偿债能力、筹集企业发展所需的资金以及使企业获利。如果将企业看作各种资源投入者的契约联结，企业目标应该是满足其资源投入者的要求，虽然存在代理问题，但追求股东财富最大化是现代企业财务管理的目标。股东财富最大化目标表现出更多的合理性，因而被越来越广泛接受。在有效的资本市场上，股东财富最大化目标可以转化为股票价格最大化或企业价值最大化。

财务管理的对象是资金（或现金）及其流转，企业中现金的无休止流转构成了现金的循环。现金的循环可以分为现金的短期循环和现金的长期循环。根据财务管理的对象，财务管理的内容包括长期筹资、投资、营运资本管理和利润分配 4 个部分。

篇后案例

联想收购摩托罗拉移动

2014 年 1 月 30 日，适逢中国农历蛇年除夕，联想集团宣布以 29 亿美元的价格从谷歌手中收购了摩托罗拉移动。据悉，当联想完成本次收购后，摩托罗拉旗下的 3 500 名员工，其持有的 2 000 项专利，以及摩托罗拉移动品牌和商标组合，全球 50 多家运营商的合作关系都将归于联想移动业务集团。联想预期收购摩托罗拉后，在全球智能手机市场的市场占有率将由当时第 5 位跃升至第 3 位。然而，在卖家谷歌保留摩托罗拉大部分专利使用权的情况下，过去两年累计亏损逾 10 亿美元的摩托罗拉，联想 29 亿美元的收购价格被摩根大通等投资银行认为偏高。收购消息宣布后，联想公司股票连续两个交易日累计下跌 23.27%，市值两日蒸发了 265.25 亿港元。

联想董事局主席杨元庆表示，因为摩托罗拉在过去一段时间里一直是亏损的，所以大家会有担心，联想能不能让它扭亏为盈。他透露，收购前联想考察过这个业务，认为毛利润相当高，现在摩托罗拉的问题在于费率比较高，材料成本、生产制造成本都很高，有很大压缩空间。联想有信心将在完成收购后的几个季度里，让它扭亏为盈。

分析案例并回答：

（1）你认为联想 29 亿美元的收购价格会对财务部门带来什么样的压力？

（2）你认为联想对摩托罗拉 29 亿美元的价值评价主要采用什么方法？

（3）你认为联想管理层确定对摩托罗拉的收购是否体现了股东财富最大化原则？

（4）你认为杨元庆提出的针对摩托罗拉的扭亏措施会对财务部门形成什么样的压力？

（5）自行搜索联想集团此次并购前后的实际发展状况资料，从财务管理角度对此次并购活动予以评价。

核心概念

金融资产（Financial Assets）
证券（Security）
财务管理（Financial Management）
个人独资企业（Sole Proprietorship）
合伙企业（Partnership）
公司制企业（Corporation）
利益相关者（Stakeholder）
财务管理的目标（The Goal of Financial Management）
现金的短期循环（Short-Term Cycle of Cash）
现金的长期循环（Long-Term Cycle of Cash）

思考题

1. 财务金融的三大领域分别是什么？
2. 如何理解财务管理的概念？
3. 财务管理与会计有哪些区别？
4. 企业的三种形式各自的优缺点是什么？
5. 公司股东如何保证其利益不会受到管理层的侵害？
6. 公司的债权人如何保护自己的利益？
7. 公司财务管理的目标为什么不是利润最大化？
8. 什么是现金的短期循环和长期循环？
9. 如何理解“在现金长期循环中，现金支出与现金回收相分离”？

练习题

（一）单项选择题

1. 下列活动中不属于财务领域的是（　　）。
   A. 个人理财　　B. 抵押贷款
   C. 携带礼品看望长辈　　D. 投资股票
2. 在下列资产中属于金融资产的是（　　）。
   A. 应收票据　　B. 无形资产　　C. 存货　　D. 固定资产
3. 下列资产中可以被称为证券的有（　　）。
   A. 现金　　B. 交易性金融资产

C. 应收票据　　D. 应收账款

4. 下列机构中属于非银行金融机构的是（　）。

A. 中央银行　　B. 商业银行

C. 政策性银行　　D. 投资银行

5. 下列机构中不属于金融机构的是（　）。

A. 证券公司　　B. 会计师事务所

C. 财务公司　　D. 保险公司

6. 在企业的下列活动中，不属于财务管理的是（　）。

A. 研发管理　　B. 营运资本管理

C. 现金管理　　D. 信用管理

7. 在企业的下列活动中，（　）属于财务管理活动。

A. 财务会计　　B. 资本预算

C. 成本管理　　D. 税务管理

8. 在中国当前存在的企业形式中，不包括（　）。

A. 个人独资企业　　B. 合伙企业

C. 有限责任公司　　D. 股份两合公司

9. 在企业利益相关者关系中，最重要的关系是（　）。

A. 经营者与债务人之间的关系

B. 企业与国家之间的关系

C. 企业与雇员之间的关系

D. 经营者、股东以及债权人之间的关系

10. 股东作为公司的所有者，是公司风险的主要承担者。因此，股东对公司收益的索取权是（　）。

A. 剩余索取权　　B. 固定索取权

C. 法定索取权　　D. 或有索取权

11. 股东用来约束经营者，避免侵害自身利益的方法主要是（　）。

A. 激励与接收　　B. 解聘与激励

C. 激励与监督　　D. 解聘与接收

12. 企业财务管理的目标是（　）。

A. 营业收入最大化　　B. 利润最大化

C. 股东财富最大化　　D. 每股收益最大化

13. 企业财务管理的对象是（　）。

A. 资金的投放与回收　　B. 资金及其周转

C. 利益相关者关系及其协调　　D. 财务计划与财务预算

14. 债权人为了防止其利益被伤害，通常采取的措施不包括（　）。

A. 限制资金的用途

B. 限制发行新债数额

C. 要求债务人提供相关财务报告

D. 不允许发行新股

15. 现金短期循环中的资产主要是（　）。

A. 现金　　B. 流动资产

C. 固定资产　　D. 无形资产

16. 正常情况下企业的剩余收益属于（　）。

A. 雇员　　B. 管理者

C. 股东　　D. 债权人

17. 公司的长期资金来源不包括（　）。

A. 应付账款　　B. 长期借款

C. 留存收益　　D. 发行普通股

（二）多项选择题

1. 财务领域的三大分支包括（　）。

A. 金融市场与金融机构　　B. 个人理财

C. 政府财政　　D. 投资　　E. 财务管理

2. 最典型的金融资产包括（　）。

A. 土地　　B. 厂房　　C. 机器设备

D. 债券　　E. 股票

3. 根据交易金融资产期限的不同，金融市场可以分为（　）。

A. 一级市场　　B. 股票市场　　C. 二级市场

D. 货币市场　　E. 资本市场

4. 下列属于非银行金融机构的是（　）。

A. 保险公司　　B. 信托公司　　C. 投资银行

D. 融资租赁公司　　E. 投资基金

5. 在企业的下列活动中属于财务管理活动的有（　）。

A. 财务计划　　B. 财务控制　　C. 资本预算

D. 筹资决策　　E. 利润分配

6. 在企业的下列活动中不属于财务管理活动的有（　）。

A. 成本管理　　B. 信用管理　　C. 税务管理

D. 财务会计　　E. 现金管理

7. 公司制企业与个人独资或合伙企业相比，主要差异表现在（　　）。

A. 企业规模　　B. 盈利能力　　C. 有限责任

D. 独立法人　　E. 组织结构

8. 股份有限公司与有限责任公司相比，主要差异表现在（　　）。

A. 股权转让　　B. 融资方式　　C. 设立条件

D. 设立方式　　E. 企业规模

9. 从独立法人角度思考，企业的目标应该是（　　）。

A. 生存　　B. 扩张　　C. 发展

D. 实现竞争优势　　E. 获利

10. 为确保企业财务目标的实现，下列各项中，可用于保障股东利益的措施有（　　）。

A. 股东通过董事会解聘总经理

B. 股东向企业派遣财务总监

C. 股东向企业派遣内部审计人员

D. 股东大会通过给经营者以股票期权的计划

E. 在董事会中加大独立董事比例

11. 公司财务管理合理目标包括（　　）。

A. 利润最大化　　B. 股东财富最大化

C. 企业价值最大化　　D. 每股收益最大化

E. 有效资本市场上的股票价格最大化

12. 债权人为了防止其利益被伤害，通常采取的措施包括（　　）。

A. 限制资金的用途　　B. 限制发行新债数额

C. 要求债务人提供相关财务报告　　D. 寻求立法保护

E. 要求提供抵押品

13. 下列各项中构成企业长期资金来源的是（　　）。

A. 留存收益　　B. 优先股　　C. 普通股

D. 长期借款　　E. 长期债券

14. 下列资产项目中不会出现在现金短期循环中的有（　　）。

A. 应收账款　　B. 固定资产　　C. 存货

D. 无形资产　　E. 投资性房地产

15. 企业生存下去的基本条件包括（　　）。

A. 以收抵支　　B. 到期偿债　　C. 不断扩张

D. 资本积累　　　　E. 融资渠道畅通

（三）判断题

1. 金融资产与实物资产的主要差异在于金融资产一般没有实物形态。（　　）

2. 金融资产具有价值是因为它们能够在未来为持有者带来现金流。（　　）

3. 按照证券发行流通的差异，金融市场可以分为一级市场和二级市场。（　　）

4. 财务管理是针对企业的，因此与企业外部的金融市场和金融机构无关。（　　）

5. 在财务管理领域，一项资产的价值主要取决于其在未来能够给资产拥有者或控制者带来收益的大小。（　　）

6. 个人独资企业无论是从数量还是从控制的资本量来说都不如公司制企业。（　　）

7. 经营者与股东的目标不一致，因此两者的关系本质上是无法协调的，企业必须定期更换经营者。（　　）

8. 企业追求股东财富最大化目标，在一定程度上也会使消费者受益。（　　）

9. 企业利润增加有利于增加股东财富或企业价值，因此，利润最大化目标与股东财富最大化目标实际上没有区别。（　　）

10. 现金的短期循环与长期循环是截然分开的。（　　）

11. 企业在一定时期的盈利能力不仅取决于在现金每次循环中的利润水平，还取决于现金循环和周转的速度。（　　）

12. 现金长期循环中的折旧是企业现金的重要来源之一，为了保证现金长期循环的顺利进行，这部分资金不应用于短期循环。（　　）

13. 在现金长期循环中，现金支出与现金回收相分离，现金回收与资产重置相分离。（　　）

14. 企业负债比例过大，会产生财务风险，并可能陷入财务危机，因此在进行筹资管理时应尽可能避免负债筹资。（　　）

15. 企业的股利分配直接影响企业的内部筹资能力，因此，企业的股利政策与筹资决策之间有着密切的联系，前者甚至可以看作是后者的一部分。（　　）

（四）计算综合题

1. 假定你是甲上市公司股东，目前公司股票每股价格为 10 元，另一家公司（乙公司）刚刚宣布希望收购甲公司，准备用每股 20 元的价格购买所有甲公司在外流通的股票。获悉这一消息，甲公司管理层马上开始采取措施阻止这场敌意收购，你认为甲公司管理层的行为是否体现了股东财富最大化的原则？为什么？

2. 若丙公司拥有流动资产 200 万元，非流动资产 300 万元，流动负债 80 万元，非流动负债 120 万元。那么该公司的所有者权益是多少？资产负债表是什么样子的？如果公司通过长期借款筹集资金 50 万元购置了新的固定资产，则资产负债表该如何改变？

3. 如果某个投资项目能够使公司的股票在半年内从 10 元上升到 15 元，而且在其后的 5 年中继续上升到 20 元；而另一个投资项目使股票价格在两年内保持在 10 元不变，但在 5 年中会上升到 30 元。请分析哪一个投资项目更好。

4. 小杨是杨氏公司的唯一所有者，该公司也为他提供了唯一的收入来源。小杨总是用公司分红的方式从公司获得收入。朋友建议，他也可以采用给自己支付工资的方式从公司获得收入，只要该工资与雇用别人来经营这家公司支付的报酬相当，给自己支付工资就比全部给自己分红要合算，因为这样可以避免双重纳税。如果杨氏公司一年的税前利润为 200 000 元，小杨准备全部支付给自己，计算上述两种支付方案小杨分别可以获得的净收入。（假设公司所得税税率为 25%，该收入等级的个人所得税税率（平均）为 15%，股息红利的所得税税率为 20%）

5. 2008 年 9 月 11 日，石家庄三鹿集团公司发出声明，经自检发现部分批次三鹿婴幼儿奶粉受三聚氰胺污染，公司决定立即对 2008 年 8 月 6 日以前生产的三鹿婴幼儿奶粉全部召回。那些因三聚氰胺而饱受折磨的受害者的家属向该公司提起诉讼，要求巨额赔偿，并追究相关人员责任。2009 年 2 月 12 日，石家庄中级人民法院宣布三鹿集团因不能清偿到期债务，资产不足以清偿全部债务，符合法定破产条件，依法宣布破产。你认为公司在追求股东财富最大化时应如何履行社会责任？如何公平对待各种利益相关者？

第二章 理财的价值原则——时间价值

在上一章财务管理总论中，我们讨论了企业财务管理的基本概念、基本原理和基本理论。既然财务管理是广义财务领域的一部分，那么要进一步学习财务管理的基本知识和实践技能，则需要先从理财的价值原则开始，本章首先论述时间价值原则。通过本章的学习，可以了解货币时间价值、终值和现值、单利和复利、年金等基本概念；熟悉时间价值原则的意义以及利息理论的初步知识；掌握单利、复利、年金、永续增长年金等的终值和现值的计算方法、贷款等额分期偿还金额的确定以及时间价值的综合计算等。

开篇案例

开采还是保留

某石油公司在渤海湾发现一处油田，储量相当可观。公司技术人员认为，若现在钻井开发有一定难度，需要较大投入；也可以考虑20年之后再开发，那时随着技术进步开采相对容易。基于此，公司财务部门预测，近期开发该油田仅能获利3 000亿元；20年以后，随着石油资源的稀缺，价格上涨，远期开发能够获利8 000亿元。对于这个油田，技术部门建议作为资源储备，暂缓开发。不过，财务部门对此持保留意见，他们认为，3 000亿元虽然远小于8 000亿元，但不同时点的货币收入不具可比性；近期赚取3 000亿元，用于其他的投资机会，在20年后实现的盈利最终可能远大于8 000亿元。两个部门讨论的结果已经提交给公司总经理。开采还是保留，假定你是公司总经理，你怎么决策呢？

第一节　时间价值及相关术语的概念

一、货币时间价值的概念

对投资者而言，将货币放在手中能够保留充分的流动性，可以随时用于支付或交易；而进行投资则意味着放弃了一段时间的货币占有权，或者说货币在一段时间之内失去了流动性。那么，在社会安定的前提下，要想使投资者愿意投资，必须给其一定的回报，否则他不会愿意放弃货币的流动性。这一回报是投资者在一段时间内放弃货币流动性的补偿，被称为时间价值（Time Value）。货币的时间价值，是指货币经历一定时间的投资和再投资所增加的价值。货币具有时间价值，说明现在的 1 元钱和 1 年之后的 1 元钱其经济价值不相等，或者说其经济效用不同。时间价值原则可以通俗地表述为："今天的 1 元钱的价值大于明天的 1 元钱的价值。"时间价值原则说明：在现代社会的经济活动中，投资者的投资活动会要求有回报，而资金需求者则会满足这种回报要求；这构成了理性驱动的货币资金供求的基本面。时间价值原则展现了财务（金融）领域最基本的问题，因而它被称为理财的第一原则。

如果将 100 元钱存入银行，1 年后可以得到 105 元（假设银行存款利率为 5%）。这 100 元钱经过 1 年时间的投资增加了 5 元，这就是货币时间价值的体现。在实务中，经常需要对不同投资体现的时间价值进行比较，因为投资规模和投资时间存在差异，若仅仅采用货币增加值这一绝对数表示时间价值，则很难进行比较。所以，为了便于比较，人们习惯使用相对数字表示货币的时间价值，即用单位时间（惯例是 1 年）货币增加价值占投入货币的百分数来表示。例如，在前面例子中货币的时间价值为 5%。①

通货膨胀会使货币贬值，同样造成现在的 1 元钱的价值大于 1 年之后的 1 元钱的价值，但是时间价值产生的根源不是通货膨胀。而且，在纯粹分析时间价值时应该剔除通货膨胀的影响。时间价值的真正来源是人们的生产活动。在本书第一章中探讨过，生产性企业资金循环和周转的起点是货币资金，企业用

① 此处暂时假定不考虑通货膨胀和风险因素。

他人投资来购买所需的资源（资产）[①]，然后生产出新的产品，产品出售时得到的货币量大于最初投入的货币量。随着时间推移，货币总量在循环和周转中按几何级数增长，使得货币具有时间价值。由于投资市场的竞争，生产性企业的货币增值会扩散到市场经济中各部门、各行业，从而使社会投资利润率趋于平均化。这是因为，投资者在投资某项目（或某领域）时，至少要取得社会平均的资金利润率，否则不如投资另外的项目（或另外的领域）。因此，从量的规定性来看，社会资金的时间价值是指没有风险（有关风险的相关问题见第三章）、没有通货膨胀条件下的社会平均资金利润率。基于这样的原因，在现实经济生活中，时间价值不容易被单独剥离出来，所以人们在日常生活中很少提到时间价值这一术语，而是更多地使用其他比率来刻画某种经济现象，包括：利率、报酬率、收益率、回报率、折现率、贴现率、资本化率、成本率等，这些比率都不是单纯的时间价值，而是时间价值的衍生，它们由三部分组成：无风险报酬率、通货膨胀增益和风险增益，其中无风险报酬率可以近似看作社会资金的时间价值。

由于时间价值的存在，现在的 100 元与将来的 105 元甚至是 150 元在经济上可能是等效的。也就是说，现在的 1 元钱和将来的 1 元钱经济价值不相等。由于不同时间点上单位货币的价值不相等，所以，不同时间点的货币收入不宜直接进行比较、汇总或比率计算，需要把它们换算到相同的时间点上，才能进行比较、汇总或比率计算。

二、时间线和现金流量图

由于不同时间点上的单位货币价值不相等，为了更好地理解时间价值，需要引入一种辅助工具，即时间线。时间线是用数轴刻画的表示时间的辅助工具，数轴上的刻度表示时间点，时间段和时间延续用数轴上的线段和数轴箭头指向来表示，如图 2-1 所示。在时间线上，零点表示现在或者第一年初，各时间段依次向右排列，相邻的刻度间距离相等，表示某一单位时间段（年、季度、月等），最常见的是年。在第一个时间段的末端，即对于时间点 1，则有两种意义：它可以表示第一年末（以单位年间隔来说），也可以表示第二年初。类似地，时间点 2 可以表示第二年末，也可以表示第三年初，以此类推。时间点 0 和时间

① 这里的“他人投资”跟第一章所说的“他人的钱”意思相同，指的是股东和债权人投入的资金。当然，企业的资金实际上还包括自身盈利的积累，它可以看作是股东的再投资。

点 1 之间的线段，表示第一年，以此类推。这样，数轴上的非刻度点其实也可以表示非整数的时间点，时间线其实就是一个时间轴。顺着数轴的方向，表示时间推移；逆着数轴的方向，表示时间回溯。

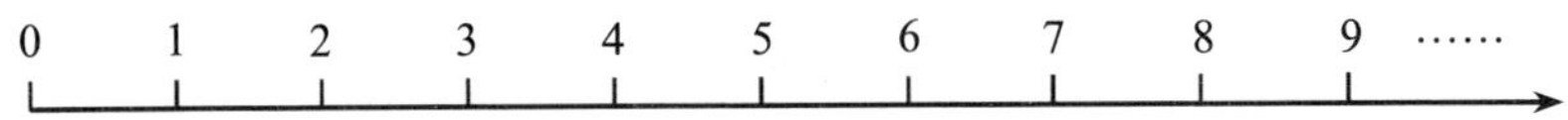

图 2-1　时间线示例

在时间线上，可以在上方或下方标记带箭头的线段，用以表示现金流量的方向和大小，这就构成了现金流量图。在现金流量图上，还可以标记所处理问题的更多信息，如利率和具体数值等，能够使现金流量图更加完善，并便于理解现实问题。如图 2-2 所示，它是一个简单的现金流量图，表示当前的 100 元，按照 5%的利率，到第一年年末会变成 105 元，到第二年年末会变成 110.25 元。时间线和现金流量图对于处理复杂的财务金融问题有很大帮助，可以更直观、更准确地把握问题的细节，减少错误的发生。在学习货币时间价值的过程中，需要根据问题的复杂程度和自身理解问题的熟练程度灵活运用。

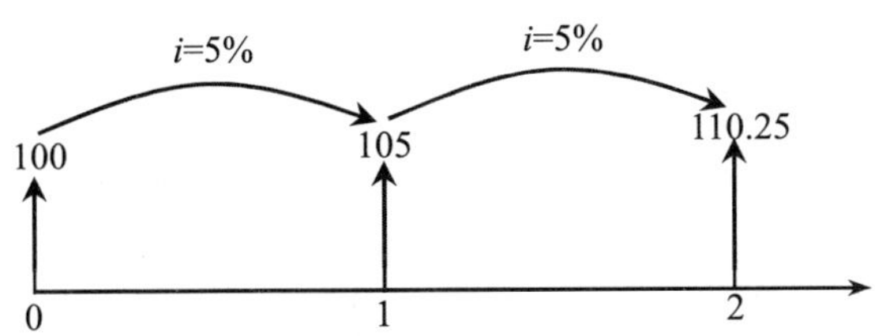

图 2-2　现金流量图示例

三、终值和现值的概念

考虑到时间价值，不同时间点的现金流量需要换算到相同的时间点，才能进行比较、汇总或比率计算。为了使一笔现金流能够与其他现金流相比较或汇总，其最基本的换算方式有两种：一种是换算到未来，统一到未来某一时间点；另一种是折算到现在，统一到现在的时间点。这就需要引入两个概念，即终值和现值。终值（Future Value, FV）一般指现在特定资金等值换算到未来的价值；以银行存款为例，终值对应的是本利和。现值（Present Value, PV）是指未来某一时间点的特定资金等值折算到现在的价值；以银行存款为例，现值对应的是为取得将来一定本利和在现在需要存入的资金。

广义来说，资金只要向未来换算，都可以称为终值，不一定非得是现在的特定资金，而且未来的时间点也不一定是一个。如图 2-3 所示，这些换算都是终值，所以终值具有多样性。现值则不然，虽然未来时间点上的所有的现金流都能够逆着时间轴折算，但只有折算到现在的那一个才能称为现值（如图 2-4），其他的折算一般不称为现值，所以现值具有唯一性。

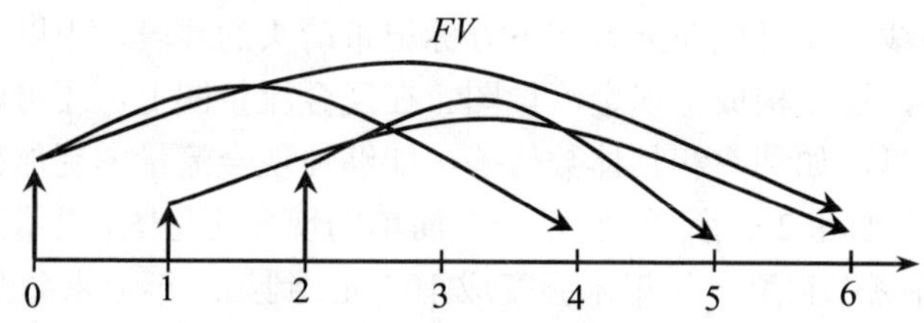

图 2-3　终值的多样性

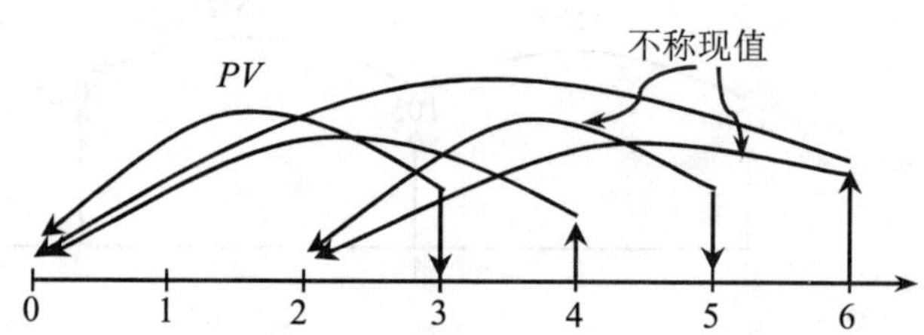

图 2-4　现值的唯一性

四、单利和复利的概念

在对资金进行换算时，存在两种不同的计息方式，即单利和复利。单利（Simple Interest），即简单利息计算法，其含义是仅仅以本金为基础在整个计息期内计算利息，不管计息期有多长，所产生的利息均不派生利息。在这里，本金指的是初始投入的资金，利息指的是投入资金的回报。虽然单利的理解和应用比较简单，但是在财务金融领域，应用单利的情况并不常见，这是因为单利属于算术级数的计息法，本身不太符合时间价值几何级数的逻辑[①]。由于历史原因，目前在我国国债和商业银行存款业务中一般采用单利计算利息。

复利（Compound Interest），即复合利息计算法，指的是在整个计息期内，不但本金一直计算利息，上一个计息周期产生的利息会累积到本金，在下一个计息周期也要派生利息。复利俗称“利滚利”，复利的计息周期指的是相邻两次计算利息的时间间隔，如年、半年、季度、月、日等。一般来说，除非特殊指明，复利的计息周期为一年。复利更符合时间价值几何级数的逻辑，它的运用范围比较广泛，涉及整个财务金融领域，因此，本书中除非特殊指明，在计算时所涉及的利率均是复利方式。

五、年金的概念

在财务金融领域，涉及时间价值的计算时，还存在一类重要的问题，即年金（Annuity）问题。年金不是一笔资金或现金流的问题，而是特殊的现金流序列，它是指每隔相等的时间（年、月等）收付的大小相等、方向相同的现金流序列。年金实际上是多笔现金流的问题，由于其具有规律性并且应用广泛，人们单独提出年金的概念，将年金作为一类特殊问题考虑。年金相对复杂，更需要时间线和现金流量图来理解问题。常见的年金形式包括：分期付款赊购、租金支付、分期偿还贷款（学生贷款、房屋贷款等）、保险金的支付、养老金的发放、融资租赁的长期应付款支付等。按照收付时点和方式的不同可以将年金分为普通年金、先付年金、递延年金和永续年金 4 种。

普通年金（Ordinary Annuity）又称后付年金，是指现金流的收付发生在每期期末。由于在金融业中，现金流收付通常发生在期末（月末或年末）；企业的账务结算也常常在期末（月末或年末）；所以，后付年金更为常见和“普通”。先付年金（Annuity Due）又称预付年金或即付年金，是指现金流的收付发生在每期期初。递延年金（Deferred Annuity）是指存在一定时间的递延期，第一次支付发生在第二期及以后的年金；递延年金一般理解为后付的形式。永续年金（Perpetuity）是指无限期收付的年金，一般也理解为后付的形式。图 2-5 的几个现金流量图分别描绘了 4 种年金形式，需要特别注意普通年金和先付年金在现金流量图上的差异。

① 算术级数指的是等差数列，几何级数指的是等比数列。

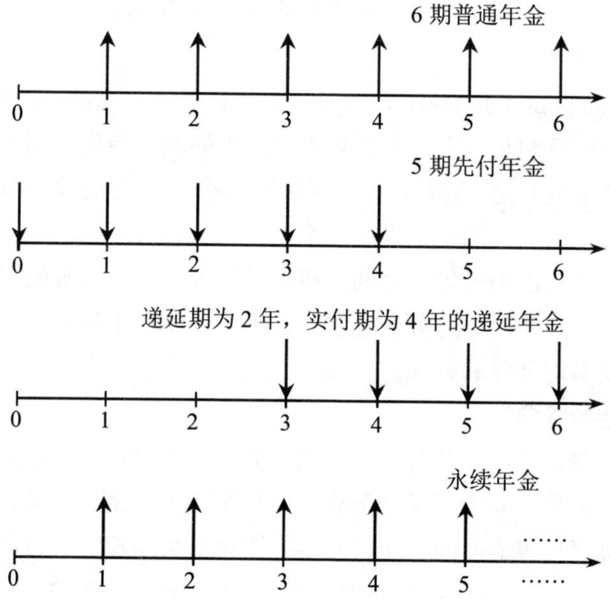

图 2-5 几种年金的现金流量图

【课堂测试 2-1】

1. 绘制一个 5 年期的时间线，并在上面描述以下状况：

   a. 发生在当前时点的 10 000 元现金流出；

   b. 在第 1 年至第 3 年每年末均产生现金流入 5 000 元；

   c. 第 5 年初发生现金流出 12 000 元；

   d. 在整个 5 年期的利率均为 8%。

2. 如果你现在有 50 000 元，面临两个选择：一是 3 年定期存款，利率 3.5%（单利）；二是某种 3 年定存的理财产品，利率也是 3.5%（复利）。你会选择哪一个呢？为什么？

第二节　终值和现值的计算

一、单利的终值和现值

（一）单利利息的计算

对我国商业银行的存款来说，不管期限多长只有本金能产生利息，根据这种情况，可以概括出单利利息的计算公式为：

$$I = P \times i \times n$$

式中，I——利息；

P——本金；

i——利率（单利，年利率）；

n——期限（年）。

［例 2-1］

王太太将现金 8 000 元存入银行，5 年定期，年利率 5.6%（单利），则到期时的利息是多少？

［解答］

$I = 8\,000 \times 5.6\% \times 5 = 2\,240$（元）

（二）单利终值的计算

单利终值代表用单利换算的一笔资金的未来价值，即本金与利息之和，那么单利终值的计算公式为：

$$S = P + I = P + P \times i \times n = P \times (1 + i \times n)$$

式中，S——单利终值；

P——本金；

I——利息；

i——利率（单利，年利率）；

n——期限（年）。

［例 2-2］

王先生急需周转资金，向某小额贷款公司借入现金 40 000 元，约定期限为 3 个月，按利率（单利）12%计算利息，计算还款时王先生应该还给小额贷款公司多少钱？

［解答］

$$S=40\,000\times\left(1+12\%\times\frac{3}{12}\right)=41\,200\text{（元）}$$

（三）单利现值的计算

单利现值作为单利终值的逆运算，可以直接推导出其计算公式为：

$$P=\frac{S}{1+i\times n}=S\times\left(1+i\times n\right)^{-1}$$

式中，P——单利现值；

S——本利和（即单利终值）；

i——利率（单利，年利率）；

n——期限（年）。

［例 2-3］

张三希望 5 年后得到本利和 600 000 元，以便支付购房首付款，假设银行 5 年定期存款利率（单利）为 5%，问他现在需要存多少钱？

［解答］

P=600 000/（1+5%×5）=480 000（元）

（四）单利贴现

在经济生活中，有时候利息的计算不是以现值作为本金，而是以未来值作为计算利息的基础，这被称为“贴现”。例如，企业持未到期的票据向银行申请融通资金时，银行按一定的利率从票据的到期值中扣除利息，将余额付给持票人，该票据归银行所有，这种融通资金的方法就是贴现。贴现时使用的利率称贴现率，计算出来的利息称贴现息，扣除贴现息之后的余额称为贴现值。

单利贴现的计算公式为：

$$P=S-I_d=S-S\times i_d\times n=S\times\left(1-i_d\times n\right)$$

式中，P——单利贴现值；

S——票据到期值；

I_d——贴现息；

i_d——贴现率（单利，年利率）；

n——自贴现日至到期日的期限（年）。

［例 2-4］

某企业有一张带息票据，面额为 10 000 元，票面利率 6%，出票日为 20X4

年 6 月 15 日，8 月 14 日到期（共 60 天）。因企业急需用款，于 6 月 30 日凭该票据向银行申请办理贴现，票据贴现期为 45 天。银行规定的贴现率为 8%，则银行付给企业的贴现金额为多少？

［解答］

票据到期值：$S=10\,000\times\left(1+6\%\times\dfrac{60}{360}\right)=10\,100$（元）

贴现金额：$P=10\,100\times\left(1-8\%\times\dfrac{45}{360}\right)=9\,999$（元）

二、复利的终值和现值

（一）复利的终值

复利作为一种应用广泛的计息方式，使用复利将一笔资金换算到未来或者折算到现在的情形在财务金融实务中很常见。我们首先以一次模拟投资开始，探讨复利的终值问题。

假设某人将 PV 元投资于一项事业，利率为 i，经过 1 年时间的终值为

$$FV_1=PV\times(1+i)$$

1 年后，若此人不提走现金，将这 FV_1 元继续投资于该事业，则第 2 年的终值为：

$$FV_2=FV_1\times(1+i)=PV\times(1+i)^2$$

以此类推，第 3 年的终值为：$FV_3=PV\times(1+i)^3$。

进一步类推下去，那么，复利终值的计算公式可以概括为：

$$FV_n=PV\times(1+i)^n$$

式中，FV_n——复利终值；

PV——本金；

i——利率（年利率）；

n——期限（年）。

在上述公式中，$(1+i)^n$ 被称为复利终值系数，可以用（F/P，i，n）来表示。当计息期较大时，手工计算 $(1+i)^n$ 的计算量相当大，所以人们编制了“复利终值系数表”（见书后附录一）。该表的表头第一行是利率 i，第一列是计息期数 n，正表相应的交叉处即为 $(1+i)^n$ 的值。

［例 2-5］

某企业向银行申请 3 年期抵押贷款 300 000 元，利率 8%，3 年后企业应还给银行多少钱？

［解答］

$$FV_3 = 300\ 000 \times (1+8\%)^3 = 377\ 913.60（元）$$

或者

$$FV_3 = 300\ 000 \times (F/P, 8\%, 3) = 300\ 000 \times 1.259\ 7 = 377\ 910（元）$$

对于上述的复利终值计算公式，实际上存在四个变量（即 FV_n, PV, i 和 n），根据等式的性质，已知其中的三个变量，则可以求出第四个变量。对这个公式来说，若已知 FV_n、PV（或 FV_n 与 PV 之比）和 i，可以求得 n；若已知 FV_n、PV（或 FV_n 与 PV 之比）和 n，可以求得 i。① 下面的例 2-6 和例 2-7 就分别演示了这两种情况。②

［例 2-6］

某人有 12 万元，拟投入报酬率为 8%的投资项目，经过多少年才可使现有货币增加一倍？

［解答］

$$24 = 12 \times (1+8\%)^n$$

即 $(F/P, 8\%, n) = 2$，查表，最接近值为 $n = 9$

［例 2-7］

现有 15 万元，欲在 19 年后使其达到原来的 3 倍，选择投资机会时最低可接受的报酬率为多少？

［解答］

$$45 = 15 \times (1+i)^{19}$$

即 $(F/P, i, 19) = 3$，查表，最接近值为 $i = 6\%$

（二）复利的现值

复利现值是复利终值的对称概念，计算复利现值的过程称为“折现”。本

① 前面的计算复利终值本身是一种情况，后文的计算复利现值又是另外一种情况，因其重要性，复利现值的情况被单独讨论。

② 例题中只是展示了用查复利终值系数表找到近似值的方法，实际上算出更精确的结果也不难。在例 2-6 中，其结果的精确值为 $n = \ln 2/\ln 1.08 = 9.01$（年）；在例 2-7 中，其结果的精确值为 $i = \sqrt[19]{3} - 1 = 5.95\%$。

书第一章讨论过，在财务金融领域，对于一项资产价值的评估一般采用其未来收益的折现价值。基于这样的原因，在实践中，复利现值往往比复利终值更为常用。复利现值实际上是复利终值的逆运算，根据复利终值的计算公式，很容易推导出复利现值公式：

$$PV=\frac{FV_n}{(1+i)^n}=FV_n\times(1+i)^{-n}$$

式中，PV—复利现值；

FV_n—资金本利和（即复利终值）；

i——利率（年利率）；

n——期限（年）。

在上述公式中，$(1+i)^{-n}$ 被称为复利现值系数，可以用（P/F，i，n）来表示。人们同样编制了“复利现值系数表”（见书后附录二）。同样，该表的表头第一行是利率 i，第一列是计息期数 n，正表相应的交叉处即为$(1+i)^{-n}$的值。很容易看出，在利率和计息期相同的情况下，复利终值系数与复利现值系数互为倒数。随着计算机的普及，复利终值系数表和复利现值系数表的用途越来越小，因为其所能够查到的利率和期限毕竟有限。

［例 2-8］

某人拟在 5 年后获得本利和 10 000 元，假设投资报酬率为 10%，他现在应投入多少元？

［解答］

$PV=10\ 000\times(1+10\%)^{-5}=6\ 209.21$（元）

或者

$PV=10\ 000\times(P/F,10\%,5)=10\ 000\times0.620\ 9=6\ 209$（元）

在例 2-5 和例 2-8 中，可以发现采用直接计算和查表的方法，其结果存在差异，这是由于数字精度的四舍五入造成的，可以忽略。为了简便，本书在后面的探讨中，若出现类似计算，不再列出两种做法，而是采用更为精确的直接计算法。

篇中案例 2-1

72 法则

2012 年中国共产党第十八次全国代表大会报告中提出，“2020 年实现国内生产总值和城乡居民人均收入比 2010 年翻一番”，这被称为“收入倍增计划”。这一计划容易实现吗？每年的增长率大概多少呢？实际上，无须精确计算就可以利用一个简单有效的方法估计每年的增长率，这就是72法则（The Rule of 72s）。这一法则是说，当复利利率的百分数（i%）与年数（n）的乘积等于72（即 $i \times n=72$）时，资金就能够翻倍。当复利利率介于5%至20%之间时，这一方法相当准确。那么，在收入倍增计划中，10年翻一番，每年的增长率大约是7.2%。你可以验证一下，这一方法是不是精确呢？

三、年金的终值和现值

（一）普通年金的终值和现值

1．普通年金的终值

年金终值的实质是将构成年金的每一笔现金流换算到未来的同一个时间点，即计算每一笔现金流到同一个时间点的终值，然后再求和。因为年金是特殊的现金流序列，所以年金终值计算存在一定的规律，无须一笔一笔地计算。

图2-6描绘了普通年金终值计算的基本形式，若假设每年收付的资金为A，利率为i，年数为n，则按照复利终值方法计算到第n年末的普通年金终值FVA为：

$$FVA = A + A(1+i) + A(1+i)^2 + \cdots + A(1+i)^{n-1}$$

等式两边同时乘以（1+i），得

$$(1+i)FVA = A(1+i) + A(1+i)^2 + A(1+i)^3 + \cdots + A(1+i)^n$$

后式减前式，得

$$i \cdot FVA = A(1+i)^n - A$$

于是，可以得到普通年金终值的计算公式为：

$$FVA = A \times \frac{(1+i)^n - 1}{i}$$

式中，$\frac{(1+i)^n - 1}{i}$被称为（普通）年金终值系数，可以用（F/A，i，n）来表示。其数值除了直接计算之外，同样可以查询“普通年金终值系数表”（见书后附录三）。该表的查询方法与复利终值系数表、复利现值系数表类似。

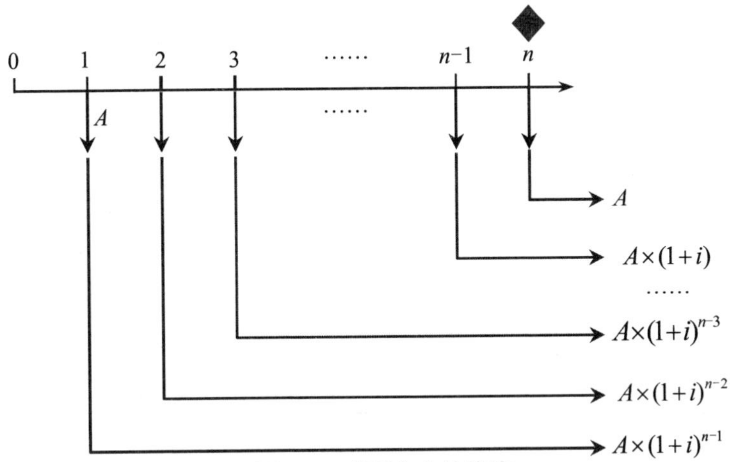

图 2-6　普通年金的终值

[例 2-9]

某商业银行推出一种“零存整取”的理财产品，要求储户在签订合同之后的 10 年中每年年末存入 12 000 元。若银行采用复利计息，利率为 5%，试计算该理财产品第 10 年年末的本利和。

[解答]

$$FVA = 12\ 000 \times \frac{(1+5\%)^{10}-1}{5\%} = 150\ 934.71\text{（元）}$$

2．普通年金的现值

与对年金终值的讨论相似，年金现值是构成年金的各笔现金流量的现值总额。同样因为年金是特殊的现金流序列，所以年金现值计算也存在一定的规律，无须逐笔计算。

图2-7描绘了普通年金现值计算的基本形式，若假设每年收付的资金为A，利率为i，年数为n，则按照复利现值方法计算的普通年金现值PVA为

$$PVA = A(1+i)^{-1} + A(1+i)^{-2} + \cdots + A(1+i)^{-n}$$

等式两边同时乘以（1+i），得

$$(1+i)PVA = A + A(1+i)^{-1} + \cdots + A(1+i)^{-(n-1)}$$

后式减前式，得

$$i \cdot PVA = A - A(1+i)^{-n}$$

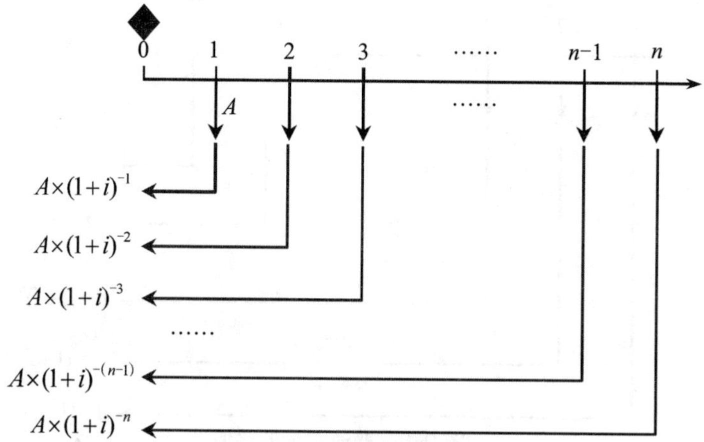

图 2-7 普通年金的现值

于是，可以得到普通年金现值的计算公式为：

$$PVA = A \times \frac{1-(1+i)^{-n}}{i}$$

式中，$\frac{1-(1+i)^{-n}}{i}$被称为（普通）年金现值系数，可以用（P/A，i，n）来表示。其数值除了直接计算之外，同样可以查询“普通年金现值系数表”（见书后附录四）。该表的查询方法不再赘述。

［例 2-10］

某人出国留学 3 年，请你代付物业费，每年 2 400 元。他将这笔钱打到一个银行账户上，由你定期支取，设银行存款利率为 4%，这个账户上至少应该存入多少钱？

［解答］

$$PVA = 2\,400 \times \frac{1-(1+4\%)^{-3}}{4\%} = 6\,660.22\text{（元）}$$

（二）先付年金的终值和现值

先付年金虽然在支付形式上与普通年金存在本质的差异，但是从现金流量图（如图 2-8）来看，先付年金与普通年金的差异仅仅在首尾两端。与普通年金相反，先付年金在零期存在现金收付，第 n 年末不存在现金收付。

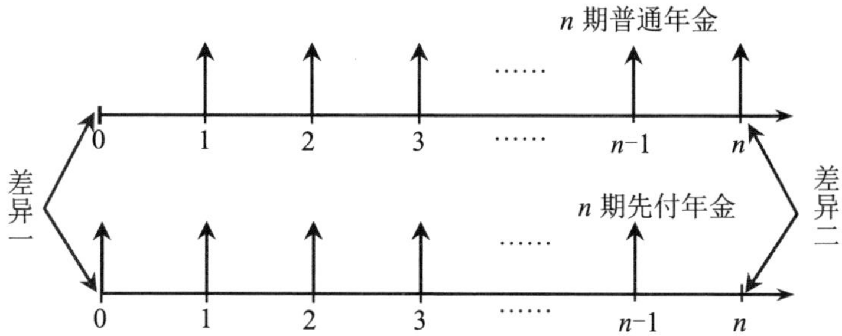

图 2-8　n 期先付年金与 n 期普通年金的差异

图2-9显示出先付年金终值计算的基本形式，若假设每年收付的资金为A，利率为 i，年数为 n，则按照复利终值方法计算的先付年金终值 FVA 为：

$$FVA = A(1+i) + A(1+i)^2 + A(1+i)^3 + \cdots + A(1+i)^n$$

对比普通年金终值计算的原始式，可以看出，构成先付年金终值的每一项都相当于普通年金终值相应项的（1+i）倍，所以，先付年金终值的计算公式为：

$$FVA = A \times \frac{(1+i)^n - 1}{i} \times (1+i)$$

运用同样的方法，可以推导出先付年金现值的计算公式为：

$$PVA = A \times \frac{1-(1+i)^{-n}}{i} \times (1+i)$$

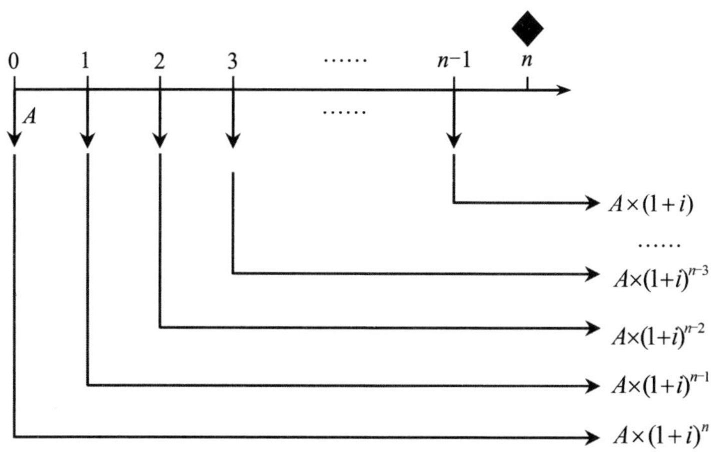

图 2-9　先付年金的终值

概括而言，先付年金无论是终值还是现值，都等于在同样利率、同样期限的相应普通年金的终值或现值的基础上乘以 1 与利率之和，即（$1+i$）。涉及年金终值或现值的问题时，构成普通年金的情况比较常见；先付年金则需要通过在描述收付款项时使用“从现在开始”“从今天开始”“立即”等字样来辨认。

［例 2-11］

某人购买附带投资功能的意外伤害保险产品，从现在起每年初支付 3 000 元保险费，连续支付 9 次，投资收益率为 3%，到第 9 年年末时，这笔保险投资的本利和为多少？

［解答］

$$FVA=3\ 000\times\frac{(1+3\%)^{9}-1}{3\%}\times(1+3\%)=31\ 391.64\text{（元）}$$

［例 2-12］

某人准备采用零首付两年分期付款的方式购买手机一部。商家对该手机标价 4 800 元，要求从现在起每月初支付 200 元，连续支付 24 个月。若银行贷款利率为月息 0.5%，则这项分期付款相当于原价的多少折扣？

［解答］

$$PVA=200\times\frac{1-(1+0.5\%)^{-24}}{0.5\%}\times(1+0.5\%)=4\ 535.136\text{（元）}$$

$$r=\frac{4\ 535.136}{4\ 800}\times100\%=94.48\%$$

（三）递延年金的终值和现值

递延年金实际上并不是年金的新类别，只不过是支付形式的变化。在递延年金中，一般把没有发生支付的年限称为递延期，用 m 表示；而实际发生支付的期限称作实付期，用 n 表示。图 2-10 代表了递延年金的一个示例，可见图中 $m=3$，$n=4$。

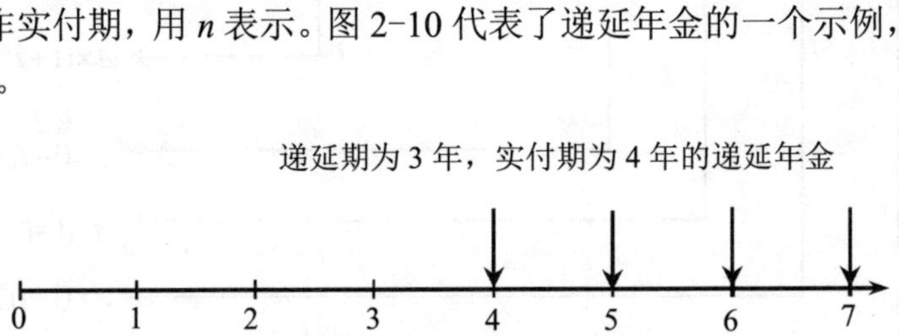

图 2-10　递延年金示例

若计算递延年金在第 $m+n$ 期的终值，通过分析图 2-10 可以发现，这样的终值与递延期无关，仅与实付期相关，也就是说，递延年金终值的计算方法与普通年金终值类似。这里不再赘述。

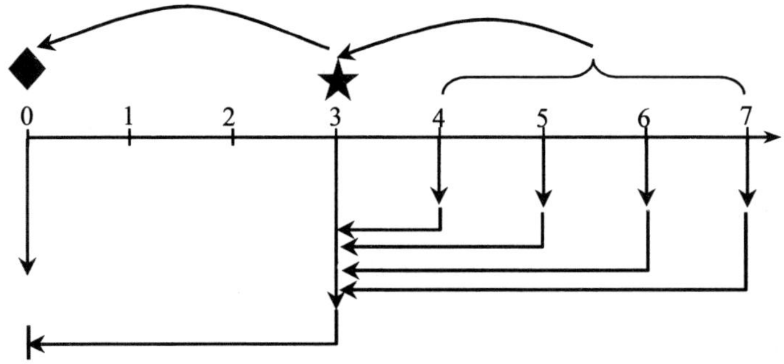

图 2-11　递延年金的现值

递延年金现值的计算则并不是这样简单，因为现值的唯一性，所以只有将所有的现金流折算到零期时点才算是现值，这样，仅仅像普通年金现值那样，把实付期的现金流折算汇总到递延期末，并不是现值。因此，递延年金现值的计算需要分两步折现。如图 2-11 所示，第一步需要将实付期的现金流按照计算普通年金现值的方法折现汇总到递延期末，然后再将汇总后的现金流用复利现值的方法折算到现在。所以，递延年金现值的计算公式为：

$$PVA = A \times \frac{1-(1+i)^{-n}}{i} \times (1+i)^{-m}$$

［例 2-13］

某项目建设期为 3 年，从第 4 年起每年可以创造净收益 100 万元，持续 6 年。若投资者目标投资收益率为 8%，则该项目净收益的现值为多少？

［解答］

$$PVA = 100 \times \frac{1-(1+8\%)^{-6}}{8\%} \times (1+8\%)^{-3} = 366.98\text{（万元）}$$

（四）永续年金的现值

永续年金具有延续性，可以理解为是无限期的普通年金。因为没有可以计算终值的结束时间点，所以终值的概念对永续年金来说没有意义。就现值而言，因为永续年金每笔现金流折现值是递减的，所以永续年金虽然无限期支付，但各笔现金流的总和是收敛的。也就是说，永续年金的现值是有意义的。根据普通年金现值的计算公式，可以导出永续年金现值的计算公式。

因为$PVA = A \times \frac{1-(1+i)^{-n}}{i}$，当$n \to +\infty$时，$(1+i)^{-n}$的极限是0[①]，故上式可以写成：

$$PVA = \lim_{n \to +\infty} A \times \frac{1-(1+i)^{-n}}{i} = A \times \frac{1-0}{i} = A \times \frac{1}{i} = \frac{A}{i}$$

［例 2-14］

某学校设立一笔奖学金，需要建立奖学金基金，若每年发放额为 500 000 元，年利率为 5%。那么，这笔基金的存款额应该是多少？

［解答］

$$PVA = \frac{500\ 000}{5\%} = 10\ 000\ 000\text{（元）}$$

四、永续增长年金的现值

在财务金融实务中，还会遇到一种特殊的永久持续的现金流序列，它不是年金，但是与永续年金存在一定的关系，被称为永续增长年金（Growing Perpetuity）。永续增长年金指的是，每隔相等的时间（年、月等）收付的方向相同但大小以某一固定比率永久持续增长的现金流序列。

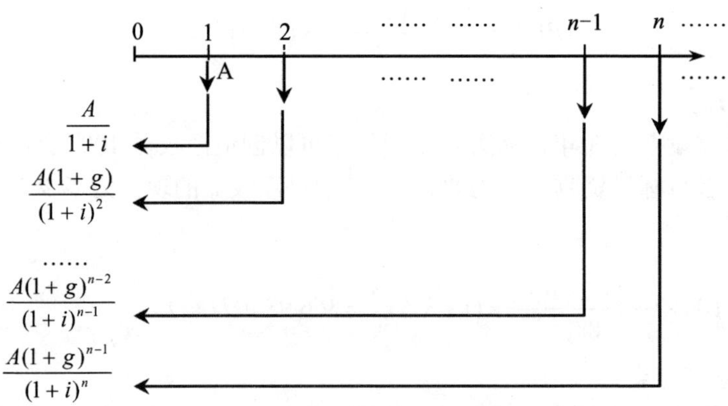

图 2-12 永续增长年金的现值

图 2-12 代表了永续增长年金的一般形式。与永续年金类似，永续增长年

① i 代表正常的利率水平，不为负值；进一步也可以说永续年金的现值系数为 $1/i$。

金因为其现金流永久持续，所以计算其终值也没有意义。不过，永续增长年金的现值问题值得讨论。

根据图 2-12，若永续增长年金第 1 年末收付的现金流量为 A，现金流量固定的增长比率为 g，利率（折现率）为 i，则永续增长年金的现值可以表示为

$$PVGA=\frac{A}{1+i}+\frac{A(1+g)}{(1+i)^2}+\cdots+\frac{A(1+g)^{n-1}}{(1+i)^n}+\cdots$$

这显然是一个等比数列构成的无穷级数，首项是 $\frac{A}{1+i}$，公比是 $\frac{1+g}{1+i}$。于是，这一无穷级数收敛的条件是 $\frac{1+g}{1+i}<1$，即 $g<i$。也就是说，永续增长年金当现金流量的增长率小于折现率时，存在现值。那么，在这样的条件下，其现值为

$$PVGA=\lim_{n\to+\infty}\frac{A}{1+i}\cdot\frac{1-\left(\frac{1+g}{1+i}\right)^n}{1-\frac{1+g}{1+i}}，因为\ \lim_{n\to+\infty}\left(\frac{1+g}{1+i}\right)^n=0，$$

所以　$$PVGA=\frac{A}{1+i}\cdot\frac{1+i}{i-g}=\frac{A}{i-g}，式中，g<i$$

［例 2-15］

某大学准备设立一项奖学金，第 1 年准备发放 500 000 元，以后每年增加 3%，假定银行存款利率为 5%，问该永续奖学金的现值是多少？

［解答］

$$PVGA=\frac{500\ 000}{5\%-3\%}=25\ 000\ 000（元）$$

【课堂测试 2-2】

一家房地产公司为了推广它们的经济适用房提供了以下几种付款方式供消费者选择。如果你是购房者（假定适用的折现率为 8%），你会选择哪一个呢？

a. 支付 40 万元现金；

b. 5 年后支付 60 万元；

c. 从购房当天起，每年支付 5.5 万元，共支付 10 年；

d. 从购房满 1 年起，每年支付 3 万元，直到永远；

e. 从购房满 1 年起，开始支付 1.52 万元，以后每年增长 4%，直到永远。

第三节 分期偿还贷款与时间价值的综合计算

一、已知还贷终值确定分期偿还额

分期偿还贷款问题也是经济生活中常见的问题，典型的分期偿还贷款问题包括分期付款额的确定、住房抵押贷款等额本息还款额的确定、保险金的确定等。分期偿还贷款问题常见于贷款偿还，但在其他领域也可以见到，它是等额年金问题的逆运算，即已知年金终值或现值，反求每年现金流的问题，也称为等额分摊问题。

已知年金终值反求每年现金流的问题，常见于财务管理中的偿债筹划，以及个人理财中的资金积累、养老筹划问题。为了在未来能够及时偿还一笔长期借款，财务管理部门有时候需要每年（月）从净收益中留取等额的资金，作为偿债基金，这就是偿债筹划。在家庭理财时，为了应对在未来的一笔大额支出，每年（月）从家庭收入中留取等额的资金做准备，也是类似的问题。根据普通年金终值（先付年金、递延年金等问题从略①，下同）的计算公式，可以推导出已知年金终值反求每年现金流的计算公式为

$$A=\frac{FVA}{(F/A,i,n)}=\frac{FVA\times i}{(1+i)^n-1}$$

［例 2-16］

王先生夫妇的女儿今年 6 岁，他们准备为女儿的教育做打算，计划每年等额投入一笔钱作为女儿教育基金，投资收益率为 6%。预计 12 年后女儿上大学时大约需要 20 万元，那么，他们每年应该投入多少钱？

［解答］

$$A=\frac{200\ 000\times 6\%}{(1+6\%)^{12}-1}=11\ 855.41\text{（元）}$$

① 此处所说的已知年金终值反求每年现金流的问题，或者后文中已知年金现值反求每年现金流的问题，当年金形式为先付年金或递延年金时，读者可以根据先付年金或递延年金的终值或现值公式，利用逆运算原理，自行推导计算公式，这里从略。

篇中案例 2-2

该考虑退休后的生活了

李先生和李太太今年都已经 40 岁了，他们是潇洒的丁克一族。每年他们的收入不少，可是花销也相当可观。一年下来，他们总要问，钱都去哪了呢？李太太意识到，这样下去，二十年之后当他们双双退休后，生活质量可能会大幅下降。于是，李太太找到理财咨询师，准备从现在开始筹划退休后的生活。李太太估计到退休时，他们大概需要 200 万元，才能保证生活质量不下降。目前相对安全的投资报酬率约为 6%，作为理财咨询师的你，该给李太太哪些建议呢？

二、已知还贷现值确定分期偿还额

已知年金现值反求每年现金流的问题更为常见，主要包括等额本息法进行分期付款、偿还贷款等。这种分期付款都是每年偿还相等的金额，但实际上，每一笔还款都由利息和本金两部分构成。其中，利息部分由每期期初尚未偿还的余额乘以利率确定，偿还的本金部分等于每期偿还的固定金额减去当期偿还的利息。由于每期都偿还一部分本金，作为计算利息基础的待还余额就相应地逐渐减少，而利率不变，所以每期还款中利息的数额不断减少，本金逐渐增加。同样，根据普通年金现值的计算公式，可以推导出已知年金现值反求每年现金流的计算公式为

$$A=\frac{PVA}{(P/A,i,n)}=\frac{PVA\times i}{1-(1+i)^{-n}}$$

[例 2-17]

某公司刚刚从银行贷款 100 万元，利率 6%，为期 10 年。银行要求从第 1 年末开始按等额年金的方式偿还。问每年偿还多少？前两年偿还额中，本金和利息分别为多少？

[解答]

$$A=\frac{1\,000\,000\times 6\%}{1-(1+6\%)^{-10}}=135\,867.96（元）$$

第 1 年利息 $=1\,000\,000\times 6\%=60\,000$（元）

第 1 年本金偿还 $=135\,867.96-60\,000=75\,867.96$（元）

第 2 年利息 $=(1\,000\,000-75\,867.96)\times 6\%=55\,447.92$（元）

第 2 年本金偿还 $=135\,867.96-55\,447.92=80\,420.04$（元）

三、住房贷款等额本息法偿还月供的计算

随着中国房地产业的发展，以按揭抵押贷款方式购房的人越来越多。在这种情况下，购房者先支付一定比例的首付款，然后房款剩余部分以房屋本身作抵押向银行贷款。银行一般要求购房者以等额本息的方式按月还款，这很显然属于分期偿还贷款问题，即已知年金现值反求每年现金流。值得注意的是，目前在中国，这种贷款可能会分成公积金贷款和普通商业贷款两部分，这两部分的利率不同；而且，因为银行要求按月还款，所以公布的贷款年利率需要除以 12 转换成月利率（可以这样做的原因见本章第四节讨论），贷款年限也需要转换成月份数。

［例 2-18］

王先生夫妇准备购买一套商品房，总价款 150 万元，他们准备首付 50 万元，其余部分做 20 年期抵押贷款。贷款部分：公积金贷款 50 万元，商业贷款 50 万元。假设公积金贷款利率为 3.6%，商业贷款利率为 6%。计算王先生需要承担的贷款月供为多少？

［解答］

公积金贷款部分：

$$A_1=\frac{500\ 000\times\left(3.6\%/12\right)}{1-\left(1+3.6\%/12\right)^{-240}}=2\ 925.56（元）$$

商业贷款部分：

$$A_2=\frac{500\ 000\times\left(6\%/12\right)}{1-\left(1+6\%/12\right)^{-240}}=3\ 582.16（元）$$

四、时间价值的综合计算

在前面章节，我们讨论的问题都是单笔现金流或者等额收付的现金流序列的终值或现值问题。在现实中，许多问题要包括收付款项不等的现金流量或者不规则的现金流量中也包含规则的部分。此时，不能用年金公式计算终值和现值，需要将每一笔现金流分别计算复利终值或现值，然后再汇总。当然，其中构成年金的部分（一般称为内嵌式年金，Imbedded Annuity），可以用递延年金的公式来简化计算。下面列举一个综合例题作为时间价值的综合计算练习。

［例 2-19］

某公司现有一个投资项目，预计该项目寿命周期 10 年，第 1 年净收益 50 万元，第 2 年净收益 70 万元，第 3 年至第 8 年每年净收益 30 万元，第 9 年净收益 60 万元，第 10 年净收益 70 万元，若预期报酬率为 12%，问：该项目 10 年净收益现值总额是多少？

［解答］

该项目净收益的现金流量图如图 2-13 所示，可以看出，第 1 年、第 2 年、第 9 年、第 10 年的净收益现值需要分别折现；第 3 至第 8 年连续 6 年的净收益构成内嵌式年金，可以用递延年金的现值公式折现。

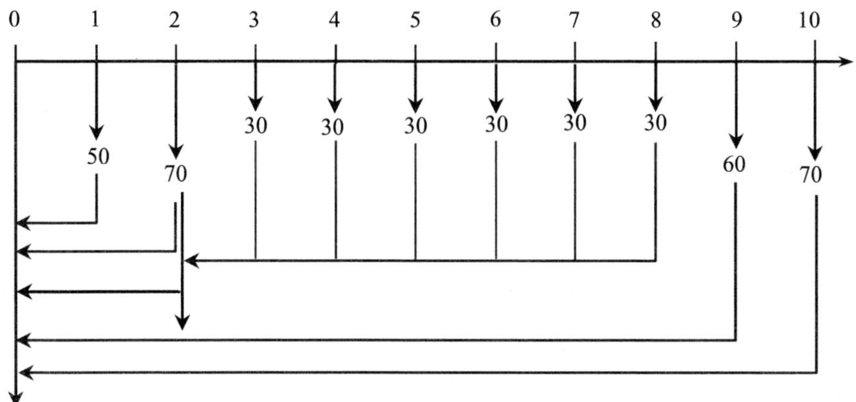

图 2-13　该投资项目的现金流量图

$PV_1 = 50 \times (1+12\%)^{-1} = 44.64$（万元）

$PV_2 = 70 \times (1+12\%)^{-2} = 55.80$（万元）

$PV_9 = 60 \times (1+12\%)^{-9} = 21.64$（万元）

$PV_{10} = 70 \times (1+12\%)^{-10} = 22.54$（万元）

$PV_{3\sim8} = 30 \times \dfrac{1-(1+12\%)^{-6}}{12\%} \times (1+12\%)^{-2} = 98.33$（万元）

所以，$PV_{1\sim10} = 44.64 + 55.80 + 98.33 + 21.64 + 22.54 = 242.95$（万元）

【课堂测试 2-3】

若将普通年金现值系数的倒数称为现值偿债基金系数，请用计算器计算并填充下面的现值偿债基金系数表。

现值偿债基金系数 n/i	1%	2%	3%	4%	5%
3					
6					
9					
12					

第四节　利率的转换

在有关时间价值的各种计算中，利率的作用十分重要，利率的大小在一定程度上决定了终值和现值的大小。本节简单地讨论一些有关利率理论和利率转换的问题。

一、单利与复利的转换

目前我国的商业银行在吸纳存款、推出短期理财产品以及政府发行国债时，一般采用单利计息；而国际上财务金融等各领域通行的是复利计息。如果期限为 1 年，复利的计息周期刚好也是 1 年的话，单利与复利两种计息方式就不存在差异。但如果期限不是一年，这就存在一个等价转换的问题。

由于单利和复利在计息时存在本质差异，所以并不存在某一单利率与某一复利率永远等价的情况。所谓的单利与复利的转换，是指在一定的计息期内，存在等效的情况，即同样一笔资金在同一计息期内，采用某一单利计息与采用某一复利计息的终值相等。根据这一原理，假定计息期为 n 年，单利年利率为 i_s，等效的复利率为 i_c，故

$$1+i_s\times n=\left(1+i_c\right)^n$$

于是，可以推出

$$i_c=\left(1+i_s\times n\right)^{\frac{1}{n}}-1$$

$$i_s=\frac{\left(1+i_c\right)^n-1}{n}$$

[例 2-20]

某银行在 20X3 年 9 月 20 日个人储蓄 5 年定期存款利率为 4.75%，折算成等效的复利率为多少？

[解答]

$$i_c=\left(1+4.75\%\times5\right)^{\frac{1}{5}}-1=4.354\%$$

从上面的例题可以看出，当计息期在 1 年以上时，等效的单利率与复利率相比，在数值上比较大，这应该比较容易理解，此处不予赘述。

二、简单年利率与有效年利率

对于给定利率（如 6%），如果没有任何说明，按照惯例它指的是年复利，而且计息周期为 1 年，也就是说每年计算一次利息；除此之外，其他的利率形式都需要加以额外说明。这里要指出的是，对于计息周期不是 1 年（特别是短于 1 年）的利率，例如，计息周期为月，在理论上的描述应该类似于“月复利率 0.5%，计息周期为 1 个月（或者按月计息，又或者每年计息 12 次）”。然而，财务金融领域更习惯于给定年利率，例如对于上述情况，人们习惯上给出的说法是“利率 6%，按月计息”，这样的说法与前面的说法是完全等效的；不过，此时 6%不再是真实的有效年利率，而变成了名义年利率，这是因为人们在计算时，不能使用 6%的年利率，而应该使用月利率=年利率/12（即 0.5%）进行计算。[①]那么，在这种情况下，有效年利率（Effective Annual Rate，EAR）应该如何考虑呢？有效年利率应该是投资 1 年的情况下，投资总效果（本利和）减去初始投资之后的差额再与初始投资的比率，或者说是单位投资的年投资收益。

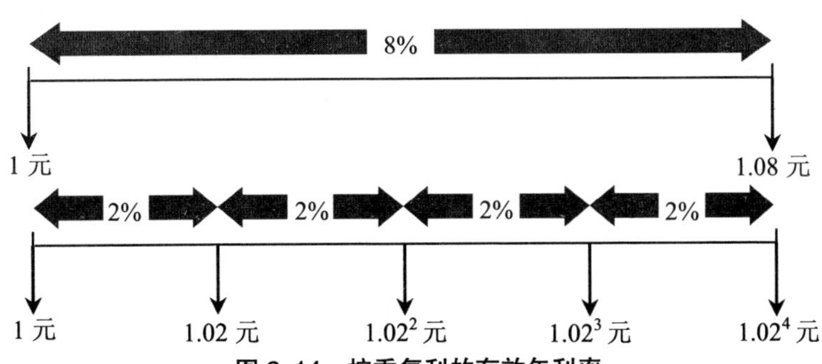

图 2-14　按季复利的有效年利率

① 在前文例 2-18 中，对于给定利率 3.9%和 6%，但要求按月还款（即月供），就是这样处理的。

举一个稍微简单的例子来说，如图 2-14 所示，如果年初投资 1 元钱，按照“8%”的利率，到年末将会变成 1.08 元，有效年利率当然是 8%；如果年初投资 1 元钱，按照“8%，按季计息”的利率，相当于 1 元钱按照季度利率 2%（即 8%/4）复利 4 次，到年末将会变成 1.082 432 16 元（即 1.02^4），有效年利率约等于 8.24%（1.02^4-1）。据此，若给定名义年利率为 i_n，每年计息 m 次，则有效年利率 i_r 的计算公式为

$$i_r=\left(1+\frac{i_n}{m}\right)^m-1$$

若按照这样的利率，n 年复利终值和复利现值的计算公式将变成

$$FV=PV\times\left(1+\frac{i_n}{m}\right)^{mn}=PV\times\left(F/P,\frac{i_n}{m},mn\right)$$

$$PV=FV\times\left(1+\frac{i_n}{m}\right)^{-mn}=FV\times\left(P/F,\frac{i_n}{m},mn\right)$$

［例 2-21］

某公司存入银行 100 000 元，假设银行按季计息，年利率为 8%，则 3 年后的本利和为多少？

［解答］

$$FV=100\ 000\times\left(1+\frac{8\%}{4}\right)^{4\times3}=126\ 824.18\text{（元）}$$

在实务中，有时候一些短期投资的期限短于 1 年，这样的投资能够得到一个短期投资收益率，但人们希望能够将其转化为年收益率，习惯上有两种方法，一种是简单年利率（Annual Percentage Rate，APR），另外一种是有效年利率。简单年利率类似于单利的做法，而有效年利率的做法就是用前面讲过的方法。

若 d 天短期投资的收益率为 i_d，则简单年利率（i_p）和有效年利率（i_e）的计算方法分别为

$$i_p=i_d\times\frac{365}{d}$$

$$i_e=\left(1+i_d\right)^{\frac{365}{d}}-1$$

[例 2-22]

王先生将 10 万元现金购买某银行推出的理财产品，该理财产品投资期限为 55 天，预计收益为 950 元，则王先生投资的简单年利率和有效年利率分别为多少？

[解答]

$$i_d = \frac{950}{100\ 000} \times 100\% = 0.95\%$$

$$i_p = 0.95\% \times \frac{365}{55} = 6.30\%$$

$$i_e = \left(1 + 0.95\%\right)^{\frac{365}{55}} - 1 = 6.48\%$$

简单年利率和有效年利率各有用途，一般而言，对于商业银行推出的一些理财产品，一方面不能假定投资者能够持续投资，另一方面也为了便于普通投资者理解，其年化收益率（Annualized Rate of Return）大都采用简单年利率；对于货币型基金（特别是一些互联网金融机构推出的货币基金型理财产品），它假定投资者的投资是持续的，而且采用每日复利，所以其年化收益率通常采用动态 7 日累计复利收益率的有效年利率。

篇中案例 2-3

余额宝年化收益率的计算

2013 年 6 月，马云旗下的支付宝公司推出了余额宝产品，为客户提供货币基金增值服务，因其方便、快捷、收益率高于银行活期存款，所以余额宝迅速吸引了数额巨大的资金。那么余额宝显示给客户的年化收益率是怎么计算的呢？其实，它采用的是动态 7 日收益率的有效年利率，即

$$EAR = \left[\prod_{t=1}^{7}\left(1 + i_t\right)\right]^{\frac{365}{7}} - 1$$

在上面的式子中，i_t 表示日收益率，选择包括当日在内的最近 7 天的日收益率。如果最近 7 日的收益率分别为 0.008 2%，0.008 0%，0.007 8%，0.008 1%，0.008 3%，0.008 5%，0.008 7%，则其年化收益率为

$$\left[\left(1 + 0.008\ 2\%\right)\left(1 + 0.008\ 0\%\right)\cdots\left(1 + 0.008\ 7\%\right)\right]^{\frac{365}{7}} - 1 = 3.05\%$$

三、连续复利

在前面的讨论中，我们讲到了给定年利率，但复利周期短于 1 年的情况。延伸下去，考虑活期存款的情况。若活期存款给定年利率为 i，假定投资 1 亿元，每天存取一次，则可以构造一个每天计息一次的复利，那么 1 亿元到年末会变成 $\left(1+\frac{i}{365}\right)^{365}$ 亿元。

进而，如果允许每时、每分、每秒……都计利息，这就成了利息理论和大银行业务活动中经常用到的连续复利（Continuous Compounding）。在连续复利的情况下，若给定连续复利率为 i，1 亿元到年末的本利和为（亿元）：

$$\lim_{m\to+\infty}\left(1+\frac{i}{m}\right)^{m}=\mathrm{e}^{i}$$

其中，e 为自然对数的底（e=2.7182818284…）。在连续复利的情况下，n 年（n 为正数）复利终值和现值的计算公式为

$$FV=PV\times \mathrm{e}^{n\times i}$$

$$PV=FV\times \mathrm{e}^{-n\times i}$$

[例 2-23]

如果某银行的一种投资产品采用连续复利计息，连续复利率为 3%，王先生将 10 万元投资于该产品，则 3.5 年后的终值为多少？

[解答]

$FV=100\ 000\times \mathrm{e}^{3.5\times 3\%}=111\ 071.06$（元）

【课堂测试 2-4】

计算在下列情况下第五年末的 5 000 元的现值。

a. 利率为 6%；

b. 利率为 6%，每半年复利一次；

c. 利率为 6%，每季度复利一次；

d. 利率为 6%，每个月复利一次；

e. 利率为 6%，连续复利。

本章小结

货币的时间价值，是指货币经历一定时间的投资和再投资所增加的价值。

人们习惯使用单位时间增加价值占投入货币的百分数表示货币的时间价值。时间价值原则可以通俗地表述为“今天的1元钱的价值大于明天的1元钱的价值”，它说明投资要求有回报，因而时间价值原则也被称为理财的第一原则。考虑到时间价值，不同时间点的现金流量需要换算到相同的时间点，才能进行比较、汇总或比率计算。为此，需要计算资金的终值和现值，终值是现在特定资金等值换算到未来的价值，现值是未来某一时间点的特定资金等值折算到现在的价值。在对资金进行换算时，存在两种不同的计息方式，即单利和复利。单利是仅仅以本金为基础在整个计息期内计算利息，利息不计息；复利指的是不但本金一直计算利息，产生的利息也会累积到本金，作为下一次计算利息的基础。年金是指每隔相等的时间收付大小相等、方向相同的现金流序列，按照收付时点和方式不同可以将年金分为普通年金、先付年金、递延年金和永续年金等四种。各种形式的年金终值和现值的计算均以普通年金终值和现值的计算为基础，可以利用等比数列求和的方法简化年金终值和现值的计算。

永续增长年金指的是每隔相等的时间收付方向相同但大小以某一固定比率永久持续增长的现金流序列，其终值不存在，但其现值计算与永续年金类似，均表现为无穷收敛等比数列的极限问题。分期偿还贷款问题是等额年金问题的逆运算，即已知年金终值或现值反求每年现金流的问题，住房贷款等额本息法偿还月供的计算是典型的分期偿还贷款问题。

同样一笔资金在同一计息期内，若采用某一单利计息与采用某一复利计息的终值相等，则存在单利与复利等效转换的问题；对于复利，若计息周期不足一年，便存在名义年利率与有效年利率的转换问题；对于期限不足一年的投资，若希望将短期投资收益率转化为年收益率，则存在简单年利率和有效年利率两种形式；对于复利，若允许连续计息周期，则会出现连续复利的形式；这些都是利息理论的初步知识。

篇后案例

出国读研还是国内工作

小张马上就要大学毕业了，她现在面临抉择：是出国攻读研究生，还是留在国内参加工作呢?

她刚刚收到了一份工作邀请，月工资4 000元，而且工作前景不错（假定未来两年月工资增长率等于其折现率）。令她犹豫的是，她申请的一所国外大学也发来了录取通知书，一个她满意专业的为期两年的硕士研究生学习机会。

小张估计出国两年的学费、生活费等差不多需要花费 15 万元（假定现在支付 7.5 万元，一年后支付 7.5 万元）；不但如此，她放弃的工作机会也会给出国留学带来不菲的机会成本。不过，小张认为两年的海外留学背景会对她的将来大有裨益。她预计，两年之后她回国工作，月收入至少不会低于现在的工作机会在两年之后的水平：有 30%的可能会持平，有 30%的可能每月比现在的工作机会在两年之后的月收入高 1 500 元，有 40%的可能每月比现在的工作机会在两年之后的月收入高 3 000 元，而且这一情况会在整个职业生涯中持续。小张今年 23 岁，两年之后她就 25 岁了，职业生涯大概还会有 30 年。

在折现率为 6%的情况下，如果仅考虑收入和支出，你能帮小张做出决策吗？

核心概念

时间价值（Time Value）
终值（Future Value）
现值（Present Value）
单利（Simple Interest）
复利（Compound Interest）
年金（Annuity）
永续增长年金（Growing Perpetuity）
有效年利率（Effective Annual Rate）
简单年利率（Annual Percentage Rate）
年化收益率（Annualized Rate of Return）
连续复利（Continuous Compounding）

思考题

1. 理财的第一原则是什么？如何解释这一原则？
2. 什么是年金？年金有几种类型？
3. 什么是复利？复利和单利有什么区别？
4. 如何理解终值的多样性与现值的唯一性？
5. 为什么现值可以累加？
6. 先付年金的终值（或现值）与普通年金的终值（或现值）有什么区别和

联系？

7. 永续增长年金存在现值的条件是什么？为什么？

8. 如何将名义年利率转化成有效年利率？

9. 简单年利率与有效年利率的关系如何？

练习题

（一）单项选择题

1. 在货币时间价值的相关计算中，$(1+i)^{-n}$ 被称为（　　）。

A. 复利终值系数　　B. 复利现值系数

C. 年金终值系数　　D. 年金现值系数

2. 某企业拟建立一项基金，每年初投入 100 000 元，若利率为 10%，5 年后该项基金本利和将接近（　　）元。

A. 671 600　　B. 564 100　　C. 871 600　　D. 610 500

3. 在期限大于 1 的情况下，用单利计算的终值（　　）利率数值相等的复利计算的终值。

A. 大于　　B. 等于　　C. 小于　　D. 不能确定

4. 在其他因素相同的情况下，复利现值与折现率的关系可以描述为（　　）。

A. 折现率越大，复利现值越大

B. 折现率越小，复利现值越小

C. 折现率越大，复利现值越小

D. 折现率与复利现值无关

5. 收付和期限相同的普通年金和先付年金，其终值（　　）。

A. 相等　　B. 普通年金大于先付年金

C. 不能确定　　D. 普通年金小于先付年金

6. 收付和期限相同的普通年金和先付年金，其现值（　　）。

A. 相等　　B. 普通年金大于先付年金

C. 不能确定　　D. 普通年金小于先付年金

7. 有一项年金，前 3 年无流入，后 5 年每年年初流入 500 万元，假设年利率为 10%，其现值为（　　）万元。

A. 1 994.59　　B. 1 565.68　　C. 1 813.48　　D. 1 423.21

8. 假设企业按 12%的年利率取得贷款 200 000 元，要求在 5 年内每年年末等额偿还，每年的偿付额应为（　　）元。

A. 40 000　　B. 52 000　　C. 55 482　　D. 64 000

9. 李先生采用 50%首付加商业贷款的方式购入一套建筑面积 90 平方米的商品房，总房款（含各种税费）共 120 万元。对于个人住房商业贷款，当前利率为 6.55%，李先生准备贷款 20 年并采用等额本息的方式还款，那么李先生这笔商业贷款的月供应为（　）元。

A. 4 491.12　　B. 4 466.74　　C. 4 555.86　　D. 2 500

10. 某人退休时有现金 30 万元，拟选择一项回报比较稳定的投资，希望每个季度能收回 6 000 元补贴生活。那么，该项投资的实际报酬率应为（　）。

A. 2%　　B. 8%　　C. 8.24%　　D. 10.04%

11. 某企业发行优先股，预计每年支付优先股利 3.2 元，永久持续。若折现率为 8%，则该优先股所有股利的现值为（　）。

A. 40 元　　B. 3.2 元　　C. 无穷大　　D. 32 元

12. 某公司发放的现金股利构成永续增长年金，预期年股利增长率为 2%。若该公司刚刚支付的每股股利为 0. 8 元，适用的折现率为 10%，则该公司股票所有股利的现值为（　）元。

A. 80　　B. 10.2　　C. 8　　D. 10

13. 下列不属于年金形式的是（　）。

A. 普通年金　　B. 先付年金

C. 永续年金　　D. 永续增长年金

14. 在计算复利终值时，不需要考虑的因素是（　）。

A. 本金　　B. 风险　　C. 利率　　D. 期限

15. 若连续复利的名义年利率为 5%，10 年后的 30 000 元按连续复利折算后的现值为（　）。

A. 3 000 元　　B. 1 500 元　　C. 18 417 元　　D. 18 196 元

16. 若给定年利率为 12%，按每月复利一次，则有效年利率为（　）。

A. 12.68%　　B. 12.55%　　C. 12.36%　　D. 12.75%

（二）多项选择题

1. 在现实生活中，利率一般涉及的因素包括（　）。

A. 时间价值　　B. 保管价值　　C. 风险增益

D. 通货膨胀增益　　E. 闲置价值

2. 在计算复利现值时，需要考虑的因素包括（　）。

A. 终值　　B. 风险　　C. 利率

D. 期限　　E. 投资者的态度

3. 在有关时间价值的计算中，经常用到的系数包括（　　）。

A. 偿债基金系数　　B. 复利终值系数　　C. 复利现值系数

D. 年金终值系数　　E. 年金现值系数

4. 常见的年金形式包括（　　）。

A. 普通年金　　B. 先付年金　　C. 永续年金

D. 永续增长年金　　E. 递延年金

5. 下列不属于年金问题的是（　　）。

A. 单笔现金流的终值　　B. 单笔现金流的现值

C. 持续增长的现金流序列

D. 房贷月供的偿还　　E. 等额保险金的支付

6. 刘先生今年 30 岁，刘太太今年 28 岁，夫妇二人感到当前收入有余但恐怕退休后的收入不足，于是向某理财规划师咨询。理财规划师通过测算估计，为了不降低退休后的生活质量，到刘先生 60 岁夫妇二人双双退休时他们需要资金 80 万元，于是建议他们从现在开始采用等额年金的方式进行投资。若投资收益率能够稳定在 6%，则刘先生夫妇应该选择（　　）。

A. 每年初投资 10 119 元　　B. 每年末投资 10 119 元

C. 每年初投资 9 546 元

D. 每年末投资 9 546 元　　E. 借入 80 万元，存入银行

7. 若给定名义年利率为 12%，下列说法正确的有（　　）。

A. 若计息周期为 1 年，则有效年利率为 12%

B. 若计息周期为半年，则有效年利率为 12. 36%

C. 若计息周期为季度，则有效年利率为 12. 55%

D. 若计息周期为月，则有效年利率为 12. 68%

E. 若为连续复利，则有效年利率为 12. 75%

8. 根据“72 法则”，下列说法正确的有（　　）。

A. 若利率为 8%，则 9 年资金翻倍

B. 若利率为 7.2%，则 1 年资金翻倍

C. 若想 10 年使资金翻倍，则利率需要达到 7. 2%

D. 若想 36 年使资金翻倍，则利率只需要 2%

E. 若利率为 9%，则 8 年资金翻倍

9. 关于单利和复利的说法正确的有（　　）。

A. 存在完全等效的单利与复利

B. 不存在完全等效的单利与复利

C. 在一定期限内，单利与复利等效，意味着 1 元终值相等

D. 在一定期限内，单利与复利等效，意味着 1 元现值相等

E. 在一定期限内，单利与复利等效，意味着 1 元每年利息相等

10. 下列说法正确的包括（ ）。

A. 利率与期限相同的复利终值系数与复利现值系数互为倒数

B. 利率与期限相同的年金终值系数与年金现值系数互为倒数

C. 利率与期限相同的普通年金终值大于先付年金终值

D. 利率与期限相同的普通年金终值小于先付年金终值

E. 利率与期限相同的普通年金现值大于先付年金现值

11. 关于复利终值系数表，下列说法正确的有（ ）。

A. 复利终值系数都大于 1

B. 复利终值系数都小于 1

C. 复利终值系数从左至右依次增大

D. 复利终值系数从上至下依次增大

E. 复利终值系数从左上向右下依次增大

12. 关于复利现值系数表，下列说法正确的有（ ）。

A. 复利现值系数都大于 1

B. 复利现值系数都小于 1

C. 复利现值系数从左至右依次减小

D. 复利现值系数从上至下依次减小

E. 复利现值系数从左上向右下依次减小

13. 关于普通年金终值系数表，下列说法正确的有（ ）。

A. 年金终值系数第一排都等于 1

B. 年金终值系数都大于 1

C. 年金终值系数（除第一排外）从左至右依次增大

D. 年金终值系数从上至下依次增大

E. 年金终值系数（除第一排外）从左上向右下依次增大

14. 关于普通年金现值系数表，下列说法正确的有（ ）。

A. 年金现值系数第一排都等于 1

B. 年金现值系数第一排都小于 1

C. 年金现值系数从左至右依次增大

D. 年金现值系数从左至右依次减小

E. 年金终值系数从上至下依次增大

15. 下列说法正确的有（　　）。

A. 同样的短期利率转换的简单年利率大于有效年利率

B. 同样的短期利率转换的简单年利率小于有效年利率

C. 简单年利率与有效年利率可以相互转换

D. 金融机构给出的年化收益率一定是有效年利率

E. 金融机构给出的年化收益率一定是简单年利率

（三）判断题

1. 货币时间价值产生的根源是通货膨胀。（　　）

2. 时间价值原则可以理解为“今天的 1 元钱的价值大于明天的 1 元钱的价值”。（　　）

3. 一般来说，货币时间价值是指没有通货膨胀条件下的社会资金利润率。（　　）

4. 在利率和计息期相同的条件下，复利现值系数和复利终值系数互为倒数。（　　）

5. 在利率和计息期相同的条件下，年金现值系数和年金终值系数互为倒数。（　　）

6. 货币时间价值产生的根源在于生产型企业资金循环和周转中的增值。（　　）

7. 普通年金是指每期期初收付的现金流序列。（　　）

8. “72 法则”在任何情况下都适用。（　　）

9. 永续年金没有终值，但存在现值。（　　）

10. 永续增长年金没有终值，但在任何情况下都存在现值。（　　）

11. 某项永久性奖学金，每年计划颁发 50 000 元奖金，若年复利利率为 8%，该奖学金的本金应为 625 000 元。（　　）

12. 先付年金无论是终值还是现值都比同样期限、同样利率相应的普通年金的终值和现值大。（　　）

13. 分期偿还贷款问题可以理解为年金终值问题的逆运算。（　　）

14. 可以将一个单利转换成永远等价的复利。（　　）

15. 当复利每年计息次数超过 1 次时，给定的年利率被认为是名义年利率。（　　）

16. 连续复利代表某一名义年利率形成的有效年利率的极限。（　　）

17. 对一项投资来说，简单年利率与有效年利率在数值上没有区别。（　　）

（四）计算综合题

1. 王先生现在希望进行一项为期 20 年的投资。他现在手中有资金 80 000 元，希望 20 年后这笔资金能够增值到 250 000 元。问：这项投资的收益率为多少时才能达到他的预期？（要求精确计算）

2. 秦先生赢得了一种即开型彩票。博彩公司允许其在下面两种领奖方式中选择一种：现在领取 10 000 元，或者 3 年后领取 15 000 元。在折现率为 10%时，他应该选择哪一种方式？使这两种方式没有差别的折现率是多少？

3. 一家保险公司宣传其人寿保险的广告如下："从现在起 10 年中，您每年给我们 6 000 元，10 年后我们每个月还给您 600 元，直到永远。"你觉得这一保险产品怎么样？为什么？

4. 某农户购置了一台联合收割机。他估计新机器前两年不需要维修，从第 3 年开始的以后 10 年中，每年需支付 500 元维修费。若折现率为 3%，问 10 年维修费的现值为多少？

5. 孙先生为购买住宅申请了 40 万元的房屋抵押贷款。合同规定：贷款采用 20 年每月等额本息的方式摊还，年利率 6%。计算王先生房屋抵押贷款的月供额为多少？

6. 假设你将在第十年末收到 120 000 元。如果你的机会成本率是 8%，那么在计息期分别是每年计息一次、每季计息一次、连续复利计息时，这笔钱现值各是多少？

7. 老刘今年 50 岁，他计划 10 年后退休，并且预计在退休之后还能够再活 25 年，直到 85 岁。为了使退休之后生活质量不下降，他预计退休后除去退休金每月还需要 3 000 元花销，总共 300 个月，预计折现率 6%。他现在有积蓄 15 万元，准备投入报酬率为 6%的投资机会，直到退休。此外，老刘只能通过等额储蓄基金的方式积攒额外的养老金，利率为 4.5%，那么他每月应该存入多少钱？

第三章　理财的价值原则——风险价值

在第二章我们讨论了货币的时间价值、时间价值原则以及相关的计算问题，其中时间价值原则解释了投资回报的必要性。其实，人们在投资时还需要考虑另外一个重要的因素，那就是“风险”因素。因此，继第二章论述之后，本章将论述风险及风险价值原则。通过本章学习，可以了解报酬及报酬率、风险、投资组合、风险价值等基本概念；熟悉风险的类型及其影响、投资决策的原则、资本市场线的推导及其方程，以及系统风险的度量与贝塔系数；掌握单项投资与投资组合的期望报酬率及其标准差（风险）的计算方法、资本资产定价模型的应用等。

开篇案例

翻倍或零的游戏

电影《贫民窟的百万富翁》曾在 2009 年美国奥斯卡荣获多个奖项，影片讲述了来自印度贫民窟的男主人公贾马尔为了挽回下落不明的女友的心，去参加了一档爆红的答题挑战类电视节目——“谁想成为百万富翁”。在节目中，答题者每答对一道题之后，总是要面临两种选择：到此为止，还是继续挑战。选择到此为止，所获奖金变现；选择继续挑战，答对则奖金翻倍，答错则奖金归零离开。贾马尔是一个没有受过正规教育、游荡街头的青年男孩，按道理他毫无胜算，不过凭借过往生活中的机缘巧合所获得的知识而一路过关斩将，冲到最后的关卡。贾马尔的勇往直前不为“一夜暴富”，而是为了增加曝光度以找寻女友，他却最终戏剧化地拿到了大奖——2 000 万卢比。其实，当贾马尔每答对一道题而面临下一道题 A 或 B 选项时，凭他的知识储备几乎只能全凭运气，也就是说答对与答错各有一半的可能。那么，如果仅仅从经济的角度，你认为他多次选择继续挑战是理性的吗？

第一节 有关报酬和风险

在第二章中，我们讨论了理财的第一原则，即时间价值原则，由于时间价值的存在，投资者愿意将资金的支配权放弃一段时间而进行投资。在讨论时，我们回避了通货膨胀和风险问题。其实，时间价值仅解释了投资回报的必要性，但是，在经济生活中，人们在投资于不同项目时愿意接受的报酬率是不同的，这一点时间价值难以解释。而且，由于通货膨胀造成货币普遍贬值，所以投资报酬率的差异也难以用通货膨胀增益进行解释。投资报酬率的差异需要考虑风险价值（或风险增益）。其实，在现实经济生活中，风险是无处不在的，“高风险，高收益”的说法代表了人们对风险价值不太精确但比较通俗的理解。

一、报酬及报酬率

为了更好地理解风险价值，我们需要再明确一下投资的报酬和报酬率。投资者投资活动的根本目的是为了赚钱，即获得投资报酬（Return on Investment）。衡量一项投资赚钱能力的大小，最常用的指标是投资报酬率。投资报酬率即单位投入资本在单位时间（通常为 1 年）赢得的报酬（利润），也可以用单位时间的投资报酬除以初始投资的比率来计算。投资报酬率是相对数指标，既能够考虑投资规模，也能够考虑投资时限，所以便于不同投资规模和投资时限的投资盈利能力衡量和比较。

例如，王先生在年初购买了 FML 公司的股票，价格为每股 20 元。年末每股分得现金股利 1 元，分红后每股市价 21.5 元，则不管王先生年末是继续持有还是卖掉股票，如果不计交易费用，其投资报酬率为

$$r=\frac{21.5-20+1}{20}\times 100\%=12.5\%$$

二、风险的概念

“风险（Risk）”这个词是从西方引入的词，随着投资理财活动越来越普遍，风险在经济生活中使用得越来越频繁。无论是在英文还是在中文中，风险一词往往存在两种含义。例如，人们经常说“酒后驾车存在交通事故风险”“加

入 WTO 风险与机遇并存”“股市有风险，投资需谨慎”之类的话，仔细分辨可以发现，在这些说法中，风险一词的含义并不完全相同。风险的第一种含义指的是“遭受损失、伤害、不利或毁灭的可能性”，近似于“危险”一词；如果这一含义应用于投资，则投资风险指的是投资报酬低于预期的可能性（Probability that Return will Be Less than Expected）。风险的第二种含义指的是一种不确定性，既存在负面效应的可能性，也存在正面效应的可能性；如果这一含义应用于股票投资，则股市风险指的是购买股票可能赔钱也可能赚钱。其中，前一种含义在日常生活中使用较普遍，而后一种含义则形成了财务金融领域对风险的标准定义。在财务金融理论中，风险的正式定义是“风险是预期目标结果的不确定性”。风险不仅包括负面效应的不确定性，即危险；也包括正面效应的不确定性，即机会。风险是危险与机会并存，是中性的[①]。虽然在财务金融理论中，存在这样的标准定义，但是人们（甚至是一些财经著作中）对风险概念的使用仍然存在混淆。例如，保险行业经常所说的规避风险，其实指的是危险；管理领域所说的财务风险，指的也是发生财务危机的可能性。

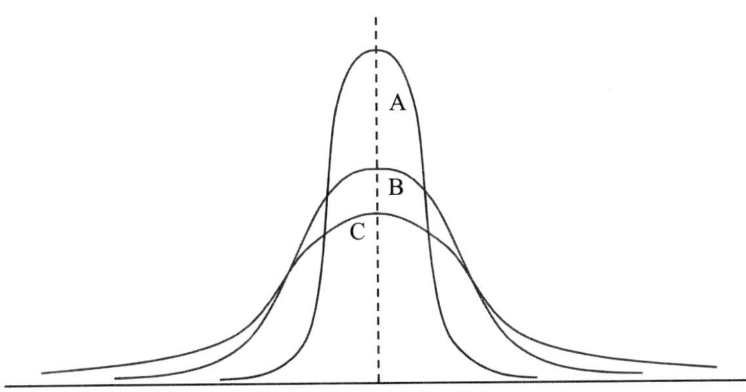

图 3-1　风险大小示意图

在本章中，后文使用的风险一词均采用财务金融领域的正式定义；但在其他章节中，可能用到一些约定俗成的有关风险的术语，不排除采用非标准定义

① 在现实生活中，人们普遍是厌恶风险的；如果风险的含义是危险的话，这很容易理解；那么如果风险是中性的，该怎么理解呢？其实，即使风险代表的不确定性是中性的，大多数人也厌恶风险，这是因为大多数人更喜欢稳定的、确定的、可预见的、可控的未来，而不喜欢不确定的未来，这在人类学和社会心理学领域是存在共识的。所以，财务金融领域存在一个“风险回避假设”，这在后文中也有所涉及。

的可能。既然风险被定义为“预期目标结果的不确定性”，那么如何判断风险的大小呢？财务金融理论中的做法是，实际结果可能对预期目标出现偏离的程度大，称为高风险；相反，实际结果对预期目标可能出现偏离的程度小，称为低风险。如图 3-1 所示，若以中心线为预期目标，曲线 A 代表低风险，曲线 B 代表中风险，曲线 C 代表高风险。

三、经济活动的类型和风险

对财务管理来说，经济活动的类型会影响企业的财务决策。根据经济活动的确定性程度，可以将其分为确定型经济活动、风险型经济活动和不确定型经济活动。

（一）确定型经济活动

确定型经济活动指经济活动的未来结果是可以预知的、完全确定的，即预期目标可以确切地实现，无风险。对确定型经济活动来说，财务决策的结果也是完全确定或已知的。从根本上讲，世界上不存在确定型经济活动，不过一些相对确定的事件可以近似看作是确定型经济活动。例如，企业购买政府发行的国债，由于国家财政收入稳定，实力雄厚，基本上可以肯定能如期支付本金和利息，因而企业的投资能够获得确定的报酬。即使如此，确定型经济活动仍然非常罕见。不过，也因为如此，企业的财务决策才变得至关重要，经济社会才会充满挑战和丰富多彩。

（二）风险型经济活动

风险型经济活动指经济活动的未来结果不能完全确定，但出现各种结果的概率分布是已知的或是可以估计的。对于风险型经济活动，财务决策要面临风险，但投资者能够测算经济活动的期望收益。风险型经济活动并不少见，比如，在掷骰子比大小时，当庄家掷出 4 点时，此时玩家面临的就是风险型的经济活动，输赢不能完全确定，但赢的概率只有 1/3（假设同点算输）；在保险公司推出人寿保险时，其面临的就是风险型经济活动，这是因为虽然投保人的寿命是不确定的，但精算师可以根据人均预期寿命等概率因素估计出投保人预期寿命，从而设计保险产品；商家销售鞋子的尺码也是风险型经济活动，这是因为虽然下一个消费者购买鞋子的尺码是不确定的，但可以根据脚长的人口统计数字估计卖出下一双鞋子尺码的概率，据此可以考虑鞋厂生产某款鞋子时，所有的尺码均生产同样的数量，一定不是理性的决策。

（三）不确定型经济活动

不确定型经济活动指经济活动的未来结果不能完全确定，对可能出现各种结果的概率也不清楚。不确定型经济活动在现实生活中是最常见的，比如，农作物的种植受到气候因素和市场供求关系的影响，未来的产量和销售情况不能完全确定，甚至连各种情况出现的概率也不得而知；企业贸然推出新产品，未来的市场状况同样难以确定，各种状况的概率也难以掌握。实际上，按照风险的定义，不确定型经济活动也会带来风险[①]，但当财务决策面临这种风险时，几乎无法做出决策，所以人们也就最不喜欢不确定型经济活动。正是这样的原因，人们往往会根据各种经验和探索，通过各种分析、考察，赋予不确定型经济活动以主观概率，试图将其转化为风险型经济活动。例如，通过分析气候状况的历史数据、洋流变化等因素估计各种气候条件的概率，通过播种面积、未来需求分析等因素估计市场供求关系各种情况的概率，将农作物的种植转化成风险型经济活动；通过市场调研和预测，得到新产品未来市场状况的概率，也可以将新产品推出变成风险型经济活动。既然不确定型经济活动可以通过赋予主观概率的方法变成风险型经济活动，而且也可以将确定型经济活动看作零风险的经济活动，那么，经济社会中所有的经济活动都可以近似看作是风险型经济活动。

篇中案例 3-1

投资还是赌博

投资是为了赚取收益而将钱投放于有风险的领域，赌博又何尝不是呢？那么投资与赌博的区别是什么呢？为什么无论从道德还是舆论上来看，人们对投资和赌博存在截然不同的态度呢？

一般而言，投资会对社会产生经济价值，而赌博不会。但如果仅从个人角度来看，“畅游股海”与“畅游澳门”有什么区别呢？可以从投资或赌博收益的概率分布来考察这一问题。投资一般存在期望收益，实际结果相对而言，对期望收益的偏离程度较小；而赌博通常是零和博弈，甚至是期望损失（存在赌场佣金等），赌博有很大可能会让人变得一无所有。当然，赌博吸引人的地方在于有那么一点机会让投入资金翻很多倍，而很多人总梦想自己就是那个幸运儿。例如，轮盘赌的赔率设定就是让大多数玩家变得囊空如洗；仅有少数人撞上大运，让人羡慕不已。既然如此，为什么很多人认为投资（如炒股）也是一种赌博呢？如果股市长期动荡，企业只顾圈钱而不分红，市场

① 1921 年，富兰克·奈特在《风险、不确定性和利润》一书中，区分了两种不同意义的不确定性概念，他称为风险与不确定性。此处界定风险型经济活动与不确定型经济活动时，沿用了奈特的界定。

只靠各种虚假题材和概念炒作，价值投资无从谈起，这不就成了赌博吗？因此，投资理论和监管部门要做的事情应该就是让投资成为“投资”，而不是“赌博”。你怎么看呢？

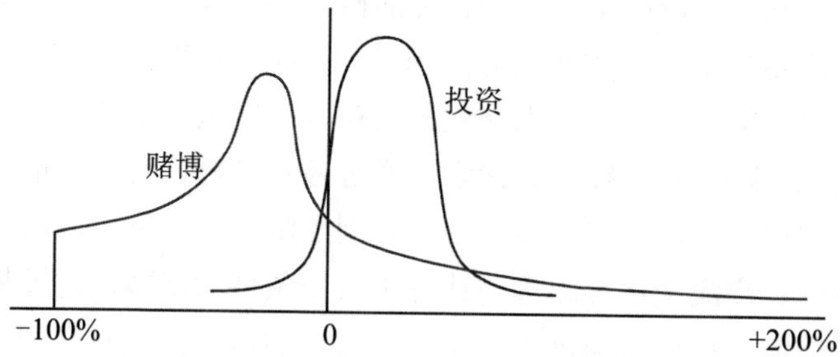

四、风险的类型

对一家企业来说，它会面临很多不确定性因素，承担很多风险。这些风险的作用并不相同，财务金融理论把企业承担的风险分为系统风险（Systematic Risk）和非系统风险（Unsystematic Risk）。[①]

（一）系统风险

系统风险有时也被称作市场风险（Market Risk）或不可分散风险（Undiversifiable Risk）。它是指企业承担的由某些影响整个经济体系中所有企业（或绝大多数企业）的社会、经济因素带来的风险。比如，基准利率非预期下跌给企业带来的风险，石油价格波动给企业带来的风险，法律、法规的出台或修订给企业带来的风险等。

（二）非系统风险

非系统风险有时也被称作企业特有风险（Specific Risk）或可分散风险（Diversifiable Risk）。它是指企业承担的由内部特有因素或仅对少数几家企业产生影响的因素带来的风险。比如，企业研发的成败带来的风险、企业的兼并与收购行为带来的风险、高管健康问题带来的风险、产品质量问题引发的信任危机带来的风险等。对个别企业而言，非系统风险的主要来源是经营风险

① 实际上，系统风险与非系统风险不是非黑即白的，而是存在“灰色地带”，比如，“钢铁价格波动”带来的风险既不是纯粹的系统风险也不是非系统风险。将风险一分为二为系统风险和非系统风险是为了理论推导的需要，对于“灰色地带”可以将其风险拆解为两种风险的混合。

（Business Risk）和财务风险（Financial Risk）。[①]经营风险是指生产经营中的各种波动性带来的风险。对企业而言，经营风险是不可避免的，除非企业停业。财务风险是指由企业举债或进行其他筹资活动而带来的风险。对企业而言，虽然理论上财务风险可以避免，但现实中不举债、不筹资的企业几乎不存在。

（三）非系统风险的分散

企业要承担各种风险。当然，投资于企业及企业发行的各种金融资产标的（证券）的投资者也要承担相应的风险。不过，投资者承担的风险可以通过投资多样化加以分散。如图 3-2 所示，投资者如果在时间起点仅投资于证券 A 或仅投资于证券 B，就要承担因证券 A 或证券 B 收益波动而引起的风险，注意到其波动幅度相对还是比较大的；而投资者如果在时间起点将资金一分为二等比例分别投资于证券 A 和证券 B 而构成投资组合（Portfolio），则仅需要承担投资组合收益波动而引起的风险，因为证券 A 和证券 B 的一部分收益波动相互抵消（现实中可能是好消息与坏消息的抵消），所以投资组合收益的波动幅度减小，也就是说承担的风险被分散了。应该注意到，只要证券 A 和证券 B 的收益波动不是完全同步，这种分散就一定存在。

实际上，能够分散的仅仅是非系统风险，系统风险是不能被分散掉的，这是因为带来系统风险的因素会同时影响到证券 A 和证券 B，收益波动不会被抵消；而且，随着投资组合中证券数目的增加，非系统风险也逐渐会被分散殆尽，仅剩下系统风险；这也是系统风险和非系统风险分别被叫作不可分散风险和可分散风险的原因。图 3-3 是有关非系统风险分散的示意图。

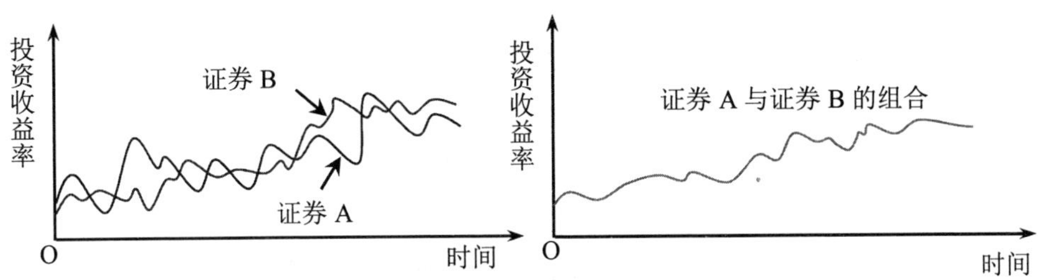

图 3-2 两种证券投资组合对风险的分散

① 本书第九章会对企业的经营风险和财务风险做出更详细的探讨，此处不做详述。

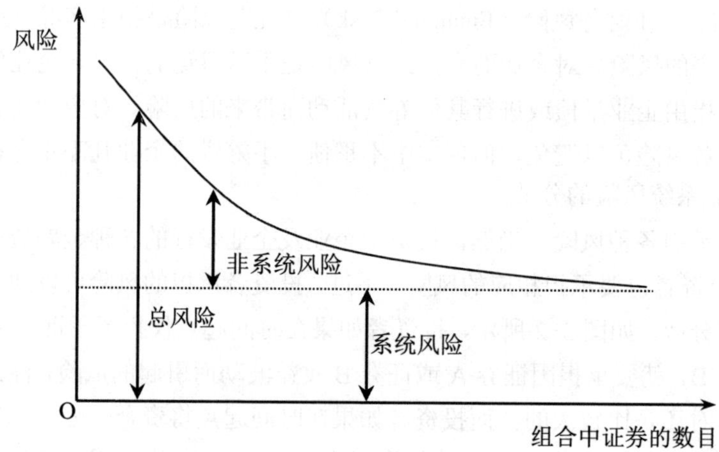

图 3-3 非系统风险的分散示意图

【课堂测试 3-1】

1. 图 3-1 为风险大小的示意图。那么，你能在图中绘出如下经济活动的图形吗？

   a. 完全确定回报的经济活动；

   b. 不确定回报的经济活动。

2. 区分下列事件中的系统风险与非系统风险因素。

   a. 短期市场利率非预期上涨；

   b. 银行提高了某公司短期借款的利率；

   c. 油价非预期下跌；

   d. 一艘油船触礁，造成大量原油流出；

   e. 一家制造商输掉了一场数百万元的产品责任官司；

   f. 立法机关无任何前兆地修改《消费者权益保护法》。

第二节 单项投资的报酬率和风险

一、概率、数学期望与标准差

对于风险型经济活动报酬率和风险的度量，需要使用概率和统计的方法，因此需简要介绍一下有关概率与统计的基本知识。

在自然界和人类活动中，如果某一过程在一定的条件下发生的现象并不确定，而是出现不确定的规律性结果，这一过程被称为随机过程（Random Process）。例如，投掷一枚骰子的过程就是随机过程，而且在这个意义上，风险型经济活动都是随机过程。在随机过程中，如果某一事件在相同的条件下可能发生也可能不发生，这类事件称为随机事件（Random Events）。例如，投掷一枚骰子，可能出现 1 点也可能不出现 1 点，那么“投掷骰子出现 1 点”是随机事件。概率（Probability）就是用来表示随机事件发生可能性大小的数值。通常，把必然发生的事件的概率定为 1（或 100%），把不可能发生的事件的概率定为 0，而一般随机事件的概率是介于 0 与 1 之间的一个数。概率越接近于 0，表示随机事件越不可能发生；概率越接近于 1，表示随机事件越可能发生。例如，对于一个质地均匀的骰子，“投掷骰子出现 1 点”这一随机事件的概率为 1/6。

在随机过程中，可能出现的结果被赋予一定的数值，这些数值形成的变量称为随机变量（Random Variable）。例如，投掷一枚骰子，出现 1 点被赋值为 –50，出现 2 点被赋值为 –30，出现 3 点被赋值为 –10，出现 4 点被赋值为 10，出现 5 点被赋值为 30，出现 6 点被赋值为 50，这样的话，“–50，–30，–10，10，30，50”就是一个随机变量；一名成年男子的身高，以真实值本身作为出现各种结果的赋值，这也是一个随机变量。如果随机变量的取值为有限个，这样的随机变量称为离散型随机变量；如果随机变量的取值是无限且连续的，这样的随机变量称为连续型随机变量。例如，投掷骰子形成的随机变量是离散型随机变量，而成年男子身高形成的随机变量，则可以近似看作是连续型随机变量。在初等财务管理理论中，涉及的风险型经济活动所形成的随机变量，都是离散型随机变量，所以本书仅探讨离散型随机变量。离散型随机变量的每一个取值构成一个随机事件，都存在概率，这些概率构成离散型随机变量的概率分布。构成风险型经济活动概率分布完备性的条件是，各种情况不会同时发生，而且出现各种情况的概率之和等于 1。例如，某企业推出一种新产品，如果看作是风险型经济活动，那么它就是一个随机过程。若经过市场调研和预测，该产品未来销售只会出现三种情况：销售旺盛、销售一般、销售惨淡，那么这三种情况分别构成三个随机事件；若这三种销售情况的年净收益分别是 200 万元、50 万元和 –100 万元，发生的概率分别为 0.5、0.3 和 0.2，那么 200 万元、50 万元和 –100 万元构成一个离散型随机变量，而且其概率分布显然是完备的（0.5+0.3+0.2=1）。

离散型随机变量的各个取值，以相应的概率为权数的加权平均数，称为离散型随机变量的数学期望（期望值或均值），它反映离散型随机变量取值的平均程度。如果 x_i 表示离散型随机变量 X 的取值，n 表示离散型随机变量可能取值的数目，p_i 表示离散型随机变量各种取值的概率（$\sum_{i=1}^{n} p_i = 1$），则离散型随机变量数学期望 E（X）的计算公式为

$$\mathrm{E}(X) = \sum_{i=1}^{n} x_i \cdot p_i$$

如果想反映离散型随机变量的离散程度（偏离均值的程度），需要考虑方差和标准差，最常用的是标准差。方差是离差（离散型随机变量的某一取值减去数学期望）的平方以相应的概率为权数的加权平均数。标准差是方差的算术平方根，标准差之所以更常用，是因为与方差相比，标准差的数量单位与随机变量的数量单位相同。离散型随机变量标准差 σ（X）的计算公式为

$$\sigma(X) = \sqrt{\sum_{i=1}^{n} \left[x_i - \mathrm{E}(X)\right]^2 \cdot p_i}$$

二、单项投资的期望报酬率

我们在研究投资的报酬率和风险时，需要分析两种投资情况，即单项投资和投资组合。单项投资是投资者仅投资于一种资产，而投资组合就是两种及两种以上资产构成的组合投资。投资者往往将投资资金以投资组合的形式投资，不过准确地把握和理解单项投资是进一步研究投资组合的基础。

如果将单项投资看作风险型经济活动，那么它是一个随机过程。于是，单项投资在未来出现的各种情况，可以看作各种随机事件；各种情况出现的投资报酬率，可以看作离散型随机变量；各种情况（随机事件）出现的概率，可以看作随机变量的概率分布。在这种情况下，单项投资获利能力的衡量应该使用报酬率的数学期望，即期望报酬率。若 r_i 表示单项投资出现各种情况时的报酬率，n 表示单项投资在未来出现的所有情况的数目，p_i 表示单项投资出现各种情况的概率（$\sum_{i=1}^{n} p_i = 1$），则单项投资期望报酬率的计算公式为

$$\begin{aligned}\mathrm{E}(r) &= r_1 \cdot p_1 + r_2 \cdot p_2 + \cdots + r_n \cdot p_n \\ &= \sum_{i=1}^{n} r_i \cdot p_i\end{aligned}$$

［例 3-1］

FML 公司有两个投资机会，A 投资机会是一个高科技项目，该领域的竞争很激烈，如果未来经济发展繁荣并且该项目搞得好，取得较大市场占有率，利润会很高；否则，利润很低甚至亏本。B 投资机会是一个老产品并且是必需品，未来销售情况不会波动太大。假设未来经济状况只有三种：繁荣、正常、衰退，有关概率分布和预期报酬率如表 3-1 所示，请分别计算两个投资机会的期望报酬率。

表 3-1　两个投资机会的预期收益情况

经济情况	发生概率	A 项目的预期报酬率	B 项目的预期报酬率
繁荣	0.3	60%	20%
正常	0.6	10%	15%
衰退	0.1	-80%	10%

［解答］

$$E\left(r_A\right)=60\%\times0.3+10\%\times0.6+\left(-80\%\right)\times0.1=16\%$$

$$E\left(r_B\right)=20\%\times0.3+15\%\times0.6+10\%\times0.1=16\%$$

三、单项投资风险的度量

在例 3-1 中，A、B 两个投资机会的期望报酬率相同，都是 16%，但它们明显是非常不同的两个项目；它们的不同主要体现在预期报酬率的波动幅度上，A 项目是大起大落，而 B 项目则是旱涝保收。根据风险的定义，这种波动幅度差异体现的是风险差异。若以期望报酬率作为预期目标，A 项目的分散程度较大，变动范围在－80%至 60%之间；B 项目的分散程度要小得多，变动范围在 10%～20%之间。

如图 3-4 所示，从直观上看，A 项目的风险远大于 B 项目的风险，但如何准确地度量风险，从而能够从数字上比较 A 项目与 B 项目的风险呢？因为标准差能够反映离散型随机变量的离散程度，所以在财务金融领域一般采用标准差来度量风险。如果各个参数符号的含义与单项投资的期望报酬率公式相同，则单项投资预期报酬率的标准差（简称单项投资的标准差）的计算公式为

$$\sigma(r)=\sqrt{\left[r_1-\mathrm{E}(r)\right]^2\cdot p_1+\left[r_2-\mathrm{E}(r)\right]^2\cdot p_2+\cdots+\left[r_n-\mathrm{E}(r)\right]^2\cdot p_n}$$
$$=\sqrt{\sum_{i=1}^{n}\left[r_i-\mathrm{E}(r)\right]^2\cdot p_i}$$

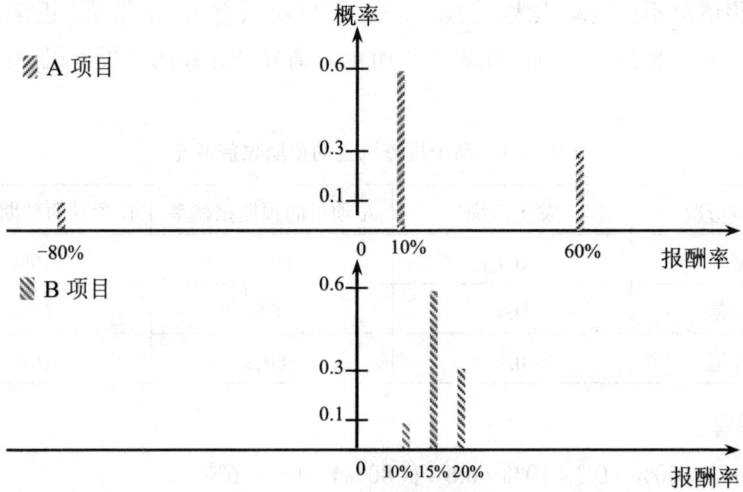

图 3-4 A、B 两个项目预期报酬率的波动性的分布

[例 3-2]

根据例 3-1 的资料和计算结果，请分别计算 A、B 两个投资机会预期报酬率的标准差，并比较两个项目的风险大小。

[解答]

$$\sigma(r_A)=\sqrt{(60\%-16\%)^2\times0.3+(10\%-16\%)^2\times0.6+\left[(-80\%)-16\%\right]^2\times0.1}$$
$$=39.04\%$$

$$\sigma(r_B)=\sqrt{(20\%-16\%)^2\times0.3+(15\%-16\%)^2\times0.6+(10\%-16\%)^2\times0.1}=3\%$$

因为 A、B 两个项目的期望报酬率相同，$\sigma(r_A)>\sigma(r_B)$，所以，A 项目的风险大于 B 项目的风险。

篇中案例 3-2

创业板市场的风险测试

2009 年 10 月，中国的创业板市场在深圳正式成立，它主要针对中小成长型新兴公司而设立。一般而言，创业板市场具有前瞻性、高风险等特点。

中国的创业板市场已经运行十年有余，它是否真的体现出这样的特点呢？

我们收集了20X3年10月至20X4年3月连续100个交易日深圳创业板指数收益率变动的数据，对其均值和样本标准差进行了计算。同时，也计算了同一期限上证综合指数的相应指标，以便进行比较。计算结果表明，深圳创业板指数在这100个交易日收益率变动的均值为0.094%，标准差为1.989%；而同期上证综合指数收益率变动的均值为－0.078%，标准差为0.973%。计算结果的示意图如下，可以看出创业板市场的期望收益率略高于主板市场，但也体现出了高风险的特点。如果你准备在中国的股票市场上投资，你会选择创业板市场，还是主板市场呢？

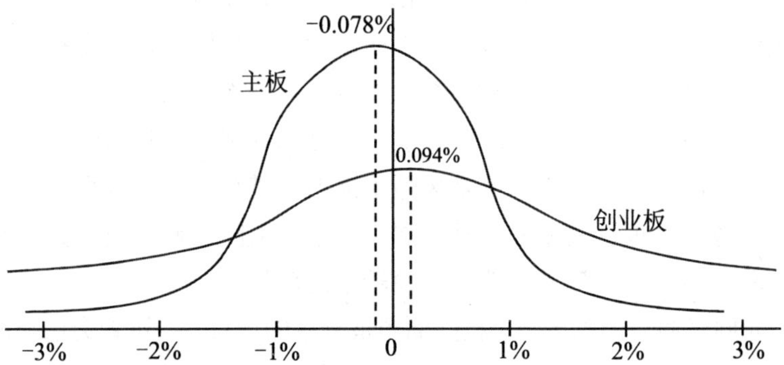

四、投资决策的原则与风险价值

在例3-1和例3-2中，通过计算，我们发现A项目和B项目的期望报酬率相同，但A项目的风险大于B项目的风险，那么如果你是FML公司的决策者，你会选择A项目还是B项目呢？结论其实并非像想象中那样容易做出。在现实中，有的企业会选择A项目，也有的企业会选择B项目。在财务金融理论中，要做出这样的选择，则需要讨论投资决策的原则。

根据时间价值原则，如果两个项目的风险（预期报酬率的标准差）相同，理性的投资者显然会选择期望报酬率高的项目，这几乎是无一例外的，所以时间价值原则被称为是理财的第一原则。

如果两个项目的期望报酬率相同，但风险不同，理性的投资者会如何做出决策呢？这取决于投资者对风险的态度。一般而言，存在3种类型的风险态度，即风险中立型、风险追求型和风险回避型。若投资者决策的唯一标准是期望报酬率的高低，决策时不考虑风险，这样的态度是风险中立型；若投资者在期望报酬率相同的情况下，选择风险较大的项目，这样的态度是风险追求型；若投资者在期望报酬率相同的情况下，选择风险较小的项目，这样的态度是风险回避型。所以，对于例 3-1 和例 3-2 中的 A 项目和 B 项目，风险中立型的投资者会认为 A 项目和 B 项目没有差异，风险追求型的投资者会选择 A 项目，风险回避型的投资者会选择 B 项目。即使是同一个投资者，风险态度也不是一成不变的，投资规模不同、投资重要性不同甚至投资者的心境不同，风险态度都可能会发生变化。例如，当花两元钱购买彩票时，很多人都是风险追求者；而同样是这些人在投资购买房地产时，很可能会变成风险回避者。不同的人风险态度不同，同一个人风险态度会发生变化，这些因素使对投资决策规律的理论研究变得无所适从。幸运的是，有证据表明，大多数投资者在常态投资额度范围内是风险回避者。基于此，在财务金融领域存在一个非常重要的假设——风险回避（Risk Aversion）假设，即假设所有的投资者都是风险回避者。虽然现实中可能会有少部分人的风险态度是风险中立型，甚至风险追求型，但是风险回避假设是财务金融理论大厦的根基。那么，根据风险回避假设，如果两个项目的期望报酬率相同，投资者会选择风险较小的项目。

在风险回避假设的基础上，相同期望报酬率的项目，投资者会选择风险较小的；那么，如果想让投资者接受风险较大的项目，其期望报酬率不能相同，而必须大到满足投资者的额外要求。也就是说，投资者承担额外的风险，需要额外的报酬率来补偿，这就是风险价值（Value at Risk, VaR），也称为风险增益（Risk Premium）。风险价值可以概括为“风险较小的 1 元钱的价值大于风险较大的 1 元钱的价值”，更通俗的说法是“没有风险的 1 元钱的价值大于有风险的 1 元钱的价值”。因为风险价值原则并不像时间价值原则那样普遍适用，所以风险价值原则被称为理财的第二原则。考虑到风险价值，人们常说的“高风险、高收益”不能理解为高风险的方案在客观上一定会产生高收益，而应该理解为只有高风险的方案能够带来高收益，在主观上才可能为投资者所接受。

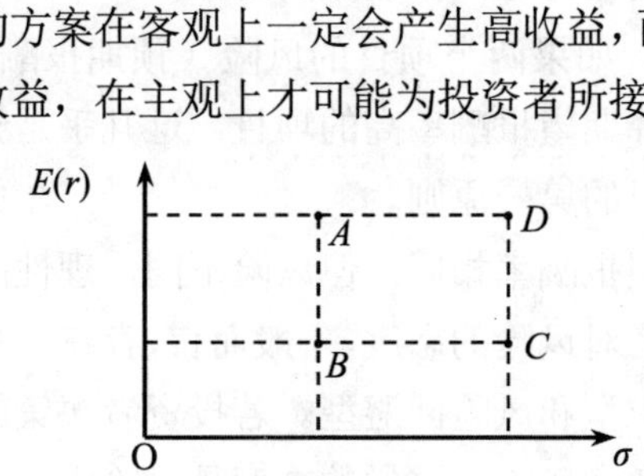

图 3-5 投资决策的原则与单项投资的选择

理解了投资决策的原则，我们考虑一个例子，如图 3-5 所示，图中横坐标表示风险，纵坐标表示期望报酬率，A、B、C、D 四个点代表一定风险和报酬率的四个投资项目，那么如何比较四个投资机会的优劣呢？根据投资决策的原则：A 项目与 B 项目相比，风险相同，A 项目的期望报酬率大于 B 项目，所以 A 项目优于 B 项目；A 项目与 D 项目相比，期望报酬率相同，A 项目的风险小于 D 项目，所以 A 项目优于 D 项目；B 项目与 C 项目相比，期望报酬率相同，B 项目的风险小于 C 项目，所以 B 项目优于 C 项目；C 项目与 D 项目相比，风险相同，D 项目的期望报酬率大于 C 项目，所以 D 项目优于 C 项目。可见，在四个投资项目中，A 项目最好，C 项目最差；那么，作为单项投资的 B 项目和 D 项目该如何比较呢？这取决于不同投资者风险回避的程度（Degree of Risk Aversion）。

在“风险-报酬率”坐标图中，投资者的风险态度可以用效用曲线来表示，效用曲线是一种无差异曲线，对某一投资者而言，其效用曲线上的点虽然风险和报酬率不同，但效用是无差异的。风险回避者承担一个单位的额外风险会要求超过一个单位的额外报酬率，通过数学分析可知，风险回避者的效用曲线上凹。

如图 3-6 所示，曲线 1、曲线 1′、曲线 1″分别代表同一风险回避的投资者的三条效用曲线。根据无差异曲线的性质，同一投资者的不同效用曲线不存在交点。考虑图中 M、N 两个投资项目，它们的期望报酬率相同，但 N 点风险更小，所以 N 项目优于 M 项目；那么，根据无差异曲线的性质，效用曲线 1′上所有投资机会优于效用曲线 1 上所有的投资机会；也就是说，同一投资者的效用曲线从左上到右下，效用依次降低。

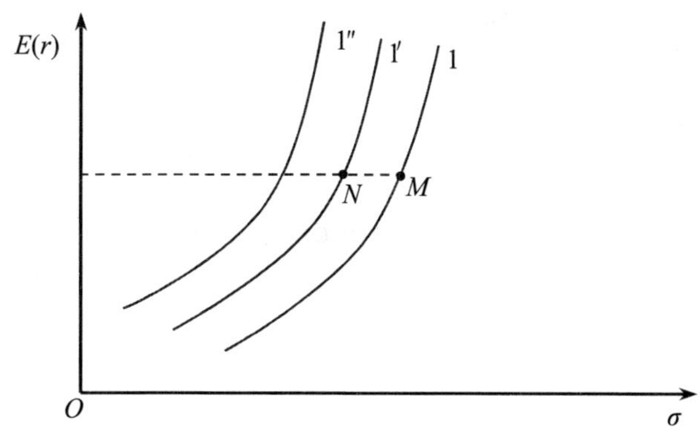

图 3-6　同一风险回避的投资者的效用曲线比较

考虑先前例子中的 B 项目和 D 项目，如图 3-7 所示，假定效用曲线 1 系列和效用曲线 2 系列分别代表投资者 1 和投资者 2 的效用曲线，他们都是风险回避的。根据无差异曲线的性质，不同投资者的效用曲线之间可以有交点；而且，通过数学分析可知，陡峭上凹的效用曲线与平缓上凹的效用曲线相比，风险回避的程度更高，也就是说投资者 1 比投资者 2 更加回避风险（即风险回避的程度不同）。在图 3-7 中，效用曲线 1 系列在从左上向右下平移的过程中，首先与 B 项目相切，然后才与 D 项目相切，这说明对投资者 1 而言，B 项目的效用高于 D 项目的效用，也就是说他会选择 B 项目；同样的分析表明，投资者 2 会选择 D 项目。综合上面的分析可知，对于单项投资的 B 项目和 D 项目的选择不能一概而论，风险回避程度高的投资者倾向于选择 B 项目，而风险回避程度低的投资者倾向于选择 D 项目。也就是说，先前例子中 A、B、C、D 四个项目，对投资者 1 来说，优劣排序是 A>B>D>C；而对投资者 2 来说，优劣排序是 A>D>B>C。不过，如果允许投资者将资金分散投资于 B 项目和 D 项目而构成各种投资组合，这就另当别论了，具体的讨论见本章第三节。

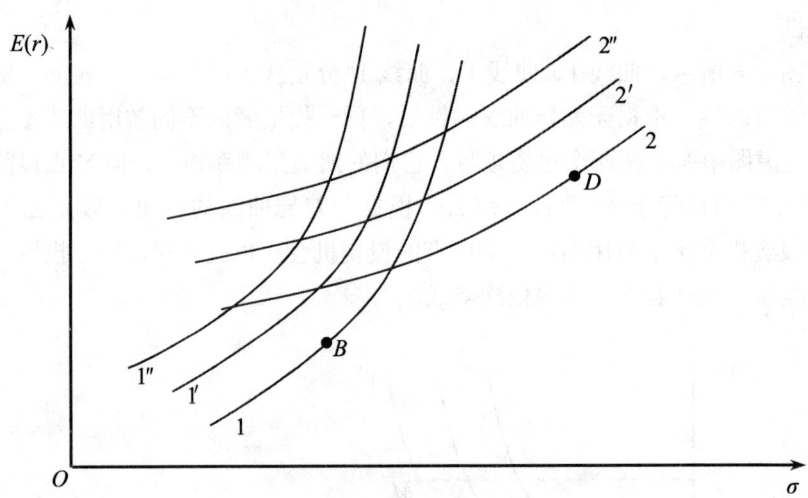

图 3-7　效用曲线与单项投资的选择

【课堂测试 3-2】

1. 预计 FML 公司的股票未来报酬率及其概率分布如下表所示，计算：

报酬率	概率
4%	0.2
12%	0.5
14%	0.3

a. FML 公司股票的期望报酬率；

b. FML 公司股票期望报酬率的标准差。

2. 讨论对“高风险，高收益”这句话的理解。

第三节　投资组合的报酬率和风险

在第二节中我们讨论了单项投资的报酬率和风险的问题，但实际上更多的投资者在投资时会选择投资组合。为了论述简便，本节将投资组合说成是若干种证券的组合投资，这里的“证券”不仅仅是前面所谓的可公开交易的金融资产的概念，而是“资产”的代名词，它可以是任何产生现金流的东西，例如股票、债券、一条生产线或者是一个企业。

一、投资组合的期望报酬率

对于数学期望，任意一个随机变量 X_1，X_2，…，X_n 及其系数 λ_1，λ_2，…，λ_n 存在如下性质：

$$E(\lambda_1 X_1+\lambda_2 X_2+\cdots+\lambda_n X_n)=\lambda_1 E(X_1)+\lambda_2 E(X_2)+\cdots+\lambda_n E(X_n)$$

对投资组合而言，它是由若干证券按照一定的比例构成的，所以其期望报酬率是组合中每种证券的期望报酬率的加权平均，权重就是每种证券价值在全部资产价值中所占的比例。若投资组合中第 i 种证券的期望报酬率为 E（r_i），其在全部资产价值中所占的比例为 w_i，则 n 种证券构成的投资组合的期望报酬率 E（r_p）的计算公式为

$$\begin{aligned}E(r_p)&=w_1 E(r_1)+w_2 E(r_2)+\cdots+w_n E(r_n)\\&=\sum_{i=1}^{n} w_i E(r_i)\end{aligned}$$

［例 3-3］

投资者的某项投资组合总共投入 300 万元。第一种证券投入 100 万元，期望报酬率 12%；第二种证券投入 125 万元，期望报酬率 15%；第三种证券投入

75 万元，期望报酬率 9%。则该项投资组合的期望报酬率是多少？

［解答］

$$\mathrm{E}\left(r_p\right)=\frac{100}{300}\times 12\%+\frac{125}{300}\times 15\%+\frac{75}{300}\times 9\%=12.5\%$$

二、投资组合的风险

投资组合的风险仍然用投资组合预期报酬率的标准差（简称投资组合的标准差）来衡量，根据相对性原理，投资组合也可以看作复杂的单项投资，单项投资预期报酬率的标准差计算公式仍然适用。不过，投资组合的复杂性决定了其离散程度的复杂性。如果将投资组合看作若干证券构成的组合投资，那么要分析其标准差，则先要分析其方差。

在统计学上，方差（用字母 D 表示）是随机变量离差的平方和，代表随机变量的离散程度；仅当随机变量两两独立（不相关）时，离差的平方和才能够叠加。也就是说，只有 X、Y 相互独立，$D(X+Y)=D(X)+D(Y)$才成立。如果随机变量间不相互独立，就需要考察随机变量间的协同变动，即协方差。再考虑到随机变量的系数 λ，则方差存在下面的性质：

$$\begin{aligned}
&D\left(\lambda_1X_1+\lambda_2X_2+\cdots+\lambda_nX_n\right)\\
&=\lambda_1{}^2D\left(X_1\right)+\lambda_2{}^2D\left(X_2\right)+\cdots+\lambda_n{}^2D\left(X_n\right)+2\lambda_1\lambda_2Cov\left(X_1,X_2\right)+\\
&2\lambda_1\lambda_3Cov\left(X_1,X_3\right)+\cdots+2\lambda_1\lambda_nCov\left(X_1,X_n\right)+2\lambda_2\lambda_3Cov\left(X_2,X_3\right)+\\
&2\lambda_2\lambda_4Cov\left(X_2,X_4\right)+\cdots+2\lambda_2\lambda_nCov\left(X_2,X_n\right)+\cdots+2\lambda_{n-1}\lambda_nCov\left(X_{n-1},X_n\right)
\end{aligned}$$

式中，Cov 符号代表两个随机变量的协方差，它表示两个随机变量协同变动带来的离散程度。若 x_i 和 y_i 分别表示具有协同概率分布的两个随机变量 X、Y 的取值，n 表示两个随机变量的取值数目，p_i 表示两个随机变量的协同概率，则两个随机变量的协方差的计算公式为

$$Cov\left(X,Y\right)=\sum_{i=1}^{n}\left[x_i-\mathrm{E}\left(X\right)\right]\left[y_i-\mathrm{E}\left(Y\right)\right]\cdot p_i$$

协方差的值可正可负，但其取值受到随机变量取值大小的影响。为了将协方差标准化，统计学中将两个随机变量的协方差依次除以两个随机变量的标准差，得到两个随机变量的相关系数。相关系数（ρ）的值介于-1 和 1 之间；ρ 大于 0，说明两个随机变量正相关；ρ 小于 0，说明两个随机变量负相关；ρ 等于 0，说明两个随机变量线性独立（不相关）；ρ 等于 1，表示两个随机变量完全正相关；ρ 等于-1，表示两个随机变量完全负相关。相关系数 ρ 的计算公式为

$$\rho = \frac{Cov(X,Y)}{\sigma(X)\sigma(Y)}$$

［例 3-4］

根据例 3-1 和例 3-2 的资料和计算结果，计算 A、B 两个投资机会预期报酬率的协方差和相关系数。

［解答］

$$Cov(r_A, r_B) = (60\% - 16\%)(20\% - 16\%) \times 0.3 + (10\% - 16\%)(15\% - 16\%) \times 0.6 + (-80\% - 16\%)(10\% - 16\%) \times 0.1 = 0.0114$$

$$\rho = \frac{0.114}{39.04\% \times 3\%} = 0.9734$$

下面考虑投资组合风险的度量，因为标准差是方差的算术平方根，所以根据上述对方差的讨论，将方差公式直接开平方即可。若假设投资组合中证券的数目为 n，w_i（或 w_j）表示第 i 种（或第 j 种）证券的价值权重，σ_{ij} 表示第 i 种证券和第 j 种证券预期报酬率的协方差（若 i=j，则代表第 i 种证券预期报酬率的方差），则投资组合的标准差的计算公式为

$$\sigma(r_p) = \sqrt{\sum_{i=1}^{n}\sum_{j=1}^{n} w_i w_j \sigma_{ij}}$$

当然，若以 σ_i（或 σ_j）表示第 i 种（或第 j 种）证券预期报酬率的标准差，ρ_{ij} 表示第 i 种证券与第 j 种证券预期报酬率的相关系数，则 $\sigma_{ij} = \rho_{ij}\sigma_i\sigma_j$，又根据协方差和相关系数的对称性，若某投资组合仅由两种证券构成，则两种证券构成的投资组合的标准差的计算公式为

$$\sigma(r_p) = \sqrt{w_1^2\sigma_1^2 + w_2^2\sigma_2^2 + 2w_1w_2\rho_{12}\sigma_1\sigma_2}$$

［例 3-5］

假设 A 证券的期望报酬率为 10%，标准差是 12%；B 证券的期望报酬率是 18%，标准差是 20%。若投资者等比例投资于两种证券（即权重各为 0.5），A、B 两种证券之间的预期相关系数为 0.2，则该投资组合的期望报酬率和标准差分别为多少？

［解答］

$$\mathrm{E}(r_p) = 0.5 \times 10\% + 0.5 \times 18\% = 14\%$$

$$\sigma(r_p) = \sqrt{0.5^2 \times 12\%^2 + 0.5^2 \times 20\%^2 + 2 \times 0.5 \times 0.5 \times 0.2 \times 12\% \times 20\%} = 12.65\%$$

在由两种证券构成的投资组合的标准差计算公式中，可以看出，若两种证券的价值权重和标准差固定，投资组合的标准差随相关系数的增大而增大。所以，当ρ等于−1时，投资组合的标准差最小；当ρ等于1时，投资组合的标准差最大。可以看出，当 $\rho=-1$ 时，$\sigma(r_p)=|w_1\sigma_1-w_2\sigma_2|$；当 $\rho=1$ 时，$\sigma(r_p)=w_1\sigma_1+w_2\sigma_2$。那么，在相关系数的定义域内，存在

$$|w_1\sigma_1-w_2\sigma_2|\leqslant\sigma(r_p)\leqslant w_1\sigma_1+w_2\sigma_2$$

上式表明，只要两种证券不是完全正相关，其构成的投资组合的标准差小于两种证券各自标准差的加权平均数（以价值比例为权重）；而前面已经讨论过，投资组合的期望报酬率等于组合中各证券期望报酬率的加权平均数。这说明投资组合不会降低预期报酬率，但会降低预期风险。可见，前文所讨论的投资组合能够分散非系统风险的结论在此得到了基本证明。

篇中案例 3-3

投资组合的风险分散

投资组合真的能够分散风险吗？为了验证这一问题，我们选择了沪市的江淮汽车（600048）这只股票，并收集了20X3年10月至20X4年3月连续100个交易日的收益率变动数据，如下图（一）所示；可见其收益变动的波动幅度相当大，即投资者若一开始将全部资金投资于江淮汽车则会承担较大风险。同时，我们又收集了沪市的中国石油（601857）这只股票同期的收益率变动数据，如下图（二）所示；可见，若投资者一开始将全部资金投资于中国石油，则会承担如图（二）的波动带来的风险。若投资者一开始将全部资金一半投资于江淮汽车，一半投资于中国石油，则构成的投资组合其收益变动图如下图（三）所示。

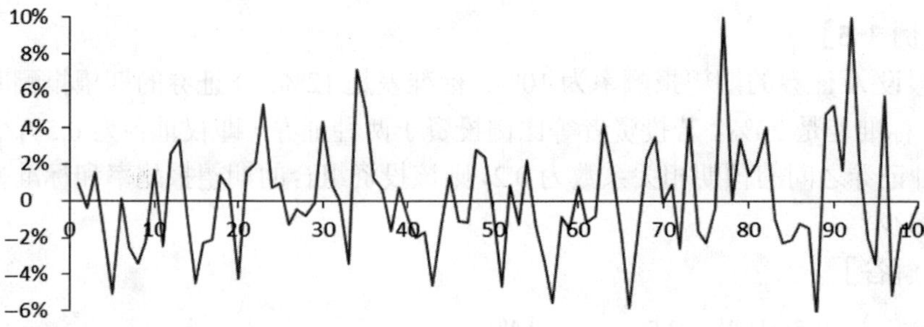

图（一）

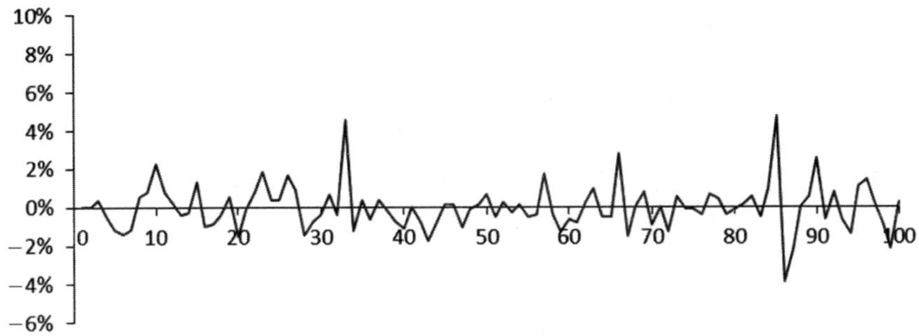

图（二）

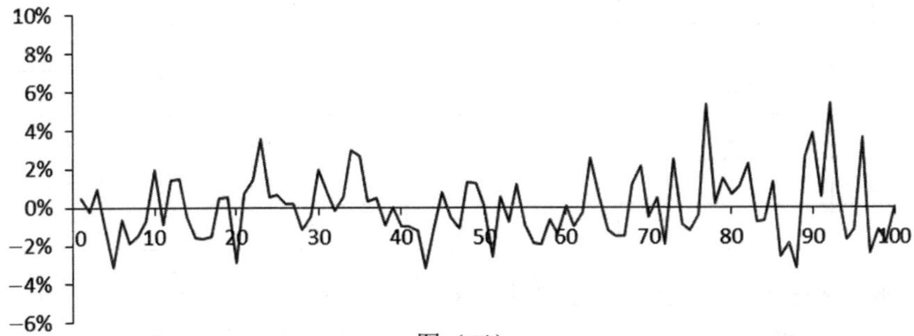

图（三）

那么，风险是不是被分散了呢？从标准差来看，江淮汽车期望收益的标准差为 3.079%，中国石油期望收益的标准差为 1.205%，投资组合期望收益的标准差为 1.720%。因为 1.720%<（3.709%×0.5+1.205%×0.5）（即 2.142%），说明风险的确被分散了。风险分散的示意图如下图（四）所示。对此，你能找一些其他的股票来验证吗？

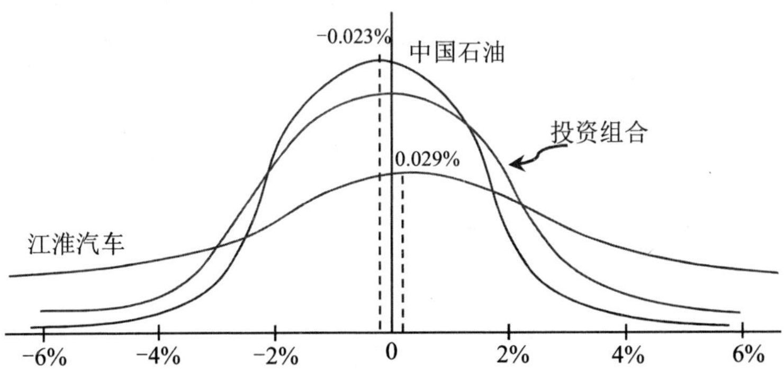

图（四）

三、资本市场线

（一）两种证券投资组合的机会集曲线

在例 3-5 中，两种证券的投资比例是相等的。如果投资比例变化了，投资组合的期望报酬率和标准差也会发生变化。根据投资组合的期望报酬率和标准差公式，计算这两种证券的其他投资比例的组合，计算结果如表 3-2 所示。

表 3-2　A、B 两种证券不同投资比例的组合

组合	对 A 的投资比例	对 B 的投资比例	组合的期望收益率	组合的标准差
1	1	0	10.00%	12.00%
2	0.8	0.2	11.60%	11.11%
3	0.6	0.4	13.20%	11.78%
4	0.4	0.6	14.80%	13.79%
5	0.2	0.8	16.40%	16.65%
6	0	1	18.00%	20.00%

通过 Excel 软件，绘出表 3-2 中随着对两种证券投资比例的改变，期望报酬率与风险之间的关系，如图 3-8 所示。图中黑点与 6 种投资组合一一对应，连接这些黑点所形成的平滑连续的曲线，表示 A 证券和 B 证券所有可能的投资组合，称为投资组合的机会集。在图 3-8 中，仅仅列出了两种证券相关系数为 0.2 时的机会集曲线。如果相关系数为其他情况，用同样的计算方法也可以绘出机会集曲线。如图 3-9 所示，图中描绘了当两种证券的相关系数分别为−1、−0.5、0.2、0.5 和 1 时投资组合的机会集曲线。从图中可以发现，只要不是完全正相关，两种证券的机会集曲线就体现出向左弯曲的特征，这说明投资组合分散了风险；而且，相关系数越小，机会集曲线越弯曲，风险分散化效应也就越强。

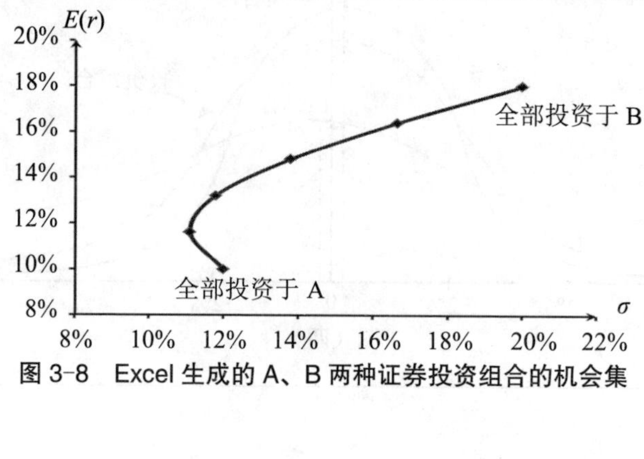

图 3-8　Excel 生成的 A、B 两种证券投资组合的机会集

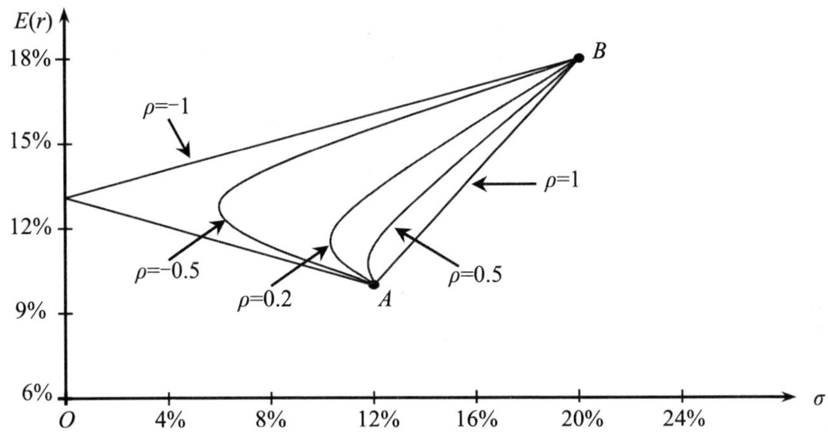

图 3-9 不同相关系数的机会集曲线

回顾本章第二节末尾讨论的 B 项目和 D 项目的选择问题，如果 B 项目和 D 项目的相关系数既定，将资金分散投资于 B 项目和 D 项目可能会形成如图 3-10 所示的机会集曲线，不同投资者的效用曲线在从左上向右下平移的过程中，与机会集曲线的切点，就是该投资者对 B 项目和 D 项目投资比例的理性选择。在该例子中，如果允许组合投资，投资者 1 将会选择 Q_1 点对应的投资组合（可能的比例大概是 85%投资于 B 项目，15%投资于 D 项目）；投资者 2 将会选择 Q_2 点对应的投资组合（可能的比例大概是 50%投资于 B 项目，50%投资于 D 项目）。

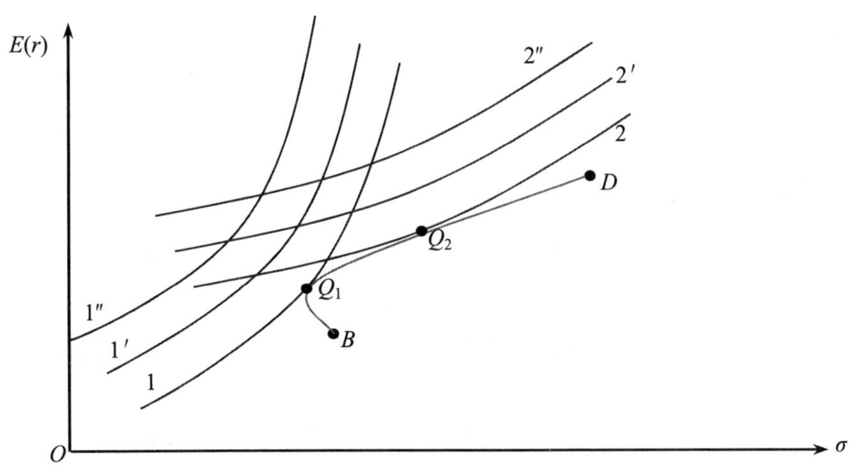

图 3-10 效用曲线与投资组合的选择

（二）多种证券组合的风险和报酬率

要考虑多种证券组合的问题，我们首先考虑三种证券的投资组合。三种证券的任何投资组合，都可以看作第一、第二两种证券的任意比例的投资组合再与第三种证券构成新的投资组合。如图 3-11 所示，既定相关系数的两种证券 A、B 的机会集为曲线 *AB*，引入与 A、B 相关系数既定的第三种证券 C，则曲线 *AB* 上所有的点与证券 C 构成的投资组合，即为 A、B、C 三种证券构成的投资组合。从图 3-11 可以看出，A、B、C 三种证券投资组合的机会集是 *ABC* 闭合曲线形成的区域。

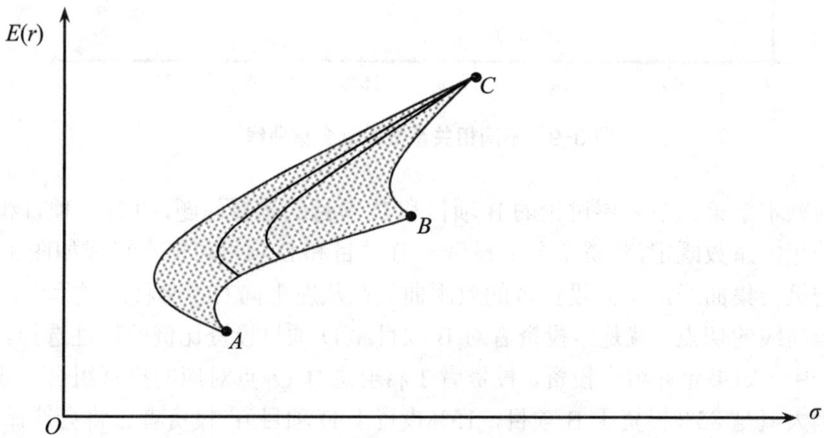

图 3-11　三种证券投资组合的机会集

按照这样的方法，可以把金融市场上所有风险证券构成的投资组合都描绘在“风险-报酬率”坐标图上。如图 3-12 所示，所有风险证券构成的投资组合的机会集是一个边界分段光滑的区域 Ω，其中点 *T* 是风险最小的投资组合点，点 *S* 是期望报酬率最高的投资组合点。根据投资决策的原则，在同等风险的条件下，投资者会接受期望报酬率较高的方案；在同等期望报酬率的条件下，投资者会接受风险较低的方案。所以，对于所有风险证券构成的投资组合，理性的投资者仅会在曲线 *ST* 上做出选择，这是因为其余的投资组合点总会处于曲线 *ST* 的右下方，从而劣于曲线 *ST* 上的点。曲线 *ST* 也被称为所有风险证券投资组合的有效前沿（Efficient Frontier）。

至于具体投资者该如何选择，仍然取决于该投资者对风险回避的程度及其效用曲线。如图 3-13 所示，风险回避程度高的投资者的最优决策接近 *T* 点，而风险回避程度低的投资者的最优决策接近 S 点。

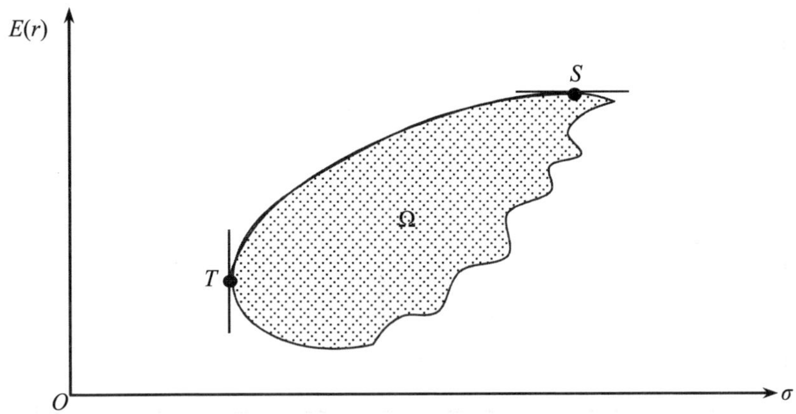

图 3-12　所有风险证券的投资组合及其有效前沿

（三）考虑无风险投资的投资组合

如图 3-13 所示，如果只允许考虑风险投资的话，所有投资者的最优决策将是有效前沿上的某一点。但是，如果允许选择无风险投资会出现什么情况呢？在“风险-报酬率”坐标图上，无风险投资是在纵轴上的点，其标准差等于 0，但存在正的报酬率（时间价值及通货膨胀的体现）。因为无风险投资不会对投资组合的方差（或标准差）产生任何贡献，所以无风险投资与有风险投资组成的任意投资组合将会是无风险投资点（r_f）与有效前沿（曲线 ST）任意一点连接的线段（图 3-14）。在图 3-14 中，考虑有效前沿上任意一点 N，它与 r_f 的所有投资组合形成线段 $r_f N$。结合风险回避者的效用曲线分析，对某投资者而言，$r_f N$ 并非最优，从 N 开始沿着 T 至 S 的方向在有效前沿上移动，直到过 r_f 点作曲线 ST 的切线的切点 M。没有任何组合能够优于 $r_f M$。M 点表示资本市场上一切风险投资按其市场价值加权所形成的特殊的投资组合，简称市场组合（Market Portfolio），它具有十分重要的理论意义。线段 $r_f M$ 代表无风险投资与市场组合的所有投资组合，例如，投资者将资金 50%投入无风险证券，50%投入市场组合，就表现为线段 $r_f M$ 的中点。

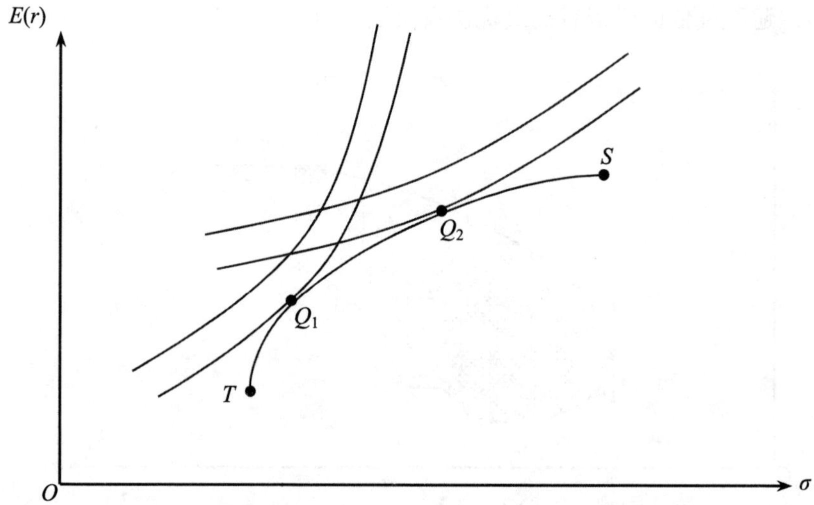

图 3-13　风险回避者在有效前沿上的决策

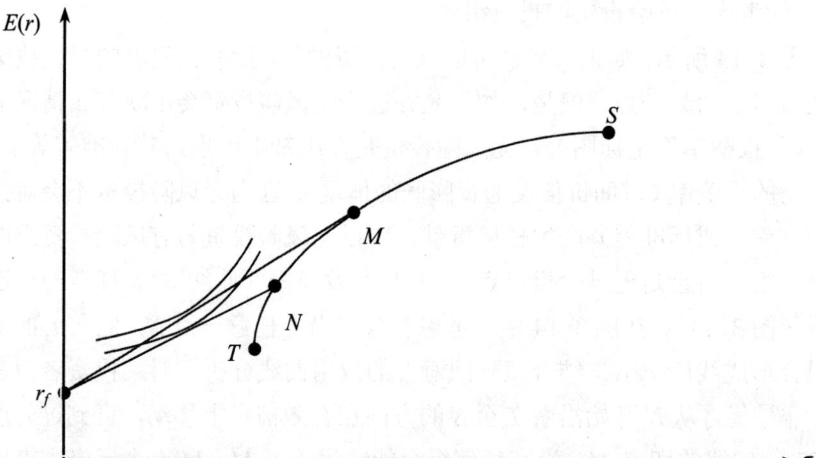

图 3-14　市场组合的产生

如果假设允许投资者以无风险利率借入资金，即出售无风险债券，借得的资金连同自有资本，全部购买市场组合 M。这时候，投资组合点就会出现在 r_fM 的延长线上，于是 r_fM 形成直线（实际上是射线），这条直线被称为资本市场线（Capital Market Line），如图 3-15 所示。考虑对无风险投资和市场组合两个点的坐标分别为 r_f（0，r_f）和 $M[\sigma(r_m), E(r_m)]$，可以得到资本市场

线的方程为

$$E(r_p)=r_f+\frac{E(r_m)-r_f}{\sigma(r_m)}\sigma(r_p)$$

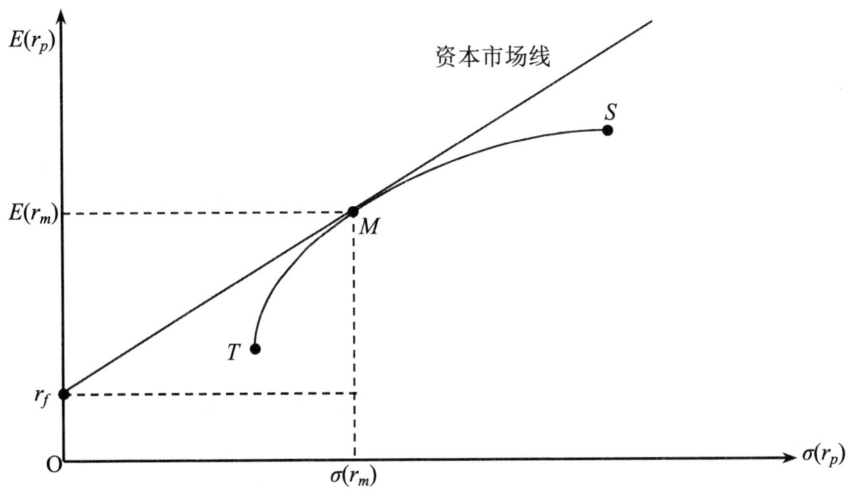

图 3-15 资本市场线

值得注意的是，资本市场线表示在均衡状态下有效投资组合期望报酬率与风险的关系，*M* 点是理论上的均衡点。实际上，均衡状态是动态的，也就意味着若均衡状态变化了就会有新的 *M* 点，资本市场线显然不是一成不变的。

【课堂测试 3-3】

在实务中，可以根据股票的历史交易数据计算股票的平均收益率、收益率的标准差、两只股票的协方差和相关系数等，并以此作为预测未来投资或投资组合收益状况的基础。

现假设考察的两只股票格力电器（000651）和中粮地产（000031）在过去一年的历史统计数据如下：格力电器的平均收益率为 4.09%，收益率的标准差为 7.28%；中粮地产平均收益率为 9.24%，收益率的标准差为 20.61%；二者的协方差为 0.005 90，相关系数为 0.393 07。

以上述数据为基础，某投资者的投资组合为 40%投资格力电器，60%投资中粮地产。计算未来一年该投资组合的期望报酬率和标准差。

第四节 资本资产定价模型

一、系统风险的度量与贝塔系数

根据风险价值原则，投资者承担风险，需要相应的报酬来补偿。资本市场线以投资组合的标准差度量风险，恰恰表明了期望报酬率对风险的补偿。不过，对个别投资者而言，他会要求所有的风险都得到价值补偿；但是对市场来说，非系统风险作为企业个别风险不被认可，市场只认可系统风险的价值增益。既然对于一项资产，市场认同的期望报酬率取决于它的系统风险，那么度量系统风险就成了一个关键问题。

根据图 3-3，随着投资组合中证券数目的增加，非系统风险逐渐被分散殆尽。市场组合恰恰是所有风险投资的特定投资组合，市场组合中的证券数目确保其仅存在系统风险。因此，可以考虑以市场组合为基础度量个别证券的系统风险。考虑市场组合的方差，它可以表示市场组合中系统风险引起的总变异；而个别证券与市场组合的协方差，则代表了个别证券对市场组合系统风险总变异的贡献。故此，个别证券与市场组合的协方差除以市场组合的方差，则代表个别证券的系统风险对市场组合系统风险的贡献程度；如果以市场组合的系统风险为标准，这一贡献程度则刚好可以度量个别证券的系统风险，这一指标被称为贝塔系数，用希腊字母 β 表示。贝塔系数的计算公式为

$$\beta_i = \frac{Cov\left(r_i, r_m\right)}{\sigma\left(r_m\right)^2} = \frac{\rho_{im}\sigma\left(r_i\right)\sigma\left(r_m\right)}{\sigma\left(r_m\right)^2} = \rho_{im}\frac{\sigma\left(r_i\right)}{\sigma\left(r_m\right)}$$

在资本市场中，贝塔系数是度量个别证券系统风险的重要指标，它的界定离不开市场组合，市场组合的贝塔系数显然等于 1。然而，市场组合是理论上存在的所有风险投资的特定投资组合，现实中难以准确界定，所以，在实务中通常可以用股票市场上股票综合指数（例如上证综合指数）代表的投资组合来代替。对于贝塔系数，通俗来说就是：对于沪市的股票 V，如果每当上证综合指数的报酬率上涨或下降 1%时，去除非系统风险因素后股票 V 的报酬率就预期上涨或下降 1.5%，那么股票 V 的 β 值就是 1.5；对于沪市的股票 W，如果每当上证综指的报酬率上涨或下降 1%时，去除非系统风险因素后股票 W 就预期上涨或下降 0.5%，那么股票 W 的 β 值就是 0.5。当证券的贝塔系

数越大时，说明它的系统风险就越大。在上边的例子中，股票 V 的系统风险明显大于股票 W 的系统风险。

那么，在实务中如何确定某一证券的贝塔系数呢？常用的方法是利用一些信息提供机构给出的特定证券的贝塔系数。例如，标准普尔（Standard & Poor's）会定期给出美国一些大公司证券的贝塔系数，中国的一些信息提供机构也会给出一些上市公司股票的贝塔系数。此外，还可以自行计算证券的贝塔系数，主要有两种方法：第一种方法是利用上面讲过的贝塔系数的计算公式，同样用股票综合指数代表的投资组合来代替市场组合，不再赘述。第二种方法是采用最近四五年股票综合指数的月报酬率与个别股票的月报酬率，按照最小二乘法（Ordinary Least Squares）拟合一条直线，该直线的斜率就是该股票的 β 值（具体方法可以参见本章篇后案例）。

二、投资组合的贝塔系数

前文讨论了单个证券的贝塔系数，投资组合的系统风险也可以用贝塔系数来衡量。投资组合中每种证券的系统风险都会对市场组合的系统风险产生贡献，而且这种贡献是线性累加的。所以，投资组合的贝塔系数等于构成该组合的各只证券贝塔系数的加权平均数，权重是个别证券在投资组合中的价值比例，即

$$\beta_p = \sum_{i=1}^{n} w_i \beta_i$$

式中，β_p——投资组合的贝塔系数；

w_i——第 i 种证券在投资组合中的价值比例；

β_i——第 i 种证券的贝塔系数；

n——投资组合中证券的总数。

［例 3-6］

某项投资组合由 3 项投资组成，其 β 系数分别为 0.8、1.2 和 1.5，在总投资中的比重分别为 50%、30%和 20%，求该投资组合的 β 系数。

［解答］

$$\beta_p = 50\% \times 0.8 + 30\% \times 1.2 + 20\% \times 1.5 = 1.06$$

加权平均数表明，投资组合中各证券的贝塔系数会对投资组合的贝塔系数产生贡献。如果一个投资组合刚好等于市场组合，那么很显然该投资组合的贝塔系数等于 1。根据加权平均的公式，市场组合中各种证券的贝塔系数的平均趋势为 1，如果某证券的贝塔系数大于 1，那么至少有一只其他证券的贝塔系数

小于 1。因为无风险投资对市场组合系统风险的贡献为零，所以无风险投资的贝塔系数等于 0。此外，在理论上，某一证券与市场组合出现反向变动一定是受到非系统风险的影响，永远与市场组合反向变动的证券几乎是不存在的[①]，所以假定所有风险证券的贝塔系数均大于 0。

三、资本资产定价模型与证券市场线

1964 年，威廉·夏普（William Sharp）根据投资组合理论提出了资本资产定价模型（Capital Assets Pricing Model, CAPM）。资本资产定价模型在财务金融领域中发挥着举足轻重的作用，具有里程碑意义。资本资产定价模型认为投资者承担风险会要求得到回报，而市场仅会对投资者承担系统风险提供补偿。用贝塔系数度量个别证券的系统风险，资本资产定价模型提出了一个简单而非常重要的公式

$$E(r_i)=r_f+\beta_i[E(r_m)-r_f]$$

式中，E（r_i）表示第 i 种证券的必要报酬率（或期望报酬率）；r_f 表示无风险收益率（通常以短期国债的收益率作为无风险收益率）；β_i 表示第 i 种证券的贝塔系数；E（r_m）表示市场组合的期望报酬率（一般采用股票综合指数的收益率或所有股票的平均收益率，也指 β=1 的证券所要求的报酬率）。

[例 3-7]

假设 FML 公司股票的贝塔系数为 1.5，短期国债的利率为 5%，估计股票市场上的平均收益率为 9%。计算 FML 公司股票的必要报酬率。

[解答]

$$E(r_i)=5\%+1.5\times(9\%-5\%)=11\%$$

对于资本资产定价模型，若以证券的必要报酬率 E（r_i）为纵轴，以代表系统风险的 β_i 值为横轴，可以绘制一条直线，如图 3-16 所示，这条直线被称为证券市场线（Security Market Line, SML）。在证券市场线中，无风险投资的贝塔系数等于 0，故 r_f 成为证券市场线在纵轴的截距；市场组合的期望报酬率超过无风险报酬率的差额，即 E（r_m）$-r_f$，是投资者承担超过无风险报酬率的平均市场风险而要求的额外收益，即市场组合的风险价值（风险增益），它是证券市场线的斜率，代表投资者的平均风险回避程度。从证券市场线可以看出，投

---

① 有人认为以黄金价格为标的的某些证券其收益变动会与市场组合存在反向变动的趋势，事实上可能的确如此，这里作为一个反例存在，提醒读者注意，但此处不做详述。

资者要求的报酬率不仅仅取决于系统风险，还取决于无风险报酬率和市场组合的风险价值。由于这些因素始终处于变动之中，所以证券市场线也不会一成不变。例如，如果基准利率上升，无风险报酬率就会随之提高，进而导致证券市场线向上平移；如果投资者的平均风险回避程度加强，则会提高证券市场线的斜率。

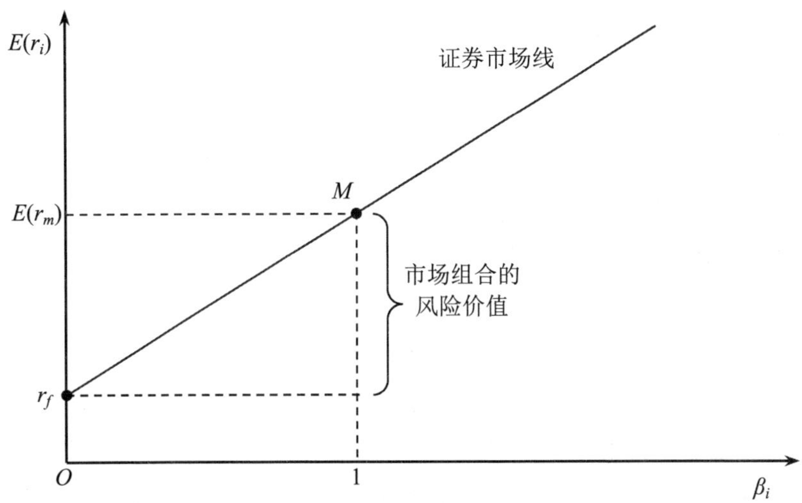

图 3-16 证券市场线

威廉·夏普的资本资产定价模型建立在如下基本假设的基础之上：

（1）所有投资者都是风险回避者，追求单期财富的期望效用最大化，并以各个备选组合的期望报酬率和标准差为基础进行选择；

（2）所有投资者都能够以无风险利率无限制地借入或贷出资金；

（3）所有投资者都有同样预期，即对于所有资产报酬率、方差、协方差等均有完全相同的估计，都是市场价格的接受者，任何一个投资者的买卖行为都不会对证券价格产生影响；

（4）所有资产的数量都是给定的和固定不变的；

（5）全部资产均可被完全细分，拥有充分的流动性；

（6）资本市场无摩擦，即无交易成本，不存在信息不对称；

（7）不存在任何市场缺陷，无交易税等。

自资本资产定价模型提出以来，各种争议和证明不断涌现。尽管该模型存在许多问题和疑问，但是以其逻辑的合理性、应用的科学性赢得了人们的支持。而且，在资本资产定价模型的基础上，模型的假设逐步被放开，出现了许多新的研究成果，这些研究成果突破和发展了资本资产定价模型。

【课堂测试 3-4】

1. 假定你是资金总额为 4 000 万元的投资基金经理，该基金由四种股票组成，相应的投资规模和贝塔系数如下表，若市场组合的期望报酬率为 11%，无风险利率为 3%，则该投资基金的必要报酬率为多少？

股票	投资规模（万元）	贝塔系数
A	400	1.50
B	600	0.50
C	1 000	1.25
D	2 000	0.75

2. 股票 R 的贝塔系数为 1.5，股票 S 的贝塔系数为 0.75，预期所有股票的平均收益率为 10%，无风险报酬率为 4%。那么，风险较大的股票比风险较小的股票的必要报酬率高出多少？

本章小结

投资报酬率可以衡量一项投资赚钱能力的大小，不同投资机会报酬率的差异需要使用风险价值来解释。在财务金融理论中，风险的正式定义是预期目标结果的不确定性。实际结果可能对预期目标出现偏离的程度大，称为高风险；实际结果对预期目标可能出现偏离的程度小，称为低风险。经济社会中所有的经济活动都可以近似看作是风险型经济活动，企业承担的风险分为系统风险和非系统风险，系统风险因素带来全面影响，又称为不可分散风险；投资者承担的非系统风险可以通过多样化投资加以分散。如果把投资活动看成随机过程，单项投资获利能力可以使用期望报酬率来衡量，那么其风险可以使用标准差来衡量。对于投资组合，其期望报酬率是组合中每种证券的期望报酬率的加权平均；投资组合的标准差同样可以衡量风险，只不过在计算时需要考虑组合中证券的协同作用，因此计算比较复杂。

如果两个项目的风险相同，理性的投资者会选择期望报酬率高的项目；在风险回避假设的基础上，如果两个项目的期望报酬率相同，投资者会选择风险较小的项目，这体现了投资决策的原则。投资者承担额外的风险，需要额外的报酬率来补偿，这就是风险价值。

投资组合的期望报酬率与标准差的关系可以通过机会集曲线来分析，所有风险证券构成的投资组合的机会集是一个边界分段光滑的区域，但投资者仅会在有效前沿上进行选择。无风险投资与有效前沿的切点被称为市场组合，该切线被称为资本市场线。个别证券的系统风险对市场组合系统风险的贡献程度被称为贝塔系数。若以贝塔系数衡量投资的系统风险，投资的期望报酬率与系统风险之间存在线性关系，可以由资本资产定价模型确定该线性模型公式。在风险-报酬率坐标图中，资本资产定价模型可以绘制出一条直线，被称为证券市场线。证券市场线可以描绘投资的风险价值。

篇后案例

贝塔系数的计算

资本资产定价模型是一个预测模型，也就是说它假设模型中所有的变量都是事前已知的。一般而言，证券市场线中特定股票的贝塔系数反映的是该股票在未来的预期市场风险。然而，人们通常使用历史数据来计算特定股票的贝塔系数，并假设该系数可以应用于未来。那么，贝塔系数一般如何计算呢？

为了演示贝塔系数如何计算，我们仍以沪市的中国石油（601857）这只股票为例，并假定上证综合指数代表市场组合。我们收集了20X3年10月至20X4年3月连续100个交易日中国石油和上证综合指数收益率变动的数据，如下表所示。

Date	SH(%)	SY(%)	Date	SH(%)	SY(%)	Date	SH(%)	SY(%)	Date	SH(%)	SY(%)	Da	SH(%)	SY(%)
1	−0.21	0.0	1	0.60	−0.13	41	−0.06	0.00	61	−0.71	−0.79	81	0.83	0.13
2	0.24	0.00	22	1.68	0.79	42	−0.31	−0.75	62	−0.19	0.27	82	0.92	0.53
3	1.62	0.38	23	2.87	1.8	43	−1.60	−1.76	63	0.86	0.93	83	−0.77	−0.53
4	−0.83	−0.51	24	−0.19	0.38	44	−0.45	−0.77	64	−0.17	−0.52	84	1.11	0.93
5	−1.25	−1.15	25	0.61	0.38	45	−0.13	0.13	65	0.02	−0.53	85	−0.18	4.72
6	−0.86	−1.43	26	−0.04	1.65	46	−0.95	0.13	66	−0.93	2.79	86	−1.17	−3.88
7	−1.45	−1.18	27	−0.43	0.87	47	−2.02	−1.03	67	−0.68	−1.55	87	−1.75	−2.21
8	0.04	0.53	28	−0.47	−1.48	48	0.24	−0.13	68	0.86	0.00	88	−2.05	0.00
9	−0.23	0.79	29	−0.14	−0.75	49	0.15	0.13	69	2.16	0.79	89	0.35	0.53
10	1.48	2.23	30	0.82	−0.38	50	0.64	0.65	70	−0.47	−0.91	90	0.30	2.52
11	−0.87	0.77	31	0.83	0.63	51	−1.58	−0.52	71	0.60	0.00	91	0.44	−0.65
12	0.37	0.26	32	0.05	−0.38	52	1.36	0.26	72	−1.03	−1.31	92	0.92	0.78
13	0.00	−0.38	33	−0.59	4.55	53	−0.18	−0.26	73	0.26	0.53	93	−0.18	−0.65
14	0.35	−0.26	34	0.69	−1.21	54	0.88	0.13	74	0.56	−0.13	94	−0.89	−1.43
15	−0.82	1.28	35	1.31	0.37	55	−0.31	−0.52	75	−0.82	−0.13	95	0.32	1.05
16	−0.48	−1.01	36	−0.21	−0.61	56	−1.24	−0.39	76	0.56	−0.40	96	−0.08	1.43
17	−1.09	−0.89	37	−0.44	0.37	57	−1.80	1.70	77	2.03	0.67	97	−2.86	0.26
18	0.16	−0.39	38	0.05	−0.24	58	0.08	−0.39	78	0.84	0.40	98	0.11	−0.90
19	0.82	0.52	39	−0.03	−0.74	59	−0.15	−1.29	79	0.30	−0.40	99	−0.17	−2.20
20	−1.83	−1.54	40	−1.49	−1.11	60	−0.82	−0.65	80	−0.55	−0.13	100	1.07	0.26

如下图所示，以上证综合指数的收益变动为横轴，以中国石油的收益变动为纵轴，将上述数据点描在坐标图中，然后画出趋势直线，该直线的斜率就是贝塔系数。

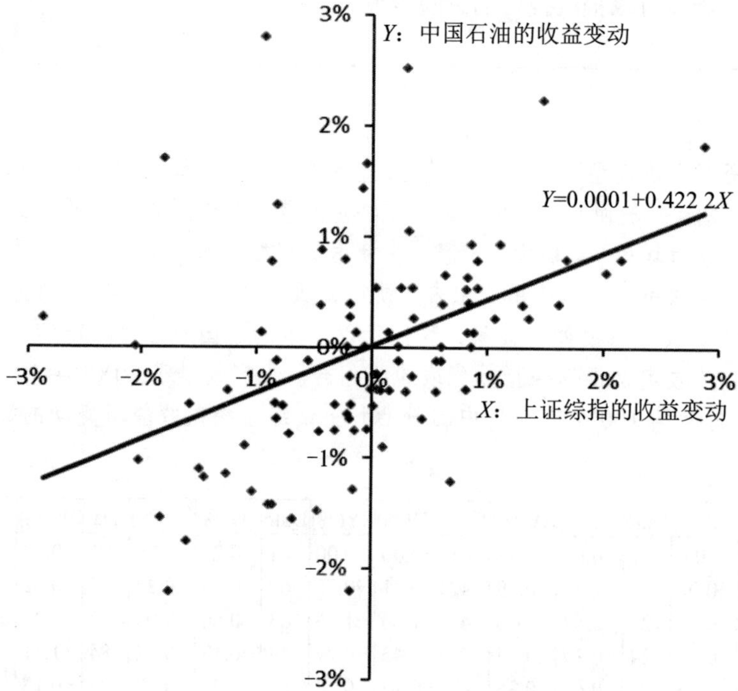

可以用一元线性回归模型来估计该直线的方程 $Y=\alpha+\beta X+\varepsilon$，估计斜率 β 和截距 α 的公式在本书第五章有所涉及，此处不做详述。我们使用 Excel 软件的 Linest 函数可以对数据进行线性回归（当然也可以使用其他统计软件进行线性回归），得到 α=0.000 1，β=0.422 2，r^2=11.56%，从而回归方程为 Y= 0.000 1+ 0.422 2X+ε。于是，我们利用上述 100 个交易日的历史数据算得了中国石油的贝塔系数等于 0.422 2。拟合优度 r^2=11.56%表明，中国石油的风险 11.56%来自系统风险，88.44%来自非系统风险。利用历史数据计算贝塔系数的方法你学会了吗？你可以找其他上市公司更大跨度的历史数据来试一试。

核心概念

风险（Risk）
系统风险（Systematic Risk）
非系统风险（Unsystematic Risk）
经营风险（Business Risk）
财务风险（Financial Risk）
投资组合（Portfolio）
期望报酬率（Expected Rate of Return）
风险价值（Value at Risk）
资本市场线（Capital Market Line）
市场组合（Market Portfolio）
资本资产定价模型（Capital Assets Pricing Model）
证券市场线（Security Market Line）

思考题

1. 什么是风险？风险产生的原因是什么？
2. 一项投资的总风险由哪两部分构成？它们是如何区分的？
3. 如何理解非系统风险的分散？
4. 如何理解风险价值的含义？
5. 投资者进行组合投资的目的是什么？
6. 是不是所有的风险都会获得市场的风险补偿呢？
7. 如何理解贝塔系数？在理论上贝塔系数是如何得出的？
8. 如果某种股票的贝塔系数翻了一倍，它的必要报酬率也会翻一倍吗？
9. 什么是证券市场线？哪些因素会使证券市场线发生变化？

练习题

（一）单项选择题

1.下列关于衡量投资方案风险的说法不正确的是（　　）。

A. 预期报酬率的概率分布越窄，投资风险越小
B. 预期报酬率的概率分布越窄，投资风险越大
C. 预期报酬率的标准差越大，投资风险越大
D. 预期报酬率的方差越大，投资风险越大

2. 从投资人的角度看，下列观点中不能被认同的是（　　）。

A. 有些风险可以分散，有些风险不能分散

B. 额外的风险要通过额外的收益来补偿

C. 投资分散化是好的事件与不好的事件的相互抵消

D. 投资分散化降低了风险，也降低了预期收益

3. 如果投资组合中包括了全部股票，则投资人（　　）。

A. 只承担市场风险　　B. 只承担特有风险

C. 只承担非系统风险　　D. 没有风险

4. 在下列几种情况下，等比例投资两只股票使风险分散最多的是（　　）。

A. 两股票完全正相关　　B. 两股票不相关

C. 两股票负相关　　D. 两股票完全负相关

5. 按照投资决策的原则，下列说法不正确的是（　　）。

A. 无论风险情况如何，投资者总会选择期望报酬率大的项目

B. 两个项目风险相同时，投资者会选择期望报酬率大的项目

C. 两个项目期望报酬率相同时，投资者会选择风险小的项目

D. 投资者风险回避的程度，有时候会影响在两个项目之间的选择

6. 有关“高风险，高收益”的说法，下列理解正确的是（　　）。

A. 较高风险的项目一定伴随着较高的收益率

B. 风险较小的项目，收益率一定也低

C. 收益率较高的项目一定伴随着高风险

D. 投资者承担高风险，在主观上需要高收益率来补偿

7. 下列有关风险回避者效用曲线的说法不正确的是（　　）。

A. 风险回避者的效用曲线上凹

B. 风险回避者的效用曲线下凹

C. 同一个人的多条效用曲线没有交点

D. 不同人的效用曲线可能存在交点

8. 有关投资组合的期望报酬率，下列说法不正确的是（　　）。

A. 投资组合的期望报酬率等于各单项投资期望报酬率的加权平均数

B. 投资组合的期望报酬率可能大于组合中某单项投资的期望报酬率

C. 投资组合的期望报酬率可能小于组合中某单项投资的期望报酬率

D. 投资组合的期望报酬率不可能等于组合中某单项投资的期望报酬率

9. 有关投资组合的风险，下列说法不正确的是（　　）。

A. 投资组合的风险可以用投资组合期望报酬率的标准差衡量

B. 投资组合的标准差等于各单项投资标准差的加权平均数

C. 投资组合的标准差不大于各单项投资标准差的加权平均数

D. 投资组合的风险需要考虑各单项投资之间的协方差

10. 有关相关系数，下列说法中不正确的是（ ）。

A. 相关系数等于 1，说明两个随机变量完全正相关

B. 相关系数大于 0，说明两个随机变量正相关

C. 相关系数等于 0，说明两个随机变量没有任何关系

D. 相关系数小于 0，说明两个随机变量负相关

11. 假设 A 证券的期望报酬率为 10%，标准差是 12%；B 证券的期望报酬率是 18%，标准差是 20%。若投资者按照一定比例投资于 A、B 两种证券，A、B 两种证券之间的预期相关系数为 0.2，则下列说法正确的是（ ）。

A. 投资组合的标准差大于或等于 12%

B. 投资组合的标准差小于或等于 12%

C. 投资组合的标准差大于或等于 20%

D. 投资组合的标准差小于或等于 20%

12. 当股票投资期望收益率等于无风险投资收益率时，贝塔系数应（ ）。

A. 大于 1 B. 等于 1 C. 小于 1 D. 等于 0

13. 已知某证券的贝塔系数等于 1.8，则该证券（ ）。

A. 无风险 B. 与证券市场平均风险一致

C. 低于证券市场平均风险 D. 高于证券市场平均风险

14. FML 公司股票的贝塔系数为 1.5，无风险利率为 4%，市场上所有股票的平均收益率为 8%，则 FML 公司股票的必要报酬率应为（ ）。

A. 4% B. 12% C. 8% D. 10%

15. 下列事件中不会使证券市场线发生变动的是（ ）。

A. 个别证券的贝塔系数发生变化

B. 基准利率上升

C. 基准利率下降

D. 投资者平均风险回避程度加强

16. 如果投资者预期未来的通货膨胀率将上升，并且投资者对风险更加厌恶，那么证券市场线将（ ）。

A. 向下移动，并且斜率增大

B. 向下移动，并且斜率减小

C. 向上移动，并且斜率增大

D. 向下移动，并且斜率减小

（二）多项选择题

1. 下列指标中能够度量风险的包括（　　　）。

A. 期望报酬率　　B. 标准差　　C. 方差

D. 贝塔系数　　E. 概率

2. 一般而言，企业的非系统风险因素包括（　　　）。

A. 市场利率变动　　B. 法律修订　　C. 经营风险

D. 经济周期　　E. 财务风险

3. 在有关风险分类的说法中，正确的包括（　　　）。

A. 系统风险又称为可分散风险

B. 非系统风险又称为企业个别风险

C. 系统风险又称为市场风险

D. 非系统风险又称为可分散风险

E. 系统风险又称为不可分散风险

4. 在下列几种情况中，两只股票构成的投资组合能够分散风险的情况包括（　　　）。

A. 两只股票负相关　　B. 两只股票完全负相关

C. 两只股票的相关系数等于 0　　D. 两只股票的相关系数等于 0.25

E. 两只股票完全正相关

5. 按照投资决策的原则，下列说法中正确的包括（　　　）。

A. 无论风险情况如何，投资者总会选择期望报酬率大的项目

B. 两个项目风险相同时，投资者会选择期望报酬率大的项目

C. 两个项目期望报酬率相同时，投资者会选择风险小的项目

D. 投资者风险回避的程度，有时候会影响在两个项目之间的选择

E. 当投资者不想接受任何风险时，他会选择无风险投资

6. 在有关风险态度的说法中，正确的包括（　　　）。

A. 风险中立者不关心风险的大小，只关注期望报酬率的高低

B. 风险追求者并不存在

C. 风险回避是财务领域的一种假设

D. 风险回避者不接受任何风险

E. 风险回避者在进行投资时，若两个项目的期望报酬率相同，他会选择风险较小的

7. 下列有关风险回避者效用曲线的说法中正确的包括（ ）。
   A. 风险回避者的效用曲线上凹
   B. 风险回避者的效用曲线下凹
   C. 同一个人的多条效用曲线没有交点
   D. 不同人的效用曲线可能存在交点
   E. 对同一个人的效用曲线来说，从左上到右下效用依次降低
8. 有关投资组合的期望报酬率，下列说法中正确的是（ ）。
   A. 投资组合的期望报酬率等于各单项投资期望报酬率的加权平均数
   B. 投资组合的期望报酬率可能大于组合中某单项投资的期望报酬率
   C. 投资组合的期望报酬率可能小于组合中某单项投资的期望报酬率
   D. 投资组合的期望报酬率可能等于组合中某单项投资的期望报酬率
   E. 投资组合的期望报酬率等于各单项投资期望报酬率的算术平均数
9. 有关投资组合的风险，下列说法中正确的是（ ）。
   A. 投资组合的风险可以用投资组合期望报酬率的标准差衡量
   B. 投资组合的标准差等于各单项投资标准差的加权平均数
   C. 投资组合的标准差不大于各单项投资标准差的加权平均数
   D. 投资组合的风险需要考虑各单项投资之间的协方差
   E. 投资组合的风险受到各单项投资之间的相关系数的影响
10. 有关相关系数，下列说法中正确的包括（ ）。
   A. 相关系数等于 1，说明两个随机变量完全正相关
   B. 相关系数大于 0，说明两个随机变量正相关
   C. 相关系数等于 0，说明两个随机变量线性不相关
   D. 相关系数小于 0，说明两个随机变量负相关
   E. 相关系数等于 -1，说明两个随机变量完全负相关
11. 下列有关贝塔系数的说法正确的有（ ）。
   A. 贝塔系数可以用来度量系统风险
   B. 无风险投资的贝塔系数等于 0
   C. 若某投资组合等于市场组合，则其贝塔系数等于 1
   D. 贝塔系数大于 1，说明该证券的系统风险大于市场组合的系统风险
   E. 若存在贝塔系数小于 0 的证券，则其必要报酬率小于无风险报酬率
12. 下列事件中能够使证券市场线发生变动的包括（ ）。
   A. 个别证券的贝塔系数发生变化
   B. 基准利率上升

C. 基准利率下降

D. 投资者平均风险回避程度加强

E. 投资者平均风险回避程度减弱

13. 根据资本资产定价模型，影响特定证券必要报酬率的因素包括（　　）。

A. 无风险利率

B. 市场组合的期望报酬率

C. 特定证券的贝塔系数

D. 特定证券在投资组合中的比重

E. 特定证券与无风险投资的相关系数

14. 下列有关风险价值的说法中正确的有（　　）。

A. 风险价值说明没有风险的 1 元钱价值大于有风险的 1 元钱

B. 与时间价值相比，风险价值被称为理财的第二原则

C. 风险价值说明投资者承担风险会要求有回报

D. 市场并不会对投资者承担的所有风险提供补偿

E. 市场组合的风险价值等于证券市场线的斜率

15. 下列有关有效前沿的说法正确的有（　　）。

A. 所有风险证券的投资组合都在有效前沿上

B. 有效前沿并不考虑无风险投资

C. 理性投资者进行风险投资时仅会在有效前沿上做出选择

D. 风险回避程度高的投资者在有效前沿上的选择接近标准差最小点

E. 风险回避程度低的投资者在有效前沿上的选择接近期望报酬率最大点

（三）判断题

1. 财务领域的风险定义与日常生活中应用的风险理念相同，都是指发生损害的可能性。（　　）

2. 由于投资分散化可以降低风险，投资者通过投资多样化可以将全部风险予以规避。（　　）

3. 在财务学中，可以使用期望报酬率的标准差来衡量风险。（　　）

4. 实际结果可能对预期目标偏离的程度大，则风险较大。（　　）

5. 只有完全正相关的股票形成投资组合，才会把所有的非系统风险分散掉。（　　）

6. 系统风险通常用贝塔系数来衡量，市场组合的贝塔系数等于 1。（　　）

7. 因为“高风险，高收益”，所以风险大的投资项目，其报酬率一定很高。（　　）

8. 虽然对于某种证券，投资者会承担系统风险和非系统风险，但市场仅仅会对系统风险提供价值补偿。（　　）

9. 投资组合的期望报酬率等于各单项投资期望报酬率的加权平均数。（　　）

10. 投资组合的标准差等于各单项投资标准差的加权平均数。（　　）

11. 投资组合的标准差一定小于各单项投资标准差的加权平均数。（　　）

12. 当某证券贝塔系数小于 1 时，说明该证券的系统风险小于市场组合的风险。（　　）

13. 资本市场线一旦形成便会保持不变。（　　）

14. 若无风险报酬率为 4%，市场组合的风险溢价为 8%，某种股票的贝塔系数为 1.5，则该股票的必要报酬率应为 10%。（　　）

15. 在资本资产定价模型中，如果某证券的 β 系数小于 0，就表明该证券预期收益率将小于无风险利率。（　　）

16. 资本资产定价模型的使用是无条件、准确无误的。（　　）

（四）计算综合题

1. A、B 两家公司股票的报酬率在不同的经济形势下的数据如下表所示。

经济形势	概率	A 股票报酬率	B 股票报酬率
萧条	20%	-10%	10%
一般	60%	15%	8%
繁荣	20%	25%	4%

假设某投资组合有 60%投资于 A 公司股票，40%投资于 B 公司股票。要求：计算该投资组合的期望报酬率和标准差。（已知相关系数 $\rho=-0.84$，考虑相关系数是如何计算的）

2. DY 信托投资是一种共同基金，它投资于 6 家公司的普通股票。持有这 6 家公司股票的市场价值和它们的 β 系数值如下表所示。

公司	股票的市场价值（千万元）	β 系数
A	9	0.6
B	11	1.2
C	6	0.7
D	13	1.8
E	7	0.9
F	4	2.5

要求：（1）计算共同基金的 β 系数值；（2）若股票市场上所有股票的平均收益率为 16%，国债的利率为 6%，则该证券投资组合的期望收益率是多少？

3. 若无风险利率为4%，市场组合的期望报酬率为10%，某股票的贝塔系数为1.25。要求：

（1）计算市场组合的风险价值以及该股票的必要报酬率；

（2）如果市场上某一投资机会的贝塔系数为0.85，期望报酬率为8%，是否应当进行该投资？

（3）如果某股票的必要报酬率为13%，其贝塔系数应该是多少？

4. 周先生考察了两种股票S和T，他预计股票S的期望报酬率为12%，标准差为8%；股票T的期望报酬率为8%，标准差为5%；两只股票的相关系数为0.2。要求：

（1）计算以下投资组合的期望报酬率和标准差；

投资组合	投资股票 *S* 的权重	投资股票 *T* 的权重
甲	80%	20%
乙	60%	40%
丙	40%	60%

（2）若这位投资者能够以5%的利率自由借贷（即无风险利率），则上述甲、乙、丙三个投资组合中最好的是哪一个？你能算出股票S、T构成的最优投资组合各自的权重为多少吗？

5. 已知某公司投资于某种股票，经测定该股票的贝塔系数为1.2。若当时无风险利率为2%，证券市场的平均报酬率为8%。要求：

（1）计算该股票的必要报酬率，并画出证券市场线；

（2）如果证券市场线的斜率不变，若无风险利率升到4%或降到1%，则分别对证券市场的预期平均收益率以及该股票的必要报酬率产生什么影响？

（3）如果无风险报酬率保持不变，当证券市场的平均收益率上升到10%或下降到6%时，分别对该股票的必要报酬率产生什么影响？

第四章　财务报表分析

前面两章分别讨论了理财的两个价值原则，即时间价值和风险价值，它们构成了财务管理理论的基础；此外，在财务管理实务中，离不开对企业的财务状况、经营成果、现金流量状况以及资本变动情况的分析与评价，这就需要对企业的财务报表进行分析。财务报表分析是财务管理实务的基础，本章主要探讨企业基本财务报表的初步分析方法。通过本章的学习，可以了解财务报表分析的内涵、目的和意义；熟悉企业基本的财务报表；掌握基本财务比率分析和综合分析的方法。

开篇案例

众说纷纭的财务报告

春晖股份（000976）是一家从事化纤产品生产和销售的上市公司，20X0 年至 20X3 年，4 年之中有 3 年亏损，20X4 年扭亏为盈。不过，针对 20X4 年财务报告，人们对公司的评价众说纷纭。该公司经理自诩企业经营成果和财务状况出现了好转，利润表中当年实现净利润 1 288 万元，资产负债表中，公司 20X4 年底存有货币资金 21 548 万元。该公司的供应商则认为，公司短期偿债能力很差，流动资产仅有 48 959 万元，还少于公司的流动负债（53 826 万元），而且存在大量的短期借款（22 826 万元），未来短期偿债压力会很大。该公司投资者认为，虽然当年公司实现净利润 1 288 万元，但相对其 51 955 万元的净资产来说，净资产收益率仅为 2.48%，而且公司营业利润仍然亏损（－7 236 万元），净利润的主要来源是营业外收入 8 573 万元，可见该公司并未走出经营困境，并不值得投资。证券监管部门认为，该公司为了避免被 ST 而采用处置非流动资产的方式实现盈利，未来需要对其加强监控。面对如此众多的说法，你有什么判断呢？

第一节 财务报表分析概述

投资活动是企业重要的财务活动，企业对外投资很可能会直接或间接（购买证券）投资于另外一家企业，这就需要对投资对象进行评价。要分析评价对象企业，最容易获得的信息是其公开的财务报告，而在企业的财务报告中，财务报表可提供企业基本的财务数据。因此，初等的财务管理学习要求掌握对企业基本财务报表的初步分析方法，揭示财务数据间的内在联系，计算对象企业的偿债能力、营运能力、盈利能力、发展能力等的相关指标，并进行客观的评价和分析。

一、财务报表分析的意义

现代财务报表分析一般包括战略分析、会计分析、财务分析和前景分析等四个部分。其中，初等的财务报表分析更强调财务分析，它是以企业基本活动为对象，以基本财务报表为主要信息来源，以分析和综合为主要方法，对企业的财务状况、经营成果、现金流量状况和资本变动情况做出综合评价的过程。财务报表分析的目的是了解过去、评价现在和预测未来，以帮助报表使用者改善其决策。

企业对外发布的财务报表，是根据所有使用人的一般要求设计的，并不刻意提供特定报表来满足使用人的特殊要求。因此，报表使用人需要通过分析财务报表及相关信息，研究其所反映的企业经济现实，从而制订各种特定决策。企业财务报表的主要使用人包括：股权投资人、债权人、管理者和其他利益相关者。财务报表分析对不同使用者的意义不同，概括起来有以下几个方面。

（一）财务报表分析对股权投资者的意义

财务报表分析对股权投资者的意义在于，能够使他们获得有关企业盈利能力和发展能力的信息，而这两种能力是股权投资者投入的资金能够保值和增值的关键。潜在的股权投资者为决定是否投资于某企业，需要通过财务报表分析了解目标企业的盈利能力和发展能力；已经投资的股权投资者为决定是否转让股份，需要通过财务报表分析判断企业的盈利状况、股价变动和发展前景；股东为了考察管理者的业绩，需要通过财务报表分析获得有关资产盈利水平及持续性、破产风险和竞争能力的信息。

（二）财务报表分析对债权人的意义

财务报表分析对债权人的意义在于，能够使他们获得企业偿债能力和偿债风险的信息，这些信息关乎债权人能否及时、足额地获得本金的偿还和利息的支付。债权人通过财务报表分析，获得有关短期偿债能力、长期偿债能力和偿债风险的信息，有助于确定是否给企业贷款，以及贷款的数额、期限和利率等相关因素。

（三）财务报表分析对管理者的意义

财务报表分析对管理者的意义在于，不但能够使他们获得企业盈利能力的信息，而且能够进一步获得盈利变动的原因和过程的信息。通过对企业资本结构、运营效率、偿债能力、经营风险与财务风险等方面的分析，企业管理者可以及时发现生产经营过程中存在的问题，并采取积极有效的措施，使企业保持持续、健康和快速的发展。

（四）财务报表分析对其他利益相关者的意义

财务报表分析对企业供应商、客户和政府等其他利益相关者同样重要。例如，供应商为决定是否建立长期合作关系，需要分析企业的盈利能力、发展能力和偿债能力；为决定采用何种信用政策，需要分析企业的短期偿债能力和运营能力。客户为决定是否建立长期合作关系，需要分析企业的经营风险、发展能力和破产风险。政府为履行职能，需要了解企业纳税情况、遵守法律法规和市场秩序及职工收入和就业等状况。

二、财务报表分析的基础报表

财务报表是以货币形式总括反映企业财务状况、经营成果和资金流转信息的书面文件，包括财务报表、财务报表附注[①]两大内容。在本书涉及的财务报表初步分析方法中，主要用到的财务报表包括：资产负债表（如表 4-1）、利润表（如表 4-2）、现金流量表（如表 4-3）和所有者权益（或股东权益）变动表（如表 4-4）。本书选择的 4 个例表来自某上市公司对外公开的 20X2 年年度财务报告的真实数据[②]，本章仅以分析示例为目的，并非提供任何决策建议。下面简要介绍一下这几张财务报表分析的基础报表。

（一）资产负债表

资产负债表（Balance Sheet）是反映企业在特定时点（如月末、季末、年

① 附注是对在资产负债表、利润表、现金流量表和所有者权益变动表等报表中列示项目的文字描述或明细资料，以及对未能在这些报表中列示项目的说明等。本章中涉及较少。

② 实际报表中的数据是精确到小数点后两位的，本书为了简便，保留到了整数，提请读者注意。

末，在表 4-1 中，即年末 20X2 年 12 月 31 日）财务状况的会计报表，表中的数据是静态的存量数据。

表 4-1 资产负债表

编制单位：FML 股份有限公司　　20X2 年 12 月 31 日　　单位：元

项目	期末余额	期初余额
流动资产		
货币资金	59 741 403	99 221 242
以公允价值计量且其变动计入当期损益的金融资产		
应收票据	11 736 575	8 908 916
应收账款	41 356 182	20 985 406
预付款项	75 308 018	31 983 478
其他应收款	149 031 425	55 423 719
存货	37 950 153	46 461 197
一年内到期的非流动资产		
其他流动资产		
流动资产合计	375 123 756	262 983 958
非流动资产		
长期应收款		
长期股权投资	255 799 228	229 299 228
其他非流动金融资产		
投资性房地产	1 912 955	2 033 367
固定资产	269 837 074	68 492 708
在建工程	28 925 785	105 197 424
工程物资	1 100 133	10 221 299
生产性生物资产		
无形资产	47 712 836	48 414 548
开发支出	57 841 483	34 259 062
长期待摊费用	7 602 761	7 623 634
递延所得税资产	1 274 759	667 728
其他非流动资产		
非流动资产合计	672 007 014	506 208 998
资产总计	1 047 130 770	769 192 956
流动负债		
短期借款	146 500 000	75 500 000
应付票据	12 421 159	3 449 349
应付账款	23 057 465	29 109 992
预收款项	1 773 688	19 684 956
应付职工薪酬	5 619 444	2 614 925
应交税费	5 159 594	1 945 043

续表

项目	期末余额	期初余额
应付利息	4 202 667	
其他应付款	63 980 168	18 391 921
一年内到期的非流动负债	16 000 000	3 000 000
其他流动负债	120 000 000	
流动负债合计	398 714 185	153 696 186
非流动负债		
长期借款	9 000 000	7 000 000
应付债券		
长期应付款		
预计负债		
递延所得税负债		
其他非流动负债	8 470 000	3 000 000
非流动负债合计	17 470 000	10 000 000
负债合计	416 184 185	163 696 186
所有者权益（或股东权益）		
实收资本（或股本）	183 000 000	183 000 000
资本公积	264 016 213	264 016 213
盈余公积	23 565 400	19 190 419
未分配利润	160 364 972	139 290 138
所有者权益（或股东权益）合计	630 946 585	605 496 770
负债及所有者权益（或股东权益）总计	1 047 130 770	769 192 956

法定代表人：王××　　主管会计工作负责人：李××　　会计机构负责人：张××

资产负债表以会计恒等式“资产=负债+所有者权益”为理论基础，根据会计准则，按照一定的分类和顺序编制。资产负债表列出企业在特定时点所拥有的经济资源（资产）、所承担的现时义务（负债）和企业所有者对净资产的要求权（所有者权益）。资产负债表的结构如表4-1所示，它是一张平衡表，分为“资产”和“负债及所有者权益”两部分，一般左右列示或上下列示。如果把资产放在报表的左侧，把负债及所有者权益放在报表的右侧，并使左右两侧平衡相等，这种左右列示的格式称为“账户式”；如果把资产放在报表的上端，把负债及所有者权益放在报表的下端，并使上下两端平衡相等，这种上下列示的格式称为“报告式”。[①]

在资产负债表中，资产（Assets）反映企业拥有的或者控制的、预期会给企业带来经济利益的资源，这些资源由过去的交易或事项构成，反映企业资金

① 考虑到资产负债表的直观明晰性以及财务工作者的习惯，实务中账户式资产负债表更为常见；不过，大多数上市公司财务报告中的资产负债表，受到业务资金的数量级和篇幅限制，多采用报告式。本章的示例采用的即是报告式资产负债表。

的存在形式，主要包括企业的各类财产、物资、债权和其他权利，一般按变现能力的先后顺序排列。资产主要分为两大类，能够预计在一个正常营业周期（或1年）中变现、出售或耗用，主要为交易而持有的资产称为流动资产（Current Assets），其余称为非流动资产（Non-Current Assets）。负债（Liabilities）是指企业过去的交易或事项形成的、预期会导致经济利益流出企业的现时义务，负债是企业借入的或赊欠的资金，是企业资金的来源之一。负债同样分为两类，预计在一个正常营业周期（或1年）中清偿的负债称为流动负债（Current Liabilities），流动负债以外的负债称为非流动负债（Non-Current Liabilities）。所有者权益（Owner's Equity），又称为净资产（Net Assets），是企业资产扣除负债后由所有者所享有的剩余权益，公司（特别是股份有限公司）的所有者权益又称为股东权益（Equity）。所有者权益也是企业资金的来源，它主要包括所有者初始或追加投入的资金、企业留存收益的积累以及与企业生产经营活动无关的直接计入所有者权益的利得和损失等，形成的主要会计科目包括实收资本（或股本）、资本公积、盈余公积和未分配利润。利用资产负债表的资料，财务报表分析者可以了解企业的资产分布状况、资产规模、资产的流动性和变现能力、负债水平和资本结构等情况。同时，资产负债表也为分析企业的偿债能力、盈利能力、运营能力和发展能力等提供依据。

（二）利润表

利润表（Income Statement）是反映企业在特定时期内（如表4-2中，20X2年度）经营成果的报表，表中的数据是动态的流量数据，表示相应项目在特定时期的累计发生额。目前，按照企业会计准则的要求，利润表主要采用多步式格式，即采用上下加减的报告式结构，把特定期间的营业收入与同一会计期间的相关成本、费用进行配比，依次计算企业的营业利润、利润总额和净利润，如表4-2所示。具体来说，第一步，从营业收入开始，减去营业成本、期间费用等项目后，计算出营业利润；第二步，以营业利润为基础，加减营业外收支净额，计算出利润总额；第三步，以利润总额为基础，减去所得税费用后，计算出净利润（或加上第四步，计算每股收益）。

利润表是企业生产经营成果的集中反映，是衡量企业生存和发展能力的主要尺度。它可以直接考察企业的销售规模和经营成果，通过对利润表的分析，可以了解企业的经营业绩和财务管理水平。如果把利润表和资产负债表结合起来，可以更全面地分析企业的盈利能力、资产运营能力和企业经营成果增减变动的原因及其变化趋势。

表 4-2 利润表

编制单位：FML 股份有限公司　　20X2 年 1～12 月　　单位：元

项目	本期金额	上期金额
一、营业收入	239 381 139	214 343 675
减：营业成本	128 939 911	118 614 180
营业税金及附加	1 500 125	1 002 774
销售费用	11 696 322	7 796 312
管理费用	37 807 156	40 712 575
财务费用	14 544 621	2 073 629
资产减值损失	1 305 584	720 225
加：公允价值变动收益（损失以“-”填列）		65 240
投资收益（损失以“-”填列）		
非流动资产处置损益（损失以“-”填列）		
二、营业利润（亏损以“-”填列	43 587 420	43 489 220
加：营业外收入	6 657 570	21 131 920
减：营业外支出	52 106	10 973
三、利润总额（亏损总额以“-”填列）	50 192 884	64 610 167
减：所得税费用	6 443 070	8 859 356
四、净利润（净亏损以“-”填列）	43 749 814	55 750 811

法定代表人：王××　　主管会计工作负责人：李××　　会计机构负责人：张××

（三）现金流量表

现金流量表（Statement of Cash Flows）是反映企业在特定时期内（如表 4-3，20X2 年度）的现金及现金等价物流入和流出情况的报表，表中数据是动态的流量数据。现金流量表以现金及现金等价物为基础，编制企业在经营活动、投资活动和筹资活动 3 个方面的现金流入和流出状况，表明企业获得现金和现金等价物的能力。① 现金流量表的结构如表 4-3 所示。在现金流量表中，企业的净现金流量是由经营活动现金流量净额、投资活动现金流量净额和筹资活动现金流量净额合计组成。由于现金是企业赖以生存和发展的基础，通过对现金流量表中各个项目现金状况的构成分析，我们可以得到很多关于企业经营状况的有价值的信息，这种分析对深入了解企业的经营状况有十分重要的意义。现金流量表能提供下列分析资料：反映企业各类现金流入

① 在企业会计准则中，现金是指企业库存现金以及可以随时用于支付的存款；现金等价物是指企业持有的期限短、流动性强、易于转换为已知金额现金、价值变动风险很小的投资。本章后文中统称现金。

和流出的具体构成，说明企业当期现金流量增减变化的原因，为评价企业现金流量状态是否合理、未来是否具有良好的获取现金的能力和偿还债务及支付股利的能力提供依据。

表 4-3 现金流量表

编制单位：FML 股份有限公司　　20X2 年 1～12 月　　单位：元

项目	本期金额	上期金额
一、经营活动产生的现金流量		
销售商品、提供劳务收到的现金	209 552 137	251 221 056
收到的税费返还		
收到其他与经营活动有关的现金	6 657 570	21 125 920
经营活动现金流入小计	216 209 707	272 346 976
购买商品、接受劳务支付的现金	57 253 242	78 610 353
支付给职工以及为职工支付的现金	26 638 200	21 313 872
支付的各项税费	25 513 544	26 829 685
支付其他与经营活动有关的现金	32 403 607	35 520 840
经营活动现金流出小计	141 808 593	162 274 750
经营活动产生的现金流量净额	74 401 114	110 072 226
二、投资活动产生的现金流量		
收回投资收到的现金		1 400 000
取得投资收益所收到的现金		
处置固定资产、无形资产和其他长期资产收回的现金净额		
处置子公司及其他营业单位收到的现金净额		
收到其他与投资活动有关的现金	33 120 416	5 771 012
投资活动现金流入小计	33 120 416	7 171 012
购建固定资产、无形资产和其他长期资产支付的现金	124 250 455	109 801 889
投资支付的现金	26 500 000	76 000 000
支付其他与投资活动有关的现金	173 180 975	60 800 000
投资活动现金流出小计	323 931 430	246 601 889
投资活动产生的现金流量净额	−290 811 014	−239 430 877
三、筹资活动产生的现金流量		
吸收投资收到的现金		
取得借款收到的现金	309 500 000	105 530 000
收到其他与筹资活动有关的现金	5 012 104	17 994 156
筹资活动现金流入小计	314 512 104	123 524 156
偿还债务支付的现金	103 500 000	46 530 000

续表

项目	本期金额	上期金额
分配股利、利润或偿付利息支付的现金	28 519 309	15 867 954
支付其他与筹资活动有关的现金	6 639 730	2 102 470
筹资活动现金流出小计	138 659 039	64 500 424
筹资活动产生的现金流量净额	175 853 065	59 023 732
四、汇率变动对现金及现金等价物的影响		
五、现金及现金等价物净增加额	−40 556 835	−70 334 919
加：期初现金及现金等价物余额	97 771 890	168 106 809
六、期末现金及现金等价物余额	57 215 055	97 771 890

法定代表人：王××　　主管会计工作负责人：李××　　会计机构负责人：张××

（四）所有者权益（或股东权益）变动表

所有者权益（或股东权益）变动表（Statement of Changes in Equity）是反映企业在特定时期内（如表 4-4 中，20X2 年度）构成所有者权益的各组成部分的增减变动情况的报表，其中也能反映因利润分配导致的所有者权益的变动情况。所有者权益变动表能够把利润表的流量数据与资产负债表的存量数据联系起来。典型的所有者权益变动表将上年年末所有者权益各项目经会计调整之后得到本年期初余额，再考虑本年净利润与利润分配、吸收投资、内部结转等方面引起的所有者权益变动，最后获得所有者权益各项目的本年年末余额。从所有者权益变动表中可以得到本年利润分配的资料以及所有者权益的流量和存量数据，这些能够为财务报表分析提供一些有用的信息。

表 4-4　所有者权益（或股东权益）变动表

编制单位：FML 股份有限公司　　20X2 年 1～12 月　　单位：元

项目	本期金额					上期金额
	实收资本（或股本）	资本公积	盈余公积	未分配利润	所有者权益（或股东权益）	从略
一、上年年末余额	183 000 000	264 016 213	19 190 419	139 290 138	605 496 770	
加：会计政策变更						
前期差错更正						
二、本年年初余额	183 000 000	264 016 213	19 190 419	139 290 138	605 496 770	
三、本期增减变动金额（减少以“—”号填列）			4 374 981	21 074 833	25 449 814	
（一）净利润				43 749 814	43 749 814	
（二）其他综合收益						
上述（一）和（二）小计				43 749 814	43 749 814	

续表

项目	本期金额					上期金额
	实收资本（或股本）	资本公积	盈余公积	未分配利润	所有者权益（或股东权益）	从略
（三）所有者投入和减少资本						
1. 所有者投入资本						
2. 股份支付计入所有者权益的金额						
3. 其他						
（四）利润分配			4 374 981	−22 674 981	−18 300 000	
1. 提取盈余公积			4 374 981	−4 374 981		
2. 对所有者（或股东）的分配				−18 300 000	−18 300 000	
3. 其他						
（五）所有者权益内部结转						
1. 资本公积转增资本（或股本）						
2. 盈余公积转增资本（或股本）						
3. 盈余公积弥补亏损						
4. 其他						
四、本期期末余额	183 000 000	264 016 213	23 565 400	160 364 971	630 946 584	

法定代表人：王××　　主管会计工作负责人：李××　　会计机构负责人：张××

三、财务报表分析的方法

财务报表分析的方法多种多样。不同的人，出于不同目的，使用不同的财务分析方法。本章主要介绍基于基础财务报表的比率分析法，包括基本的财务比率分析以及财务比率综合分析。

比率分析法考虑各会计要素之间的数量关系和内在联系，得到有意义的财务比率，并通过财务比率对企业的偿债能力、资产运营能力、盈利能力和发展能力进行分析。财务比率是相对数，排除了规模的影响，具有较好的可比性，是最重要的分析比较内容。财务比率的比较分析可以用于企业自身的时间序列比较，用于研究相应财务能力的逐年变化趋势；也可以用于同业对比，分析企业财务能力的相对地位及其变化。虽然财务比率的计算相对简单，但对它的说明和解释却相对复杂和困难。

除了比率分析法之外，基础的财务报表分析还包括会计要素总量比较法和结构百分比法。在总量比较法中，总量是指报表项目的总金额，如总资产、净资产、营业收入、营业利润、净利润等，总量比较主要用于时间序列分析，如研究利润的逐年变化趋势、长期增长潜力等。结构百分比法则需要把资产负债表、利润表、现金流量表转化成结构百分比报表。例如，假设营业收入为 100%，看利润表各项目的比重（有关结构百分比法的具体讨论见第五章）。

对于会计要素的总量比较法，我们可以通过从基础财务报表中探求息税前盈余来举例。息税前盈余（Earnings Before Interest and Taxes，EBIT）是财务管理中一个非常重要的盈利指标，因为它代表企业所有投入资产的盈利，既包括债权人投入的债权资金的盈利，也包括股东投入的股权资金的盈利。EBIT 是企业投入资金经过生产经营和投资活动，取得收入，依法扣除各种成本和费用，产生的营业利润（与会计利润表中的营业利润不完全相同）。EBIT 不是企业（精确地说是企业所有者）独享，政府和债权人也分别获得所得税和利息。既然 EBIT 对财务管理来说很重要，那么如何从基本的财务报表中探求 EBIT 呢？根据 EBIT 的含义，如果用 S 表示营业收入，C 表示付现成本，D 表示折旧等非付现成本，I 表示债务利息费用，τ 表示所得税税率，T 表示所得税费用，EBT（Earnings Before Taxes）表示税前利润（利润总额），NI（Net Income）表示净利润，则存在

$$EBIT = S - C - D$$

$$EBT = EBIT - I$$

$$NI = EBT \times (1 - \tau) = EBT - T$$

由于实务中收入和成本、费用的复杂性，人们一般采用从净利润向上逆推的方式获得 EBIT，即 $EBIT=NI+T+I$ 或 $EBIT=EBT+I$。不过，我国当前会计准则所要求基础的财务报表中，并没有利息费用项目。[①]在实务中，一般假设企业利息收入、汇兑损益和其他财务费用较少，而且资本化利息金额较小，这样就可以以财务费用金额替代利息费用，求出 EBIT 的近似值。在求得 EBIT 之后，我们就可以知道该企业当年营业利润（即总资产盈利）的总额，进而可以与过去几年的营业利润进行比较，分析研究该企业营业利润逐年变化的趋势，并做出长期盈利成长的预测。对于其他的总量指标也可以做类似的比较分析，关于会计要素的总量比较法，本章不重点论述。

［例 4-1］

根据表 4-1 至表 4-4 中所给资料，求取 FML 公司 20X1 年和 20X2 年的 EBIT，并做简要分析。

---

① 实际上，在财务报表附注中，财务费用项目的明细说明中存在利息支出项目。当财务费用项目的金额不适于替代利息费用时，可以从上述附注中的利息支出项目找到实际利息费用金额，但这已经不属于基础财务报表分析的范围，此处不赘述。

［解答］

$$EBIT_{20X1} = 55\,750\,811 + 8\,859\,356 + 2\,073\,629 = 66\,683\,796\text{（元）}$$

$$EBIT_{20X2} = 43\,749\,814 + 6\,443\,070 + 14\,544\,621 = 64\,737\,505\text{（元）}$$

从计算结果可以看出，虽然 20X2 年与 20X1 年相比，FML 公司营业收入从 214 343 675 元上升到 239 381 139 元，有所提高，但其营业利润（EBIT）却略有下降。

【课堂测试 4-1】

1. 人们可以通过企业的基本财务报表判断企业的规模，对于下面提到的规模指标，你能从 FML 公司的基本财务报表中找到并做出初步分析吗？

a. 资产规模

b. 净资产规模

c. 销售规模

d. 营业利润（EBIT）规模

e. 净利润规模

2. 分析讨论会计报表中的营业利润与财务管理中的营业利润（EBIT）有什么不同，并尝试陈述 EBIT 对企业的重要意义。

第二节　基本财务比率分析

财务报表中存在大量的数据，可以形成众多具有经济意义的财务比率。通过对财务比率的计算分析，可以对企业的偿债能力、营运能力、盈利能力和发展能力等方面进行深入了解。本节将从这几个方面介绍财务比率分析的基本做法。

一、短期偿债能力比率

企业偿债能力是指企业偿还各种债务的能力。偿债能力分析是财务报表分析的一个重要方面，通过这种分析可以揭示企业的财务风险。企业债务一般分为短期债务（流动负债）和长期债务（非流动负债），因此，偿债能力分析也分为短期偿债能力分析和长期偿债能力分析。

对于短期偿债能力，主要考虑企业偿还流动负债的能力，企业的流动负债一般需要用企业的流动资产来偿还；企业的非流动负债在到期前转化为流动负债，一般也要用流动资产来偿还。因此，对于企业短期偿债能力的分析存在两种思路：

一种是可供偿债的资产与流动负债的存量之间的比较，资产存量超过流动负债存量越多，则认为短期偿债能力越强；另一种是比较经营活动产生的现金净流量和偿还流动负债所需的资金，如果现金净流量超过所需的资金较多，则认为短期偿债能力强。对于第一种思路，如果考虑差额比较，常见的指标是营运资本；如果考虑存量比率，常见的指标包括：流动比率、速动比率和现金比率。对于第二种思路，常见的指标是现金流量比率。下面对这些指标分别进行介绍。

（一）营运资本

营运资本（Working Capital），有时也称为营运资金，它是指企业持有的在生产经营周转过程中可自主支配的流动资金数额[①]。在数量上，它等于流动资产减去流动负债后的差额。其计算公式如下：

营运成本=流动资产－流动负债

［例 4-2］

根据表 4-1 至表 4-4 中所给资料，计算 FML 公司 20X2 年期末和期初的营运资本。

［解答］

期末营运资本＝375 123 756－398 714 185＝−23 590 429（元）

期初营运资本＝262 983 958－153 696 186＝109 287 772（元）

计算营运资本使用的“流动资产”和“流动负债”，分别取自资产负债表的“流动资产合计”和“流动负债合计”项目。在财务比率分析中，通常可以通过 4 个方面对算得的指标进行分析，包括：根据指标内涵分析、比较分析、经验分析和敏感程度分析。下面以 FML 公司的营运资本为例，介绍财务比率分析的基本方法。

首先，根据营运资本的内涵，它代表用一年之内[②]能够变现或流转到下一个环节的资产（即流动资产）减去一年之内需要偿还的负债（即流动负债）的差额，很显然这一差额越大，企业的短期偿债压力越小。在例 4-2 中，通过计算发现公司的营运资本由 20X2 年期初的 109 287 772 元变成了 −23 590 429 元，说明期末与期初相比，FML 公司的短期偿债压力变大了。

其次，可以对企业的营运资本进行比较分析，比较分析包括纵比和横比；纵比是比较本公司本年度指标与先前年度指标，横比是将本公司指标与同行业的其他企业的相应指标进行比较。当然，对营运资本来说，因为它是绝对数，

① 有关营运资本的进一步讨论，见本书第十章和第十三章。

② 更精确的说法是“一个经营周期之内”，此处采用更为常见的一般说法，即“1 年之内”。

在资产规模不同的情况下不便于进行比较分析，特别是横比。

再次，根据实际经验，如果流动资产与流动负债相等，并不足以保证短期偿债能力没有问题，因为债务的到期与流动资产的变现不可能同步同量；而且，为维持经营，企业不可能清算全部流动资产来偿还流动负债，而是必须维持最低水平的现金、存货、应收账款等；更何况，流动资产中有些项目的变现能力很差（如原材料存货，需要相当长的周期才能变现）或者其消耗不能带来偿还流动负债的现金，如预付账款等。因此，企业必须保证流动资产大于流动负债，即营运资本大于 0，才能保证流动负债的正常偿还。在例 4-2 中，FML 公司在 20X2 年期初的营运资本正常，但期末营运资本为负，这说明 20X2 年期末企业营运资金短缺，短期偿债能力存在风险，可能需要财务筹划才能保证短期负债的偿还。

最后，需要对企业的营运资本进行敏感性分析。根据公式，流动资产越多，流动负债越小，则企业的营运资本越大；营运资本较小或为负值并不理想，这说明企业短期偿债能力没有保障。但是不是营运资本越大越好呢？营运资本大固然说明企业短期偿债能力强，但是过度的短期偿债能力并无必要。营运资本过大，要么流动资产很大，要么流动负债很小，要么两者皆有之。流动资产过大，说明企业短期资产存量大，流动性差，并不是好现象；流动负债过小，说明企业没有充分利用短期债务的优势，也不是好现象。因此，营运资本也不是越大越好，营运资本过大对企业绩效不利，营运资本应该适中。

（二）流动比率

流动比率（Current Ratio）是流动资产与流动负债的比值，它假设全部流动资产都可用于偿还流动负债，表明为每 1 元流动负债提供偿债保障的流动资产数量。流动比率的计算公式如下：

$$流动比率=\frac{流动资产}{流动负债}$$

［例 4-3］

根据表 4-1 至表 4-4 中所给资料，计算 FML 公司 20X2 年期末和期初的流动比率。

［解答］

$$期末流动比率=\frac{375\ 123\ 756}{398\ 714\ 185}=0.94$$

$$期初流动比率=\frac{262\ 983\ 958}{153\ 696\ 186}=1.71$$

FML 公司的流动比率降低了 0.77（1.71－0.94），即为每 1 元钱的流动负债提供的流动资产保障减少了 0.77 元。

同样可以利用前文介绍的财务分析的 4 个方面对 FML 公司的流动比率进行分析。

首先，流动比率反映企业用流动资产偿还流动负债的能力，流动比率越大，说明企业的短期偿债能力越强。在例 4-3 中，20X2 年期末与期初相比，流动比率从 1.71 下降到 0.94，说明企业的短期偿债能力减弱了。

其次，可以将流动比率作为指标对企业的短期偿债能力进行比较分析，因为流动比率是相对数指标，所以无论纵比还是横比，流动比率均适用。假定经过计算得出，在过去的 5 年中，FML 公司期末的流动比率分别为 2.55、1.99、1.63、1.71、0.94，通过纵比数据可以发现，FML 公司的流动比率呈现下降趋势，说明企业短期偿债能力逐渐减弱，这值得相关人员引起注意。另假定经过计算得出，同行业的另外 5 家企业在 20X2 年期末的流动比率分别为 1.39、2.11、1.22、1.76、1.55，通过横向比较发现，FML 公司在 20X2 年期末的流动比率仅为 0.94，低于同行业的其他企业，这说明 FML 公司当前短期偿债能力较弱，需要有关人员引起警惕，以免影响到财务状况的稳定性，甚至影响供应商对本公司的信用标准。

再次，根据经验，不同行业的流动比率，通常有明显差别。但在生产制造业企业，人们认为流动比率的经验值为 2。这是因为人们认为流动资产中大约有一半变现能力差，剩下的流动性较好的流动资产至少要等于流动负债，才能保证企业的短期偿债能力。按照这样的经验，FML 公司属于生产制造业企业，但无论是 20X2 年期初还是期末，流动比率均小于 2，说明 FML 公司短期偿债能力不足。不过，因为最近几十年，企业经营方式和融资环境都发生了很大变化，所以流动比率有下降趋势，许多成功的生产性企业的流动比率都低于 2。

最后，流动比率的大小取决于流动资产和流动负债，流动资产越大，流动比率越大；流动负债越小，流动比率越大。同营运资本的敏感性分析一样，流动比率也可以做类似的分析。流动比率太小，说明短期偿债能力弱，但流动比率也不是越大越好。流动比率过大，要么是因为企业短期资产存量大，流动性差；要么是因为没有能够充分地利用短期债务的优势，这些都对企业的绩效不利。因此，企业的流动比率应该处于一个适中的范围内，这也是过去人们在生产制造业企业确定流动比率的经验数字为 2（既不太大也不太小）的原因。

对于营运资本和流动比率，本章分别从 4 个方面做了财务分析示例，当然对于所有的财务比率都可以从这 4 个方面考虑分析。不过，受到篇幅的限制，对于财务比率，本书仅做重点分析，不再进行全面分析。读者可以参照示例，自行分析。

（三）速动比率

流动比率假定企业全部流动资产都可以用于偿还流动负债，实际上构成流动资产的各项目，流动性差别很大。其中货币资金、交易性金融资产[①] 和各种应收款项、预付款项等，可以在较短时间内变现，称为速动资产。其他的流动资产包括存货、1 年内到期的非流动资产及其他流动资产等，称为非速动资产。在实务中，为了计算简便，更多时候仅用流动资产减去变现能力差的存货，作为速动资产，这是一种粗略的算法。

非速动资产的变现金额和时间具有较大的不确定性。例如，存货（特别是原材料存货）的变现周期长；而且部分存货可能已损毁报废，尚未处理；或者已抵押给某债权人，不能用于清偿；存货估价方法多样，也可能与账面金额相去甚远。1 年内到期的非流动资产和其他流动资产的变现金额具有偶然性，不代表正常的变现能力。因此，考虑以可及时用于偿还短期债务的资产来衡量短期偿债能力，比使用全部的流动资产更可靠。

速动资产与流动负债的比值称为速动比率（Quick Ratio），其计算公式如下：

$$速动比率=\frac{速动资产}{流动负债}=\frac{货币资金+交易性金融资产+\cdots+其他应收款}{流动负债}$$

或者

$$速动比率=\frac{流动资产-存货}{流动负债}$$

［例 4-4］

根据表 4-1 至表 4-4 中所给资料，计算 FML 公司 20X2 年期末和期初的速动比率。

［解答］

$$期末速动比率=\frac{59\,741\,403+11\,736\,575+41\,356\,182+75\,308\,018+149\,031\,425}{398\,714\,185}$$

$$=0.85$$

$$期初速动比率=\frac{99\,221\,242+8\,908\,916+20\,985\,406+31\,983\,478+55\,423\,719}{153\,696\,186}$$

$$=1.41$$

---

① 在最新的资产负债表中，这部分资产被称为“以公允价值计量且其变动计入当期损益的金融资产”，为了简便，本章中仍然使用旧称“交易性金融资产”，提醒读者注意。

或者

$$期末速动比率=\frac{375\ 123\ 756-37\ 950\ 153}{398\ 714\ 185}=0.85$$

$$期初速动比率=\frac{262\ 983\ 958-46\ 461\ 197}{153\ 696\ 186}=1.41$$

速动比率假设速动资产是可偿债资产，表明为每 1 元流动负债提供偿债保障的速动资产数量。FML 公司 20X2 年期末比期初速动比率下降了 0.56，说明为每元的流动负债提供的速动资产保障减少了 0.56 元。

用速动比率来衡量企业的短期偿债能力比流动比率更可靠，速动比率越大，说明企业的短期偿债能力越强。与流动比率类似，速动比率也不是越大越好，对于生产制造业企业，传统上人们认为速动比率的适中值为 1 比较好。当然，不同行业的特点不同，甚至不同企业的经营战略为有所不同，速动比率没有绝对的标准。例如，采用大量现金销售的零售企业，几乎没有应收账款，速动比率远低于 1 也很正常；相反，一些应收账款较多的企业，速动比率可能大于 1。

（四）现金比率

现金比率（Cash Ratio）是指企业现金（货币资金）及现金等价物（交易性金融资产）等现金资产与企业流动负债的比值。现金资产是流动资产中流动性最强、可直接用于偿债的资产。现金比率反映了企业在最坏情况下（应收款无法回收、存货等其他资产无法变现）的短期偿债能力。现金比率的计算公式如下：

$$现金比率=\frac{货币资金+交易性金融资产}{流动负债}$$

［例 4-5］

根据表 4-1 至表 4-4 中所给资料，计算 FML 公司 20X2 年期末和期初的现金比率。

［解答］

$$期末现金比率=\frac{59\ 741\ 403+0}{398\ 714\ 185}=0.15$$

$$期初现金比率=\frac{99\ 221\ 242+0}{153\ 696\ 186}=0.65$$

现金比率对于企业在应收账款和存货变现能力差的情况下有较大的意义，它表明 1 元流动负债有多少现金资产保障。现金比率越大，这种保障越强，实务中大多数企业的现金比率在 0.2 左右。现金比率过大，说明企业拥有过多的现金资产未能充分投资利用，意味着企业的现金管理存在问题。FML 公司在 20X2 年期初的现金比率为 0.65，就显得有些大了。

（五）现金流量比率

流动负债的偿还需要现金流量，企业经营活动产生的现金净流量是可以偿债的现金流量。两者相除的比率称为现金流量比率（Cash Flow Ratio）。由于经营活动产生的现金净流量是特定时期（全年）的动态的流量数字，而流动负债是静态的存量数字，所以在计算时对于流动负债选用资产负债表中的“流动负债合计”的期初与期末的平均数更合逻辑；不过，为了简便，有时候人们也使用“流动负债合计”的期末数。[①]现金流量比率的计算公式如下：

$$现金流量比率=\frac{经营活动产生的现金流量净额}{(期初流动负债+期末流动负债)/2}$$

$$现金流量比率=\frac{经营活动产生的现金流量净额}{期末流动负债}$$

［例 4-6］

根据表 4-1 至表 4-4 中所给资料，计算 FML 公司 20X2 年现金流量比率。

［解答］

$$现金流量比率（平均负债）=\frac{74\ 401\ 114}{(153\ 696\ 186+398\ 714\ 185)/2}=0.27$$

$$现金流量比率（期末负债）=\frac{74\ 401\ 113}{398\ 714\ 185}=0.19$$

现金流量比率反映本期经营活动产生的现金净流量是否足以抵付即将到期债务的能力。一般而言，现金流量比率越大，说明企业越有能力偿还即将到期债务。

二、长期偿债能力比率

衡量长期偿债能力的财务比率，又分为存量比率和流量比率两类。从长期来看，所有的债务都要偿还。因此，反映长期偿债能力的存量比率是总债务、总资产和所有者权益（或股东权益）之间的比例关系，常用的财务比率包括资产负债率、权益乘数和产权比率。至于流量比率，主要是考虑用企业营业利润或经营现金流量偿还债务本金或支付利息的能力，常用的财务比率包括利息保

① 这两种算法都是可行的。在实务中进行比较分析时，要注意方法选用的一贯性和可比性，不要混用。后文中类似的比率也是如此。

障倍数、现金流量利息保障倍数、现金流量债务比。

（一）资产负债率

资产负债率（Total Debt Ratio）是负债总额与资产总额的百分比，它是企业财务分析的重要指标，反映企业资本结构状况，直接体现了财务风险的大小。资产负债率的计算公式如下：

$$资产负债率=\frac{负债合计}{资产总计}\times100\%$$

［例 4-7］

根据表 4-1 至表 4-4 中所给资料，计算 FML 公司 20X2 年期末和期初的资产负债率。

［解答］

$$期末资产负债率=\frac{416\,184\,185}{1\,047\,130\,770}\times100\%=39.75\%$$

$$期初资产负债率=\frac{163\,696\,186}{769\,192\,956}\times100\%=21.28\%$$

资产负债率表明在形成企业总资产的资金来源中通过负债取得的资金比例，资产负债率越低，企业偿债越有保证，债权人的贷款越安全。此外，资产负债率还可以用来衡量企业的举债空间。一家企业的资产负债率越低，财务风险越低，举债越容易；如果资产负债率高到一定程度，则财务风险高，企业将很难获得新增贷款，即使能够举债，债务利率也会很高。虽然从长期偿债能力、财务风险和举债空间来看，资产负债率似乎越低越好，但事实并非如此。资产负债率太低，说明企业没有充分利用负债经营的好处，发挥负债的杠杆作用。所以，资产负债率也存在适当的范围。从中国上市公司实际情况来看，所有公司的资产负债率近似呈正态钟形分布，均值为 50%～60%。[①]根据例 4-7 的计算，FML 公司在 20X2 年期初和期末的资产负债率，按照经验来说都偏低，但有逐渐改善的趋势。

（二）权益乘数

权益乘数（Equity Multiplier）与资产负债率密切相关，它是指企业资产总额与所有者权益的比值，表示企业 1 元自有资本（所有者权益）能够控制总资产的数量。很显然，权益乘数越大，企业的负债程度越高，权益乘数和资产负债率同向变化。权益乘数的计算公式如下：

① 从理论上讲，资产负债率应该小于 100%（所有者权益为正），但由于历史原因，一些长期亏损、账面资产不足以抵偿账面债务的企业仍在经营，所以现实中存在个别公司的资产负债率大于 100%。

$$权益乘数=\frac{资产总计}{所有者权益合计}$$

或者

$$权益乘数=\frac{1}{1-资产负债率}$$

权益乘数之所以被称为乘数，一方面是因为它代表了总资产对所有者权益的倍数关系；另一方面是因为它代表了权益利润率与资产利润率之间的倍数关系，表现出类似杠杆撬动作用（具体讨论见后文权益净利率部分）。

［例 4-8］

根据表 4-1 至表 4-4 中所给资料，计算 FML 公司 20X2 年期末和期初的权益乘数。

［解答］

$$期末权益乘数=\frac{1\,047\,130\,770}{630\,946\,585}=1.66$$

$$期初权益乘数=\frac{769\,192\,956}{605\,496\,770}=1.27$$

（三）产权比率

产权比率又称为负债股权比率（Debt-Equity Ratio），它是指企业负债合计与所有者权益合计之间的比值，表示企业每元自有资本借入的债务数额。很显然，产权比率越大，说明企业借入的债务越多。因为在企业中，负债和所有者权益分别代表债权资本和股权资本，是两种截然不同的产权关系，所以这一比率被称为产权比率。产权比率的计算公式如下：

$$产权比率=\frac{负债合计}{所有者权益合计}$$

或者

$$产权比率=\frac{资产负债率}{1-资产负债率}$$

［例 4-9］

根据表 4-1 至表 4-4 中所给资料，计算 FML 公司 20X2 年期末和期初的产权比率。

［解答］

$$期末产权比率 = \frac{416\,184\,185}{630\,946\,585} = 0.66$$

$$期初产权比率 = \frac{163\,696\,186}{605\,496\,770} = 0.27$$

（四）利息保障倍数

利息保障倍数（Times Interest Earned Ratio）是反映企业营业利润支付利息能力的流量比率，它是指息税前盈余（EBIT）除以利息费用的倍数。前文已经讨论过，在基本的财务报表中，无法获得利息费用的数额，因此多数情况下用财务费用作为利息费用的替代（当然，在报表附注中是可以获得利息费用的准确数额的）。利息保障倍数的计算公式如下：

$$利息保障倍数 = \frac{EBIT}{利息费用} \approx \frac{净利润 + 所得税费用 + 财务费用}{财务费用}$$

［例 4-10］

根据表 4-1 至表 4-4 中所给资料，计算 FML 公司 20X2 年的利息保障倍数。

［解答］

$$利息保障倍数 = \frac{43\,749\,814 + 6\,443\,070 + 14\,544\,621}{14\,544\,621} = 4.45$$

长期债务不需要每年还本，但却要每年付息。利息保障倍数表明为每 1 元债务利息提供保障的 EBIT 的系数，它可以反映企业长期偿债能力。利息保障倍数越大，利息支付越有保障。如果企业一直保持按时付息的信誉，则长期负债可以延续，举借新债也比较容易。

（五）现金流量利息保障倍数

现金流量保障倍数（Cash Coverage Ratio）是企业经营活动产生的现金净流量支付利息能力的流量比率，它是指经营活动产生的现金流量净额与利息费用的比值，其计算公式如下：

$$现金流量利息保障倍数 = \frac{经营活动产生的现金流量净额}{利息费用} \approx \frac{经营活动产生的现金流量净额}{财务费用}$$

［例 4-11］

根据表 4-1 至表 4-4 中所给资料，计算 FML 公司 20X2 年的现金流量利息保障倍数。

[解答]

$$现金流量利息保障倍数=\frac{74\ 401\ 114}{14\ 544\ 621}=5.12$$

现金流量利息保障倍数表明，为每 1 元利息费用提供保障的经营现金净流量的系数。它比以收益为基础的利息保障倍数更可靠，因为实际用于支付利息的是现金，而不是收益；不过，受到财务人员习惯的影响，在实务中利息保障倍数更为常用。

（六）现金流量债务比

现金流量债务比（Cash Flow to Debt Ratio）类似于现金流量比率，只不过现金流量债务比考虑的是全部债务，即年度经营活动产生的现金净流量用于保障偿还全部债务的程度，是流量比率。与现金流量比率类似，在计算时对于负债总额应该选用资产负债表中的“负债合计”的期初与期末的平均数；不过，为了简便，有时候人们也使用期末数。现金流量债务比的计算公式如下：

$$现金流量债务比=\frac{经营活动产生的现金流量净额}{（期初负债合计+期末负债合计）/2}\times100\%$$

或者

$$现金流量债务比=\frac{经营活动产生的现金流量净额}{期末负债合计}\times100\%$$

[例 4-12]

根据表 4-1 至表 4-4 中所给资料，计算 FML 公司 20X2 年的现金流量债务比。

[解答]

$$现金流量债务比（平均债务）=\frac{74\ 401\ 114}{(163\ 696\ 186+416\ 184\ 185)/2}\times100\%=25.66\%$$

$$现金流量债务比（期末债务）=\frac{74\ 401\ 114}{416\ 184\ 185}\times100\%=17.88\%$$

现金流量债务比表明，企业用经营现金流量偿付全部债务的能力，比率越高，承担债务总额的能力越强。

篇中案例 4-1

偿债能力不足的端倪

20X7 年 4 月 25 日，八一钢铁股份有限公司（600581）公告进行债务重组。公司与多家非关联债权人签署了现金清偿债务的债务重组协议，债权人主动放弃 646.26 万元货款的 20%，形成债务重组收益 129.25 万元。重组后债务 517.01 万元由公司以票据方式支付完毕，双方债权债务关系已经完全解除。可以说，八一钢铁通过此次债务重组避免了一次财务危机。那么，能不能从该公司 20X6 年度财务报告中看出可能发生财务危机的端倪呢？

根据八一钢铁 20X6 年度财务报告的基本财务报表计算可知：该公司流动比率为 0.53，速动比率为 0.42，现金比率为 0.09，现金流量比率为 0.068；从短期偿债能力来看，无论是存量还是流量比率，都已经明显表现出短期偿债能力的极度不足。此外，该公司的资产负债率为 80.04%，利息保障倍数为 1.11，现金流量保障倍数为 1.82，现金流量债务比为 0.068；从长期偿债能力来看，无论是存量比率还是流量比率，也都明显表现出长期偿债能力的严重不足。可见，偿债能力比率的确可以有效地预测公司可能发生的偿债危机。你觉得呢？

三、营运能力比率

营运能力是企业在资产管理与运转方面的能力，它代表企业的资金利用效率，可以通过企业生产经营资金周转速度等有关指标反映出来。企业营运能力越强，表明企业资金利用的效果越好，企业管理人员的经营能力越强。在财务管理总论部分，我们讨论过企业的年度盈利水平取决于现金每周转一次的盈利比率以及现金循环和周转的速度，营运能力比率恰恰反映了现金循环和周转的速度，主要包括存货周转率、应收账款周转率、流动资产周转率、非流动资产周转率和总资产周转率等，分别表示各类资产占用资金的周转速度。

（一）存货周转率

存货周转率（Inventory Turnover）反映存货占用资金的周转速度，即企业购入存货、投入生产、销售收回等活动的速度。存货周转率又称为存货周转次数，它是 1 年中企业存货累计周转的总资金与每次周转资金的比率。由于存货在销售时其占用资金会结转至主营业务成本，而在利润表中营业成本主要记录了主营业务成本的累计发生额，所以存货累计周转的总资金（分子）采用利润表中的“营业成本”，存货每次周转资金（分母）并不相同，财务报表中也并无数据，可以采用资产负债表中“存货”的期初与期末的平均数，用来近似表示存货每次周转资金的平均额，这样做也符合流量数据与存量数据的逻辑。根据存货周转率，还可以计算存货周转天数，它表示存货每周转 1 次所需的天数。存货周转率和存货周转天数的计算公式如下：

$$存货周转率 = \frac{营业成本}{(期初存货 + 期末存货)/2}$$

$$存货周转天数 = \frac{365}{存货周转率}$$

［例 4-13］

根据表 4-1 至表 4-4 中所给资料，计算 FML 公司 20X2 年的存货周转率和存货周转天数。

［解答］

$$存货周转率 = \frac{128\ 939\ 911}{(46\ 461\ 197 + 37\ 950\ 153)/2} = 3.055（次）$$

$$存货周转天数 = \frac{365}{3.055} = 119.48（天）$$

一般来说，存货周转率越大，存货周转天数越少，表明企业存货占用水平低，流动性强，存货管理的质量较高；如果存货周转速度较慢，则表明企业可能存在存货积压，存货管理存在一定的问题。

（二）应收账款周转率

应收账款周转率（Receivables Turnover）反映应收账款占用资金的周转速度。尽管应收账款的形成属于赊销收入，但实际会计记录中，无论是赊销收入还是现销收入都计入主营业务收入，而在利润表中营业收入主要记录了主营业务收入的累计发生额，因此，只能假定企业现销收入可以忽略。与对存货周转率的讨论类似，应收账款周转率和应收账款周转天数的计算公式①为：

$$应收账款周转率 = \frac{营业收入}{(期初应收账款 + 期末应收账款)/2}$$

$$应收账款周转天数 = \frac{365}{应收账款周转率}$$

［例 4-14］

根据表 4-1 至表 4-4 中所给资料，计算 FML 公司 20X2 年的应收账款周转率和应收账款周转天数。

---

① 关于应收账款周转率，有两个问题需要注意：一是有关应收票据的问题，有人说应收票据也是由赊销形成的，应纳入应收账款周转率的计算，这样的说法有一定道理，但本书为了简单起见，并未将应收票据纳入；二是应收账款坏账准备的问题，由于资产负债表中的应收账款实际上是计提坏账准备后的净额，因此计算的应收账款周转率可能会被高估，特别是对于计提坏账准备较多的企业来说，实务中可以结合报表附注披露的信息进行调整计算。

［解答］

$$应收账款周转率=\frac{239\ 381\ 139}{(20\ 985\ 406+41\ 356\ 182)/2}=7.680（次）$$

$$应收账款周转天数=\frac{365}{7.680}=47.53（天）$$

应收账款周转率不仅关系到现金的短期循环，也关系到企业销售收入的质量。应收账款周转天数也称为应收账款的平均收账期。应收账款周转率越大，平均收账期越短，说明应收账款的回收越快，企业信用管理的程度越高。这不仅有利于减少或避免坏账损失的可能性，而且有利于增强企业资产的流动性。此外，应收账款周转天数与存货周转天数之和称为营业周期（Operating Cycle），它反映了从取得存货开始到销售存货并收回现金为止的这段时间。一个营业周期短的企业，虽然流动资产相对较少，流动比率相对较低，但其经营效率高。例如，根据例 4-13 和例 4-14 的计算，FML 公司在 20X2 年的营业周期约为 167 天。

（三）流动资产周转率

流动资产周转率（Current Assets Turnover）是企业营业收入与流动资产平均额的比值，其计算公式如下：

$$流动资产周转率=\frac{营业收入}{(期初流动资产合计+期末流动资产合计)/2}$$

$$流动资产周转天数=\frac{365}{流动资产周转率}$$

［例 4-15］

根据表 4-1 至表 4-4 中所给资料，计算 FML 公司 20X2 年的流动资产周转率和流动资产周转天数。

［解答］

$$流动资产周转率=\frac{239\ 381\ 139}{(262\ 983\ 958+375\ 123\ 756)/2}=0.750（次）$$

$$流动资产周转天数=\frac{365}{0.750}=486.67（天）$$

流动资产周转率反映流动资产占用资产的周转速度，反映企业流动资产的利用效率。流动资产周转速度快，能相对节约流动资金，增强企业的获利能力。

（四）非流动资产周转率

非流动资产周转率（Non-Current Assets Turnover）是企业营业收入与非流动资产平均额的比值，反映企业非流动资产的管理效率。非流动资产周转率及周转天数的计算公式如下：

$$非流动资产周转率=\frac{营业收入}{（期初非流动资产合计+期末非流动资产合计）/2}$$

$$非流动资产周转天数=\frac{365}{非流动资产周转率}$$

［例 4-16］

根据表 4-1 至表 4-4 中所给资料，计算 FML 公司 20X2 年的非流动资产周转率和非流动资产周转天数。

［解答］

$$非流动资产周转率=\frac{239\ 381\ 139}{（506\ 208\ 998+672\ 007\ 014）/2}=0.406（次）$$

$$非流动资产周转天数=\frac{365}{0.750}=899.01（天）$$

（五）总资产周转率

总资产周转率（Total Assets Turnover, TAT）是企业营业收入与总资产平均额的比值；这个比率在实务中非常常用，很多人在计算的时候会采用营业收入与期末总资产的比值，这也是可以接受的。所以，总资产周转率可以笼统地说是企业营业收入与总资产的比值。总资产周转率及周转天数的计算公式如下：

$$总资产周转率=\frac{营业收入}{（期初资产总计+期末资产总计）/2}$$

或者

$$总资产周转率=\frac{营业收入}{期末资产总计}$$

$$总资产周转天数=\frac{365}{总资产周转率}$$

［例 4-17］

根据表 4-1 至表 4-4 中所给资料，计算 FML 公司 20X2 年的总资产周转率和总资产周转天数。

［解答］

$$\text{总资产周转率（平均）}=\frac{239\ 381\ 139}{(769\ 192\ 956+1\ 047\ 130\ 770)/2}=0.264\text{（次）}$$

$$\text{总资产周转率（期末）}=\frac{239\ 381\ 139}{1\ 047\ 130\ 770}=0.229\text{（次）}$$

$$\text{总资产周转天数（平均）}=\frac{365}{0.264}=1\ 382.58\text{（天）}$$

$$\text{总资产周转天数（期末）}=\frac{365}{0.229}=1\ 593.89\text{（天）}$$

总资产周转率反映总资产占用资金的周转速度，总资产周转天数表示总资产周转一次所需要的时间。总资产周转率代表资金短期循环和长期循环的平均周转速度，所以总资产周转率越大，说明企业资产使用的整体效率越高，营运能力越强。

四、盈利能力比率

盈利能力是指企业正常经营赚取利润的能力。无论是股东、债权人还是管理者都关心企业的盈利。对股东来说，要选择利润丰厚的公司进行投资；对债权人来说，要选择盈利能力强、偿债能力有保证的公司；对管理者来说，盈利则代表了管理的绩效。反映企业盈利能力的指标很多，常用的主要包括销售毛利率、销售净利率、总资产净利率和权益净利率。

（一）销售毛利率

销售毛利率（Sales Margin）[①]是企业经营的毛利润占营业收入的百分率。其中，毛利润是指营业收入与营业成本的差额，表示营业收入扣除营业成本后，可以用于期间费用、支付所得税和形成盈利的资金。销售毛利率的计算公式如下：

$$\text{销售毛利率}=\frac{\text{毛利润}}{\text{营业收入}}\times100\%=\frac{\text{营业收入}-\text{营业成本}}{\text{营业收入}}\times100\%$$

［例 4-18］

根据表 4-1 至表 4-4 中所给资料，计算 FML 公司 20X2 年及 20X1 年的销售毛利率。

① 此处的“销售毛利率”和后文的“销售净利率”“销售收入增长率”等之所以用“销售”二字，是传统上工商企业的习惯说法。对于所有的行业来说，用“营业毛利率”“营业净利率”和“营业收入增长率”等似乎更为合理，本书遵从了传统习惯。

［解答］

$$20X2\text{年销售毛利率}=\frac{239\ 381\ 139-128\ 939\ 911}{239\ 381\ 139}\times 100\%=46.14\%$$

$$20X1\text{年销售毛利率}=\frac{214\ 343\ 675-118\ 614\ 180}{214\ 343\ 675}\times 100\%=44.66\%$$

由于销售毛利率仅考虑营业收入与营业成本，对生产制造业企业来说，通常考虑产品单价和生产成本，不考虑期间费用、营业外收支等其他因素，因而能够排除企业特性而更能代表行业特性，所以在比较行业盈利能力时通常比较销售毛利率。

（二）销售净利率

销售净利率（Return on Sales, ROS），有时也称为销售利润率，它是指企业净利润与营业收入的百分比，表示每 1 元营业收入带来的净利润，即营业收入的收益水平。销售净利率的计算公式如下：

$$ROS=\frac{\text{净利润}}{\text{营业收入}}\times 100\%$$

［例 4-19］

根据表 4-1 至表 4-4 中所给资料，计算 FML 公司 20X2 年及 20X1 年的 ROS。

［解答］

$$20X2\text{年}ROS=\frac{43\ 749\ 814}{239\ 381\ 139}\times 100\%=18.28\%$$

$$20X1\text{年}ROS=\frac{55\ 750\ 811}{214\ 343\ 675}\times 100\%=26.01\%$$

销售净利率反映企业每元营业收入能获取的净利润，在一般情况下，该比率越大，说明企业的盈利能力越强。不过，对于销售净利率的考察不能忽视企业的经营战略和销售策略。例如，有的企业实施“薄利多销”的政策，虽然销售净利率较低，但却能够大幅度提高营业收入，从而充分利用产能，获取更多的利润，实现更大的资产增值。

（三）总资产净利率

总资产净利率（Return on Assets, ROA），又称为（总）资产报酬率或（总）资产收益率等，是指企业净利润与总资产的百分比，它反映每元总资产创造的净利润。因为在财务报表中，净利润是企业 1 年的经营成果，而总资产则是存量资产，所以理论上总资产应取期初与期末的均值，不过，实务中很多人也取总资产的期末余额。ROA 可以说是反映企业盈利能力的最为常用的财务比率，其计算公式如下：

$$ROA(平均)=\frac{净利润}{(期初资产总计+期末资产总计)/2}\times 100\%$$

$$ROA(期末)=\frac{净利润}{期末资产总计}\times 100\%$$

［例 4-20］

根据表4-1至表4-4中所给资料，计算FML公司20X2年及20X1年的ROA。

［解答］

$$20X2年ROA(平均)=\frac{43\ 749\ 814}{(769\ 192\ 956+1\ 047\ 130\ 770)/2}\times 100\%=4.82\%$$

$$20X2年ROA(期末)=\frac{43\ 749\ 814}{1\ 047\ 130\ 770}\times 100\%=4.18\%$$

$$20X1年ROA(期末)=\frac{55\ 750\ 811}{769\ 192\ 956}\times 100\%=7.25\%$$

总资产净利率表明企业资产利用的综合效果，全面反映企业资产的盈利能力。总资产净利率代表了投入资产的产出（净利润）水平，在第一章我们讨论过，企业在1年之内的盈利水平取决于企业资金每循环1次的盈利水平与资金循环与周转的速度，而 ROA 就代表了企业资产在1年之内的盈利水平，可以看出：

$$ROA=\frac{净利润}{资产总计}=\frac{净利润}{营业收入}\times\frac{营业收入}{资产总计}=ROS\times TAT$$

销售净利率（ROS）代表企业每销售1次（资金循环1次）的盈利水平，而总资产周转率（TAT）则代表了企业总资产（流动资产与非流动资产）占用资金周转和循环的平均速度，这两者的乘积刚好就是 ROA，这与我们在第一章的讨论相对应。

（四）权益净利率

虽然总资产净利率是反映企业盈利能力的最常用的指标，但是它实际上存在一定的逻辑问题，这是因为它的分子（净利润）是股东（所有者）的收益，而分母（总资产）却是债权人和股东的总投入，两者并不能契合。权益净利率（Return on Equity, ROE）则改善了这一问题。[①]权益净利率又被称为净资产收益

① 能够改善这一问题的另一指标是“总资产营业利润率”，它是企业息税前盈余（EBIT）与总资产的百分比，限于篇幅，此处不做详细介绍。

率、权益报酬率等，它是企业净利润与所有者权益（或股东权益）的百分比，其分母是股东的投入，分子是股东的所得。同 ROA 类似，理论上分母的所有者权益（或股东权益）应取期初与期末的均值，但实务中更多的人取所有者权益（或股东权益）的期末值。ROE 的计算公式如下：

$$ROE(\text{平均})=\frac{\text{净利润}}{(\text{期初所有者权益合计}+\text{期末所有者权益合计})/2}\times 100\%$$

$$ROE(\text{期末})=\frac{\text{净利润}}{\text{期末所有者权益合计}}\times 100\%$$

［例 4-21］

根据表 4-1 至表 4-4 中所给资料，计算 FML 公司 20X2 年及 20X1 年的 ROE。

［解答］

$$20X2\text{年}ROE(\text{平均})=\frac{43\ 749\ 814}{(605\ 496\ 770+630\ 946\ 585)/2}\times 100\%=7.08\%$$

$$20X2\text{年}ROE(\text{期末})=\frac{43\ 749\ 814}{630\ 946\ 585}\times 100\%=6.93\%$$

$$20X1\text{年}ROE(\text{期末})=\frac{55\ 750\ 811}{605\ 496\ 770}\times 100\%=9.21\%$$

对股权投资者来说，ROE 具有非常好的综合性，概括了企业的全部经营业绩和财务业绩。从例 4-21 可以看出，FML 公司 20X2 年的权益净利率比 20X1 年下降了，这不是好信号。ROE 代表了股东的收益水平，但是这些收益实际上是股东控制的全部资金（包括负债）带来的，负债存在杠杆作用，可以看出：

$$\begin{aligned}ROE&=\frac{\text{净利润}}{\text{所有者权益合计}}\\&=\frac{\text{净利润}}{\text{资产总计}}\times\frac{\text{资产总计}}{\text{所有者权益合计}}\\&=ROA\times\text{权益乘数}\end{aligned}$$

权益净利率等于总资产净利率乘以权益乘数，这一等式表明，权益乘数发挥了财务杠杆的作用，使股东的回报水平大于总资产的收益水平，这也是权益乘数被称为“乘数”的原因。

篇中案例 4-2

殊途同归

企业的总资产净利率等于销售净利率与总资产周转率的乘积，一般而言，要想获得更大的总资产净利率，两者不能偏废。不过，在现实中，也存在两类稍显极端的企业。一类企业追求薄利多销策略，销售净利率不高，单靠庞大的销售量及销售额提高营运能力，从而实现可观的总资产净利率；另一类企业的营运能力看似不高，但销售产品却能实现较大的附加价值，取得可观的总资产净利率。20X7 年的葵花药业（002737）和双鹭药业（002038）可以作为这两类企业的典型代表。

葵花药业和双鹭药业两家公司都属于医药行业的上市公司，前者以生产中药为主导，以“化学药、生物药”和“健康养生品”为两翼，立志成为现代中药的领航者；后者专注于基因工程及相关药物的研究开发和生产经营，紧紧围绕疾病谱的变化布局研发和生产，立足国内市场，并逐步开拓国际市场。

根据对两家公司 20X7 年度财务报告的分析，我们可以发现两家公司在实现盈利方面表现出了截然不同的策略。葵花药业 20X7 年的总资产净利率为 10.81%，双鹭药业 20X7 年的总资产净利率为 12.20%，两家公司都体现了较好的盈利能力。不过，葵花药业 20X7 年的销售毛利率为 59.61%，销售净利率仅为 12.19%；而双鹭药业 20X7 年的销售毛利率高达 70.67%，销售净利率为 42.57%；很明显双鹭药业在产品的销售附加值方面要好得多。另一方面，葵花药业 20X7 年总资产周转率为 0.887 次，存货周转率为 2.154 次；而双鹭药业 20X7 年总资产周转率仅为 0.287 次，存货周转率为 1.537 次；可见葵花药业在资金周转和薄利多销方面做得相对较好。

两家盈利能力都不错的公司，其盈利的驱动因素却截然不同，这是不是颇有些殊途同归的意味呢？

五、发展能力比率

发展能力是指企业未来年度的发展前景及潜力。财务报表分析基于当前及过去的财务报表对企业未来的发展能力进行预测，反映企业发展能力的常用指标主要包括：销售收入增长率、净利润增长率、总资产增长率、资本积累率和 3 年销售收入平均增长率等。这些比率从多个角度反映了企业的发展能力。

（一）销售收入增长率

销售收入增长率（Growth Rate of Sales Revenue）是本年营业收入的增长额

与上年营业收入总额的百分比。它从营业收入增长的角度反映了企业的发展能力，其计算公式如下：

$$销售收入增长率=\frac{本年营业收入增长额}{上年营业收入}\times100\%$$
$$=\frac{本年营业收入-上年营业收入}{上年营业收入}\times100\%$$

［例 4-22］

根据表 4-1 至表 4-4 中所给资料，计算 FML 公司 20X2 年的销售收入增长率。

［解答］

$$销售收入增长率=\frac{239\ 381\ 139-214\ 343\ 675}{214\ 343\ 675}\times100\%=11.68\%$$

（二）净利润增长率

净利润增长率（Growth Rate of Net Profit）是本年净利润的增长额与上年净利润的百分比。它从净利润增长的角度反映了企业的发展能力，其计算公式如下：

$$净利润增长率=\frac{本年净利润增长额}{上年净利润}\times100\%$$
$$=\frac{本年净利润-上年净利润}{上年净利润}\times100\%$$

［例 4-23］

根据表 4-1 至表 4-4 中所给资料，计算 FML 公司 20X2 年的净利润增长率。

［解答］

$$净利润增长率=\frac{43\ 749\ 814-55\ 750\ 811}{55\ 750\ 811}\times100\%=-21.53\%$$

结合例 4-22 和例 4-23 可以看出，虽然 FML 公司 20X2 年销售收入增长率为 11.68%，但净利润增长率却为 -21.53%，也就是说净利润出现了下降。从净利润增长率来看，FML 公司的发展前景值得警惕。

（三）总资产增长率

总资产增长率（Growth Rate of Total Assets）是本年总资产的增长额与年初总资产的百分比。它从总资产增长的角度反映了企业的发展能力，其计算公式如下：

$$\text{总资产增长率}=\frac{\text{本年总资产增长额}}{\text{年初资产总额}}\times 100\%$$
$$=\frac{\text{年末资产总额}-\text{年初资产总额}}{\text{年初资产总额}}\times 100\%$$

［例 4-24］

根据表 4-1 至表 4-4 中所给资料，计算 FML 公司 20X2 年的总资产增长率。

［解答］

$$\text{总资产增长率}=\frac{1\ 047\ 130\ 770-769\ 192\ 956}{769\ 192\ 956}\times 100\%=36.13\%$$

（四）资本积累率

资本积累率（Rate of Capital Accumulation）是本年所有者权益（或股东权益）的增长额与年初所有者权益（或股东权益）的百分比。它从自有资本积累的角度反映了企业的发展能力，其计算公式如下：

$$\text{资本积累率}=\frac{\text{本年所有者权益增长额}}{\text{年初所有者权益合计}}\times 100\%$$
$$=\frac{\text{年末所有者权益合计}-\text{年初所有者权益合计}}{\text{年初所有者权益合计}}\times 100\%$$

［例 4-25］

根据表 4-1 至表 4-4 中所给资料，计算 FML 公司 20X2 年的资本积累率。

［解答］

$$\text{资本积累率}=\frac{630\ 946\ 585-605\ 496\ 770}{605\ 496\ 770}\times 100\%=4.20\%$$

结合例 4-24 和例 4-25 可以看出，虽然 FML 公司 20X2 年总资产增长率为 36.13%，但资本积累率仅为 4.20%。这说明，FML 公司的总资产增长主要来自负债的增长，而不是自有资本的增长，其未来的发展潜力可能受到负债增多的掣肘。

（五）3 年销售收入平均增长率

利用当年的财务报表测算的上述发展能力比率，可能会有一定的偶然性，难以准确反映长期趋势，这就需要一些能够反映长期趋势的比率，3 年销售收入平均增长率就是这样的比率。其实，前文的发展能力比率可以用于计算 3 年平均增长率，这里只以此为例，其余不做赘述。3 年销售收入平均增长率（Average Growth Rate of Sales Revenue in Three Years）是过去 3 年营业收入增长的几何平均数。它从营业收入历史增长的角度反映了企业的发展能力，其计算公式如下：

$$3年销售收入平均增长率=\left(\sqrt[3]{\frac{本年营业收入}{3年前营业收入}}-1\right)\times100\%$$

［例 4-26］

根据表 4-1 至表 4-4 中所给资料，另已知该公司 20X9 年和 20Y0 年的营业收入分别为 220 035 299 元和 253 554 853 元，计算 FML 公司在 20Y2 年的 3 年销售收入平均增长率。

［解答］

$$3年销售收入平均增长率=\left(\sqrt[3]{\frac{239\ 381\ 139}{220\ 035\ 299}}-1\right)\times100\%=2.85\%$$

六、上市公司财务比率

对上市公司而言，为了更好地反映股东的投资收益和证券市场对公司的评价，在进行财务报表分析时，除了计算基本的财务比率，还包括一些新的指标，主要是涉及“每股”的指标和与“市价”相关的指标，常见的包括每股收益、每股股利、股利支付率、市盈率、市净率、市销率。

（一）每股收益

每股收益（Earnings Per Share, EPS）即每股净利润，是企业本年净利润与流通在外的普通股股数的比值。如果上市公司发行了不可转换的优先股，那么分子的净利润要先扣除优先股股利；如果年内公司的普通股发生了变动，分母应为流通在外的普通股加权平均数。EPS 的计算公式如下：

$$EPS=\frac{净利润-优先股股利}{流通在外的普通股加权平均股数}$$

$$\begin{matrix}流通在外的普通股\\加权平均股数\end{matrix}=年初股份数+\sum新发行股份数\times\frac{新发行股份流通月份}{12}$$

［例 4-27］

根据表 4-1 至表 4-4 中所给资料，另已知 FML 公司每股面值 1 元，20X2 年 12 月 31 日股票市价为 18 元/股，计算 FML 公司 20X2 年 EPS。

［解答］

$$公司股份数N=\frac{183\ 000\ 000}{1}=183\ 000\ 000（股）$$

$$EPS=\frac{43\ 749\ 814}{183\ 000\ 000}=0.24\text{（元/股）}$$

EPS 反映公司普通股每股分得的净利润，是普通股股东衡量公司获利能力的主要指标，它直接影响公司未来的股价。EPS 越大，说明公司的盈利能力越强。

（二）每股股利

每股股利（Dividend，DIV）是当年分配的现金股利总额与年末流通在外的普通股股数的比率，代表每股派发的现金股利金额。DIV 的多少不仅取决于公司的盈利能力，也取决于公司未来的投资机会、融资难易程度以及股利政策。每股股利的计算公式如下：

$$DIV=\frac{\text{分配的现金股利总额}}{\text{期末流通在外的普通股股数}}$$

［例 4-28］

根据表 4-1 至表 4-4 中所给资料，另已知 FML 公司每股面值 1 元，20X2 年 12 月 31 日股票市价为 18 元/股，计算 FML 公司 20X2 年的 DIV。

［解答］

$$\text{公司股份数}N=\frac{183\ 000\ 000}{1}=183\ 000\ 000\text{（股）}$$

$$DIV=\frac{18\ 300\ 000}{183\ 000\ 000}=0.1\text{（元/股）}$$

（三）股利支付率

股利支付率（Dividend Payout Ratio, DR）是公司支付的股利占净利润的百分比，有两种算法：一是总量算法，即分配的现金股利总额与净利润的比值；二是每股算法，即每股股利与每股收益的比值。与股利支付率相对应的是留存收益率或利润留存率（$1-DR$），股利支付率和留存收益率的确定取决于公司的盈利能力、未来的投资机会、融资难易程度以及股利政策。股利支付率的计算公式如下：

$$DR(\text{总量})=\frac{\text{分配的现金股利总额}}{\text{净利润}}\times 100\%$$

或者

$$DR(\text{每股})=\frac{DIV}{EPS}\times 100\%$$

［例 4-29］

根据表 4-1 至表 4-4 中所给资料，另已知 FML 公司每股面值 1 元，20X2 年 12 月 31 日股票市价为 18 元/股，计算 FML 公司 20X2 年的股利支付率。

［解答］

$$DR(\text{总量})=\frac{18\,300\,000}{43\,749\,814}\times 100\%=42\%$$

$$DR(\text{每股})=\frac{0.1}{0.24}\times 100\%=42\%$$

（四）市盈率

市盈率（Price-Earnings Ratio，P/E 或 PE），是指普通股每股市价与每股收益的比率，反映普通股投资者愿意为公司每 1 元的净利润支付的价格。市盈率的计算公式如下：

$$\text{市盈率}=\frac{\text{普通股每股市价}}{\text{普通股每股收益}}=\frac{P}{EPS}$$

［例 4-30］

根据表 4-1 至表 4-4 中所给资料，另已知 FML 公司每股面值 1 元，20X2 年 12 月 31 日股票市价为 18 元/股，计算 FML 公司 20X2 年年末的市盈率。

［解答］

$$PE=\frac{18}{0.24}=75\text{（倍）}$$

每股市价实际上反映了投资者对公司未来发展的预期，而每股收益则是上年度的收益，因此，较高的市盈率代表投资者愿意对公司的股票付出更高的代价，即投资者普遍预期公司收益将较当前水平大幅增长；相反，较低的市盈率代表投资者愿意对公司股票付出的代价低，即投资者普遍预期公司的收益将维持现状甚至萎缩。由于未来的不确定性，高市盈率的公司面临较大的风险，而低市盈率的公司风险相对较小。股票市场也类似，当平均市盈率较高时，说明投资者普遍预期未来股票市场繁荣高涨，当然股票市场的风险也较大；当平均市盈率低时，说明投资者普遍预期未来股票市场前景一般，当然股票市场的风险也较小。经分析可以看出，市盈率的倒数代表公司未来收益稳定状态下的投资报酬率，考虑到银行存款等投资的利率一般在 5%以下，20 倍以上的市盈率已经代表投资者对该股票的预期相当看好；而 10 倍以下的市盈率则说明投资者不太看好该公司未来收益的稳定性。例如，FML 公司的市盈率为 75 倍，这说明投资者普遍看好 FML

公司的预期收益会大幅增长，当然存在的风险也不容忽视。

（五）市净率

市净率（Market-to-Book Ratio，MB），是指普通股每股市价与每股净资产的比率，它反映普通股投资者愿意为每 1 元净资产支付的价格，即公司净资产账面价值的市场溢价（或折价）程度，说明市场对公司资产质量的评价。其中，每股净资产又称为每股账面价值（Book Value of Equity Per Share, BE），是指普通股股东权益与流通在外普通股股数的比率，它反映每只普通股票享有的净资产。市净率的计算公式如下：

$$每股净资产=\frac{股东权益}{流通在外普通股股数}$$

$$市净率=\frac{每股市价}{每股净资产}$$

［例 4-31］

根据表 4-1 至表 4-4 中所给资料，另已知 FML 公司每股面值 1 元，20X2 年 12 月 31 日股票市价为 18 元/股，计算 FML 公司 20X2 年的市净率。

［解答］

$$公司股份数N=\frac{183\,000\,000}{1}=183\,000\,000（股）$$

$$BE=\frac{630\,946\,585}{183\,000\,000}=3.448（元/股）$$

$$MB=\frac{18}{3.448}=5.22（倍）$$

（六）市销率

市销率（Price-Sales Ratio, PS），是指普通股每股市价与每股销售收入（营业收入）的比率，它反映普通股投资者愿意为每 1 元销售收入支付的价格。其中，每股销售收入是指销售收入与流通在外普通股加权平均股数的比率，它反映每只普通股创造的销售收入。市销率的计算公式如下：

$$每股销售收入=\frac{营业收入}{流通在外普通股加权平均股数}$$

$$市销率=\frac{每股市价}{每股销售收入}$$

［例 4-32］

根据表 4-1 至表 4-4 中所给资料，另已知 FML 公司每股面值 1 元，20X2 年 12 月 31 日股票市价为 18 元/股，计算 FML 公司 20X2 年的市销率。

［解答］

$$公司股份数N=\frac{183\,000\,000}{1}=183\,000\,000（股）$$

$$每股销售收入=\frac{239\,381\,139}{183\,000\,000}=1.308（元/股）$$

$$PS=\frac{18}{1.308}=13.76（倍）$$

【课堂测试 4-2】

1. 某企业某年度流动负债为 100 万元，年初存货为 80 万元，年度营业成本为 240 万元，年末流动比率为 2.5，速动比率为 1.3，则该企业本年度存货周转率为（　）。

a. 2.4 次　　b. 2.5 次　　c. 1.6 次　　d. 1.56 次

2 某上市公司 20X3 年营业收入为 125 000 万元，销售毛利率为 40%，销售净利率为 16%，存货周转率为 5 次，年初存货 10 000 万元，年末流动比率为 2.1，速动比率为 1.6，流动资产占资产总额的 28%，资产负债率为 50%。该公司没有优先股，流通在外的股份数为 5 000 万股，每股市价 50 元。要求计算：

a. 资产净利率　b. 权益净利率　　c. 每股收益

d. 市盈率　　　e. 市净率

第三节　财务比率综合分析

财务比率仅仅是从偿债能力、营运能力、盈利能力以及发展能力等某一方面进行独立分析，不能很好地满足财务报表分析者的要求。因此，只有对企业财务状况进行综合分析，才能更好地了解过去、评价现在和预测未来，以期帮助利益相关者改善决策。财务比率综合分析的方法较多，下面介绍两种最常用的分析方法。

一、沃尔评分法及其改进

（一）早期沃尔评分法

1928 年，亚历山大·沃尔（Alexander Wole）出版的《信用晴雨表研究》和《财务报表比率分析》中提出了信用能力指数的概念，他选择了 7 个财务比率即流动比率、产权比率、固定资产比率、存货周转率、应收账款周转率、固定资产周转率和自有资金周转率，分别给定各指标的比重，然后确定标准比率（以行业平均数为基础），将实际比率与标准比率进行比较，得出相对比率，将此相对比率与各指标比重相乘，确定各项指标的得分及总体指标的累计得分，从而对企业的信用水平做出评价。由于有了财务指标的评价标准，沃尔评分法有利于报表分析者评价其在市场竞争中的优劣地位。

沃尔评分法的基本步骤包括：

（1）选择评价指标并分配指标权重。沃尔评分法赋予前述 7 个财务比率的权重，分别是流动比率 25%、产权比率 25%、固定资产比率 15%、存货周转率 10%、应收账款周转率 10%、固定资产周转率 10%和自有资金周转率 5%。

（2）确定各项评价指标的标准值。在理论上应该选择在企业现时条件下的最优值，沃尔当年选择的标准值为：流动比率 2.00、产权比率 1.50、固定资产比率 2.50、存货周转率 8、应收账款周转率 6、固定资产周转率 4 以及自有资金周转率 3。

（3）计算企业在一定时期各项比率指标的实际值。在上述指标中，本章第二节没有涉及的几个比率的计算方法如下：

固定资产比率=总资产/固定资产

固定资产周转率=营业收入/平均固定资产

自有资金周转率=营业收入/平均所有者权益合计

（4）对各项评价指标计分并计算综合分数。计算方法如下：

$$\text{综合分数}=\sum\frac{\text{某指标实际比率}}{\text{该指标标准比率}}\times\text{该指标权重分数}$$

（5）形成评价结果。

我们用沃尔评分法并结合表 4-1 至表 4-4 中所给资料对 FML 公司 20X2 的财务报表进行了评分，评分结果详见表 4-5。

表 4-5 FML 公司的沃尔评分

财务比率	比重（1）	标准比率（2）	实际比率（3）	相对比率（4）=（3）/（2）	评分（1）×（4）
流动比率	25	2.00	0.94	0.47	11.75
产权比率	25	1.50	1.52	1.01	25.33
固定资产比率	15	2.50	3.88	1.55	23.28
存货周转率	10	8	3.06	0.38	3.83
应收账款周转率	10	6	7.68	1.28	12.80
固定资产周转率	10	4	1.42	0.36	3.55
自有资金周转率	5	3	0.39	0.13	0.65
合计	100				81.19

20X2 年 FML 公司的沃尔评分的总得分为 81.19，小于 100，说明公司的财务状况低于同行业平均水平。

从理论上讲，沃尔评分法存在 3 点缺陷：一是所选定的七项指标缺乏证明力，财务报表分析者会提出疑问，为什么要选择 7 项指标，而不是更多或更少，或者其他财务比率；二是每个财务比率所占权重的合理性有待证明；三是当某一指标严重异常时，会对总评分产生不合逻辑的重大影响。可见，早期的沃尔评分法难以完全满足当前企业评价的需要。不过，沃尔评分法最主要的贡献就是它将互不关联的财务指标按照权重予以综合联动，使得综合评价成为可能。

（二）改进的沃尔评分法——综合能力评价法

针对沃尔评分法的缺陷，人们对其进行了一些改进，形成了综合能力评价法。

首先，综合能力评价法将沃尔评分法的七大财务指标改为三大能力十大指标，包括：①盈利能力指标，包括总资产净利率、销售净利率和权益净利率；②偿债能力及营运能力指标，包括自有资本比率、流动比率、应收账款周转率和存货周转率；③发展能力指标，包括销售收入增长率、净利润增长率和总资产增长率。其中，在本章第二节没有涉及的比率是自有资本比率，它等于所有者权益与总资产的比率。

其次，按照重要程度确定各项比率的评分值，总分值为 100，三类指标的评分值之比约为 5∶3∶2。具体来说，总资产净利率 20 分、销售净利率 20 分、权益净利率 10 分、自有资本比率 8 分、流动比率 8 分、应收账款周转率 8 分、存货周转率 8 分、销售收入增长率 6 分、净利润增长率 6 分以及总资产增长率 6 分。

再次，针对沃尔评分法的计算方法及技术做了调整。具体来说，将财务比率的标准值由企业最优值调整为本行业平均值，并设定评分值的上限（正常值的 1.5 倍）和下限（正常值的一半）。然后进行如下计算：

$$每分比率=\frac{行业上限比率-标准比率}{最高分值-标准分值}$$

$$调整分值=\frac{实际比率-标准比率}{每分比率}$$

$$该比率得分=标准分值+调整分值$$

最后，计算汇总分数，并形成评价结果。汇总分数的计算方法如下：

$$汇总分数=\sum某比率得分$$

根据上述方法，我们使用表 4-1 至表 4-4 中所给资料对 FML 公司 20X2 的财务报表进行了综合能力评价，评分结果详见表 4-6。

表 4-6　FML 公司的综合能力评分

指标	标准分值	每分比率的计算（其中行业上限比率和标准比率均为假定值）				实际比率	实际比率与标准比率的差异	调整分	上下限判断	该比率得分
		行业上限比率	标准比率	最高分值	每分比率					
一、盈利能力										
总资产净利率	20	16%	8%	30	0.8%	4.82%	−3.18%	−3.98	正常	16.02
销售净利率	20	30%	15%	30	1.5%	18.28%	3.28%	2.19	正常	22.19
权益净利率	10	24%	12%	15	2.4%	7.08%	−4.92%	−2.05	正常	7.95
二、偿债及营运能力										
自有资本比率	8	100%	40%	12	15%	60.25%	20.25%	1.35	正常	9.35
流动比率	8	4.5	1.5	12	0.75	0.94	−0.56	−0.75	正常	7.25
应收账款周转率	8	12	8	12	1	7.68	−0.32	−0.32	正常	7.68
存货周转率	8	12	6	12	1.5	3.06	−2.94	−1.96	正常	6.04
三、成长能力										
销售收入增长率	6	30%	15%	9	5%	11.68%	−3.32%	−0.66	正常	5.34
净利润增长率	6	20%	10%	9	3.3%	−21.53%	−31.53%	−9.55	低下	3
总资产增长率	6	20%	10%	9	3.3%	36.13%	26.13%	7.92	高上	9
合计	100			150						93.82

可见，20X2 年 FML 公司综合能力评价的得分为 93.82，小于 100，说明公司的财务状况低于同行业平均水平。

二、杜邦分析体系

杜邦分析体系是由美国杜邦公司首先创造的，又称为杜邦系统（The Du Pont System），它是利用各主要财务比率之间的内在联系，对企业的财务状况和经营成果进行综合系统评价的方法。

杜邦分析体系以权益净利率（ROE）为核心比率，这是因为它代表股东从企业经营中获得的收益水平，因为资本的逐利性，各企业的权益净利率应该比较接近。如果一家公司的权益净利率显著高于其他企业，就说明该企业能够给股东创造更多的价值；相反，如果一家公司的权益净利率显著低于其他企业，给股东创造的价值少，就难以从市场筹集到资金，最终可能被市场所抛弃。

杜邦分析体系以权益净利率的分解为基础，综合考虑财务报表中的数据，从而得到公司财务状况的综合评价，甚至能够发现当前财务状况的问题所在。杜邦分析体系是一个多层次的财务比率分解体系。

首先，权益净利率的初步分解如下：

$$
\begin{aligned}
\text{权益净利率} &= \frac{\text{净利润}}{\text{所有者权益}} \\
&= \frac{\text{净利润}}{\text{总资产}} \times \frac{\text{总资产}}{\text{所有者权益}} \\
&= \text{总资产净利率} \times \text{权益乘数}
\end{aligned}
$$

$$
\begin{aligned}
\text{权益净利率} &= \frac{\text{净利润}}{\text{总资产}} \times \text{权益乘数} \\
&= \frac{\text{净利润}}{\text{营业收入}} \times \frac{\text{营业收入}}{\text{总资产}} \times \text{权益乘数} \\
&= \text{销售净利率} \times \text{总资产周转率} \times \text{权益乘数}
\end{aligned}
$$

可见，杜邦分析第一步将权益净利率分解为总资产净利率与权益乘数的乘积，总资产净利率反映企业总资产的盈利能力，权益乘数反映负债对总资产盈利能力的杠杆效应。第二步将总资产净利率分解为销售净利率与总资产周转率的乘积，也就是说权益净利率被分解为销售净利率、总资产周转率与权益乘数三者的乘积。经过指标的分解可以看出，这三者无论哪个比率发生改变，都会使权益净利率发生变化。应该注意，在杜邦分析体系中，所有的财务比率涉及的报表项目一般均采用期末值，不采用平均值。

其次，进一步将三个一级比率再进行分解。

销售净利率可以分解为净利润和营业收入；而净利润又可以分解为营业收入、其他收支、成本费用、所得税费用；成本费用又可以进一步分解为营业成本、营业税金、管理费用、销售费用、财务费用等。

总资产周转率可以分解为营业收入和资产总额；而资产总额又可以分解为流动资产与非流动资产；流动资产又可以进一步分解为现金资产、应收款项（应收票据与应收账款）、存货等；非流动资产又可以分解为固定资产、无形资产和其他非流动资产等。

权益乘数可以分解为资产总额与所有者权益（资产总额减去负债总额），而负债总额可以分为流动负债与非流动负债；有必要的话还可以将流动负债和非流动负债进一步分解。

最后，除了财务指标的分解，还要考虑财务指标间的协同。例如，销售净利率和总资产周转率结合，能够反映企业的经营战略。采用差异化战略的企业，为了增加产品的附加值，提高销售净利率，往往需要增加投资，引起总资产周转率的下降；而采用低成本战略的企业，销售量增加（提高总资产周转率）的同时，需要降低产品价格，引起销售净利率下降。所以，应该将销售净利率与总资产周转率协同起来考虑。

一个完整的杜邦分析体系的框架如图 4-1 所示。下面以 FML 公司为例，演示一下杜邦分析体系的一般方法。权益净利率的比较对象，可以是同行业其他企业的同期数据，也可以是本企业的历史数据。鉴于表 4-1 至表 4-4 的实际情况，此处仅以 FML 公司 20X2 年和 20X1 年的比较为例。首先将 20X1 年和 20X2 年的相应比率和数据分别计算（或抄录）并填入杜邦分析框架中，如图 4-2 和图 4-3 所示。然后，结合框架进行财务指标的分析。

对比图 4-1 和图 4-3 可以看出，FML 公司的权益净利率由 9.21%下降到 6.93%，这说明股东的报酬率下降了，20X2 年公司的整体业绩不如 20X1 年。进一步发现，影响权益净利率变动的不利因素是销售净利率和总资产周转率的下降；有利因素是权益乘数的提高。

权益乘数由 1.27 上升到了 1.66，说明财务杠杆提高了，从负债来看，无论是流动负债还是非流动负债都出现了大幅度的上升。

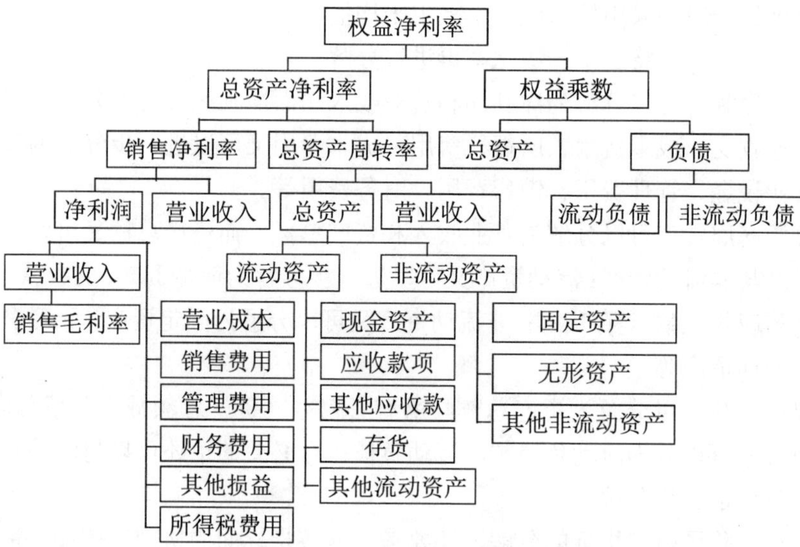

图 4-1 杜邦分析体系框架

销售净利率由 26.01%下降到了 18.28%，下降幅度非常明显。具体来看，营业收入并未下降，营业成本虽相应上升，但销售毛利率由 44.66%上升到了 46.14%，这说明销售净利率的下降不是由生产经营活动造成的。从期间费用来看，管理费用率下降了 3.2 个百分点，说明销售净利率的下降也不是管理效率造成的；销售费用率上升了 1.25 个百分点，说明产品市场稍微困难了一些；财务费用率由 0.97%上升到了 6.08%，这是销售净利率下降的主要原因，这说明企业负债增加虽然提高了财务杠杆，但引起的利息支出影响到了销售净利率。其他方面的损益，也出现了明显减少，特别是营业外收入大幅减少，这需要进一步查阅财务报表附注才能够清楚具体原因。

总资产周转率由 0.28 下降到 0.23，说明企业营运能力降低。具体来看，流动资产从 262 983 958 元增加到了 375 123 756 元，主要是应收款项占用资金出现了大幅度增加，降低了流动资产的运营效率；此外，除了现金资产、应收款项和存货之外，其他流动资产也出现了较大增量，主要表现在预付款项和其他应收款上，这也需要进一步查阅财务报表附注才能够清楚具体原因。非流动资产方面也出现了明显的增加，主要表现为固定资产大幅度增加，考虑到企业负债的增加，可以推断企业通过债权融资新构建了固定资产；而固定资产投资虽然是企业长期发展的需要，但短期内造成了企业营运能力的降低。

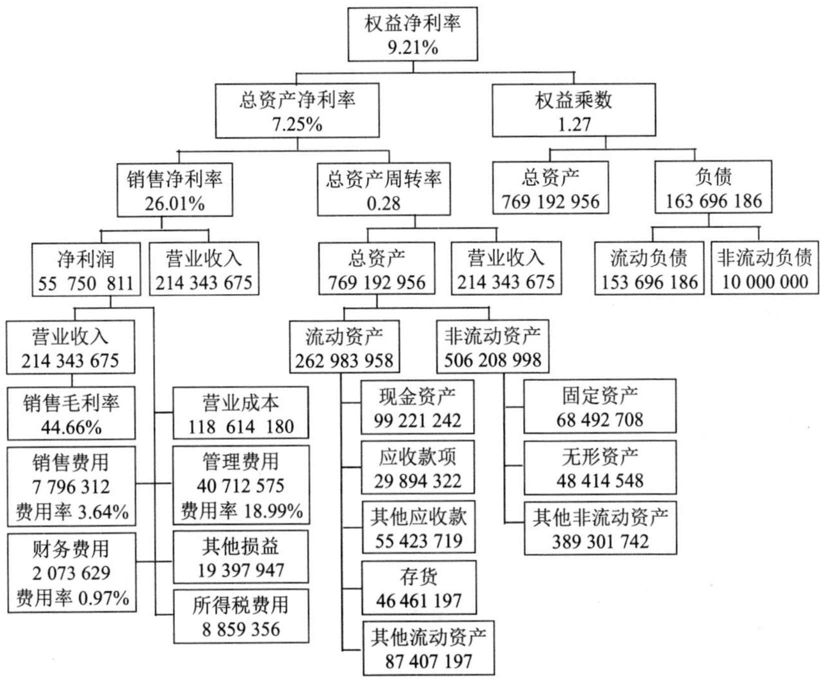

图 4-2　FML 公司 20X1 年杜邦分析体系框架

通过这样的分析，我们可以得出一些结论：FML 公司 20X2 年的权益净利率较 20X1 年出现了下降，但这并非生产和管理方面的原因，而是因为企业为了购建新的固定资产、扩大规模而新增负债，其带来的财务费用增加影响了销售利润率。此外，企业的应收款项占用资金也有所增加，可能是因为改变销售信用政策造成的。总之，对 FML 公司而言，应特别注意负债引起的财务风险以及应收款项的回款情况。

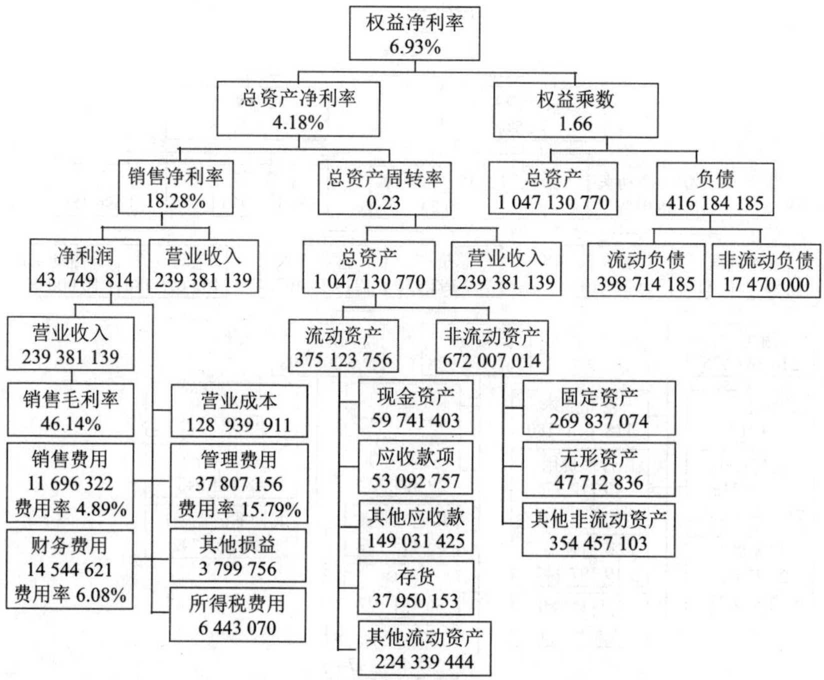

图 4-3 FML 公司 20X2 年杜邦分析体系框架

尽管杜邦分析体系也存在一些局限，但它能将企业在某一时期的经营成果、资产营运能力以及企业的资本结构有机联系起来，层层分析，逐层深入，构成一个完整的分析体系，所以，实务中杜邦分析体系是应用最为广泛的综合财务分析方法。

【课堂测试 4-3】

1. 在杜邦分析中，用来分析资产净利率变化原因的指标包括（　　）。

   a. 营业收入　　b. 销售净利率

   c. 总资产周转率　　d. 资产负债率

2. 权益净利率同有关指标的关系为（　　）。

   a. 权益净利率=总资产周转率×销售净利率

   b. 权益净利率=销售净利率×总资产周转率×权益乘数

   c. 权益净利率=总资产净利率×（1－资产负债率）$^{-1}$

   d. 权益净利率=总资产净利率×产权比率

本章小结

初步的财务报表分析更强调财务分析，它是以企业基本活动为对象，以基本财务报表为主要信息来源，以分析和综合为主要方法，对企业的财务状况、经营成果和现金流量状况做出综合评价的过程。财务报表初步分析方法中，主要涉及的财务报表包括资产负债表、利润表、现金流量表和所有者权益变动表。资产负债表是反映企业在特定时点财务状况的报表；利润表是反映企业在特定时期内经营成果的报表；现金流量表是反映企业在特定时期内的现金流量状况的报表；所有者权益变动表是反映企业在特定时期内所有者权益变动以及利润分配情况的报表。

企业偿债能力是指企业偿还各种债务的能力。偿债能力分析分为短期偿债能力分析和长期偿债能力分析。短期偿债能力主要考虑企业偿还流动负债的能力，常见的指标是营运资本、流动比率、速动比率、现金比率和现金流量比率。长期偿债能力要考虑企业偿还所有负债的能力，常用的财务比率包括资产负债率、权益乘数、产权比率、利息保障倍数、现金流量利息保障倍数和现金流量债务比等。营运能力是企业在资产管理与运转方面的能力，它可以通过企业生产经营资金周转速度等有关指标反映出来，这些指标主要包括存货周转率、应收账款周转率、流动资产周转率、非流动资产周转率和总资产周转率，分别表示各类资产占用资金的周转速度。盈利能力是指企业正常经营赚取利润的能力，反映企业盈利能力的指标主要包括销售毛利率、销售净利率、总资产净利率和权益净利率。发展能力是指企业未来年度的发展前景及潜力，反映企业发展能力的指标主要包括销售收入增长率、净利润增长率、总资产增长率、资本积累率和 3 年销售收入平均增长率等。对上市公司而言，为了更好地反映股东的投资收益和证券市场对公司的评价，在进行财务报表分析时，除了计算基本的财务比率，还包括一些新的指标，常见的包括每股收益、每股股利、股利支付率、市盈率、市净率、市销率。此外，对企业财务状况进行综合分析，能够更好地了解过去、评价现在和预测未来，本章介绍了两种常用的综合分析方法，即沃尔评分法及其改进方法和杜邦分析体系。

篇后案例

对比行业标兵找差距

太龙药业（600222）是一家总部位于河南郑州的从事中西药品生产和销售的上市公司，公司“太龙”商标被国家工商总局认定为“驰名商标”。连续几年，公司业绩差强人意，虽然不至于亏损，但在全国几十家从事药品生产和销售的上市公司中一直处于后20%。20X2年太龙药业的权益净利率为4.88%，每股收益不足0.05元，低于行业平均水平。如何才能改变这一现状呢？公司财务人员希望通过使用财务报表分析的方法与行业标兵进行对比，寻找差距。

浙江医药（600216）可以说是医药行业的标兵企业，其20X2年权益净利率达到13.73%，每股收益1.79元。按照杜邦分析体系，首先从权益净利率开始比较分析，然后依次将权益净利率拆解进行比较。太龙药业20X2年权益净利率为4.88%，而浙江医药权益净利率则高达13.73%。从财务杠杆来看，太龙药业资产负债率为58.17%，而浙江医药的资产负债率仅为12.20%，可见浙江医药在并未充分利用财务杠杆的情况下，仍然实现较高的权益净利率，说明太龙药业与浙江医药相比，在资产净利率上的差距更大。的确如此，20X2年太龙药业总资产净利率仅为2.04%，而浙江医药的总资产净利率则高达12.06%。进一步分析发现，造成资产净利率巨大差距的主要原因在于销售净利率，20X2年太龙药业的销售净利率为2.94%，同期浙江医药的销售净利率为16.17%；而造成总资产净利率巨大差距的次要原因在于总资产周转率，20X2年太龙药业的总资产周转率为0.69次，同期浙江医药的总资产周转率为0.75次。在销售方面，20X2年太龙药业的销售毛利率为16.80%，而浙江医药的销售毛利率为31.26%，两家公司存在非常显著的差距。这说明，浙江医药的产品附加值创造和生产成本控制远优于太龙药业。在期间损益方面，太龙药业的管理费用控制优于浙江医药，费用率对比为4.87%对7.66%；但太龙药业存在大量财务费用，费用率为3.19%，而浙江医药则存在大量利息收入，财务费用为负，这当然与企业的资本结构有关，虽然对太龙药业来说，利用财务杠杆不一定是坏事，但客观上确实带来了财务费用的差异。在营运能力方面，太龙药业的应收账款周转率和固定资产周转率弱于浙江药业，这说明太龙药业的应收账款收款期较长，而且需要更多的固定资产维持正常的生产经营。

通过与行业标兵进行财务报表对比分析，可以发现太龙药业的主要差距在于产品的附加值低，生产成本控制不到位；同时还应注意营运能力的提升，如加快应收账款的收款等。你觉得这样的分析方法有什么优点和局限呢？

核心概念

资产负债表（Balance Sheet）
利润表（Income Statement）

现金流量表（Statement of Cash Flows）
所有者权益变动表（Statement of Changes in Equity）
息税前盈余（Earnings Before Interest and Taxes）
营运资本（Working Capital）
流动比率（Current Ratio）
速动比率（Quick Ratio）
现金比率（Cash Ratio）
现金流量比率（Cash Flow Ratio）
资产负债率（Total Debt Ratio）
权益乘数（Equity Multiplier）
产权比率（Debt to Equity Ratio）
利息保障倍数（Times Interest Earned Ratio）
存货周转率（Inventory Turnover）
应收账款周转率（Receivables Turnover）
总资产周转率（Total Assets Turnover）
销售毛利率（Sales Margin）
销售净利率（Return on Sales）
总资产净利率（Return on Assets）
权益净利率（Return on Equity）
销售收入增长率（Growth Rate of Sales Revenue）
净利润增长率（Growth Rate of Net Profit）
总资产增长率（Growth Rate of Total Assets）
资本积累率（Rate of Capital Accumulation）
每股收益（Earnings Per Share）
每股股利（Dividend）
市盈率（Price-Earnings Ratio）
市净率（Market-to-Book Ratio）
杜邦分析体系（The Du Pont System）

思考题

1. 分别站在企业投资者、债权人和企业管理者的角度，思考财务报表分析的目的。

2. 为什么要进行企业偿债能力分析？

3. 如何理解流动比率、速动比率和现金比率的相互关系？

4. 企业资产负债率的高低对债权人和股东各会产生什么影响？
5. 销售毛利率与销售净利率是什么关系？
6. 总资产净利率与权益净利率之间的区别与联系是什么？
7. 可能导致存货周转率恶化的因素有哪些？
8. 思考并说明权益净利率在杜邦分析体系中的地位。
9. 讨论沃尔评分法的局限及其改进方法。

练习题

（一）单项选择题

1. 能够反映企业在某一时点的财务状况的报表是（　）。
　A. 资产负债表　　B. 利润表
　C. 现金流量表　　D. 所有者权益变动表
2. 能够反映企业在某一时期的经营成果的报表是（　）。
　A. 资产负债表　　B. 利润表
　C. 现金流量表　　D. 所有者权益变动表
3. 一般而言，资产负债表中资产项目的排列顺序是依据项目的（　）。
　A. 重要性　　B. 收益性　　C. 流动性　　D. 时间性
4. 若从（　）的角度考虑，企业不仅应保持一定量的货币资金，而且还应越多越好。
　A. 企业投资者　　B. 企业经营者
　C. 长期债权人　　D. 短期债权人
5. 一般来说，偿还流动负债的现金是从（　）中产生的。
　A. 长期借款　　B. 货币资金
　C. 流动资产　　D. 固定资产
6. 计算速动比率时，要从流动资产中扣除存货，其原因是（　）。
　A. 存货不能用来偿还债务　　B. 存货的种类多种多样
　C. 存货变现能力较差　　D. 存货的数额不稳定
7. 在流动比率小于 1 的情况下，用银行存款偿还应付账款，则流动比率（　）。
　A. 上升　　B. 下降
　C. 保持不变　　D. 不能确定
8. 下列关于财务比率分析有关指标的说法中，错误的是（　）。
　A. 速动比率很低的公司不可能到期偿还其流动负债

B. 资产负债率揭示了公司全部负债在资产总额中所占的比例

C. 权益乘数反映了资产总额相当于股东权益的倍数

D. 权益乘数的倒数与资产负债率之和等于 1

9. 通过分析企业流动资产与流动负债之间的关系可以判断企业的（　　）。

A. 短期偿债能力　　B. 长期偿债能力

C. 盈利能力　　D. 营运能力

10. 权益乘数可以表示企业的负债程度，权益乘数越小，企业的负债程度（　　）。

A. 越高　　B. 越低　　C. 不确定　　D. 为 0

11. 下列有关每股收益的说法错误的是（　　）。

A. 每股收益是衡量上市公司盈利能力的重要财务指标

B. 每股收益可反映股票所含有的风险

C. 每股收益可用于不同行业公司间的横向比较

D. 每股收益多，不一定分红多

12. 若企业经营者想提高总资产净利率，则不需要考虑的是（　　）。

A. 提高产品售价　　B. 增加销售额

C. 处置闲置资产　　D. 增大权益乘数

13. 在下列指标中，不能用来分析企业的盈利能力的是（　　）。

A. 权益净利率　　B. 销售毛利率

C. 市盈率　　D. 销售净利率

14. 下列指标中能反映企业资产的营运能力的是（　　）。

A. 资产负债率　　B. 现金比率

C. 市净率　　D. 流动资产周转率

15. 在其他条件不变的情况下，会引起总资产周转率上升的经济业务是（　　）。

A. 用现金偿还负债　　B. 借入一笔短期借款

C. 用银行存款购入设备　　D. 用盈余公积转增股本

16. 不直接影响企业权益净利率的指标是（　　）。

A. 权益乘数　　B. 销售净利率

C. 总资产周转率　　D. 股利支付率

（二）多项选择题

1. 财务报表分析的主要使用者是（　　）。

A. 投资者　　B. 债权人　　C. 管理者
D. 政府有关管理部门　　E. 企业雇员

2. 在财务报表中，资产的特征包括（　　）。
A. 过去的交易或事项形成
B. 由企业拥有或控制
C. 该资源预期会给企业带来经济利益
D. 不确定性
E. 必须以货币计量

3. 所有者权益变动表是（　　）。
A. 年度报表　　B. 月度报表
C. 财务报表的主表　　D. 财务报表的附表
E. 财务报表的附注

4. 反映企业短期偿债能力的存量指标包括（　　）。
A. 营运资本　　B. 流动比率　　C. 速动比率
D. 现金比率　　E. 现金流量比率

5. 反映企业长期偿债能力的比率包括（　　）。
A. 资产负债率　　B. 流动比率　　C. 现金比率
D. 利息保障倍数　　E. 应收账款周转率

6. 速动资产是指可以在短期内变现，随时可以用来偿还债务的那些流动资产，一般包括（　　）。
A. 存货　　B. 货币资金　　C. 交易性金融资产
D. 应收票据　　E. 应收账款

7. 下列经济业务会影响存货周转率的包括（　　）。
A. 收回应收账款　　B. 销售产品
C. 期末购买原材料　　D. 偿还应付账款
E. 完工验收产品入库

8. 影响资产净利率高低的因素包括（　　）。
A. 产品价格　　B. 单位成本的高低
C. 产品的产量　　D. 销售量　　E. 资金占用量

9. 在其他条件不变的情况下，会引起总资产周转率下降的经济业务包括（　　）。
A. 用现金偿还负债　　B. 借入一笔短期借款
C. 融资租赁一台设备　　D. 用银行存款购入一台设备

E. 发行新股

10. 对应收账款周转率正确计算产生较大影响的因素包括（ ）。

A. 季节性经营的企业

B. 大量使用分期付款结算方式

C. 大量使用现金结算

D. 大力催收拖欠货款

E. 年末大量销售或年末销售大幅度下降

11. 可以用来分析说明资产净利率变化原因的指标有（ ）。

A. 营业收入 B. 资产负债率 C. 销售净利率

D. 总资产周转率 E. 现金流量保障倍数

12. 下列指标中反映企业盈利能力的指标有（ ）。

A. 产权比率 B. 资产负债率 C. 资金净利率

D. 销售毛利率 E. 流动比率

13. 从一般原则上讲，影响每股收益指标高低的因素有（ ）。

A. 企业采取的股利政策 B. 企业回购的普通股股数

C. 优先股股息 D. 所得税税率

E. 每股股利

14. 下列有关市盈率的说法中正确的有（ ）。

A. 市盈率很高，则投资风险大

B. 市盈率很低，则投资风险小

C. 预期将发生通货膨胀或提高基准利率时，市盈率会普遍下降

D. 市盈率比较高，投资风险比较小

E. 高成长的企业，一般市盈率较高

15. 有关股利支付率的说法正确的有（ ）。

A. 净利润较大的企业，股利支付率一定很高

B. 与股利支付率相对应的比率是利润留存率，它反映企业内部筹资的程度

C. 股利支付率是公司支付的总股利与净利润的百分比

D. 一般而言，股利支付率等于每股股利除以每股收益

E. 股利支付率不会受到股利政策的影响

（三）判断题

1. 若某企业的资产负债率为60%，则其权益乘数为2.5。（ ）

2. 在总资产净利率不变的情况下，资产负债率越高，权益净利率越低。（ ）

3. 在总融资需求一定的情况下，股利支付率越高，外部融资需求越少。(　　)

4. 在其他条件不变的情况下，企业融资租入固定资产会降低总资产周转率。(　　)

5. 利用沃尔评分法进行财务分析时，无论标准评分值如何设定，财务状况的总评分都不会受到影响。(　　)

6. 杜邦分析体系以资产净利率为基本指标。(　　)

7. 资产负债表反映企业在特定时点的财务状况。(　　)

8. 现金流量表反映企业在一定时期的经营成果。(　　)

9. 所有者权益也可以称为净资产。(　　)

10. 对企业来说，流动比率越大越好。(　　)

11. 销售净利率低的企业，资产净利率不可能高。(　　)

12. 应收账款周转天数和存货周转天数之和称为营业周期。(　　)

13. 市净率代表公司净资产账面价值的市场溢价程度。(　　)

14. 市销率是企业每股市价与营业收入的比率。(　　)

15. 现金比率反映了企业在最坏情况下的短期偿债能力。(　　)

（四）计算综合题

1. 某公司 20X3 年年末的资产负债表的简化报表如下：

某公司　　　　20X3 年 12 月 31 日　　　　单位：元

资产	年末数	负债及所有者权益	年末数
货币资金	6 000	短期借款	(　　)
应收账款	(　　)	应付账款	163 000
存货	(　　)	应付职工薪酬	19 800
固定资产净值	860 000	长期借款	(　　)
无形资产	60 000	所有者权益	(　　)
总计	1 458 000	总计	1 458 000

其他资料如下：

（1）流动比率为 1.6。

（2）产权比率为 0.8。

（3）存货周转率为 14 次。

（4）年初存货为 168 000 元。

（5）20X3 年度销售毛利率为 40%，本年营业收入为 2 800 000 元。

要求：根据所给资料，计算年末的应收账款、存货、短期借款、长期借款和所有者权益并填入资产负债表中。

2. XH 公司 20X3 年年末的资产负债表的简化报表及其他资料如下：

XH 公司　　20X3 年 12 月 31 日　　单位：万元

资产	年末数	年初数	负债及所有者权益	年末数	年初数
货币资金	90	100	流动负债合计	300	270
交易性金融资产	72	46	非流动负债合计	500	570
应收账款	180	120	所有者权益合计	800	560
存货	288	184			
固定资产净值	970	950			
总计	1 600	1 400	总计	1 600	1 400

同时，该公司 20X2 年销售净利率为 16%，总资产周转率为 0.5 次，权益乘数为 2.5，权益净利率为 20%。20X3 年度营业收入为 900 万元，净利润为 135 万元。根据上述资料，计算该公司：

（1）20X3 年年末的流动比率、速动比率、资产负债率和权益乘数。

（2）20X3 年度的总资产周转率、销售净利率和权益净利率。

（3）分析销售净利率、总资产周转率和权益乘数的变动对权益净利率的影响。

3. 已知某公司 20X3 年年末的资产负债表简化报表及有关资料如下：

某公司　　20X3 年 12 月 31 日　　单位：万元

资产	年末数	年初数	负债及所有者权益	年末数	年初数
货币资金	155	382	短期借款	258	244
应收账款	670	578	应付账款	168	172
存货	485	350	其他流动负债	234	257
固定资产净值	585	585	非流动负债	513	500
			所有者权益	722	722
总计	1 895	1 895	总计	1 895	1 895

20X3 年利润表有关数据如下：营业收入 3 215 万元，营业成本 2 785 万元，管理费用 300 万元，财务费用 58 万元，利润总额 72 万元，所得税 17 万元，净利润 55 万元。要求：

（1）计算并填列下表中所要求的财务比率。

（2）与行业平均财务比率进行对比，说明该公司经营管理方面可能存在的问题。

财 务 比 率	本 公 司	行业平均数
流动比率		1.98
资产负债率		62%
利息保障倍数		3.8
存货周转率		6 次
应收账款平均收账期		50 天
固定资产周转率		8 次
总资产周转率		3 次
销售净利率		1.4%
总资产净利率		3.5%
权益净利率		8%

4. 某公司 20X3 年营业收入 125 000 元，比上年增长 30%，有关财务比率如下表所示，要求计算：

（1）20X2 年行业平均、20X2 年本公司和 20X3 年本公司的权益乘数、资产净利率和权益净利率，并填入下表中。

（2）运用杜邦分析法，比较 20X2 年本公司与行业平均的权益净利率，并分析其差异的原因。

（3）运用杜邦分析法，比较本公司 20X3 年与 20X2 年的权益净利率，并分析其差异的原因。

财 务 比 率	20X3 年本公司	20X2 年本公司	20X2 年行业平均数
资产负债率	60%	50%	45%
利息保障倍数	3	4	3.5
存货周转率	2.5	2.8	3
应收账款平均收账期	30	30	28
总资产周转率	2.25	2.55	2.3
固定资产周转率	2.92	3.2	2.6
销售净利率	7.75%	8.3%	7.5%
权益乘数	（ ）	（ ）	（ ）
总资产净利率	（ ）	（ ）	（ ）
权益净利率	（ ）	（ ）	（ ）

第五章　财务计划与财务预测

通过第四章的财务报表分析，可以了解企业过去的经营状况，然而，对决策来说，更重要的是预测未来。预测是计划过程不可缺少的组成部分，只有做好了预测，才能更好地制订计划，并进行决策。因此，本章将着重讲述财务预测的基本方法，并着眼于财务计划的制订。通过本章的学习，可以了解财务计划与财务预测的基本概念和基本理论；熟悉财务计划的内容和步骤；掌握财务预测的基本方法，包括销售预测的方法、销售百分比法确定融资需求，以及在销售增长的情况下确定外部融资额、内含增长率和可持续增长率的方法。

开篇案例

不难预测的亏损

世纪鼎利（300050）是一家在深圳创业板上市的通信服务业公司，公司20Y3 年度出现了自成立以来的首次年度经营亏损。公司管理层认为，电信运营商投资减缓带来市场需求减少以及市场激烈竞争导致产品销售收入和毛利率出现一定程度的下降是出现亏损的主要原因。其实，世纪鼎利的亏损并非难以预测，从其历年年度财务报告可以看出，自 20X9 年上市以来，其营业收入和净利润增长率一直在下降，20Y1 年开始出现负增长，20Y2 年同样负增长。具体来看，该公司 20Y1 年净利润比 20Y0 年下降了 54.33%，20Y2 年净利润更是比 20Y1 年下降了 85.6%。既然如此，世纪鼎利的管理层有没有做好财务预测和财务计划呢？从该公司 20Y1 年的董事会报告来看，当时公司已经意识到了成本上升及竞争加剧带来的毛利率下降风险，然而并未做出具体的财务预测，财务计划也仅仅是“空喊口号”；20Y2 年的董事会报告也是如此。遗憾的是，20Y3 年亏损不请自来。类似世纪鼎利的案例并不鲜见，对此，你如何评价呢？

第一节 财务计划概述

计划（Planning）是企业管理的重要职能，它是指根据对企业内外部环境的分析，提出在未来一定时期内的战略目标及其实现途径的过程。财务管理是企业管理的一部分，因此，财务计划（Financial Planning）是企业为了实现其财务战略目标，针对未来的营业收入、盈利和资产以及资金需求情况等所做出的安排。按照规划时间的长短，财务计划可以分为长期财务计划和短期财务计划。长期财务计划是指在财务战略的指导下制订的期限在1年以上（通常为3～5年）的财务计划，是实现公司战略的工具。短期财务计划是指一年一度的财务预算，短期财务计划是在长期财务计划的框架之内完成的，更具操作性。

一、财务战略

财务战略（Financial Strategy）是在企业总体战略目标的统筹下，以价值管理为基础，以实现企业财务管理目标为目的，以实现企业财务资源的优化配置为衡量标准，所采取的战略性思维方式、决策方式和管理方针。财务战略是企业总体战略的重要组成部分，企业战略需要财务战略来支撑。

企业的财务战略往往涉及企业财务资源的总体配置和长期筹划，可通过麦肯锡咨询公司开发的著名的 SWOT 分析法对企业的外部财务环境和内部财务条件进行调查，评价企业外部的财务机会（Opportunities）与威胁（Threats）、企业内部的财务优势（Strengths）和劣势（Weaknesses），从而为财务战略的选择提供参考方案。

在原则上，企业的财务战略要适应内外部环境的变化，具有防范未来风险的意识，着眼于企业未来长期稳定、可持续的发展。因此，企业财务战略的选择必须考虑经济周期波动情况、企业发展阶段和企业增长方式，并及时进行调整，以保持旺盛的生命力。

针对外部经济环境的变化，企业要审时度势，制订切实可行的财务战略和财务计划；而对企业自身发展的生命周期而言，人们概括的财务战略的选择有如下几种方式：

（1）初创期财务战略的选择。在初创阶段，企业处于投入阶段，产品市场尚未形成，没有形成创造收入和利润的能力，企业面临的经营风险很大。因此，企业财务战略的关键是吸纳股权资本，筹资策略是筹集股权资金，股利战略是不分红，投资战略是不断增加投资进行市场开拓。

（2）扩张期财务战略的选择。当企业成功度过初创阶段进入扩张期以后，此时企业产品成功推向市场，销售规模快速扩大，利润大幅增长，超额利润明显；不过，企业在这时很可能要开始面对更多的竞争者，在经营方面仍然不能掉以轻心。此时，企业应该践行积极扩张型财务战略，意图实现高增长与资金的匹配，保持企业的竞争优势和可持续发展。筹资战略是尽量利用资本市场大量增加股权资本，引入债务资本；股利战略仍然是不分红或少量分红；投资战略是对核心业务大力追加投资。

（3）稳定期财务战略的选择。若企业成功进入稳定发展期，销售开始稳定增长，利润较多且较为稳定，市场环境竞争仍然激烈但整体上波澜不惊。此时企业追加投资开始减少，战略重心转为对盈利能力的关注。稳定期企业应该选择稳健发展型财务战略，其关键是处理好日益增加的自由现金流。筹资战略可以调整为以更多低成本的债务资本替代高成本的股权资本；股利战略调整为实施较高的现金股利分配，将超过投资需求的自由现金流返还给股东；投资战略上，企业可以利用充裕的现金流，围绕核心业务拓展新产品或新市场，抑或进行横向并购，但要防止扩张范围的盲目性。

（4）衰退期财务战略的选择。若企业在找到新的增长契机之前不幸进入衰退期，产品需求逐渐萎缩，销售下滑，利润开始减少甚至出现亏损，这时企业在这个领域一般不再需要投资。此时企业财务战略的重心是收回投资或通过并购扩大市场占有率，统治残存市场空间，延缓衰退期的到来。企业可以实施收缩型财务战略，不再进行筹资和投资，全额甚至超额发放现金股利，将股权资本退出企业，最终实现企业的正常终止。

二、财务计划的内容

在财务战略的指导下，企业需要制订财务计划，对未来的资金需求、股利分配和资本预算等做出规划。在企业中，财务计划可以说是整个计划的最重要的组成部分。财务计划一般建立在企业未来销售预测的基础之上，主要内容包括短期财务计划中的销售预算、广告预算、生产预算、材料及采购预算、管理费用及其他费用开支预算等，也包括长期财务计划中的资本预算（即固定资产投资预算）、研究与开发预算等。更重要的是，企业的财务计划还包括将各项预算进行分析和汇总，编制现金预算和预计财务报表，确定各项预算及其活动能否最终达到预期的利润水平和能否满足未来资金需求；如果资金需求不能通过内部利润得到满足，还需要确定外部融资需求。图 5-1 概括地反映了财务计划工作的主要内容。

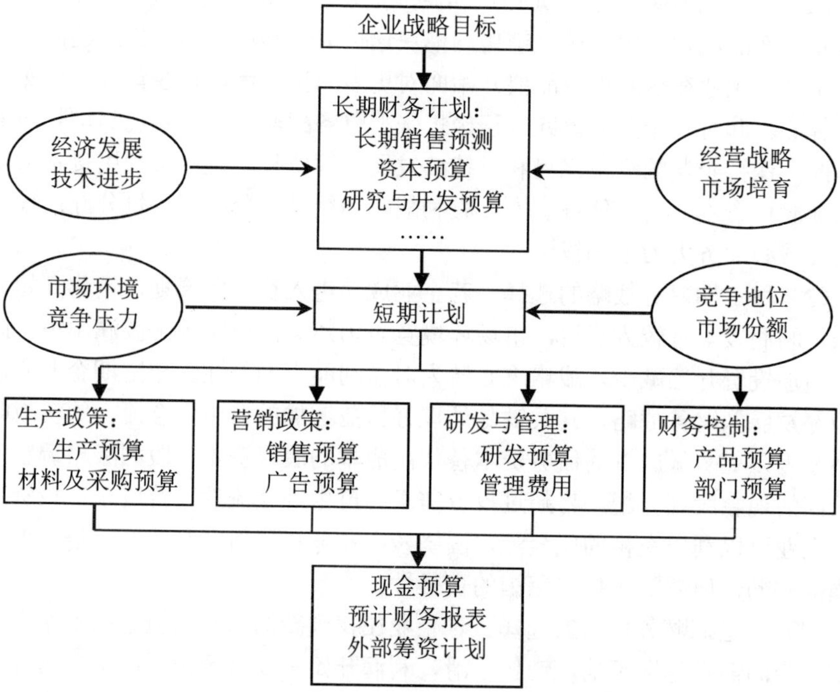

图 5-1　财务计划的主要内容

三、制订财务计划的步骤

制订财务计划是企业整个计划制订过程的一个关键部分。制订财务计划的基本步骤如下：

（1）制订计划并编制预计财务报表。预计财务报表是企业根据销售预测以及其他各项资金预算所编制的计划期基本财务报表，主要包括预计资产负债表、利润表，也可以编制预计现金流量表。根据预计财务报表，可以分析经营计划对预计利润和财务比率的影响；同时，预计财务报表也可以看作监督和控制的工具，以便及时发现偏差并予以纠正，确保企业能够在迅速变化的内外部环境中快速适应并实现预期经营业绩。

（2）确定支撑财务计划的资金需求。在财务计划中，包括实现未来销售和经营计划所需的资金支出，主要包括购买固定资产的资本支出，保障日常经营和销售活动的存货、应收账款、广告宣传等方面的资金支出，保证企业长期发展的研究与开发的资金支出等。

（3）预测未来长期可使用的资金。预测资金的具体来源包括企业内部产生的资金数量和需要从企业外部筹集的资金数量，同时应明确外部筹资的资金渠道、方式和时限。企业可以根据未来销售预测、销售净利率、折旧费用、股利支付率等方面确定内部资金来源，可以根据流动比率、资产负债率（资本结构）等确定外部资金来源。

（4）在企业内部建立并保持一个控制资金分配和使用的系统，目的是保证基础计划的适当展开。企业在制订财务计划时，不仅需要编制预计财务报表和确定未来资金需求量和可用资金来源，还必须建立一个有效的资金分配和运用的控制系统，明确各部门、各单位及个人在计划执行过程中的经济权限和责任，以便在执行计划中确保计划的贯彻执行。

（5）制订调整基本计划的程序。基本计划在一定的经济预测基础上制订，当基本计划所依赖的经济预测与实际的经济状况不符时，需要对计划及时做出调整。例如，如果实际经济走势强于预测，这些新条件必须在更新的计划里体现，如更高的生产计划额度、更大的市场份额等，并且计划调整得越快越好。因此，此步骤实际上是"反馈环节"，即基于实际情况的变化对财务计划进行修改。

（6）建立基于绩效的管理层激励报酬计划。为了实现股东财富最大化的目标，限制管理层的道德风险，需要对管理层实施有效的奖金、股权或期权激励计划，这对财务计划的最终实现至关重要。

【课堂测试 5-1】

1. 讨论企业财务计划的目的是什么。
2. 讨论财务计划与财务预测的关系。

第二节 财务预测的起点——销售预测

财务预测（Financial Forecast）是财务计划的前提，狭义的财务预测仅指估计企业未来的融资需求，广义的财务预测包括编制全部的预计财务报表。财务预测的起点是销售预测（Sales Forecast）[①]，销售预测是根据企业过去若干年的

① 与第四章一样，本章用"销售"二字，也是传统上工商企业的习惯说法。对于所有的行业来说，此处及后文用"营业收入预测""营业收入百分比法"等表述似乎更为合理，不过本书遵从传统习惯。

销售情况和现有生产能力，结合对未来市场需求的调查，对计划期产品销售量或销售收入所进行的预计和测算。企业使用的销售预测方法多种多样，实践中比较常用的是时间序列分析法。时间序列分析法又称为趋势分析法，常用的几种时间序列分析法包括：简单平均法、加权平均法、简单移动平均法、加权移动平均法和线性回归分析法等。

一、简单平均法

简单平均法是根据过去若干年实际销售数据，计算出平均值，以作为未来期间销售数据的预测值。简单平均法的计算公式如下：

$$\bar{X}=\frac{X_1+X_2+\cdots+X_n}{n}=\frac{1}{n}\sum_{i=1}^{n}X_i$$

式中，$\bar{X}$ ——实际销售数据的平均值，这里作为预测的销售数据；

X_i——过去某一年的销售数据；

n——观测数据的年数。

［例 5-1］

已知 FML 公司 20X6 年至 20Y2 年的营业收入数据如表 5-1 所示，用简单平均法估计该公司 20Y3 年的营业收入。

表 5-1　FML 公司各年营业收入数据

单位：万元

年份	20X6	20X7	20X8	20X9	20Y0	20Y1	20Y2
营业收入	5 857	9 434	16 688	19 004	22 355	21 434	23 938

［解答］

$$20Y3\text{年营业收入的预测值}=\frac{5\,857+9\,434+\cdots+23\,938}{7}=16\,959\text{（万元）}$$

使用简单平均法，20Y3 年预期营业收入为 16 959 万元，它也可以作为 20Y4、20Y5 等各年的营业收入预测值。

简单平均法适用于产销量较稳定的公司的销售预测，但对于产销量变动较大的公司，这种方法预测的结果与实际情况可能会出现较大的差异。例如，FML 公司各年营业收入的变化较大，所以用简单平均法得到的预测数字并不理想。

二、加权平均法

加权平均法对简单平均法做了改进，它假设离预测期越近的年份对未来预测结果的影响越大，因此应该赋予较大的权重；反之，离预测期越远的年份对未来预测结果的影响越小，因此应该赋予较小的权重。一般而言，加权平均法是根据若干个按时间顺序排列的销售数据，以时间顺序（1，2，3，……）为权重，计算销售数据的加权平均数，以作为未来期间销售数据的预测值的一种方法。加权平均法的计算公式如下：

$$\bar{X}=\frac{W_1X_1+W_2X_2+\cdots+W_nX_n}{W_1+W_2+\cdots+W_n}=\frac{\sum_{i=1}^{n}W_iX_i}{\sum_{i=1}^{n}W_i}$$

式中，$\bar{X}$ ——实际销售数据的加权平均值，这里作为预测的销售数据；

X_i——过去某一年的销售数据；

W_i——各期销售量的权重，即时间序数 1，2，3，……

［例 5-2］

根据表 5-1 所示 FML 公司 20X6 年至 20Y2 年的营业收入数据，用加权平均法估计该公司 20Y3 年的营业收入。

［解答］

$$20\text{Y3年营业收入的预测值}=\frac{1\times 5\ 857+2\times 9\ 434+\cdots+7\times 23\ 938}{1+2+3+4+5+6+7}$$

$$=19\ 955（万元）$$

赋予时间权重之后，加权平均法考虑了销售数据发生变化的情况，在一定程度上克服了简单平均法的计算结果与实际不符的缺点。

三、简单移动平均法

简单移动平均法是将按时间顺序排列的过去若干期的实际销售数据的简单平均值作为下一期的销售预测值，下次预测再往后顺推一个期间，并依次类推。简单移动平均法要求每次预测选取的期间个数必须相同。通过这种移动，使销售量曲线的变化趋于平滑，从而表现出销售量变化的趋势。简单移动平均法的计算公式如下：

$$M=\frac{X_1+X_2+\cdots+X_n}{n}=\frac{1}{n}\sum_{i=1}^{n}X_i$$

式中，M——预测的移动平均值，这里作为预测的销售数据；

X_i——过去某一年的销售数据；

n——移动平均选取的观测数据的年数。

［例 5-3］

根据表 5-1 所示 FML 公司 20X6 年至 20Y2 年的营业收入数据，用 5 年简单移动平均法估计该公司 20Y3 年至 20Y7 年的营业收入。

［解答］

$$20Y3\text{年营业收入的预测值}=\frac{16\,688+19\,004+22\,355+21\,434+23938}{5}=20\,684\text{（万元）}$$

$$20Y4\text{年营业收入的预测值}=\frac{19\,004+22\,355+21\,434+23\,938+20\,684}{5}=21\,483\text{（万元）}$$

$$20Y5\text{年营业收入的预测值}=\frac{22\,355+21\,434+23\,938+20\,684+21\,483}{5}=21\,979\text{（万元）}$$

$$20Y6\text{年营业收入的预测值}=\frac{21\,434+23\,938+20\,684+21\,483+21\,979}{5}=21\,904\text{（万元）}$$

$$20Y7\text{年营业收入的预测值}=\frac{23\,938+20\,684+21\,483+21\,979+21\,904}{5}=21\,997\text{（万元）}$$

与简单平均法一样，简单移动平均法是各期差异的平均化，由于这种方法使预测期与在此之前的各期紧密相连，因此预测的结果优于简单平均法。移动平均法的优势是可以将预测值纳入移动平均，从而预测长期销售数据。

四、加权移动平均法

加权移动平均法是在移动平均法的基础上，加入时间序数权重，并进行移动加权平均的预测方法。加权移动平均法同样认为，距离预测期越近，影响越大；距离预测期越远，影响越小。加权移动平均法的计算公式如下：

$$M=\frac{W_1X_1+W_2X_2+\cdots+W_nX_n}{W_1+W_2+\cdots+W_n}=\frac{\sum_{i=1}^{n}W_iX_i}{\sum_{i=1}^{n}W_i}$$

式中，M——预测的加权移动平均值，这里作为预测的销售数据；

X_i——过去某一年的销售数据；

W_i——移动平均各期销售量的权重，即时间序数 1，2，3，……

［例 5-4］

根据表 5-1 所示 FML 公司 20X6 年至 20Y2 年的营业收入数据，用 5 年加权移动平均法估计该公司 20Y3 年至 20Y7 年的营业收入。

［解答］

$$\text{预测20Y3年营业收入}=\frac{1\times 16\ 688+2\times 19\ 004+\cdots+5\times 23\ 938}{1+2+3+4+5}=21\ 812\text{（万元）}$$

$$\text{预测20Y4年营业收入}=\frac{1\times 19\ 004+2\times 22\ 355+\cdots+5\times 21\ 812}{1+2+3+4+5}=22\ 189\text{（万元）}$$

$$\text{预测20Y5年营业收入}=\frac{1\times 22\ 355+2\times 21\ 434+\cdots+5\times 22\ 189}{1+2+3+4+5}=22\ 349\text{（万元）}$$

$$\text{预测20Y6年营业收入}=\frac{1\times 21\ 434+2\times 23\ 938+\cdots+5\times 22\ 349}{1+2+3+4+5}=22\ 350\text{（万元）}$$

$$\text{预测20Y7年营业收入}=\frac{1\times 23\ 938+2\times 21\ 812+\cdots+5\times 22\ 350}{1+2+3+4+5}=22\ 351\text{（万元）}$$

加权移动平均法是简单移动平均法与加权平均法相结合的一种预测方法，既考虑了时间推移，又考虑了近期与远期对预测的不同影响。这种方法同样可以将预测值纳入移动平均，从而预测长期销售数据。

五、线性回归分析法

线性回归分析法是将销售数据作为因变量，将时间序列作为自变量，通过探讨因变量与自变量的关系来预测未来销售数据的一种数理统计方法，它包括简单的一元线性回归分析法和引入其他自变量的多元回归分析法。初等财务管理理论中的销售预测，一般采用一元线性回归分析方法（即不引入其他变量）。

运用一元线性回归分析预测销售量，即预测模型为：

$$Y=a+bX$$

式中，Y——因变量，即销售数据；

X——自变量，即时间变量，一般采用年份的时间序数；

a，b——回归系数，即运用历史销售数据通过最小二乘法获得的回归方程的截距和斜率。

假定 n 年的历史数据满足上述预测模型，则：

$$\begin{cases} y_1 = a + bx_1 \\ y_2 = a + bx_2 \\ \quad \cdots\cdots \\ y_n = a + bx_n \end{cases}$$

将上述方程组累加，得到：

$$\sum y = na + b\sum x$$

$$a = \frac{\sum y - b\sum x}{n}$$

将原始方程组左右乘以 x_i 再累加，得到：

$$\sum xy = a\sum x + b\sum x^2$$

将 a 代入该式，得到：

$$\sum xy = \frac{\sum y - b\sum x}{n} \times \sum x + b\sum x^2$$

移项后可得到 b 的预测值：

$$\hat{b} = \frac{n\sum xy - \sum x\sum y}{n\sum x^2 - \left(\sum x\right)^2}$$

进一步可以得到 a 的预测值：

$$\hat{a} = \frac{\sum y - \hat{b}\sum x}{n}$$

[例 5-5]

根据表 5-1FML 公司 20X6 年至 20Y2 年的营业收入数据，用一元线性回归分析法估计该公司 20Y3 年至 20Y7 年的营业收入。

[解答]

首先将有关的数据进行整理计算，如表 5-2 所示。

表 5-2 FML 公司营业收入回归分析运算表

年份	时间变量 x	营业收入 y	xy	x^2
20X6	1	5 857	5 857	1
20X7	2	9 434	18 868	4
20X8	3	16 688	50 064	9
20X9	4	19 004	76 016	16
20Y0	5	22 355	111 775	25

续表

年份	时间变量 x	营业收入 y	xy	x^2
20Y1	6	21 434	128 604	36
20Y2	7	23 938	167 566	49
合计	28	118 710	558 750	140

通过表 5-2 可以计算：

$$\hat{b}=\frac{7\times 558\,750-28\times 118\,710}{7\times 140-28^2}=2\,996.79$$

$$\hat{a}=\frac{118\,710-2\,996.79\times 28}{7}=4\,971.43$$

所以 FML 公司营业收入的回归方程式为：

$Y=4\,971.43+2\,996.79X$

预测 20Y3 年营业收入=4 971.43 + 2 996.79×8=28 946（万元）

预测 20Y4 年营业收入=4 971.43 + 2 996.79×9=31 943（万元）

预测 20Y5 年营业收入=4 971.43 + 2 996.79×10=34 939（万元）

预测 20Y6 年营业收入=4 971.43 + 2 996.79×11=37 936（万元）

预测 20Y7 年营业收入=4 971.43 + 2 996.79×12=40 933（万元）

回归分析法适用于销售数据呈近似线性变化趋势的公司销售预测，如果公司的销售数据并不具备线性趋势，则这种方法误差较大。高等财务管理一般会采用复杂的时间序列回归模型来使预测数据更为准确，这些超出了本书的范围。

篇中案例 5-1

申达股份的销售预测

申达股份（600626）是一家主营业务为纺织业的外贸企业，其股票在上海证券交易所上市。根据公司历年财务报告，20X7 年至 20Y2 年公司实现的营业收入分别为 49.26 亿元、55.24 亿元、51.67 亿元、59.56 亿元、66.46 亿元、68.17 亿元。在公司 20Y2 年的董事会报告中，公司管理层认为，20Y3 年，预计全球经济仍将处于深度结构调整之中，不确定因素仍然较多，但是在收入增长、信心持续、民生改善的激励下，中国的居民消费的增长效应有望提升，经济结构的升级转型值得期待。基于对经济形势的判断，公司管理层预测 20Y3 年的营业收入为 64 亿元。你认为该公司的销售预测数字是否合理？为什么？

【课堂测试 5-2】

某机械制造公司 20X9 年至 20Y3 年的实际销售量如下表所示，分别用简单平均法、加权平均法、简单移动平均法（3 年）和加权移动平均法（3 年）预测该公司 20Y4 年的销售量。

单位：台

年份	20X9	20Y0	20Y1	20Y2	20Y3
销售量	2 058	2 534	2 472	2 850	3 000

第三节　财务预测的基本方法

在进行了销售预测之后，便可以开始着手进行财务预测。财务预测主要根据企业财务活动的历史资料，考虑现实的需求和条件，对企业未来的财务活动和财务成果做出科学的预计和测算。本章仅讨论狭义的财务预测即融资需求预测；其他方面的财务预测，包括投资预测、利润预测和现金流量预测等，属于广义的财务预测，其方法散见于其他章节，本章不做系统讨论。预测融资需求的方法主要有线性回归分析法和销售百分比法。

一、线性回归分析法

与销售预测的线性回归分析法类似，财务预测的线性回归分析法基于企业的资本需要量与营业业务量（特别是销售收入）之间存在线性关系，并由此建立模型，然后根据历史资料，用回归分析法确定模型参数，从而预测资金需要量。简单的一元线性回归的预测模型如下：

$$Y = a + bX$$

式中，Y 表示资本需要总额；X 表示经营业务量；a 表示截距，即不变资本总额；b 表示斜率，即单位业务量所需要的可变资本额。

经验上，不变资本是指在一定营业规模内不随业务量变动的资本，主要包括维持营业所需要的最低数额的现金、存货保险储备，以及固定资产占用的资本；可变资本是指随营业业务量变动而同比例变动的资本，一般包括最低储备之外的现金、存货、应收账款等所占用的资本。通过线性回归分析法预测了未来资本需要总额之后，再考虑可动用的金融资产、留存收益的未来增量，即可确定外部融资需求。

［例 5-6］

FML 公司 20X6 年至 20Y2 年的销售收入和当年资本需要量总额数据如表 5-3 所示，假定 20Y3 年该公司预计销售收入为 27 000 万元。试用一元线性回归分析法预测该公司 20Y3 资本需要总额。

表 5-3　FML 公司销售收入与资本需要总额的历史数据

年份	20X6	20X7	20X8	20X9	20Y0	20Y1	20Y2
销售收入 X（万元）	5 857	9 434	16 688	19 004	22 355	21 434	23 938
资本需要总额 Y（万元）	4 486	5 509	7 215	7 988	8 454	8 326	8 963

［解答］

假定资本需要总额（Y）与销售收入（X）关系符合预测模型 $Y = a + bX$，根据本章第二节所给推导，则：

$$\begin{cases} \hat{b} = \dfrac{n\sum xy - \sum x \sum y}{n\sum x^2 - \left(\sum x\right)^2} \\ \hat{a} = \dfrac{\sum y - \hat{b}\sum x}{n} \end{cases}$$

将有关的数据进行整理计算，如表 5-4 所示。

表 5-4　FML 公司资本需要量回归分析运算表

年份	销售收入 x	资本需要总额 y	xy	x^2
20X6	5 857	4 486	26 274 502	34 304 449
20X7	9 434	5 509	51 971 906	89 000 356
20X8	16 688	7 215	120 403 920	278 489 344
20X9	19 004	7 988	151 803 952	361 152 016
20Y0	22 355	8 454	188 989 170	499 746 025
20Y1	21 434	8 326	178 459 484	459 416 356
20Y2	23 938	8 963	214 556 294	573 027 844
合计	118 710	50 941	932 459 228	2 295 136 390

$$\hat{b} = \frac{7 \times 932\ 459\ 228 - 118\ 710 \times 50\ 941}{7 \times 2\ 295\ 136\ 390 - 118\ 710^2} = 0.243\ 2$$

$$\hat{a} = \frac{50\ 941 - 0.243\ 2 \times 118\ 710}{7} = 3\ 153.32$$

所以，回归方程式为：

$Y = 3\ 153.32 + 0.243\ 2X$

预测 20Y3 年资本需要总额 $= 3\ 153.32 + 0.243\ 2 \times 27\ 000 = 9\ 719$（万元）

二、销售百分比法

销售百分比法，是假设资产、负债与销售收入（营业收入）之间存在稳定的百分比关系，根据预测的销售收入和相应的销售百分比预计未来的资产、负债，然后确定融资需求的一种财务预测方法。本节将利用第四章表 4-1 至表 4-4 中 FML 公司的财务报表数据演示销售百分比法确定未来融资需求的步骤和方法，为了简便，表中数字精确到万元。

（一）确定资产及负债项目的销售百分比

在确定资产和负债的销售百分比之前，需要先去除金融资产和金融负债，仅余下经营资产和经营负债。资产和负债项目占销售收入（营业收入）的百分比，可以根据最近的基期数据确定，也可以根据以前若干年度的平均数确定。对于 FML 公司的情况，我们采用 20X2 年的财务报表数据为基期数据，以 20X3 年为预测值（见表 5-5）。销售百分比的转化公式如下：

$$各项目的销售百分比=\frac{基期资产（或负债）}{基期销售收入}\times 100\%$$

表 5-5 FML 公司 20X3 年净经营资产总计的预计

单位：万元

项目	20X2 年实际	销售百分比	20X3 年预测
销售收入（营业收入）	23 938		27 000
货币资金（经营）	3 974	16.60%	4 482
应收票据	1 174	4.90%	1 324
应收账款	4 136	17.28%	4 665
预付款项	7 531	31.46%	8 494
其他应收款	14 903	62.26%	16 809
存货	3 795	15.85%	4 280
长期股权投资	25 580	106.86%	28 852
投资性房地产	191	0.80%	215
固定资产	26 984	112.72%	30 436
在建工程	2 893	12.09%	3 263
工程物资	110	0.46%	124
无形资产	4 771	19.93%	5 381
开发支出	5 784	24.16%	6 524
长期待摊费用	760	3.17%	857
递延所得税资产	127	0.53%	143
经营资产合计	102 713	429.08%	115 851
应付票据	1 242	5.19%	1 401
应付账款	2 306	9.63%	2 601

续表

项目	20X2 年实际	销售百分比	20X3 年预测
预收款项	177	0.74%	200
应付职工薪酬	562	2.35%	634
应交税费	516	2.16%	582
其他应付款	6 398	26.73%	7 216
其他流动负债	12 000	50.13%	13 535
经营负债合计	23 201	96.92%	26 169
净经营资产总计	79 512	332.16%	89 683

对于 FML 公司，根据 20X2 年营业收入（23 938 万元）计算的各项经营资产和经营负债的销售百分比，如表 5-5 的“销售百分比”栏所示。

（二）预计各项经营资产和经营负债

进一步地，可以根据预测期销售收入和销售百分比确定预测期各项经营资产和经营负债的预计数额。其计算公式如下：

各项经营资产（或负债）=预计销售收入×各项目销售百分比

根据本章第二节的各种销售预测方法，假定 20X3 年 FML 公司的预计销售收入（营业收入）为 27 000 万元，连同通过各项目销售百分比计算得到的各项经营资产和经营负债，填列入表 5-5 的“20X3 年预测”栏。那么，融资总需求的计算方法如下：

$$\begin{aligned}\begin{matrix}\text{融　资}\\\text{总需求}\end{matrix} &= \left(\begin{matrix}\text{预计经营}\\\text{资产合计}\end{matrix}-\begin{matrix}\text{基期经营}\\\text{资产合计}\end{matrix}\right)-\left(\begin{matrix}\text{预计经营}\\\text{负债合计}\end{matrix}-\begin{matrix}\text{基期经营}\\\text{负债合计}\end{matrix}\right)\\ &= \text{预计净经营资产总计}-\text{基期净经营资产总计}\end{aligned}$$

FML 公司 20X3 年的融资总需求为：89 683－79 512=10 171（万元），如何筹集该资金取决于它的融资政策。通常，融资的优先顺序如下：①动用现存的金融资产；②增加留存收益；③增加金融负债；④增加股本。

（三）预计可动用金融资产

假设 20X2 年年底在 FML 公司的总共 5 974 万元的货币资金中，有 2 000 万元非经营性货币资金，全部为可动用的金融资产。

那么企业尚需融资：10 171－2 000=8 171（万元）

（四）预计增加的留存收益

留存收益是公司内部的融资来源。只要公司有盈利并且不全部支付股利（即股利支付率不等于 100%），留存收益就会使所有者权益增加，可以全部或部分满足企业的融资需求。留存收益的多少取决于两个因素，即净利润的多少和股利支付率的高低；而净利润的多少则取决于销售收入（营业收入）和销售净利率。预期留存收益增加额的计算方法如下：

留存收益增加=预计销售收入×计划销售利润率×（1－股利支付率）

假设 FML 公司 20X3 年计划的销售净利率与 20X2 年相同，为 18.28%；股利支付率也保持在 20X2 年的水平，为 42%。则 FML 公司：

增加留存收益=27 000×18.28%×（1－42%）=2 863（万元）

需要外部融资=8 171－2 863=5 308（万元）

（五）确定外部融资需求

需要的外部融资额，可以通过增加借款或增发股本筹集，这涉及资本结构管理的问题。通常，如果存在举债空间，企业会优先使用借款融资。如果不宜再增加借款，则需要增发股本。

假设 FML 公司可以通过借款筹集资金 5 308 万元，则：

$$\begin{aligned}筹资总需求 &= 动用金融资产 + 增加留存收益 + 增加借款\\ &= 2\,000 + 2\,863 + 5\,308\\ &= 10\,171（万元）\end{aligned}$$

销售百分比法是一种比较简单、粗略的预测方法，也存在一些不足。一方面，销售百分比法假设各项经营资产和经营负债与销售收入保持稳定的百分比，可能与事实不符；另一方面，销售百分比法假设计划销售净利率可以涵盖借款利息的增加，也不一定合理。

篇中案例 5-2

高调的双林股份

双林股份（300100）是一家致力于以自主创新、产品研发、模具开发为基础，实现汽车零部件模块化、平台化供应的国家级高新技术企业，主要产品包括汽车内外饰系统零部件、轮毂轴承、精密注塑零部件、座椅系统零部件、新能源汽车电机及其控制器等。借助国家汽车产业整体发展的东风，公司近十几年来成长迅速。公司于 20X0 年在创业板成功上市，并获得资本市场的融资支持。上市以后，公司营业收入持续高速增长，根据 20X4 年财务报告，双林股份 20X4 年营业收入达到 14.97 亿元。在 20X4 年董事会报告的中，公司发展战略表述为："公司将紧紧抓住我国汽车行业快速发展的历史机遇，以市场需求为导向，以产品技术创新、组织与机制创新、企业文化创新为动力，不断提升公司核心竞争力，开发适应市场需要的新产品。同时，借助上市公司资本平台，积极通过资本工具通过收购、合作等模式加快企业发展步伐，多产品领域提升公司综合实力，力求3年后成为100亿年产值的规模化零部件厂商。”雄心勃勃的双林股份的目标何其宏伟，那么100亿元的营业收入目标是否脚踏实地呢？

一方面，公司近3年的营业收入分别为10.74亿元、12.06亿元和14.97亿元，若按照线性回归分析法预测3年后（20X7年）的营业收入预测值为21.05亿元。显而易见，100亿元远远超过了线性回归分析法的预测值。

另一方面，公司近3年经营资产的销售百分比分别为139%、153%和210%，均值为167%；经营负债的销售百分比分别为33%、40%和59%，均值为44%。若按照销售百分比的均值测算，若20X7年实现营业收入100亿元，那么预计净经营资产总计为123亿元，而20X4年公司净经营资产总计22.6亿元，3年须增加融资近100亿元，其中绝大部分应为外部融资需求，这显然也是难以完成的任务。

综上可见，双林股份在20X4年制订的营业收入3年目标过度自信、过于高调了。实际上，根据双林股份20X7年财务报告，公司实现的营业收入为42.79亿元，虽然没有达到100亿元，但也超过了按线性回归法预测值的一倍，称得上是高速增长了。根据案例，你觉得应如何进行更切合实际的销售预测呢？

【课堂测试5-3】

在企业中有一些资金来源项目通常会随着企业销售量的增加而增加，请在下列项目中勾选出符合上述条件的项目，用“√”表示。

a. 应付账款（　　）
b. 应付票据（　　）
c. 应付职工薪酬（　　）
d. 应交税费（　　）
e. 应付债券（　　）
f. 股本（　　）
g. 盈余公积（　　）

第四节　销售增长率与财务预测

由于企业要以发展求生存，销售增长是所有企业都要追求的目标。企业在销售实现增长时往往需要补充资金，这是因为随着销售规模的扩大，通常会引起存货、应收账款等资产的增加，需要占用更多的资金。而且，销售增长越多，需要的资金越多。

从补充资金的来源来看，企业增长的实现方式有 3 种：

（1）完全靠内部资金增长。很多中小企业很难从外部筹集资金，而有些大企业不愿意借款，它们主要靠内部积累实现增长。

（2）主要依靠外部资金增长。很多高成长的企业需要不断地外部融资才能保持成长的动力，外部融资主要包括增加负债和获得股东投资。不过，主要依靠外部资金实现增长是不能持久的，企业在不断成长的同时需要逐渐产生内源现金流，才能保证企业的资金来源走向健康。

（3）平衡增长。平衡增长是保持理想资本结构和控制财务风险的增长方式，企业同比例增加负债和股东权益，以支持销售增长，并保持资本结构的理想状态。这种增长，一般不会消耗企业的财务资源，是一种可持续的增长。

一、外部融资额的确定

既然销售增长会带来资金需求的增加，那么销售增长和融资需求之间就存在某种函数关系，根据这种关系，就可以直接计算特定销售增长下的融资需求，从而完成企业的财务预测。本章第三节介绍的销售百分比法就是利用了这样的方法。

假设企业可动用的金融资产为 0，经营资产销售百分比、经营负债销售百分比保持不变，则计算公式如下：

$$\text{外部融资额}=\text{经营资产销售百分比}\times\text{销售收入增加}-\text{经营负债销售百分比}\times\text{销售收入增加}-\text{预计销售收入}\times\text{预计销售净利率}\times\left(1-\text{预计股利支付率}\right)$$

式中的经营资产销售百分比和经营负债销售百分比，可以按照基期财务报表的数据计算确定。在上述公式中，若等式两边同时除以“销售收入增加”，则可得到：

$$\frac{\text{外部融资}}{\text{销售增长比}}=\frac{\text{经营资产}}{\text{销售百分比}}-\frac{\text{经营负债}}{\text{销售百分比}}-\frac{1+\text{销售增长率}}{\text{销售增长率}}\times\frac{\text{预计销售}}{\text{净利率}}\times\left(1-\frac{\text{预计股利}}{\text{支付率}}\right)$$

［例 5-7］

假设 FML 公司 20X2 年销售收入为 24 000 万元，20X3 年计划销售收入为 27 000 万元，销售增长率为 12.5%。假设经营性资产销售百分比为 350%，经营性负债销售百分比为 100%，且两者保持不变，目前可动用金融资产为 0，预计 20X3 年销售净利率为 20%，股利支付率为 30%。试计算 FML 公司 20X3 年的外部融资销售增长比和外部融资需求。

［解答］

$$\text{外部融资销售增长比}=350\%-100\%-\frac{1+12.5\%}{12.5\%}\times20\%\times(1-30\%)=124\%$$

外部融资额=外部融资销售增长比×销售增长额=124%×3 000

=3 720（万元）

外部融资销售增长比不仅可以预测外部融资额，还可以用于调整股利政策。例如，在例 5-7 中，如果预计销售增长 5%，则：

$$\text{外部融资销售增长比}=350\%-100\%-\frac{1+5\%}{5\%}\times20\%\times(1-30\%)=-44\%$$

这说明企业不仅没有外部融资需求，还有剩余资金 528 万元（即 24 000×5%×44%）可用于增加股利或进行短期投资。

二、内含增长率

销售增长引起的资金需求增长，由 3 种途径满足：一是动用金融资产；二是增加内部留存收益；三是外部融资（包括借款和股权融资，但不包括经营负债的资产增长）。如果企业没有可动用的金融资产，且不能或不准备从外部融资，则只能靠内部积累，这将限制企业的销售增长。仅靠内部资金积累支撑的可以实现的最大的销售增长率称为“内含增长率”。要求得内含增长率，应该解如下方程：

$$\frac{\text{经营资产}}{\text{销售百分比}}-\frac{\text{经营负债}}{\text{销售百分比}}-\frac{1+\text{内含增长率}}{\text{内含增长率}}\times\frac{\text{预计销售}}{\text{净利率}}\times\left(1-\frac{\text{预计股利}}{\text{支付率}}\right)=0$$

[例 5-8]

FML 公司 20X2 年销售收入为 24 000 万元，假设经营性资产销售百分比为 350%，经营性负债销售百分比为 100%，且两者保持不变。目前公司可动用的金融资产为 0，预计 20X3 年销售净利率为 20%，股利支付率为 30%。试计算 FML 公司 20X3 年销售的内含增长率，并进行外部融资额的验算。

[解答]

解方程：

$$350\% - 100\% - \frac{1 + \text{内含增长率}}{\text{内含增长率}} \times 20\% \times (1 - 30\%) = 0$$

解得，内含增长率 $= 5.932\%$

验算：

销售收入增加 $= 24\,000 \times 5.932\% = 1\,423.68$（万元）

外部融资额 $= 350\% \times 1\,423.68 - 100\% \times 1\,423.68 - 25\,423.68 \times 20\% \times 70\%$
≈ 0（万元）

三、可持续增长率

可持续增长率是指不发行新股，不改变经营效率（不改变销售净利率和总资产周转率）和财务政策（不改变产权比率和股利支付率）时，其销售所能达到的最大增长率。

可持续增长的假设条件如下：

（1）公司销售净利率将维持当前水平，并且可以涵盖增加债务的利息。

（2）公司总资产周转率将维持当前水平。

（3）公司目前的资本结构是目标结构，并且打算继续维持下去。

（4）公司目前的利润留存率（$1 - DR$）是目标留存率，并且打算继续维持下去。

（5）公司不打算增发新股（或股票回购）。

在上述假设条件成立的情况下，销售的增长最终会引起所有者权益的增长，而所有者权益的增长会进一步引起销售的增长，这种状态称为可持续增长或平衡增长，此时，销售增长率即可持续增长率与所有者权益增长率相同。当然，如果企业存在非经营负债，企业需要外部融资同比例增加非经营负债，这也是可持续增长率与内含增长率的差异所在。显然，我们可以通过推导所有者权益增长率来得到可持续增长率的计算公式：

$$
\begin{aligned}
&\text{可持续增长率}\\
&=\text{所有者权益增长率}\\
&=\frac{\text{所有者权益本期增加额}}{\text{期初所有者权益}}\\
&=\frac{\text{本期净利润}\times(1-\text{股利支付率})}{\text{期初所有者权益}}\\
&=\text{期初权益本期净利率}\times(1-\text{股利支付率})\\
&=\frac{\text{本期净利润}}{\text{本期销售收入}}\times\frac{\text{本期销售收入}}{\text{期末总资产}}\times\frac{\text{期末总资产}}{\text{期初所有者权益}}\times(1-\text{股利支付率})\\
&=\text{销售净利率}\times\text{总资产周转率}\times\text{权益乘数}\times(1-\text{股利支付率})
\end{aligned}
$$

应注意，此处的“权益乘数”是用“期初所有者权益”而非“期末所有者权益”计算的；其余比率仅采用本期发生额或期末数计算。

[例 5-9]

已知 FML 公司 20X1 年及 20X2 年主要财务数据如表 5-6 所示，试计算该公司 20X3 年的可持续增长率。

表 5-6　FML 公司有关财务数据

单位：万元

项目	20X1 年度（末）	20X2 年度（末）
营业收入	21 434	23 938
净利润	5 575	4 375
现金股利	915	1 830
所有者权益	60 550	63 095
负债	16 370	41 618
总资产	76 919	104 713

[解答]

$$\text{20X2年销售净利率}=\frac{4\,375}{23\,938}\times 100\%=18.28\%$$

$$\text{20X2年总资产周转率}=\frac{23\,938}{104\,713}=0.229$$

$$\text{20X2年权益乘数（期末总资产除以期初所有者权益）}=\frac{104\,713}{60\,550}=1.729$$

$$20X2\text{年股利支付率} = \frac{1\,830}{4\,375} \times 100\% = 41.83\%$$

假设以上数据不变，计算20X3年的可持续增长率：

$$\text{可持续增长率} = 18.28\% \times 0.229 \times 1.729 \times (1 - 41.83\%) = 4.21\%$$

四、外部融资需求的敏感性分析

通过前述的外部融资额的计算公式可以看出，外部融资需求不仅取决于销售增长，还应考虑销售净利率和股利支付率。在销售增长率既定、销售净利率大于 0（且既定）的情况下，股利支付率越高，外部融资需求越大；在销售销售增长率既定、股利支付率小于 100%（且既定）的情况下，销售净利率越大，外部融资需求越少。

在例 5-7 中，当预计销售净利率是 20%、股利支付率是 30%时，外部融资额是 3 720 万元。

（1）若其他条件不变，股利支付率调整为 100%，则外部融资额为：

$$3\,000 \times \left[350\% - 100\% - \frac{1+12.5\%}{12.5\%} \times 20\% \times (1-100\%)\right] = 7\,500\text{（万元）}$$

（2）若其他条件不变，股利支付率调整为 0，则外部融资额为：

$$3\,000 \times \left[350\% - 100\% - \frac{1+12.5\%}{12.5\%} \times 20\% \times (1-0)\right] = 2\,100\text{（万元）}$$

（3）若其他条件不变，销售净利率为 10%，则外部融资额为：

$$3\,000 \times \left[350\% - 100\% - \frac{1+12.5\%}{12.5\%} \times 10\% \times (1-30\%)\right] = 5\,610\text{（万元）}$$

（4）若其他条件不变，销售净利率为 30%，则外部融资额为：

$$3\,000 \times \left[350\% - 100\% - \frac{1+12.5\%}{12.5\%} \times 30\% \times (1-30\%)\right] = 1\,830\text{（万元）}$$

【课堂测试 5-4】

在企业做出的下列政策改变中，哪些会造成企业外部融资需求的增加，哪些会造成外部融资需求的减少，哪些不会影响外部融资需求呢？请分别用“↑”“↓”“→”标示出来。

a. 股利支付率上升（　　）

b. 用外购零部件代替自制零部件（　　）

c. 用现付方式代替延期付款方式购买原材料（　　）

d. 采用赊销方式代替现销方式销售产品（　　）

e. 由于市场竞争企业销售毛利率下降（　　）

f. 广告支出上升（　　）

g. 用长期债券代替短期借款（　　）

本章小结

财务计划是企业为了实现其财务战略目标，对未来的营业收入、盈利和资产以及资金需求情况等所做出的安排。财务预测是财务计划的前提，狭义的财务预测仅指估计企业未来的融资需求，广义的财务预测包括编制全部的预计财务报表。财务预测的起点是销售预测，销售预测是根据企业过去若干年的销售情况和现有生产能力，结合对未来市场需求的调查，对计划期产品销售量或销售收入所进行的预计和测算。企业的销售预测比较常用的是时间序列分析法，主要包括：简单平均法、加权平均法、简单移动平均法、加权移动平均法和回归分析法等。

狭义的财务预测即融资需求预测，预测的方法主要有线性回归分析法和销售百分比法。线性回归分析法基于企业的资本需要量与营业业务量之间存在线性关系，并由此建立模型，然后根据历史资料，用回归分析法确定模型参数，从而预测资金需要量。销售百分比法，是假设资产、负债与销售收入（营业收入）之间存在稳定的百分比关系，根据预测的销售收入和相应的销售百分比预计未来的资产、负债，然后确定融资需求的一种财务预测方法。这种方法首先确定资产及负债项目的销售百分比，然后预计各项经营资产和经营负债、可动用金融资产、增加的留存收益，最后确定外部融资需求。

销售增长会带来资金需求的增加，可以根据销售增长和融资需求之间存在的某种函数关系，直接计算特定销售增长下的融资需求，也可以确定仅靠内部资金积累支撑的内含增长率以及不发行新股、不改变经营效率和财务政策时的可持续增长率。

篇后案例

销售百分比法的有效性验证

在财务计划和财务预测中，销售百分比法是一种常用的方法。那么销售百分比法的有效性如何呢？我们选择了在深圳证券交易所上市的远东传动

（002406）的财务数据做了相关验证。许昌远东传动轴股份有限公司坐落在河南省许昌市，其主营业务为非等速传动轴及相关零部件的研发、生产与销售。对于销售百分比的验证，具体做法是：首先用销售百分比法预测 20X8 年的相关数据，然后用 20X8 年的真实数据做比较，计算预测数据的误差水平。

首先是销售预测。远东传动 20X2 年至 20X7 年的营业收入数据如下表所示：

20X2	20X3	20X4	20X5	20X6	20X7
8.64 亿元	11.02 亿元	11.87 亿	9.26 亿元	10.24 亿元	15.23 亿元

可以看出，该公司的营业收入在 20X5 年出现了拐点，所以在方法上，我们选择 20X5 年至 20X7 年的营业收入数据做回归分析预测 20X8 年的营业收入。经过最小二乘法得到回归方程为：$Y=2.985X-6006.18$，那么 20X8 年的营业收入预测为 17.55 亿元。从该公司 20X8 年的财务报告获知，其 20X8 年营业收入的真实数据为 17.20 亿元，误差率仅为 2.03%。

其次，计算 20X7 年各项经营资产和经营负债的销售百分比（具体数据略）。然后，将 20X8 年营业收入预测值乘以各项目销售百分比，得到各项经营资产和经营负债的预测值。经过与 20X8 年各项目的真实数据进行比较，发现各项目均存在误差，误差率范围为 −88.47%～61.70%。不过，通过销售百分比法预计 20X8 年净经营资产总计为 24.07 亿元，而真实的净经营资产总计为 24.76 亿元，误差率为 −2.76%。可见，虽然销售百分比法预测各项经营资产和经营负债的数据误差可能较大，但净经营资产总计的误差率相对较小，因此预测融资需求也相对准确。

总之，从实际检验来看，销售百分比法无疑体现了一定准确性，但其局限也不容忽视。你也可以选取其他上市公司数据进行验证，并尝试对销售百分比法提出一些改进建议。

核心概念

财务计划（Financial Planning）

财务战略（Financial Strategy）

财务预测（Financial Forecasting）

销售预测（Sales Forecast）

销售百分比法（The Percentage of Sales Approach）

融资需求（Financial Requirements）

内含增长率（The Internal Growth Rate）

可持续增长率（The Sustainable Growth Rate）

思考题

1. 企业财务计划主要涉及哪些内容？
2. 财务战略如何适应企业的生命周期？
3. 企业的财务计划一般包括几个步骤？
4. 思考本章涉及的几种销售预测方法的适用性和优缺点。
5. 应用销售百分比法的前提条件有哪些？
6. 如何评价销售百分比法？
7. 内含增长率和可持续增长率的区别是什么？

练习题

（一）单项选择题

1. 按照规划时间的长短，财务计划可以分为（　　）。

A. 1 年财务计划和 2 年财务计划

B. 短期财务计划和长期财务计划

C. 短期财务计划和中期财务计划

D. 中期财务计划和长期财务计划

2. 有关企业的财务战略，下列说法中不正确的是（　　）。

A. 财务战略是企业总体战略的一部分

B. 企业的财务战略要适应内外部环境的变化

C. 财务计划要在财务战略的指导下制定

D. 财务战略一经制定便不能更改

3. 下列经济业务不属于企业财务计划的是（　　）。

A. 销售预算　　B. 费用预算

C. 财务会计　　D. 资本预算

4. 可以通过财务计划编制的预计财务报表不包括（　　）。

A. 资产负债表　　B. 利润表

C. 现金流量表　　D. 所有者权益变动表

5. 在财务计划中，预测企业资金需求需要考虑的因素不包括（　　）。

A. 经营性资金支出　　B. 资本支出

C. 研发支出　　D. 营业外支出

6. 在财务计划中，预测企业内部资金来源时需要考虑的因素不包括（　　）。

A. 长期借款　　B. 销售收入

C. 折旧费用　　D. 股利支付

7. 在财务计划中，预测企业外部资金来源时需要考虑的因素不包括（　　）。

A. 流动比率　　B. 财务结构

C. 资本结构　　D. 股利支付

8. 企业的销售预测一般不涉及（　　）。

A. 销售额　　B. 销售量

C. 销售价格　　D. 销售毛利率

9. 企业财务部门的销售预测常用的方法不包括（　　）。

A. 头脑风暴法　　B. 加权平均法

C. 移动平均法　　D. 回归分析法

10. 下列销售预测的常用方法中，既能考虑时间推移，又能反映近期与远期对预测的不同影响的方法是（　　）。

A. 简单平均法　　B. 加权平均法

C. 简单移动平均法　　D. 加权移动平均法

11. 若企业的销售数据呈现线性变化，销售预测最适合采用的方法是（　　）。

A. 加权平均法　　B. 回归分析法

C. 简单移动平均法　　D. 简单平均法

12. 下列项目中一般不属于经营性资产的是（　　）。

A. 应收账款　　B. 交易性金融资产

C. 存货　　D. 固定资产

13. 下列项目中一般不属于经营性负债的是（　　）。

A. 短期借款　　B. 应付票据

C. 应付账款　　D. 预收款项

14. 若在利用销售百分比法时，企业基期的经营资产和经营负债分别为100万元和50万元，预测期的经营资产和经营负债分别为120万元和60万元，则融资总需求为（　　）。

A. 50万元　　B. 40万元　　C. 10万元　　D. 20万元

15. 若企业实现销售增长，不会影响到外部融资额的因素是（　　）。

A. 预计销售收入　　B. 预计销售净利率

C. 预计股利支付率　　D. 预计资产负债率

16. 若企业实现销售增长，不会影响到企业可持续增长率的因素是（　　）。

A. 市盈率　　B. 销售净利率

C. 总资产周转率　　D. 股利支付率

（二）多项选择题

1. 下列经济业务中属于短期财务计划的有（　　）。

A. 广告预算　　B. 销售预算　　C. 资本预算
D. 研发预算　　E. 材料及采购预算

2. 可以通过财务计划编制的预计财务报表包括（　　）。

A. 资产负债表　　B. 利润表　　C. 现金流量表
D. 所有者权益变动表　　E. 账龄分析表

3. 在财务计划中，预测企业资金需求需要考虑的因素包括（　　）。

A. 资本支出　　B. 经营性资金支出
C. 研发支出　　D. 交易性金融资产投资支出
E. 营业外支出

4. 在财务计划中，预测企业内部资金来源时需要考虑的因素包括（　　）。

A. 销售净利率　　B. 短期借款　　C. 销售收入
D. 折旧费用　　E. 股利支付

5. 在财务计划中，预测企业外部资金来源时需要考虑的因素包括（　　）。

A. 流动比率　　B. 股利支付　　C. 资本结构
D. 折旧费用　　E. 财务结构

6. 销售预测一般预测企业的（　　）。

A. 销售毛利率　　B. 销售净利率　　C. 销售量
D. 销售额　　E. 销售费用

7. 常用的销售预测方法包括（　　）。

A. 简单平均法　　B. 加权平均法
C. 简单移动平均法　　D. 加权移动平均法
E. 回归分析法

8. 在销售百分比法中，通常假设与销售收入存在稳定百分比关系的包括（　　）。

A. 交易性金融资产　　B. 经营资产　　C. 经营负债
D. 非流动负债　　E. 所有者权益

9. 下列项目中一般属于经营性资产的包括（　　）。

A. 交易性金融资产　　B. 应收票据　　C. 应收账款
D. 存货　　E. 应付职工薪酬

10. 下列项目中一般属于经营性负债的包括（　　）。

A. 短期借款　　B. 应付票据　　C. 应付账款

D. 预收款项　　E. 长期应付款

11. 企业预计增加的留存收益取决于（　　）。

A. 预计营业收入　　B. 预计销售净利率

C. 预计资产负债率　　D. 预计总资产周转率

E. 预计股利支付率

12. 若企业实现销售增长，能够影响到外部融资额的因素包括（　　）。

A. 经营资产销售百分比　　B. 经营负债销售百分比

C. 预计销售收入　　D. 预计股利支付率

E. 预计销售净利率

13. 如果外部融资销售增长比为负数，则说明（　　）。

A. 企业无须外部融资

B. 企业可以提高股利支付率

C. 企业可以将资金用于交易性金融资产投资

D. 企业仍然需要外部融资

E. 企业应调低销售增长率

14. 销售增长一般会引起资金需求增长，资金需求主要通过 3 个途径实现，包括（　　）。

A. 处置固定资产　　B. 动用金融资产

C. 增加留存收益　　D. 外部融资

E. 外部流通股票的市场价格上涨

15. 若企业实现销售增长，会影响到企业可持续增长率的因素包括（　　）。

A. 市盈率　　B. 销售净利率　　C. 总资产周转率

D. 权益乘数　　E. 股利支付率

（三）判断题

1. 长期财务计划是指 1 年以上（通常为 3～5 年）的财务计划，是实现公司战略的工具。（　　）

2. 财务战略高于公司战略，公司战略要服务于财务战略。（　　）

3. 编制现金预算和预计财务报表不属于财务计划的内容。（　　）

4. 销售预测一般只预测销售量，不预测销售额。（　　）

5. 简单平均法对于产销量变动较大的公司，预测结果并不理想。（　　）

6. 加权平均法与简单平均法的区别在于考虑近期远期的影响差异。（　　）

7. 回归分析法适用于销售数据近似线性变化趋势公司的销售预测。（　　）

8. 销售百分比法假设资产负债表中所有项目均与销售收入直接相关。（　　）

9. 销售百分比法预测外部融资需求时，假设企业融资遵循先内后外的原则。（　　）

10. 销售百分比法认为经营负债增加同样属于外部融资的范畴。（　　）

11. 企业的销售增长会带来更多的资金，因而外部融资需求会减少。（　　）

12. 在确定外部融资额时，经营负债的销售百分比越大，外部融资额度越小。（　　）

13. 仅靠内部资金积累支撑的销售增长率称为内含增长率。（　　）

14. 企业确定内含增长率无须考虑资本结构的影响。（　　）

15. 可持续增长率与内含增长率没有区别。（　　）

16. 可持续增长率的确定无须考虑企业资本结构的影响。（　　）

（四）计算综合题

1. 若 RHM 公司 20X9 年至 20Y3 年的实际营业收入如下表所示，分别用简单平均法、加权平均法、简单移动平均法（3 年）和加权移动平均法（3 年）预测该公司 20Y4 年的营业收入。

单位：万元

年份	20X9	20Y0	20Y1	20Y2	20Y3
营业收入	1 000	1 060	1 150	1 050	1 090

2. 若 AFP 公司 20X9 年至 20Y3 年的实际销售量如下表所示，用回归分析法预测该公司 20Y4 年的销售量。

单位：吨

年份	20X9	20Y0	20Y1	20Y2	20Y3
销售量	4 116	5 068	4 944	5 700	6 000

3. ATL 公司 20X3 年年末的资产总额为 240 万元，假设全部为经营资产，20X3 年全年营业收入为 500 万元，预计 20X4 年营业收入增加 12%。20X3 年应付账款等经营负债为营业收入的 8%，年末长期借款等非经营负债为 80 万元，所有者权益 120 万元。预计 20X4 年销售净利率为 5%，股利支付率为 40%。假设 20X4 年所有经营资产与经营负债的销售百分比与 20X3 年相同。

要求：

（1）计算 ATL 公司 20X3 年的全部负债。

（2）ATL 公司 20X4 年的外部融资需求。

4. 某公司 20X3 年年末资产负债表的简化报表如下表所示：

某公司　　20X3 年 12 月 31 日　　单位：万元

资产	年末数	负债及所有者权益	年末数
货币资金	600	短期借款	250
应收账款	750	应付账款	750
存货	450	流动负债合计	1 000
流动资产合计	1 800	长期借款	1 400
固定资产净值	3 000	所有者权益	2 400
资产总计	4 800	总计	4 800

其他资料如下：该公司 20X3 年实现营业收入 8 000 万元。假定公司全部资产均为经营资产，应付账款项目为经营负债，并且所有经营资产与经营负债的销售百分比保持不变。预计该公司 20X4 年的销售净利率为 8%，股利支付率为 62.5%。

要求：

（1）计算该公司 20X4 年的内含增长率。

（2）根据内含增长率确定该公司 20X4 年预计资产负债表的简化报表。

5. 已知 ATL 公司 20X2 年及 20X3 年主要财务数据如下表所示：

单位：万元

项　目	20X2 年度（末）	20X3 年度（末）
营业收入	1 800	2 000
净利润	275	300
现金股利	110	120
所有者权益	625	790
负债	475	460
总资产	1 100	1 250

要求：以 20X3 年的营业收入为基础，预测该公司 20X4 年的可持续增长率。

第六章 证券估价

在本章之前，我们讨论了理财的时间价值和风险价值原则、财务报表的初步分析以及财务计划和财务预测的基本方法，它们构成了财务管理理论和实务的基础。在此基础上，本章探讨如何利用复利现值、年金现值以及基本的财务比率估计资本市场上最重要的两类证券即债券与股票的价值，并进一步探讨期权这一衍生证券的价值。通过本章的学习，可以了解债券、股票和期权的基本概念、种类及其现金流和风险特征；熟悉证券内在价值与市场价值的关系、债券及股票估价的基本原理和基本模型、期权的投资策略；掌握普通债券及几种特定债券的估价方法、债券到期收益率的确定方法、在几种特定假设情况下股票预期市场价值的估计方法以及金融期权的价值评估方法。

开篇案例

迷茫的张先生

张先生现在每月收入颇丰，除去用于日常消费的部分，他主要把钱存入银行。为了获得长久收益并为将来退休后的生活考虑，他觉得应该考虑投资理财了。看到朋友、同事等经常对债券、股票、基金甚至是期货、期权等投资津津乐道，他有些蠢蠢欲动。不过，证券市场上存在着各种债券、股票和基金等有价证券，而且各种证券的市场价格可谓瞬息万变。没有任何投资理财知识基础的张先生很迷茫，不知从何入手。在不断咨询过程中，他听别人说得最多的是，投资证券应该在证券价值被低估时买入，在证券价值被高估时卖出，这样才能赚钱。对于这样的说法，张先生很愤然，他说，这样的道理连猴子都懂；可问题是我怎么知道债券或股票应该值多少钱呢？否则我怎么判断该债券或股票价值被高估或低估呢？

第一节　证券价值概述

企业对外投资的直接对象可能是一些可以交易的金融资产，即证券，金融市场上最常见的证券是债券和股票，期权则是最为活跃的衍生证券之一。对于一般的企业来说，证券投资并不是其主要业务，它们的目的是利用一些非经营性资金获得证券投资收益（长期股权投资可能例外），以避免资金闲置。既然如此，企业的证券投资不能盲目进行，而应该试图买入市场价值被低估的证券，对市场价值被高估的证券则应该避而远之或及时抛出。那么，如何确定证券的市场价值是被高估还是被低估呢？这就需要对证券的合理价值进行评价，然后与其市场价值进行比较。对证券合理价值进行评价的过程称为证券估价（Securities Valuation）。本章关注两种基本证券——债券和股票的财务估价方法，并引入期权的概念，同时对其价值进行讨论。

一、证券的内在价值与市场价值

一般而言，证券会表现出两种价值，即市场价值（Market Value）和内在价值（Intrinsic Value）。证券的市场价值是指证券在公开的交易市场上所表现出来的交易价格，证券在过去某一天的市场价值可以采用该天的收盘价或加权平均交易价格。证券的内在价值又称为证券的固有价值或者预期市场价值，它是指考虑了影响证券价值的所有因素之后，决定的证券应该具有的价值。一般情况下，证券的市场价值与内在价值总是出现偏离，这也是投资者可以寻求买入市场价值被低估的证券以获得超额收益的原因。

证券之所以体现出这两种价值而且这两种价值并不一致，是因为资本市场并非完美的资本市场（Perfect Capital Market），它不是完全有效的。有效资本市场（Efficient Capital Market）假设，是当代财务学中最重要的理念之一。一般认为，如果资本市场是完全无效的，则证券价格完全符合随机游走（Random Walk），不受任何信息的影响；而如果资本市场是完全有效的，则证券的市场价值就是其内在价值的完全呈现，任何人购买证券只能获得一般收益，不会产生预期的超额收益。显然，现实中的资本市场不可能完全无效，但也并非完全有效，所以在财务学理论的研究中，要假定一定层次的资本市场有效性。20世纪六七十年代，尤金·法玛（Eugene Fama）等学者对资本市场的有效性做出 3 个层次的定义，即弱有效、亚强有效和强有效。在弱有效的资本市场中，当前证券价格反映着过去价格记录中所包含的一切信息，因此基于过去的价格或回报率记录的投资策略不可能赢得超额回报（技术分析没有什么价值），但通过对企业的宏微观环境、财务数据等的基本面分析可以实现超额收益。在亚强有效的资本市场中，当前证券反映着一切公开的信息，包括证券市场的价格信息、发行证券的公司的信息等，而且一旦有新信息公开，会迅速反映到证券价格上来；在亚强有效的资本市场中，基本面分析对投资者的决策也没有任何帮助，但是掌握内幕信息可以获得超额收益。在强有效的资本市场中，当前证券价格反映了全部的信息，包括一切历史信息、当前信息甚至是投资者一致预期的未来信息；在强有效的资本市场中，没有任何投资者可以通过信息挖掘获得超额收益，所有的收益差异都是偶然的。

对证券来说，内在价值是它的经济价值，因此，如果资本市场是有效的，那么证券的市场价值应该围绕其内在价值上下波动，如图 6-1 所示，证券的内在价值是市场价值波动的回归线。而且，资本市场的有效性越弱，市场价值可能偏离内在价值的幅度越大；资本市场有效性越强，市场价值可能偏离内在价值的幅度越小。

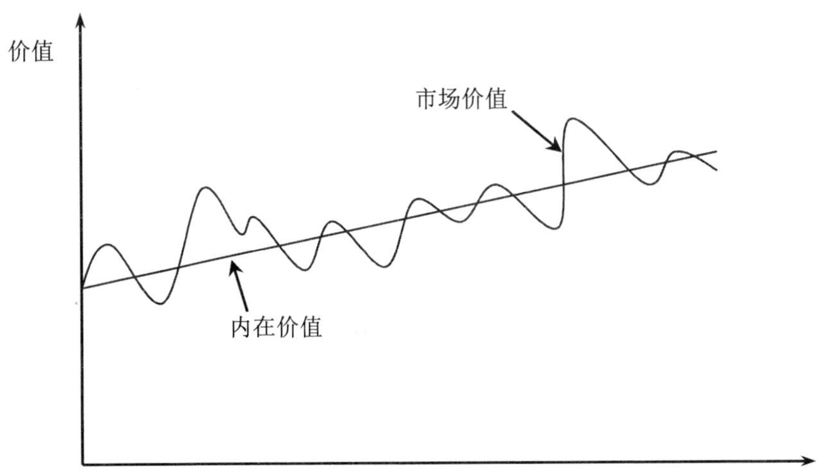

图 6-1　市场价值与内在价值的关系

二、证券估价的基本原理

本章所采用的证券估价方法，考虑的是证券的内在价值。证券作为金融资产，在财务金融领域，其内在价值应该等于其未来现金流量的总现值。因此，证券估价的基本程序是：首先，估计该证券在未来的预期现金流和持续时间，如债券的利息和本金偿还的数量和时间；股票的股利收入和转让价值的大小和发生时间；期权的期望收入和时间。其次，确定对每一期现金流量进行折现时所适用的折现率，各期适用的折现率可能相同也可能不同，一般采用投资者所要求的必要报酬率，其大小主要取决于 3 个因素：①无风险报酬率水平；②证券风险的大小；③证券投资者的市场风险溢价程度。最后，将各期的现金流量按照适用的折现率进行折现，加总后就得到该证券的内在价值。证券估价的一般模型如下：

$$V_0=\frac{CF_1}{1+r_1}+\frac{CF_2}{(1+r_2)^2}+\cdots+\frac{CF_n}{(1+r_n)^n}=\sum_{t=1}^{n}\frac{CF_t}{(1+r_t)^t}$$

式中，V_0——证券的内在价值（或预期市场价值）；

CF_t——t 时点处的现金流量；

r_t——第 t 期现金流量的必要报酬率或折现率；

n——预计现金流量的持续期数。

【课堂测试 6-1】

判断下列说法的正误。

a. 有效资本市场假设认为投资者有很好的预测能力。（　　）

b. 亚强有效的资本市场中股票价格反映现有的一切公开信息。（　　）

c. 在强有效的资本市场中，各股票的期望报酬率都相等。（　　）

d. 对投资者来说，任何情况下，股票的历史价格都不能预测其将来的回报。（　　）

e. 信息的竞争能够使资本市场更加有效。（　　）

f. 如果资本市场是有效的，证券的市场价值与内在价值重合。（　　）

g. 如果资本市场无效，则证券的市场价值与内在价值没有关系。（　　）

h. 证券作为金融资产，其内在价值等于未来现金流量的总现值。（　　）

第二节 债券估价

债券估价具有重要的实际意义。企业（或政府）发行债券从资本市场上筹资，需要利用债券估价给债券定价，这样才能确保既不会因为债券定价过高而导致发行失败，也不会因为定价过低而导致未来付出更多现金(融资成本过高）而遭受损失。投资者同样需要利用债券估价来确定某债券的市场价值被低估或被高估，以便做出投资选择。

一、债券的有关概念

债券（Bond）是企业（或政府，下同）发行的信用票据，其种类和形式很多(有关债券的具体讨论见本书第七章)。企业通过发行债券向资本市场的投资者借入资金，在约定的时期支付利息，并在到期时偿还本金，所以对企业来说，发行债券是一种债权融资。通俗来说，债券是一种标准化的“借条”。下面从以下几个方面对债券“标准化借条”的特征进行讨论。

（一）债券面值

债券面值（Nominal Value）是指债券发行时所载明的“标准化”票面金额，它既不代表债券的发行价格，也不代表债券的内在价值，而代表着发行人借入并承诺在未来某一特定日期偿付给债券持有人的金额，具有借款“本金”的性质。同批同种的每张债券面值相同，实物券的面值印刷在票面上，非实物券的面值则在债券发行通告上明确说明。

（二）债券票面利率

债券票面利率（Coupon Rate）是指债券发行者在债券上标明的利率，同对债券面值的理解类似，票面利率不代表债券的收益率，而代表着债券发行者在一定期限内需要向投资者支付的利息占票面金额的比率。债券的票面利率一般标为年利率，如果债券的计息期不是一年，那么它便成为名义年利率，计算利息时需要进行转换，具体方法在第二章已经讨论过。例如，一张面值 1 000 元的债券，票面利率为 8%，若每年支付一次利息则需支付 80 元（$1\,000\times8\%=80$)，若每半年支付一次利息则需支付 40 元（$1\,000\times\dfrac{8\%}{2}=40$）。

（三）债券的计息方式

债券的计息和付息方式有多种，可能使用单利或复利计息，利息支付可能每季度一次、每半年一次、每年一次或到期日一次支付。例如，中国的国债目前采用单利计息、到期日一次付息的方式。此外，债券按照其票面利率是否固定，可以分为固定利率债券和浮动利率债券。固定利率是指债券的票面利率一成不变；而浮动利率则是指债券的票面利率随某一基准利率定期浮动，一般表现为变动的基准利率加上一定的利差的形式。此外，在实务中还存在着一种"零票息率"的债券，它们被称为"零息债券"，零息债券意味着该债券既不计息也不付息。

（四）债券的到期日

债券的到期日是指企业向债券（最终）持有人偿还本金、终止借贷关系的日期，也就是债券契约权利和义务消失的日期。债券一般都规定有到期日，以便到期时偿还本金。不过，现实中也存在没有到期日，永不停止定期支付利息的债券，它们被称为"永久债券"。例如，英国政府和美国政府都曾有过发行这类永久公债的历史。

（五）债券的流通

在债券的发售期，投资者在一级市场上购买债券，相当于将资金直接借出给企业，目的是获得投资收益。这种在一级市场上刚刚公开发售的债券（一般以两周为期），称为新发行的债券。债券发行期过后，便进入流通期，成为流通在外的债券。大多数债券可以按照一定的规定在二级市场上流通，这相当于在不同投资者之间转让债权；也就是说，投资者在二级市场上购买流通中的债券，并不是将资金借出给企业，而是出资购买了债券原持有者手中的债权人权益，这种权益（金融资产）的价值在于新投资者可以获得债券剩余期限内的利息支付和本金偿还。

（六）债券的赎回和转换条款

有些复杂的债券会附带"可赎回"或"可转换"条款，成为可赎回债券（Callable Bond）或可转换债券（Convertible Bond）。可赎回债券是指其发行人有权在特定的时间按照某一价格强制从债券持有人手中将其赎回（实际上相当于提前偿还负债）的债券。可赎回债券相当于给了债券发行人一个选择权（期权），所以利息率一般高于普通债券。可转换债券也称为可转债，是指债券持有人可以在一定时期内按一定的比例或价格将其转换成发行公司的普通股（罕见转换成其他证券）的债券。对投资者来说，可转换债券相当于附加了一个选择权（期权），所以利息率一般低于普通债券。对发行公司来说，一旦可转债持有人行使转换权，则会使公司股本增加，所以很多人认为，公司发行可转换债券兼具债权融资和股权融资的性质。

二、普通债券的估价模型

为了由简入繁地探讨债券估价的基本方法，我们先讨论一种假定的普通债券，即每年计算并支付一次利息（单利/复利），到期日还本并支付最后一次利息，不可转换、不可赎回的新发行的固定利率债券。很显然，这种债券的估价模型比较简单。在此基础上，我们可以进一步讨论不同计息和付息方式、不存在到期日、流通中的债券以及可转换债券的情况（其中，可转换债权的讨论见本书第七章第四节），至于浮动利率债券及可赎回债券的估价则不在本书的探讨范围。

通过对普通债券特征的分析，我们可以绘制出普通债券的现金流量图（如图 6-2 所示）。

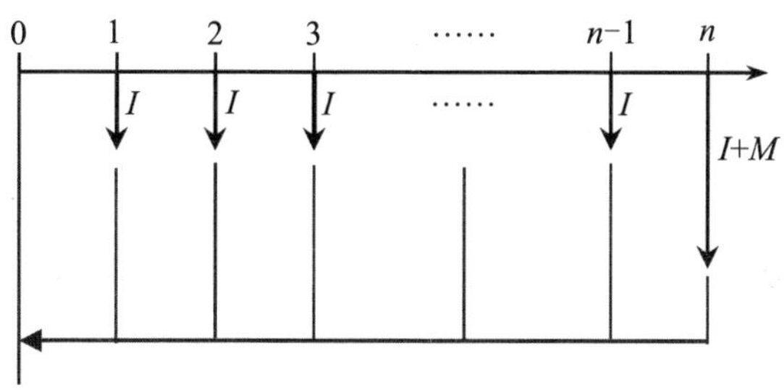

图 6-2　普通债券的估价模型

因为证券的内在价值等于其未来现金流量的总现值，所以普通债权估价的基本模型如下：

$$
\begin{aligned}
V_d &= \frac{I}{1+r_d} + \frac{I}{(1+r_d)^2} + \cdots + \frac{I}{(1+r_d)^n} + \frac{M}{(1+r_d)^n} \\
&= I \times \frac{1-(1+r_d)^{-n}}{r_d} + M \times (1+r_d)^{-n} \\
&= I(P/A, r_d, n) + M(P/F, r_d, n)
\end{aligned}
$$

式中，V_d——债券内在价值；

I——每年支付的债券利息（面值×票面利率）；

M——到期的本金（债券面值）；

r_d——折现率，一般采用债券的市场利率或投资的必要报酬率；

n——债券到期的年数。

［例 6-1］

FML 公司拟于 20X4 年 9 月 1 日发行面值为 500 元的债券，其票面利率为 6%，每年 8 月 31 日计算并支付一次利息，并于 5 年后的 8 月 31 日到期。同等风险投资的必要报酬率为 8%，则每张债券的预期市场价值为多少？

［解答］

$$V_d = 500\times 6\%\times\frac{1-(1+8\%)^{-5}}{8\%}+500\times(1+8\%)^{-5}$$
$$=30\times 3.992\,7+500\times 0.680\,6$$
$$=460.08\text{（元）}$$

对新上市的债券来说，经过多方论证的发行价格在理论上等于债券的内在价值。所以，在例 6-1 中，该债券正常的发行价格为 460.08 元。可以看出，该债券的发行价格小于债券面值，这种情况被称为债券折价发行。那么，该债券折价发行的原因是什么呢？其实，债券的发行存在 3 种发行价格，即平价发行、溢价发行和折价发行。对普通债券来说，债券的发行价格取决于债券风险决定的必要报酬率与票面利率的一致程度。当必要报酬率等于票面利率时，债券的发行价格等于其面值，债券按平价发行；当必要报酬率小于票面利率时，债券的发行价格大于其面值，债券按溢价发行；当必要报酬率大于票面利率时，债券的发行价格小于其面值，债券按折价发行。在例 6-1 中，刚好反映了债券折价发行的情况，在例 6-2 中，我们可以验证一下其他两种发行价格。

［例 6-2］

在例 6-1 中，如果其他条件相同，而同等风险投资必要报酬率分别为 6% 和 4%时，则每张债券的预期市场价值分别为多少？

［解答］

当投资的必要报酬率为 6%时，

$$V_d = 500\times 6\%\times\frac{1-(1+6\%)^{-5}}{6\%}+500\times(1+6\%)^{-5}$$
$$=30\times 4.212\,4+500\times 0.747\,3$$
$$=500.02\text{（元）}$$

当投资的必要报酬率为 6%时，

$$V_d = 500 \times 6\% \times \frac{1-(1+4\%)^{-5}}{4\%} + 500 \times (1+4\%)^{-5}$$
$$= 30 \times 4.451\,8 + 500 \times 0.821\,9$$
$$= 544.50（元）$$

通过计算可以发现，当必要报酬率等于债券的票面利率时，债券的确会平价发行；而当必要报酬率小于债券的票面利率时，债券的确会溢价发行。在实务中，由于企业（及其承销商）在债券发行时会相对慎重地考虑票面利率，一般会使票面利率尽可能接近市场利率（必要报酬率），所以实务中绝大多数债券会选择平价发行。至于零息债券，因为没有票面利率，那么它一定会折价发行。

篇中案例 6-1

华远集团公司债券的发行

20X4 年 1 月 16 日，北京市华远集团有限公司发行公司债券（X4 京华远），该债券于 20X4 年 2 月 17 日在上海证券交易所上市。债券为 5 年期固定利率债券，票面利率为 8.50%，票面利率的确定根据 Shibor（上海银行间同业拆放利率）基准利率（4.99%）加上基本利差 3.51%确定。该债券每年付息一次，到期一次还本，最后一期利息随本金的兑付一起支付。债券的面值为 100 元，平价发行，发行总额为人民币 12 亿元。对于该债券的发行，你认为确定平价发行的理由是什么？若该债券上市时，投资者认为该债券票面利率高于同等风险的市场利率，那么债券的市场价格将如何变动？

三、几种特定债券的估价

（一）每年付息多次的债券

普通债券的利息在到期时间内平均支付，支付的频率是一年一次，如果债券的利息是每半年一次、每季度一次或其他频率。债券的估价模型应调整为：

$$V_d = \frac{I}{m} \times \frac{1-\left(1+\frac{r_d}{m}\right)^{-mn}}{\frac{r_d}{m}} + M \times \left(1+\frac{r_d}{m}\right)^{-mn}$$
$$= \frac{I}{m}\left(P/A,\frac{r_d}{m},mn\right) + M\left(P/F,\frac{r_d}{m},mn\right)$$

式中，V_d——债券内在价值；

I——每年支付的债券利息（面值×票面利率）；

m——年付息次数；

M——到期的本金（债券面值）；

r_d——折现率，一般采用当时的市场利率或投资的必要报酬率；

n——债券到期的年数。

［例 6-3］

FML 公司发行面值为 500 元的债券，其票面利率为 6%，每半年计算并支付一次利息，并于 5 年后到期。同等风险投资的必要报酬率为 8%，则债券的预期市场价值为多少？

［解答］

$$V_d = 500 \times \frac{6\%}{2} \times \frac{1-(1+4\%)^{-10}}{4\%} + 500 \times (1+4\%)^{-10}$$

$$= 15 \times 8.110\,9 + 500 \times 0.675\,6$$

$$= 459.46\text{（元）}$$

（二）到期一次还本付息债券

到期一次还本付息是指企业（债务人）承诺在未来某一确定日期（即到期日）做某一单笔支付的债券，这种债券在到期日前购买人得不到任何现金收入。一般而言，到期一次还本付息债券有 3 种情况：第一种是折价发行的零息债券，它不计算利息，只是到期日偿还本金；第二种是以单利计息，通常按年计算但不支付，到期一次支付本金和利息的债券；第三种是以复利利息，通常按年计算但不支付，到期一次支付本金和利息的债券。这 3 种情况的共同点是仅在未来（到期日）有一笔现金流，3 种情况的债券的估价模型分别如下：

$$V_d = \frac{M}{(1+r_d)^n}$$

$$V_d = \frac{M(1+r_s \times n)}{(1+r_d)^n}$$

$$V_d = \frac{M(1+r_c)^n}{(1+r_d)^n}$$

式中，V_d——债券内在价值；

M——到期的本金（债券面值）；

r_s——债券票面利率（单利计息）；

r_c——债券票面利率（复利计息）；

r_d——折现率；

n——债券到期的年数。

［例 6-4］

有一零息债券，面值 1 000 元，20 年期。假设折现率为 8%，则该零息债券的预期市场价值为多少？

［解答］

$$V_d = \frac{1\,000}{(1+8\%)^{20}} = 214.55\text{（元）}$$

［例 6-5］

有一种 5 年期国债，面值 100 元，票面利率为 6%，单利计息，到期一次还本付息。假设折现率为 5%，其内在价值为多少？

［解答］

$$V_d = \frac{100 \times (1+6\% \times 5)}{(1+5\%)^5} = 101.86\text{（元）}$$

［例 6-6］

某企业发行一种 10 年期债券，面值 500 元，票面利率 6%，每年计算一次利息，复利计息，到期一次还本付息。假设折现率为 8%，其内在价值为多少？

［解答］

$$V_d = \frac{500 \times (1+6\%)^{10}}{(1+8\%)^{10}} = 414.75\text{（元）}$$

（三）永久债券

对于永久债券，比较常见的是政府发行的永久公债；不过政府通常都会保留永久公债的不定期回购权。此外，西方企业典型的优先股也可以近似看作是一种永久债券（虽然性质不同）；如果公司的股利支付没有问题，将会持续地支付固定的优先股息。如果票面利率固定，永久债券每年支付的利息相同，因此构成永续年金，那么永久债券的估价模型如下：

$$V_d = \frac{M \times r_n}{r_d} = \frac{I}{r_d}$$

式中，V_d——债券内在价值；

M——债券面值；

r_n——债券票面利率；

r_d——折现率；

I——每年支付的债券利息（面值×票面利率）。

［例 6-7］

某企业存在一种优先股，承诺每年每股支付 20 元优先股息。假设折现率为 10%，则该优先股的内在价值为多少？

［解答］

$$V_d=\frac{20}{10\%}=200\text{（元）}$$

篇中案例 6-2

零息债券

20X2 年 10 月，国家开发银行曾发行过零息金融债券，面值 100 元，确定的发行价格为 91.91 元。该债券发行金额共 100 亿元，因为没有票面利率，所以属于零息债券，采用折价招投标方式通过全国银行间债券市场承销团竞标确定发行价格。债券缴款日为 20X2 年 11 月 20 日，起息日为 20X2 年 10 月 26 日，兑付日为 20X5 年 10 月 26 日。

不过，根据业内人士分析，零息债券并非没有利息，而是指在持有期内没有定期的利息支付，投资者在购买时支付的款项仅是按票面金额依一定比率折价后的金额，而到期日投资者将按面额获得偿付。债券面额和发行价格之间的差额就是债券持有人所获得的利息。以上述金融债券为例，其票面价格为 100 元，发行价格为 91.91 元，投资者到期获得的利息即为 8.09 元，按复利计算的年利率水平接近 2.9%。有人说，零息债券一定会折价发行，你认为这样的说法对吗？

（四）流通债券的价值

流通债券是指已经发行并在二级市场上流通的债券，它不同于新发行的债券；由于已经在市场上流通了一段时间，其距到期日的时间小于债券发行在外的总时间。流通债券在估价时需要注意，因为其内在价值取决于未来的现金流，那么过去已经支付的利息应该在估价时剔除。由于流通债券的估价时点不在发行日，而且可以是流通中的任何时点，那么可能会产生“非整数计息期”的问题。流通债券的估价方法有两种：一种是以现在为折算时间点，历年现金流量按非整数计息期折现；另一种是首先以最近付息时间为折算时间点，按整数计息期计算，然后再将结果进一步折算到现在时点。

［例 6-8］

FML 公司曾于 20X4 年 9 月 1 日发行面值为 500 元的 5 年期债券，其票面利率为 6%，每年 8 月 31 日计算并支付一次利息，假定债券评估日为 20X6 年 5 月 31 日，同等风险投资必要报酬率为 8%，则在评估日每张债券的预期市场价值为多少？

［解答］

首先绘制该债券评估日的现金流量图，如图 6-3 所示。

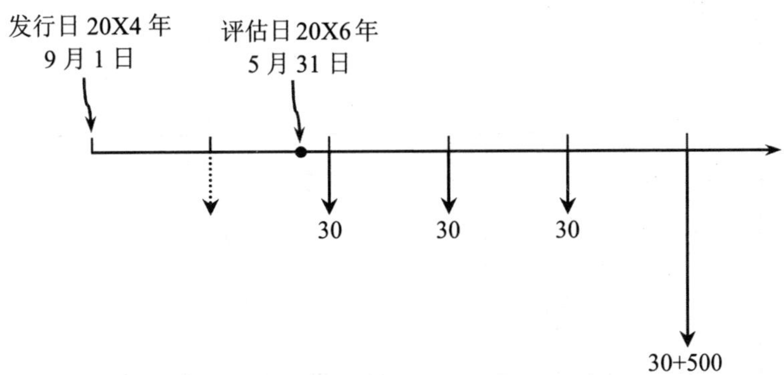

图 6-3 该流通债券的现金流量图

按照该现金流量图，此流通债券内在价值的两种计算方法如下。

第一种，全部按照非整数期折现：

$$V_d=\frac{30}{(1+8\%)^{\frac{3}{12}}}+\frac{30}{(1+8\%)^{\frac{15}{12}}}+\frac{30}{(1+8\%)^{\frac{27}{12}}}+\frac{30+500}{(1+8\%)^{\frac{39}{12}}}=494.62\text{（元）}$$

第二种，先折算到 20X6 年 8 月 31 日，再折算到评估日：

$$V_d{}'=30\times\frac{1-(1+8\%)^{-4}}{8\%}(1+8\%)+500\times(1+8\%)^{-3}=504.23\text{（元）}$$

$$V_d=\frac{504.229}{(1+8\%)^{\frac{3}{12}}}=494.6$$

以该债券为例，如果考虑在债券流通的整个周期，那么流通债券的内在价值是如何变动的呢？我们先看例 6-1，该 5 年期折价发行的债券价值为 460.08 元；再考虑例 6-8 的第二种算法的过程中，债券流通两年到 20X6 年 8 月 31 日时，考虑利息时债券的内在价值为 504.23 元，剔除利息，债券的内在价值为 474.23（504.23－30）元。可见，随着到期日的临近，折价发行的债券内在价值具有逐渐升高向面值靠近的趋势；以此类推，溢价发行的债券内在价值具有逐渐降低向面值靠近的趋势；这一趋势如图 6-4 中的虚线所示。

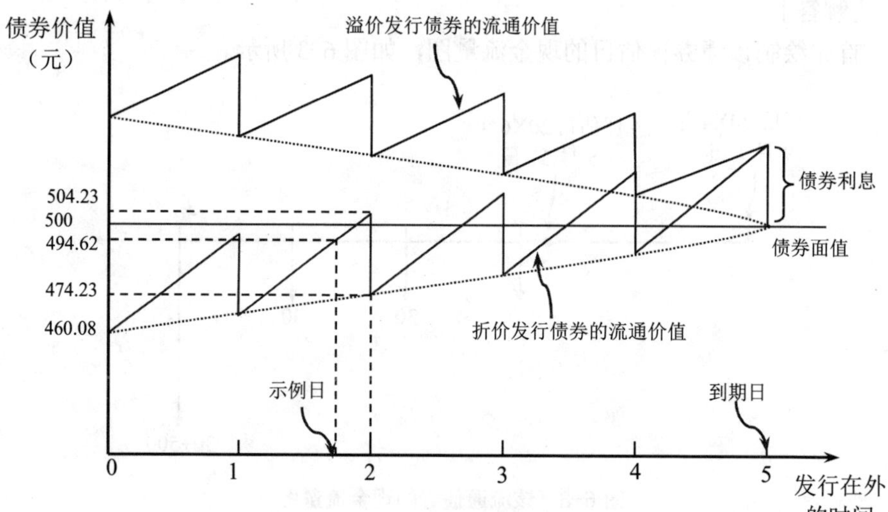

图 6-4　流通中债券的价值

然而，考虑到利息的价值，非整数时点的流通债券的价值并不体现在图 6-4 的虚线上，如例 6-8 所计算得出的流通债券的价值为 494.62 元。实际上，债券在整个流通周期之内的价值变动应表现为图 6-4 中的锯齿状实线。

四、债券的收益率

对于债券，特定投资者在现实中面对更多的往往不是估价问题，这是因为债券的价格很可能是市场给定的。那么，投资者恐怕要更多地考虑如果以某一价格购买了某种债券，其能够实现的投资收益率是多少，从而确定能否接受这一投资。债券的收益水平通常用到期收益率（Yield to Maturity, YTM）来衡量。我们知道，票面利率不代表债券的收益水平，而到期收益率则是隐含在债券投资过程中的真正的收益率，它是假定债券持有至到期日，能够使未来现金流量现值总和等于债券购入价格的折现率。也就是说，债券计算到期收益率的方法是求解含有折现率的方程。以普通债券为例，该方程如下：

$$P = I \times \frac{1-(1+r)^{-n}}{r} + M \times (1+r)^{-n}$$

或者写成

$$P = I \times (P/A, r, n) + M \times (P/F, r, n)$$

式中，P——债券的价格；

I——每年的利息；

M——债券的面值；

n——债券到期年数。

解方程，求 r——到期收益率的问题。

很显然，上述的方程在大多数情况下难以求解，所以在实务中进行手工计算时，通常采用“试误法”或称“插值法”来求得该方程的近似解。具体原理简介如下：

通过数学分析可以发现，折现率正常的情况下函数 $f(r) = I \times \frac{1-(1+r)^{-n}}{r} + M \times (1+r)^{-n}$ 是连续而且单调递减的，可以将这一函数描绘成如图 6-5 所示的曲线。若 $r = r_0$ 为方程的真实解，那么存在 $f(r_0) = P$，将真实解及其函数值描绘在曲线上即为图 6-5 中的 S 点。根据单调减函数的性质，通过按照某一固定间隔逐渐尝试的方法在横轴上一定可以找到 r 的两个值满足 $r_1 < r_0 < r_2$，对应的函数值满足 $f(r_2) < P < f(r_1)$，在图 6-5 的曲线上对应 A、B 两点。连接线段 AB，过纵轴上的 P 点做横轴的平行线与 AB 交于点 S'；过 S' 做纵轴的平行线，在横轴上得到交点 r_0'，即为真实解 r_0 的近似解。这一近似解的精确度受尝试间隔的影响，尝试间隔越小，近似解越精确。例如，以 1%的间隔尝试比以 5%的间隔尝试要精确，但精度不如以 0.1%的间隔尝试。不过，尝试的间隔越小，工作量就越大，计算机可以用这种方法得到几乎无限精度的解，但在实务中，人们通常选用 1%的间隔得到近似解。

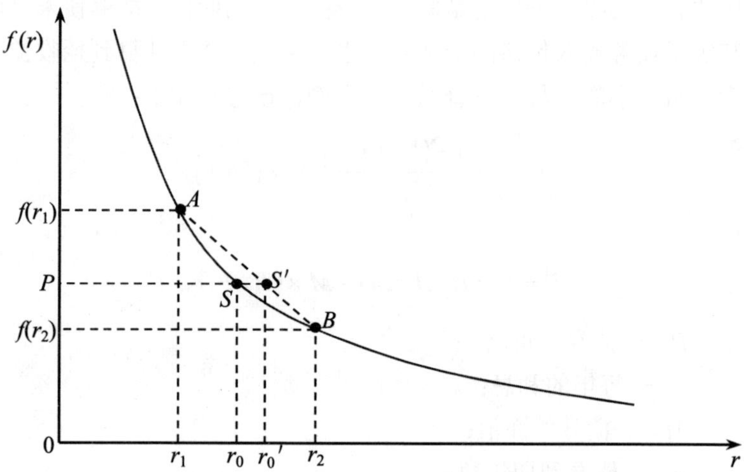

图 6-5 试误法求近似解原理

在图 6-5 中，根据相似三角形的有关原理，若将 $r_0{}'$ 写成 r_0，则存在：

$$\frac{r_0-r_1}{r_2-r_1}=\frac{f(r_1)-P}{f(r_1)-f(r_2)}$$

$$r_0=r_1+\frac{f(r_1)-P}{f(r_1)-f(r_2)}(r_2-r_1)$$

[例 6-9]

FML 公司于 20X4 年 12 月 1 日溢价购买一批面额为 100 元的债券，其票面利率为 8%，每年 11 月 30 日计算并支付一次利息，并于 5 年后的 11 月 30 日到期。公司买价 110 元，计算其持有债券的到期收益率。

[解答]

根据题意，列方程为：

$$110=8\times\frac{1-(1+r)^{-5}}{r}+100\times(1+r)^{-5}$$

当 $r=6\%$时，右边=108.425

当 $r=5\%$时，右边=112.988

$$r=5\%+\frac{112.988-110}{112.988-108.425}\times(6\%-5\%)=5.65\%$$

计算到期收益率的意义在于它反映了债券投资按复利计算的真实收益率，

这个收益率就是资本市场能够提供的该债券的投资收益率，或者说是在资本市场上当投资者作为一个整体时所要求的该债券的投资收益率。如果到期收益率高于某个投资者承担同样风险所要求的报酬率，则其会购买此债券，否则会拒绝购买。

【课堂测试 6-2】

1. 有人认为，“流通中的债券的价值会随着市场利率的变化而变化；一般来说，短期利率比长期利率更容易发生变动；所以，短期债券的价格比长期债券的价格更敏感，所以利率风险更大”。你认为这种说法对吗？请讨论并解释。

2. 请判断下列事件会导致流通中的债券内在价值上升还是下降，用“↑”或“↓”标示出来。

a. 市场利率上升（　　）

b. 债券的风险等级上升（　　）

c. 发行债券的企业出现财务危机（　　）

d. 经济衰退（　　）

e. 债券支付一次利息之后（　　）

第三节　股票估价

股票作为一种代表所有权关系的重要证券，其价值评估同样具有重要意义。企业发行股票筹资需要确定发行价格，这一价格既要确保筹资成功，又不能使老股东的利益遭受损失，这就需要对股票预期市场价值进行评估。对投资者而言，要想使股票投资科学而不盲目，也需要评估股票的预期市场价值。不过，因为影响股票预期价值的因素多而且不稳定，所以准确评估股票的价值并不容易，本节将讲授普通股估价的财务方法。

一、股票的有关概念

股票是股份有限公司发给股东的所有权凭证，是股东借以取得股利的一种有价证券。股票的持有者，也就是该公司的股东，对该公司净财产具有要求权，对该公司净利润具有索取权。有关股票的进一步讨论，参见本书第七章。人们平时所谈及的股票一般专指普通股票，而非优先股票或其他特殊股票，本节讨论的股票也限于普通股票。

普通股票除了具备所有权凭证的特征之外，还具有两个重要的特征：①它给予所有者获取股利的权利；②它能在未来以股票市场决定的价格出售或转让。与其他证券类似，股票具有价值是因为股票的持有者可以因股票而在未来获得现金流收入，股票的现金流收入表现为未来的现金股利收入以及对公司净财产的要求权。现金股利是公司对股东投资的回报，是公司利润分配的体现。虽然持有股票即拥有参与股东大会并投票的权利，但是对普通投资者而言，他们投票的影响微乎其微[①]，所以其购买股票的目的无非是两个：一是分享股利；二是在将来出售股票，寄望于售出价高于买进价，即获得资本利得。当然，股票投资存在风险，寄望的资本利得的结果也可能是资本损失。

上市公司的股票可以在股票市场上公开交易，交易所体现出来的市场价格表面上看是受到供方和需方力量的影响，是供求博弈的结果，但实际上在有效的资本市场上，股票的市场价格最主要取决于股票的内在价值。当然，由于资本市场的有效程度并非强有效，所以股票的市场价格还受到整个经济环境变化和投资者心理等复杂因素的影响。

篇中案例 6-3

不同的股利，相同的股价

20X3 年 12 月 31 日股票收盘时，太极股份（002368）的股票价格为 32.56 元，许继电气（000400）的股票价格为 31.09 元，启明星辰（002439）的股票价格为 31.90 元。三家公司主营业务所处行业比较近似，既然它们的股票价格如此接近，是不是每股派发的股利也应该差不多呢？事实并非如此，通过三家公司 20X3 年度财务报告可知，它们于 20X3 年派发的股利并不相同。太极股份每 10 股派发了 2.00 元现金股利；许继电气每 10 股派发了 1.00 元现金股利，同时派发股票股利 3 股，资本公积转增 2 股；启明星辰每 10 股派发了 1 元现金股利，同时派发股票股利 4 股，资本公积转增 6 股。由此可见，股利并不是影响股价的唯一因素，你觉得呢？

二、股票估价的一般原理

根据证券估价的基本原理，股票的价值是指股票预期能够提供的所有未来现金流量的现值总和。

首先，对个别投资者而言，持有股票的现金流入无非包括两部分，即现金

① 当然，公司大股东的投票是能够影响公司未来经营和决策的，他们持有股票的主要目的很可能是对目标公司的控制或施加重大影响。

股利收入和出售时的转让价格收入。因此，股票的价值等于股票持有期内的现金股利收入和股票转让的现金收入的现值之和，其现金流量图如图 6-6 所示。计算现值所用到的折现率应为市场资本化利率（Market Capitalization Rate），即投资者投资风险股票的必要报酬率。若假定投资者的必要报酬率保持不变，则对个别投资者而言，股票估价的模型为：

$$V_s=\sum_{t=1}^{n}\frac{DIV_t}{\left(1+r_s\right)^t}+\frac{P_n}{\left(1+r_s\right)^n}$$

式中，V_s——股票的预期市场价值；

DIV_t——第 t 期的每股股利；

n——持有股票时领取现金股利的期数；

r_s——风险股票投资的必要报酬率；

P_n——股票转让时的价格。

如果未来的每股现金股利和转让价格能够准确估计，这一模型应用起来比较简单。

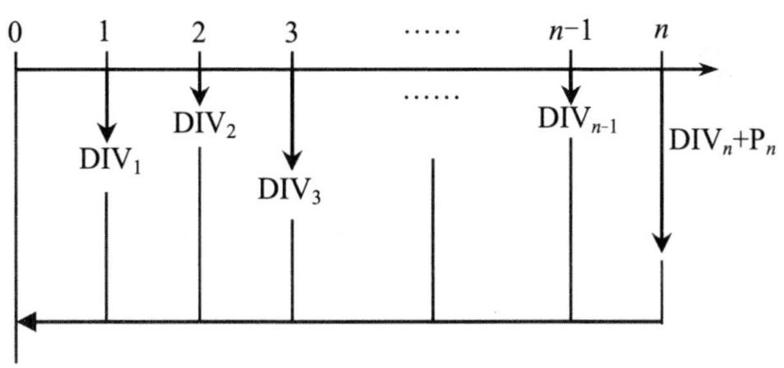

图 6-6　股票股价的基本模型

［例 6-10］

王先生持有某公司股票，预计每年股利为 1 元，5 年后的转让价格预期为 13 元，若该公司股票的市场资本化利率为 20%，计算该股票当前的预期市场价值。

［解答］

$$V_s=1\times\frac{1-\left(1+20\%\right)^{-5}}{20\%}+13\times\left(1+20\%\right)^{-5}=8.22\text{（元）}$$

其次，对股票本身而言，不论股票在谁手中，如果公司持续经营，则现金股利永远持续，那么股票的未来现金流量就是一个永续的现金流入。如果仍假设投资者的必要报酬率保持不变，则股票估价的模型如下：

$$V_s = \sum_{t=1}^{+\infty} \frac{DIV_t}{\left(1+r_s\right)^t}$$

式中，V_s——股票的预期市场价值；

DIV_t——第 t 期的每股股利；

r_s——风险股票投资的必要报酬率。

可见，从理论上讲，股票的预期市场价值由预期股利和市场资本化利率所决定，即股利的资本化价值决定了股票价格。然而，在实际应用中，面临的主要问题是如何预计未来每年的现金股利以及如何确定市场资本化利率，要准确做到这两点几乎是不可能完成的任务。在这种情况下，我们只能假设几种容易估计现金股利的公司类型（如图 6-7 所示），然后将现实中的公司与这几种类型的公司相类比，估计其股票预期市场价值或价值范围。

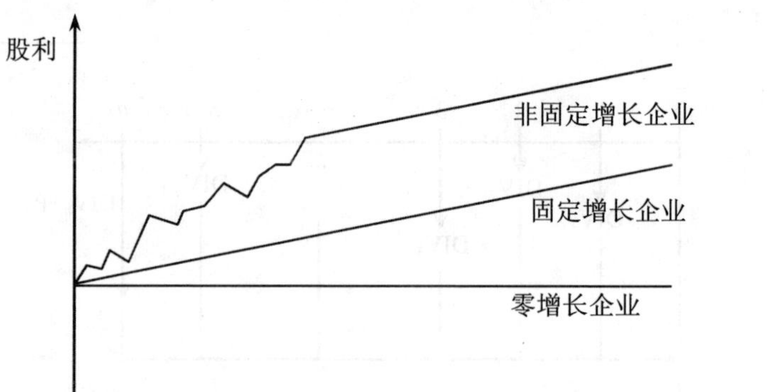

图 6-7 几种现金股利状态的公司类型

三、零增长企业股票的价值

零增长企业假设公司未来每年股利保持不变，有两种形式：一种是弱式假设，它不考虑企业的资本结构和盈利水平，只要求每年现金股利保持不变；另一种是强式假设，它要求公司在不增加股本的情况下，每股净资产（BE）保持不变，权益净利率（ROE）保持不变。

在强式假设的情况下，由于每股净资产保持不变，所以每年留存收益的增量为零，即净利润全部用来发放现金股利，股利支付率为 100%。又由于：

$$ROE=\frac{净利润}{所有者权益}=\frac{净利润/N}{所有者权益/N}=\frac{EPS}{BE}$$
$$\Rightarrow EPS=BE\times ROE$$

所以，每年的每股收益（EPS）保持不变，即存在：

$$DIV_n=EPS_n=EPS_0=BE\times ROE$$

也就是说，强式假设的最终结果也是每年现金股利保持不变。如果企业持续经营，那么零增长企业的现金股利支付会形成永续年金。这样，零增长企业股票的预期市场价值如下：

$$V_s=\frac{DIV_0}{r_s}=\frac{EPS_0}{r_s}$$

式中，r_s 表示市场资本化利率。在现实中，零增长企业几乎是不存在的，但这并不代表零增长企业股票的估价模型没有意义，其意义在于，如果公司正常盈利（不衰退），那么零增长企业模型估计的股票预期市场价值是该公司预期股价的下限。

［例 6-11］

某公司 20X3 年财务报告显示，当年每股收益为 0.6 元/股，若同风险投资的必要报酬率为 8%，则该公司股票预期价格不应低于多少？

［解答］

若采用零增长企业股票估价模型，则：

$$V_s=\frac{0.6}{8\%}=7.5\text{（元/股）}$$

即该公司股票预期价格下限为 7.5 元/股。

四、固定增长企业股票的价值

如果公司现金股利每年都增长，这类公司被称为增长型企业。进一步来看，如果现金股利增长的比例保持不变，则这类企业被称为固定增长企业。简单地假设企业现金股利增长率保持不变，即构成了固定增长企业的弱式假设。此外，固定增长企业的强式假设为：在公司不增加股本的前提下，公司股利支付率（DR）保持不变（且非 100%），公司权益净利率（ROE）保持不变。

若某固定增长企业基期每股净资产为 BE_0，那么：

$$EPS_0=BE_0\times ROE$$
$$DIV_0=EPS_0\times DR=BE_0\times ROE\times DR$$

则当期每股留存收益会使每股净资产增加，即：

$$\Delta BE = EPS_0 \times (1 - DR) = BE_0 \times ROE \times (1 - DR)$$

这进一步会带来考察期每股收益和每股股利增加，即：

$$\Delta EPS = \Delta BE \times ROE = BE_0 \times ROE \times (1 - DR) \times ROE$$

$$\Delta DIV = \Delta EPS \times DR = BE_0 \times ROE \times (1 - DR) \times ROE \times DR$$

因此，可以推导出固定增长企业股利增长率（g）的公式如下：

$$g = \frac{\Delta DIV}{DIV_0} = \frac{BE_0 \times ROE \times (1 - DR) \times ROE \times DR}{BE_0 \times ROE \times DR} = ROE \times (1 - DR)$$

由此可见，如果企业持续经营，无论是弱式假设还是强式假设，固定增长企业的现金股利支付都会形成永续增长年金。所以，固定增长企业股票的预期市场价值如下：

$$V_s = \frac{DIV_1}{r_s - g}, g < r_s$$

式中，DIV_1 表示未来一期的每股现金股利，r_s 表示市场资本化利率，g 表示股利年增长率，该式成立的条件是 $g < r_s$。在现实中，严格意义上的固定增长企业也几乎不存在，不过一家成熟稳定的企业若干年利润增长或股利增长相对比较稳定，其增长率的平均数可以近似代表股利年增长率，因此可以采用固定增长企业股票估价模型来估计其股票的预期市场价值①。

［例 6-12］

某公司预计下一年度的每股股利为 0.6 元，股利年增长率估计为 5%，若同风险投资的必要报酬率为 8%，则该公司股票预期价格为多少？

［解答］

采用固定增长企业股票估价模型，则：

$$V_s = \frac{0.6}{8\% - 5\%} = 20（元/股）$$

在有效的资本市场上，若众多投资者接受了股票的某一市场价格，那么这一价格反映了股票的均衡价格。若以市场均衡价格 P_0 代替固定增长企业股票估价模型中的 V_s，则可以反求与该股票风险相适应的必要报酬率，或称市场资本化利率。该方法的基本公式如下：

---

① 实际上，若股利年增长率 g 小于零，即公司持续衰退，也可以通过该模型估计该公司股票的内在价值，不过这样的公司属于走向失败的公司，不在本书的探讨范围之内。

$$P_0 = \frac{DIV_1}{r_s - g}$$

$$\Rightarrow r_s = \frac{DIV_1}{P_0} + g$$

［例 6-13］

某稳健成长的公司发行股票，发行时市场价格为每股 15 元，第 1 年预期股利 0.6 元/股，假定该公司权益净利率为 9%，股利支付率为 30%，试估计其市场资本化利率。

［解答］

$$g = 9\% \times (1 - 30\%) = 6.3\%$$

$$r_s = \frac{0.6}{15} + 6.3\% = 10.3\%$$

五、非固定增长企业股票的价值

在现实生活中，将一家公司简单地理解为固定增长企业有时候会显得比较草率，因为其股利增长率并不是固定的，即使考虑长期趋势，也会使人觉得简单的固定增长企业模型有失准确。所以，通常人们会在可预见的未来几年采用股利支付的预测值，而在不可预见的远期假设企业固定增长。这样的做法，对于刚成立不久的企业尤其适用。在这种情况下，需要分段计算，才能确定股票的预期市场价值。下面以一道例题来说明这种非固定增长企业股票估价的基本方法。

［例 6-14］

FML 公司最近支付的股利为 0.6 元/股，预计公司未来 3 年每股股利将高速增长，增长率为 15%；此后转为稳健增长，增长率为 10%。若同风险投资的必要报酬率为 12%，则该公司股票的预期市场价格为多少？

［解答］

首先绘制该公司股票的现金流量图（如图 6-8 所示），可见该公司股利增长可以分为两个阶段。第一阶段为前 3 年，是非固定增长期，需要将股利现金流分别折现；第二阶段为第 4 年及以后，是固定增长期，需要分两步折现：第一步按照永续增长年金的方式将第 4 年以后的股利现金流折算到第 3 年年末，第二步再折算到现在。最后将两个阶段股利现金流的现值相加，即为该公司股票的预期市场价值。

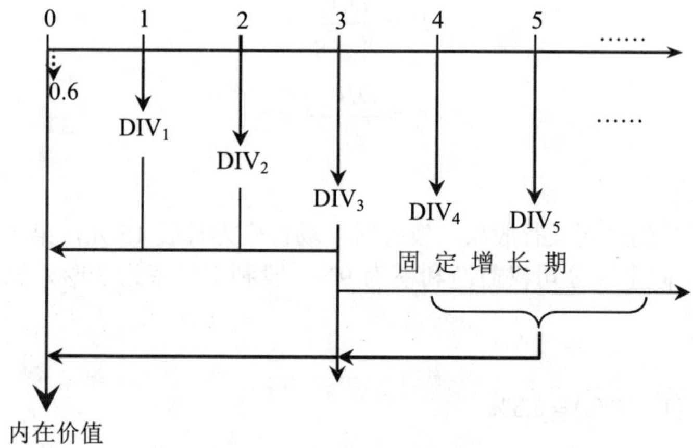

图 6-8 FML 公司股票的现金流量图

前 3 年的现金股利折现：

$$\frac{0.6\times(1+15\%)}{1+12\%}+\frac{0.6\times(1+15\%)^2}{(1+12\%)^2}+\frac{0.6\times(1+15\%)^3}{(1+12\%)^3}=1.898\text{（元/股）}$$

第 4 年及以后的现金股利现值：

$$\frac{0.6\times(1+15\%)^3\times(1+10\%)}{(12\%-10\%)(1+12\%)^3}=35.723\text{（元/股）}$$

$$V_s=1.898+35.723=37.62\text{（元/股）}$$

【课堂测试 6-3】

1. 顾先生分析了 5 种股票，估计这 5 种股票在未来一年的股利以及一年以后的价格，具体情况如下表所示。若不考虑所得税，估计每种股票的年收益率。

单位：元

股票	当前价格	预计股利	预期价格
A	37.5	1.45	43.00
B	24.5	0.90	26.50
C	57.8	2.10	63.50
D	74.5	0	81.00
E	64.8	3.15	63.00

2. 请你分析两家公司的股票，这两家公司除了股利政策不同，其他方面的特征基本相同。预计这两家公司 2019 年的每股收益均为 1.5 元，D 公司准备将

所有净利润用来支付股利（假设法律允许），而 G 公司准备将净利润的 1/3（即 0.5 元）用来支付股利。D 公司的股价目前为 20 元/股。在以下说法中，请在你认为正确的后面标注“√”。

a. G 公司将会比 D 公司增长更快，所以 G 公司的股票价格将高于 20 元/股。（　　）

b. 尽管 G 公司的增长率会超过 D 公司，但 D 公司的当前股利多于 G 公司，这会导致 D 公司的股价比 G 公司高。（　　）

c. 因为 D 公司的股利支付率高，所以 D 公司股票的投资者收回资金更快。这样来看，D 公司股票更像是短期债券，而 G 公司股票更像是长期债券。如果市场利率上升，D 和 G 的股票价格都会下降，其中 D 公司股票下降更多。（　　）

d. D 公司股票的期望报酬率为 7.5%，而 G 公司股票的期望报酬率更高，因为存在更高的预期增长率。（　　）

e. 如果 G 公司的股票价格也是 20 元/股，那么可以预计 G 公司的增长率为 5%。（　　）

第四节　期权估价

除了债券、股票这两类重要证券之外，对企业财务管理人员而言，期权这种衍生证券也越来越重要。一方面，企业可能会在期权市场上进行投资；另一方面，企业的一些投资和筹资决策中也蕴含着与期权相关的问题。比如，企业着眼于未来的战略投资往往具有实物期权的性质；融资工具中的可转换债券、认股权证等，其中也包含着期权的价值；更不用说企业核心人员激励中的股票期权激励了。基于此，本节将论述期权的概念，并介绍期权的财务估价方法。

一、期权的有关概念

期权（Option）是一种契约规定的选择权，该契约赋予持有人在某一特定日期或该日期之前的任何时间行使以某一固定价格购进或售出一种资产的权利。需要特别强调的是，既然期权是选择权，那么它就是权利而非义务，也就是说，对期权的持有者来说，可以选择行使或不行使这项权利。

期权的标的资产是指契约中规定的选择购买或出售的资产，它可以是实物资产，也可以是金融资产。比较常见的期权标的资产包括股票、政府债券、货币、股票指数、商品期货、房地产等，期权就是由这些标的资产“衍生”出来的金融工具。契约规定期权到期的那一天称为到期日（Expiration Date），这一天过后期权失效。从执行时间上看，期权可以分为欧式期权和美式期权；欧式期权只能在到期日（执行日）当天选择行使或不行使；美式期权可以在到期日或到期日之前的任何一天选择行使与否。在期权契约中约定的、期权持有人据以购进或售出标的资产的固定价格，称为“执行价格”（Exercise Price）。

按照期权契约授予期权持有人权利的类别，期权可以分为看涨期权（Call Option）和看跌期权（Put Option）两大类。看涨期权是指期权赋予持有人在到期日或到期日之前，以固定价格购买标的资产的权利，也可称为“择购期权”。看跌期权是指期权赋予持有人在到期日或到期日之前，以固定价格出售标的资产的权利，也可称为“择售期权”。

二、期权价值的影响因素

（一）期权价值的基本原理

对欧式看涨期权来说，当到期日标的资产的市场价格 P_T 大于执行价格 E_X 时，理性的期权持有者会行使购买权，此时他可以获得的收益为 P_T-E_X，可以理解为他先行使以 E_X 的价格买入标的资产的权利，再在市场上以 P_T 的价格卖掉；当到期日标的资产的市场价格 P_T 不大于执行价格 E_X 时，理性的期权持有者会放弃行使购买权，此时他不会获得任何收益。所以，欧式看涨期权在到期日的价值 V_{CT} 表现为：

$$V_{CT}=\begin{cases}P_T-E_X, & 当P_T>E_X\\ 0, & 当P_T\leqslant E_X\end{cases}$$
$$=\max\{0,P_T-E_X\}$$

由于当前日距离到期日存在时间间隔，那么总会存在一定的概率在到期日时标的资产的市场价格会大于执行价格，所以欧式看涨期权必然具有价值。

类似的，对欧式看跌期权来说，当到期日标的资产的市场价格 P_T 大于（或等于）执行价格 E_X 时，理性的期权持有者会放弃行使出售权，此时他的收益为零，而若此时他依然固执地继续行使出售权，他则会损失 P_T-E_X；当到期日标的资产的市场价格 P_T 小于执行价格 E_X 时，理性的期权持有者会行使出售权，此时他可以获得的收益为 E_X-P_T，可以理解为他先以 P_T 的价格在市场上买入标的资产，再行使以 E_X 的价格卖掉标的资产的权利。所以，欧式看跌期权在到期日的价值 V_{PT} 表现为：

$$V_{PT}=\begin{cases}0, & \text{当}P_T \geqslant E_X \\ E_X-P_T, & \text{当}P_T<E_X\end{cases}$$
$$=\max\{0,E_X-P_T\}$$

由于当前日距离到期日存在时间间隔，那么总会存在一定的概率在到期日时标的资产的市场价格会小于执行价格，所以欧式看跌期权也必然具有价值。

对美式期权来说，由于期权持有者可以在到期日及之前的任何一天选择是否行使期权，所以美式期权相对于欧式期权会存在更大的择机不确定性。对于美式看涨期权，从当前日至到期日，可能存在若干次标的资产的市场价格大于执行价格的机会（如果一次也没有，期权持有人必然放弃行权）；如果期权持有人面对某次机会时选择行使购买权，他可以确认收益，但可能丧失获取更大收益的机会；如果期权持有人面对某次机会时选择继续等待，他有可能会在将来获得更大收益，但也存在不再有行权机会的风险。同样的，对于美式看跌期权，从当前日至到期日，可能存在若干次标的资产的市场价格小于执行价格的机会（如果一次也没有，期权持有人必然放弃行权）；如果期权持有人面对某次机会时选择行使出售权，他可以确认收益，但可能丧失获取更大收益的机会；如果期权持有人面对某次机会时选择继续等待，他有可能会在将来获得更大收益，但也存在不再有行权机会的风险。综上可以看出，美式期权比欧式期权更为复杂也更具风险，但这并不影响美式期权具有价值的基本属性。

（二）影响期权价值的主要因素

根据金融资产价值的基本理念，期权价值是指期权在当前日的内在价值。由上述分析可知，期权之所以具有价值，是因为它具有在未来为其持有者带来收益的潜力。经过进一步分析，我们会发现影响期权价值的主要因素包括：标的资产当前市价、执行价格、到期期限、标的资产价格波动程度、无风险利率等。鉴于股票这种证券的高市场流动性，下面我们考虑以股票作为标的资产的期权，并以此为例探讨影响期权价值的因素。

1. 股票的当前市价

如果看涨期权在未来某一时间被理性的期权持有者执行，其收益为股票在执行日的价格与执行价格的差额（P_T-E_X），该差额越大则看涨期权收益越大。若资本市场是有效的，则股票的未来价格是以当前市价为起点变动的，那么在其他因素相同的情况下，股票的当前市价（P_0）越高，到执行日的期望价格就越高，执行日看涨期权的收益也就越大，因而该看涨期权的价值就越大。也就是说，看涨期权价值与股票的市价成同向变化。

看跌期权与看涨期权相反，若看跌期权在未来某一时间被理性的期权持有者执行，其收益为期权执行价格与股票在执行日的价格的差额（E_X-P_T），该差额越大则看跌期权收益越大。这样，在其他因素相同的情况下，股票的当前市价越低，到执行日的期望价格就越低，执行日看跌期权的收益反而越大，因而该看跌期权的价值就越大。也就是说，看跌期权价值与股票的市价成反向变化。

2. 执行价格

经过简单分析可以看出，执行价格对期权价值的影响与股票价格相反。对看涨期权来说，在其他因素相同的情况下，期权的执行价格越高，看涨期权在执行日的收益越小甚至为 0，那么其（当前）价值就越小；反之则看涨期权的（当前）价值越大。对看跌期权来说，在其他因素相同的情况下，期权的执行价格越高，看跌期权在执行日的收益越大，那么其（当前）价值就越大；反之则看跌期权的（当前）价值越小。所以，看涨期权价值与执行价格成反向变化，看跌期权价值与执行价格成同向变化。

3. 到期期限

到期期限（T）的影响比较复杂，因为时间可能会带来更多的不确定性因素，比如股票可能会派发现金股利，造成除息后股价下降等。在这里，我们考虑忽略这类因素。对美式期权来说，无论是看涨期权还是看跌期权，到期时间越长，股价变动的范围越大，期权持有人可选择在相对理想收益状态下行权的机会就越大，所以期权的价值就越大。在这个意义上，到期时间对美式期权价值的影响具有同向变动的趋势；而欧式期权只能在到期日选择行权与否，则不具备这样的效应。

此外，根据证券估价的基本原理，期权价值同样等于其未来现金收益的现值。看涨期权若被行权，其价值等于未来收益（P_T-E_X）的现值，即 P_0-PV（E_X）；那么，在其他因素相同的情况下，到期时间越长，PV（E_X）越小，则看涨期权的价值越大。类似地，看跌期权若被行权，其价值等于未来收益（E_X-P_T）的现值，即 PV（E_X）$-P_0$；那么，在其他因素相同的情况下，到期时间越长，PV（E_X）越小，则看跌期权的价值越小。

对于以上两方面，欧式期权只需要考虑后一种因素，则欧式看涨期权价值与到期时间成同向变化，欧式看跌期权价值与到期时间成反向变化。美式期权则需要同时考虑两种因素，叠加之后，美式看涨期权价值与到期时间成同向变化（两同向叠加），美式看跌期权价值受到期时间的影响难以确定（一同向一反向叠加）。

4. 股票价格的波动率

股票价格的波动率，是指股票价格变动的不确定性，通常用股票价格变动的标准差（σ）来衡量。股票价格的波动率越大，则股票上涨或下降的程度越大。对股票来说，其上涨或下降的趋势可以相互抵消，期望股价就是其均值。但对期权来说，因为其持有者享有的是权利而非义务，股票上涨或下降带来的趋势不会相互抵消。对看涨期权的持有者来说，股价上涨得越多，行使期权后的价值越大；而股价下降到一定程度，持有者可以放弃行权，便不会产生过度损失。对看跌期权的持有者来说，股价下降得越多，行使期权后的价值越大；而股价上涨到一定程度，持有者可以放弃行权，便不会产生过度损失。因此，无论是看涨期权还是看跌期权，其价值与股票价格的波动率都成同向变化。

5. 无风险利率

无风险利率（r_f）是折现率的基础，与到期时间的后一种因素类似，无风险利率变化引起的折现率变化，会影响期权未来收益的现值。看涨期权若被行权，其他因素相同而无风险利率上升时，其价值 $P_0-PV(E_X)$ 会因 $PV(E_X)$ 变小而变大；反之则变小。类似的，看跌期权若被行权，其他因素相同而无风险利率上升时，其价值 $PV(E_X)-P_0$ 会因 $PV(E_X)$ 变小而变小，反之则变大。也就是说，看涨期权价值与无风险利率成同向变化，看跌期权价值与无风险利率成反向变化。

综上所述，在上述 5 个因素单独变化时，期权价值受到的影响如表 6-1 所示。

表 6-1　各因素单独变化对期权价值的影响

因素	欧式看涨期权	欧式看跌期权	美式看涨期权	美式看跌期权
股票的当前市价 P_0	同向	反向	同向	反向
执行价格 E_X	反向	同向	反向	同向
到期期限 T	同向	反向	同向	不确定
股票价格的波动率 σ	同向	同向	同向	同向
无风险利率 r_f	同向	反向	同向	反向

三、金融期权价值评估方法

此部分内容仍然选择以股票作为标的资产的金融期权作为探讨对象。根据证券估价的基本原理，证券价值等于其未来产生的现金流量的现值。遗憾的是，基于这一原理的现金流量折现法对于期权估价并不适用。其所以如此，是因为期权投资者要求的必要报酬率无法确定，即该方法的折现率无法确定。以看涨期权为例，股票价格上涨会导致看涨期权价值上升，风险降低；股票价格下跌会使看涨期权价值下降，风险上升；所以期权投资者要求的必要报酬率会随股票价格的变化而发生变化。20 世纪 70 年代以来，人们终于找到了期权定价（即价值评估）的方法，该方法以期权等价原理为起点。

（一）期权等价原理

为了简化问题，我们首先选择欧式看涨期权来探讨期权价值的评估方法，其他形式的期权都可以以欧式看涨期权为基础进行分析，将在后文进行探讨。期权等价原理就是构建一个与某期权等价的投资组合方案，而购买该投资组合方案的成本必然等于该期权的价值。下面用一个例子来展示欧式看涨期权等价原理的运用。

假设 FML 公司股票的现价为每股 30 元，假定 1 年内（不派发股利）股票价格只有两个可能的结果，上涨到 36 元或下跌到 27 元。又假定无风险利率为 5%，1 年期欧式看涨期权的执行价格为 33 元。现比较以下两个方案：

（1）购买 FML 公司 1 股看涨期权。

（2）购买 FML 公司 1/3 股股票，并以无风险利率借入现金 8.57 元（1 年期）。

到了执行日，若股票上涨到 36 元，方案（1）看涨期权的收入为 3 元；方案（2）投资组合的收入也为 3 元（$36\times1/3-8.57\times1.05$）；若股票下跌到 27 元，方案（1）看涨期权的收入为零（放弃行权），方案（2）投资组合的收益也为零（$27\times1/3-8.57\times1.05$）。可见，在任何情况下，购买方案（1）和方案（2）都有相同的收入，二者是等价的方案。那么，当前方案（1）看涨期权的价值（V_C）也必然等于方案（2）的投资成本，即：

$$V_C = 30\times1/3-8.57=1.43\text{（元）}$$

于是，在这样的假设下，我们用等价原理求出了 FML 公司 1 股看涨期权的价值。

可以看出，欧式看涨期权的等价方案是购买股票并借入一部分资本，那么购买股票的数量和借入的资本量怎么确定呢？先假设购入 1 股股票，并借入一定资本，使当执行日股价下跌到 27 元时收入为零，那么借入的资本量必定为 27 元的现值；在这个方案下，若当执行日股价上涨到 36 元时，其收入为 9 元（36－27），恰好是执行日看涨期权收入 3 元（36－33）的 3 倍。所以，可以确定等价方案购买股票的数量为 1/3 股，借入资本量为 27 元现值的 1/3。

本例中的“1/3”称为套期保值比率（Hedge Ratio）或看涨期权 δ 系数（Option Delta）。通过上述分析，其计算方法如下：

$$\delta=\frac{\text{执行日看涨期权最大收入}}{\text{执行日股票可能的最大差价}}=\frac{36-33}{36-27}=\frac{1}{3}$$

套期保值比率说明，欧式看涨期权的等价方案为购买 δ 股股票同时以无风险利率借入执行日可能的最低价现值的 δ 倍的资本量。在上面的例子中，在完善的市场机制下，该看涨期权的价格只能是 1.43 元，否则就会产生套利机会。

（二）风险中性原理

在前面的例子中，我们没有考虑风险的问题。实际上，期权的风险具有随机性，期权投资者面对的风险相当复杂（以至于投资者无从考虑风险）。在期权估价模型中，需要假设期权的价值不受投资者对风险态度的影响，即所有投资者对待风险的态度都是中性的，这就是风险中性原理。在风险中性的世界里，投资者不需要风险补偿，所以可以先求出期权在执行日的期望价值，然后以无风险利率作为折现率，折算出期权现在的价值。

下面我们用风险中性原理重新测算一下前例中 FML 公司欧式看涨期权的价值。既然投资者是风险中性的，那么他们对股票投资的期望报酬率当然等于无风险利率（前例中的 5%）。在前例中，1 年内股票要么上涨 20%（由 30 元涨到 36 元），要么下跌 10%（由 30 元跌到 27 元），最终的期望报酬率应该是 5%。假定股票上涨概率为 p，下跌概率为 $1-p$，那么存在：

期望报酬率=上涨收益率×上涨概率+下跌收益率×下跌概率

即

$$5\%=20\%\times p+(-10\%)\times(1-p)$$

易求得

$$P=0.5$$

从而执行日看涨期权的期望价值为：

$$(36-33)\times0.5+0\times0.5=1.5\text{（元）}$$

那么，该欧式看涨期权的价值为：

$$V_C=\frac{1.5}{1+5\%}=1.43\text{（元）}$$

这与利用期权等价原理测算的结果完全一样。

（三）期权估价的二项式法

期权估价的二项式法（Binomial Method）是风险中性原理的扩充和推广。这种方法把从当前日至到期日平均划分成 n 期，并假定股票的价格在每期发生一次变化，变化只有两种可能性，即上涨某个百分比或下跌某个百分比。如果选取适当的上涨或下跌百分比（需要确保股价先上涨一次再下跌一次的结果与先下跌一次再上涨一次的结果相同），则到期日股票可能会有 n+1 种不同的价格，这就像二项式分布一样。然后，像决策树一样，从到期日向当前日逐期计算和折算，最后求得期权价值。二项式法当期数 n 取值相当大时，可以取得较为理想的效果，而且也能够处理诸如有现金股利发放的美式看涨期权价值之类的复杂问题。

要使先上涨一次再下跌一次的结果等同于先下跌一次再上涨一次的结果，同时也希望在整个区间内股票价格的波动比较均匀，二项式法需要假定每期上涨的百分比（r_u）和下跌的百分比（r_d）符合下式：

$$r_u = e^{\sigma\sqrt{\frac{1}{n}}} - 1$$

$$r_d = e^{-\sigma\sqrt{\frac{1}{n}}} - 1 = \frac{1}{1+r_u} - 1$$

式中，σ 表示股票价格变动率的标准差（年）。

进一步地，可以由以下两个方程求解股票价格上涨的概率 p 以及下跌的概率 $1-p$。

$$(1+r_u)\times p+(1+r_d)\times(1-p)=e^{r_f\cdot\frac{T}{n}}$$

$$(1+r_u)\times p+(1+r_d)\times(1-p)\approx 1+r_f\cdot\frac{T}{n}$$

式中，r_f表示无风险利率（年），T 表示从当前日至到期日的年数；前一方程等号右边表示连续复利条件下每期无风险报酬率的 1 元终值，适用于 n 比较大的情况；后一方程约等号右边表示简单条件下每期无风险报酬率的 1 元终值，适用于 n 比较小的情况。下面以一道例题来说明如何利用二项式法来测算欧式期权的价值。

［例 6-15］

FML 公司股票的现价为每股 30 元，基于该公司股票的 1 年期欧式看涨期权的执行价格为 33 元。根据历史数据，该公司股票价格年报酬率的标准差为 16%。假定公司一年内不派发股利，无风险利率为 5%。试利用二项式法估计此欧式看涨期权的价值。

［解答］

我们尝试把 1 年分为 n=1, 4, 52 期，分别测算该看涨期权的价值。

当 n=1 时，

$$r_u = \mathrm{e}^{0.16\times\sqrt{\frac{1}{1}}} - 1 = 17.35\%$$

$$r_d = \mathrm{e}^{-0.16\times\sqrt{\frac{1}{1}}} - 1 = -14.79\%$$

根据方程

$$(1+17.35\%)p + (1-14.79\%)(1-p) = 1 + \frac{5\%}{1}$$

解得

P=0.616，1－P=0.384

据此得出，1 年后 FML 公司股票价格有 0.616 的概率上涨为 35.21 元（30×1.173 5），此时看涨期权的价值为 2.21 元（35.21－33）；有 0.384 的概率下跌为 25.56 元（30×0.852 1），此时看涨期权的价值为 0（放弃行权）。那么，到期日看涨期权的期望价值如下：

$$FV(V_C) = 2.21\times 0.616 + 0\times 0.384 = 1.361\text{（元）}$$

那么，该看涨期权的价值 $V_C = \dfrac{1.361}{1+5\%} = 1.30$（元）

当 n=4 时，

$$r_u = \mathrm{e}^{0.16\times\sqrt{\frac{1}{4}}} - 1 = 8.33\%$$

$$r_d = \mathrm{e}^{-0.16\times\sqrt{\frac{1}{4}}} - 1 = -7.69\%$$

根据方程

$$(1+8.33\%)p + (1-7.69\%)(1-p) = 1 + \frac{5\%}{4}$$

解得

$$p = 0.558,\ 1-p = 0.442$$

据此，得出 FML 公司一年内股价可能的变化如图 6–9 所示。

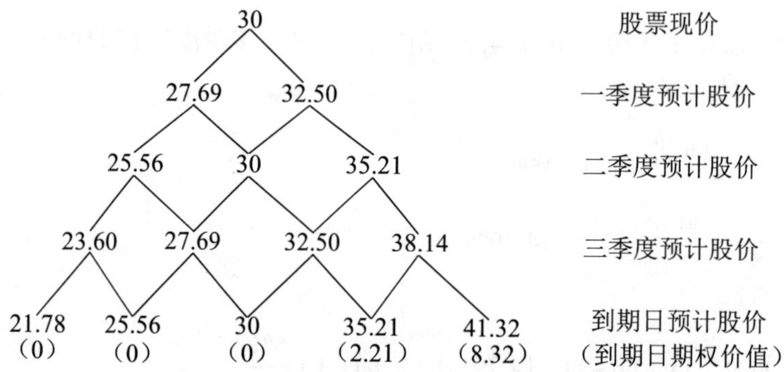

图 6–9 FML 公司股票价值一年内变化（n=4）

根据图 6–9，可以计算出到期日看涨期权的期望价值为：

$$FV\left(V_C\right)=8.32\times0.558^4+2.21\times C_4^1\times0.558^3\times0.442=1.485（元）$$

那么，该看涨期权的价值 $V_C=\dfrac{1.485}{1+5\%}=1.414$（元）

当 n=52 时，

$$r_u=\mathrm{e}^{0.16\times\sqrt{\frac{1}{52}}}-1=2.24\%$$

$$r_d=\mathrm{e}^{-0.16\times\sqrt{\frac{1}{52}}}-1=-2.19\%$$

根据方程

$$\left(1+2.24\%\right)p+\left(1-2.19\%\right)\left(1-p\right)=\mathrm{e}^{0.05\times\frac{1}{52}}$$

解得

$$p=0.516,\ 1-p=0.484$$

由于剩余计算过程十分复杂，故过程从略，通过计算机程序得出到期日看涨期权的期望价值为：

$$FV\left(V_C\right)=1.405（元）$$

那么，该看涨期权的价值 $V_C=\dfrac{1.405}{\mathrm{e}^{0.05}}=1.34$（元）

（四）布莱克–斯科尔斯期权估价模型

二项式法中当 n 趋近于无限大时，便可以近似模拟股票价格的连续变化，不过此时二项式法的复杂程度却使之难以应用。在此基础上，1973 年，布莱克和斯科尔斯（F. Black & M. Scholes）运用期权等价原理，提出了计算欧式看涨期权的数学模型，即布莱克-斯科尔斯模型（Black-Scholes Model，简称 BS 模型）。

1. 布莱克-斯科尔斯模型的假设条件

（1）在期权寿命期内，标的股票不发放股利。

（2）无交易成本（包括交易税）。

（3）无风险利率是已知的，且在期权寿命期内保持不变。

（4）允许卖空，且不会受到惩罚。

（5）市场交易是连续的，而且股票价格也是连续的。

（6）股票的价格变化率服从对数正态分布。

2. 布莱克-斯科尔斯模型的公式

$$V_C = N(d_1)\times P_0 - N(d_2)\times PV(E_X)$$

式中，V_C——欧式看涨期权的价值；

P_0——股票当前市价；

PV（E_X）——执行价格的现值，按无风险连续复利折现，那么

$$PV(E_X) = E_X \cdot \mathrm{e}^{-r_f \cdot T}$$

T——当前距到期日的时间，以年为单位；

N（d）——d 的标准正态分布函数值，即 $N(d)=\mathrm{Prob}(\xi \leqslant d)$；

$$d_1 = \frac{\ln\left[P_0 / PV(E_X)\right]}{\sigma\sqrt{T}} + \frac{\sigma\sqrt{T}}{2}$$

$$= \frac{\ln(P_0 / E_X) + (r_f + \sigma^2 / 2)T}{\sigma\sqrt{T}}$$

$$d_2 = d_1 - \sigma\sqrt{T}$$

$$= \frac{\ln(P_0 / E_X) + (r_f - \sigma^2 / 2)T}{\sigma\sqrt{T}}$$

σ——股票年报酬率的标准差，也等于股票价格变动率的标准差。

布莱克-斯科尔斯模型的推导过程超出了本书的范围，我们的目的是学会应用。下面以一道例题来说明如何利用 BS 模型来测算欧式期权的价值。

［例 6-16］

FML 公司股票的现价为每股 30 元，基于该公司股票的 1 年期欧式看涨期权的执行价格为33元。根据历史数据，该公司股票价格年报酬率的标准差为16%。假定公司一年内不派发股利，无风险利率为 5%。试利用布莱克-斯科尔斯模型估计此欧式看涨期权的价值。

［解答］

$$d_1 = \frac{\ln(30/33) + (0.05 + 0.16^2/2)\times 1}{0.16\times\sqrt{1}} = -0.203$$

$$d_2 = \frac{\ln(30/33) + (0.05 - 0.16^2/2)\times 1}{0.16\times\sqrt{1}} = -0.363$$

$$N(d_1) = 0.419\ 5$$

$$N(d_2) = 0.358\ 2$$

$$V_C = 0.419\ 5\times 30 - 0.358\ 2\times 33\times \mathrm{e}^{-0.05} = 1.34（元）$$

可以看出，在二项式法 n=52 时，得到的结果与 BS 模型已经相同。

3. 有关 BS 模型的进一步讨论

（1）有关欧式看跌期权的问题

前文一直探讨欧式看涨期权的估价问题，其实对于欧式看跌期权，它是可以转化为看涨期权估价的问题的。在本节，我们已经探讨过欧式看涨期权在到期日的价值 $V_{CT}=\max\{0, P_T - E_X\}$。如果我们在当前日购买一份欧式看涨期权同时投资于无风险证券，投资额等于执行价格（E_X）按无风险利率折现的现值，这样的投资组合称为方案 A，显然其在到期日的价值 $V_{AT}=\max\{E_X, P_T\}$。我们知道，与该看涨期权的标的股票和执行价格均相同的欧式看跌期权在到期日的价值 $V_{PT}=\max\{0, E_X - P_T\}$。如果我们在当前日购买一份欧式看跌期权同时购买一份股票，这样的投资组合称为方案 B，那么显然方案 B 在到期日的价值 $V_{BT}=\max\{P_T, E_X\}$。可以看出，方案 A 和方案 B 在到期日价值相等，那么在有效的资本市场上，两种投资方案在任何时候都应具有相同的价值，在当前日也是如此，所以存在：

$$V_C + PV(E_X) = V_P + P_0$$

即

$$V_P = V_C + PV(E_X) - P_0$$

可见，通过上述等式，即可将欧式看跌期权估价的问题转化为标的股票和执行价格相同的欧式看涨期权估值的问题。例如，在例 6-16 中，若存在同样执行价格的欧式看跌期权，其价值为：$V_P = 1.34 + 33 \times e^{-0.05 \times 1} - 30 = 2.73$（元）。

（2）有关时间单位的选择问题

在 BS 模型中，我们假定时间单位为年，而 σ 是股票价格年变化率的标准差，那么如果以月为时间单位呢？一般而言，股票各月报酬率相互独立，若设股票价格月变化率的标准差为 σ_M，则存在：$\sigma^2=12\sigma_M{}^2$，即 $\sigma=\sqrt{12}\sigma_M$。

若以年为单位年数为 T，那么月份数 $T_M=12T$。那么布莱克-斯科尔斯模型中的 $\sigma\sqrt{T}=\left(\sqrt{12}\sigma_M\right)\sqrt{\frac{T_M}{12}}=\sigma_M\sqrt{T_M}$。可见，布莱克-斯科尔斯模型与采用何种时间单位无关。

（3）有关现金股利的问题

若标的股票在执行日前发放现金股利（DIV），但不存在股票股利、股票回购、股票分割的行为，只要现金股利的现值 *PV*（*DIV*）可以估计，则布莱克-斯科尔斯模型仍然适用，这时只需要把模型中的股票现价 P_0 改为 P_0 - *PV*（*DIV*）即可，这是因为股票现价中包含了现金股利的现值。只不过在这种情况下，股票报酬率的标准差不再等于股票价格变化率的标准差，这样估计的期权价值是近似的。

（五）期权估价方法的选择

在前文的讨论中，为了使问题简化，我们主要选择欧式看涨期权来探讨期权价值的评估方法。在现实生活中会遇到各种复杂的情况，这里就可能遇到的一些期权估价问题做一些简要提示。

1. 欧式看涨期权且无现金股利

这种情况就是前文中主要探讨的情况，可以用布莱克-斯科尔斯模型或二项式法来求解，不再赘述。

2. 美式看涨期权且无现金股利

在期权价值影响因素的讨论中，我们知道美式看涨期权价值与到期时间成同向变化；那么若提前执行美式看涨期权，就等于减少了到期时间，因而会降低其价值。所以，在没有现金股利的条件下，美式看涨期权尽管理论上允许在到期日前的任一天行使，但理性的投资者只会在到期日选择是否行使。因此，美式看涨期权等价于欧式看涨期权，其可以转化为欧式看涨期权进行估价，方法选择与欧式看涨期权（且无现金股利）相同。

3. 欧式看跌期权且无现金股利

这种情况一般先估算标的资产和执行价格相同的欧式看涨期权（且无现金

股利）的价值，估算时可以适当地选择布莱克-斯科尔斯模型或二项式法。然后，利用转换公式 $V_P = V_C + PV(E_X) - P_0$，计算出欧式看跌期权（且无现金股利）的价值。

4. 美式看跌期权且无现金股利

在期权价值影响因素的讨论中，我们知道美式看跌期权价值受到期时间的影响复杂且不确定。在一定条件下，理性的投资者可以选择提前执行美式看跌期权。例如，极端情况下，如果股票价格突然下跌至零，那么就不应该保留执行权，因为已无再增值可能；此时最好立即执行看跌期权，并把得来的钱进行再投资。因此，标的资产和执行价格相同的话，美式看跌期权的价值大于欧式看跌期权。这种情况并不适用于布莱克-斯科尔斯模型，因为BS模型不允许提前行使期权，所以只能选择二项式法来估算美式看跌期权（且无现金股利）的价值。

5. 有现金股利条件下的期权价值

若标的股票在执行日前发放现金股利，但不存在股票股利、股票回购、股票分割的行为，那么无论是欧式期权还是美式期权，无论是看涨期权还是看跌期权，均可采用二项式法进行估价，只不过需要根据现金股利逐期考虑股价、执行情况和期权（当期）价值。此外，只要发放现金股利的现值 PV（DIV）可以估计，则只需把布莱克-斯科尔斯模型中的股票现价 P_0 改为 $P_0 - PV$（DIV），即可用于有现金股利条件下的欧式看涨期权、美式看涨期权和欧式看跌期权的估价。

篇中案例 6-4

广博股份的股票期权激励计划

广博股份（002103）是一家在深圳证券交易所上市的公司，其主营业务是文具及办公用品的生产和销售。20X6 年 7 月，公司对外公告称：为了健全公司激励约束机制，充分调动中高层管理人员及业务（技术）骨干的积极性，有效地将股东、公司及激励对象的利益紧密结合，公司拟授予 35 名激励对象 900 万份股票期权，股票期权的授权日为 20X6 年 9 月 1 日（星期四）。在满足行权条件的情况下，激励对象获授的每一份股票期权拥有在有效期内以行权价格 19.96 元购买 1 股公司股票的权利。公司选用标准布莱克-斯科尔斯模型来计算期权的公允价值，经测算，首次授予的股票期权激励成本合计为 6 700.28 万元。薪酬与考核委员会制订考核细则，对各激励对象每个考核年度的表现进行综合考评，激励对象须达到考核指标方可行权；未能达到考核指标的激励对象不得行权。在本计划通过后，授予的股票期权自授权日起满 12

个月后可以开始行权，并且每满 12 个月为一个行权期，累计共 4 个行权期，四个行权期可行权数量分别为 100 万份、200 万份、300 万份和 300 万份。

该公司于 20X6 年 9 月 21 日完成了股票期权首次授予登记工作，期权简称：广博 JLC1，期权代码：037722。20X7 年 8 月，公司发布公告称：因两名激励对象离职，股票期权激励计划的激励对象由原 35 人调整为 33 人；因公司派发现金股利同时实施资本公积转增，行权价格由 19.96 元调整为 16.55 元。由于 20X6 年度净利润增长率为 19.41%，未达到第一个行权期公司业绩考核（20%）的指标，激励对象不可行权，当年未能行权部分的期权由公司注销。20X8 年 6 月，公司发布公告称：因一名激励对象离职，激励对象人数调整为 32 人；因公司派发现金股利，期权行权价格调整为 16.52 元；因第二个行权期对应股票期权未达行权条件（20X7 年净利润增长率与基期相比不低于 50%），未能行权部分的期权注销。20X8 年 12 月，公司发布公告称：由于国内外经济形势和国内资本市场环境发生了较大变化，公司股票价格持续低于股权激励计划的行权价格，若继续实施股票期权激励计划将难以真正达到预期的激励效果，公司决定终止实施股票期权激励计划。至此，广博股份的股票期权计划以失败而告终。

分析案例，你认为广博股份此次股票期权计划失败的原因是什么？应如何设计更为合理的股票期权激励计划？

四、财务活动中的期权应用

（一）风险管理中的期权应用

期权这种衍生工具产生的初衷是平抑交易的不确定性（即风险）。例如，如果你花费一定代价购买了某标的物（如原材料）看涨期权（多头），就可以消除标的物价格超过执行价格所带来的风险；而卖出这一看涨期权的人（空头）则相反，他在一开始获得了一定收入，代价是承担了标的物价格超过执行价格所带来的风险。一家企业往往并不要求消除资产的全部风险，而仅仅需要进行保险以避免极端损失。所以，结合使用看涨期权、看跌期权以及其他投资工具，可以产生套期保值的效果，给企业带来可靠的“保险”机制。这里只介绍 3 种投资策略作为示例。

1. 保护性看跌期权

拥有某种资产的同时，购买以该资产为标的的看跌期权，这种组合称为保护性看跌期权。这种投资策略可以平抑资产价格下跌的损失，降低风险。

例如，某投资者以 30 元/股的价格购买了一手 FML 公司的股票，同时购入一手该股票的看跌期权，执行价格为 30 元，期权价格为 0.75 元/股，1 年后到期，则在到期日该投资者每股的组合净收入和净损益如图 6-10 所示。

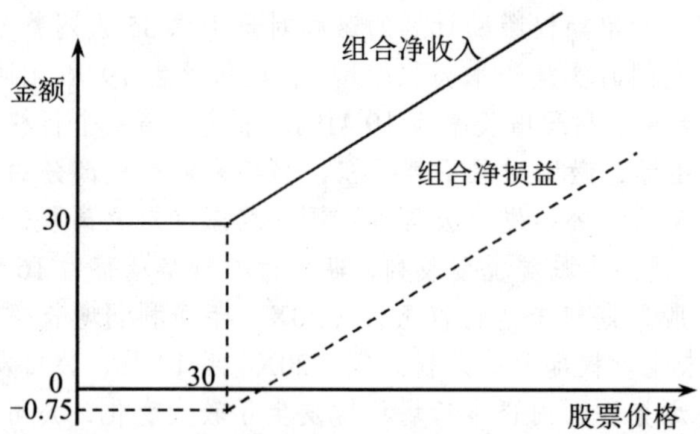

图 6-10 到期日保护性看跌期权的净收入和净损益

从图 6-10 可以看出，保护性看跌期权用 0.75 元的代价锁定了最低净收入（30 元）和最低净损益（－0.75 元），降低了股票价格下跌的风险。

2. 抛补性看涨期权

拥有某种资产的同时，出售以该资产为标的的看涨期权（空头），这种组合称为抛补性看涨期权。这种投资策略可以在赚取期权费用的同时平抑资产价格上涨带来的空头风险。

例如，某投资者以 30 元/股的价格购买了一手 FML 公司的股票，同时出售一手该股票的看涨期权，执行价格为 30 元，期权价格为 1.6 元/股，1 年后到期，则在到期日该投资者每股的组合净收入和净损益如图 6-11 所示。

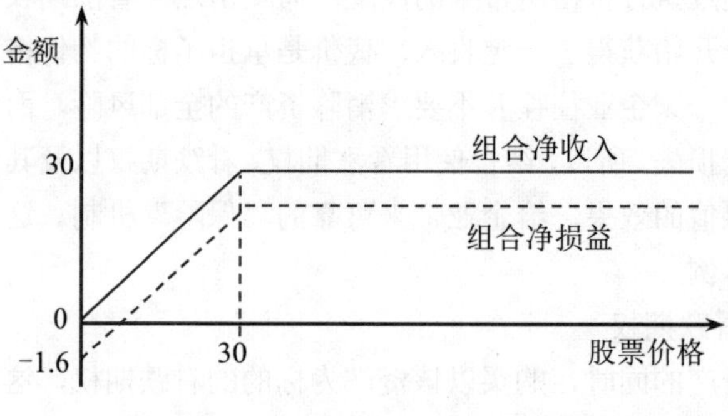

图 6-11 到期日抛补性看涨期权的净收入和净损益

抛补性看涨期权缩小了未来的不确定性，从图 6-11 可以看出，如果到期日股价超过执行价格，则锁定了净收入（30 元）和净损益。这相当于“出售”了超过执行价格部分的股票价值，换取了期权收入。

3. 对敲

对敲策略是同时运用看涨期权和看跌期权的投资策略，可以分为多头对敲和空头对敲。下面以多头对敲为例，介绍一下这类策略。

多头对敲是指同时买进某种资产标的的看涨期权和看跌期权，它们的执行价格和到期日都相同。多头对敲策略对于预计市场价格将发生剧烈变动，但是不知道其价格是升高还是降低的投资者非常有用。例如，得知一家公司的未决诉讼将要宣判，如果该公司胜诉，预计股价将大幅度上涨；如果该公司败诉，预计股价将大幅度下跌。无论结果如何，多头对敲策略都会取得收益。

例如，当前 FML 公司的股票价格为 30 元/股，某投资者购买了以该公司股票为标的看涨期权和看跌期权各一手，执行价格均为 30 元，均为 1 年后到期。其中，看涨期权的价格为 1.6 元/股，看跌期权的价格为 0.75 元/股，则在到期日该投资者每股对敲组合的净收入和净损益如图 6-12 所示。

从图 6-12 可以看出，多头对敲的好处就是当股价大幅度变动时，无论是大幅上涨还是大幅下跌，都会给投资者带来净收益；而当股价与执行价格接近时对投资者是不利的，最坏的结果就是到期股价与执行价格相同，投资者会白白损失看涨期权和看跌期权的购买成本。不管怎么说，多头对敲可以避免股价单边大幅变动的风险。

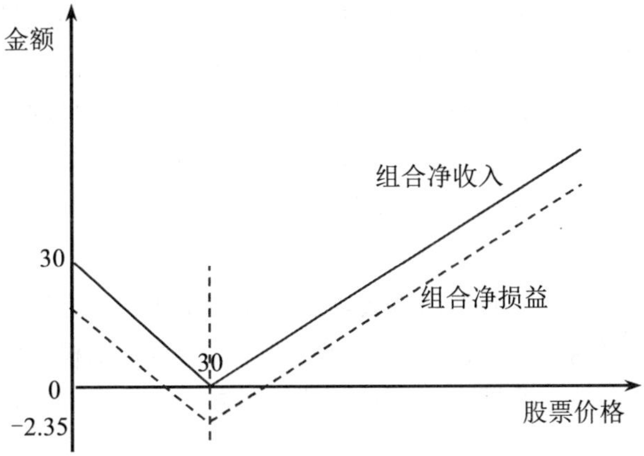

图 6-12　到期日多头对敲的净收入和净损益

（二）财务决策中的期权应用

在财务决策中，有些期权可以作为投资的渠道选择（比较明显的期权形式），有些期权伴随着筹资活动产生，还有一类期权是不可以进行交易的，即所谓的实物期权（Real Option），其价值就是管理决策为企业创造的价值①。下面我们介绍一下企业财务决策中隐含的一些期权问题。

1. 认股权证

一些企业在进行融资的同时发售认股权证，以降低融资成本。本质上，企业发售认股权证相当于出售看涨期权，其进一步的分析见本书第七章。

2. 可赎回债券

本章第二节提到的可赎回债券允许发行者在一定期限内可以选择按事先规定好的价格回收债券，其相当于发行者同时持有一个看涨期权。

3. 可转换债券

本章第二节提到的可转换债券赋予其持有者转换选择权，也就是说，他们可以选择将每一张债券在规定的时间内转换为事先规定数量的普通股股票（一般情况下）。可转换债券相当于同时出售了股票的看涨期权，执行价格与债券到转换期价值和转换率有关。有关可转换债券的进一步分析见本书第七章。

4. 具备时机或后续选择性的项目投资

有时候，企业提出一个投资项目，但其如果不必马上做出投资决策，而是在今后几年内都可以随时上马该项目，那么该投资项目就相当于一个美式看涨期权。此外，在竞争激烈的高科技领域，往往会出现这样的情况：某个项目本身经过投资测算并不能产生收益，但只有该项目上马了，后继项目才有可能上马，今后才有可能赚到更大收益；否则，今后很可能失去在该行业竞争的机会。这样，当期的投资决策就具有战略决策的意味，因为后继项目的选择权相当于一个欧式看涨期权，它的价值应该考虑到现在项目的投资决策中去。诸如此类问题，本书第十二章将做进一步讨论。

5. 企业并购中的溢价

很多时候，企业在并购时的出价会远超过标的企业的普通评估价值，这其中除了一些无形的“商誉”价值之外，很可能包含着看涨期权的价值。这是因为，进行这项收购会使企业拥有选择进入某新兴领域的机会，否则就会坐失先

① 至于管理层及核心员工激励中的股票期权，一般而言，其属于一种以看涨期权形式体现的长期绩效激励工具，不在本书范畴，此处不做赘述。

机或者需要付出更大的代价。这种情况在当今的“互联网+”领域的企业并购活动中体现得非常明显，有关进一步讨论见本书第十五章。

【课堂测试 6-4】

如果某投资者购买了一份某企业股票的看涨期权，执行价格为 40 元，同时该投资者又购买了一份该企业股票的看跌期权，执行价格为每股 35 元。上述看涨期权和看跌期权具有相同的到期日。试画图表示该投资者在期权到期日的收益情况。

本章小结

对证券来说，内在价值是它的经济价值，因此，如果资本市场是有效的，那么证券的市场价值应该围绕其内在价值上下波动。证券作为金融资产，在财务金融领域，其内在价值应该等于其未来现金流量的总现值。作为一种基本证券，债券是企业或政府发行的信用票据，企业或政府通过发行债券向资本市场的投资者借入资金。债券的内在价值等于其未来利息与本金偿还产生的现金流量的现值总和。根据内在价值，可以确定债券的发行价格有 3 种，即平价发行、溢价发行和折价发行。债券的发行价格取决于债券风险决定的必要报酬率与票面利率的一致程度。债券的收益水平通常用到期收益率来衡量，它是假定债券持有至到期日，能够使未来现金流量现值总和等于债券购入价格的折现率。

股票是股份有限公司发给股东的所有权凭证，是股东借以取得股利的一种有价证券。作为一种代表所有权关系的重要证券，股票的价值评估同样具有重要意义。股票的价值是指股票预期能够提供的所有未来现金流量的现值，对个别投资者而言，股票的价值为股票持有期内股利收入和股票转让的现金收入的现值之和；对股票本身而言，股票的未来现金流量是一个永续的现金流入，股票的价值是该永续年金的现值。在包括零成长企业、固定增长企业、非固定增长企业在内的几种特定股利模型假设前提之下，能够确定股票的预期市场价值。在实务中，需要将现实中的公司与上述几种类型的公司相类比，估计其股票预期市场价值或价值范围。

期权是赋予持有人在某一特定日期或该日期之前的任何时间行使以某一固定价格购进或售出一种资产的权利。从执行时间上看，期权可以分为欧式期权和美式期权；从期权持有人的权利看，期权可以分为看涨期权和看跌期权。由于期权投资者要求的必要报酬率无法确定，所以现金流量折现法对于期权估价并不适用。期权估价需要在等价原理和风险中性原理的前提下采用二项式法或布莱克-斯科尔斯模型。除了投资之外，在风险管理和财务决策等财务活动中，期权可以得到具体应用。

篇后案例

IPO 上市案例

20X4 年 1 月 24 日，佛山市海天调味食品股份有限公司首次公开发行股票（IPO），并于 20X4 年 2 月 11 日实现股票上市，股票简称海天味业，股票代码 603288。该公司是全国知名的调味品企业，其中“海天”品牌为著名商标。该公司招股说明书表明，公司本次发行前总股本 71 100 万股，本次拟发行 7 485 万股（占发行后总股份数的 10%），其中新股发行数额 3 750 万股，老股发售数额 3 735 万股，发行后总股本 74 850 万元（每股面值 1 元）。该公司 20X0 年至 20X2 年净利润分别为 8.14 亿元、9.56 亿元和 12.08 亿元，每股收益分别为 1.28 元、1.34 元和 1.70 元，每股净资产分别为 4.92 元、4.34 元和 5.15 元。此外，该公司承诺，股票上市后，现金股利支付率不小于 20%。最终确定的发行价格为 51.25 元，发行市盈率 31.90 倍，市净率 6.84 倍。招股说明书指出，公司通过向询价对象初步询价确定发行价格区间，并根据初步询价结果和市场情况确定发行价格。从财务数据来看，该公司近些年处于高速增长期，ROE 一直接近于 30%，这样的高收益率显然不可能持续，未来考虑该公司的 ROE 可能会逐渐下降至接近 10%的水平。根据这些数据，并通过分析判断，你认为该公司确定的股票发行价格合理吗？由此发行价格可以估算出的市场资本化利率为多少？

核心概念

有效资本市场（Efficient Capital Market）
市场价值（Market Value）
内在价值（Intrinsic Value）
债券（Bond）
可赎回债券（Callable Bond）
到期收益率（Yield to Maturity）
股票（Stock）
市场资本化利率（Market Capitalization Rate）
期权（Option）
看涨期权（Call Option）

看跌期权（Put Option）

布莱克-斯科尔斯模型（Black-Scholes Model）

思考题

1. 证券的内在价值与市场价值的关系如何？
2. 简述证券估计的基本原理。
3. 对债券来说，债权人获得的收益率是否等于票面利率，为什么？
4. 债券的预期市场价格与市场利率之间是什么关系？
5. 在计算债券到期收益率时，可以使用试误法求得近似解，如何才能使其精确度更高？
6. 是否所有的股东都会积极参与企业的经营管理，为什么？
7. 固定增长企业股票价值估计模型的可行性与便利性如何？
8. 为什么期权定价不能采用现金流量折现法来确定？
9. 欧式看涨期权的价值受到哪些因素的影响？如何理解这些影响关系？

练习题

（一）单项选择题

1. 有效资本市场的 3 个层次不包括（　　）。

A. 无效　　B. 弱有效　　C. 亚强有效　　D. 强有效

2. 没有任何投资者可以通过信息挖掘获得超额收益的资本市场是（　　）。

A. 无效的资本市场　　B. 弱有效资本市场

C. 亚强有效资本市场　　D. 强有效资本市场

3. 对证券进行财务估价，主要估计证券的（　　）。

A. 价格　　B. 市场价值　　C. 账面价值　　D. 内在价值

4. 若一张债券的面值为 100 元，票面利率为 7.2%，每半年计算并支付一次利息，则每次支付的利息为（　　）。

A. 100 元　　B. 7.2 元　　C. 3.6 元　　D. 107.2 元

5. 与债券内在价值无关的是（　　）。

A. 债券面值　　B. 债券是否记名

C. 债券票面利率　　D. 市场利率

6. 债券的 3 种发行价格不包括（　　）。

A. 平价发行　　B. 零价发行　　C. 折价发行　　D. 溢价发行

7. 某一 8 年期普通债券，面值 100 元，票面利率 6%，若当时的市场利率为 8%，则该债券的内在价值为（ ）。

A. 102.81 元 B. 103.61 元 C. 88.51 元 D. 104.81 元

8. 零息债券的发行方式一定是（ ）。

A. 零价发行 B. 平价发行 C. 折价发行 D. 溢价发行

9. 有一笔国债，5 年期，平价发行，票面利率为 5.53%，单利计息，到期一次还本付息，其到期收益率是（ ）。

A. 5% B. 6% C. 5.53% D. 6.11%

10. 某公司以每张 105 元的价格溢价购买了一批债券，在用试误法进行收益率测算时发现：当折现率等于 8%时，债券价值为 102.3 元；当折现率等于 7%时，债券价值为 106.8 元，则该债券的到期收益率为（ ）。

A. 7.50% B. 7.60% C. 7.40% D. 8.40%

11. 下列项目中一般不直接影响股票预期市场价格的是（ ）。

A. 年股利 B. 股利增长率

C. 股票的市场资本化利率 D. 股利支付率

12. 预计某公司下一年度的每股股利为 0.4 元，股利年增长率估计为 5%，若等风险投资的必要报酬率为 7%，则该公司股票的预期市场价格为（ ）。

A. 20 元 B. 22 元 C. 24 元 D. 18 元

13. 某公司发行的股票，同等风险的必要报酬率为 20%，最近刚支付的股利为每股 2 元，估计股利年增长率为 10%，则该种股票的价值为（ ）。

A. 20 元 B. 24 元 C. 22 元 D. 18 元

14. 某种股票当前的市场价格是 40 元/股，每股股利是 2 元，预期股利增长率为 5%，则其市场决定的预期收益率为（ ）。

A. 5% B. 5.25% C. 10% D. 10.25%

15. 某稳健成长的公司当前股票价格为 30 元/股，预期下一年度每股股利 1.2 元；若该公司权益净利率为 9%，股利支付率 30%，则该公司股票的市场资本化利率为（ ）。

A. 2.7% B. 6.3% C. 6.7% D. 10.3%

16. 下列有关期权概念的描述中，不正确的是（ ）。

A. 期权是权利而非义务 B. 美式期权没有到期日

C. 看涨期权又称为择购期权 D. 看跌期权又称为择售期权

17. 在其他因素固定的情况下，与欧式看涨期权价值成反方向变化的因素是（ ）。

A. 标的资产当前市价 B. 期权执行价格

C. 到期期限　　D. 标的资产价格的波动率

18. 在假定不存在股利派发的前提下，下面四种类型的期权中不适合使用布莱克-斯科尔斯模型进行估价的是（　　）。

A. 欧式看涨期权　　B. 欧式看跌期权

C. 美式看涨期权　　D. 美式看跌期权

（二）多项选择题

1. 有效资本市场的 3 个层次包括（　　）。

A. 随机游走　　B. 无效　　C. 弱有效

D. 亚强有效　　E. 强有效

2. 下列有关亚强有效资本市场的说法中正确的包括（　　）。

A. 当前证券价格仅反映过去交易记录中的信息

B. 当前证券价格反映一切公开的信息

C. 一旦有新信息公开，会迅速反映到证券价格上来

D. 基本面分析对投资者的决策没有任何帮助

E. 证券价格反映了全部的信息

3. 在债券估价时，涉及的未来的现金流包括（　　）。

A. 债券的购入价格　　B. 债券的面值　　C. 债券的利息

D. 债券利息的所得税　　E. 债券的溢价额

4. 影响债券内在价值的因素包括（　　）。

A. 债券的面值　　B. 债券的票面利率　　C. 债券的计息方式

D. 市场利率　　E. 债券是否记名

5. 债券的发行价格包括（　　）。

A. 零价发行　　B. 平价发行　　C. 溢价发行

D. 折价发行　　E. 差别定价发行

6. 某种普通债券面值 100 元，当其票面利率大于市场利率时，以下可能出现的发行价格包括（　　）。

A. 100 元　　B. 102.5 元　　C. 88 元

D. 103.6 元　　E. 200 元

7. 下列说法中正确的包括（　　）。

A. 票面利率不能作为评价债券收益的标准

B. 即使票面利率相同的两种债券，若付息方式不同，投资人的实际经济利益也有差别

C. 如不考虑风险，债券价值大于市价时，买进该债券是合算的

D. 债券以何种方式发行最主要是取决于票面利率与市场利率的一致程度

E. 债券的到期收益率是能使未来现金流入现值总和等于买入价格的折现率

8. 有关永久债券，下列说法中正确的包括（　　）。

A. 永久债券没有到期日

B. 永久债券的价值无限大

C. 永久债券的价值相当于永续年金的现值

D. 永久债券的权利消亡一般采用债务人赎回的方式

E. 永久债券每年的利息等于面值乘以票面利率

9. 下列有关债券到期收益率的说法正确的包括（　　）。

A. 债券的到期收益率是债券的真正收益率

B. 只有持有至到期日的债券才存在到期收益率

C. 债券的到期收益率等于票面利率

D. 债券的到期收益率是能使未来现金流入现值总和等于买入价格的折现率

E. 若债券的到期收益率高于投资者的必要报酬率，买入该债券是合算的

10. 在进行股票估价时，涉及的未来现金流包括（　　）。

A. 股利　　B. 转让价格　　C. 资本利得

D. 资本损失　　E. 资本利得税

11. 与股票内在价值成反方向变化的因素有（　　）。

A. 年股利　　B. 股利增长率　　C. 市场资本化利率

D. 贝塔系数　　E. 股利支付率

12. 投资者要求的报酬率是进行股票评价的重要标准，以下可以作为投资者要求报酬率的有（　　）。

A. 该股票的长期平均收益率

B. 市场资本化利率

C. 该公司债券收益率加上一定的风险报酬率

D. 该公司债券的收益率

E. 无风险报酬率

13. 对于固定增长企业股票估价模型，下列说法正确的包括（　　）。

A. 若公司股利增长率高于市场资本化利率，这样的增长无法持续

B. 股利增长率取决于权益净利率和股利支付率
C. 固定增长企业的股票价值无法估计
D. 固定增长企业股票的内在价值等于当前股利除以市场资本化利率与股利增长率的差
E. 固定增长企业股票的内在价值等于下一年度股利除以市场资本化利率与股利增长率的差

14. 在有效的资本市场上，若股票价格为均衡价格，则（　　）。
A. 股票价格与股票内在价值偏离程度很大
B. 股票价格满足了投资者的必要报酬率
C. 可以通过股票均衡价格反求市场资本化利率
D. 市场资本化利率等于预期股利报酬率加上股利增长率
E. 股票价格在一定程度上反映了股票的内在价值

15. 对于非固定增长企业股票估价模型，下列说法正确的包括（　　）。
A. 非固定增长企业股票估价模型假定其现金股利增长率永远变动
B. 非固定增长企业股票估价模型假定其现金股利增长率在近期不固定
C. 非固定增长企业股票估价模型假定其现金股利增长率在远期固定
D. 非固定增长企业股票估价模型采用分段法估计股票预期市场价格
E. 非固定增长企业股票估价模型与其他模型相比更符合现实情况

16. 在其他因素固定的情况下，与以某股票为标的资产的美式看涨期权价值成同方向变化的因素包括（　　）。
A. 股票当前市价　　B. 执行价格　　C. 到期期限
D. 股票价格的波动率　　E. 无风险利率

17. 当期权到期日股价为 30 元/股时，下列几种期权中具有价值的包括（　　）。
A. 欧式看涨期权，执行价格为 28 元
B. 欧式看涨期权，执行价格为 30 元
C. 欧式看涨期权，执行价格为 31.5 元
D. 欧式看跌期权，执行价格为 29 元
E. 欧式看跌期权，执行价格为 32 元

18. 在下列财务工具或投资活动中，包含期权因素的包括（　　）。
A. 认股权证　　B. 可赎回债券　　C. 可转换债券
D. 具备时机选择性的项目投资

E. 具备后续选择性的项目投资

（三）判断题

1. 若资本市场的有效性层次高于弱有效，则技术分析没有什么价值。（ ）

2. 若资本市场达到亚强有效，则基本面分析对投资者的决策没有什么帮助。（ ）

3. 如果资本市场是有效的，那么证券的市场价值围绕其内在价值上下波动。（ ）

4. 债券面值就是债券的发行价格。（ ）

5. 债券的票面利率只是名义利率，没有什么作用。（ ）

6. 普通债券当其票面利率大于市场利率时，债券发行价格低于债券面值。（ ）

7. 零息债券一定会折价发行。（ ）

8. 流通债券距到期日的时间小于债券发行在外的总时间。（ ）

9. 若投资者的必要报酬率高于债券的到期收益率，则投资者应该购买该债券。（ ）

10. 股票的价值是指其实际股利所得和资本利得所形成的现金流入量的现值总和。（ ）

11. 股票价格主要由预期股利和当时的市场利率决定，此外股票价格还受到整个经济环境变化和投资者心理等复杂因素的影响。（ ）

12. 若从股票本身来看，股票的价值是永久持续的股利的资本化价值。（ ）

13. 零增长企业股票的内在价值相当于永续年金的现值。（ ）

14. 固定增长企业股票的内在价值相当于永续增长年金的现值。（ ）

15. 所有投资者购买股票的目的都是为了获得企业的所有权。（ ）

16. 任何一家公司进入稳定成长期后，其股利年增长率一定小于其市场资本化利率。（ ）

17. 可转换债券的投资者可以运用转换权获得公司普通股股票，所以债券票面利率较低。（ ）

18. 对于可赎回债券，公司有权提前偿还债务，所以债券的票面利率较低。（ ）。

19. 美式期权可以在到期日或到期日之前的任何一天选择行使与否。（ ）

20. 布莱克-斯科尔斯模型适用于所有类型的期权估价。（ ）

（四）计算综合题

1. 一种 1000 元面值的债券目前的价格为 900 元，10.5 年后到期，到期收益率为 10%，该债券半年付息一次。请问该债券合理的票面利率是多少？

2. ATL 公司目前准备发行 3 种债券，编号分别为 A01、T02、L03。A01 债券面值 1 000 元，期限 10 年，票面利率 8%，每年计算并支付一次利息；T02 债券面值也为 1 000 元，期限为 15 年，前 5 年不支付利息，从第 6 年开始每半年支付 80 元利息；L03 债券是零息债券，面值同样是 1 000 元，期限为 20 年。如果市场利率为 10%，分别计算 ATL 公司这 3 种债券的内在价值。

3. FML 公司当前（20X4 年 9 月 1 日）流通在外的编号为 X80901A 的债券，面值为 1 000 元，票面利率为 8%，每年计算并支付一次利息。该债券的到期日为 20X8 年 9 月 1 日，当前的市场价格为 1 080 元。现在该公司准备新发 Y00901B 债券，面值为 500 元，票面利率为 6%，每年计算并支付一次利息，20Y0 年 9 月 1 日到期，问该债券的发行价格应该为多少？

4. XL 公司每年固定支付每股股利 2 元，由于一些特殊原因，公司董事会决议，公司将在未来 10 年中保持这一股利政策，10 年之后将永远停止股利支付，该公司股票的期望报酬率为 12%。若该公司昨天刚刚支付一次股利，则 XL 公司股票当前的预期市场价格为多少？

5. PTL 公司的普通股最近一个月交易价格变动很小，但投资者确信 3 个月后其价格将远远突破这一价格范围，但投资者对其是上涨还是下跌没有把握。公司普通股现价 100 元/股，执行价为 100 元的 3 个月看涨期权的售价为 10 元。假定无风险利率为 5%，公司不支付股利，那么执行价格为 100 元的 3 个月看跌期权的售价应为多少？若某投资者采用“对敲”策略，股票价格如何变化他才能够获利？

6.. GS 公司具有很高的成长性。未来 3 年中预期股利增长率为 30%，之后股利增长率稳定在 5%。如果投资者期望的回报率为 20%，公司昨天支付了 1.75 元的股利，则该公司股票今天期望的市价是多少？

7. BQL 公司刚刚支付了每股 0.75 元股利，公司决定明年股利增长 40%，之后每年股利增长率将减少 5%，直到达到同行业 5%的水平，这以后将一直保持同样的股利增长率。如果该公司的市场资本化利率为 11%，那么该公司股票的预期市场价格为多少？

8. CLL 公司股票的欧式看涨期权 6 个月后到期，但该公司计划分别于 2 个月和 5 个月后各支付一次现金股利，每次支付 0.2 元/股。如果该看涨期权的执行价格为每股 40 元，目前股票市价也为每股 40 元，年度股票价格变化的标准差为 30%，连续无风险利率为 6%，计算该股票看涨期权的价值。

9. BAT 公司是一家刚刚上市的互联网公司，近年来高速成长。为尽量保留现金流，董事会拟定了如下股利政策：未来 5 年内不支付股利，从第 6 年开始支付现金股利，股利支付率为 60%，其后永远持续。董事会确信，公司 ROE 的期望值可以保持在 25%。若公司的市场资本化利率为 18%，试估计：

（1）BAT 公司股票的市净率。

（2）BAT 公司股票的市盈率。

第七章　长期资金筹集

上一章是承前启后的一章，证券估价既是前五章中有关时间价值、风险价值原理以及基本财务比率的初步应用，又为企业的筹资决策和投资决策等领域的进一步探讨奠定了基础。例如，在本章企业长期资金筹集中，债券和股票是常用的两种方式，而认股权证、可转换债券等也包含着看涨期权的成分。通过本章的学习，可以了解企业长期筹资的动机、特点、基本方式以及特殊方式；熟悉长期借款、长期债券、普通股筹资的基本特点、基本条件、基本程序和优缺点；掌握债券评级的基本知识、普通股发行定价的基本方法、配股除权价格的确定方法；进一步接触融资租赁、优先股、认股权证、可转换债券等其他长期筹资方式。

开篇案例

亚盛集团的长期筹资计划

亚盛集团（600108）是一家从事现代农业的上市公司，近年来发展势头良好。在该公司 20X1 年的董事会报告中提出，未来需要新建 30 万亩（1 亩=0.067 公顷）高效农业节水滴灌工程建设项目、现代农业滴灌设备生产建设项目、现代农业物流体系建设项目 3 个项目，预计未来需要长期资金超过人民币 10 亿元。面对如此巨大的长期资金需求，亚盛集团该如何进行资金筹措呢？在董事会报告中，公司董事会给出的计划是：主要通过非公开发行股票方式筹措长期资金，同时结合金融机构贷款、发行中期债券、利用利润留存等多种方式，解决剩余所需资金。

针对亚盛集团董事会提出的长期筹资计划，你认为该计划是否合理？上述各种筹资方式的优缺点各是什么呢？

第一节 企业长期筹资概述

企业长期筹资（Long-Term Financing）是指企业筹集长期资金的过程。长期资金是指使用期限超过一年的资金，按照资金性质的区别，长期资金可以分为两类，即长期债务资金（非流动负债）和权益资金。对企业来说，长期债务资金的使用期限超过一年，但需要偿还本金并支付利息；而权益资金则形成企业的法人财产（自有资本），企业不需要偿还资本金，一般只需要定期支付不定额股利。长期筹资对企业具有十分重要的意义，严格来讲，只有长期资金才能被称为资本（Capital），而短期资金则属于企业的营运资本（Working Capital）。

一、长期筹资的动机

企业筹集长期资金的根本目的是为了自身的生存和发展，但它的具体动机又是多样的，主要有设立筹资、扩张筹资和偿债筹资 3 个动机。

（一）设立筹资动机

有关企业设立资金的问题，早些年各国的公司法都要求成立公司必须有一定的资本限额。不过，美国在 1987 年进行了公司法改革，放弃了成立公司最低资本规定。此后，很多国家纷纷效仿这一做法，陆续取消了对公司最低资本的限制。我国最早在 2013 年修正公司法（2014 年生效）时借鉴了这一做法，基本取消了公司注册资本最低限额的规定，2018 年进一步修正公司法时，延续了这一做法。即使如此，现代企业是资合企业，启动一家公司必然也需要具备一定数量的资本，比如，我国《公司法》要求有限责任公司的成立必须有符合公司章程规定的全体股东认缴的出资额。而且，公司成立之后要开展具体经营业务也离不开必要的资本。企业的设立资本称为初始权益资本，按照现代企业制度（独立法人和有限责任）的原则，企业的资本金作为企业法人财产，在企业存续之时，不得以任何方式抽逃。因此，要设立并运营一家公司，筹集一定数量的长期资金是必要条件，这些资金通常表现为权益资金。

（二）扩张筹资动机

企业的扩张一般表现为内部扩张和外部扩张两种形式：内部扩张一般通过购买新的固定资产、上马新的生产线、投资新的项目或进入新的经营领域来实现；外部扩张则表现为兼并和收购（并购）。无论是内部扩张还是外部扩张，企业都需要额外的资金，因而都会产生筹资的需求。在筹资时，必须考虑企业的财务结构（Financial Structure）。如果仅仅通过短期负债（流动负债）来筹集资金，会给企业带来巨大的财务风险，很可能会影响企业的长期生存；而通过筹集长期资金为固定资产或并购提供资金，则能够体现资金期限和使用期限的匹配，无疑会降低企业的财务风险并缓解偿债压力。

（三）偿债筹资动机

偿债筹资是指企业为了偿还到期债务而筹集资金。由于负债具有财务杠杆作用，所以绝大多数企业都会利用负债为生产经营补充资金。不过，债务一般都有到期日，到期必须偿还本金并支付利息。而企业的资金生成往往与到期债务并不能保持同步，这时必须预先安排筹集偿债资金，否则企业必然陷入偿债危机甚至面临生存挑战。当然，企业可以借入新的债务来偿债，也可以筹集权益资金来偿债。不过，仅仅依靠短期债务来偿还旧债，就会陷入不断为偿债筹资的窘境，适度地使用长期资金特别是权益资金偿债，则可以优化企业的财务结构和资本结构（Capital Structure）。

总之，企业要长期、持续和稳定地进行生产经营活动，离不开长期资金的筹集。

二、长期筹资的特点

长期筹资与短期筹资相比，具有如下特点。

（一）资金使用期限长

长期资金使企业获得长时间支配资金的权利，其中的权益资金无须偿还本金，即使是需要偿还的长期负债，其偿还期也要远远长于短期负债。因此，长期资金更有利于企业投入长期资产，进行长期资金循环；财务部门也有更长的时间为偿还长期负债制订财务计划。

（二）筹资风险大

长期资金的使用期限长，而在资金的占用期间内，企业的收益率、市场利率等都具有不同程度的不确定性，企业需要承担经营风险、利率变动风险等，使得企业面临的筹资风险较大。此外，对长期负债来说，企业虽然可以制订出长期还债计划，但其金额一般巨大，一旦现金流出现计划外的偏差，很可能带来财务危机。

（三）资本成本高

企业的长期筹资也就是投资者的长期投资，长期投资的利率风险和违约风险都比较高，因此投资者也就必然要求较高的风险报酬，这些报酬转化为代价由筹资的企业承担，从而导致企业长期筹资的资本成本提高（有关资本成本的讨论，见本书第八章）。

（四）筹资影响大

长期资金主要匹配资本性支出，同企业的生产规模、经营方向等具有直接联系，对企业的生产经营影响很大。所以，一般而言，企业的长期筹资属于重大的生产经营决策，需要董事会的批准。一般而言，长期筹资的资金来源会影响企业的投资策略，长期债务资金往往投入周期相对较短、见效相对较快的投资机会，而长期权益资金则可以投入更具战略性的投资机会。此外，长期债务资金的偿还也会产生重大影响，它会在短时间内造成大量现金流出，给企业带来资金压力。

三、长期筹资的来源

（一）资金来源的性质差异

按照资金来源的性质不同，长期资金可以分为权益资金和长期负债。权益资金又称为所有者权益、自有资本或自有资金，是企业依法筹集并长期拥有、自主调配运用的资金，这些资金构成企业的法人财产。权益资金的来源主要包括：投资者的初始投入或追加投入，表现为吸引直接投资、发行股票等方式，形成的会计科目包括实收资本（或股本）、资本公积；企业自身的留存收益，表现为提取法定盈余公积、任意盈余公积、保留未分配利润等方式，形成的会计科目包括盈余公积和未分配利润。从资金来源的性质上来看，权益资金的筹集属于股权筹资。

长期负债（非流动负债）是指企业从金融机构或其他企业及个人处借入的期限在一年以上的资金，企业承担债务必须按期还本付息。发放贷款的机构、企业或个人称为债权人，而接受贷款的企业称为债务人。长期负债主要表现为从银行或其他非银行金融机构借款、发行债券、融资租赁等方式，形成的会计科目包括长期借款、应付债券、长期应付款等。从资金来源的性质上来看，长期负债的筹集属于债权筹资的一部分，债权筹资另外一部分指的是短期负债（即流动负债）筹资。

权益资金和长期债务对应的所有者和债权人所享有的权利和承担的义务不同。债权人承担的风险小，得到的收益是契约收益；而所有者或股东承担的风险大，得到的收益是剩余收益。应当指出，企业发行的某些证券在一定程度上兼具负债和权益的性质，比如优先股、可转换债券等。

（二）资金来源与金融机构

按筹资活动是否通过金融机构，长期筹资可以分为直接筹资和间接筹资。直接筹资是指公司不通过金融机构而直接从最终投资者手中筹集资金。在直接筹资中，企业与投资者通过建立直接的借贷关系或所有权关系，实现资金从所有者手中转移到资金使用者一方。除了少数吸引直接投资的活动之外，大多数直接筹资需要依附诸如股票、债券等有价证券。直接筹资的范围广，可利用的筹资方式较多，随着金融创新工具的发展，公司选择范围也日益扩大。

间接筹资是指公司借助于银行等金融机构进行筹资的活动，其主要形式有银行借款、非银行金融机构借款、融资租赁等。在间接筹资中，筹资者与投资者不直接发生借贷关系，而是投资者以存款的方式投资于银行等金融机构，再由这些金融机构集中起来以贷款的方式投放给需要资金的企业。间接筹资具有筹资效率高、筹资期限较为灵活等特点，但也存在着筹资范围狭窄、筹资金额有限等不足。

【课堂测试 7-1】

请将相应的项目填入以下框架结构的空白处。

- 资金来源
  - 短期资金
  - 长期资金
    - 长期负债
      - ______
      - ______
      - 长期应付款
    - 权益资本
      - ______
      - 资本公积
      - ______
      - 未分配利润

第二节　长期负债筹资

一、长期负债筹资的特点

长期负债（Long-Term Liabilities）是企业一项重要的资金来源。与普通股筹资相比，长期负债筹资的特点表现为筹集的资金在使用时具有时间限制，到期需要偿还；不论企业经营好坏，都需要支付固定的债务利息，从而对企业形成固定的财务压力；其资本成本一般比普通股筹资成本低（有关资本成本的讨论见本书第八章，下同），且不会分散股东对企业的控制权。

与短期负债（流动负债）相比，长期负债也有独特之处。长期负债的优点是可以解决企业长期资金的不足，如满足购置长期性资产的需要；由于长期负债的归还期长，企业可以对债务的偿还做出财务安排，从而降低压力和风险。长期负债的缺点是长期负债筹资一般成本较高，即长期负债的利率一般会高于短期负债利率；长期负债的债权人往往会提出一些限制性条件，从而形成对企业的约束。

目前在中国，长期负债筹资主要有长期借款和债券两种方式。

二、长期借款筹资

长期借款是指企业向银行或其他非银行金融机构借入的使用期限超过 1 年的借款，形成企业长期负债资金。按照资金的用途，长期借款可以分为普通借款和专项借款，后者主要包括更新改造借款、科技开发借款以及新产品试制借款等；按照有无担保，长期借款可以分为信用贷款和抵押贷款。

（一）取得长期借款的条件

一般而言，金融机构（主要指商业银行）对企业发放贷款的原则是按计划发放、择优扶植、有物资保证、按期归还。企业向商业银行申请贷款一般应具备的条件包括：①独立核算、自负盈亏、有法人资格；②经营方向和业务范围符合国家产业政策，借款用途属于银行贷款办法规定的范围；③借款企业具有一定的物资和财产保证，担保单位具有相应的经济实力；④具有偿还贷款的能力；⑤财务管理和经济核算制度健全，资金使用效益及企业经济效益良好；⑥在银行设有账户，办理结算。

具备上述条件的企业要取得银行贷款要经过以下几个步骤：①企业向银行提出申请，陈述借款原因与金额、用款时间与计划、还款期限与计划等；②银行针对申请企业的财务状况、信用状况、盈利状况以及借款用途的可行性进行审查；③审查通过后，银行与企业进一步协商贷款的具体条件，明确贷款的种类、用途、金额、利率、期限、还款的资金来源及方式、保护性条款、违约责任等，并据此签订借款合同；④待借款合同生效，企业便可取得借款。

（二）长期借款的保护性条款

由于长期借款的期限长、风险大，为了避免利益受损，债权人通常会对企业提出一些保护性条款，并写入借款合同中。这些条款通常包括两类：

1. 一般性保护条款

一般性保护条款应用于大多数借款合同，主要内容包括：①对借款企业流动资金保持量的要求，以确保借款企业的资金流动性和偿债能力；②对支付现金股利和回购股票的限制，目的在于限制资金外流；③对经营性长期资产总投资规模的限制，目的同样在于保持借款企业资金的流动性；④限制其他长期债务，控制财务风险；⑤要求借款企业定期提交财务报告，以及时掌握企业的财务状况；⑥限制在正常情况下大量出售资产，以保持企业正常的生产经营能力；⑦如期缴纳税费和清偿其他到期债务，以防被罚款而造成现金流失；⑧不准以任何资产作为其他承诺的担保或抵押，以免企业负担过重；⑨不准贴现应收票据或出售应收账款，以避免或有负债；⑩限制租赁固定资产的规模，以防止租金负担削弱企业偿债能力。

2. 特殊性保护条款

特殊性保护条款是针对某些特殊情况而出现在部分借款合同中，主要包括：①贷款专款专用；②限制企业投资于短期内不能收回资金的项目；③限制企业高管的薪金和奖金总额；④要求企业主要领导人在合同有效期间担任领导职务；⑤要求企业主要领导人购买人身保险等。

（三）长期借款的偿还方式

长期借款存在多种偿还方式，主要包括：①定期支付利息、到期一次偿还本金；②定期等额偿还本金和利息；③平时逐期偿还小额本金和利息、期末偿还余下大额部分的方式。对于第一种方式，企业在债务到期时的还款压力大；而对于第二种方式，贷款的有效年利率会显著高于借款合同中载明的利率。

（四）长期借款筹资的优缺点

与其他长期负债筹资相比，长期借款的优缺点如下。

长期借款的优点包括：①长期借款的筹资速度快，相较于各种证券的发行周期，长期借款所需的时间短，可以迅速弥补资金缺口；②长期借款条款的弹性好，企业可以与金融机构商谈来确定借款条款，甚至在借款期间，如果企业情况发生了变化，也可以与金融机构协商修改借款合同。

长期借款的缺点包括：①财务风险较大，长期借款必须定期还本付息，在经营不善的情况下，可能会产生不能偿付的风险，甚至会导致破产；②限制条款较多，前述的各种一般性保护条款和特殊性保护条款，都可能会限制企业的经营活动。

篇中案例 7-1

南京化纤增加的长期借款

南京化纤（600889）是一家主要从事粘胶纤维生产的多元化经营的上市公司。从公司 20X0 年的财务报告可知，该公司在 20X0 年新投资项目包括 1.3 万吨粘胶长丝搬迁工程、1200 吨连续纺工程等大型项目 6 项。为了筹措资金，该公司在 20X0 年新增长期借款 3.5 亿元，涉及贷款银行包括星展银行、华夏银行、首都银行、中国银行等，借款利率范围为 4.779%~5.650%。你认为这些长期借款会给公司带来什么影响呢？

三、长期债券筹资

对于债券，在本书第六章已经进行了一些讨论，应该明确，债券是代表债权债务关系的有价证券，债券的发行人是债务人，投资于债券的人是债权人。此处所说的长期债券，指的是期限超过 1 年的公司债券，其发行目的通常是为建设大型项目筹集大笔长期资金。

（一）长期债券的特征

长期债券（以下简称债券）与股票都属于有价证券，对发行公司来说都是筹资手段，不过与股票相比，债券主要有以下特征：①债券持有人是债权人，与发行公司之间只是一种借贷关系；而股票持有人是股东，他们掌握企业的所有权，但通常委托管理者对企业进行经营和管理。②债券获得契约收益，利息的多少与发行公司的经营状况无关，是固定的；股票获得剩余收益，股利的多少由公司盈利水平和股利政策确定，一般不固定。③在资本市场上，流通债券的风险较小，因为其利息收入基本上是稳定的；股票的风险则较大。④债券是有期限的，到期必须偿还本金；股票除特殊情况（清算或回购等）外，一般不退还本金。⑤债券属于公司债权，在公司清算进行财产分配时受偿权优先于股票。

（二）债券的分类

债券有很多分类方式，主要包括按债券上是否记有持券人的姓名或名称，债券分为记名债券和不记名债券；按有无特定的财产担保，债券分为抵押债券和信用债券；按是否参加公司盈余分配，债券分为参加公司债券和不参加公司债券；按利率不同，债券分为固定利率债券和浮动利率债券；按能否上市，债券分为上市债券和非上市债券；按照偿还方式，债券分为到期一次债券和分期债券等。其中，上市债券可在证券交易所挂牌交易，这种债券信用度高、变现速度快，故而容易吸引投资者，但上市条件严格，并需承担上市费用。

（三）债券的发行资格和条件

按照国际惯例，企业发行债券要符合一定的条件。根据2005年10月修订之前的《中华人民共和国公司法》的规定，在我国具备发行公司债券资格的主体包括股份有限公司、国有独资公司和两个以上的国有企业或者其他两个以上的国有投资主体投资设立的有限责任公司；2005年10月以后历次修订及修正的公司法中，虽然没有了这一条款，但在实务中，由于债券发行需要国务院授权的部门核准，所以目前发行公司债券的主体变化不大。

根据《中华人民共和国证券法》第16条的规定，公开发行公司债券，应当符合下列条件：

（1）股份有限公司的净资产不低于人民币3 000万元，有限责任公司的净资产不低于人民币6 000万元。

（2）累计债券余额不超过公司净资产的40%。

（3）最近三年平均可分配利润足以支付公司债券一年的利息。

（4）筹集的资金投向符合国家产业政策。

（5）债券的利率不超过国务院限定的利率水平。

（6）国务院规定的其他条件。

公开发行公司债券筹集的资金，必须用于核准的用途，不得用于弥补亏损和非生产性支出。

此外，我国《证券法》第18条还规定，发行公司有下列情形之一的不得再次发行公司债券：

（1）前一次公开发行的公司债券尚未募足。

（2）对已公开发行的公司债券或者其他债务有违约或者延迟支付本息的事实，仍处于继续状态。

（3）违反证券法规定，改变公开发行公司债券所募资金的用途。

（四）债券的发行程序

（1）做出发行债券的决议。一般而言，股份有限公司、有限责任公司发行债券，由董事会制订方案，股东（大）会做出决议。

（2）评定债券等级，申报发行。债券发行决议做出后，公司应聘请具有从业资格的评信机构评定债券的信用等级，以便为证券管理部门审批提供依据。

（3）公告债券募集方法。公司发行债券审评经批准后，应当公告募集方法。

（4）发行债券。债券的发行一般分为私募发行和公募发行两种方式。私募发行是指面向少数特定投资者发行，私募发行一般采用直接发售方式，筹集资金涉及范围小。公募发行是指向社会广泛的不特定投资者发行，一般需要与承销机构签订承销协议。承销机构可以是一家或多家证券公司或投资银行，承销方式有代销和包销两种。代销是指发行公司委托承销机构代为向社会销售债券，承销机构不承担发行风险；包销是由承销机构先购入发行公司拟发行的全部债券，然后再出售给社会上的投资者，到约定期限未售出部分要由承销机构认购，这种方式下，承销机构要承担部分发行风险。

(5)收缴债券款，登记债券存根簿。公司发行债券应在规定的期限内结束，公开发行债券的，应当在截止期向承销机构收缴债券款项，同时在置备的公司债券存根簿上进行登记。

（五）债券的发行价格

债券的发行价格是债券发行时使用的价格，即投资者购买债券时所支付的价格。公司债券的发行价格通常有 3 种：平价发行、溢价发行和折价发行。有关债券发行价格的确定在本书第六章已经讨论过，这里不再赘述。

（六）债券评级

债券评级是由债券信用评信机构[例如，标普（Standard & Poor's）、穆迪（Moody's）、惠誉（Fitch）、大公国际、联合信用等]根据债券发行者的要求及提供的有关资料，通过调查、预测、比较、分析等手段，对拟发行债券的风险，即债券发行者按期按量偿付债券本息的清偿能力和清偿愿望做出独立判断，并赋予其相应的等级标志。这些评信机构以客观、公正作为评定标准，其自身能够长盛不衰，也代表了这些机构的公信力。那么，为什么需要债券评级呢？首先，对发行公司来说，债券的等级对于债券融资的利率和公司债券成本有着直接的影响。其次，对中小投资者来说，由于受时间、知识和信息来源的限制，无法对众多债券进行分析和选择，评信机构对债券做出的客观、公正和权威的评定，能够为投资者决策提供参考。最后，债券评级也为债券管理部门的审批提供依据。

债券等级反映了投资于该债券的安全程度，或该债券的风险大小。国际上流行的债券等级由标普和穆迪创立，一般分为三等九级（详见表 7-1），具体还包括一些过渡等级。目前，中国尚无统一的债券等级标准和系统的评级制度，但正在逐渐完善过程中。

表 7-1 债券信用等级表

标准普尔公司（Standard & Poor's）		穆迪公司（Moody's）	
AAA	最高级	Aaa	最高质量
AA	高级	Aa	高质量
A	上中级	A	上中质量

续表

标准普尔公司（Standard & Poor's）		穆迪公司（Moody's）	
BBB	中级	Baa	下中质量
BB	中下级	Ba	具有投机因素
B	投机级	B	通常不值得正式投资
CCC	完全投机级	Caa	可能违约
CC	最大投机级	Ca	高度投机性，经常违约
C	违约级	C	最低级

篇中案例 7-2

利源精制公司债券的评级调整

20X8 年 9 月 28 日，联合信用评级有限公司对外公告，决定对利源精制（002501）的主体长期信用等级由“A”下调至“BBB”，并维持评级展望为“负面”；同时将其发行的“吉林利源精制股份有限公司 20X4 年公司债券”（X4 利源债，112227.SZ）信用等级由“A”下调至“BBB”。如此调低债券评级，显然是不同寻常的事情，联合信用给出的理由是：公司 20X8 年半年报显示，公司营业收入较上年同期下降 40.08%，仅实现净利润−0.89 亿元，业绩出现大幅下滑。其原因是公司流动资金紧张，原材料采购受到影响，部分订单流失，不能及时交货。同时，由于出现债务纠纷，公司全部土地房产被法院查封，但未被限制正常使用。上述问题显著地削弱了利源精制的整体盈利能力和偿债能力，并对“14 利源债”的付息和偿还产生重大影响。你认为这样的信用评级对该债券的投资者会产生什么影响呢？

（七）债券的偿还

债券的偿还时间一般分为到期偿还、提前偿还和滞后偿还 3 种。到期偿还是债券的标准偿还时间；提前偿还只有在企业发行债券的契约中明确规定了有关允许提前偿还的条款（如可赎回条款），企业才能够进行提前赎回或收回债券；滞后偿还一般也是由发行债券的契约确定，主要是给予持有人以延长持有债券的选择权。债券的偿还形式，即债券的支付手段，主要包括现金、新发行的本公司债券（以新债券换旧债券）、本公司的普通股股票（适用于可转换债券）和本公司持有的其他公司发行的有价证券。其中前 3 种比较常见。

（八）债券筹资的优缺点

与其他长期负债相比，长期债券的优缺点如下。

长期债券的优点包括：①筹资规模较大；②资金具有长期性和稳定性；③为

社会公众提供投资理财工具，有利于优化资源配置。

长期债券的缺点包括：①存在发行成本，即企业公开发行债券的程序复杂，需要聘请保荐人、会计师、律师、资产评估机构、资信评级机构、承销机构等中介，发行成本较高；②信息披露成本高，即债券发行和上市，需要企业公开或定期提供必要的财务报告及其他财务信息，信息披露的成本高；③发行长期债券限制条件多。

【课堂测试 7-2】

根据我国现行《公司法》和《证券法》，说明下列情况中不允许发行债券的原因。

a. A 股份有限公司目前资产总额 8 000 万元，资产负债率 70%，盈利状况良好。

b. B 有限责任公司目前盈利状况良好，未发行债券，负债总额 5 000 万元，产权比率为 0.9。

c. C 股份有限公司存在流通在外的债券余额为 2 000 万元，盈利状况良好，能够及时支付债券利息。公司目前股东权益总额 6 000 万元，该公司准备再发行债券 1 000 万元。

d. D 股份有限公司半年前发行的公司债券尚未募足资金，现在准备再发行 1 000 万元债券。

e. E 公司连续 3 年亏损，准备发行 1 000 万元债券用于弥补亏损。

第三节　普通股筹资

权益资本筹资构成了企业的原始资本，也是企业债务资本筹资以及进行资产投资的基础。权益资本筹资又称为股权筹资，包括内部股权筹资和外部股权筹资，前者指的是留存收益筹资，后者指的是普通股筹资。反映在资产负债表上，前者表现为留存收益的增加，后者表现为实收资本（或股本）的增加（通常伴随资本公积的增加）。本节主要介绍普通股及普通股筹资的形式和特点。

一、股票的分类

股票作为代表所有权关系的有价证券，根据不同标准，可以对股票进行不同分类，主要包括：按照股东权利的不同，股票分为普通股和优先股，本节仅讨论普通股，有关优先股的讨论见本章第四节的相关内容；按照股票上是否载有股东姓名或名称，股票分为记名股票和无记名股票；按股票是否标明金额，股票可以分为面值股票和无面值股票；按照发行时间的先后顺序，股票可以分为始发股和增发股；按发行对象和上市地区的不同，在我国股票可以分为A股、B股、H股、N股、S股等。

二、普通股的首次发行、定价与上市

（一）普通股的首次发行

符合设立条件的股份有限公司新设或有限责任公司变更改组而成立股份有限公司时，为募集资本而发行股票，即股份有限公司首次发行股票。根据我国现行《公司法》的规定，股份有限公司的设立，可以采取发起设立或者募集设立的方式。发起设立，是指由发起人认购公司应发行的全部股份而设立公司。募集设立，是指由发起人认购公司应发行股份的一部分，其余股份向社会公开募集或者向特定对象募集而设立公司，其中发起人认购的股份一般不得少于公司股份总数的35%。

1. 股票首次发行的程序

根据我国《公司法》，无论是发起设立还是募集设立，股份有限公司都需要2～200人的发起人。

对于发起设立主要程序包括：①在公司登记机关登记的全体发起人认购股本，其认购总额作为注册资本。在发起人认购的股份缴足前，不得向他人募集股份。②发起人应当书面认足公司章程规定其认购的股份，并按照公司章程规定缴纳出资。以非货币财产出资的，应当依法办理其财产权的转移手续。③发起人认足公司章程规定的出资后，应当选举董事会和监事会，由董事会向公司登记机关报送公司章程以及法律、行政法规规定的其他文件，申请设立登记。

对于募集设立主要程序包括：①发起人认购的股份不得少于公司股份总数的35%。②发起人向社会公开募集股份，公告招股说明书，并制作认股书。③股份由依法设立的证券公司承销，签订承销协议。④公司注册资本为在公司登记机关登记的实收股本总额。⑤发起人主持召开公司创立大会，选举董事会、监事会。⑥报送相关材料，申请设立登记。

2. 股票发行方式和销售方式

股票的发行方式，指的是公司通过何种途径发行股票，主要分为以下两类：

（1）公开间接发行，指通过中介机构，公开向社会公众发行股票。我国股份有限公司采取募集方式设立的，向社会公开募集股份就需要由证券公司承销，这属于公开间接发行。这种发行方式的优点是发行范围广、发行对象多，易于足额募集资本；而且股票的流通性好，变现力强。主要不足是手续繁杂，发行成本高。

（2）不公开直接发行，指不公开对外发行股票，只向少数特定的对象直接发行，因而无需经中介机构承销。我国股份有限公司采用发起设立和以不向社会公开募集的方式发行新股的做法，即属于股票的不公开直接发行。这种发行方式弹性较大，发行成本低，但发行范围小，股票变现力差。

股票的销售方式，指的是股份有限公司向社会公开发行股票时所采取的股票销售方法。股票销售方式有两类：自行销售（自销）和委托中介机构销售（承销）。

股票发行的自销方式，是指发行公司自己直接将股票销售给认购者。这种销售方式可由发行公司直接控制发行过程，实现发行意图，并可以节省发行费用；缺点是筹资时间长，发行公司要承担全部发行风险，并需要发行公司有较高的知名度、信誉和实力。在我国，目前这种方式仅出现在少量定向增发和配股的时候。

股票发行的承销方式，是指发行公司将股票销售业务委托给证券经营机构代理。我国《公司法》规定，股份有限公司向社会公开发行股票，必须与依法设立的证券经营机构签订承销协议，由证券经营机构承销。承销又分为包销和代销两种具体办法。所谓包销，是根据承销协议商定的价格，证券经营机构一次性全部购进发行公司公开发行的股份，然后以较高的价格出售给社会上的认购者。对发行公司来说，包销的办法可及时筹足资本，免于承担风险（股款未募足的风险由承销商承担），但股票以较低的价格出售给承销商会损失部分溢价。所谓代销，是证券经营机构代替发行公司代售股票，并由此获取一定的佣金，并不承担股款未募足的风险。

（二）普通股发行定价

股票发行价格通常有等价、时价和中间价 3 种。等价是指以股票面额为发行价格，也称平价发行或面值发行。时价是以公司原发行同种股票的现行市场价格为基准来选择增发新股的发行价格，也称市价发行。中间价是取股票市场价格与面额中间值作为股票的发行价格。以中间价和时价发行可能是溢价发行，也可能折价发行。不过，我国现行《公司法》规定，公司发行股票不准折价发行，即不准以低于股票面额的价格发行。

根据我国《证券法》的规定，股票发行采用溢价发行的，其发行价格由发行人与承销的证券公司协商确定。发行人通常会参考公司经营业绩、净资产、发展潜力、发行数量、行业特点、资本市场状态等，确定发行价格。在实际工作中，股票发行价格的确定方法主要有市盈率法、净资产倍率法和现金流量折现法。

1. 市盈率法

市盈率法是以公司股票的市盈率为依据确定发行价格的一种方法，它的基本原理如下：

$$\text{市盈率}=\frac{\text{每股市价}}{\text{每股收益}}\Rightarrow\text{每股市价}=\text{每股收益}\times\text{市盈率}$$

首先，根据二级市场的平均市盈率、发行公司所处行业的情况（同行业公司股票的市盈率）、发行公司的经营状况及成长性等拟定发行市盈率。

其次，根据盈利预测，计算出发行公司的每股收益。确定每股收益的方法有两种：一是完全摊薄法，采用发行后股份总数摊薄预期净利润；二是加权平均法，用加权平均股份数摊薄预期净利润。

最后，根据预期每股收益与市盈率的乘积确定发行价格。

2. 净资产倍率法

净资产倍率法又称为资产净值法，是指通过资产评估和相关会计手段确定发行公司拟募股资产的每股净资产值，然后根据证券市场的状况将每股净资产值乘以一定的倍率，以确定股票发行价格的方法。净资产倍率法确定每股发行价格不仅考虑公平市值，还须考虑市场所能接受的溢价倍数（市净率）。以净资产倍率法确定发行股票价格的计算公式如下：

$$\text{发行价格}=\text{每股净资产}\times\text{市净率}$$

3. 现金流量折现法

现金流量折现法是通过预测公司未来的盈利能力，计算出公司年现金净流量，并按一定的折现率折算公司价值，从而确定股票发行价格的方法。其基本要点是：首先用市场接受的会计手段预测公司每个项目若干年内每年的净现金流量，再按照市场公允的折现率，分别计算出每个项目未来的净现金流量的净现值（有关净现值的讨论见本书第十一章）。公司的净现值除以公司股份数，即为每股净现值。

（三）普通股票上市

股票上市，指的是股份有限公司公开发行的股票能够在证券交易所（二级市场）进行挂牌交易。只有公开募集发行并由证券交易所依法审核同意上市的股票才能进入证券交易所流通转让，非公开募集发行的股票或未向证券交易所申请上市的非上市股票，只能在证券交易所外的场外交易市场（Over the Counter

Market, OTC Market）流通转让。目前，我国的主板市场和深圳证券交易所创业板市场股票上市方式采用核准制的背景下，现行《证券法》[①]规定股份有限公司申请股票上市，应当符合下列条件：

（1）股票经国务院证券监督管理机构核准已公开发行。

（2）公司股本总额不少于人民币 3 000 万元。

（3）公开发行的股份达到公司股份总数的 25%以上；公司股本总额超过人民币 4 亿元的，公开发行股份的比例为 10%以上。

（4）公司最近 3 年无重大违法行为，财务会计报告无虚假记载。

可以看出，现在我国企业要想在主板或创业板上市，必须符合上述规定。也就是说，发起设立的股份有限公司，首先要经过证监会核准首次公开发行（Initial Public Offering，IPO）股票，进一步符合条件才能将股票上市；募集设立的股份有限公司，虽然曾经公开募集股票，但仍然需要证监会核准，进一步符合条件才能将股票上市。实务中，一些有限责任公司在股本上符合上市要求之后，通常会在变更为股份有限公司的同时，采用募集设立的方式，经证监会核准，实现跨越式上市。此外，2019 年 6 月 13 日，上海证券交易所正式设立科创板并试点注册制，7 月 22 日，科创板首批 25 家公司挂牌上市。现阶段，科创板股票上市主要遵循《科创板首次公开发行股票注册管理办法（试行）》和《上海证券交易所科创板股票上市委员会管理办法》，其上市条件也属于试行阶段，有待正式的法律、法规予以确认，这里不做详述。

股份有限公司申请上市的目的主要包括：①将资本公众化，分散风险；②提高股票的流动性；③进行股权融资，筹措发展资金；④提高公司知名度，吸引更多顾客；⑤便于确定公司价值。

股票上市也有对公司不利的一面，主要包括：①公司将负担较高的信息披露成本；②信息公开可能会暴露公司商业秘密；③股价有时会歪曲公司实际状况，丑化公司声誉；④可能会分散公司的控制权。

三、股权再融资

上市公司利用股票市场再融资是资本市场发挥市场资源配置功能的基本

① 所谓核准制，指的是证券的发行不但必须符合证券管理机构制定的若干实质条件，而且即使符合条件的发行公司，也要经证券管理机关批准后才能取得发行资格并在证券市场上发行证券。与核准制相对应的是注册制，在注册制之下，主管机构只负责审查发行申请人提供的信息和资料是否履行了信息披露义务，只要发行公司符合证券发行条件并且披露的信息真实充分，便可在证券市场上发行证券。在本书修订之际，我国的资本市场已经设立科创板并试点注册制，《证券法》也正在紧锣密鼓的修订中。

方式，也是上市公司能够持续发展的重要动力源泉。股权再融资（New Equity Sales）的方式包括向现有股东配股（Allotment）和增发新股（Seasoned Equity Offering）融资。我国现行《证券法》规定，公司公开发行新股，应当符合下列条件：①具备健全且运行良好的组织机构；②具有持续盈利能力，财务状况良好；③最近 3 年财务会计文件无虚假记载，无其他重大违法行为；④经国务院批准的国务院证券监督管理机构规定的其他条件。

（一）配股

配股是指向原普通股股东按其持股比例、以低于市价的某一特定价格配售一定数量新发行股票的融资行为。在我国，配股的目的包括：①不改变老股东对公司的控制权和享有的各种权利；②因发行新股将导致短期内每股收益稀释，通过折价配售的方式可以给老股东一定的补偿；③鼓励老股东认购新股，以增加发行量。

配股一般采取网上定价发行的方式。上市公司向原股东配股的，除了要符合公开发行股票的一般规定外，还应当符合下列规定：①拟配售股份数量不超过本次配售股份前股本总额的 30%；②控股股东应当在股东大会召开前公开承诺认配股份的数量；③采用《证券法》规定的代销方式发行。

配股价格由主承销商和发行人协商确定。通常配股股权登记后要对股票进行除权处理。除权后股票的理论除权基准价格如下：

$$配股除权价格=\frac{配股前股票市值+配股价格\times配股数量}{配股前股数+配股数量}$$
$$=\frac{配股前每股价格+配股价格\times股权变动比例}{1+股权变动比例}$$

除权价格只是作为计算除权日股价涨跌幅度的基准，提供的只是一个基准参考价。如果除权后股票交易市价高于该除权基准价格，使得参与配股的股东财富较配股前有所增加，称为“填权”；反之，股价低于除权基准价格，则会减少参与配股股东的财富，称为“贴权”。

一般来说，老股东可以以低于配股前股票市价的价格购买所配发的股票，因此配股权具有价值。配股权的价值计算公式如下：

$$配股权价值=\frac{配股后股票价格-配股价格}{配售1股新股需要股权数}$$

［例 7-1］

FML 公司采用配股的方式进行融资。20X5 年 2 月 1 日为配股除权登记日，以公司 20X4 年 12 月 31 日总股本 100 000 000 股为基数，拟每 10 股配 1 股。配股价格为说明书公布前 20 个交易日公司股票收盘价平均值 30 元/股的 80%，即配股价格 24 元/股。假定不考虑新筹集资金的投资情况，计算：

（1）在所有股东参与配股的情况下，配股后每股价格。

（2）每 1 份配股权的价值。

（3）是否参与配股将对股东财富的影响。

[解答]

⑴ 配股后的价格 $=\dfrac{30+24\times 10\%}{1+10\%}=29.455$（元/股）

⑵ 配股权的价值 $=\dfrac{29.455-24}{10}=0.546$（元）

（3）假设某股东配股前拥有 1 000 股 FML 公司股票，配股前价值 30 000 元。如果所有股东都参与配股，该股东配股后拥有股票的总价值为 32 400 元（29.455×1 100），也就是说该股东花费 2 400 元参与配股，持有的股票价值增加了 2 400 元，其财富没有变化。若该股东不参与配股，由于配股后股票价格下降，他仍然持有 1 000 股，则会有财富损失（具体计算略）。

篇中案例 7-3

蓝科高新的配股

20X4 年 1 月 8 日，蓝科高新（601798）对外发布公告称该公司配股申请已经获得证监会核准。该公司拟以截至 20X3 年 12 月 31 日的总股本 32 000 万股为基数，按每 10 股配 1.1 股的比例向全体股东配售股份，可配售股份共计不超过 3 520 万股。公司根据刊登配股发行公告前股票市场交易的情况，在不低于公司最近一期每股净资产的基础上，依据本次配股确定的定价原则，采用市价折扣法确定配股价格为每股 5.68 元。配股的股权登记日为 20X4 年 1 月 13 日，采用代销方式承销期为 20X4 年 1 月 9 日至 20X4 年 1 月 22 日。截至 20X4 年 1 月 20 日认购缴款结束日（T+5 日），有效认购数量为 34 528 198 股，认购金额为人民币 196 120 164.64 元，占本次可配股份总数 35 200 000 股的 98.09%。股权登记日该公司股票收盘价为 10.67 元，配股除权日（20X4 年 1 月 22 日），该公司股票价格为 11.22 元。你会计算除权价格吗？按照除权日的价格，股东财富有所增加吗？

（二）增发新股

公开增发与首次公开发行一样，没有特定的发行对象，股票市场上的投资者均可以认购。而非公开增发（也称定向增发）的对象主要针对机构投资者与大股东及关联方。

1. 增发新股的特别规定

若为公开增发，除满足上市公司公开发行的一般规定外，还应当符合以下规定：最近 3 个会计年度加权平均净资产收益率平均不低于 6%；除金融业外，最近一期期末不存在持有金额较大的交易性金融资产和可供出售的金融资产、借与他人款项、委托理财等金融性投资的情形。若为非公开增发，则没有过多的发行条件的限制。

2. 增发新股的定价

上市公司公开增发新股的定价通常按照“发行价格应不低于公告招股意向书前 20 个交易日公司股票均价或前一个交易日的均价”的原则确定增发价格。非公开增发股票的发行价格应不低于定价基准日前 20 个交易日公司股票均价的 90%；定价基准日则可以是董事会决议公告，也可以是股东大会决议公告日或发行期的首日。相对于非公开增发，公开增发新股的发行价没有折价，定价基准日也固定。

3. 增发新股的认购方式

公开增发的认购方式通常为现金认购。非公开增发新股的认购方式不限于现金，还包括权益、债权、无形资产、固定资产等非现金资产。

（三）股权再融资对企业的影响

一般来说，股权再融资对企业产生的影响主要包括：①采用股权再融资会降低资产负债率，降低财务风险，但可能会带来资本成本的增大；②在企业运营及盈利状况不变的情况下，股权再融资会降低企业财务杠杆水平，降低权益净利率；③就配股而言，全体股东具有相同的认股权，如果控股股东不放弃认购的权利，就不会削弱控制权，而公开增发股票，若引入新的股东，则会降低控股股东的控股比例，稀释控制权。

四、普通股票市场

交易普通股票的场所称为普通股票市场，从大分类来说，普通股票市场包括：公开交易上市股票的场内交易市场以及交易非上市公司股票的场外交易市场（Over the Counter, OTC）。目前，在我国，场内交易市场又分为主板市场和创业板市场，场外交易市场则包括所谓的“三板市场”“新三板市场”和区域性股权交易市场（或称四板市场）。

主板市场，也称为一板市场，指传统意义上的证券市场（通常指股票市场），是一个国家或地区证券发行、上市及交易的主要场所。主板市场对发行人的营业期限、股本大小、盈利水平、最低市值等方面的要求标准较高，上市企业一般为大型成熟企业，具有较大的资本规模以及稳定的盈利能力。在我国，主板市场包括上海证券交易所主板市场和深圳证券交易所主板市场两个市场。其中，在深圳证券交易所主板市场之内，还存在一个中小企业板块，上市的基本条件与主板市场完全一致，主要安排主板市场拟发行上市企业中具有较好成长性和较高科技含量的、流通股本规模相对较小的公司。

创业板市场，也称为二板市场，主要针对中小成长型新兴公司而设立，其目的主要是扶持中小企业，尤其是高成长型企业，为风险投资和创投企业建立正常的退出机制。创业板市场具有前瞻性、高风险、监管要求严格、具有明显的高技术产业导向等特点。国际上最有名的二板市场是美国纳斯达克市场（NASDAQ），中国的深圳证券交易所创业板市场于 2009 年 10 月成立。此外，上海证券交易所于 2019 年 6 月 13 日开板的科创板也应属于创业板市场，科创板重点支持新一代信息技术、高端装备、新材料、新能源、节能环保以及生物医药等高新技术产业和战略性新兴产业，推动互联网、大数据、云计算、人工智能和制造业深度融合，引领中高端消费，推动质量变革、效率变革、动力变革。作为国内资本市场改革的排头兵，科创板经全国人大常委会授权试点注册制。

三板市场和新三板市场是为主板（或创业板）退市的公司以及非上市股份有限公司提供股权交易服务的市场。在我国，“旧三板”是指 2001 年 7 月成立的“代办股份转让系统”，它为退市后的上市公司股份提供继续流通的场所，另一方面也解决了原 STAQ、NET 系统历史遗留的数家公司法人股的流通问题。“新三板”则源于中关村科技园区非上市股份有限公司进入代办股份系统进行转让试点，因为挂牌企业均为高科技企业，不同于“旧三板”，所以业界俗称“新三板”。2012 年 8 月，“新三板”的试点范围除中关村科技园区外，新增上海张江高新产业开发区、武汉东湖新技术产业开发区和天津滨海高新区；2012 年 9 月，全国中小企业股份转让系统（其前身即是“新三板”，业内仍称为“新三板”）正式注册成立；2013 年 12 月 31 日起，全国中小企业股份转让系统面向全国接收企业挂牌申请，正式成为全国性的非上市股份有限公司股权交易平台。此外，我国的场外交易市场还包括区域性股权交易市场（四板），它被定位于在省级行政区划内为中小微企业提供股权、债权转让和融资服务的股权交易市场，是公司规范治理、进入资本市场的孵化器，也为股份公司股权转让提供交易场所。2012 年以来，全国各省、直辖市和自治区陆续成立了区域性股权交易中心。

五、普通股融资的优缺点

（一）普通股筹资的优点

与其他筹资方式相比，普通股筹措资本具有如下优点：

（1）没有固定的利息负担。公司有盈余，并认为适合分配股利，就可以分给股东；公司盈余较少，或虽有盈余但资金短缺或有更有利的投资机会，就可少支付或不支付股利。

（2）没有固定到期日。利用普通股筹集的是永久性资金，除非公司清算才需要偿还。

（3）筹资风险小，对企业造成的财务压力小。

（4）能增加公司信誉。普通股筹资既可以提高公司信用价值，也能够带来更多的负债空间。

（5）资金使用限制较少。利用长期借款、债券或优先股筹资，通常会有很多限制，这些限制往往会影响公司经营的灵活性，而利用普通股筹资则没有这些限制。

（二）普通股筹资的缺点

运用普通股筹措资本也有一些缺点：

（1）普通股的资本成本较高。首先，从投资者的角度，投资于普通股风险较高，相应地要求有较高的报酬率，如果满足不了投资者的要求，公司股价恐怕会下跌。其次，公司的股利支付，不具备抵税作用。最后，普通股发行费用也高于其他证券。关于资本成本的探讨见本书第八章。

（2）以普通股筹资会增加新股东，这可能会分散公司的控制权，削弱原有股东对公司的控制。

（3）如果公司股票上市，需要履行严格的信息披露制度，接受公众股东的监督，会带来较大的信息成本，也增加公司保护商业秘密的难度。

（4）股票上市会增加公司被收购的风险。一旦公司经营或是财务方面出现问题，股价大跌，可能面临被收购的境地。

【课堂测试 7-3】

1. 比较股票发行承销方式中的包销和代销方式，对发行企业来说，这两种方式各自的优缺点是什么？

2. 讨论我国《公司法》规定“公司发行股票不准折价发行”的原因。

第四节　其他长期筹资

一、融资租赁

融资租赁（Finance Lease）又称资本租赁或长期租赁，是指实质上转移一项资产的所有权有关的全部风险和报酬的一种租赁方式。融资租赁在法律上虽然是“租”，但实质上是企业通过长期筹资购买固定资产，利用“租金”的方式还款。按照融资租赁的实务操作，融资租赁公司根据承租企业的要求融资购买设备,并在合同规定的较长期限内提供给承租人从事生产经营活动;租赁期满，设备以较低的价格转让给承租人(留购),或以较优惠的租金续租,少数会退租。融资租赁是以融通资金为目的，是企业筹措长期负债资金的一种特殊方式。

（一）与经营租赁相比，融资租赁的主要特点

（1）一般先由承租人提出正式申请，再由融资租赁公司购进承租企业所需的设备并租给承租人使用。

（2）租赁期限较长，租期大多为设备耐用年限的一半以上。

（3）租赁关系比较稳定。在规定的租赁期限内，除非双方都同意，否则任何一方不得中途解约。

（4）由承租人负责设备的维修保养，承担租赁资产的风险，但其所有权仍归出租人所有。

（5）租赁期满时，按照事先约定的办法处置设备，一般情况下都是由承租人留购。

（二）融资租赁的优缺点

融资租赁涉及法律、税务、会计等方面，比较复杂，本书不做过多讨论。从资金筹集角度来说，融资租赁的主要缺点是融资成本偏高。融资租赁优点包括：①筹资速度快；②融资租赁到期还本负担轻；③融资租赁为企业提供一种新的资金来源。

二、优先股

（一）优先股及其特征

优先股（Preferred Stock）是一种混合证券，它属于权益证券，但有些方面与债券类似。优先股在利润分红及剩余财产分配的权利方面，优先于普通股；

优先股股东没有选举及被选举权，对公司的经营没有参与权；优先股股东不能退股（只能通过优先股的赎回条款被公司赎回），但是能稳定分红。优先股的特征如下：

（1）优先股通常预先确定股息收益率。由于优先股股息率事先固定，所以优先股的股息一般不会根据公司经营情况而增减，而且一般也不能参与公司的分红，但优先股可以先于普通股获得股息。这一点与债券类似。

（2）优先股不能退股，企业除非赎回优先股，否则不偿还，这一点说明优先股属于权益资金。

（3）优先股的权利范围小。优先股股东一般没有表决权，对股份公司的重大经营无投票权，只有在某些情况下可以享有投票权。

（4）对发行优先股的企业来说，优先股利息不能税前扣除，这一点与普通股类似。由于债券利息可以税前扣除，因此在利率相同的情况下，优先股的筹资成本高于债务。

（5）就投资者来说，优先股投资的风险比债券大。当企业面临清算时，优先股的索偿权先于普通股东，但低于债权人。在公司出现财务困难时，债务利息会优先得到支付，优先股息则是次要的。因此，同一公司的优先股股东要求的预期报酬率比债权人高。

（6）有些优先股规定，可以在一定的期限内转换成普通股，称为可转换优先股。

（二）我国关于优先股融资的相关规定

目前，我国现行《公司法》没有关于优先股的规定。国务院在 2013 年 11 月 30 日发布了《关于开展优先股试点的指导意见》，证监会在 2014 年 3 月 21 日发布了《优先股试点管理办法》，它们构成了我国目前关于优先股筹资的主要规范。按照《优先股试点管理办法》，上市公司可以发行优先股，非上市公众公司可以非公开发行优先股。本书简要探讨上市公司优先股的发行。

1. 优先股发行的资格和条件

根据规定，目前我国能够构成优先股发行主体的上市公司应符合如下情形：①其普通股为上证 50 指数成份股；②以公开发行优先股作为支付手段收购或吸收合并其他上市公司；③以减少注册资本为目的回购普通股的，可以公开发行优先股作为支付手段，或者在回购方案实施完毕后，可公开发行不超过回购减资总额的优先股。

上市公司发行优先股的一般条件包括：①最近 3 个会计年度实现的年均可分配利润应当不少于优先股 1 年的股息；②上市公司最近 3 年现金分红情况应

当符合公司章程及中国证监会的有关监管规定；③上市公司报告期不存在重大会计违规事项；④上市公司发行优先股募集资金应有明确用途，与公司业务范围、经营规模相匹配，募集资金用途符合国家产业政策和有关环境保护、土地管理等法律和行政法规的规定；⑤上市公司已发行的优先股不得超过公司普通股股份总数的50%，且筹资金额不得超过发行前净资产的50%，已回购、转换的优先股不纳入计算。

2. 优先股的规定事项

上市公司公开发行优先股应当在公司章程中规定以下事项：①采取固定股息率；②在有可分配税后利润的情况下必须向优先股股东分配股息；③未向优先股股东足额派发股息的差额部分应当累积到下一会计年度；④优先股股东按照约定的股息率分配股息后，不再同普通股股东一起参加剩余利润分配。

（三）优先股筹资的优缺点

1. 优先股筹资的优点

（1）与债券相比：优先股即使不支付股利也不会导致公司出现财务危机甚至破产；优先股没有到期期限，也不需要偿还本金。

（2）与普通股相比，发行优先股一般不会稀释股东权益。

2. 优先股筹资的缺点

（1）优先股股利不可以税前扣除，是优先股筹资的税收劣势；不过，投资者购买优先股所获股利目前是免利息税（或股息税）的。

（2）优先股的股利支付虽然没有法律约束，但契约和经济上的约束使公司难以不按时支付股利。因此，优先股的股利通常被视为固定的融资成本，与负债筹资的利息相似，其刚性会增加公司的财务风险并进而增加普通股的成本。

三、认股权证

认股权证（Warrants）是一种衍生证券，它授权其持有者在一个特定的期间以特定价格购买特定数量的普通股票。可以看出，认股权证与看涨期权非常相似，都是以股票为标的物的选择权。不过，认股权证与普通股看涨期权的区别如下：①股票看涨期权执行时，其股票来自二级市场，而当认股权证执行时，股票则是新发股票；②股票看涨期权一般期限较短，只有几个月，而认股权证期限长，可以长达几年甚至十几年；③股票看涨期权有时可以假定在有效期内没有股利支付，从而用布莱克-斯科尔斯模型估价，但认股权证由于期限较长，很难假定其在有效期内不进行股利支付。

在筹资用途上，认股权证一般与债券（或新股，下同）发行捆绑，其目的往往是发行债券的公司为了顺利筹集资金。对于债券，附带认股权证可以降低相应债券的利率，这样的债券发行人主要是高速增长的小公司，这些公司有较高的经营风险，直接发行债券需要较高的票面利率。通过发行附有认股权证的债券，是以潜在的股权稀释为代价换取较低的利率。通常，附带认股权证的债券可分为“分离型”与“非分离型”；或分为“现金汇入型”与“抵缴型”。其中，“分离型”是指认股权证与公司债券可以分开，单独在流通市场上自由买卖；“非分离型”指认股权证无法与公司债券分开，自发行至交易均合二为一，不得分开转让，它类似于可转换债券。“现金汇入型”指当持有人行使认股权利时，必须以现金来认购股票；“抵缴型”则指公司债票面金额本身可以按一定比例直接转股，类似于可转换债券。

在新股发行时给老股东附带认股权证，可以补偿老股东因股权稀释而产生的损失，在这一点上与配股类似，都是向老股东的利益弥补。此外，认股权证还有利于高管激励，并促使认股权证拥有者监督企业经营。

附带认股权证筹资方式的主要优点在于可以提高筹资效率，有效降低融资成本。附带认股权证筹资方式的主要缺点是灵活性较差。此外，附带认股权证的债券的承销费也要高于普通债券。

四、可转换债券

（一）可转换债券及其相关规定

可转换债券（Convertible Bond）是一种被赋予了股票转换权的公司债券。发行公司事先规定债权人可以在一定时期内，按发行时规定的条件把其债券转换成发行公司的普通股票。按照我国现行《公司法》第 161 条和第 162 条的规定，“上市公司经股东大会决议可以发行可转换为股票的公司债券，并在公司债券募集办法中规定具体的转换办法。上市公司发行可转换为股票的公司债券，应当报国务院证券监督管理机构核准。发行可转换为股票的公司债券，应当在债券上标明可转换公司债券字样，并在公司债券存根簿上载明可转换公司债券的数额”“发行可转换为股票的公司债券的，公司应当按照其转换办法向债券持有人换发股票，但债券持有人对转换股票或者不转换股票有选择权”。对于可转换债券的发行条件，现行《证券法》的规定是，除应符合发行公司债券的条件外，还应当符合公开发行股票的条件，并报国务院证券监督管理机构核准。可见，可转换公司债是一种混合型的债券形式。

按照相关规定，可转换债券在发行之时就会明确转换价格（或转股价格），即转换发生时投资者为取得普通股每股所支付的实际价格，这一价格通常要比发行时股价高出20%～30%。一般而言，转化价格以转换比率的形式呈现，即将一份债券可以转换成普通股的股数。可转换债券还存在一个转换期，它可以与债券期限相同，也可以短于债券的期限。我国《上市公司证券发行管理办法》规定，可转换债券自发行结束之日起6个月后方可转换为公司股票。很多情况下，上市公司发行可转换债券还会附带赎回条款，赎回条款一般会载明不可赎回期、赎回期、赎回价格、赎回条件等。此外，有些可转换债券还会设置回售条款和强制性转换条款，这些都会增加可转换债券的复杂性。

对投资者而言，当他们对发行公司的发展潜力及前景不太有把握时，可先投资于这种债券。待发行公司经营业绩显著，经营前景乐观，其股票行市看涨时，则可将债券转换为股票，以受益于公司的发展。对投资者来说，可转换债券相当于同时拥有一份债券和一份看涨期权，当然多了一种投资选择机会。因此，即使可转换债券的收益比一般债券收益低些，但在投资机会选择的权衡中，这种债券仍然受到投资者的欢迎。可转换公司债券在国外债券市场上颇为盛行。在中国，目前发行可转换债券的企业越来越多，可转换债券已经成为企业重要的融资方式。

（二）可转换债券的优缺点

可转换债券筹资的优点包括：①与普通债券相比，可转换债券使得公司能够以较低的利率取得资金。债权人同意接受较低利率的原因是其有机会分享公司未来发展带来的收益，因此也会更关注企业的经营，甚至起到监督企业经营管理的作用。若持有人行使转换权，普通股票的增加会降低资产负债率，释放负债空间。②与普通股相比，可转换债券使得公司取得了以高于当前股价出售普通股的可能性。当发行新股时机不理想时，公司可以先发行可转换债券，然后通过转换实现较高价格的股权筹资。

可转换债券筹资的缺点包括：①股价高涨风险。虽然可转换债券的转换价格高于其发行时的股票价格，但如果转换时股票价格大涨，公司只能以较低的固定转换价格换出股票，使公司蒙受机会损失。②股价低迷风险。发行可转换债券后，如果股价没有达到转股所需要的水平，可转换债券的持有者没有如期转换普通股，则公司只能继续承担债务。不但筹集权益资本的目的未能实现，而且会产生偿还债务的压力。

【课堂测试 7-4】

1. 讨论采用融资租赁、优先股、认股权证和可转换债券筹集长期资金是属于债权筹资还是股权筹资。

2. 讨论“可转换债券对投资者来说，相当于同时拥有一份债券和一份看涨期权”的原因。

本章小结

企业长期筹资是指企业筹集长期资金的过程。长期资金是指使用期限在一年以上的资金，按照长期资金的性质可以分为两类，即长期债务资金和权益资金。企业筹集长期资金的根本目的是为了自身的生存和发展，其具体动机主要有设立筹资、扩张筹资和偿债筹资 3 个动机。长期资金与短期资金相比，具有使用期限长、筹资风险大、资本成本高、筹资影响大等几个特点。

长期负债筹资主要有长期借款和债券两种方式。长期借款是指企业向银行或其他非银行金融机构借入的使用期限超过 1 年的借款，形成企业长期负债资金。长期借款在取得的条件、保护性条款及偿还方式方面存在自己的特点。企业发行债券要符合一定的条件，我国的《公司法》和《证券法》对公司债券的发行也提出了一些条件。债券的发行一般分为私募发行和公募发行两种方式。私募发行一般采用直接发售方式，筹集资金涉及范围小；公募发行一般需要与承销机构签订承销协议，承销方式有代销和包销两种。债券信用评信机构会对拟发行债券的风险做出其独立判断，并赋予其相应的等级标志；债券等级反映了投资于该债券的安全程度。

普通股筹资代表了外部股权筹资的方式，股票的发行方式包括公开间接发行和不公开直接发行；股票销售方式包括自销和承销，承销又分为包销和代销两种具体办法。股票发行价格通常有等价、时价和中间价 3 种。在实际工作中，股票发行价格的确定方法主要有市盈率法、净资产倍率法和现金流量折现法。符合条件的股份有限公司，其公开发行的股票经过证监会核准可以在证券交易所主板或创业板上市交易。上海证券交易所还开设了科创板市场，经授权试点注册制，为高新技术产业和战略性新兴产业的公司提供便捷的上市交易股票的机会。此外，交易非上市公司股票，还存在以全国中小企业股份转让系统和区域性股权交易市场为代表的场外交易市场。股份有限公司也可以通过股权再融资获得持续发展的动力，股权再融资的方式包括向现有股东配股和增发新股融资。

除了长期借款、公司债券和普通股票筹资之外，外部长期筹资的方式也包括融资租赁、优先股、认股权证和可转换债券等，它们各具特点和应用条件，丰富了企业的长期筹资方式和筹资渠道。

篇后案例

中国重工发行可转换债券

20X2 年 5 月 31 日，中国船舶重工股份有限公司（中国重工，601989）公告发行可转换债券。公告称，该公司拟发行种类为可转换为公司 A 股股票的可转换公司债券，总额为人民币 80.5 亿元。发行的可转债每张面值为 100 元人民币，按面值发行；期限为发行之日起 6 年，即自 20X2 年 6 月 4 日至 20X8 年 6 月 4 日；票面利率第 1 年 0.5%、第 2 年 0.5%、第 3 年 1.0%、第 4 年 1.0%、第 5 年 2.0%、第 6 年 2.0%；采用每年付息一次的付息方式，计息起始日为可转债发行首日，即 20X2 年 6 月 4 日；转股期限为自可转债发行结束之日满 6 个月后的第一个交易日起至可转债到期日止（即 20X2 年 12 月 5 日至 20X8 年 6 月 4 日止）；初始转股价格为 6.05 元/股；对于未转股的可转债，公司于可转债期满后 5 个交易日内按可转债票面面值的 104%（不含最后一期利息）赎回全部；在可转债转股期内，如果公司股票在任何连续 30 个交易日中至少 15 个交易日的收盘价格不低于当期转股价格的 130%（含 130%），公司有权按照债券面值加当期应计利息的价格赎回全部或部分未转股的可转债。该可转换债券的发行方式为除控股股东及其控制的关联股东以外的原股东全额优先配售，优先配售后余额部分（即除控股股东及其控制的关联股东以外的原股东放弃优先配售部分）采用网下对机构投资者配售和通过上海证券交易所交易系统网上定价发行相结合的方式进行，若有余额则由承销团包销。中国重工公告的募集资金用途包括：①以 36.3 亿元收购中船重工集团持有的武昌船舶重工有限责任公司、河南柴油机重工有限责任公司、山西平阳重工机械有限责任公司、中船重工中南装备有限责任公司、宜昌江峡船用机械有限责任公司、重庆衡山机械有限责任公司 6 家公司 100%的股权，以及中船重工船舶设计研究中心有限公司 29.41%的股权；②以 44.2 亿元投资于三大固定资产投资项目，包括舰船及海洋工程装备产业能力建设项目、海洋工程及大型船舶改装修理及拆解建设项目、能源环保装备及工程机械减速机制造建设项目。

根据大公国际出具的《中国船舶重工股份有限公司 20X1 年度可转换

公司债券信用评级报告》，中国重工主体信用级别为AAA，本次可转换公司债券信用级别为AAA。可转换公司债券上市后，大公国际将每年至少进行一次跟踪评级。经上海证券交易所同意，该可转换公司债券于20X2年6月18日起在上交所挂牌交易，债券简称“重工转债”，债券代码“X13003”。20X2年8月29日，中国重工公告称，自20X2年8月30日起，公司转股价格由原来的6.05元/股调整为4.93元/股；20X2年6月27日，中国重工公告称，由于公司支付现金股息，公司转股价格由原来的4.93元/股调整为4.87元/股。

通过这一案例，你认为公司发行可转换债券筹资的优缺点是什么？

核心概念

长期筹资（Long-Term Financing）
长期借款（Long-Term Borrowings）
首次公开发行（Initial Public Offering, IPO）
股权再融资（New Equity Sales）
配股（Allotment）
增发新股（Seasoned Equity Offering）
场外交易市场（Over the Counter Market）
融资租赁（Finance Lease）
优先股（Preferred Stock）
认股权证（Warrants）
可转换债券（Convertible Bond）

思考题

1. 长期筹资的动机是什么？有哪些特点？
2. 长期借款各种保护性条款的目的分别是什么？
3. 债券筹资的优点和缺点有哪些？
4. 简要介绍我国公司发行债券的条件及程序。
5. 债券评级对于发行公司和筹资者各有什么意义？
6. 简要介绍我国公司普通股首次发行的条件和程序。
7. 简述我国公司增发新股的条件和程序。

8. 简述优先股筹资的主要优缺点。

9. 上市公司发行可转换债券的条件是什么？

练习题

（一）单项选择题

1. 下列筹资方式中，属于长期负债的是（　）。

A. 长期借款　B. 短期借款　C. 优先股　D. 普通股

2. 我国《公司法》规定，累计债券余额不超过公司净资产的（　）。

A. 20%　B. 30%　C. 40%　D. 50%

3. 我国《公司法》规定，发行债券的股份有限公司与有限责任公司的净资产分别不低于（　）。

A. 3 000 万元和 3 000 万元　B. 3 000 万元和 6 000 万元

C. 6 000 万元和 3 000 万元　D. 6 000 万元和 6 000 万元

4. 与其他长期负债相比，长期债券的优点不包括（　）。

A. 筹资规模较大

B. 资金具有长期性和稳定性

C. 为社会公众提供理财工具

D. 资本成本较低

5. 在权益资本筹资中，内部股权筹资是指（　）。

A. 留存收益筹资　B. 普通股筹资

C. 优先股筹资　D. 可转换债券筹资

6. 根据我国《公司法》，要成立股份有限公司需要的发起人数量为（　）。

A. 50 人以下　B. 500 人以下　C. 50 人以上　D. 2～200 人

7. 按照我国当前的《公司法》，要成立有限责任公司，注册资本的限额为（　）。

A. 200 万元　B. 500 万元　C. 1 000 万元　D. 无限制

8. 按我国《公司法》规定，公司发行股票不准（　）发行。

A. 等价　B. 溢价　C. 折价　D. 时价

9. 我国《证券法》规定，股份有限公司申请股票上市，其股本总额不少于人民币（　）。

A. 1 000 万元　B. 2 000 万元　C. 3 000 万元　D. 5 000 万元

10. 按照我国相关法规的规定，股份有限公司在配股时，拟配售股份数量不超过本次配售股份前股本总额的（　）。

A. 40%　B. 30%　C. 20%　D. 10%

11. 按照我国相关法规的规定，股份有限公司公开增发新股，最近 3 个会计年度加权平均净资产收益率不低于（　）。

A. 5%　B. 6%　C. 8%　D. 10%

12. 与其他筹资方式相比，普通股筹资的优点不包括（　）。

A. 没有固定的利息负担

B. 筹资风险小，对企业造成的财务压力小

C. 资本成本较小

D. 资金使用的限制较少

13. 与其他筹资方式相比，普通股筹资的缺点不包括（　）。

A. 资本成本相对较高

B. 可能会分散公司的控制权

C. 增加公司被收购的风险

D. 增加公司的财务风险

14. 下列普通股票市场中不属于场外交易市场的是（　）。

A. 科创板市场　B. 代办股份转让系统

C. 全国中小企业股份转让系统

D. 区域性股权交易市场

15. 下列筹资方式中，可以看作债权筹资的是（　）。

A. 融资租赁　B. 优先股　C. 认股权证　D. 普通股

16. 一般情况下，可转换债券可以在一定的时期内转换成公司的（　）。

A. 收益更高的债券　B. 优先股

C. 认股权证　D. 普通股

（二）多项选择题

1. 企业长期筹资的动机包括（　）。

A. 设立筹资动机　B. 扩张筹资动机　C. 偿债筹资动机

D. 经营筹资动机　E. 交易筹资动机

2. 长期筹资与短期筹资相比，具有的特点包括（　）。

A. 资金用途不受限制　B. 使用期限长

C. 资本成本高　D. 筹资风险大　E. 筹资影响大

3. 按照资金来源的性质不同，长期资金可分为（　）。

A. 直接资金　B. 间接资金　C. 权益资金

D. 长期负债　E. 应付款项

4. 下列可作为长期借款保护性条款的包括（　　）。

A. 对借款企业流动资金保持量的要求

B. 对经营性长期资产总投资规模的限制

C. 对支付现金股利和回购股票的限制

D. 限制其他长期债务，控制财务风险

E. 要求借款企业定期提交财务报告

5. 根据我国《证券法》16 条，下列属于公司发行债券应符合的条件包括（　　）。

A. 股份有限公司的净资产不低于人民币 3 000 万元

B. 有限责任公司的净资产不低于人民币 6 000 万元

C. 累计债券余额不超过公司净资产的 40%

D. 最近三年平均可分配利润足以支付公司债券一年的利息

E. 筹集的资金投向符合国家产业政策

6. 公司债券的发行方式一般包括（　　）。

A. 国家发行　B. 银行发行　C. 私募发行

D. 公募发行　E. 定向发行

7. 与其他长期负债相比，长期债券的优点包括（　　）。

A. 发行成本低　B. 信息披露成本低

C. 筹资规模较大　D. 资金具有长期性和稳定性

E. 为社会公众提供投资理财工具，有利于优化资源配置

8. 根据我国《公司法》，股份有限公司的设立方式包括（　　）。

A. 发起设立　B. 改制设立　C. 募集设立

D. 自行设立　E. 审批设立

9. 股票的发行价格通常有（　　）3 种。

A. 等价　B. 竞价　C. 时价　D. 中间价　E. 中签价

10. 股份有限公司申请股票上市的目的通常包括（　　）。

A. 将资本公众化，分散风险

B. 提高股票的流动性

C. 进行股权筹资，筹措发展资金

D. 提高公司知名度，吸引更多顾客

E. 便于确定公司价值

11. 与股票内在价值成同方向变化的因素有（　　）。

A. 年股利　B. 股利增长率　C. 市场资本化利率

D. 贝塔系数　　E. 股利支付率

12. 在我国，上市公司股权再融资的方式一般包括（　　）。

A. 配股　　B. 股票分割　　C. 股票股利

D. 增发新股　　E. 股票回购

13. 与经营租赁相比，融资租赁的主要特点包括（　　）。

A. 融资租赁需要承租人先申请，然后由融资租赁公司购置并租出

B. 租赁期限多为设备耐用期限的一半以上

C. 租赁关系比较稳定

D. 租赁期满时，一般由承租人留购

E. 租赁结束时，设备属于承租人

14. 下列有关优先股的说法正确的包括（　　）。

A. 优先股属于权益证券

B. 优先股属于债权证券

C. 优先股在利润分红及剩余财产分配的权利方面优先于普通股

D. 在公司决策中，优先股股东没有选举权和被选举权

E. 优先股股东能够随时退股

15. 下列关于可转换债券的说法正确的包括（　　）。

A. 可转换债券兼具债权筹资和股权筹资的特点

B. 可转换债券的到期收益率高于一般债券

C. 可转换债券相当于债券加上看涨期权

D. 若持有人行使转换权，可转换债券可以降低公司资产负债率

E. 有时候，可转换债券可作为股权筹资的替代选择

（三）判断题

1. 对企业来说，长期资金与短期资金相比，其资本成本较高。（　　）

2. 在企业的资金提供者中，债权人承担的风险更大。（　　）

3. 对企业发行债券来说，企业是债权人，投资者是债务人。（　　）

4. 若进行公司清算，债券投资者的受偿权优先于普通股。（　　）

5. 所有的股份有限公司都有权发行债券。（　　）

6. 公开发行债券筹集的资金，不得用于弥补亏损和非生产性支出。（　　）

7. 进行债券评级不是债券发行必要的程序。（　　）

8. 附有可赎回条款的债券，债权人可以要求债务人提前偿还。（　　）

9. 对发行公司来讲，采用自销方式发行股票具有可及时筹足资本，免予承担发行风险的特点。（　　）

10. 我国《公司法》规定，公司发行股票不准折价发行。（　　）

11. 在我国，只要股份有限公司存在公开发行的股票，就可以上市。（　　）

12. 配股是指向原普通股股东按其持股比例、以低于市价的某一特定价格配售一定数量新发行股票的融资行为。（　　）

13. 目前，在我国股票不存在场外交易市场。（　　）

14. 融资租赁的租金支出一般应列入管理费用。（　　）

15. 认股权证的发售一般与债券或新股发行捆绑。（　　）

16. 当公司出现财务困难时，优先股息会优先于债务利息得到支付。（　　）

17. 可转换债券不能附带赎回条款。（　　）

（四）计算综合题

1. 由于市场利率下降，ATL 公司考虑发行新债券以赎回旧债券。

公司旧债券于 5 年前发行，每张面值 1 000 元（总共 20 000 张），期限 15 年，票面利率 8%，每年计算并支付一次利息；当年发行时该债券以每张 980 元的价格折价发行，总发行费用 10 万元，赎回价格为 1 080 元/张。

新债券同样每张面值 1 000 元（总共 20 000 张），平价发行，期限为 10 年，票面利率 6%，计息方式与旧债券相同，需要的发行费用约为 20 万元。此外，在收回旧债时，公司需要为新旧债券支付 3 个月的双重利息。要求：

（1）计算回购旧债券发行新债券所需的初始投资。

（2）计算预计每年节省的现金流。

（3）如果公司债务适用的折现率为 4.5%，你认为是否应该启动赎回条款？解释原因。

2. ATL 公司准备采用“4 配 1”的配股方案，配股价为每股 4 元。配股前该公司的股票总数为 1 000 万股，股价为 6 元/股。要求计算：

（1）确定此次配股的筹资额。

（2）配股发行后股票的除权价格。

（3）对老股东来说，配股权的价值。

3. JGW 公司当前的目标负债率为 40%，公司正考虑一个扩张项目，所需的投入为 100 万元，该项目能够产生永续现金流每年 10 万元。公司考虑是否实施该项目以及如何筹集资金。现在公司有两种筹资方案可供选择，一种是通过发行 100 万元的股票，另一种是发行 100 万元 20 年期的长期债券。股票的发行费用率为 5%，债券的发行费用率为 1.5%。预计公司股票的必要报酬率为 9%，加上发行费用总共是 14%，因而该项目不可行。此外，债券的到期收益率为 6%，加上发行费用总共是 7.5%，因而项目可行。你对上述看法如何评价，说说你对该项目的看法。

4. XH 公司最近的相关财务数据如下：股票价格为 20 元，总股数 1 000 万股。公司账面净资产 22 500 万元，市场价值 20 000 万元，每股收益为 1.8 元，投资者对公司股票要求的报酬率为 8%。公司希望通过发行新股来投资于一个非常有希望的市场。不过，财务总监认为发行股票并不是一个好的选择，他指出，以低于每股账面价值的价格发行股票（假设法律允许）将使股票价格下跌，从而损害老股东的利益；假定以 20 元的价格发行 200 万股（即使不考虑发行成本），那么公司的账面净资产将变为 26 500 万元，若公司的投资报酬率保持不变，总收益为 2 120 万元，每股收益为 1.77 元，这将导致股票的价格降至 19.63 元。你对该财务总监的看法如何评价？

5. YDL 公司曾经于 20X5 年 9 月平价发行面值为 500 元，票面利率为 3% 的可转换债券，期限为 10 年。该可转债转换比率设定为 20（即每张债券可以转换为 20 股普通股），发行时公司股价为 20 元/股。该可转债同时附带赎回条款，公司有权以当年利息之外 560 元/张的价格赎回债券。该可转债自发行 6 个月之后即可进入转换期与赎回期（假设转换权优先于赎回权）。当前（20X9 年 11 月），公司股票的价格为 30 元/股，可转债的市场交易价格为 625 元/张。试说明：

（1）每张可转债的转换价值是多少？

（2）为什么债券的市场价格会高于转换价值？

（3）YDL 公司是否应该回购债券？如果当前回购会带来什么影响？

第八章　资本成本

在上一章中，我们讨论了企业长期资金的筹集问题，对筹资企业来说，筹集和使用这些资金不是免费而是有代价的，这就是本章要探讨的资本成本问题。资本成本不但是企业长期筹资决策要考虑的重要因素，也是企业投资决策重要的参考因素，另外在企业价值评估、业绩评价方面也离不开资本成本的应用。通过本章的学习，可以了解资本成本的概念和意义、要素资本成本、加权平均资本成本、边际资本成本的相关概念；熟悉各种资本成本的来源、影响资本成本的因素；掌握各种要素资本成本以及加权平均资本成本和边际资本成本的计算方法。

开篇案例

企业家的直觉

小雷是一个富有企业家精神的年轻人，大学毕业后，他准备自己创业。在四处寻找创业机会的过程中，他发现了一个自己感兴趣的领域，初步预计该领域的投资报酬率能够达到10%。然而，他现在并没有什么资金，如果借钱的话，他能够实现的借款利率不低于15%，那么启动这一创业机会是否有利可图呢？直觉告诉小雷，这显然是不可行的。因为在这样的情况下，投资这项事业每年赚到的钱还不够支付借款利息呢。如果这样创业的话无疑会亏损，还不如不做。实际上，小雷的想法是对的。使用别人的钱是要付出代价的，只有当投资的预期收益高于这一代价，投资才是可取的。那么，你觉得小雷的融资成本率不高于多少才可以考虑在上述领域创业呢？此外，如果现实中有人向你借钱，承诺1年后按30%的利率支付利息，你会愿意借给他吗？请仔细考虑一下。

第一节　资本成本概述

我们知道，根据时间价值原则，站在资金提供者的角度，投资会要求有回报。那么，站在资金需求者（即筹资企业）的角度，其筹集和使用的资金显然来自资金提供者，因此只有付出一定的资金代价才能满足资金提供者的回报要求。这一代价即表现为资本成本（Cost of Capital），它是财务管理中一个非常重要的概念。为了实现股东财富最大化目标，企业的筹资决策和投资决策都必须考虑资本成本。

一、资本成本的概念

企业从事生产经营和进行长期投资，必须具有充足的资金，因此筹集资金是企业必不可少的财务管理活动。然而对企业来说，资金特别是长期资金不是免费使用的，也就是说企业使用资本必须付出一定的代价，即资本成本（有时也称为资金成本、筹资成本或融资成本）。在这个意义上，资本成本被定义为“资本需求者筹集和使用资本所需支付的各种费用”。为了实现财务管理的目标，企业的财务决策当然不能忽视资本成本。那么，对筹资的企业来说，资本成本主要发生在哪里呢？首先，最容易考虑的是企业使用资金的代价，即企业使用筹集到的资金要付出的各种利息费用。例如，企业借入长期借款，除了到期偿还本金之外，还要定期支付利息，这就是资本成本的体现。其次，要考虑筹资过程本身的代价，企业要筹集资金可能需要各个环节，包括申请、审批、委托承销、缔约等，也需要付出各种手续费、中介费等各种费用。例如企业发行长期债券，可能需要聘请保荐人、会计师、律师、资产评估机构、资信评级机构、承销机构等中介，支付各种费用，这也是资本成本的体现。

既然资本成本是一种代价，那么企业的财务决策就需要考虑既定条件下资本成本的最小化。例如，企业的筹资决策就需要正确估计和合理降低资本成本。但是，资本成本如果仅以代价的绝对数表示，那么对筹资规模不同、使用期限不同的资金来说，便无法比较其大小。因此，财务金融理论和实务中提到的资本成本往往是指“年成本率”，即单位资金每年代价的相对百分比。例如，某企业借入长期借款 100 万元，若每年支付利息 8 万元，则该长期借款的资本成本就是 8%（假设暂时忽略利息费用对所得税费用的影响）。

我们知道，企业筹集到的资金，其来源是金融市场上的投资者，所以理论上在一次筹资活动中，企业筹集的资金与相应投资者提供的资金是同一笔钱，数量相等。但是，由于这笔钱在转移过程中可能存在各种交易费用（如中介费、佣金等），而使得投资者提供的资金与企业筹集到的资金在数量上存在差异。不过若忽略交易费用，则资本成本[①]就是公司投资者对投入资本所要求的报酬率。这是因为：从企业筹资的角度看，降低资本成本的极限是其等于投资者所要求的必要报酬率，这样才能如愿取得所需的资本；而从投资者的角度看，他们会在同等风险的投资机会中选择报酬率最高的，但不能低于同等风险的必要报酬率，也就是说投资的必要报酬率是投资者选择投资方案的机会成本（最后放弃的投资机会的期望报酬率）；最终，筹资的企业与投资者会在投资的必要报酬率处成交。因此，也有人说，企业的资本成本也是投资者选择投资的机会成本。

此外，企业筹集长期资金的目的是为了投资，那么对企业投资来说，资本成本是必须从新的投资项目中赚取且保持企业价值不变的投资报酬率。这是因为：如果一项新投资项目的未来报酬率高于资本成本，表明该项目在满足投资者必要报酬率要求的基础上仍有盈余，意味着该项投资将使公司普通股价值上升，进而增加企业的价值；如果一项新投资项目的未来报酬率不能抵补资本成本，则会使企业普通股价值下降，进而企业的价值下降，这样的投资不值得采纳；只有当一项新投资项目所带来的未来报酬率等于资本成本，说明该项投资刚好满足投资者的必要报酬率，普通股价值才会保持不变，企业价值也不会改变。

二、资本成本的用途

资本成本是企业财务决策中最重要的指标之一，它可以用于企业的筹资决策、投资决策、企业价值评估、业绩评价等。

（一）用于筹资决策

企业筹资有多种方式和渠道，不同的方式和渠道对企业经营甚至企业价值具有不同的影响，概括起来无非就是风险和报酬率的均衡考虑。从风险考虑就是，负债资金与权益资金给企业带来的风险不同，各种不同的负债资金给企业带来的风险也不同。从报酬率考虑就是，各种不同筹资方式和渠道的资本成本

① 后文会探讨债务利息实际上具备抵减所得税费用的作用，那么对于长期债务来说，此处的资本成本指的是税前资本成本。

不同。所以，资本成本是企业的筹资决策要考虑的重要因素，当然不是唯一因素。例如，在企业资产负债率水平不高的情况下，企业债权筹资的资本成本会低于股权筹资（可以从资金提供者要求的报酬率来理解），企业应该更多选择债权筹资，这正是美国公司普遍喜欢发行债券甚于发行股票的原因。

（二）用于投资决策

对企业投资决策来说，除了投资风险之外，投资报酬率的高低是投资决策最重要的参考指标。除了投资报酬率的高低准则之外，资本成本准则也是投资报酬率决策的基本准则。企业投资需要资金，这些资金存在资本成本，只有投资的预期报酬率大于（或等于）资本成本，这样的投资才是值得的；若投资的预期报酬率小于资本成本，会导致企业价值下降，显然这样的投资并不合理。在实务中，评价投资项目普遍使用的方法包括净现值法和内含报酬率法（具体参见本书第十一章），其中资本成本作为折现率或取舍标准而存在，充分说明资本成本对于企业投资决策的作用。

（三）用于企业价值评估

在实务中，经常需要评估一个企业的价值，例如企业在并购或重组之时。此外，需要了解某一战略选择对企业产生的影响时，也往往会涉及企业价值评估。在评估企业价值时，往往考虑将企业未来生成的现金流量折现，用这样的方法来确定企业的价值；在这一过程中，考虑到企业总资本的机会成本，实务中往往使用资本成本作为公司现金流量的折现率（具体见本书第十五章）。

（四）用于业绩评价

资本成本是投资人要求的报酬率，与公司实际的投资报酬率比较可以评价公司的业绩。日渐兴起的以价值为基础的业绩评价就是这种方法，它以经济增加值法（EVA）为核心指标。计算经济增加值需要使用公司的资本成本（具体见本书第十五章）。公司资本成本与资本市场相关，所以经济增加值可以把企业业绩评价与资本市场联系在一起。

【课堂测试 8-1】

1. 有人说，“在企业的一次筹资活动中，投资者的投资回报与企业的筹资成本代表了同一枚硬币的两面，然而两面总是有那么一点点差异”。对于这句话，你是如何理解的？

2. 留存收益是企业内部经营所产生的，并且可以通过再投资进入企业的资金循环，为企业和股东赚取更多的收益。因此，留存收益对企业来说其资本成本为零，你认为这样的说法对吗？为什么？

第二节 要素资本成本

在所有类型的企业中，股份有限公司的筹资方式和筹资渠道最为多样和广泛，所以本章在考察资本成本时，主要考虑股份有限公司。在股份有限公司，资本由负债、优先股、留存收益和普通股等要素构成，所以企业筹集资金可能通过上述一种方式或几种方式的混合。由于不同筹资方式、不同筹资渠道的资本成本不同，所以对于企业的资本成本不能一概而论，本节分别考察各个资本要素资本成本的测算方法。

一、债务成本

长期负债是企业一项重要的资金来源，从本书第七章可以知道，长期负债筹资主要有长期借款和债券两种，下面分别探讨其资本成本。

（一）长期借款的资本成本

企业的长期借款筹资，筹资费用一般可以忽略，使用资金的费用主要表现在利息上。利息是债权人要求的回报，也是债务人承担的成本，因此利率代表了投资者（债权人）要求的报酬率，名义上也是长期借款的资本成本。一般而言，随着企业负债增加，财务风险加大，债权人所要求的债务利率会提高，因此，本节所指的债务资本成本是新增长期借款筹资的资本成本。长期借款的利息从企业流向债权人，利息在企业端和债权人端的数量无疑是相等的，似乎长期借款的实际利率就应该是企业承担的资本成本；然而在会计处理上，长期借款的利息费用可以列入财务费用（或资本化到固定资产最终通过折旧的方式费用化），那么无论从当期还是从长期看，这些费用会在所得税前列支，减少税前利润，所以利息具有抵减所得税税金的作用。例如，我们假设存在甲、乙两家公司，总资产和盈利能力完全相同；甲公司没有负债，而乙公司存在 100 万元的长期借款，利率为 10%；两家公司的利润分析表如表 8-1 所示。

从表 8-1 的分析计算来看，乙公司由于长期借款 100 万元而支付了 100 000 元的利息，但是所得税税金只有 50 000 元，比没有负债的甲公司所得税税金 75 000 元少了 25 000 元，其原因就是利息费用（作为财务费用）在税前列支，减少了应纳税所得额。对提供贷款的银行来说，它收到了 100 000 元的利息，利率 10%；但对乙公司来说，它虽然支付了 100 000 元利息，但净利润仅减少了

75 000 元（225 000 − 150 000），可见其中的 25 000 元是政府因为少收税而实质承担了。因此，乙公司实际负担负债的资本成本仅为：$\frac{75\ 000}{1\ 000\ 000}\times 100\% = 7.5\%$。

表 8-1　甲、乙两公司的利润分析表

单位：元

项　目	甲公司	乙公司
息税前盈余	300 000	300 000
减：利息费用	0	100 000
税前利润	300 000	200 000
减：所得税费用（25%）	75 000	50 000
净利润	225 000	150 000

综上所述，长期借款的实际资本成本为税后资本成本，其计算公式如下

$$k_{dT} = k_d \times (1 - T)$$

式中，k_{dT}——长期借款的税后资本成本；

k_d——长期借款的实际利率；

T——企业适用的所得税税率。

［例 8-1］

FML 公司从某商业银行获得一笔 5 年期长期借款，年利率为 6.48%。该公司被确定为高科技企业，适用的所得税税率为 15%。则该笔借款的税后资本成本为多少？

［解答］

$k_{dT} = 6.48\% \times (1 - 15\%) = 5.51\%$

（二）债券的资本成本

1. 普通债券的资本成本

长期债券也是大型公司常见的一种债权筹资方式，当然也存在资本成本问题。如果企业直接发售私募债券，则筹资费用（发行成本）可以忽略。这时，资金的使用费用即企业承担的利息费用，它构成了债券资金的资本成本。不过，债券的票面利率并不是债券的真实利率，其到期收益率才是投资的必要报酬率，当然也构成债券筹资的税前资本成本。根据本书第六章的相应内容，普通债券到期收益率是求解含有折现率的方程，即

$$P = I \times \frac{1-(1+r)^{-n}}{r} + M \times (1+r)^{-n}$$

已知，P——债券的价格，即投资者购买债券付出的资金；

I——每年的利息；

M——债券的面值；

n——债券到期年数。

解方程，求 r——到期收益率的问题。

然而，更多的债券需要与承销机构签订承销协议并公募发行，这就会产生不可忽略的发行成本，包括各种服务费、中介费和佣金等。这时候，企业每发行一张债券筹集到的资金就会小于投资者购买一张债券所付出的资金（即债券价格），上述方程等号的左边则应该调整为企业每发行一张债券实际筹集到的资金，若引入一个综合的发行成本率（f），则上述的方程变为

$$P(1-f) = I \times \frac{1-(1+k_d)^{-n}}{k_d} + M \times (1+k_d)^{-n}$$

已知，P——债券的价格，即投资者购买债券付出的资金；

f——综合发行成本率；

I——每年的利息；

M——债券的面值；

n——债券到期年数。

解方程，求 k_d——债券的税前资本成本。

进一步地，债券作为企业的长期债务，其利息费用同样可以抵减所得税费用，从而使企业实际承担的资本成本下降。对于平价发行的债券，其税后资本成本可以在前述方程中求得 k_d 之后进一步计算税后资本成本 k_{dT}，即

$$k_{dT} = k_d \times (1-T)$$

上式中，T 仍表示企业适用的所得税税率。不过，对于折价发行和溢价发行的普通债券，若考虑债券利息费用对所得税的抵减作用，则需要将前述的方程变为如下的形式，直接求出税后资本成本 k_{dT}，即

$$P(1-f) = I \times (1-T) \times \frac{1-(1+k_{dT})^{-n}}{k_{dT}} + M \times (1+k_{dT})^{-n}$$

已知，P——债券的价格，即投资者购买债券付出的资金；

f——综合发行成本率；

I——每年的利息；

T——企业适用的所得税税率；

M——债券的面值；

n——债券到期年数。

解方程，求 k_{dT}——债券的税后资本成本。这一方式仍然可以用本书第六章讲解过的试误法来求得近似值。

［例 8-2］

假设 FML 公司即将发行一批债券，每张债券面值 1 000 元，票面利率 7.2%，按年支付利息，期限为 10 年，公司适用所得税税率为 15%。债券经过多方论证后的确定发行价格为 968 元，综合发行成本率为 1.5%。求该公司发行这批债券的税后资本成本。

［解答］

根据相关数据列方程为：

$$968\times(1-1.5\%)=1\ 000\times7.2\%\times(1-15\%)\times\frac{1-(1+k_{dT})^{-10}}{k_{dT}}+1\ 000\times(1+k_{dT})^{-10}$$

即 $953.48=61.2\times\frac{1-(1+k_{dT})^{-10}}{k_{dT}}+1\ 000\times(1+k_{dT})^{-10}$

当$k_{dT}=6\%$时，右边$=1\ 008.832$

当$k_{dT}=7\%$时，右边$=938.192$

所以，$k_{dT}=6\%+\frac{1\ 008.832-953.48}{1\ 008.832-938.192}\times(7\%-6\%)=6.78\%$

2. 附带认股权证债券的资本成本

在第七章我们探讨过，一些高速成长的、风险较高的小公司可以发行附带认股权证的债券，不惜以潜在的股权稀释为代价换取较低的利率，从而以相对较低的资本成本顺利地筹集资金。下面通过一个例题说明如何测算附带认股权证债券的资本成本。

［例 8-3］

GTH 公司是一个高成长的公司。该公司目前股价为 30 元/股，预计公司未来固定增长率为 5%，适用所得税税率为 15%。公司拟通过平价发行附带认股权证的债券筹集资金，债券面值为每张 100 元，期限为 10 年，票面利率 8%，按年支付利息，同时每张债券附带 1 张认股权证，综合发行成本率为 2%。认股权证在5年后到期，在到期前每张认股权证可以按30元的价格购买1股普通股。求该公司发行这批债券的税后资本成本。

[解答]

GTH公司每发行一张债券可以筹资 100×（1－2%）=98（元）。

该公司筹资在未来的现金流量代价如下：

第1～20年，每年利息支出8元，税后代价为8×（1－15%）=6.8（元）;

理性的投资者会在第5年年末行权，此时股价为$30\times(1+5\%)^5=38.29$(元)，公司付出的代价为38.29－30=8.29（元）;

第10年年末，公司归还本金100元。

由此，列方程如下：

$$98 = 6.8\times\frac{1-\left(1+k_{dT}\right)^{-10}}{k_{dT}} + 8.29\times\left(1+k_{dT}\right)^{-5} + 100\times\left(1+k_{dT}\right)^{-10}$$

当$k_{dT}=8\%$时，右边$=97.590$

当$k_{dT}=7\%$时，右边$=104.506$

所以，$k_{dT}=7\%+\dfrac{104.506-98}{104.506-97.590}\times\left(8\%-7\%\right)=7.94\%$

3. 可转换债券的资本成本

在第七章我们还探讨了一种颇受欢迎的（债权和股权）混合融资方式，即可转换债券，它允许持有者在一定时期内按一定比例把债券转换成一定数量的股票。可转换债券的拥有者和附带认股权证债券的拥有者一样，都同时拥有债券和普通股看涨期权。不同的是，可转换债券的拥有者必须放弃债券才能执行看涨期权，即必须用债券作“货币”执行看涨期权；而附带认股权证的债券拥有者只需用现金来执行看涨期权，同时可继续保持债券本身。下面通过一个例题说明如何测算可转换债券的资本成本。

[例 8-4]

FML公司当前股价为35元/股，预计未来固定增长率为3%，适用所得税税率为15%。公司拟通过平价发行可转换债券筹集资金5 000万元，每张债券面值为1 000元，期限为15年，票面利率5%，按年支付利息，综合发行成本率为2.5%。该可转债转换比率为25（即每张债券可以转换为普通股25股），转换价格为40元/股，发行1年后债券持有者方可实施转换权；该可转债不可赎回期为8年，8年除息后赎回价格为1 035元，以后每年递减5元。公司承诺当发放股利或进行其他形式的股权变动时，转换比率会随之进行相应调整。若市场上同等风险投资的必要报酬率为 6%，计算该公司发行这批可转换债券的税后资本成本。

［解答］

因为公司发放股利或进行其他形式的股权变动时，转换比率会随之进行相应调整，所以可以忽略这些变化，则进行分析如下：

对投资者来说，1年后纯债券（除息）的价值为：

$$1\,000\times5\%\times\frac{1-(1+6\%)^{-14}}{6\%}+1\,000\times(1+6\%)^{-14}=907.05（元）$$

转换价值=$35\times(1+3\%)\times25=901.25$（元）

此时，投资者不会为取得 901.25 元的转换价值而放弃债券部分的价值 907.05 元，他会继续等待，寄希望于股价和转换价值以 3%的速度增长。

8 年后纯债券（除息）的价值为：

$$1\,000\times5\%\times\frac{1-(1+6\%)^{-7}}{6\%}+1\,000\times(1+6\%)^{-7}=944.18（元）$$

转换价值=$35\times(1+3\%)^{8}\times25=1\,108.42$（元）

此时，不可赎回期已结束，转换价值（1 108.42 元）已高于纯债券价值，若投资者继续等待，公司将会以 1 035 元将债券赎回，所以投资者的理性选择是在此时将可转债转换为普通股（假定转换的股权稀释作用对股价的影响很小）。按照这样的逻辑，可以测算 FML 公司可转债的资本成本。

FML 公司每发行一张债券可以筹资$1\,000\times(1-2.5\%)=975$（元）。

该公司筹资在未来的现金流量代价如下：

第 1～8 年，每年利息支出 50 元，税后代价为$50\times(1-15\%)=42.5$（元）；

理性的投资者会在第 8 年年末将手中的可转换债券转换为普通股票，此时股价为$35\times(1+3\%)^{8}=44.337$（元），则公司的机会代价为$44.337\times25=1\,108.43$（元）。

转换后，公司不再需要利息支出和本金偿还。

由此，列方程如下：

$$975=42.5\times\frac{1-(1+k_{dT})^{-8}}{k_{dT}}+1\,108.43\times(1+k_{dT})^{-8}$$

当$k_{dT}=5\%$时，右边$=1\,024.916$

当$k_{dT}=6\%$时，右边$=959.359$

所以，$k_{dT}=5\%+\dfrac{1\,024.916-975}{1\,024.916-959.359}\times(6\%-5\%)=5.75\%$

篇中案例 8-1

广汽集团债券的资本成本

20X3 年 3 月 20 日，广汽集团发行总额为 40 亿元的公司债券，分为两种品种；其中，5 年期品种 10 亿元，10 年期品种 30 亿元。该债券经联合信用评级有限公司综合评定为 AAA 级，债券的面值为 100 元，平价发行，5 年期品种的票面利率为 4.89%，10 年期品种的票面利率为 5.09%，均为每年付息一次，到期一次还本，最后一期利息随本金的兑付一起支付。债券由联席主承销商中国国际金融有限公司、瑞信方正证券有限责任公司、国信证券股份有限公司、中信证券股份有限公司和高盛高华证券有限责任公司组成承销团，以余额包销的方式承销，发行成本率约为 1%。20X3 年 4 月 9 日起在上海证券交易所挂牌交易，5 年期品种简称“X3 广汽 01”，上市代码“X32242”；10 年期品种简称“X3 广汽 02”，上市代码“X32243”。那么，对广汽集团来说，这两种债券的税后资本成本分别为多少呢？

二、优先股成本

优先股是一种权益证券，所以企业使用优先股筹资属于股权融资。不过，优先股具有与债券类似的地方，即每年收到的股息是固定的，而且这一股息除非优先股被赎回，否则永远支付。但是，优先股毕竟是一种权益证券，其股息不能像债券利息那样从税前利润中扣除，只能用净利润支付，所以优先股息不具有抵减所得税的作用。如果不考虑发行成本，优先股的资本成本应该等于优先股投资的必要报酬率，即年股息率；这一比率的分子是每年的股息，分母是投资者购买优先股需要支付的资金（即优先股市场价格）。不过，优先股的发行成本一般不能忽视，这样企业发行一股优先股筹集的资金应该小于优先股的市场价格，优先股资本成本的计算也应该以此作为分母，则企业发行优先股的资本成本的计算公式为：

$$k_{ps}=\frac{DIV_{ps}}{P_{ps}(1-f)} \quad 或 \quad k_{ps}=\frac{年股息率}{1-f}$$

式中，k_{ps}——优先股资本成本；

DIV_{ps}——优先股年股息；

P_{ps}——优先股市场价格；

F——综合发行成本率。

［例 8-5］

若 FML 公司被核准试点发行一批优先股筹资，预计每股每年支付 8 元股利，将以每股 100 元的价格在股票市场上发售。若综合发行成本率为 3%，则该公司新发行优先股股票的资本成本为多少？

［解答］

$$k_{ps}=\frac{8}{100\times(1-3\%)}=8.25\%$$

三、留存收益成本

在企业长期筹资中，留存收益是最重要的内部资金来源。留存收益主要表现为提取盈余公积和保留未分配利润。留存收益可以用于在生产经营方面进行追加投资，这对企业的发展非常重要，因此，《公司法》中要求企业必须要从净利润中提取一部分作为法定盈余公积。由于企业的剩余收益（净利润）属于所有者（股东），这些收益一部分以现金股利的形式支付给股东，另一部分则以留存收益的形式留在企业内并引起所有者权益的增加，所以留存收益融资也被称为内部权益融资。那么，如何考虑留存收益的资本成本呢？一方面，从筹资费用考虑，由于利润留存活动属于企业内部资金运作和会计处理，所以留存收益的筹资费用可以忽略。另一方面，从使用资金的费用来看，表面上看，企业似乎并不需要为留存收益支付费用，但事实并非如此。留存收益的资本成本，仍然需要从投资者对投入资金要求的报酬率来考虑。留存收益资金属于股东，若企业不留存这些利润，股东本可以将它们投资于其他投资机会，并期望获得相应的投资报酬；一旦企业将利润留存，其报酬率至少应该等于股东自己在同等风险的其他投资机会上所要求的报酬率，否则企业的利润留存活动会导致股票价格下跌，企业价值下降。可见，留存收益的资本成本表现为一种机会成本。

留存收益的资本成本等于股东承担与公司股票同等风险所要求的必要报酬率，自然也就等于股东投资于本公司股票所要求的报酬率，即本公司股票的必要报酬率（k_s）就是留存收益的资本成本。又由于在有效的资本市场上，当股价处于均衡状态时，股票的期望报酬率与投资者的必要报酬率相等，所以股

票的期望报酬率 $E(r_s)$ 有时也被认为是留存收益的资本成本。

估计留存收益资本成本的方法主要有 3 种：资本资产定价模型法、债券报酬率加风险增益法和折现现金流量法，实务中通常会根据相关数据的可靠性，选用最符合实际情况的方法。下面分别介绍这 3 种方法。

（一）资本资产定价模型法

资本资产定价模型（CAPM）提出了个别证券的期望报酬率与系统风险的关系模型，有关讨论见本书第三章。由于均衡股价情况下股票的必要报酬率等于其期望报酬率，所以此处引用 CAPM 模型公式时，去掉数学期望符号。那么，用 CAPM 模型估计留存收益成本的公式为

$$k_s = r_f + \beta_s\left(r_m - r_f\right)$$

式中，k_s——股票的必要报酬率，此处表示留存收益的资本成本；

r_f——无风险报酬率；

r_m——市场报酬率；

β_s——股票的贝塔系数。

运用 CAPM 法测算留存收益的成本时，r_f、r_m 和 β_s 的采用值说明如下：

对于无风险报酬率，一般采用政府发行国债的利率，在西方财务理论中普遍认为应该采用短期国债利率。不过对我国来说，期限短于 1 年国债并不常见，而且计算资本成本的目的在于公司的长期决策，所以在这里采用中长期国债的利率。

对于市场报酬率，一般采用资本市场上股票的平均收益率。这一预期值应当以证券分析家、经济学家以及其他分析机构对市场的一致估计值为准。

对于贝塔系数，可以采用一些服务机构提供的上市公司预期 β 值，也可以根据上市公司股价的历史数据自行计算。

[例 8-6]

若 FML 公司普通股股票的贝塔系数为 1.35，市场上股票的平均收益率为 9%，中长期国债的利率为 5%，则该公司留存收益的成本估计为多少？

[解答]

$$k_s = 5\% + 1.35\times\left(9\% - 5\%\right) = 10.4\%$$

对于留存收益成本的估计，CAPM 法存在如下缺陷：①股东关心的是总风险而不仅仅是系统风险，所以用 CAPM 法往往会低估 k_s 值；②r_m 的精确值难以估计；③无风险报酬率 r_f 的采纳值有争议。

（二）债券报酬率加风险增益法

根据投资“风险越大，要求的报酬率越高”的原理，普通股股东对必要报酬率的要求大于债券投资者，因此留存收益的成本只需在公司的长期债券报酬率基础之上加上一个风险溢价即可。按照这一逻辑，留存收益资本成本的计算公式如下：

$$k_s = r_d + RP_s$$

式中，k_s——股票的必要报酬率，此处表示留存收益的成本；

r_d——债券的到期收益率；

RP_s——股东比债权人承担更大的风险所要求的风险溢价。

运用债券报酬率加风险增益法，债券报酬率的估算比较容易，如果公司发行了长期债券，则可以使用债券的到期收益率 r_d。不过，风险溢价 RP_s 是凭经验估计的。一般认为，某企业普通股风险溢价对其自己发行的债券来讲，大约在 3%～5%之间。

［例 8-7］

若 FML 公司刚刚发行的长期债券收益率为 7.67%，估计本公司股票对该债券的风险溢价为 3.2%，则该公司留存收益的成本估计为多少？

［解答］

$k_s = 7.67\% + 3.2\% = 10.87\%$

债券报酬率加风险增益法所用到的风险增益主观性较强，所以这种方法估计留存收益的成本不太精确，但其所使用的数据容易获得，计算过程比较简单，不失为一种可行方法。

（三）折现现金流量法

折现现金流量（Discounted Cash Flow, DCF）法，也称股利增长模型，它假定公司是固定增长公司，预期未来现金股利以固定增长率 g 增加。在第六章，我们曾经讲到了这一估计股票必要报酬率的方法，这里引用过来，那么用 DCF 法估计留存收益成本的计算公式为：

$$k_s = \frac{DIV_1}{P_0} + g$$

式中，k_s——股票的必要报酬率，此处表示留存收益的成本；

DIV_1——预期下一年度的每股现金股利；

P_0——普通股当前市场价值；

g——股利年增长率。

在 DCF 法中，股利年增长率 g 的确定可以采用两种方法：几何平均数法和可持续增长法。几何平均数法是根据过去的股利支付数据通过几何平均数的方法来确定平均股利增长率，即：

$$g=\sqrt[n-1]{\frac{DIV_n}{DIV_1}}-1$$

式中，DIV_1——考察期第 1 年的每股现金股利；

DIV_n——考察期第 n 年的每股现金股利；

n——考察期年数。

可持续增长法即第六章中推导出的股利增长率 g 的计算方法，公式为：

$$g=ROE\times(1-DR)$$

［例 8-8］

FML 公司的普通股股票当前市场价格为每股 30 元，预计下次现金股利为 0.6 元/股，过去 6 年股利支付情况如表 8-2 所示。运用 DCF 法计算该公司的留存收益成本。

表 8-2　FML 公司过去 6 年股利支付情况表

年份	20X8	20X9	20Y0	20Y1	20Y2	20Y3
现金股利（元/股）	0.33	0.36	0.40	0.43	0.47	0.50

［解答］

$$g=\sqrt[5]{\frac{0.50}{0.33}}-1=8.67\%$$

$$k_s=\frac{0.6}{30}+8.67\%=10.67\%$$

DCF 法估计留存收益的成本时，计算比较简单；若企业明显不具备股利固定增长的情况，例如股利增长率呈畸高或畸低状态，则这一方法的应用受限。

前面讲述了 3 种估计留存收益成本的方法，这 3 种方法的计算结果经常不一致。对于不同方法产生的不同结果，在确定留存收益的成本时可以计算它们的算术平均数，以此作为留存收益成本的采纳值。例如，根据例 8-6、例 8-7 和例 8-8 的计算结果，计算 FML 公司留存收益的成本为

$$k_s = \frac{10.4\% + 10.87\% + 10.67\%}{3} = 10.65\%$$

篇中案例 8-2

广汽集团留存收益的成本

既然留存收益的资本成本是一种机会成本，它等于股东投资于公司同等风险股票所要求的报酬率，那么我们可以通过测算 20X3 年 12 月 31 日广汽集团（601238）股票的市场资本化利率来估计其同期的留存收益成本。首先考虑 CAPM 法，经过市场数据分析，20X3 年底 1 年期国债的收益率为 3.06%，广汽集团股票的贝塔系数为 1.61，10 年来中国股票市场的平均收益率约为 5%，那么广汽集团留存收益的成本为：3.06%+1.61×（5%－3.06%）=6.18%。其次考虑债券报酬率加风险增益法，经过市场数据分析，20X3 年 12 月 31 日时，“X3 广汽 01”债券的到期收益率为 4.8036%，因为广汽集团主体评级为 AAA 级，所以取风险增益为 3%，那么广汽集团留存收益的成本为 4.80%+3%=7.80%。最后，考虑 DCF 法，根据广汽集团年报显示，自上市以来该公司平均 *ROE* 为 8.21%，而且公司确定年股利支付率不小于 10%，上市以来实际股利支付率约为 30%，那么股利增长率 *g*=（1－30%）×8.21%=5.75%；上市以来该公司平均每年每股股利为 0.15 元，20X3 年 12 月 31 日股票价格为 7.84 元；那么广汽集团留存收益的成本为 0.15/7.84+5.75%=7.66%。将以上 3 种方法取算术平均数，那么估计广汽集团留存收益的成本为 7.21%。通过这一案例，你认为上述 3 种估计留存收益成本的方法，各自的优缺点是什么？

四、新发股份成本

当企业生产发展需要资金，而利润留存和负债筹资都不足以满足资金需要时，就需要考虑从外部筹措权益资本，即采用股权再融资的方式增加股本，其中增发新股（新发行普通股票）是最常见的方式。与留存收益相对应，新发行股票又称为外部权益筹资。由于发行股票存在不可忽略的发行成本，而这些发行成本将会从新股的筹资总额中（认购股票的投资者提供）扣除，所以不能以新股的全部市场价格用于企业的增长需要，所能使用的筹资额仅为全部新股的市场价格减去发行成本后的净额。由于公司的内部权益没有发行成本，而外部权益存在发行成本，所以新发股份的资本成本应该高于留存收益的成本。新发股份的成本可以用下面的公式估计，该公式是对前述计算留存收益成本的 DCF

法的修正，即

$$k_e=\frac{DIV_1}{P_0\left(1-f\right)}+g$$

式中，k_e——新发股票的资本成本，即外部权益的成本；

DIV_1——预期下一年度的每股现金股利；

P_0——普通股市场价值；

f——综合发行成本率；

g——股利年增长率。

[例 8-9]

FML 公司的普通股股票当前市场价格为每股 30 元，预计下次现金股利为 0.6 元/股。该公司目前进入稳步增长期，预期权益净利率为 12.5%，股利支付率为 30%。若该公司准备以当前市价发行新普通股票（假设新股不会影响上述财务数据），估计发行成本率为 6%。运用 DCF 法计算该公司的外部权益成本。

[解答]

$$g=12.5\%\times\left(1-30\%\right)=8.75\%$$

$$k_e=\frac{0.6}{30\times\left(1-6\%\right)}+8.75\%=10.88\%$$

【课堂测试 8-2】

1. 下列事项分别会对企业债务的税后资本成本以及留存收益的资本成本产生何种影响？请用“↑”“↓”“#”分别表示上升、下降或无影响（或不确定）。

a. 所得税税率下降：k_{dT}（　）；k_s（　）。

b. 央行提高基准利率：k_{dT}（　）；k_s（　）。

c. 企业提高资产负债率：k_{dT}（　）；k_s（　）。

d. 企业筹资额加倍：k_{dT}（　）；k_s（　）。

e. 企业投资进入高风险领域：k_{dT}（　）；k_s（　）。

f. 企业股利支付率上升：k_{dT}（　）；k_s（　）。

g. 投资者风险回避程度上升：k_{dT}（　）；k_s（　）。

2. ATL 公司当前股价为 20 元/股，预计 1 年后将会支付每股股利 0.8 元，并且股利增长率将保持为 5%。若公司当前发行新股，发行成本率约为 10%。那么，该公司内部权益和外部权益的成本分别为多少？

第三节　加权平均资本成本与边际资本成本

一、加权平均资本成本

在股份有限公司，当企业发展需要资金的数量较大时，筹集的资金很可能是多种筹资方式和筹资渠道的混合。而企业在进行财务决策时，有时需要使用一个综合的资本成本，这就是加权平均资本成本（Weighted Average Cost of Capital, WACC）。

加权平均资本成本是指企业全部投资者所要求的平均报酬率，是筹资总额中各种要素资本成本以价值为权重的加权平均数。加权平均资本成本也可以简称资本成本，也就是说，当长期资本为多种要素构成时，所谓的资本成本其实就是加权平均资本成本。对于各种要素的价值权重，通常有两种选择：一是以账面价值比例为权重，二是以市场价值比例为权重。比较来看，账面价值反映的是资金的历史结构，这些资金往往已经投资出去，对企业未来的决策无益；而市场价值反映的是当前筹资或即将筹资的资金比例，以此计算的资本成本更适用于企业的筹资和未来投资决策，所以计算加权平均资本成本时资本要素的价值权重应该选用市场价值。于是，加权平均资本成本的计算公式为

$$k_a = w_d k_{dT} + w_{ps} k_{ps} + w_s k_s + w_e k_e$$

式中，k_a——加权平均资本成本，也可用符号 $WACC$ 表示；

w_d——债务的市场价值权重；

w_{ps}——优先股的市场价值权重；

w_s——留存收益或内部权益权重；

w_e——新发股票或外部权益权重。

［例 8-10］

FML 公司预计未来需要筹资 8 000 万元，预计资金来源的构成为：长期借款 1 000 万元，债券 2 000 万元，优先股 1 200 万元，利润留存 2 000 万元，发行新股 1 800 万元。其中，长期借款的税后成本为 5.51%，债券的税后成本 6.78%，优先股成本 8.25%，留存收益的机会成本 10.65%，新发股票的成本为 10.88%。计算该公司筹资的加权平均资本成本。

[解答]

$$k_a=\frac{1\ 000}{8\ 000}\times 5.51\%+\frac{2\ 000}{8\ 000}\times 6.78\%+\frac{1\ 200}{8\ 000}\times 8.25\%+\frac{2\ 000}{8\ 000}\times 10.65\%+\frac{1\ 800}{8\ 000}\times 10.88\%$$
$$=8.73\%$$

篇中案例 8-3

广汽集团的 WACC

根据广汽集团 20X3 年的年度财务报告，我们测算一下其加权平均资本成本。财务报告显示，在 20X3 年 12 月 31 日，该公司长期资本中长期借款余额为 2.19 亿元，平均利息率约为 7.10%。应付债券包括："T7 广汽债"余额 5.69 亿元，实际利率 6.21%；"X3 广汽债 01"余额 9.91 亿元，实际利率 5.14%；"X3 广汽债 02"余额 29.69 亿元，实际利率 5.23%。所有者权益合计为 340.63 亿元，忽略历史上股票的发行费用，全部采用篇中案例 8-2 估算出的留存收益成本 7.21%。上述长期资本的总余额为 388.11 亿元。考虑到债务成本抵减所得税的作用，长期借款以及 3 种债券的税后资本成本分别为：5.325%、4.6575%、3.885%和 3.9225%。那么，根据上述数据计算的广汽集团的加权平均资本成本为：

$$WACC=\frac{2.19}{388.11}\times 5.325\%+\frac{5.69}{388.11}\times 4.6575\%+\frac{9.91}{388.11}\times 3.885\%$$
$$+\frac{29.69}{388.11}\times 3.9225\%+\frac{340.63}{388.11}\times 7.21\%=6.82\%$$

根据这样的计算，你认为广汽集团投资项目能够接受的投资报酬率最低为多少？

二、边际资本成本

（一）有关边际资本成本和筹资突破点的探讨

企业在筹集资金的过程中，不可能以一个固定的资本成本筹集无限量的资本。这是因为，企业筹资的结果往往会带来企业风险的增大；增大的风险或者来自因经营规模扩大而产生的经营风险，或者来自因负债规模的增加而产生的财务风险，或者兼而有之。那么，根据风险、报酬率对等的原则，投资者会提高他们所要求的报酬率，从而提高企业筹资的资本成本。所以，当企业增加的筹资量超过一定限度时，要素资本成本会提高，从而引起加权平均资本成本发生变化。既然如此，考虑边际资本成本（Marginal Cost of Capital, MCC）就变得很有意义，*MCC* 是指在某一状态上筹措下一元资金的资本成本。很显然，当要素资本成本提高引起加权平均资本成本发生变化时，边际资本成本就会跃升。因此，分析边际资本成本就可以找出在资本成本保持不变情况下所能新增筹资的最高额度，即筹资突破点（Break Point，BP）。随着筹资数量的增加，能够发生变化的要素资本成本往往不止一个，所以企业的筹资突破点通常也不止一个。对企业来说，边际资本成本和筹资突破点分析有利于企业根据资本成本及其变化做出决策，改善筹资决策和投资决策的业绩。下面以 FML 公司为例，探讨边际资本成本及筹资突破点分析的过程。

假定 FML 公司债权筹资的方式仅有长期借款和债券两种，筹资成本分别为 5.51%和 6.78%；股权筹资的方式也仅有利润留存和新发普通股两种，筹资成本分别为 10.65%和 10.88%。预计 FML 公司未来长期借款筹资的限额为 1 000 万元，全部净利润为 3 000 万元，新增筹资的目标负债率为 40%（理想资本结构）。那么，随着 FML 公司新增筹资数额的变化，会出现什么情况呢？

若企业刚开始考虑新增筹资，必然先选择筹资成本最低的长期借款，但考虑目标负债率，还必须同时考虑增加留存收益（内部权益），即：在企业开始新增筹资时会选择 40%的长期借款和 60%的利润留存，此时筹资的加权平均资本成本（边际资本成本与加权平均资本成本数额相同）为：

$$WACC = 40\% \times 5.51\% + 60\% \times 10.65\% = 8.59\%$$

然而，企业的长期借款和留存收益都有限额，当筹资额达到限额时就会产生筹资突破点。筹资突破点的计算公式为：

$$BP = \frac{\text{某一特定资本成本的资本要素的筹资限额}}{\text{该种资本要素的目标比重}}$$

通过计算并比较可以发现 FML 公司的第一个筹资突破点出现在总筹资额为 2 500 万元时，此时达到长期借款的筹资限额 1 000 万元（2 500×40%）。在这个点上，企业再增加筹资时，不得不采用发行债券的方式筹集债务资金，当然权益资本的留存收益还未达到限额，仍然可以进行利润留存。那么，FML 公司在第一个筹资突破点的边际资本成本为：

$$MCC_1 = 40\% \times 6.78\% + 60\% \times 10.65\% = 9.10\%$$

随着筹资额的进一步增加，当净利润已经被全部留存（即达到留存收益限额）时，会出现第二个筹资突破点，此时的总融资额为 5 000 万元（即 3 000÷60%）。在这个点上，企业再增加筹资时，不得不通过外部权益（新发普通股）的方式来增加权益资本。那么，FML 公司在第二个筹资突破点的边际资本成本为：

$$MCC_2 = 40\% \times 6.78\% + 60\% \times 10.88\% = 9.24\%$$

FML 公司边际资本成本和筹资突破点的情况如图 8-1 所示。

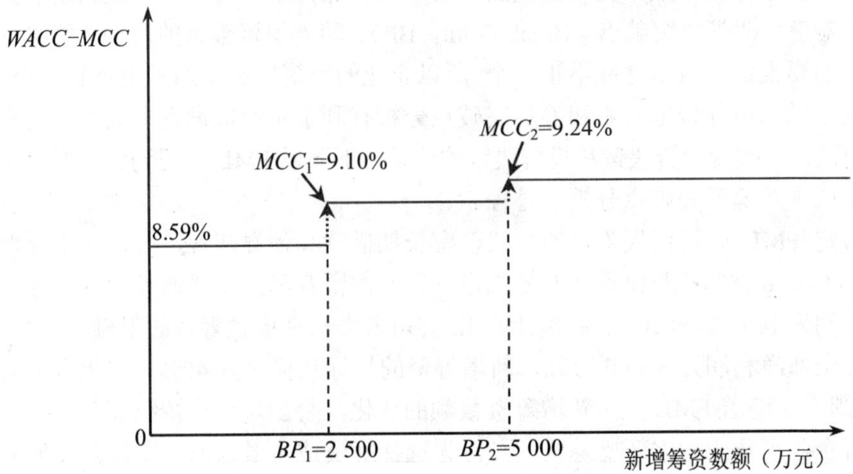

图 8-1　FML 公司的边际资本成本和筹资突破点

（二）筹资突破点对投资项目选择的影响

我们已经探讨过，在企业进行投资决策时，只有投资的预期报酬率大于（或等于）资本成本，投资才值得持续。由于企业新增投资项目往往需要额外的资金筹集，而筹资的成本并非一成不变，所以为投资项目筹集资金时，可能会跨越筹资突破点，特别是当企业面临多个投资项目时。那么，在这种情况下，该如何结合边际资本成本和筹资突破点进行投资决策呢？首先，需要测算各个待选投资项目的投资额和预期报酬率。其次，将待选投资项目按预期报酬率从大到小进行排序，确定各项目需要筹集资金的数额（一般情况下该筹资额等于投资额），并按顺序将筹资额进行累计。最后，将待选投资项目按上述顺序逐一分析预期投资报酬率和边际资本成本，并进行决策。因为按照前两步做完之后，多项目的预期投资报酬率会随总筹资额成阶梯式下降，而边际资本成本会随总筹资额成阶梯式上升，所以会出现以下 3 种情况。一是项目整个筹资额度内预期投资报酬率大于（或等于）边际资本成本，这样的项目可以接受；二是项目整个筹资额度内，预期投资报酬率小于边际资本成本，这样的项目不能接受；三是项目整个筹资额度内，由于跨越筹资突破点，使得预期投资报酬率大于筹资突破点前的边际资本成本，而小于筹资突破点后的边际资本成本，这样的投资项目需要具体测算来确定是否能够接受。下面以一道例题来说明上述过程。

[例 8-11]

FML 公司预计未来筹资的边际资本成本和筹资突破点如图 8-1 所示。目前公司存在以下 5 个待选投资项目，预期投资报酬率和初始投资额如表 8-3 所示。

表 8-3　FML 公司待选投资项目情况表

投资项目	预期投资报酬率	初始投资（万元）
A	9.15%	2 000
B	9.00%	1 800
C	10.88%	1 500
D	8.60%	2 700
E	12.50%	2 000

试对上述投资项目进行决策。

[解答]

（1）将 5 个待选投资项目按预期投资报酬率从大到小排序，并累计筹资额，如表 8-4 所示。

表 8-4　FML 公司待选投资项目排序

投资项目	预期投资报酬率	初始投资（万元）	累计筹资额（万元）
E	12.50%	2 000	2 000
C	10.88%	1 500	3 500
A	9.15%	2 000	5 500
B	9.00%	1 800	7 300
D	8.60%	2 700	10 000

（2）将排好序的待选项目按预期投资报酬率和累计筹资额描绘在如图 8-1 的边际资本成本和筹资突破点图中，如图 8-2 所示。

从图 8-2 可以看出，E 项目和 C 项目在筹资额度内预期投资报酬率大于边际资本成本，这两个项目可以接受；B 项目和 D 项目在筹资额度内预期投资报酬率小于边际资本成本，这两个项目不能接受；A 项目在筹资额度内，跨越筹资突破点，其预期投资报酬率（9.15%）大于筹资突破点前的边际资本成本（9.10%），但小于筹资突破点后的边际资本成本（9.24%），需要进行进一步测算。

具体地，在 A 项目需要的 2 000 万元总筹资中，1 500 万元（5 000 − 3 500）的资本成本是 9.10%，500 万元的资本成本是 9.24%，那么 A 项目筹资的加权平均资本成本为：

$$WACC=\frac{1\,500}{2\,000}\times 9.10\%+\frac{500}{2\,000}\times 9.24\%=9.135\%$$

因为 A 项目预期投资报酬率（9.15%）大于其筹资的加权平均资本成本（9.135%），所以 A 项目也可以接受。

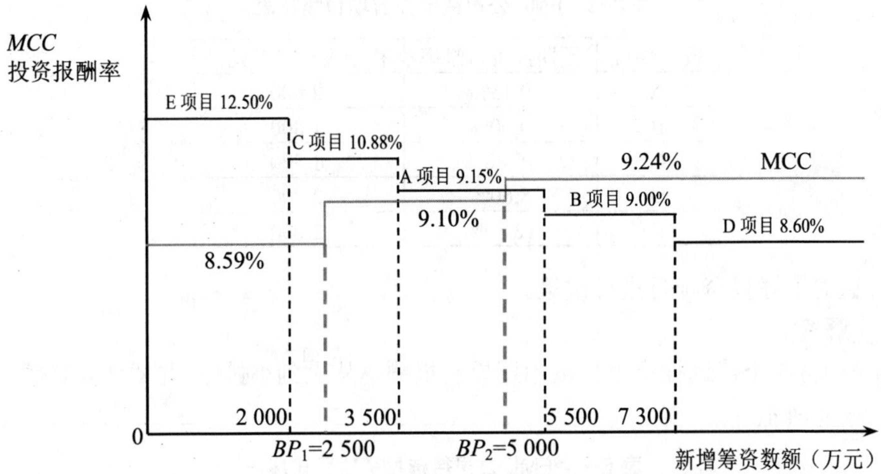

图 8-2 FML 公司待选投资项目的决策

三、影响资本成本的因素

在市场经济环境中，多方面的综合因素影响企业资本成本的高低，主要包括企业外部因素（如市场利率、市场风险溢价和所得税税率等）和企业内部因素（如资本结构、股利政策和投资政策等）。

（一）外部因素

1. 利率

市场利率上升，公司债务的成本会上升，这是因为债权投资者的机会成本会增加，公司筹资时必须提高付给债权人的报酬率。基准利率的变化会引起无风险报酬率的变化，根据资本资产定价模型，企业的权益资本的成本会上升。个别公司无法改变利率，只能被动接受。资本成本上升，企业投资的机会成本也会增大，会抑制企业投资行为。相反，市场利率下降，公司的资本成本也会下降，会刺激公司投资。

2. 市场的风险溢价

市场的风险溢价由全部投资者对风险回避的程度决定，受资本市场上的供求关系影响，个别企业同样无法控制。根据资本资产定价模型，市场风险溢价会影响企业权益的成本。同时，当股权成本上升时，各公司会增加债权筹资，推动债务资本上升。

3. 所得税税率

所得税税率是政府政策确定的，个别公司无法左右。所得税税率变化直接影响企业负债的税后资本成本以及公司加权平均资本成本。此外，所得税税率的变化也会影响企业对于债权融资和股权融资的选择，从而改变企业的目标资本结构（有关资本结构的探讨参见本书第九章）。

（二）内部因素

1. 资本结构

资本结构直接形成企业计算加权平均资本成本的权重。企业改变资本结构时，资本成本会随之改变。增加债务的比重，会使综合资本成本趋于降低，但会加大公司的财务风险。财务风险的提高，则会引起债务成本和权益成本的上升。因此，公司应当适度负债，寻求综合资本成本最小化的资本结构。

2. 股利政策

股利政策（有关股利政策的探讨见本书第十四章）影响净利润中分配给股东的比例。根据折现现金流量模型，企业的股利及其增长率是权益资本的决定因素之一。公司改变股利政策，会引起权益资本成本的变化。

3. 投资政策

公司的资本成本反映现有资产的平均风险。如果公司向高于现有资产风险的新项目大量投资，公司资产的平均风险就会提高，并使得资本成本上升。因此，公司投资政策发生变化时资本成本也会发生变化。

【课堂测试 8-3】

1. 若 FML 公司的 *WACC* 估计为 10.71%，则在公司考虑的下列投资项目中，能够接受的有哪些（假设各项目的风险与公司既存投资的风险相同）？请用“√”表示出来。

a. 投资 100 万元，期望报酬率 12%。（　　）

b. 投资 200 万元，期望报酬率 11.5%。（　　）

c. 投资 200 万元，期望报酬率 11.2%。（　　）

d. 投资 200 万元，期望报酬率 11.0%。（　　）

e. 投资 100 万元，期望报酬率 10.5%。（　　）

f. 投资 100 万元，期望报酬率 10.3%。（　　）

g. 投资 100 万元，期望报酬率 10%。（　　）

2. 讨论边际资本成本的概念。写出筹资突破点的计算公式。

本章小结

资本成本是资本需求者筹集和使用资本所需支付的各种费用，实务中提到的资本成本往往是指年成本率。从资金投入者的角度，企业的资本成本是投资者选择投资的机会成本；对筹资企业来说，资本成本是必须从新的投资项目中赚取且保持企业价值不变的投资报酬率。资本成本是企业财务决策中最重要的指标之一，它可以用于企业的筹资决策、投资决策、企业价值评估、业绩评价等。

由于不同筹资方式、不同筹资渠道的资本成本不同，所以对于企业的资本成本需要分别考察各个资本要素的成本。对于企业的长期借款筹资，筹资费用一般可以忽略，使用资金的费用主要表现在利息上。普通债券的成本除了利息之外，一般不能忽视发行成本。不过，这两种长期债务，其利息费用可以抵减所得税费用，从而使企业实际承担的资本成本下降。附带认股权证的债券和可转换债券都相当于普通债券加上股票看涨期权，其资本成本的测算比较复杂，当然它们的利息费用也是可以抵减所得税的。优先股的成本是永续股息的代价以及发行成本，而且优先股息不具有抵减所得税的作用。留存收益的资本成本表现为一种机会成本，等于股东承担与公司股票同等风险所要求的必要报酬率。估计留存收益资本成本的方法主要有 3 种：资本资产定价模型法、债券报酬率加风险增益法和折现现金流量法。与留存收益相对应，新发行股票又称为外部权益筹资。由于发行股票存在不可忽略的发行成本，所以新发股份的资本成本应该高于留存收益的成本。

加权平均资本成本是指企业全部投资者所要求的平均报酬率，是筹资总额中各种要素资本成本以价值为权重的加权平均数。边际资本成本是指在某一状态上筹措下 1 元资金的资本成本。当要素资本成本提高引起加权平均资本成本发生变化时，边际资本成本就会跃升从而产生筹资突破点。加权平均资本成本和边际资本成本（包括筹资突破点）对企业的筹资决策和投资决策具有重要意义。在市场经济环境中，影响企业资本成本的因素很多，主要包括企业外部因素和企业内部因素。

篇后案例

广汽集团 20X3 年的 EVA

EVA 即经济增加值（Economic Value Added），是美国思腾思特（Stern

Stewart）咨询公司于 1982 年提出的一个反映企业经营业绩的概念。思腾思特公司认为，企业在评价其经营状况时通常采用的会计利润指标存在缺陷，难以正确反映企业的真实经营状况，因为它忽视了股东资本投入的机会成本，企业赢利只有在高于其资本成本时才为股东创造价值。经济增加值（EVA）高的企业才是真正的好企业。EVA 理念得到了广泛的认同，并被引入企业价值评估领域，取得了良好的应用效果。EVA 的计算公式为：

EVA=税后营业利润－资本投入额×加权平均资本成本

=资本投入额×（资本营业利润率－加权平均资本成本）

那么，广汽集团 20X3 年的 EVA 是多少呢？根据广汽集团 20X3 年财务报告，广汽集团当年实现净利润 25.45 亿元，集团适用的所得税税率包括 25%和 0 两种，所得税费用 1.01 亿元（平均所得税税率仅为 3.81%），利润总额 26.46 亿元，财务费用 1.61 亿元。所以，广汽集团的税后营业利润=（利润总额+财务费用）×（1－所得税税率），即 27 亿元。根据篇中案例 8-3 的资料，20X3 年广汽集团投入的资本总额为 388.11 亿元，加权平均资本成本为 6.82%。因此，广汽集团 20X3 年的经济增加值为 0.531 亿元（27－388.11×6.82%）。

EVA 方法在企业业绩评价和价值评估方面的应用越来越广，这种方法你学会了吗？

核心概念

资本成本（Cost of Capital）
债务成本（Cost of Debt）
优先股成本（Cost of Preferred Stock）
留存收益成本（Cost of Retained Earnings）
新发股份成本（Cost of New Common Stock）
加权平均资本成本（Weighted Average Cost of Capital）
边际资本成本（Marginal Cost of Capital）
筹资突破点（Break Point in Financing）

思考题

1. 为什么在投资决策时通常要考虑的是企业加权平均资本成本，而不是为特定投资项目筹集资金的成本？

2. 公司所得税会对优先股的成本产生影响吗？为什么？

3. 为什么必须考虑留存收益的成本？

4. 请对用 CAPM 模型估计留存收益成本的方法进行简要评价。

5. 在要素资本成本计算中，如何考虑发行成本的影响？

6. 什么是加权平均资本成本？写出计算加权平均资本成本的公式。

7. 若在边际资本成本线上有 n 个筹资突破点，那么该企业会有多少个不同的加权平均资本成本？

8. 影响企业资本成本的因素有哪些？

练习题

（一）单项选择题

1. 从资本成本的定义考虑，债券的资本成本不需要考虑（　　）。

A. 债券利息　　B. 债券面值

C. 债券利息抵减的所得税　　D. 债券的发行费用

2. 如果忽略交易费用，资本成本不相当于（　　）。

A. 资金投入者所要求的报酬率

B. 资金使用者所付出的代价

C. 资金使用者投资的报酬率

D. 资金投入者选择投资的机会成本

3. 资本成本的用途一般不包括（　　）。

A. 筹资决策　　B. 投资决策

C. 企业价值评估　　D. 利润分配决策

4. 下列筹资方式中，通常资本成本最低的是（　　）。

A. 债务成本　　B. 优先股成本

C. 发行股票　　D. 留存收益成本

5. 长期借款和债券的资本成本考虑因素的共同点是（　　）。

A. 均考虑发行费用　　B. 均考虑赎回条款

C. 均考虑所得税的影响　　D. 均考虑到期收益率

6. 某企业经批准发行优先股股票，发行成本率和年股息率分别为 5%和 9%，则该种优先股的成本为（　　）。

A. 9.47%　　B. 9.26%　　C. 5.71%　　D. 5.49%

7. 债券的资本成本一般要低于普通股资本成本，主要是因为（　　）。

A. 债券的筹资费用少　　B. 债券的信用等级高

C. 债券的利息是固定的　　D. 债券投资者要求的报酬率较低

8. 根据风险收益对等观念，在一般情况下，各筹资方式资本成本由小到大依次为（　）。

A. 长期借款、公司债券、普通股

B. 普通股、长期借款、公司债券

C. 公司债券、长期借款、普通股

D. 普通股、公司债券、长期借款

9. 某公司普通股的贝塔系数为0.75，市场上股票的平均收益率为11%，中长期国债的利率为5%；若按照CAPM法，则该公司留存收益的成本为（　）。

A. 5%　　B. 11%　　C. 8.25%　　D. 9.5%

10. 若某公司刚刚发行的长期债券的到期收益率为8%，则按照债券报酬率加风险增益法确定的该公司留存收益的成本可能为（　）。

A. 8%　　B. 9%　　C. 10%　　D. 12%

11. 某公司当前普通股票市价为每股30元，刚刚支付每股股利1.2元；该公司目前进入稳步增长期，预期权益净利率10%，股利支付率40%。若该公司准备按市价发行新股，发行成本率为10%，则该公司外部权益的成本为（　）。

A. 10%　　B. 6%　　C. 10.71%　　D. 16%

12. 加权平均资本成本是指（　）。

A. 各种资本的个别资本成本之和

B. 以各种资本占全部资本的比重为权数的个别资本成本的加权平均数

C. 权益资本成本的加权平均数

D. 各种资本个别资本成本的算术平均数

13. 若某公司的目标资产负债率为60%，利率不变情况下新增长期借款的限额为900万元，则因此长期借款而引起的筹资突破点为（　）。

A. 1 500万元　　B. 900万元　　C. 2 450万元　　D. 540万元

14. 有关利率变动对企业资本成本影响的说法正确的是（　）。

A. 市场利率上升会导致资本成本下降

B. 基准利率上升会导致资本成本下降

C. 市场利率下降，导致资本成本下降，会抑制企业投资

D. 市场利率下降，导致资本成本下降，会刺激企业投资

15. 下列属于影响企业资本成本的外部因素的是（　）。

A. 资本结构　　B. 股利政策

C. 所得税税率　　D. 投资政策

16. 下列属于影响企业资本成本的内部因素的是（　）。

A. 资本结构　　B. 市场利率

C. 平均风险回避程度　　　　D. 所得税税率

（二）多项选择题

1. 下列有关资本成本的说法中正确的包括（　　）。

A. 资本成本不仅包括使用资金的代价，还包括筹集资金的代价

B. 资本成本对投资决策没有影响

C. 如果不考虑交易费用，资本成本等于资本投入者所要求的报酬率

D. 资本成本是投资者选择投资的机会成本

E. 资本成本是企业必须从新的投资项目中赚取且保持企业价值不变的投资报酬率

2. 资本成本的用途一般包括（　　）。

A. 营运资本管理　　B. 筹资决策　　C. 投资决策

D. 企业价值评估　　E. EVA 业绩评价

3. 在股份有限公司中，构成资本的要素通常包括（　　）。

A. 长期借款　　B. 长期债券　　C. 留存收益

D. 优先股　　E. 普通股

4. 在要素资本成本中须考虑所得税因素的包括（　　）。

A. 优先股成本　　B. 普通股成本　　C. 留存收益成本

D. 长期债券成本　　E. 长期借款成本

5. 下列有关留存收益成本的说法中，正确的包括（　　）。

A. 留存收益不存在成本问题

B. 留存收益的成本计算一般不考虑筹资费用

C. 留存收益的成本被称为内部权益成本

D. 留存收益成本是一种机会成本

E. 留存收益成本等于股东投资于等风险股票所要求的报酬率

6. 估计留存收益成本的方法主要包括（　　）。

A. 资本资产定价模型法

B. 直接估计法

C. 市场利率替代法

D. 债券报酬率加上风险增益法

E. 折现现金流量法

7. 用资本资产定价模型法估计留存收益的成本，主要缺点包括（　　）。

A. 主观性太强

B. 模型过于简单

C. 仅仅考虑系统风险，会低估成本

D. 无风险利率的采纳值存在争议

E. 市场组合的报酬率难以精确估计

8. 影响债券税后资本成本的因素包括（　　）。

A. 债券的发行价格　　B. 债券的发行成本

C. 债券的面值　　D. 债券的票面利率

E. 债券的期限

9. 根据折现现金流量法，影响外部权益的资本成本的因素包括（　　）。

A. 股票市价　　B. 下一年度现金股利

C. 普通股发行成本率　　D. 股利年增长率

E. 股票数量

10. 下列有关加权平均资本成本的说法，正确的包括（　　）。

A. 加权平均资本成本小于各要素的资本成本

B. 加权平均资本成本是指企业全部投资者所要求的平均报酬率

C. 加权平均资本成本也可以简称资本成本

D. 企业的投资决策需要考虑加权平均资本成本

E. 加权平均资本成本等于各要素资本成本的算术平均数

11. 下列有关边际资本成本的说法中正确的包括（　　）。

A. 边际资本成本不是现实资本成本

B. 边际资本成本其实是一种加权平均资本成本

C. 边际资本成本是指在某一状态下筹措下一元资金的资本成本

D. 边际资本成本在筹资突破点会发生跃迁

E. 边际资本成本不受投资规模的影响

12. 直接影响企业资本成本的因素有（　　）。

A. 资本结构　　B. 要素资本成本高低　　C. 筹资总额

D. 筹资期限的长短　　E. 投资机会好坏

13. 下列有关利率变动对企业资本成本的影响说法正确的包括（　　）。

A. 市场利率上升，会导致资本成本上升

B. 市场利率上升，会导致资本成本下降

C. 基准利率上升，会导致资本成本上升

D. 基准利率上升，会导致资本成本下降

E. 市场利率下降，导致资本成本下降，会刺激企业投资

14. 影响企业资本成本的外部因素包括（　　）。

A. 市场利率　　B. 股利政策　　C. 所得税税率

D. 投资政策　　E. 市场风险溢价

15. 影响企业资本结构的内部因素包括（　　）。

A. 市场利率　　B. 股利政策　　C. 资本结构

D. 投资政策　　E. 投资者的平均风险回避程度

（三）判断题

1. 资本成本的计算正确与否，通常会影响企业的筹资决策，不会影响投资决策。（　　）

2. 通过发行股票筹资，可以不计利息，因此其成本比长期负债筹资的成本低。（　　）

3. 资本成本是资本需求者筹集和使用资本所需支付的各种费用。（　　）

4. 由于资金需求者的竞争，各种要素的资本成本保持一致。（　　）

5. 留存收益由于产生于企业内部，所以无须考虑资本成本。（　　）

6. 长期借款的利息具有抵减所得税税金的作用。（　　）

7. 优先股的股息由于使用税后利润支付，所以不具备抵减所得税税金的作用。（　　）

8. 留存收益成本与新发普通股成本的差异主要表现在新发普通股需要考虑筹资费用。（　　）

9. 若企业没有新发普通股，可以使用新发债券的资本成本作为留存收益的成本。（　　）

10. 若忽略筹资费用，加权平均资本成本相当于企业全部投资者所要求的平均报酬率。（　　）

11. 在计算加权平均资本成本时，资本要素的价值权重一般选用市场价值。（　　）

12. 企业在筹集资金的过程中，不可能以一个固定的资本成本筹集无限量的资本。（　　）

13. 边际资本成本只在筹资突破点存在。（　　）

14. 所得税税率变化能够直接影响负债的税后资本成本进而影响企业的加权平均资本成本。（　　）

15. 因为负债的资本成本低于权益资本成本，所以对企业来说，负债越多越好。（　　）

16. 根据项目资本成本进行投资选择时，应以项目特定的资产来源的成本作为决策依据。（　　）

（四）计算综合题

1. HD 公司为扩大经营规模，需要筹集 500 万元资金。公司管理层准备发行一批长期债券，每张债券面值 1 000 元，票面利率 10%，债券期限为 10 年，每年计算并支付一次利息。若投资者要求的报酬率为 8%，公司适用的所得税税率为 25%，债券的发行成本率为 6%，要求：

（1）估计该债券的发行价格；

（2）计算每卖出一张债券企业可以获得的净筹资额；

（3）企业至少需要发行多少张债券，才能筹足所需要的资金；

（4）计算该债券的税后资本成本。

2. ATL 公司预计今后每年的盈利和股利的增长率稳定在 6%，该公司普通股股票每股当前价格为 30 元，刚刚支付每股 2.5 元的现金股利。要求：

（1）按 DCF 法计算留存收益成本；

（2）假如该公司的 β 系数为 1.5，r_f=8%，r_m=12%，运用 CAPM 法估算留存收益成本；

（3）假如该公司的长期债券收益率为 11.4%，适用的风险增益为 3%，运用债券报酬率加风险增益法计算留存收益成本。

（4）根据以上的计算，该公司留存收益资本成本的最优采纳值为多少？

3. DL 公司考虑测算其权益资本成本，公司当前的股票市价为每股 24 元，公司预计本年度（20X5 年）的每股股利为 0.96 元，公司过去 5 年支付的每股股利如下表。若发行新股，扣除折价和发行费用后，公司预计每股可以筹资 20 元。

年度	20X0	20X1	20X2	20X3	20X4
每股股利（元）	0.60	0.65	0.74	0.81	0.90

根据以上资料，要求：

（1）根据历史资料确定该公司股利增长率；

（2）利用折现现金流量法，确定该公司内部权益的成本；

（3）利用折现现金流量法，确定该公司外部权益的成本。

4. BD 公司的财务资本状况如下表：

资本来源	账面价值（万元）	市场价值（万元）	资本成本
长期借款	100	100	4%（税后）
长期债券	200	220	6%（税后）
权益资本	500	930	12%
总计	800	1 250	—

根据以上资料，要求：

（1）按账面价值计算加权平均资本成本；

（2）按市场价值计算加权平均资本成本；

（3）比较以上的结果，解释它们之间的差别。

5. ALI 公司预计下一年度将实现净利润 3 000 万元。该公司无优先股，目标资产负债率 50%。要求计算：

（1）若股利支付率为 40%，该公司下一年度留存收益的增量为多少？

（2）公司筹资为多少时，会出现一个筹资突破点（考虑内部权益与外部权益的转换）？

（3）若公司以 6%的利率可以借得 1 000 万元负债，以 8%的利率可以再借得 1 000 万元的负债，再多负债的利率为 10%，那么由负债引起的筹资突破点为多少？

（4）将上述（2）和（3）结合起来，绘制该公司筹资突破点的示意图。

6. TX 公司的有关资本成本和目标资本结构数据如下表所示。

资本来源	新筹集资金的范围（万元）	资本成本（万元）	目标资本结构
长期借款	小于 1 000	6%（税前）	40%
	1 000～3 000	8%（税前）	
	3 000 以上	12%（税前）	
权益资本	0～2 400	12%	60%
	2 400 以上	14%	

根据上述资料，若公司适用的所得税税率为 25%，要求：

（1）确定各范围长期借款的税后资本成本；

（2）确定各筹资突破点；

（3）确定在各筹资范围的加权平均资本成本；

（4）用（3）的结果，绘制加权平均资本成本图，并将以下的投资项目按照投资报酬率从大到小的顺序绘制到该图中，从而确定你要推荐的投资项目。

投资项目	预期投资报酬率	初始投资（万元）
A	11%	2 000
B	9%	3 000
C	12.5%	1 000
D	8.5%	6 000
E	13%	2 000
F	8%	1 000
G	12%	3 000
H	10%	2 500

第九章　杠杆与资本结构

从第七章开始，我们陆续讨论了企业长期筹资中的筹资方式和资本成本问题。其中，筹资方式、资本成本及其相互影响会决定企业的负债水平，而负债水平则会直接决定企业的财务杠杆和资本结构。所以，本章进一步讨论长期筹资中的财务杠杆和资本结构问题，在讨论时也会涉及企业的经营杠杆问题。通过本章的学习，需要了解经营风险、经营杠杆、财务风险、财务杠杆、总杠杆、资本结构等的基本概念；熟悉 MM 理论、最优资本结构理论、优序融资理论以及资本结构决策的目标；掌握经营杠杆系数、财务杠杆系数、总杠杆系数的计算方法，以及资本结构决策的 3 种方法。

开篇案例

债权融资还是股权融资

在珅利公司年末资本预算讨论会上，大家一致认为，来年公司的多个投资项目需要进行资金筹集，除新增加的留存收益外，大约还需要外部筹资 8 000 万元。不过，大家对这笔资金的获得渠道并未达成共识，分歧主要集中在是利用债权筹资还是股权筹资上。一部分人认为，因为债务的利息可以抵减所得税，资本成本较低，所以应该采用诸如长期借款、公司债券等债权筹资方式；另一部分人则认为，增加债务会带来更大的财务风险，不如采用股权筹资更稳健。双方各执己见，一时间谁也说服不了谁。这时，列席讨论会的市场营销总监在沉默了许久之后示意要发表意见，他指出，到底是增加负债还是增加权益资本除了大家考虑的因素之外，也不能忽视经营风险；根据市场部门的预测，来年公司产品的市场环境不太稳定，经营波动会很大，因此在经营风险较大的前提下应尽可能降低财务杠杆的使用。你认为市场营销总监的说法有道理吗？为什么？

第一节 风险和杠杆

在本书第三章我们提到，对个别企业而言，非系统风险的主要来源是经营风险和财务风险。经营风险产生于企业的生产经营活动，而财务风险则产生于债权筹资活动。考虑到风险被界定为“预期目标结果的不确定性”，财务学用期望报酬率的变异程度来度量投资的风险。由于企业本身可以看作是复杂的投资或投资组合，所以企业的经营风险和财务风险也应该考虑从财务绩效的变异方面来度量。

一、经营风险与经营杠杆

在企业的财务绩效指标中，息税前盈余（EBIT）是企业投入的所有资产的盈利，代表企业的经营利润（不同于利润表中的营业利润）。在EBIT以上的盈余（如销售毛利），成本、费用考虑得并不全面；在EBIT以下的盈余（如利润总额或净利润），要受到负债利息的影响；所以，EBIT是不受企业负债影响的最终利润。基于这样的原因，经营风险应该使用企业EBIT的变异程度来度量。

在企业的生产经营活动中，影响企业经营风险的因素无疑有很多，概括起来主要包括以下几个方面：

（1）产品需求。产品需求反映了在存在竞争的情况下，市场对产品的接受程度。很显然，市场对企业产品的需求越稳定，则经营风险越小；反之，则经营风险越大。

（2）产品售价。产品售价反映了价格受市场竞争影响的敏感程度。产品售价越稳定，则经营风险越小；反之，则经营风险越大。

（3）变动成本。变动成本是与产销量直接成正比例变化的成本（或耗费），包括原材料成本和人工成本等。产品的变动成本越稳定，则经营风险越小；反之，则经营风险越大。

（4）调节价格的能力。调节价格的能力反映企业在市场中是相对的价格接受者还是价格制订者。当产品变动成本变化时，若企业的调价能力越强，则经营风险越小；反之，则经营风险越大。

（5）固定成本的比重。固定成本的比重反映企业的资产专用性程度。在企业全部成本中，固定成本所占比重越大，则资产专用性越强，需要单位产品分摊的固定成本越多，若产品销量发生变化，分摊的固定成本随之变动的程度越大，从而造成经营利润的波动越大，则经营风险越大；反之，则经营风险越小。

可以看出，虽然影响企业经营风险的因素很多，但是这些因素引起的无非是价格或收入、成本或费用的波动。由于企业的 EBIT 可以用产品售价（P）或销售收入（S）、单位变动成本（V）或变动成本总额（VC）、固定成本（F）、销售量（Q）表示出来，即：

$$EBIT = Q(P-V) - F = S - VC - F$$

很显然，上述的价格或收入、成本或费用等的波动都会反映在企业的 EBIT 上，所以，用 EBIT 的变异程度来度量经营风险是恰如其分的。那么到底如何通过 EBIT 的变异程度来度量企业的经营风险呢？在实务中，人们认为如果企业经营风险较大，销售量的微小变动就一定会引起 EBIT 的大幅变动，经营风险会使销售量与 EBIT 之间存在类似"杠杆"的撬动作用，这被称为经营杠杆（Operating Leverage）。于是，人们将 EBIT 变动率与销售量变动率之间的比率称作经营杠杆系数（Degree of Operating Leverage, DOL），以此来度量企业的经营风险。经营杠杆系数的计算公式为：

$$DOL = \frac{\dfrac{\Delta EBIT}{EBIT}}{\dfrac{\Delta Q}{Q}}$$

式中，DOL——经营杠杆系数；

$\Delta EBIT$——息税前盈余的变动额；

$EBIT$——变动前的息税前盈余；

ΔQ——销售量的变动量；

Q——变动前的销售量。

如果以 Q^* 表示销量变动后的销售量，则上述公式可以进行如下变换：

因为　$$EBIT = Q(P-V) - F$$

那么　$$\frac{\Delta EBIT}{EBIT} = \frac{\left[Q^*(P-V)-F\right]-\left[Q(P-V)-F\right]}{Q(P-V)-F} = \frac{(Q^*-Q)(P-V)}{Q(P-V)-F}$$

又因为　$$\frac{\Delta Q}{Q} = \frac{Q^*-Q}{Q}$$

所以　$$DOL = \frac{Q(P-V)}{Q(P-V)-F}$$，或者 $$DOL = \frac{S-VC}{S-VC-F}$$

从上面的两个公式可以看出，经营杠杆效应主要是由固定成本引起的。如果企业不存在固定成本，EBIT 的变动率将与销售量的变动率保持一致；而固定成本越大，经营杠杆系数越大，说明经营风险越大。对此，现实的理解是企业的固定成本越多，资产专用性越强，能够及时进行经营调整的能力越弱，所以经营风险大。在实务中，当一家企业的固定资产折旧、固定租金等固定支出较大时，会更难以抵御销量下降带来的巨大危害，其原因就在于此。此外，从上面的公式还可以看出，除了固定成本，产品的销售量以及单位边际贡献（$P-V$）也会影响经营杠杆系数的大小。

［例 9-1］

某企业生产 A 产品，产品销售单价 10 元，单位变动成本 4 元，固定成本 60 万元。当企业销售额分别为 400 万元、200 万元、100 万元时，经营杠杆系数分别为多少？

［解答］

当销售额为400万元时，销售量$Q=\frac{400}{10}=40$（万件），所以

$$DOL_1=\frac{40\times(10-4)}{40\times(10-4)-60}=1.33$$

当销售额为200万元时，销售量$Q=\frac{200}{10}=20$（万件），所以

$$DOL_2=\frac{20\times(10-4)}{20\times(10-4)-60}=2$$

当销售额为100万元时，销售量$Q=\frac{100}{10}=10$（万件），所以

$$DOL_3=\frac{10\times(10-4)}{10\times(10-4)-60}\to\infty$$

上述的计算表明，正常盈利的企业在固定成本不变的情况下，销售额越大，经营杠杆系数越小，经营风险也就越小；而当企业的销售额减小，盈利状况越接近盈亏平衡点（Breakeven Point）①，盈利的不稳定性越大，企业的经营风险也越大。应该注意到，财务管理人员在控制企业经营风险时，不能仅简单考虑固定成本的绝对量，这是因为很多情况下固定成本是一些企业不可或缺的盈利

① 这里的盈亏平衡点指的是息税前盈余（EBIT）等于 0 时的销售额（或销售量）。从前面的经营杠杆系数的公式中可以看出，当企业的销售额（或销售量）等于盈亏平衡点时，公式的分母将等于 0，此时经营杠杆系数无穷大。

基础，企业不能“因噎废食”地排斥固定成本，而是要关注固定成本与盈利水平的相对关系。在实务中，企业一般可以通过增加营业收入、降低单位变动成本、降低固定成本比重等措施使经营杠杆系数下降，降低经营风险，但这些往往要受到企业客观条件的制约。

二、财务风险与财务杠杆

由于财务风险源于企业负债筹资，所以像资产负债率、权益乘数这样的财务指标可以用来度量财务风险或财务杠杆的大小。不过，从财务绩效变异的角度来度量财务风险则更容易分析财务风险的最终影响。因为债权人可以通过加入限制条款、提高利率等方式规避财务风险，所以若忽略优先股，财务风险是由普通股股东承担的。因此，应该考虑使用反映股东收益指标的变异来度量财务风险。显然，权益净利率（ROE）和每股收益（EPS）都是适用的。在实务中，更多的是选择 EPS。假定一家没有负债的企业，可以证明，其 EPS 的变异与 EBIT 的变异一致。不过，在存在负债筹资的企业，由于固定的负债利息的影响，EPS 的变异总是大于 EBIT 的变异，即 EBIT 的微小变动会引起 EPS 的大幅变动。可见，从销售量到 EBIT 的撬动作用是由经营风险引起的，而由 EBIT 到 EPS 的撬动作用则是由财务风险（负债）引起的，后者被称为财务杠杆（Financial Leverage）效应。与经营杠杆系数类似，人们将 EPS 变动率与 EBIT 变动率之间的比率称作财务杠杆系数（Degree of Financial Leverage, DFL），以此来度量企业的财务风险。财务杠杆系数的计算公式为

$$DFL=\frac{\frac{\Delta EPS}{EPS}}{\frac{\Delta EBIT}{EBIT}}$$

式中，DFL——财务杠杆系数；

ΔEPS——每股收益的变动额；

EPS——变动前的每股收益；

$\Delta EBIT$——息税前盈余的变动额；

$EBIT$——变动前的息税前盈余。

如果以 $EBIT^*$表示变动后的息税前盈余，I 表示债务利息，T 表示所得税税率，n 表示企业流通普通股份数，若忽略优先股，则上述公式可以进行如下变换：

因为 $$EPS=\frac{(EBIT-I)(1-T)}{n}$$

那么 $$\frac{\Delta EPS}{EPS}=\frac{\frac{(EBIT^{*}-I)(1-T)}{n}-\frac{(EBIT-I)(1-T)}{n}}{\frac{(EBIT-I)(1-T)}{n}}=\frac{EBIT^{*}-EBIT}{EBIT-I}$$

又因为 $$\frac{\Delta EBIT}{EBIT}=\frac{EBIT^{*}-EBIT}{EBIT}$$

所以 $$DFL=\frac{EBIT}{EBIT-I}$$

从上面的公式可以看出，财务杠杆效应主要是由固定的债务利息引起的。如果企业不存在负债，EPS 的变动率将与 EBIT 的变动率保持一致；而有息负债越多，财务杠杆系数越大，说明财务风险越大。可见，财务杠杆系数是度量财务风险的一个较好的指标。从上面的公式还可以看出，除了固定的利息之外，企业经营利润也会影响财务杠杆系数，如果企业经营利润很大，债务利息较小，财务杠杆系数将接近于 1。这说明，利息保障倍数较大，可以降低企业的财务风险；反之，企业的财务风险将会较高。

[例 9-2]

假设存在甲、乙、丙 3 家公司，资产总额和盈利能力完全相同。其资产（假设除股本外不存在其他权益资本）、负债情况及盈利状况如表 9-1 所示，则 3 家公司的财务杠杆系数分别为多少？

表 9-1 甲、乙、丙公司的基本情况

单位：元

项目	甲公司	乙公司	丙公司
普通股本	2 000 000	1 500 000	1 000 000
普通股份数	20 000	15 000	10 000
负债（利率 8%）	0	500 000	1 000 000
资本总额	2 000 000	2 000 000	2 000 000
息税前盈余	200 000	200 000	200 000
债务利息	0	40 000	80 000
税前利润	200 000	160 000	120 000
所得税（税率 25%）	50 000	40 000	30 000
净利润	150 000	120 000	90 000
每股收益	7.5	8	9

[解答]

$$DFL_{甲}=\frac{200\ 000}{200\ 000-0}=1$$

$$DFL_{乙}=\frac{200\ 000}{200\ 000-40\ 000}=1.25$$

$$DFL_{丙}=\frac{200\ 000}{200\ 000-80\ 000}=1.67$$

在例 9-2 中，若 3 家公司的 EBIT 分别增加 1 倍，则每股收益的变化情况如表 9-2 所示：

表 9-2 甲、乙、丙公司的每股收益变化表

单位：元

项目	甲公司	乙公司	丙公司
普通股本	2 000 000	1 500 000	1 000 000
普通股份数	20 000	15 000	10 000
负债（利率 8%）	0	500 000	1 000 000
资本总额	2 000 000	2 000 000	2 000 000
变化前每股收益	7.5	8	9
息税前盈余增加 1 倍	400 000	400 000	400 000
债务利息	0	40 000	80 000
税前利润	400 000	360 000	320 000
所得税（税率 25%）	100 000	90 000	80 000
净利润	300 000	270 000	240 000
变化后每股收益	15	18	24

从表 9-2 可以看出，在 EBIT 增加 1 倍的情况下，甲公司的每股收益增加 1 倍，乙公司的每股收益增加 1.25 倍，丙公司的每股收益增加 1.67 倍，刚好与财务杠杆系数相对应。这说明，企业负债比率越高，虽然财务风险越大，但当企业经营状况良好时，财务杠杆效应的确可以使股东受益，这也是企业负债经营积极效应的体现。

篇中案例 9-1

杠杆与经营战略

一般而言，企业的经营杠杆和财务杠杆会影响企业的经营战略。典型的日本企业就能够反映这一影响作用。日本企业以其经营效率著称于世，其实这与它们的经营杠杆和财务杠杆程度密不可分的。由于获得商业信贷相对容易，所以日本企业通常资产负债率很高，也就是说，日本企业的财务杠杆系数很大。此外，日本企业更倾向于低成本战略，为了实现这一点，通常需要引进大规模的自动化设备；这也意味着更大比重的固定资产以及更大的经营杠杆系数。再加上日本企业的终身雇佣制，本来属于变动成本的雇员薪资也近似成为固定成本。这进一步提高了日本企业的经营杠杆系数。所以总体而言，日本企业的总杠杆系数相当大。在这种情况下，如果销量下降，则会使企业的利润下降得更快。这就要求企业对威胁销量的因素反应更加积极，因此，日本企业为了保证销量，降价、广告、促销等手段无所不用其极。这当然造就了日本各行业的竞争激烈程度较高，所以追求经营效率成为企业的生存之本。

三、总杠杆系数

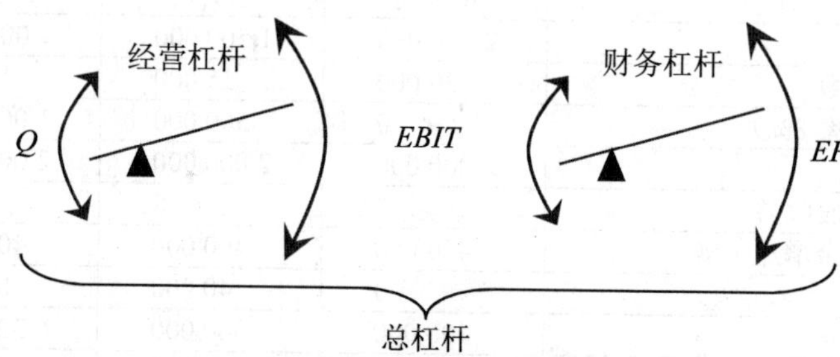

图 9-1 总杠杆作用示意图

从前面的讲解可知，经营杠杆考察销售量变化对息税前盈余的撬动作用，而财务杠杆则考察息税前盈余变化对每股收益的撬动作用。如图 9-1 所示，如果直接考察销售量变化对每股收益的撬动作用，即考察了两种杠杆的共同作用，通常把这两种杠杆的连锁作用称为总杠杆（Total Leverage）作用。总杠杆作用的大小可以用总杠杆系数（Degree of Total Leverage, DTL）度量，其计算公式为

$$DTL=\frac{\frac{\Delta EPS}{EPS}}{\frac{\Delta Q}{Q}}=\frac{Q(P-V)}{Q(P-V)-F-I}=\frac{S-VC}{S-VC-F-I}$$

$$=DOL\times DFL$$

[例 9-3]

某公司经营杠杆系数为 2，财务杠杆系数为 1.5，如果目前每股收益为 1.2 元，那么若销售收入增加 1 倍，则每股收益变为多少？

［解答］

$DTL=2\times1.5=3$

总杠杆系数为 3，这说明若销售收入增加 1 倍，则每股收益增加 3 倍。

所以，$EPS=1.2\times(1+3)=4.8$（元/股）

考虑总杠杆系数，有利于管理者对企业的经营风险和财务风险进行有效管理，即为了控制某一总杠杆系数，经营杠杆系数和财务杠杆系数可以有很多种不同的组合。例如，经营杠杆系数大（即经营风险大）的公司应该在较低的程度上使用财务杠杆，限制债权筹资的数量；而经营杠杆系数较小（即经营风险小）的公司可以在较高的程度上使用财务杠杆，适度放宽债权筹资的数量。

【课堂测试 9-1】

1. 某电子元件制造商生产的产品销售单价为 90 元，单位变动成本为 40 元，年度固定成本总额为 35 万元，思考：

a. 当年度销售量为 5 000 件时，该企业是盈利还是亏损？12 000 件呢？

b. 该企业的年度盈亏平衡点为多少件？

c. 分别计算当企业年销售额高出盈亏平衡点 20%、30%和 40%时的经营杠杆系数。

2. ATL 公司某年度的 *EBIT* 为 300 万元，其总资产为 2 000 万元，资产负债率为 20%。公司流通在外的股份数为 40 万股，负债的平均利率为 8%，适用的所得税税率为 25%。计算 ATL 公司的：

a. *ROE*。

b. *EPS*。

c. *DFL*。

第二节　资本结构理论

资本结构（Capital Structure）是指企业各种长期资本来源的构成和比例关系。通常情况下，企业的资本由长期债务资本和权益资本构成，资本结构指的就是长期债务资本和权益资本各占多大比例。一般来说，在资本结构的概念中不包含短期负债。企业短期资金的需要量和筹集是经常变化的，且在整个资本总量中所占的比重不稳定，因此不列入资本结构管理范围，而作为营运资本管理的一部分（有关短期负债的探讨参见本书第十章）。

如图 9-2 所示，若同时考虑长期资金和短期资金的构成，则形成企业的财务结构（Financial Structure）。财务结构与资本结构不同，它考虑的是所有资金的来源、组成及相互关系，即资产负债表中负债与所有者权益的所有内容的组合结构。在财务学理论中，更加关注的是资本结构对企业价值的影响。

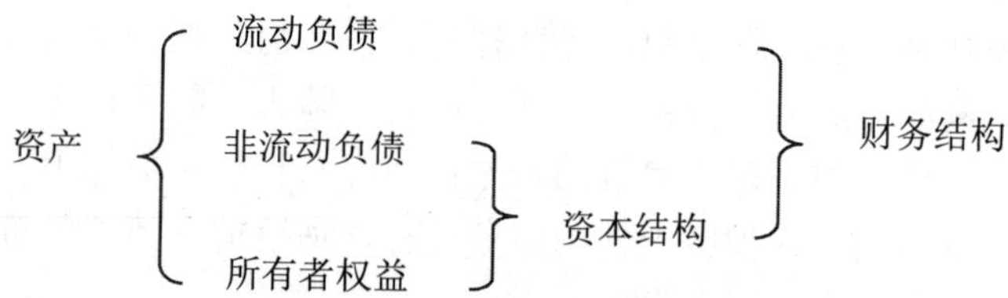

图 9-2　资本结构与财务结构

一、MM 理论

现代资本结构理论是由弗兰克·莫迪格利安尼（Franco Modigliani）和莫顿·米勒（Merton Miller）于 1958 年创立的，因为两位作者姓氏的首字母均为 M，所以该理论通常被称为 MM 理论。

（一）MM 理论的基础

为了叙述方便，我们先引入一些概念和基本公式，基本表述如下。

E：公司普通股权益的市场价值。它等于该公司股票价格乘以流通在外的股份数。

D：公司负债的市场价值。为简单起见，假定公司只有一种负债，即每年等额付息的债券，且不存在优先股。

V：公司资产的价值，或简称公司的价值。它等于公司负债的市场价值与普通股权益的市场价值之和，即 $V=D+E$。

$EBIT$：息税前盈余，有时也称为经营利润。

k_d、k_e、k_a 分别表示企业负债的税前资本成本、普通权益的资本成本和加权平均资本成本。

T_c：公司所得税税率。

进而假定公司为恒定型公司（即零增长企业），净利润增长率为零，并且股利支付率为 100%。这样，EBIT 不受负债多少的影响，而且预期未来每年都相等。在此基础上，每年的净利润（NI）为

$$NI = \left(EBIT - D \times k_d\right)\left(1 - T_c\right)$$

因为权益资产的收益（净利润）构成永续年金，普通股权益的市场价值即为永续年金的现值，所以有

$$E=\frac{NI}{k_e}=\frac{\left(EBIT-D\times k_d\right)\left(1-T_c\right)}{k_e}$$

在上式中，分子是股东的年收益（净利润），而分母是普通股成本。也可以将上式变换，来表示普通股成本，即

$$k_e=\frac{NI}{E}=\frac{\left(EBIT-D\times k_d\right)\left(1-T_c\right)}{E}$$

由于 $V=D+E$，负债的权重为 D/V，普通股权益的权重为 E/V，故公司加权平均资本成本为

$$k_a=WACC=\frac{D}{V}k_d\left(1-T_c\right)+\frac{E}{V}k_e$$

将 k_e 的表达式代入上式，得到

$$k_a=\frac{EBIT\left(1-T_c\right)}{V}$$

将上式变换，则企业的价值 V 可以通过 EBIT 和加权平均资本成本来表示，即

$$V=\frac{EBIT\left(1-T_c\right)}{k_a}$$

该式说明，在给定条件下，企业价值最大化等价于其加权平均资本成本最小化。

（二）不考虑公司所得税条件下的 MM 理论

MM 首先提出了理想环境下有关资本结构的两个命题，然后放松了其中的一个条件，即考虑公司所得税情况下，又提出两个命题。所以，我们分两种情况分别介绍。

MM 所谓的理想环境，包含的直接及隐含的假设条件如下：

（1）企业的 EBIT 预期是等额永续年金；

（2）企业的经营风险可以度量（EBIT 的方差），而且具有相同经营风险的企业风险相同；

（3）投资者在投资时不存在交易成本；

（4）投资者（无论是机构还是个人）均可以以无风险利率借入或贷出资金；

（5）不存在个人及公司所得税；

（6）企业的投资者与经理层具有完全相同的有关企业的信息，他们对企业

未来的收益和风险预期相同；

（7）企业只存在两种资本——无风险的债券（永续）和有风险的普通股权益（简称权益）；

（8）企业无破产成本和代理成本。

如果用 V_U 和 V_L 分别表示没有负债的公司（记作公司 U）和存在负债的公司（记作公司 L）的价值，用 E_U 表示公司 U 的权益的价值，用 E_L 和 D_L 分别表示公司 L 的权益和负债的价值，用 k_a 和 k_{eU} 分别表示公司 L 和公司 U 的资本成本。在上述理想环境下，MM 提出的命题叙述如下：

命题Ⅰ：在理想环境下，存在负债的公司的价值与不存在负债的公司的价值相等，即 $V_L=V_U$。其中

$$V_L = D_L + E_L = \frac{EBIT}{k_a}$$

$$V_U = E_U = \frac{EBIT}{k_{eU}}$$

这一命题在理想环境假设下很容易证明，简要说明如下：因为公司 L 与公司 U 的 EBIT 完全相同，经营风险相同，企业风险也相同，那么公司 L 的投资者要求的平均报酬率必然等于公司 U 股东要求的报酬率，即 $k_a = k_{eU}$，按照这两个资本成本将 EBIT 资本化，即可得到命题Ⅰ。命题Ⅰ表明，无论企业是否存在负债，加权平均资本成本将保持不变，企业价值仅由预期收益所决定，即全部预期收益按照企业风险等级相同的必要报酬率所计算的现值。也就是说，企业资本成本和企业价值均与资本结构无关。

命题Ⅱ：有负债公司 L 的权益成本 k_{eL} 比无负债公司 U 的权益成本 k_{eU} 要高，高出部分体现为财务风险增益，该风险增益与负债股权比率成正比，即存在

$$k_{eL} = k_{eU} + \left(k_{eU} - k_d\right)\frac{D_L}{E_L}$$

命题Ⅱ的简单证明如下：

因为
$$k_{eU} = k_a = k_{eL} \times \frac{E_L}{D_L + E_L} + k_d \times \frac{D_L}{D_L + E_L}$$

所以
$$k_{eL} = \left(k_{eU} - k_d \times \frac{D_L}{D_L + E_L}\right) \times \frac{D_L + E_L}{E_L}$$

即
$$k_{eL}=k_{eU}+\left(k_{eU}-k_d\right)\frac{D_L}{E_L}$$

命题Ⅱ表明，有负债企业的权益成本随着负债程度增大而增加。不考虑公司所得税情况下的 MM 理论如图 9-3 和图 9-4 所示。

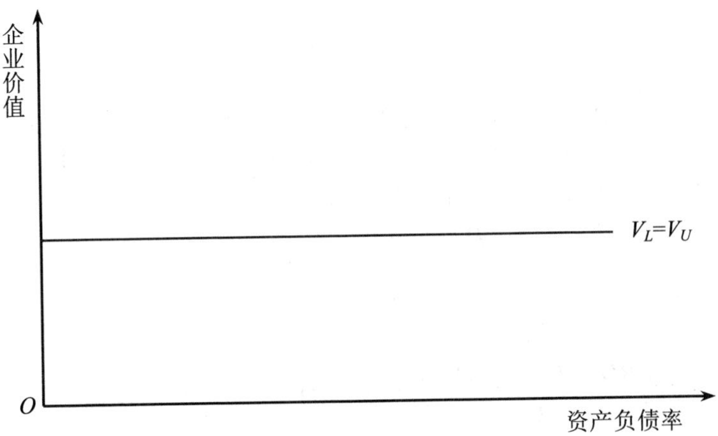

图 9-3　MM 理论命题Ⅰ

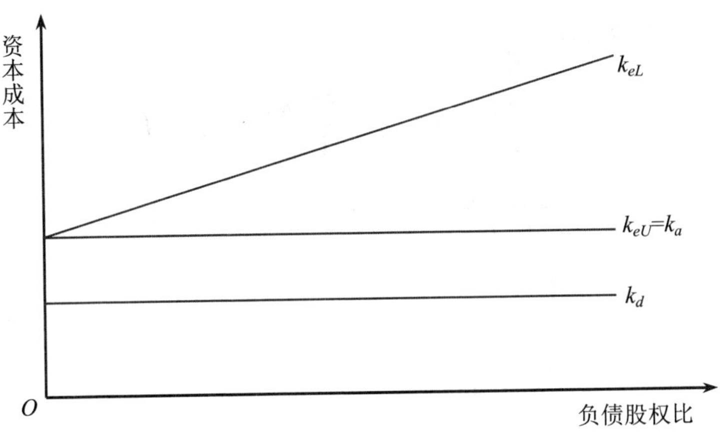

图 9-4　MM 理论命题Ⅱ

（三）考虑公司所得税条件下的 MM 理论

在理想环境的假设中，MM 继而考虑公司所得税，得到了存在公司所得税条件下的两个命题。

命题Ⅰ：有负债公司的价值等于无负债公司的价值加上债务利息抵税收益的现值，即：

$$V_L = V_U + D_L \times T_c$$

命题Ⅱ：有负债公司的权益资本成本等于无负债公司的权益资本成本加上财务风险增益，该风险增益与负债股权比率及 1 减所得税税率的差成正比，即

$$k_{eL} = k_{eU} + \left(k_{eU} - k_d\right)\left(1 - T_c\right)\frac{D_L}{E_L}$$

对命题Ⅰ的简要证明如下：因为考虑公司所得税，有负债企业的利息会抵减所得税，每年抵减的金额为$D_L \times k_d \times T_c$，它构成永续年金，而且风险与负债相同，所以公司 L 比公司 U 增加的价值为：

$$\frac{D_L \times k_d \times T_c}{k_d} = D_L \times T_c$$

对命题Ⅱ的简单证明如下：

$$E_L = \frac{\left(EBIT - D_L \times k_d\right)\left(1 - T_c\right)}{k_{eL}} \Rightarrow EBIT = \frac{E_L \times k_{eL}}{1 - T_c} + D_L \times k_d$$

$$V_U = \frac{EBIT\left(1 - T_c\right)}{k_{eU}}，且 V_U = V_L - D_L \times T_c = E_L + D_L\left(1 - T_c\right)$$

$$\Rightarrow EBIT = \frac{E_L \times k_{eU}}{1 - T_c} + D_L \times k_{eU}$$

所以
$$\frac{E_L \times k_{eL}}{1 - T_c} + D_L \times k_d = \frac{E_L \times k_{eU}}{1 - T_c} + D_L \times k_{eU}$$

$$\frac{E_L \times k_{eL}}{1 - T_c} = \frac{E_L \times k_{eU}}{1 - T_c} + D_L \times \left(k_{eU} - k_d\right)$$

两边同乘以$\frac{1 - T_c}{E_L}$，得

$$k_{eL} = k_{eU} + \left(k_{eU} - k_d\right)\left(1 - T_c\right)\frac{D_L}{E_L}$$

考虑公司所得税的 MM 理论说明由于债务利息可以在税前扣除，形成了债务利息的抵税收益，相当于增加了企业的现金流量，使企业价值增加。随着负债比例的提高，企业价值也随之提高，理论上**全部筹资来源于负债时，企业价值达到最大**。考虑公司所得税条件下，有负债企业的权益资本成本仍然大于无

负债企业的权益资本成本，但比不考虑所得税时要小（考虑到 $1-T_c$），因此有负债公司的加权平均资本成本小于无负债公司的权益资本成本。考虑公司所得税情况下的 MM 理论如图 9-5 和图 9-6 所示。

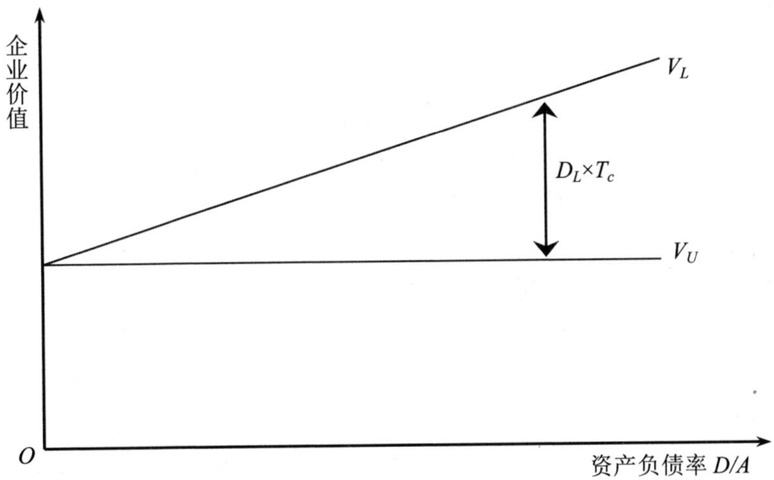

图 9-5　考虑公司所得税的 MM 理论命题Ⅰ

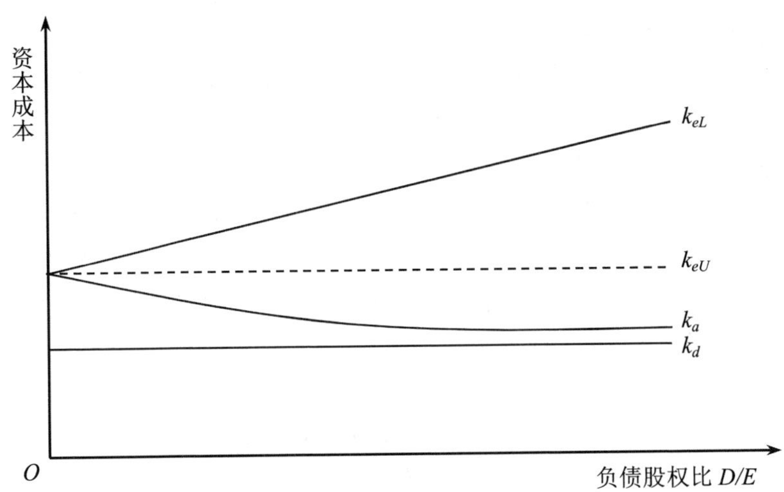

图 9-6　考虑公司所得税的 MM 理论命题Ⅱ

上述公司所得税修正的 MM 理论，仍然没有考虑个人所得税对债务比例与企业价值之间的关系的影响。莫顿•米勒在 1977 年进一步提出了同时考虑个人所得税和公司所得税情况下的资本结构理论模型（即米勒模型），这一模型的最终结论与修正的MM理论相似，这里不再赘述。

二、最优资本结构理论

MM理论的结论是在理想环境假设的条件下得出的，在现实世界中，这些假设是不能成立的，所以MM理论的结论并不符合现实情况。MM理论以后，陆续有大量研究在MM理论的基础上发展，提出了一些新的观点。其中，最优资本结构理论考虑了财务危机成本和代理成本的影响。

（一）财务危机成本

有负债公司应按约定支付负债利息，偿还负债的本金。如果企业经营不善，发生亏损或现金周转不灵致使不能按期付息还本，就会发生财务危机（Financial Default），最严重的可以导致企业破产。

一方面，企业破产是一种法律程序，是指当企业的资产降低到触发股东行使违约权时，债权人接管企业的过程。这要涉及企业清算和破产的法律程序。破产成本是由于企业破产而发生的各种费用和损失，可以分为直接成本和间接成本。破产的直接成本一般指破产的法律程序费用和管理费用，如律师费、资产评估费等。破产的间接成本一般指企业破产时资产遭受的损失，如固定资产、存货和无形资产的损失，以及由于破产而导致的经营和管理中各种降低企业价值的损失。特别是无形资产方面，商誉和商标的价值几乎损失殆尽，发展机会、技术优势和人力资源等也几乎都会失去原有的价值。

另一方面，财务危机也不一定导致破产，但发生财务危机同样存在成本。因为财务危机，可能会导致企业资信状况恶化、经营能力下降、债权人股东矛盾冲突升级、管理者明哲保身等。具体表现为：企业客户、供应商、员工的流失，投资者的警觉和谨慎导致筹资成本增加，被迫接受保全他人利益的交易条款等。

可见，负债在为企业带来抵税收益的同时，也使企业发生财务危机的可能性提高，带来了财务危机成本（Financial Default Cost）。

（二）代理成本

债权人和股东之间实际上是一种委托代理关系，这一点我们在第一章已经讲述过。债务资本一旦进入公司，债权人就基本失去了控制权。如果没有任何限制，股东就可能会通过管理者利用债权人的钱为自己谋利益，从而损害债权人的利益。例如，企业发行新债，会导致企业财务风险增大，资本成本上升，使旧债的价值下降，损害老债权人的利益（这种情况被称为债权侵蚀效应）。或者，管理者还可以投资高风险的项目，以后运营好了，股东是最大受益者，债权人收益固定；若运营不好出现财务危机，损失大部分会落到债权人身上（这种情况称为资产替代效应）。

因为存在上述股东利己行为的可能性，债权人对长期负债会设定保护性条款，以合法地保护债权人的利益（具体条款在第七章曾有所涉及）。但是，这些保护性条款却在一定程度上阻碍和约束着企业的经营活动，可能使企业丧失投资机会或筹资机会，降低效率，导致机会损失。这种损失同样是负债带来的副作用，是一种代理成本（Agency Cost）。

（三）存在财务危机和代理成本条件的最优资本结构

按照考虑公司所得税的 MM 理论，企业负债越多，其价值越大；要使企业价值最大化，企业资本应该 100%选择负债。然而，负债会引起财务危机成本和代理成本。尽管这两种成本的准确计算在理论上还没有完全解决，但它们的影响是不能忽视的。财务危机成本和代理成本会随着负债比例的增大而增大。考虑公司所得税条件下的 MM 理论命题 I 的基础上，如果将财务危机成本期望值的现值记作 PV（FDC），代理成本的现值记作 PV（AC），那么有负债公司的价值应为

$$V_L = V_U + D_L \times T_c - PV(FDC) - PV(AC)$$

式中，V_U——无负债企业的市场价值；

D_L——有负债企业负债的市场价值；

T_c——公司所得税税率；

PV（FDC）——财务危机成本期望值的现值；

PV（AC）——代理成本现值。

根据上述公式，图 9-7 表示有负债公司价值与资产负债率的关系。由此可见，有负债公司企业价值受到三种因素的影响，即无负债企业价值、利息抵税现值的积极作用以及财务危机成本现值和代理成本现值的消极作用。有负债公司价值（V_L）曲线呈现出先增大后减小的趋势，在 D^*/A^*处达到最大，这一资本结构称为最优资本结构。考虑财务危机成本和破产成本后的资本结构理论也称为权衡模型。根据这一模型，每个企业都存在最优资本结构，带来企业价值的最大化。基本上，资产风险大的企业因为发生财务危机的可能性大而应该减

少负债；所得税税率高的企业与所得税税率低的企业相比因为其带来更多的利息抵税作用而应该更多负债。

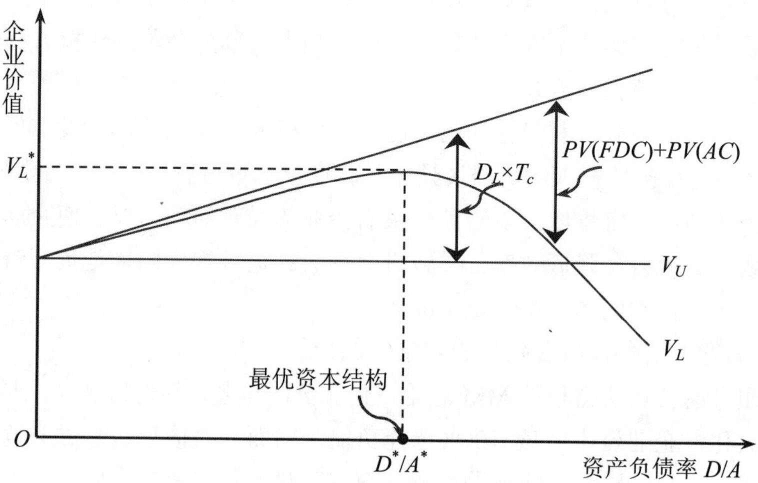

图 9-7 最优资本结构理论示意图

篇中案例 9-2

超高负债率吞噬利润 晨鸣纸业敲响警钟

晨鸣纸业（000488）是以制浆、造纸为主导，金融、矿业、林业、物流、建材等协同发展的大型企业集团，是中国上市公司百强企业、中国十佳明星企业，被评为中国最具竞争力的 50 家蓝筹公司之一。然而，公司 20X8 年年报显示，公司净利润较上年大幅下滑 33.41%，仅实现 25.10 亿元，是 20X3 年以来增速最差的一年。净利润下滑超 30%的背后，可以看到晨鸣纸业财务费用大增。年报显示，20X8 年晨鸣纸业财务费用高达 27.41 亿元，同比增长 29.48%，金额为上市以来最高；尤其是利息支出成为去年财务费用的绝对大头——36.67 亿元，同比猛增 47.57%。

可想而知，与利息支出大增相对应的是晨鸣纸业负债水平，资产负债率达到 75.43%，较 20X7 年增加了 4.09 个百分点，其资产负债率在造纸行业位居前列，而同行业其他上市公司资产负债率普遍在 40%～60%之间。回首十年前，晨鸣纸业 20W9 年资产负债率尚不到 50%，之后步步攀升，到 20X5 年达到 77.86%的高点，接着连续两年有所下降，但 2018 年又明显增加。我们知道，企业适度负债能够带来财务杠杆效应，债务利息也会产生税避作用；但过度负债会造成资本结构恶化，给企业带来财务危机成本和代理成本。其直接表现就是利润被利息吞噬，经营利润的微小波动就会让企业难堪重负。面对这一情况，你能为晨鸣纸业出谋划策吗？

三、优序融资理论

优序融资理论（Pecking Order Theory）是迈尔斯（S. C. Myers）在 1984 年根据信息不对称原理提出的理论假设，该理论提出，当企业存在筹资需求时，会优先选择内源筹资(留存收益)；当需要外部筹资时，则会优先选择债务筹资；直到因债务增加引起陷入财务危机的概率达到危险区时，才会选择外部股权筹资。优序融资理论揭示了企业筹资是对不同筹资方式选择的顺序偏好。这一理论与美国企业 1965—1982 年的筹资结构基本相符，该期间美国企业的内部留存收益占总资本的 61%，债务筹资占 23%，新发行股票平均每年仅占 2.7%。

优序融资理论认为信息不对称的影响最为显著，而债务的抵税作用、财务危机成本、代理成本等因素对企业筹资的影响并不重要，这是与最优资本结构理论的不同之处。按照信息不对称原理，企业内部管理层通常比外部投资者掌握更多、更准确的有关企业的信息。在这种情况下，企业管理层的许多决策，如筹资方式选择、股利分配等，不仅具有财务上的意义，而且会向市场和外部投资者传递信号。外部投资者能够通过这些决策所传递出来的信息判断企业对未来收益的预期和投资风险，间接地评价企业价值。企业债务比例或资本结构就是一种把内部信息传递给市场的工具。

由于外部投资者并不十分了解企业的经营状况和未来发展前景，他们会认为企业存在这样的行为，即当企业股票价值被低估时，管理层将避免增发新股，而采取其他筹资方式筹集资金，如内部筹资或发行债券。企业管理层这样做的原因是：若此时发行新股，新投资者将获得超额收益，为了“肥水不流外人田”，他们不会选择发行新股；只有当企业预期业绩并不乐观而且股票价值被高估时，才会发行新股，让新的股东来分担风险。于是，企业发行新股，实际上会向市场传递企业经营状况不良、股价被高估的信号。外部投资者会产生逆向选择的心理，这降低了对发行股票企业价值的预期，导致股票价格下跌。

既然投资者担心企业在发行股票时其价值被高估，管理者在筹资时会尽量以内源筹资方式从留存收益中筹措项目资金。如果留存收益的资金不能满足项目资金需求，有必要进行外部筹资时，也会优先考虑债务筹资。因此，企业在筹集资金的过程中，会呈现出先内源筹资后外源筹资的基本顺序，而且在需要外源筹资时，会优先考虑债权筹资（先长期借款，后普通债券，再后可转换债券），不足时再考虑外部权益筹资。

优序融资理论考虑了信息不对称和逆向选择行为的影响，解释了企业筹资时对不同筹资方式选择的顺序偏好，但这是建立在资本市场健康以及各种筹资渠道畅通的基础上；而在现实中，由于市场环境和筹资环境变化莫测，该理论并不能解释所有的资本结构规律。

【课堂测试 9-2】

1. 下列事项哪些会刺激企业倾向于更多负债？请用“√”表示出来。
   a. 公司所得税税率上升。（ ）
   b. 企业资产的流动性变差。（ ）
   c. 财务危机成本降低。（ ）
   d. 企业的收益波动性更大。（ ）
2. 讨论最优资本结构理论的结论。

第三节 资本结构决策

一、资本结构决策的目标

企业资本结构决策的主要内容是权衡各种资本的收益和成本，确定最优资本结构，从而实现企业价值的最大化。所谓最优资本结构，是指企业在一定时间使其综合资本成本最低，同时使企业价值最大的资本结构。要达成最优资本结构目标，可以从两个方面考虑：一是力争使企业的息税前盈余最大化；二是尽可能利用财务杠杆，在息税前盈余一定的情况下，使每股收益最大化。在实务中，怎样判别最优资本结构呢？若以股东财富最大化为基本出发点，最优资本结构至少应该包含以下几方面特征：

（1）在数量和规模上，能及时满足企业对资金的需要。企业生产过程的持续是以资金的正常周转为前提的。那么，如果资金不足，会影响企业经营活动的正常有序进行，使预期的息税前盈余难以得到保证，更不用说股东财富最大化了；而如果资金过剩，则会造成资金闲置，降低资金收益率。最优资本结构必须保证在数量上、时间上满足生产经营活动的资金需要。

（2）资产报酬的最大化。这里资产报酬指的是息税前盈余。资产净利率和权益净利率这两个指标代表企业经济资源的使用效益。只有这些指标逐年改善，才说明相应的资本结构较好。

（3）加权平均资本成本最小化。为了能满足企业对资金的数量要求和实现资产净利率最大化的要求，只有达到加权平均资本成本最低，才能使股东财富最大化。

由于每个企业都处于不断变化的经营条件和外部经济环境中，这使得确定最优资本结构十分困难。资本结构决策有不同的方法，常用的方法有资本成本比较法、每股收益无差别点法和企业价值比较法。

篇中案例 9-3

CFO 在筹资决策中主要考虑的因素

在正常的公司经营中，筹集资金的目的是满足项目投资以及营运资本的需求。那么，CFO 在筹资决策中主要考虑哪些因素呢？格拉汉姆和哈维在 2002 年曾经调查了美国 392 位公司的财务经理，目的是了解他们如何进行资本预算和筹资决策。根据最优资本结构理论，负债可以获得利息抵税作用。调查结果表明，大约 44.9%的 CFO 认为负债的税避效应是筹资决策的重要因素，这些 CFO 所在公司一般是大型、高杠杆、低风险、规范化、定期支付现金股利的制造业企业，或者说，应缴所得税高的公司更可能由于利息抵税的考虑而采用债权筹资。关于财务危机成本对企业负债的影响，受访者中仅有 21.4%的 CFO 认为潜在的财务危机成本是重要的或非常重要的因素。但是，实际上还有 59.4%和 57.1%的 CFO 认为财务灵活性和信用评级是影响债务政策的重要或非常重要的因素。这一点表明，避免财务危机是公司债权融资决策时最重要的因素。调查结果基本上符合最优资本结构理论，即当公司破产的可能性较高时要保持较少的负债。

格拉汉姆和哈维也向 CFO 调查了有关他们公司是否存在一个最优的或者“目标性”的资产负债率。受访者中大约 19%的 CFO 所在公司不设置目标资本结构（或负债比率区间，下同）；大约 37%的 CFO 所在公司设置较灵活的目标资本结构；有 34%的 CFO 所在公司设置稍严格的目标资本结构；仅有 10%的 CFO 所在公司设置严格的目标资本结构。

资料来源：Graham J R and Harvey C R. How Do CFOs Make Capital Budgeting and Capital Structure Decisions?[J]. Journal of Applied Corporate Finance, 2002, 15(1): 8-23. 转引自：刘淑莲. 财务管理学（第二版）[M]. 北京：中国人民大学出版社，2016：221-222.

二、资本成本比较法

资本成本比较法，是指不考虑各种筹资方式在数量和比例上的约束以及财务风险差异，通过计算各种基于市场价值的长期筹资组合方案的加权平均资本成本，并根据计算结果选择加权平均资本成本最小的筹资方案，确定为相对最优的资本结构。下面用一道例题讲解资本成本比较法。

[例 9-4]

某公司需要筹资 5 000 万元，有以下 3 种筹资方案，筹资比例和相应要素资本成本如表 9-3 所示，试进行决策。

表 9-3 各种筹资方案的基本数据

单位：万元

筹资方式	方案一		方案二		方案三	
	筹资金额	资本成本	筹资金额	资本成本	筹资金额	资本成本
长期借款	500	5%	800	6%	500	5%
长期债券	1 000	7.5%	1 500	8%	2 000	8.2%
优先股	500	10%	500	10%	500	10%
普通股	3 000	15%	2 200	16%	2 000	17.5%
筹资总计	5 000		5 000		5 000	

注：表中债务资本成本均为税后资本成本，所得税税率为 25%。

[解答]

分别计算 3 种不同筹资方式的加权平均资本成本：

$$WACC_1=\frac{500}{5\,000}\times5\%+\frac{1\,000}{5\,000}\times7.5\%+\frac{500}{5\,000}\times10\%+\frac{3\,000}{5\,000}\times15\%=12\%$$

$$WACC_2=\frac{800}{5\,000}\times6\%+\frac{1\,500}{5\,000}\times8\%+\frac{500}{5\,000}\times10\%+\frac{2\,200}{5\,000}\times16\%=11.4\%$$

$$WACC_3=\frac{500}{5\,000}\times5\%+\frac{2\,000}{5\,000}\times8.2\%+\frac{500}{5\,000}\times10\%+\frac{2\,000}{5\,000}\times17.5\%=11.78\%$$

通过比较不难发现，方案二的加权平均资本成本最低。因此，在适度的财务风险条件下，企业应按照方案二的各种资金比例筹集资金，由此形成的资本结构为相对最优的资本结构。

资本成本比较法仅以资本成本最低为选择标准，因测算过程简单，是一种比较便捷的方法。但这种方法只是比较了各种筹资组合方案的资本成本，难以区别不同筹资方案之间的财务风险因素差异，在实际计算中有时也难以确定各种筹资方式的资本成本。

三、每股收益无差别点法

企业财务管理的目标是股东财富最大化，因此判断资本结构合理与否，可以通过分析每股收益（EPS）的变化，能提高每股收益的资本结构是合理的；反之则不够合理。每股收益分析是利用每股收益的无差别点进行的。所谓**每股收益无差别点**，指的是**每股收益不受筹资方式影响的销售水平或经营利润水平**。每股收益无差别点法用于不同筹资方案的两两对比，首先找到两种筹资方案每股收益相等情况下的销售额（或 EBIT）；然后通过分析企业预期销售额（或 EBIT）的实际情况来确定带来每股收益优势的筹资方式。这种方法需要用到前面讲过的计算每股收益的公式，这里再回顾一下，即：

$$EPS=\frac{(S-VC-F-I)(1-T_c)}{n},$$

或者

$$EPS=\frac{(EBIT-I)(1-T_c)}{n}$$

式中，S——企业的销售收入；

VC——变动成本总额；

F——固定成本；

I——利息费用；

T_c——所得税税率；

n——流通在外的普通股股份数。

在每股收益无差别点上，无论采用哪种筹资方案，每股收益是相等的，即 $EPS_1= EPS_2$，通过这一等式求解以销售收入（或 EBIT）为未知数的方程，即可得到每股收益无差别点的销售额（或 EBIT），然后可以做进一步分析。为了演示这种方法，下面举一个相对简单的例题，题中假设企业不存在优先股，而且仅考虑两种由单一筹资方式构成的新增筹资方案。

[例 9–5]

某公司原有资本 1 000 万元，其中债务资本 400 万元（每年利息 32 万元），普通股资本 600 万元（发行 12 万股，每股面值 50 元）。由于扩大业务，需追加筹资 300 万元，其筹资方案有两种。

方案一：全部发行普通股，增发 6 万股，每股面值 50 元；

方案二：全部筹借长期借款，债务利率 8%，每年利息 24 万元。

假定公司的变动成本率为 0.6，固定成本为 180 万元，所得税税率为 25%，求每股收益无差别点的销售额。

[解答]

若 $EPS_1=EPS_2$，即

$$\frac{(S-0.6S-180-32)(1-25\%)}{12+6}=\frac{(S-0.6S-180-32-24)(1-25\%)}{12}$$

解得，$S=710$（万元）

此时的每股收益为 3 元。

根据计算，在例 9-5 中，每股收益无差别点的销售额为 710 万元，可以将计算结果绘制在“销售额-每股收益”坐标图上，如图 9-8 所示。由每股收益与销售额的关系可知，例 9-5 中的两种筹资方案表现为两条直线，其交点对应的即是每股收益无差别点，相应的销售额为 710 万元，每股收益 3 元。经分析可知，直线的斜率表示总杠杆系数，由于新增负债筹资会带来更多的固定利息费用，所以总杠杆系数更大，那么两条直线中斜率大的那条为全部筹借长期借款的方案（方案二），斜率小的那条为全部发行普通股的方案（方案一）。这样的话，从图 9-8 可以看出：当企业预期销售额在 710 万元以下时，方案一的每股收益更大，会带来更理想的资本结构；当企业预期销售额在 710 万元以上时，方案二的每股收益更大，会带来更理想的资本结构；当企业预期销售额为 710 万元时，两种方案没有差别。类似地，我们还可以通过计算每股收益无差别点的 EBIT，进一步做出资本结构决策。

[例 9-6]

根据例 9-5 的资料，计算每股收益无差别点的 EBIT。

[解答]

若 $EPS_1=EPS_2$，即

$$\frac{(EBIT-32)(1-25\%)}{12+6}=\frac{(EBIT-32-24)(1-25\%)}{12}$$

解得，$EBIT=104$（万元）

此时的每股收益为3元。

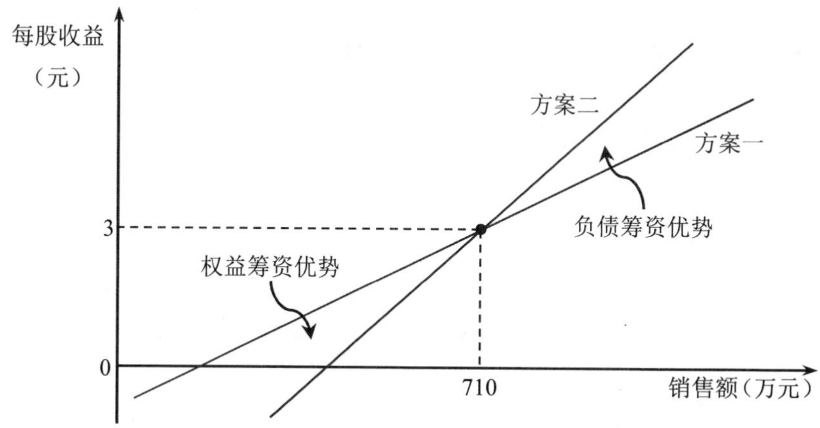

图 9-8　每股收益无差别点的销售额

在例 9-6 中，每股收益无差别点的 EBIT 计算结果为 104 万元，同样可以将其绘制在“EBIT-EPS”坐标图上，如图 9-9 所示。类似地，坐标图上直线的斜率应该表示财务杠杆系数，由于新增负债筹资会带来更多的固定利息费用，财务杠杆系数更大，所以两条直线中斜率大的那条为全部筹借长期借款的方案（方案二），斜率小的那条为全部发行普通股的方案（方案一）。可以看出：当企业预期 EBIT 在 104 万元以下时，方案一的每股收益更大，会带来更理想的资本结构；当企业预期 EBIT 在 104 万元以上时，方案二的每股收益更大，会带来更理想的资本结构；当企业预期 EBIT 为 104 万元时，两种方案没有差别。

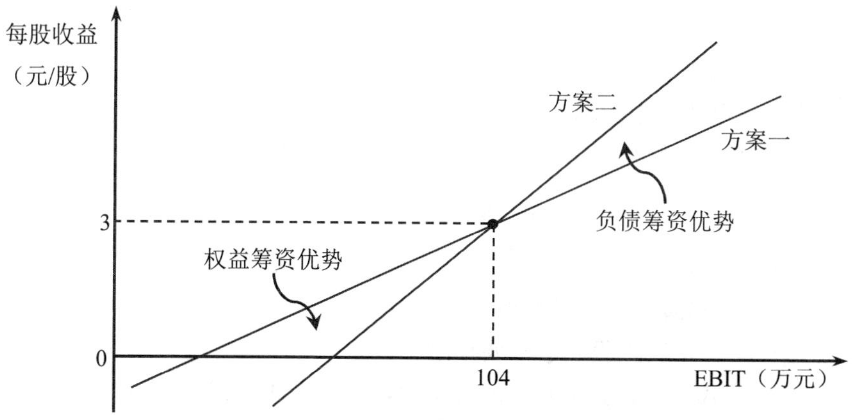

图 9-9　每股收益无差别点的息税前盈余

每股收益无差别点法为企业提供了在某一特定预期盈利水平下选择筹资方案的一种简单分析方法。显然，这种方法侧重于对不同筹资方案下的每股收益进行比较，但预期盈利水平的准确性及其与每股收益无差别点的距离不同，都会影响筹资方案选择的稳定性。

四、企业价值比较法

以每股收益的高低作为衡量标准对筹资方式进行选择，缺陷在于没有考虑风险因素。然而，只有在风险不变的情况下，每股收益的增长才会直接导致股价的上升。实际上，很多公司往往随着每股收益的增长，风险也会增大。如果每股收益的增长不足以补偿风险增加所要求的报酬时，尽管每股收益增加，股价仍然会下降。这样的话，公司的最优资本结构应当是使公司总价值最大，而不一定是使每股收益最高的资本结构。所以，比较企业价值来确定资本结构的优劣可能更有效。

衡量企业价值的一种合理方法是：将企业市场价值（V）分解为其股票的市场价值（S）加上长期债务的市场价值（D）。长期债务的市场价值可以理解为其发行价值。为了简化股票市场价值的计算，我们假定公司是持续经营的零增长公司，净利润全部用来支付股利。若股东要求的报酬率（权益资本成本）保持不变，则股票的市场价值为

$$S=\frac{(EBIT-I)(1-T_c)}{k_s}$$

式中，$EBIT$——企业的息税前盈余；

I——利息费用；

T_c——所得税税率；

k_s——权益资本成本。

根据资本资产定价模型，可以确定权益资本成本，即

$$k_s=r_f+\beta\left(r_m-r_f\right)$$

式中，r_f——无风险利率；

β——公司股票的贝塔系数；

r_m——平均风险股票的必要报酬率。

通过上述的公式可以计算出企业的总价值，以企业价值最大化为标准确定最优资本结构。同时，也可以计算加权平均资本成本，以便满足加权平均资本

成本最小的目标。加权平均资本成本（k_a）的计算公式为

$$k_a = k_d\left(1-T_c\right)\times\frac{D}{V}+k_s\times\frac{S}{V}$$

式中，k_d——债务的税前资本成本。

下面举例说明企业价值比较法的运用。

［例 9-7］

某公司资本全部由普通股构成，股票账面价值 4 000 万元。预计未来每年息税前盈余为 800 万元，所得税税率为 25%。该公司认为目前的资本结构不够合理，准备用发行债券回购部分股票的方法予以调整，以提高企业价值。经咨询调查，目前债券利率水平和权益资本的成本情况如表 9-4 所示，试决策应发行债券的金额。

表 9-4　不同债券金额下的债务资本成本和权益资本成本

债券的市场价值 D（万元）	债务的税前资本成本 k_d	股票贝塔系数 β	无风险利率 r_f	平均风险股票必要报酬率 r_m	权益资本成本 k_s
0	—	1.20	6%	12%	13.2%
400	8%	1.25	6%	12%	13.5%
800	10%	1.30	6%	12%	13.8%
1 200	12%	1.40	6%	12%	14.4%
1 600	14%	1.60	6%	12%	15.6%
2 000	16%	2.10	6%	12%	18.6%

［解答］

根据$S=\frac{\left(EBIT-I\right)\left(1-T_c\right)}{k_s}$，$V=S+D$以及$k_a=k_d\left(1-T_c\right)\times\frac{D}{V}+k_s\times\frac{S}{V}$，计算结果如表 9-5 所示。

表 9-5　示例公司市场价值及加权平均资本成本

债券的市场价值 D（万元）	股票市场价值 S（万元）	公司市场价值（万元）	债务税前成本 k_d	权益资本成本 k_s	加权平均资本成本 k_a
0	4 545.45	4 545.45	—	13.2%	13.20%
400	4 266.67	4 666.67	8%	13.5%	12.86%
800	3 913.04	4 713.04	10%	13.8%	12.73%
1 200	3 416.67	4 616.67	12%	14.4%	13.00%
1 600	2 769.23	4 369.23	14%	15.6%	13.73%
2 000	1 935.48	3 935.48	16%	18.6%	15.25%

从表 9-5 可以看出，初始情况下，公司没有长期债务，企业的价值 $V=S=$ 4 545.45 万元，加权平均资本成本为 13.2%。当企业开始发行债券回购股票时，企业的价值上升，加权平均资本成本降低，直到长期债务 D=800 万元时，企业价值达到最大，V=4 713.04 万元，加权平均资本成本最低，k_a=12.73%。若企业继续增加负债，企业价值开始下降，加权平均资本成本开始上升。因此，长期债务为 800 万元时的资本结构为该企业最优资本结构。

虽然在理论上企业价值比较法能够较好地确定企业最优资本结构，但企业股权价值只有在一定的假设条件下才容易求得，这一点与第六章讲过的股票估价是一样的。

【课堂测试 9-3】

1. 假定 ATL 公司仅存在普通股和债券两种长期资本，其普通股价值和债券价值分别为 6 000 万元和 4 000 万元，投资者对公司股票和债券所要求的报酬率分别为 15%和 7.5%。
   a. 如果公司发行 1 500 万元的新股用于回购债券，并假定资本结构不影响负债的风险且不考虑所得税，该股票的期望报酬率将如何变化？
   b. 如果负债的风险发生变化，在 a 的结果中你是低估还是高估了该股票的期望报酬率？
2. 在每股收益无差别点法中，为什么债权筹资直线的斜率更大？

本章小结

经营风险产生于企业的生产经营活动，而财务风险则产生于债权筹资活动。经营风险会使销售量与 EBIT 之间存在撬动作用，称为经营杠杆。EBIT 变动率与销售量变动率之间的比率称作经营杠杆系数，用来度量企业的经营风险。经营杠杆效应主要由固定成本引起。由 EBIT 到 EPS 的撬动作用是由财务风险（负债）引起的，这被称为财务杠杆。EPS 变动率与 EBIT 变动率之间的比率称作财务杠杆系数，用来度量企业的财务风险。财务杠杆效应主要是由固定的债务利息引起的。经营杠杆和财务杠杆的共同作用，被称为总杠杆作用，可以用总杠杆系数来度量。

资本结构是指企业各种长期资本来源的构成和比例关系，通常指的是长期债务资本和权益资本各占多大比例。考虑资本结构对企业价值影响的理论很多，主要有 MM 理论、最优资本结构理论和优序融资理论。不考虑所得税时，MM 理论认为企业资本成本和企业价值均与资本结构无关；考虑公司所得税时，MM

理论认为企业价值随负债比例的提高而增大，当全部筹资来源于负债时，企业价值达到最大。最优资本结构理论认为，负债公司企业价值受到3种因素的影响，即无负债企业价值、利息抵税现值的积极作用以及财务危机成本现值和代理成本现值的消极作用；每个企业都存在最优资本结构，带来企业价值的最大化。优序融资理论认为当企业存在筹资需求时，首先选择留存收益，其次会选择债务筹资，最后选择外部股权筹资。优序融资理论揭示了企业筹资时对不同筹资方式选择的顺序偏好。

企业资本结构决策的主要内容是权衡债务的收益和成本，确定最优资本结构，从而实现企业价值的最大化。资本结构决策有不同的方法，常用的方法有资本成本比较法、每股收益无差别点法和企业价值比较法。

篇后案例

东方电气的资本结构

根据最优资本结构理论，企业存在理想的资产负债率，能够使企业价值最大。实际上，企业所处行业不同、经营风险不同，理想的资产负债率并不相同。根据我们对近年来上市公司相关数据的统计，在中国上市公司中，资产负债率呈近似正态分布，均值约为50%。那么，是否所有公司的理想资产负债率均为50%左右呢？那倒未必。东方电气（600875）就是高财务杠杆但业绩良好的公司典型代表。东方电气是一家从事发电设备制造的大型国有控股企业集团，20X7年至20Y3年其资产负债率及相关数据如下表所示：

年份	资产负债率	固定资产比重	ROS	ROA	ROE	EPS
20X7	89.36%	0.86%	8.00%	8.65%	51.44%	2.44
20X8	95.68%	6.55%	0.63%	0.38%	7.32%	0.21
20X9	87.58%	11.61%	4.73%	2.43%	17.32%	1.76
20Y0	85.67%	12.61%	6.77%	3.32%	21.86%	1.29
20Y1	82.28%	12.13%	7.26%	3.78%	21.35%	1.53
20Y2	78.87%	12.60%	5.92%	2.88%	13.62%	1.09
20Y3	76.11%	11.88%	5.66%	3.08%	12.90%	1.17

可以看出，该公司20X7年和20X8年是特殊的两年。20X7年资产负债率为89.36%，ROE为51.44%，由于其固定资产比重很小，超高的财务杠杆带来了超常业绩。然而，20X8年公司提高了固定资产比重，资产负债率更是提高到95.68%，销售利润率的波动使公司几近亏损，EPS也仅仅为每股

0.21 元。可见，如此高的资产负债率并不能为东方电气所承受。

20X9 年至 20Y3 年是东方电气稳定发展的几年，公司的资产负债率由 87.58%逐渐下降到 76.11%，固定资产比重也稳定在 12%左右。公司的业绩表现也不错，ROE 基本在 13%以上，EPS 基本在 1.1 元以上。通过分析可知，东方电气所处行业具有相对稳定的市场环境，而且该公司在行业内的地位也比较稳固，再加上公司固定资产的比重不大，销售利润率也相对稳定，所以实际上该公司经营风险较小，其能够承受相对较大的财务风险和财务杠杆系数也就不难理解了。值得注意的是，该公司的 ROE 和 EPS 实际上在 20Y0 年和 20Y1 年表现最好（20X7 年除外），而当资产负债率下降到 80%以下时，公司业绩（ROE 和 EPS）反而有所下降，这是不是可以说明在当前的市场条件下东方电气理想的资产负债率应该在 82%～85%之间呢？你怎么看呢？

核心概念

经营杠杆（Operating Leverage）
经营杠杆系数（Degree of Operating Leverage）
盈亏平衡点（Breakeven Point）
财务杠杆（Financial Leverage）
财务杠杆系数（Degree of Financial Leverage）
总杠杆系数（Degree of Total Leverage）
资本结构（Capital Structure）
财务结构（Financial Structure）
MM 理论（MM Theory）
最优资本结构（Optimal Capital Structure）
优序融资理论（Pecking Order Theory）

思考题

1. 什么是经营风险？引发经营风险的因素有哪些？
2. 为什么说固定成本是决定经营风险大小的主要因素？
3. 什么是财务风险？为什么企业提高资产负债率会增加股东的风险？
4. 为什么说“利用财务杠杆同时具有好坏两种影响”？
5. 为什么考虑公司所得税的 MM 理论会导致企业 100%负债？
6. 在优序融资理论中，“信息不对称”和“信号”如何影响资本结构决策？
7. 财务危机成本和破产成本如何影响企业的资本结构？

8. 在其他条件相同的情况下，为什么经营杠杆系数小的企业能够承受更多的负债？

9. 说明每股收益无差别点法的基本原理和决策标准。

练习题

（一）单项选择题

1. 在企业的财务绩效指标中，代表企业经营利润的是（　　）。
   A. 销售毛利　　B. 息税前盈余
   C. 净利润　　D. 每股收益
2. 下列因素中不会直接影响企业经营风险的是（　　）。
   A. 产品售价变动　　B. 固定成本比重
   C. 企业负债程度　　D. 原材料价格波动
3. 用来度量企业经营风险大小的指标是（　　）。
   A. 经营杠杆系数　　B. 财务杠杆系数
   C. 总杠杆系数　　D. 权益净利率的标准差
4. 有关盈亏平衡点与经营杠杆系数的说法中正确的是（　　）。
   A. 盈亏平衡点与经营杠杆系数无关
   B. 企业的销售量越接近盈亏平衡点，经营杠杆系数越大
   C. 企业的销售量超过盈亏平衡点越多，经营杠杆系数越大
   D. 企业的销售量等于盈亏平衡点时，经营杠杆系数等于零
5. 如果产品的销售单价为 10 元，单位变动成本为 4 元，固定成本总额为 36 000 元，经营杠杆系数为 2，则此时的销售量为（　　）。
   A. 7 200 件　　B. 9 000 件　　C. 12 000 件　　D. 18 000 件
6. 下列因素中会直接影响企业财务风险的是（　　）。
   A. 产品售价变动　　B. 长期借款增加
   C. 员工工资水平上升　　D. 固定资产比重提高
7. 如果公司资本全部为自有资本，且不存在优先股，则公司财务杠杆系数（　　）。
   A. 等于 0　　B. 等于 1　　C. 大于 1　　D. 小于 1
8. 下列指标中，不能用于度量财务风险大小的是（　　）。
   A. 资产负债率　　B. 权益乘数
   C. 财务杠杆系数　　D. 经营杠杆系数
9. 某公司经营杠杆系数为 1.6，财务杠杆系数为 1.25，如果目前每股收益

为 0.8 元，那么若该公司销售收入增加 1 倍，每股收益将变为（　）。

A. 1.28 元　B. 1 元　C. 1.6 元　D. 2.4 元

10. 在不考虑所得税的 MM 理论中，下列说法不正确的是（　）。

A. 企业价值与资本结构无关

B. 资本成本与资本结构无关

C. 负债企业的权益资本成本与资本结构无关

D. 负债企业的财务风险增益与负债股权比率成正比

11. 在考虑公司所得税的 MM 理论中，下列说法正确的是（　）。

A. 企业价值与资本结构无关

B. 企业最优资本结构是 100%负债

C. 企业零负债时，资本成本最小

D. 所得税不会影响负债企业的财务风险增益

12. 下列有关最优资本结构理论的说法中正确的是（　）。

A. 最优资本结构能够使负债的避税效应现值最大

B. 最优资本结构能够使财务危机成本现值最小

C. 最优资本结构能够使代理成本现值最小

D. 最优资本结构能够使企业价值最大

13. 根据优序融资理论，下列筹资顺序正确的是（　）。

A. 债务筹资、留存收益、普通股

B. 留存收益、债务筹资、普通股

C. 普通股、留存收益、债务筹资

D. 留存收益、普通股、债务筹资

14. 在利用每股收益无差别点法进行资本结构决策时，当企业实际销售额远大于每股收益无差别点的销售额时，下列说法正确的是（　）。

A. 需要筹资时，应尽可能利用留存收益筹资

B. 需要筹资时，应尽可能利用负债筹资

C. 需要筹资时，应尽可能发行新股筹资

D. 需要筹资时，债权筹资和股权筹资没有差别

15. 通过资本结构调整，可以（　）。

A. 降低经营风险　B. 影响财务风险

C. 提高经营风险　D. 不影响财务风险

16. 正常盈利的企业只要存在固定成本，那么经营杠杆系数必定（　）。

A. 恒大于 1　B. 与销售量成反比

C. 与固定成本成反比　　D. 与风险成反比

17. 某企业当年息税前盈余为 1 500 万元，实际利息支出为 500 万元，则该企业的财务杠杆系数为（　　）。

A. 3　　B. 2　　C. 0.33　　D. 1.5

18. 根据优序融资理论，公司最先考虑的筹资方式应该是（　　）。

A. 普通股筹资　　B. 负债筹资

C. 优先股筹资　　D. 留存收益筹资

（二）多项选择题

1. 影响企业经营风险的因素包括（　　）。

A. 产品需求　　B. 产品售价　　C. 变动成本

D. 调节价格的能力　　E. 固定成本比重

2. 影响企业经营杠杆系数的因素包括（　　）。

A. 债务利息　　B. 固定成本　　C. 销售量

D. 变动成本总额　　E. 盈亏平衡点

3. 与经营杠杆系数成同方向变化的因素有（　　）。

A. 销售量　　B. 销售单价　　C. 单位变动成本

D. 固定成本总额　　E. 利息支出

4. 下列指标中能够度量企业财务风险的有（　　）。

A. 资产负债率　　B. 经营杠杆系数　　C. 总资产周转率

D. 财务杠杆系数　　E. 权益乘数

5. 在考虑财务风险度量时，能够反映股东收益的待选指标包括（　　）。

A. 权益净利率　　B. 资产净利率　　C. 销售净利率

D. 每股收益　　E. 市盈率

6. 影响企业财务杠杆系数的因素包括（　　）。

A. 息税前盈余　　B. 债务利息　　C. 利息保障倍数

D. 所得税税率　　E. 企业流通的普通股股数

7. 下面有关总杠杆及总杠杆系数的说法正确的包括（　　）。

A. 总杠杆作用说明企业的每股收益大于每股销售收入

B. 总杠杆作用说明在任何情况下，企业每股收益的变动幅度都大于销售量的变动幅度

C. 总杠杆作用反映经营杠杆效应与财务杠杆效应的连锁作用

D. 总杠杆系数等于经营杠杆系数与财务杠杆系数的和

E. 总杠杆系数等于经营杠杆系数与财务杠杆系数的乘积

8. 如果公司正考虑一项财务决策，目的是抵消较高的经营杠杆的影响，以确保一个适宜的总杠杆系数，则公司可以采取的措施有（　　）。

A. 股票回购　　B. 提前偿债　　C. 配股
D. 发放大量现金股利　　E. 债转股

9. 下列有关资本结构与财务结构的说法中正确的包括（　　）。

A. 资本结构是指企业各种长期资本来源的构成和比例关系
B. 资本结构一般不考虑短期资金
C. 财务结构考虑企业短期资金和长期资金的构成结构
D. 财务结构是资产负债表中负债与所有者权益所有内容的组合结构
E. 营运资本管理一般不属于资本结构决策考虑的内容

10. 在不考虑所得税的 MM 理论中，下列说法正确的包括（　　）。

A. 企业价值与资本结构无关
B. 资本成本与资本结构无关
C. 负债企业的权益资本成本与资本结构无关
D. 负债企业的财务风险增益与负债股权比率成正比
E. 企业价值等于息税前盈余的资本化价值

11. 在考虑公司所得税的 MM 理论中，下列说法正确的包括（　　）。

A. 企业价值与资本结构无关
B. 企业最优资本结构是 100%负债
C. 负债比率越大，企业的资本成本越小
D. 没有负债的企业资本成本最大
E. 负债企业的财务风险增益与负债股权比率无关

12. 在最优资本结构理论中，直接影响企业资本结构决策的因素包括（　　）。

A. 无负债企业的价值　　B. 有负债企业避税作用现值
C. 财务危机成本现值　　D. 代理成本现值　　E. 企业所处行业

13. 有关优序融资理论的说法正确的包括（　　）。

A. 优序融资理论认为企业的筹资决策会向市场传递公司内部信息
B. 优序融资理论认为企业发行新股是成长良好的信号
C. 优序融资理论认为企业发行新股是股价被高估的信号
D. 根据优序融资理论企业应该尽可能避免发行股票
E. 优序融资理论认为债权筹资优于股权筹资

14. 企业的最优资本结构目标是（　　）。

A. 财务风险最小化　　B. 企业价值最大化　　C. 资本成本最大化

D. 经营风险最小化　　E. 资本成本最小化

15. 下列有关每股收益无差别点法的说法正确的包括（　　）。

A. 当企业实际销售额大于每股收益无差别点的销售额时，存在债权筹资优势

B. 当企业实际销售额大于每股收益无差别点的销售额时，存在股权筹资优势

C. 当企业实际销售额小于每股收益无差别点的销售额时，存在股权筹资优势

D. 当企业实际销售额小于每股收益无差别点的销售额时，存在债权筹资优势

E. 当企业实际销售额等于每股收益无差别点的销售额时，债权筹资与股权筹资没有差别

16. 通过资本结构调整，可以影响企业的（　　）。

A. 财务风险　　B. 资本成本　　C. 市场价值

D. 经营风险　　E. 偿债能力

17. 下列有关资本结构的说法正确的包括（　　）。

A. 所得税税率较低的企业应该更多负债

B. 所得税税率较低的企业应该更少负债

C. 盈利越稳定的企业越能够承担更多负债

D. 资产流动性越强的企业越能够承担更多负债

E. 无形资产越多的企业越能够承担更多负债

（三）判断题

1. 当产品变动成本发生变化时，若企业具有较强的调价能力，则经营风险小。（　　）

2. 企业的经营风险可以用经营杠杆系数衡量。（　　）

3. 由于经营杠杆的作用，当企业息税前盈余下降时，每股收益会下降得更快。（　　）

4. 当企业的销售量远离盈亏平衡点时，经营杠杆系数较小。（　　）

5. 当企业经营处于衰退期时，应提高其经营杠杆系数。（　　）

6. 最佳资本结构是使企业筹资能力最强、财务风险最小的资本结构。（　　）

7. 企业的利息保障倍数越大，财务杠杆系数越大，财务风险越小。（　　）

8. 当企业有息负债为零时，财务杠杆系数等于 1。（　　）

9. 总杠杆系数反映了息税前盈余变化对每股收益变化的撬动作用。（　　）

10. 考虑公司所得税之后的 MM 理论认为，企业价值与资本结构无关。（ ）

11. 负债在为企业带来抵税收益的同时，也使企业发生财务危机的可能性增大，带来财务危机成本。（ ）

12. 资本成本比较法通过选择加权平均资本成本最小的融资方案，确定相对最优的资本结构。（ ）

13. 当企业的销售额大于每股收益无差别点的销售额时，应尽可能采用股权融资方式。（ ）

14. 使每股收益最大的资本结构一定是企业的最优资本结构。（ ）

15. 相对而言，经营风险较大的企业也能够承受更高的资产负债率。（ ）

（四）计算综合题

1. LLL 公司年度销售收入 28 000 万元，息税前盈余 8 000 万元，固定成本 3 200 万元，变动成本率 60%；资本总额为 20 000 万元，其中债务资本比例占 40%，平均年利率 8%。分别计算该公司的经营杠杆系数、财务杠杆系数和总杠杆系数。

2. DB 公司年销售额为 500 万元，变动成本率为 70%，全部固定成本为 100 万元；公司资产总额 400 万元，资产负债率 40%，负债的平均利息率 8%，适用的所得税税率为 25%。公司拟改变经营策略，准备追加投资 200 万元，新策略估计会使固定成本增加 25 万元，销售额增加 20%，并使变动成本率下降到 60%。该公司以提高权益净利率同时降低总杠杆系数作为改变经营策略的标准。要求：

（1）计算经营策略改变前，企业的权益净利率、经营杠杆系数、财务杠杆系数和总杠杆系数；

（2）若所需资金通过权益资本获得，计算经营策略改变之后的权益净利率、经营杠杆系数、财务杠杆系数和总杠杆系数，判断是否应该改变经营策略；

（3）若所需资金通过利率 10%的长期负债获得，计算经营策略改变之后的权益净利率、经营杠杆系数、财务杠杆系数和总杠杆系数，判断是否应该改变经营策略。

3. QL 公司当前的息税前盈余为 48 万元，且公司全部为权益资本，预计息税前盈余将保持恒定不变。若公司适用的所得税税率为 25%，折现率为 12%。要求确定：

（1）公司当前的市场价值为多少？

（2）假定公司发行 150 万元年利率 8%的永久债券用于回购股票，则公司的价值将如何变化？

（3）若（2）中的债券提高了公司的破产风险，公司在 3 年后破产的可能性为 25%，如果破产，破产成本为 240 万元，则破产成本的现值为多少？公司是否应该接受上述负债？

4. DL 公司本年度以每件 75 元的价格销售了 100 000 件产品，产品的单位变动成本为 50 元，固定成本总额为 250 万元。公司每年的利息费用为 80 万元，存在 80 000 股每年固定股利为 5 元的优先股；此外，公司流通在外的普通股数量为 2 000 000 股，适用的所得税税率为 25%。要求：

（1）确定公司盈亏平衡点（即 EBIT=0）的销售量；

（2）分别计算当前销售水平以及销售量为 180 000 件时公司的每股收益；

（3）以销售量 300 000 件为基础，计算公司的经营杠杆系数和财务杠杆系数；

（4）利用总杠杆系数确定 DL 公司销售量从 300 000 件增加 50%对每股收益的影响（用百分数表示）。

5. BD 公司初创时拟筹资 1 000 万元，现有 A、B 两个备选方案，有关资料经测算如下表：

资本来源	A 方案		B 方案	
	筹资额（万元）	资本成本（税前）	筹资额（万元）	资本成本（税前）
长期借款	200	6%	300	7%
长期债券	300	8%	150	7.5%
权益资本	500	10%	550	10%
总　计	1 000		1 000	

若该公司适用的所得税税率为 25%，要求：根据资本成本比较法确定该公司应选择 A、B 哪个方案。

6. ALI 公司目前资本全部为普通股，共 1 000 000 股，息税前盈余为 1 000 000 元，适用的所得税税率 25%。公司现考虑扩充规模，需要筹资 5 000 000 元，扩充后可增加息税前盈余 500 000 元，现考虑如下两种筹资方案（假设忽略发行费用）：

（1）按面值发行公司债券，票面利率 8%；

（2）发行普通股 500 000 股，每股 10 元。

要求：用每股收益无差别点法确定公司应采用哪一种筹资方案。

7. TX 公司是一家生产并销售某种可穿戴设备的公司，产品售价为每件 200 元，本年度销售量预计为 50 000 件，采用当前工艺，产品单位变动成本为 150 元，固定成本总额为 120 万元。TX 公司现在的基本情况为：存在 500 万元利息率为 8%的负债，流通在外的普通股 100 万股，没有优先股；股利支付率 60%，适用的所得税税率 25%。公司准备投资 600 万元进行工艺升级，升级后销售量和单价虽然不会增加，但产品的单位变动成本将减少 20%，固定成本总额将增加到 140 万元。对于需要的资金，公司考虑两种筹资方案（假定忽略筹资费用）：一是以 10%的利率借款 600 万元；二是以每股 6 元的价格再发行 1 000 000 股新股。

（1）分别计算以下 3 种情况的每股收益（a.按照旧的生产工艺生产；b.按照新的生产工艺并采用负债筹资；c.按照新的生产工艺并采用增发新股筹资）；

（2）以预计 50 000 件的销售量为基础，分别计算 3 种情况下的经营杠杆系数、财务杠杆系数和总杠杆系数；

（3）分别计算 3 种情况下的盈亏平衡点（即 EBIT=0）；

（4）计算新工艺下两种筹资方案每股收益无差别点的销售量；

（5）综合考虑风险和每股收益情况，评价上述 3 种情况的优劣。

第十章　短期资金筹集

第七章至第九章，我们探讨了企业长期筹资的方式、资本成本和资本结构等基本问题，在这一过程中，我们回避了短期资金筹集的问题。实际上，短期资金筹集对企业同样重要，它被归于企业营运资本管理的一部分。本章的主要内容是企业的短期资金筹集。通过本章的学习，可以了解营运资本、自发性经营负债、短期借款、短期融资券等的相关概念和特点；熟悉营运资本筹资策略的 3 种类型、自发性经营负债的特征、短期借款的信用条件、短期融资券的发行程序等；掌握放弃现金折扣的成本、短期借款各种利率的计算方法。

开篇案例

季节性存货的资金来源

在中国，传统白酒企业的产品销售具有典型的季节性特点，每年的春节期间受到传统文化影响，再加上严寒气候因素，白酒产品销售量比较大，形成所谓的“旺季”，其他时间则销售情况一般。可以这样说，春节期间的销售甚至会影响以白酒为主业的企业一年的盈利状况，为此，白酒企业通常会在春节之前准备大量存货以备销售。每年春节的时间基本上在 1 月下旬至 2 月上旬期间变动，这样基本上可以从公司年报和第一季度季报来考察春节期间白酒存货的变化。例如，从洋河股份（002304）的财务报告来看，20X2 年半年报显示，其存货为 39.52 亿元；20X2 年第三季度报告显示，其存货为 44.47 亿元；20X2 年年报显示，其存货达到 59.23 亿元；20X3 年第一季度报告显示，其存货为 60.04 亿元。20X2 年第四季度存货增加了约 15 亿元，增加幅度远大于其他季度；而 20X3 年第一季度存货仅仅增加了 0.8 亿元，增加幅度远小于其他季度；这符合我们的预期。那么，在 20X2 年第四季度增加的 15 亿元中，显然很大一部分是临时资金占用。这些临时资金占用从哪里来呢？会来自长期资本吗？

第一节　营运资本筹资策略

在企业财务管理中，营运资本管理是一个越来越受到重视的领域。由于竞争加剧和环境动荡，营运资本管理对于企业盈利能力以及生存能力的影响越来越大。财务总监大约有60%的时间用于营运资本管理，而不是长期决策。其中，营运资本筹资策略是指在总体上如何为流动资产筹资，是采用短期资金还是长期资金来源，或者兼而有之。

一、营运资本概述

在本书第四章的基本财务比率分析中，我们曾经提到了营运资本这一指标，它是指流动资产超过流动负债的部分，用以反映企业的短期偿债能力。实际上，营运资本（Working Capital）这一术语在广义上是指企业在日常经营业务中需要的资产和负债，既包括现金资产、应收款项、存货等流动资产，也包括应付款项、短期借款等流动负债。营运资本最显著的特点是其流动性。因为企业需要将筹集到的部分资金转化成诸如现金资产、应收款项及存货等流动资产才能从事日常经营活动并盈利，所以营运资本中的流动资产部分又被称为营运资本总额（Gross Working Capital），而流动资产中减去流动负债所剩下的部分则称为营运资本净额（Net Working Capital），可以用如下的等式表示：

营运资本总额＝流动资产

营运资本净额＝流动资产－流动负债

很多时候，人们习惯将营运资本净额简称营运资本，很显然这是一种狭义的营运资本。考虑到营运资本，会计恒等式“资产=负债+所有者权益”可以做出如下变化，即存在

流动资产+长期资产=流动负债+长期负债+所有者权益

所以

流动资产－流动负债＝(长期负债＋所有者权益)－长期资产

营运资本＝长期筹资－长期资产＝长期筹资净额

流动资产＝流动负债＋长期筹资净额

上述公式表明，流动资产投资所需的资金一部分由流动负债支持，另一部

分由长期筹资支持。尽管流动资产和流动负债都是短期项目，但是绝大多数健康运转的企业营运资本是正值。所以，长期财务与短期财务并不是彼此隔离的，而是存在内在联系。正因如此，流动资产资金来源的方式、渠道问题及其决策，形成了企业营运资本的筹资策略。

在营运资本的筹资策略中，流动资产按照其发挥的作用被分为永久性流动资产（Permanent Current Assets）和临时性流动资产（Temporary Current Assets）。永久性流动资产是企业为维持日常生产经营活动而持有的最低水平的各项流动资产，该部分流动资产在占用资金上具有一定的稳定性，永久性流动资产和非流动资产，又统称为永久性资产；临时性流动资产是那些随着生产经营呈季节性波动或临时性波动的流动资产。根据企业临时性流动资产和永久性资产有关的资金融通决策，企业的营运资本筹资策略可以分为 3 种：配合型筹资策略、激进型筹资策略和保守型筹资策略。

二、配合型筹资策略

配合型筹资策略（Matching Policy）的特点是：尽可能贯彻筹资的匹配原则，即永久性资产由长期资金支持，短期资产由短期资金支持。匹配原则遵循根据投资持续时间结构去安排筹资时间结构，即公司资产的寿命周期与负债结构相对应，有利于降低利率风险和偿债风险。

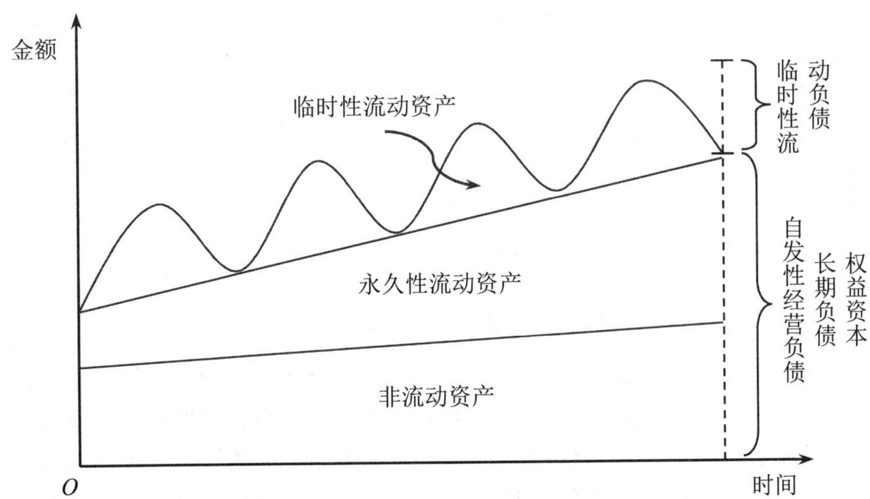

图 10-1　配合型筹资策略

具体来说，在配合型筹资策略下，企业的临时性流动资产由临时性流动负债筹集资金，永久性流动资产、固定资产等永久性资产由自发性经营负债[①]、长期负债和权益资本筹集资金。这一策略可以用以下两个公式来表示：

临时性流动资产＝临时性流动负债

永久性流动资产+固定资产=自发性经营负债+长期负债+权益资本

在配合型筹资策略中，短期资金与长期资金的比例适中，具体如图 10-1 所示。在这种策略下，只要公司短期筹资计划严密，实现现金流动与预期安排一致，则在经营低谷时，公司除自发性经营负债外没有其他短期负债；只有在经营高峰期，公司才筹措临时性流动负债。

三、激进型筹资策略

激进型筹资策略（Aggressive Policy）的特点是：使用更多的短期资金，短期资金不但支持短期资产而且部分支持永久性资产。在激进型筹资策略中，企业短期资金的比例较大，具体如图 10-2 所示。

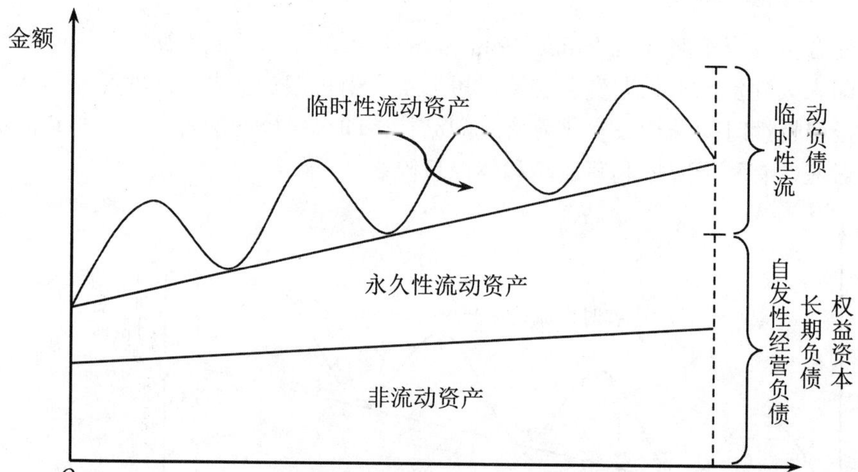

图 10-2 激进型筹资策略

具体来说，企业实施激进型筹资策略时，长期资产和部分永久性流动资产由自发性经营负债、长期负债和权益资本来筹集资金，用临时性流动负债来融通临时性流动资产和部分永久性流动资产，个别更加激进的企业则使用临时性流动负债来为所有永久性流动资产甚至一部分固定资产筹集资金。这一策略可

① 关于自发性经营负债的讨论见本章第二节。

以用以下两个公式来表示：

$$\text{临时性流动资产}+\text{部分永久性流动资产}=\text{临时性流动负债}$$

$$\text{永久性流动资产}-\text{靠临时性流动负债筹得的部分}+\text{固定资产}=\text{自发性经营负债}+\text{长期负债}+\text{权益资本}$$

由于公司为了满足永久性流动资产的长期、稳定的基金需要，必然要在临时性流动负债到期后重新举债或申请债务展期，将不断举债和还债，加大了筹资和还债的风险，所以相对来说是“激进”的。

四、保守型筹资策略

保守型筹资策略（Conservative Policy）的特点是：使用更少的短期资金，短期资金只融通部分临时性流动资产的资金需要，长期资金除了支持永久性资产之外，还补充部分临时性流动资产的资金需要。在保守型筹资策略中，企业短期资金的比例较小，具体如图 10-3 所示。

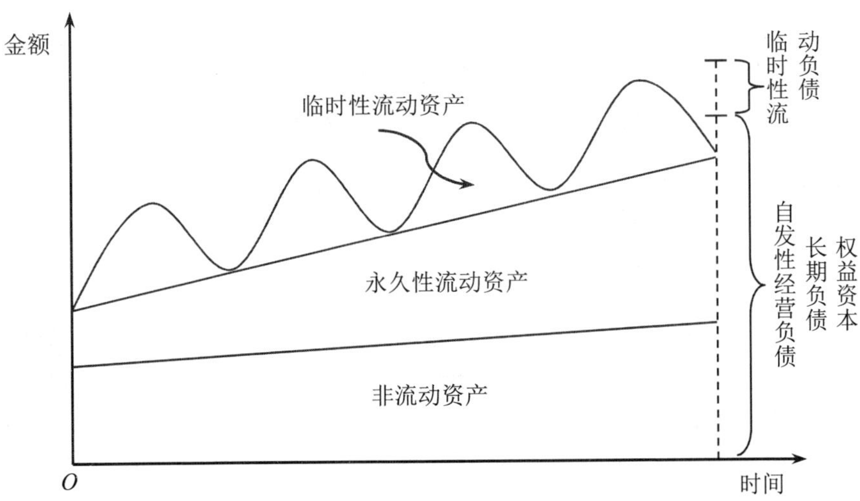

图 10-3　保守型筹资策略

具体来说，企业实施保守型筹资策略时，全部的长期资产和永久性流动资产及部分临时性流动资产所需资金用自发性经营负债、长期负债和权益资本来筹集，只有一部分临时性流动资产所需资金由临时性流动负债来筹集。这一策略可以用以下两个公式来表示：

$$\text{部分临时性流动资产}=\text{临时性流动负债}$$

$$\begin{matrix}\text{临时性流动负债未筹足}\\ \text{的临时性流动资产}\end{matrix}+\begin{matrix}\text{永久性}\\ \text{流动资产}\end{matrix}+\begin{matrix}\text{固定}\\ \text{资产}\end{matrix}=\begin{matrix}\text{自发性}\\ \text{经营负债}\end{matrix}+\begin{matrix}\text{长期}\\ \text{负债}\end{matrix}+\begin{matrix}\text{权益}\\ \text{资本}\end{matrix}$$

这种策略因为长期资金的比例大，资本成本比较高，会降低公司的收益。其好处是临时性流动负债在公司的全部资金来源中比例较小，公司保留较多的营运资本，可降低公司无法偿还到期债务的风险，同时蒙受短期利率变动损失的风险也较小，所以相对来说是“保守”的。

五、对三种营运资本筹资策略的评述

一般而言，长期负债、权益资本等长期资金的资本成本更高，但其较长的期限也意味着偿债风险和利率风险较小；短期负债则恰恰相反，其筹资成本相对较低，但偿债风险和利率风险较大。因此，激进型筹资策略由于短期资金的比例较大，其优点是资金成本较低，相对收益水平较高；其缺点是偿债风险和利率风险较大。而保守型筹资策略与激进型筹资策略相反，由于短期资金的比例较小，优点是偿债风险和利率风险较小，缺点是资金成本较高，收益较低。至于配合型筹资策略，其资金成本和风险均介于激进型筹资策略和保守型筹资策略之间。对三种营运资本筹资策略优缺点的概括如表 10-1 所示。

表 10-1 三种营运资本筹资策略的优缺点

营运资本筹资策略类型	短期资金比例	收益水平	风险水平
配合型筹资策略	一般	一般	一般
激进型筹资策略	高	高	高
保守型筹资策略	低	低	低

一般来说，如果公司对营运资本的使用能够达到游刃有余的程度，则最有利的筹资策略就是报酬和风险相匹配的配合型筹资策略。不过，在实务中上述三种策略却难说孰优孰劣，毕竟它们均符合“风险收益对等”的原则，公司应结合自身的实际情况，灵活运用这些策略。在选择营运资本组合（筹资和投资）策略时，公司应注意做到以下三点：一是资产与债务偿还期相匹配，避免陷入财务危机；二是净营运资本应尽可能以长期资金来源来解决，即营运资本净额为正值；三是保留一定的资金或筹资空间，维持财务灵活性，以备不时之需。

【课堂测试 10-1】

1. VPI 公司和 HPC 公司是两家处于同行业的公司，20X9 年 12 月 31 日两

家公司的资产负债表（简表）如下：

单位（元）	VPI 公司	HPC 公司
流动资产	500 000	400 000
固定资产净值	500 000	600 000
资产总计	1 000 000	1 000 000
流动负债	100 000	400 000
非流动负债	400 000	100 000
股本	250 000	250 000
留存收益	250 000	250 000
负债及股东权益合计	1 000 000	1 000 000

已知两家公司的息税前盈余均为 12 万元，适用的所得税税率均为 25%，则：

a. 如果流动负债的平均利率为 4%，非流动负债的平均利率为 8%，这两家公司的权益净利率各为多少？

b. 两家公司的流动比率分别为多少？从短期偿债能力的角度来说，哪家公司的风险更大？为什么？

c. 如果两家公司在激进型营运资本筹资策略和保守型营运资本筹资策略中各居其一，你能指出两家公司采用的营运资本筹资策略吗？两种策略各有什么优缺点？

第二节　自发性经营负债

根据营运资本的筹资策略，企业需要确定合理的财务结构。在本书第七章已经探讨了企业长期筹资的基本方式和渠道，本章主要探讨企业短期资金的筹集。企业短期资金来源于流动负债，即一年之内需要偿还的负债，具体来说又分为自发性经营负债、短期借款和其他短期筹资 3 类。流动负债筹资速度快，容易取得，资金灵活，富有弹性，筹资成本较低；不过，流动负债的还债压力大，筹资风险较高，利率波动风险也较大。

本节主要探讨企业短期资金来源中的自发性经营负债筹资。所谓**自发性经营负债是指企业正常生产经营过程中产生、随销售（或规模）的增减而近乎同比例增减的流动负债**，包括商业信用和各种有关的应计费用项目等。

一、商业信用

商业信用是指在商品（或劳务，下同）交易中由于延期付款或预收货款而形成的企业间的借贷关系。商业信用伴随商品交易的产生而产生，是一种持续性的信贷形式，且无须正式办理筹资手续；如果没有现金折扣条款或者不使用带息票据，则商业信用构成无息负债。企业的商业信用一般包括应付账款、应付票据和预收账款等。

（一）应付账款

1. 应付账款及其信用条件

应付账款（Accounts Payable）是指企业购买商品暂未付款而赊欠对方的账项，即卖方允许买方在购货后一定时期内支付货款的一种形式。卖方利用这种方式促销，而对买方来说延期付款则相当于借用资金购入商品，可以满足短期资金的部分需要。应付账款是最典型、最常见的商业信用方式。

从销货方来看，进行赊销的企业向购货方销货时，为了促销往往会提出一定的信用条件，主要包括信用期和现金折扣等；而对买方来说，利用商业信用形成应付账款则会享受信用期和现金折扣等信用条件。这些信用条件一般在销货发票上直接表示出来，形式诸如“*n*/30”或“2/10，1/20，*n*/50”等，前者表示没有现金折扣条款，信用期为30天；后者表示若客户在出票日起10天之内付款可以享受2%的现金折扣，若超过10天但在20天之内付款则可以享受1%的现金折扣，若超过20天付款则需要支付全部价款，信用期为50天。从这样的信用条件可以看出，应付账款可以分为：免费信用，即买方企业在规定折扣期内享受折扣而获得的信用（若不存在现金折扣条款，则是在信用期限内的信用）；有代价信用，即买方企业放弃现金折扣付出代价而获得的信用；展期信用，即买方企业超过规定的信用期限推迟付款而强制获得的信用。

一般来说，销货方总是希望尽快回收应收账款，加速资金回笼，避免坏账风险，其提供现金折扣条款的目的也在于此；但对购货方来说，商业信用相当于资金融通，因此在其他条件相同的情况下，购货方总是希望尽可能晚一些支付货款。例如，面对“1/10，*n*/30”的信用条件，购货方若想享受免费信用，则会在第10天付款；若放弃现金折扣，但又不想因展期而影响信用，则会在第30天付款。

2. 应付账款的成本

倘若购货方面对的信用条件中没有现金折扣条款只有信用期限，或者有现金折扣条款，而购货方在规定的折扣期内付款，便可享受免费信用，购货方不会因为商业信用而付出代价，此时的应付账款构成无息负债。不过，若购货方的信用条件包含现金折扣条款，但购货方放弃现金折扣，那么就会因为多支付货款而付出代价，这就是应付账款的成本。我们可以这样思考：若购货方在折扣期内付款，则只需支付折扣后的价格，可以将此价格视为真实价格；但是，若购货方超过折扣期限付款就需要支付全部货款，多出来的金额应理解为为了获得短期资金延长使用所付出的费用。所以，在发票上标出的价格可以看作由真实价格和筹资费用构成，表示如下：

$$标价=真实价格+筹资费用$$

举例来说，某企业面对“2/10，*n*/30”的信用条件赊购 100 万元的商品，若在出票日起第 10 天付款，则只需要支付 98 万元（享受现金折扣 2%）；若放弃 10 天之内的现金折扣，在第 30 天付款，则需要支付 100 万元，相当于将本来需要支付的 98 万元因为多融通了 20 天而付出了 2 万元的筹资费用，那么 20 天的筹资成本率为 2.04%（2/98），具体表示为：

$$\frac{现金折扣率}{1-现金折扣率}$$

若将上述筹资成本率转化为更符合习惯的年成本率，则放弃现金折扣的简单年成本率（此处假定 1 年为 360 天，下同）的计算公式为：

$$放弃现金折扣成本=\frac{现金折扣率}{1-现金折扣率}\times\frac{360}{信用期-折扣期}$$

［例 10-1］

FML 公司按照“1/10，*n*/30”的信用条件购入一批原材料，发票上的总价款为 500 万元。计算该公司在折扣期内付款的金额以及放弃现金折扣成本。

［解答］

$$折扣期内付款金额=500\times\left(1-1\%\right)=495（万元）$$

$$放弃现金折扣成本=\frac{1\%}{1-1\%}\times\frac{360}{30-10}=18.18\%$$

放弃现金折扣简单年成本率的公式表明，放弃现金折扣的成本与折扣百分比的大小、折扣期的长短成同方向变化，与信用期的长短成反方向变化。从例 10-1 可见，购货方放弃现金折扣而获得的信用，其代价比较大。然而，在放弃现金折扣的情况下，若能够展期，则推迟付款的时间越长，其成本便会越小。比如，在例 10-1 中，如果企业展期延至第 50 天付款，其成本为

$$\frac{1\%}{1-1\%}\times\frac{360}{50-10}=9.09\%$$

上面介绍的放弃现金折扣成本公式是简单年成本率，有时候可能需要计算有效年成本率，根据本书第二章的相关知识，放弃现金折扣的有效年成本率的计算公式为：

$$\text{放弃现金折扣成本}=\left(1+\frac{\text{现金折扣率}}{1-\text{现金折扣率}}\right)^{\frac{360}{\text{信用期}-\text{折扣期}}}-1$$

在现实中，放弃现金折扣的成本一般比较高，因为销货方提供现金折扣条款的本意就是尽早收回货款。表 10-2 列举了几种不同信用条件下放弃现金折扣的简单年成本率和有效年成本率。

表 10-2　不同信用条件下放弃现金折扣的成本举例

信用条件	简单年成本率（%）	有效年成本率（%）
1/7，*n*/20	27.97	32.09
2/7，*n*/20	56.51	74.97
1/10，*n*/30	18.18	19.83
2/10，*n*/30	36.73	43.86
1/10，*n*/60	7.27	7.50
2/10，*n*/60	14.55	15.49

3. 利用现金折扣决策

既然在附有现金折扣条款的情况下，获得不同的信用要负担不同的代价，那么，购货方就需要在不同信用间做出决策。一般来说，存在以下原则：

如果能以低于放弃折扣成本（实际上是机会成本）的利率借入资金，便应该在现金折扣期内用借入的资金支付货款，享受现金折扣；反之，企业应放弃现金折扣。例如，在例 10-1 中，假定同期企业能够获得某金融机构短期借款的利率为 9%，则应利用更低廉的银行借款在折扣期内偿还应付账款。

如果在信用期内将应付账款用于短期投资，所得的投资收益率高于放弃折扣的隐含利息成本率，则应放弃折扣而去追求更高的收益。

如果企业因缺乏资金而欲展延付款期（如例 10-1 中，将付款期延至第 50 天），则需在降低了的放弃现金折扣成本与展延付款带来的损失之间做出权衡。展延付款期带来的损失主要是指因企业信誉恶化而丧失供应商乃至其他贷款人的信用，或日后招致更苛刻的信用条件。

如果面对两家以上其他条件相同但提供不同信用条件的卖方，应通过衡量放弃折扣成本的大小，选择信用成本最小（或所获利益最大）的一家。

（二）应付票据

应付票据（Notes Payable）是企业在商品交易时开具的要求延期付款的商业汇票。按照承兑人的不同，商业汇票可分为商业承兑汇票和银行承兑汇票两种。商业承兑汇票是指由收款人（或付款人）开具，经付款人承兑的汇票。银行承兑汇票是指由收款人或承兑申请人开具，由银行审查同意承兑的汇票。应付票据的付款期限由交易双方商定，一般不超过 6 个月。应付票据可以带息，也可以不带息。不带息的应付票据相当于无息负债。即使带息，应付票据的利率一般比银行借款的利率低，且不用保持相应的补偿性余额和支付协议费，所以应付票据的筹资成本低于银行借款成本。但是，应付票据到期必须归还，如若延期便要交付罚金，因而风险较大。

（三）预收账款

预收账款（Deposit Received）是卖方企业在交付货物之前向买方预先收取部分或全部货款的信用形式。因为预收账款是卖方企业在发货前预收的货款，所以应作为卖方企业的一项流动负债。本质上，预收账款相当于卖方向买方借用资金以后用货物抵偿。预收账款一般用于生产周期长、资金需要量大的货物出售，比如房地产、大型设备等。

篇中案例 10-1

BSD 公司利用商业信用

BSD 公司是国内著名的羽绒服生产企业。由于羽绒服的销售具有季节性，每年入冬之前，BSD 公司需要购入大量的羽绒和布料等生产原料。为购买这些原料，BSD 公司通常会采用一方面利用商业信用、一方面借入短期借款的方式筹措资金。销售旺季过后，BSD 公司一般会很快偿付这些短期债务。假定 BSD 公司购买原料面对的信用条件是“1/10，*n*/45”，不过在放弃现金折扣的情况下，可以延期至第 60 天付款。又假定 BSD 公司借入 3 个月短期借款的年利率为 6.4%。根据这一案例判断，BSD 公司应该享受现金折扣还是放弃现金折扣呢？

二、应计费用

企业的自发性经营负债除上述的应付账款等商业信用外，还包括各种应计费用。应计费用（Accruals）是在正常经营过程中产生的应当支付但尚未支付的费用（或支出），主要包括应付工资、应付福利费、应付利息、应付股利、应交税金等。

在企业的经营活动中，根据有关的费用结算制度、法律和契约规定，有些费用无须立即支付，而是在一定时期后才进行计算支付，这些应付未付的费用可以为企业在短期内所利用，从而形成企业的一种短期资金来源。例如，以应付工资（Payroll Accrual）来说，理论上员工工作一天后就应立即得到相应的报酬，但根据企业的规定需要等到下一次支付工资的时间（在中国，很多企业是每月一次）才能获得报酬，因此在这段时间，企业运用了本应属于员工的资金。应交税金的情况也类似。

从一个持续经营的企业来看，有些应计费用（如应付工资、应交税金）随着销售水平的提高或下降而增加或减少，而有些应计费用（如应付利息、应付股利）与销售水平变化的关系不明显，但无论如何，这些应计费用在企业内经常性地存在。只要企业从事经营活动，这些应计费用就会发生，其中相当一部分的金额十分稳定，在支付之前构成了一项能够经常占用的资金，用于企业正常的经营周转。这些应计费用的筹资额可以用平均每日发生额与平均占用天数的乘积来确定，若企业支付费用的时间固定，那么平均占用天数在理论上等于连续两次支付费用的时间间隔的一半。例如，若某企业每月定期支付工资，则应付工资平均占用天数为半个月（或 15 天）。上述的公式即

$$\text{应计费用筹资额} = \text{平均每日发生额} \times \text{平均占用天数}$$

应计费用在通常情况下是无息负债，但企业并不能随心所欲地自由利用这种特殊的筹资方式，这是因为企业如果无限期地拖欠应计费用，极有可能产生较高的显性或隐性成本。例如，企业如果拖欠职工工资，便会遭到职工抵制，直接影响企业的生产经营或整体声誉。

【课堂测试 10-2】

1. 假设某企业的应付账款遵循“晚付”原则，但又不会展延付款期。计算在下列信用条件下，放弃现金折扣的简单年成本率。

a. 1/15，*n*/20

b. 1/10，*n*/60

c. 3/10，*n*/45

d. 2/10，*n*/45

e. 2/15，n/40

2. 如何理解应计费用作为一种自发性经营负债。

第三节　短期借款

短期借款（Short-Term Borrowings）是指企业向银行或其他非银行金融机构借入的期限在 1 年以内的借款。在短期负债筹资中，短期借款的重要性仅次于商业信用。如果商业信用被认为是自动的（或自发的）短期资金来源的话，那么短期借款就是企业主动获得的短期资金来源之一。

一、短期借款的种类

从短期借款的用途来看，短期借款可以分为生产周转借款、临时借款和结算借款 3 种。

生产周转借款是指企业为满足生产周转的需要而向银行（或其他金融机构，下同）取得的借款，借款期限可根据资金的使用情况确定。

临时借款是指企业在生产经营过程中由于临时性或季节性原因而向银行取得借款。临时借款的用途主要是企业出现的一些特殊的或临时的情况，借款时间一般比较短。

结算借款是指企业采取延期收款或分期收款方式销售产品时，为解决垫付资金，向银行申请的短期内用于结算的借款。结算借款可按销售收入回收的进度分次归还。

此外，按照国际通行做法，短期借款还可按偿还方式的不同，分为一次性偿还借款和分期偿还借款；按利息支付方法的不同，分为收款法借款、贴现法借款和加息法借款；按有无担保，分为抵押借款和信用借款等。

二、短期借款的取得

由于各个企业所处的环境及其经营业务范围不同，以及银行规模大小、性质不同，银行发放短期借款的条件也有差别。

符合借款条件的企业要想取得短期借款，需要经历如下程序：①企业提出借款申请；②银行进行贷前调查；③银行进行贷时审查和审批；④经审查同意后，借贷双方签订借款合同，注明借款的用途、金额、利率、期限、还款方式、违约责任等；⑤根据借款合同办理借款手续；⑥借款手续完毕，企业可以取得借款。

三、短期借款的信用条件

按照国际通行做法，银行发放短期借款往往附带一些信用条件，主要包括：

（一）信贷限额

信贷限额是银行对借款人规定的无担保贷款（Unsecured Bank Loan）的最高额。信贷限额的有效期通常为 1 年，但根据情况可以延期 1 年。一般来讲，企业在批准的信贷额度内，可随时使用银行借款。不过，银行并不承担必须提供全部信贷限额的义务。如果企业信誉恶化，即使银行曾同意过按信贷限额提供贷款，企业也可能得不到借款。这时，银行并不会承担法律责任。

（二）周转信贷协定

周转信贷协定（Revolving Credit Agreement）是银行具有法律义务地承诺提供不超过某一最高限额的贷款协定。在协定的有效期内，只要企业的借款总额未超过最高限额，银行必须满足企业任何时候提出的借款要求。企业享有周转信贷协定，通常要就贷款限额的未使用部分付给银行一笔承诺费（Commitment Fee）。例如，某企业与银行达成周转信贷协定 500 万元，承诺费率 0.5%；若有效期内借款企业使用了 360 万元，借款利率 8%，未动用余额为 140 万元；那么企业除了需要支付动用部分的借款利息之外，还要支付未动用部分的承诺费 0.7 万元（140×0.5%）。

（三）补偿性余额

补偿性余额（Compensating Balances）是银行要求借款企业在银行中保持按贷款限额或实际借用额一定百分比（一般为 10%～20%）的最低存款余额。从银行角度讲，补偿性余额可以降低贷款风险；但对企业来讲，补偿性余额减少了可动用资金，提高了借款的实际成本。

（四）借款抵押

银行向财务风险较大的企业或对其信誉不甚有把握的企业发放贷款时，有时需要有抵押品担保，以减少自己蒙受损失的风险。借款的抵押品通常是企业的股票、债券或不动产等。银行接受抵押品后，将根据抵押品的账面价值（或评估市场价值）决定贷款金额，一般为抵押品价值的 30%～90%。

（五）偿还条件

贷款的偿还有到期一次偿还和在贷款期内定期（按每月、季度）等额偿还两种方式。一般来讲，企业不希望采用后一种方式，因为这会提高借款的有效年利率；而银行则不希望采用前一种方式，因为这会加重企业在贷款到期时的财务负担，增加企业的违约风险。

（六）其他承诺

银行有时还要求企业为取得贷款而做出其他承诺，如及时提供财务报表、保持适当的财务水平等。如企业违背所做出的承诺，银行可以要求企业立即偿还全部贷款。

四、短期借款的利率

（一）借款利率的种类

短期借款利率分为以下 3 种：

（1）优惠利率。优惠利率是银行向财力雄厚、经营状况好的企业贷款时采用的利率，为贷款利率的最低限。

（2）浮动优惠利率。浮动优惠利率是一种随其他短期利率的变动而浮动的优惠利率，即随市场条件的变化而随时调整变化的优惠利率。

（3）非优惠利率。银行贷款给一般企业时收取的高于优惠利率的利率。这种利率经常在优惠利率的基础上加一定的百分比。比如，银行按高于优惠利率 0.5%的利率向某企业发放贷款，若当时的优惠利率为 6%，则向该企业贷款收取的利率为 6.5%。

（二）短期借款年利率的计算

由于短期借款的期限在 1 年以内，而且借款合同中往往附带一些信用条件，再加上银行收取利息时包括到期收款、贴现利息和分期附加利息 3 种方法，所以借款合同中的年利率与企业实际承担的年利率（税前成本率）往往不一致，这里介绍一些计算企业实际承担的年利率的方法。

对于短期借款，首先，计算期限内的实际利率，基本考虑是用期限内使用资金的代价与可动用资金的百分比，即

$$期限利率=\frac{使用资金的代价}{可动用资金}\times 100\%$$

其次，对于期限刚好是 1 年的短期借款，期限利率即为短期借款实际年利率；对于期限短于 1 年的短期借款，需要将期限利率转化成年利率，这里有两种转化方法，即前面讲过的简单年利率和有效年利率（此处仍假定 1 年为 360 天），基本公式为

$$简单年利率=期限利率\times\frac{360}{期限}$$

$$有效年利率=\left(1+期限利率\right)^{\frac{360}{期限}}-1$$

1. 到期收款法

到期收款法是借款到期时向银行支付利息的方法。银行向工商企业发放的贷款大都采用这种方法收息。下面以几道例题来说明采用到期收款法时，如何计算普通情况和存在补偿性余额情况的年利率。

[例 10-2]

某公司从银行取得一笔数额为 500 000 元、期限为 1 年的信用贷款，到期时需要支付利息 36 000 元，则贷款年利率为多少？

[解答]

$$年利率=\frac{利息}{借款金额}\times100\%=\frac{36\ 000}{500\ 000}\times100\%=7.2\%$$

[例 10-3]

FML 公司向工商银行取得一笔周转借款 800 000 元，期限为 3 个月，银行采用 6%的优惠利率，则该笔借款的有效年利率为多少？

[解答]

$$3个月利率=\frac{6\%}{4}=1.5\%$$

$$有效年利率=\left(1+1.5\%\right)^{4}-1=6.14\%$$

[例 10-4]

ATL 公司需要 200 000 元以支付新购置一套设备的货款，向农业银行申请为期半年的贷款。农业银行同意以 6%的利率向公司贷款，但要求公司必须在其存款账户上存有贷款数额的 20%作为补偿性余额。假设 ATL 公司目前在该存款账户上的余额为零，为了能够支付 200 000 元的设备款，该公司必须取得多少元的借款？企业承担的年利率为多少？

[解答]

$$\begin{aligned}可动用借款资金&=借款数额-补偿性余额\\&=借款数额\times\left(1-补偿性余额百分比\right)\end{aligned}$$

$$必要的借款数额=\frac{资金需要量-银行存款账户余额}{1-补偿性余额百分比}$$
$$=\frac{200\ 000}{1-20\%}$$
$$=250\ 000（元）$$

$$期限利率=\frac{期限利息}{借款金额-补偿性余额}\times 100\%$$
$$=\frac{250\ 000\times \frac{6\%}{2}}{250\ 000\times \left(1-20\%\right)}=3.75\%$$

$$简单年利率=3.75\%\times 2=7.5\%$$

$$有效年利率=\left(1+3.75\%\right)^2-1=7.64\%$$

2. 贴现利息

贴现利息是银行向企业发放贷款时，先从本金中扣除利息部分，而到期还款时借款企业则要偿还贷款全部本金的一种计息方法。采用这种方法，企业可动用的贷款额只有本金减去利息部分的差额，因此贷款的年利率高于合同利率。

［例 10-5］

ATL 公司向银行申请一笔贴现利息借款 100 000 元，期限为 3 个月，规定的利率为 7.2%。则该公司实际取得的借款有效年利率为多少？

［解答］

$$期限利率=\frac{期限利息}{借款金额-期限利息}\times 100\%$$
$$=\frac{100\ 000\times \frac{7.2\%}{4}}{100\ 000-100\ 000\times \frac{7.2\%}{4}}=1.833\%$$

$$有效年利率=\left(1+1.833\%\right)^4-1=7.54\%$$

［例 10-6］

ATL 公司现急需 180 000 元资金，向银行申请 3 个月期限的借款。银行同意以 6%的利率向公司贷款，但要求公司应当有 20%的补偿性余额并贴现利息。公司目前存款账户上的余额为零。则该公司实际取得借款的简单年利率和有效年利率各为多少？

[解答]

$$必要的借款数额=\frac{资金需要量-银行存款账户余额}{1-补偿性余额百分比-规定每期利率}$$

$$=\frac{180\,000}{1-20\%-\frac{6\%}{4}}=229\,299.36（元）$$

$$期限利率=\frac{规定每期利率}{1-补偿性余额百分比-规定每期利率}$$

$$=\frac{\frac{6\%}{4}}{1-20\%-\frac{6\%}{4}}=1.911\%$$

$$简单年利率=1.911\%\times 4=7.64\%$$

$$有效年利率=\left(1+1.911\%\right)^4-1=7.87\%$$

3. 分期附加利息

分期附加利息是银行发放分期等额偿还贷款时采用的利息收取方法。在分期等额偿还贷款的情况下，银行要将根据报价利率计算的利息加到贷款本金上，计算出贷款的本息额，要求企业在贷款期内分期偿还本息之和的金额（由于期限较短，并不考虑年金形式）。由于贷款分期均衡偿还，借款企业实际上只平均使用了贷款本金的一半，却支付全额利息。这样，企业所负担的利率便高于报价利率大约 1 倍。

[例 10-7]

ATL 公司按分期附加利息法从银行借入一笔 9 个月规定利率为 8%的贷款 180 000 元，银行要求按月等额偿还这笔贷款的本金和利息，试计算每月还款额和有效年利率。

[解答]

$$应付利息总额=180\,000\times\left(8\%\times\frac{9}{12}\right)=10\,800（元）$$

$$应偿还的本利总额=180\,000+10\,800=190\,800（元）$$

$$每月还款额=\frac{190\,800}{9}=21\,200（元）$$

由于可动用借款金额逐期减少，所以整个借款期间平均余额为 90 000 元。

$$期限利率=\frac{10\,800}{180\,000/2}\times100\%=12\%$$

$$有效年利率=(1+12\%)^{\frac{12}{9}}-1=16.31\%$$

篇中案例 10-2

双龙股份的短期借款

双龙股份（300108）是一家在深圳创业板上市的公司，从该公司 20X3 年的财务报告可以看出，为了满足营运资本的需求，公司增加了 5 000 万元的短期借款。假定首次借款日期为 20X3 年 3 月 1 日，借款数额 2 000 万元，期限为 1 年，该笔款项为信用贷款，年利率为 4.85%；第二次借款日期为 20X3 年 9 月 1 日，借款数额为 3 000 万元，期限同样为 1 年，该笔款项年利率为 4.636%，不过银行要求 20%的补偿性余额。那么，这两笔短期借款的实际利率各为多少？到 20X3 年年末时，应计算的利息费用为多少？

【课堂测试 10-3】

1. 某企业与工商银行商议 1 年期短期借款 30 万元。工商银行提供了不同的信用条件，分别计算在下列条件下的有效年利率，并找出有效年利率最低的信用条件。

   a. 银行按 7.2%的非优惠利率向企业发放贷款，不要求补偿性余额，企业按到期收款法支付利息；
   b. 银行按 6%的利率向企业发放贷款，要求 20%的补偿性余额，企业按到期收款法支付利息；
   c. 银行按 5%的贴现利息向企业发放贷款，同时要求 15%的补偿性余额；
   d. 银行按 4%的附加利息向企业发放贷款，要求企业按月等额偿还贷款的本金和利息。

2. 讨论银行要求补偿性余额对企业短期借款实际承担利率的影响。

第四节　其他短期筹资

如果条件允许，企业都愿意通过银行（或其他金融机构，下同）贷款进行短期筹资。但是，有时候企业的短期借款并不那么顺利，这时候可能就需要考虑其他方式进行"主动"的短期资金筹集，在这一节我们介绍如下几种。

一、短期融资券

短期融资券（Short-Term Commercial Paper）又称商业票据、短期债券，是由大型工商企业或金融企业发行的短期无担保本票，是一种新型的短期资金筹集方式。短期融资券起源于商业票据，但与传统的商业票据不同，它是脱离商品交易过程专门用于短期筹资的票据。在我国，主要从 20 世纪 80 年代末开始，有些企业采用短期融资券筹集资金。三十多年来，为了规范短期融资券市场、提升社会资金配置效率，我国曾陆续发布了多部相关的法规和管理办法。目前，根据有关法规和管理办法，我国只允许符合条件的企业在银行间债券市场发行短期融资券（即由国内各金融机构购买不向社会发行）。

短期融资券按发行方式不同，可以分为经纪人代销融资券和直接销售融资券；按发行人不同，可以分为金融企业融资券和非金融企业融资券；按发行和流通范围的差异，可分为国内融资券和国际融资券。

在我国，企业发行短期融资券，一般要按如下程序进行。①做出筹资决策。具有申请发行融资券资格的企业[①]在充分了解金融市场状况和自身经营现状的基础上，企业财务部门将短期融资券列为可行的筹资方案，向总经理或董事会提出申请。②选择承销商。我国企业短期融资券的发行必须由符合条件的金融机构承销，企业自身不具有销售融资券的资格。③办理信用评级。我国企业在发行短期融资券时，应当由在中国境内注册且具备债券评级资质的评级机构进行信用评级。④向审批机关提出申请。企业发行短期融资券，必须通过其主承销商向各级人民银行的金融管理部门提出申请，经过批准后才能发行。⑤审批机关审查和批准。审查通过后，中国人民银行将根据规定的条件和程序向企业下达备案通知书，并核定该企业发行融资券的最高余额。⑥正式发行，取得资金。经审查机关审查同意后，发行企业便可正式发行短期融资券。

短期融资券的成本主要由以下几部分组成：①支付给投资者的利息，一般通过发行利率来反映。②中介机构费用，主要包括承销费、律师费、评级费、会计师费用等。③发行登记费、兑付费，发行登记费为发行金额的 0.06‰～0.07‰，兑付费用为发行金额的 0.05‰。

短期融资券筹资的优点包括：①筹资的成本低；②筹资数额比较大；③能

① 符合申请资格的大体上是具备偿债能力、信用状况良好、资金用途合规的企业法人，具体要遵从中国人民银行发布的相关法规和管理办法的规定，这里不做赘述。

够提高企业信誉。短期融资券的缺点包括：①发行短期融资券的风险比较大；②发行短期融资券的弹性比较小；③发行短期融资券的条件比较严格。

二、应收票据贴现

应收票据贴现（Discounted Notes Receivable）是指企业将持有的尚未到期的应收票据质押或出售给银行，向银行融通资金，银行按票据的应收金额扣除一定期间的贴现利息后，将余额付给企业的筹资行为。企业持有的应收票据按承兑方的不同分为商业承兑汇票和银行承兑汇票两类。从理论上来讲，无论是商业承兑汇票还是银行承兑汇票都可以办理贴现业务，但由于商业承兑汇票的承兑方为企业，信用等级较差，因此我国目前所谓的“贴现”主要是指银行承兑汇票的贴现。

银行承兑汇票的贴现又可以细分为两类：一类是附追索权的贴现，即票据到期时，如果承兑方未能按照约定付款，银行有权利向贴现方追偿；另一类是不附追索权的贴现，即票据到期时，如果承兑方未能按照约定付款，银行不能再向贴现方追偿。

我国《票据法》及《银行支付结算办法》明确规定，票据到期不获付款的，贴现、转贴现、再贴现银行有权向其前手追索票款，可从申请人的存款账户收取票款。因此，从法律层面来讲，我国票据贴现业务几乎都是附追索权的情况。实际上，由于银行承兑汇票的承兑方为银行，其信用等级极高，如果是合法票据一般也不会发生到期不予付款的现象，因此所附的追索权在多数情况下仅是一种形式。

三、应收账款抵押筹资

应收账款是流动性很强的资产，银行将其作为贷款的抵押品时，因不同企业应收账款的特点而分为选择性和非选择性。

有些企业数额大的应收账款比较集中，银行在审核用于抵押的应收账款时，可以选择那些风险比较低的应收账款作为贷款的抵押品。由于抵押品是经银行选择的，贷款金额占抵押品账面价值的百分比较高，可达 90%。这种由银行选择抵押品的贷款称为选择性抵押贷款。

有些企业的应收账款笔数多，每笔金额少且分散，逐笔审查的费用高。发放贷款的银行辨别各个应收账款账户的信用情况非常困难，为避免逐笔审查应收账款的成本，只能注意应收账款的总额，但贷款的金额占应收账款账面价值的百分比低，一般只有 50%左右。这种抵押贷款称为非选择性抵押贷款。

在应收账款抵押贷款中，贷款人对应收账款拥有所有权，而且还拥有对借款人的追索权。这意味着如果借款人的某个购货人没有付款，损失由借款人承担，也就是说，用于抵押的应收账款的坏账损失由借款人承担。借款人收回的应收账款立即交给贷款人，贷款余额就是贷款额减去已回收的应收账款。

四、存货抵押筹资

流动资产中的存货也可成为企业贷款的抵押品，从银行获得短期贷款。用作抵押品的存货必须容易辨认，有明确的名称、可描述的特性和外形，有稳定的存在形态和耐用性，还要有一般商品的市场性（即可迅速在市场上卖出而收回现金）。由于抵押品的特点，贷款合同中对抵押品有详细的说明。合同中还规定借款人必须负担包括抵押品的安全和保险费在内的一切安全保管费。贷款利率的高低与抵押品的市场性有关，容易在市场上卖出而收回现金的抵押品，利率会低一些。贷款额一般是抵押品的账面值的一定百分比。

【课堂测试 10-4】

1. 讨论短期融资券筹资的优缺点。

2. 在实务中，应收账款筹集短期资金通常分为应收账款抵押和应收账款出售两种方式，讨论这两种方式在实务中的操作差异。

本章小结

流动资产中减去流动负债所剩下的部分称为营运资本净额，人们习惯将其简称为营运资本。企业的营运资本筹资策略可以分为 3 种：配合型筹资策略、激进型筹资策略和保守型筹资策略。

自发性经营负债是指企业正常生产经营过程中产生，随销售（或规模）的增减而近乎同比例增减的流动负债，包括商业信用和各种有关的应计费用项目等。商业信用是指在商品交易中由于延期付款或预收货款所形成的企业间的借贷关系。一般包括应付账款、应付票据和预收账款等。应付账款是最典型、最常见的商业信用方式。在应付账款中，若购货方放弃现金折扣，那么就会因为多支付货款而付出代价，这就是应付账款的成本。企业的自发性经营负债除商业信用外，还包括各种应计费用。应计费用是在正常经营过程中产生的应当支付但尚未支付的费用（或支出），主要包括应付工资、应付福利费、应付利息、应付股利、应交税金等。

短期借款是指企业向银行和其他非银行金融机构借入的期限在 1 年以内的借款。银行发放短期借款往往附带一些信用条件，再加上银行收取利息的不同方式，借款合同中的年利率与企业实际承担的年利率往往不一致，这就需要对短期借款的实际年利率进行计算。此外，企业还可以利用短期融资券、应收票据贴现、应收账款或存货作为抵押品进行短期资金筹集。

篇后案例

永强公司的短期资金融通

永强公司是一家生产户外运动用品和遮阳伞的公司，每年春夏季是其销售旺季，而秋冬季节则销售黯淡。20X4 年 3 月，该公司预计需要增加营运资本 2 000 万元用于即将到来的旺季生产和销售，这一临时性需求将持续 5 个月。永强公司采用配合型营运资本筹资策略，这 2 000 万元需要使用短期资金融通。公司在产销旺季平均每天需要增加采购 20 万元原料，其中 1/4 可以使用银行承兑汇票支付，期限为 3 个月。不使用银行承兑汇票的部分，供应商给出的信用条件为“2/14，*n*/70”，不可逾期付款。企业还可以从银行借入短期资金，信贷限额为 500 万元，期限为 6 个月，年利率 4.8%，银行要求 20%的补偿性余额。此外，企业还可以凭手中面额 800 万元商业汇票提前 3 个月到银行贴现，贴现利息率为 6%。在这样的情况下，永强公司该如何安排短期资金融通方案呢？

核心概念

营运资本净额（Net Working Capital）
永久性流动资产（Permanent Current Assets）
临时性流动资产（Temporary Current Assets）
自发性经营负债（Spontaneous Financing）
应付账款（Accounts Payable）
现金折扣（Cash Discounts）
应付票据（Notes Payable）
预收账款（Deposit Received）
短期借款（Short-Term Borrowings）
无担保贷款（Unsecured Bank Loan）
周转信贷协定（Revolving Credit Agreement）

补偿性余额（Compensating Balances）
短期融资券（Short-Term Commercial Paper）
应收票据贴现（Discounted Notes Receivable）

思考题

1. 广义营运资本和狭义营运资本的区别是什么？
2. 永久性流动资产和临时性流动资产的含义分别是什么？
3. 3 种营运资本筹资策略的特征各是什么？3 种策略是否存在优劣之分？
4. 自发性经营负债包括哪些？如何理解其自发性属性？
5. 免费商业信用和有代价商业信用的区别是什么？
6. 银行收取贷款利息的方式有哪几种？
7. 什么是补偿性余额？补偿性余额对银行来说有什么好处？
8. 企业在短期借款决策时，应该考虑哪些因素？
9. 短期融资券应遵循什么样的发行程序？

练习题

（一）单项选择题

1. 营运资本净额是指（　　）。
   A. 流动资产　　B. 流动负债
   C. 流动资产与流动负债的差额　　D. 流动资产与流动负债之和
2. 在激进型营运资本筹资策略中，临时性流动资产的资金来源是（　　）。
   A. 临时性流动负债　　B. 长期负债
   C. 留存收益　　D. 普通股
3. 在保守型营运资本筹资策略中，固定资产的资金来源是（　　）。
   A. 短期借款　　B. 应付账款
   C. 应付工资　　D. 长期资本
4. 收益性和风险性均较高的营运资本筹资策略是（　　）。
   A. 配合型筹资策略　　B. 激进型筹资策略
   C. 保守型筹资策略　　D. 混合型筹资策略
5. 下列资金来源中，不属于自发性经营负债的是（　　）。
   A. 短期借款　　B. 应付票据
   C. 应付账款　　D. 应付职工薪酬
6. 下列资金来源中，不属于商业信用的是（　　）。

A. 应付票据　　B. 应付账款

C. 预收账款　　D. 应交税金

7. 下列情形属于免费信用的是（　　）。

A. 面对“1/10，*n*/30”的信用条件，在第 25 天付款

B. 面对“1/10，*n*/30”的信用条件，在第 10 天付款

C. 面对“2/15，*n*/60”的信用条件，在第 60 天付款

D. 面对“1/10，*n*/30”的信用条件，在第 60 天付款

8. 一般情况下，与放弃现金折扣的成本反向变化的是（　　）。

A. 现金折扣率　　B. 折扣期

C. 信用期　　D. 总价款

9. 某公司以“2/10，*n*/30”的信用条件购进一批材料，公司准备放弃现金折扣并在第 30 天付款，那么放弃现金折扣的成本为（　　）。

A. 24.34%　　B. 42.21%　　C. 36.73%　　D. 35.31%

10. 下列项目中不属于应计费用的是（　　）。

A. 应付利息　　B. 应付职工薪酬

C. 应付票据　　D. 应交税金

11. 短期借款的用途一般不包括（　　）。

A. 购买固定资产的需要　　B. 满足生产周转的需要

C. 满足临时性或季节性需要　　D. 用于短期结算的需要

12. 某公司的周转信贷协定为 300 万元，贷款利息 7%，承诺费率 1%，如果该公司年度动用短期借款 140 万元，则该公司享有周转信贷协定的代价是（　　）。

A. 1.4 万元　　B. 9.8 万元　　C. 21 万元　　D. 1.6 万元

13. 某企业按年利率 10%向银行借款 20 万元，期限为 1 年，银行要求维持贷款限额 20%的补偿性余额，该项借款的实际利率为（　　）。

A. 10%　　B. 12%　　C. 12.5%　　D. 20%

14. 企业在申请短期借款时，从银行能够获得的利率不包括（　　）。

A. 基础利率　　B. 优惠利率

C. 浮动优惠利率　　D. 非优惠利率

15. 在短期借款中，银行收取利息时，采用的方法不包括（　　）。

A. 到期收款　　B. 贴现利息

C. 分期附加利息　　D. 连续复利

16. 某银行按照贴现利息的方式向某企业发放贷款 50 000 元，期限为 1 年，

规定的利率为 7%，则企业实际承担的有效年利率为（ ）。

A. 7% B. 7.53% C. 8% D. 8.26%

17. 某企业按附加利息法从交通银行借入一笔规定利率为 6%的贷款 200 000 元，银行要求按月等额偿还这笔贷款的本金和利息，则该笔贷款的有效年利率接近（ ）。

A. 6% B. 8% C. 10% D. 12%

18. 下列不属于短期融资券筹资优点的是（ ）。

A. 筹资的成本低 B. 筹资数额比较大

C. 能够提高企业信誉 D. 筹资风险较小

（二）多项选择题

1. 在各种营运资本的筹资策略中，临时性流动资产来源于临时性流动负债的情况包括（ ）。

A. 配合型筹资策略 B. 激进型筹资策略 C. 保守型筹资策略

D. A、B、C 全是 E. A、B、C 全不是

2. 下列资金来源中，属于自发性经营负债的是（ ）。

A. 短期借款 B. 应付票据 C. 应付账款

D. 预收账款 E. 应付工资

3. 企业在持续经营过程中，会自发地、直接地产生一些资金来源，部分地满足企业的经营需要，如（ ）。

A. 预收账款 B. 应付工资 C. 应付票据

D. 根据周转信贷协定取得的借款 E. 应付债券

4. 在下列资金来源中，属于商业信用的包括（ ）。

A. 应付票据 B. 应付账款 C. 预收账款

D. 应付工资 E. 应交税金

5. 下列要素中，能够影响放弃现金折扣成本的包括（ ）。

A. 现金折扣率 B. 信用期 C. 折扣期

D. 总价款 E. 产品单价

6. 按卖方提供的信用条件，买方利用商业信用筹资需付出机会成本的情况有（ ）。

A. 卖方不提供现金折扣，买方在信用期内付款

B. 卖方提供现金折扣，买方在折扣期内付款

C. 卖方提供现金折扣，买方放弃现金折扣，在信用期内付款

D. 卖方提供现金折扣，而买方逾期付款

E. 卖方不提供现金折扣，买方逾期付款

7. 一般情况下，放弃现金折扣的成本（　　）。

A. 与现金折扣率的大小呈反方向变化

B. 与信用期的长短呈同方向变化

C. 与现金折扣率的大小、信用期的长短均呈同方向变化

D. 与折扣期的长短呈同方向变化

E. 与现金折扣率的大小呈同方向变化

8. 从短期借款的用途来看，短期借款包括（　　）3 种。

A. 长期投资性借款　B. 偿还旧债借款

C. 生产周转借款　D. 临时借款　E. 结算借款

9. 下列属于银行发放短期借款时附带信用条件的是（　　）。

A. 周转信贷协定　B. 补偿性余额　C. 借款抵押

D. 偿还条件　E. 限制资金的用途

10. 在短期借款中，一般可以作为抵押品的包括（　　）。

A. 机器设备　B. 厂房　C. 股票

D. 债券　E. 递延所得税资产

11. 银行在向企业发放短期借款时，常用的利率包括（　　）。

A. 基础利率　B. 优惠利率　C. 浮动优惠利率

D. 非优惠利率　E. 条件利率

12. 在短期借款中，银行收取利息时，采用的方法包括（　　）。

A. 到期收款　B. 连续复利　C. 贴现利息

D. 分期附加利息　E. 免收利息

13. 企业利用应收账款进行抵押贷款时，根据企业应收账款的特点可以分为（　　）。

A. 高风险应收账款　B. 低风险应收账款　C. 选择性抵押贷款

D. 非选择性抵押贷款　E. 应收账款质押

14. 与长期资金相比，短期资金的优点包括（　　）。

A. 资本成本较低　B. 有很多是自发性经营负债

C. 筹资风险小　D. 利率风险小　E. 偿债风险小

15. 属于无息负债的短期资金包括（　　）。

A. 短期借款

B. 不带息的应付票据

C. 不含现金折扣条件的应付账款

D. 应付工资

E. 未含滞纳金的应交税费

16. 补偿性余额的约束使借款企业所受的影响有（　　）。

A. 提高了借款的实际利率

B. 降低了借款的实际利率

C. 减少了可用资金　　D. 增加了可用资金

E. 降低了借款风险

17. 下列属于短期融资券筹资优点的包括（　　）。

A. 筹资的成本低　　B. 筹资数额比较大

C. 能够提高企业信誉　　D. 筹资风险较小

E. 发行短期融资券的条件比较宽松

（三）判断题

1. 在企业中，短期资金和长期资金是彼此隔离的。（　　）

2. 流动资产按其发挥的作用，可以分为永久性流动资产和临时性流动资产。（　　）

3. 部分临时性流动资产由长期资金来提供，这样的政策是激进型营运资本筹资策略，其收益和风险均较低。（　　）

4. 在有关现金折扣业务中，“1/10”的标记是指若付款方在一天内付款，可以享受10%的价格优惠。（　　）

5. 一般情况下，卖方提供的现金折扣率越高，放弃现金折扣的成本也越高。（　　）

6. 如果在折扣期内将应付账款用于短期投资，所得的投资收益率高于放弃折扣的隐含利息成本，则应放弃折扣而去追求更高的收益。（　　）

7. 商业信用筹资属于自发性融资，其优点是容易取得，并且不用支付利息，所以没有筹资成本。（　　）

8. 某企业按“2/10，*n*/30”的条件购入货物100万元，倘若放弃现金折扣，在信用期内付款，则相当于以36.73%的利率借入100万元，使用期限为20天。（　　）

9. 一般情况下，即使是带息应付票据其利率也比银行贷款利率低。（　　）

10. 某企业计划购入原材料，供应商给出的付款条件为“1/20，*n*/50”。若银行短期借款利率为10%，则企业应在折扣期内支付货款。（　　）

11. 周转信贷协定是银行具有法律义务的承诺提供不超过某一最高限额的贷款协定。（　　）

12. 对企业来说，若企业存款账户上本来拥有的资金大于补偿性余额，那么补偿性余额不会影响企业可动用资金的数量，所以不会提高借款的实际成本。（ ）

13. 对于贷款的偿还，企业更喜欢到期一次偿还方式，而银行更喜欢定期等额偿还方式。（ ）

14. 无论银行收取利息时采用什么方法，企业实际承担的利率不会发生变化。（ ）

15. 由于存货的变现能力不强，所以存货不能作为企业贷款的抵押品。（ ）

（四）计算综合题

1. GW 公司以“2/10，*n*/40”的信用条件销售产品，上一年度公司销售收入 450 万元，应收账款平均余额 50 万元。在 GW 公司的客户中，约有一半会在第 10 天付款，并享受现金折扣；另一半客户会放弃现金折扣。要求：

（1）计算 GW 公司应收账款平均收账期（以一年 360 天计算）；

（2）计算放弃现金折扣客户的平均付款期；

（3）计算放弃现金折扣客户商业信用的简单年成本和有效年成本。

2. YGC 公司考虑为来年的营运资本筹措短期资金，存在以下 4 种方案可供选择：

（1）以 7.8%的利率借入 1 年期短期借款，银行要求用到期收款法支付利息；

（2）以 7.2%的利率借入 3 个月期短期借款，银行要求用到期收款法支付利息，企业可以在一年中循环使用此方案；

（3）按附加利息法借入 1 年期短期借款，规定的利率为 4%，银行要求每月末分 12 次偿还本金和利息；

（4）通过放弃现金折扣的方式获得所需资金，从而提高应付账款余额；YGC 公司供应商提供的信用条件为“1/15，*n*/60”。

若假定 1 年按 360 天计算，计算上述 4 种筹资方案的有效年成本，并选出成本最低的方案。

3. 假定某公司每年购买原材料支付的总货款为 360 万元，供应商提供的信用条件为“1/10，*n*/30”。要求计算：

（1）若该公司一贯享受现金折扣，并在出票日起第 10 天付款，计算其应付账款的平均余额（假定 360 万元为现金折扣后的款项，1 年按 360 天计算）。

（2）在（1）的情况下，企业利用商业信用存在成本吗？

（3）如果该公司放弃现金折扣，并在信用期付款，那么其应付账款的平均余额变为多少？放弃现金折扣的简单年成本为多少？

（4）如果该公司不但放弃现金折扣，而且延展付款期至第 45 天，那么放弃现金折扣的简单年成本为多少？

4. TTC 公司准备在来年将销售收入从 150 万元提高到 200 万元，预计需要额外 30 万元的流动资金来支持这一计划。这笔资金可以通过两种方式进行融通：一是按照贴现利息从银行借入 1 年期短期借款，规定的利率为 7.2%；二是通过放弃现金折扣，提高应付账款余额的方式，获得资金融通。TTC 公司供应商提供的信用条件为“1/10，*n*/30”，不过由于供应商的产能过剩，TTC 公司可以延展付款期至第 65 天而不会受到任何惩罚。要求：通过比较有效年成本的方法确定 TTC 公司应该用哪种方案筹措短期资金。

5. TRC 公司上一年度的销售收入为 350 万元，销售净利率为 5%。最近，企业的应付账款管理出现了不良征兆。尽管企业原料供应商提供的信用条件为“*n*/30”，但应付账款的余额已达到付款期为 60 天的水平。为了更好地履行付款义务，避免信用损失，公司财务总监寻求通过短期借款来调整应付账款余额。该公司当前资产负债表（简表，单位：万元）如下：

货币资金	10	短期借款	80
应收账款	30	应付账款	60
存货	140	流动负债合计	140
流动资产合计	180	长期借款	80
固定资产	120	股东权益	80
资产总计	300	负债及股东权益总计	300

根据以上资料，确定：

（1）企业需要多少短期借款才能消除过期应付账款？

（2）如果你在银行负责审批贷款，你愿意给 TRC 公司提供贷款吗？为什么？

6. MFS 公司从供应商获得的信用条件为“1.5/10，*n*/45”。不过，该公司从来没有享受过现金折扣，而且实际上的付款期是 60 天而不是 45 天。该公司当前的资产负债表（简表，单位：万元）如下：

货币资金	5	应付票据	5
应收账款	45	应付账款	60
存货	75	应计费用	5
流动资产合计	125	流动负债合计	70
		长期借款	30
固定资产	75	股东权益	100
资产总计	200	负债及股东权益总计	200

在以上报表中，应付账款的余额采用的是考虑现金折扣后的净额。最近，MFS 的供应商警告说，如果公司再不按照信用期限（45 天或更短）付款将会停止供货。MFS 公司准备缩减应付账款余额，要么缩减到平均占用 45 天（即放弃现金折扣在信用期内付款）的程度，要么缩减到平均占用 10 天（即享受现金折扣）的程度。企业的财务总监考虑通过 1 年期短期借款的方式弥补所需资金；银行要求贴现利息 9%的利率，并要求 20%的补偿性余额。目前企业的存款账户有现金 5 万元。现在企业面临的问题是：企业应该利用多少商业信用资金？应该从银行借入多少资金？要求：

（1）如果企业享受现金折扣，应付账款余额应为多少？如果企业放弃现金折扣，但在信用期内付款，应付账款余额应为多少？

（2）在上述两种付款策略中，MFS 公司需要从银行借入的短期借款为多少？

（3）在上述付款策略中，MFS 公司放弃现金折扣的简单年成本和有效年成本分别为多少？银行贷款的有效年利率为多少？MFS 公司应该如何选择？

（4）根据（3）的结论，编制一个预计的资产负债表（简表）。

第十一章　内部投资决策的原理和方法

在第七章至第十章，我们主要讨论了企业的筹资决策问题，筹资决策主要论述企业的资金来源问题，即如何取得企业所需要的资金，包括筹资渠道、筹资时机和筹资数额等。有了资金，就需要考虑如何使用资金，也就是企业的投资决策问题。筹资决策与投资决策具有相互影响的作用，针对投资决策，本章主要论述企业内部长期投资决策的原理和方法。通过本章的学习，可以了解企业内部投资及资本预算的相关概念、企业内部投资的特点、意义和投资决策的基本原理；熟悉各种内部投资决策方法的决策原则和优缺点；掌握投资回收期法、会计报酬率法、净现值法和内含报酬率法中相应指标的计算方法。

开篇案例

福耀玻璃的重大投资

20X3年10月23日，福耀玻璃工业集团股份有限公司（福耀玻璃:600660）公告将投资2亿美元在美国俄亥俄州设立子公司并投资建设汽车安全玻璃项目；同日，福耀玻璃还公告将投资2.2亿美元在俄罗斯卡卢加州设立子公司并投资建设浮法玻璃项目。福耀玻璃是在上海证券交易所上市的从事各种玻璃研发、生产和销售的公司，注册资本超过20亿元人民币，截至20X3年6月30日，公司总资产规模超过138亿元人民币。从福耀玻璃公布的这两个跨国投资项目来看，其涉及的总投资额超过25亿元人民币，相对公司的资产规模来说，这两个项目显然属于重大投资项目。这样的投资项目其成败无疑会影响到企业的现金流量，关系到企业未来的发展前景，所以项目潜在的风险和回报必须仔细加以权衡。你觉得该如何考虑这样的问题呢？诸如此类项目在投资之前该如何做出决策呢？

第一节　内部投资决策概述

企业的经营性投资可以分为两类：一类是日常经营活动的投资，包括购买原料、支付费用、雇用工人等；另一类是长期项目投资，包括固定资产的更新、扩置以及新项目的上马等。本章所谓的内部投资即是指上述第二类的企业内部长期经营性投资，包括固定资产投资和项目投资，需要1年以上的时间才能收回资金。一般而言，长期资金又称为资本（Capital），所以企业长期经营性资金支出的计划和统筹又称为资本预算（Capital Budgeting）。对企业来说，内部投资决策和资本预算至关重要，其成败直接关系到企业的价值创造，甚至影响到企业未来的生存和发展。

一、企业内部投资的特点

在企业中，固定资产投资和项目投资最终都会形成企业的固定资产（或其他非流动资产），投入企业现金的长期循环。因此，企业内部投资呈现出如下特点。

（一）循环周期长

企业的固定资产一经投入使用，就能在许多个营业周期中发挥作用，为企业创造效益。但固定资产与流动资产不同，它的实物形态在使用寿命终止之前一般不会发生质的变化，即固定资产不是一次消耗，而是逐渐损耗的。这个特点决定了固定资产的投资应随固定资产的损耗程度和发挥作用的多少而逐步转化为成本费用，并从其产生的收入中给予补偿，即“一次投资，分次回收”。实务中，这一点是通过计提固定资产折旧实现的。

（二）成本回收的时间与实物更新的时间分离

固定资产随着时间的推移和在生产经营中的使用而发生耗损，为了保持企业的生产经营能力，投放在固定资产上的资金要逐步地予以回收、补偿，而在这一回收过程中，固定资产的实物形态基本保持不变，其性能在日常维护中也能得到基本维持，直到其完全丧失使用价值时才予以报废，然后需要投入资金对原有固定资产进行实物更新。也就是说，固定资产的成本回收与实物更新在不同时间进行，即“分次回收，一次更新”。

（三）投资数额较大

企业内部投资的目的在于形成生产能力，为企业创造经济效益，而不在于出售固定资产。一个有长远经营目标的企业必然要购建那些技术水平高和质量好的固定资产，因而其投资数额肯定是相当大的。因此，企业内部投资往往需要筹集大量的长期资金，投入资金的成本压力要求必须对内部投资的行业、市场前景和项目本身的盈利能力等内容加以对比分析，以确保内部投资能给企业带来理想的经济效益。

二、企业内部投资的意义

首先，企业内部投资是实现企业价值最大化的重要前提。企业若要生存和发展，就必须不断地提升企业的价值。为此，企业管理者不能仅满足于以收抵支、维持简单再生产等日常经营活动投资，还需要不断考虑通过长期投资扩大再生产，以赚取利润，满足投资者的回报要求。因此，企业内部投资是实现企业价值最大化的目标和前提。

其次，企业内部投资是扩大生产经营规模、增强竞争实力的必要手段。企业要维持正常的生产经营，就必须拥有厂房、机器、设备等固定资产，并及时地进行更新。在此基础上，要想实现扩大再生产、应对激烈竞争，就必须新建厂房、增添机器设备和生产线等，这些都建立在内部投资的基础上，并成为企业扩大规模、增强竞争力的必要条件。

最后，企业内部投资是降低风险的选择。企业所处的行业状况和竞争压力会给企业带来不容忽视的经营风险。根据投资组合分散风险的原理，企业可以通过多元化经营来降低经营风险。企业多元化经营可以通过多元化内部投资来实现，也就是说，当企业所在的某一市场趋向饱和、矛盾逐渐突出时，可以寻找新的投资领域，实现多元化的内部扩张。多元化经营是企业有效控制经营风险的重要手段。

三、企业内部投资决策的原理

企业内部投资决策关系到企业的成败。很多企业的最终失败，是由盲目投资造成的。为了对内部投资进行科学决策，首先需要将内部投资项目划分为独立性项目和互斥项目，然后考虑内部投资项目评价的基本原则，最后按照科学的程序完成对投资项目的评价。

（一）独立性项目和互斥项目

独立性项目（Stand-Alone Projects）在决策时仅需考虑项目本身的可行性而无须考虑其他项目的影响，可以是一个项目，也可以是彼此之间并不排斥的多个项目。对独立性项目的决策是一种“接受”或“否决”的决策，一般称为项目的可行性分析（Feasibility Analysis）。例如，某企业考虑是否引入一条新的产品线，若决策时没有其他备选方案，这就是一种独立性项目；企业在决策时，仅仅是“接受”并投资，或者“否决”而不投资，只有这两种选择。

互斥项目（Mutually Exclusive Projects）是指彼此之间相互排斥的两个或多个项目，在决策时只能选取其中的一个。互斥项目的决策是一种“二选一”或“多选一”的决策，一般先做可行性分析，再在可行项目中选择评价指标最好的项目，从而做出优选。互斥项目可能因为项目性质相同或相似而相互排斥，也可能因为性质完全不同但因为资源（如资金、设备产能、员工素质、经理精力等）限制而互斥。对于前者，常见的例子是企业面对报废的设备需要进行更新时，若面对两种设备备选，第一种设备较便宜但档次一般，第二种设备价格较贵但档次较高；在这种情况下，企业只会选择其中的一种设备，它们之间就是互斥的。对于后者，可以举这样的例子，如某电子企业面临进入计算机或通信领域的新投资机会，但能够筹集到的资金仅能够支撑其中的一个，虽然这两个投资机会可能在业务上或技术上是独立的，但它们却是互斥项目，互斥的原因是资金的限制。

（二）投资项目评价的基本原则

虽然内部投资项目评价可能存在很多标准，但股东财富最大化（或企业价值最大化）无疑应该是项目投资评价的基本准绳。考虑到内部投资项目投入资金的资本成本，所以，在理论上投资项目评价的基本原理是：投资项目的报酬率超过资本成本时，企业的价值将增加；投资项目的报酬率小于资本成本时，企业的价值将减少。所以，评价一个投资项目，往往需要考虑投资报酬（率）与资本成本的关系。

（三）内部投资项目评价的程序

一般而言，企业内部投资项目的评价包含以下几个基本步骤：

（1）汇集多方提出的各种投资项目。一般来说，新产品的方案通常来自市场营销部门，设备更新的建议通常来自生产部门，新项目的提出往往来自投资部门。

（2）估计项目未来的相关现金流量，包括相关的现金流入量和现金流出量，从而得到现金净流量。

（3）计算投资项目的相关评价指标，包括非折现指标和折现指标。

（4）将第（3）步计算出的评价指标的数值与可接受的标准进行比较，选出可接受的项目。

（5）对可接受的项目进行敏感性测试和再评价。

【课堂测试 11-1】

1. 有人说，“内部投资的失败，很可能最终导致企业的失败”，请讨论这一说法，并思考这一说法的根据。

2. 说明下列情况构成互斥项目的原因。

a. 某公司的一套机器设备在技术上已经落后，面临继续使用旧设备还是更新购置新设备的决策；

b. 某公司准备引入一条新产品生产线，备选的 A、B 供应商提供的设备工艺存在差异，报价也不相同；

c. 某公司预计可动用的筹资额度为 1 000 万元，面临两个项目：甲项目需要投资 800 万元，乙项目需要投资 600 万元。

第二节　内部投资决策的非折现方法

内部投资决策的正确与否在一定程度上取决于决策方法的选择是否客观和恰当。对企业内部投资的分析、决策所运用的财务方法有很多种，归纳起来分为两个基本类别：一类是非折现方法，常见的非折现方法包括投资回收期法和会计报酬率法；另一类是折现方法，常见的折现方法包括净现值法和内含报酬率法。本节主要介绍内部投资决策的非折现方法，这类方法的特点是不考虑货币的时间价值，不同时间点上的现金流量或利润可以直接累加或相减；这类方法一般应用比较简单。

一、投资回收期法

（一）投资回收期法的决策原则

投资回收期（Payback Period），是指通过项目的现金净流量使初始投资收回所需要的时间，一般以年为单位。投资回收期表示现金净流量累计到与投资额相等所需要的时间，这种方法将现金净流量直接进行了累计，因此属于非折现方法。投资回收期考察的是，在不考虑时间价值的情况下，投资项目收回初始投资的速度。一般而言，企业为了避免风险，都希望能尽快收回投资，也就是说，投资回收期越短，投资项目对企业越有利。

基于上述的分析，投资回收期法决策的准则是：对于独立性项目，选择在规定的投资回收期以内的所有投资方案；对于互斥项目，在规定的投资回收期以内的项目中，选择投资回收期最短的方案，放弃投资回收期较长的方案。

（二）投资回收期的计算方法

投资回收期的计算应该在每年逐期累计现金净流量的基础上测定。不过，如果每年的现金净流量相等，投资回收期的计算可以简化为：

$$投资回收期=\frac{初始投资额}{年现金净流量}$$

［例 11-1］

某企业面对甲、乙两个项目的初始投资额分别为 45 万元和 96 万元，在其寿命期内各年份的现金净流量如表 11-1 所示，试计算甲、乙两个项目的投资回收期。

表 11-1　甲、乙两个项目在寿命期内的现金净流量

单位：元

年数	甲项目		乙项目	
	现金净流量	累计现金净流量	现金净流量	累计现金净流量
1	200 000	200 000	350 000	350 000
2	200 000	400 000	300 000	650 000
3	200 000	600 000	250 000	900 000
4	200 000	800 000	200 000	1 100 000
5			150 000	1 250 000
6			1 000 000	2 250 000

［解答］

由于甲项目每年的现金净流量相等，所以

$$甲项目的投资回收期=\frac{450\ 000}{200\ 000}=2.25（年）$$

由于乙项目每年的现金净流量不相等，只能采用逐期累计测算法测定，在表 11-1 中计算了两个项目的各年累计现金净流量。可以看出，项目乙的投资回收期应该在 3～4 年。在第 3 年年末，累计的现金净流量为 900 000 元，未收回资金 60 000 元。所以

$$乙项目的投资回收期 = 3 + \frac{60\ 000}{200\ 000} = 3.3（年）$$

如果需要对例 11-1 中的两个投资项目用投资回收期法进行决策的话，若甲、乙两个项目为独立性项目，那么对两个项目的决策取决于企业规定的标准回收期，如果企业规定投资回收期不得超过 3.5 年，则两个项目都可以接受，如果企业规定的投资回收期不得超过 3 年，则甲项目被接受，乙项目被拒绝；若甲、乙两个项目为互斥项目，且企业规定的投资回收期为 3.5 年以内，则甲项目被接受，乙项目虽然也在规定投资回收期以内但因互斥而被拒绝。

（三）投资回收期法的优缺点

投资回收期法的优点是计算简单、直观，决策原理通俗易懂，并能促使企业考虑尽快收回投资，因而可以在一定程度上降低企业的投资风险。

投资回收期法的缺点包括：

（1）投资回收期法忽略了货币的时间价值，将不同时间点的现金流直接累加，显然是不科学的；

（2）投资回收期法没有考虑在回收期以后现金流量的贡献，可能会错误地放弃了早期收益较低而中后期收益较高的投资项目（如例 11-1 中的乙项目，第 6 年的现金净流量为 100 万元）。

（3）企业投资回收期标准的确定，往往依赖于管理者的知识和经验等主观因素判断，缺乏客观统一的判断标准。

总之，投资回收期法具有片面性和局限性，尤其不适用于那些投资数额大、寿命期长的项目决策，只能作为一种辅助方法，与其他方法相结合使用。

（四）投资回收期法的改进

为了克服投资回收期法不考虑货币时间价值的缺点，人们在投资回收期法的基础上做了改进，提出了折现投资回收期法。折现投资回收期是指在考虑货币时间价值的情况下，以项目现金净流量的现值抵偿初始投资所需要的时间（年数）。折现投资回收期又称为动态回收期，为了区分，传统的投资回收期又被称为非折现投资回收期或静态回收期。虽然从理论上说折现回收期法更为科学合理，但在实务中，人们更习惯于计算传统的非折现回收期。下面通过例题，简要介绍一下折现回收期的计算方法。

[例 11-2]

根据例 11-1 的资料，若企业的资本成本（折现率）为 10%，计算乙项目的动态回收期。

［解答］

首先，按照 10%的折现率计算乙项目现金净流量的现值及累计净现金流量现值，计算结果如表 11-2 所示。

表 11-2 乙项目在寿命期内的现金净流量现值情况

单位：元

年数	乙项目			
	现金净流量	折现系数	现金净流量现值	累计现金净流量现值
1	350 000	0.909 1	318 185	318 185
2	300 000	0.826 4	247 920	566 105
3	250 000	0.751 3	187 825	753 930
4	200 000	0.683 0	136 600	890 530
5	150 000	0.620 9	93 135	983 665
6	1 000 000	0.564 5	564 500	1 548 165

对乙项目现金流量的现值采用逐期累计测算法测定，可以看出，项目乙的动态回收期应该在 4～5 年。到第 4 年年末，累计的现金净流量现值为 890 530 元，未收回资金 69 470 元。所以

$$乙项目的动态回收期 = 4 + \frac{69\ 470}{93\ 135} = 4.75（年）$$

篇中案例 11-1

兴发集团项目投资公告的谬误

20X3 年 7 月 23 日，湖北兴发化工集团股份有限公司（兴发集团：600141）公告投资 3.78 亿元建设兴山县平邑口物流中心项目。公告称：项目总投资 37 787.84 万元，其中工程建设投资 31 447.97 万元。该项目有利于充分利用香溪河水域资源，拓展兴山水运能力，缓解兴山县峡口港有限责任公司目前的运输压力，降低公司物流成本，提升公司物流综合实力。项目建成后可实现年销售收入 6 990 万元，年净利润约为 3 500 万元，项目静态投资回收期为 10.8 年。看到这样的公告后，投资人小吴指出该项目的投资回收期算错了，你能指出错在哪里吗？

二、会计报酬率法

（一）会计报酬率法的决策原则

会计报酬率是指投资项目在寿命期内平均的年投资报酬率，也称为平均投

资报酬率（Average Rate of Return, ARR）。会计报酬率很显然是一个反映项目盈利能力的指标，所以这一指标越大，应该对企业越有利。

会计报酬率的决策准则是：对于独立性项目，企业应事先确定一个目标的会计报酬率，在进行决策时，只有大于目标会计报酬率的项目才能接受，否则予以拒绝；对于互斥项目，在满足目标会计报酬率的项目中选择会计报酬率最高的项目，放弃会计报酬率较低的项目。

（二）会计报酬率的计算

会计报酬率作为一种投资报酬率，反映投入产出的效率。既然如此，会计报酬率的计算应该类似于资产报酬率，是一个比率；这一比率的分子应该选择项目产生的净利润，分母应该选择投入的资金。因为投资项目的寿命周期长于一年，每年产生的净利润可能并不相同，所以会计报酬率的分子选择投资项目各年净利润的算术平均数。至于会计报酬率的分母，则应该选择年平均投资额；考虑到固定资产折旧资金的回收，项目的投资额应该理解为是逐渐减少的，从初始值一直减少到净残值；所以投资项目的年平均投资额应该是初始投资额与净残值的平均数。通过这样的分析，会计报酬率的计算公式为

$$ARR=\frac{\text{年平均净利润}}{\text{年平均投资额}}\times 100\%$$

$$\text{年平均投资额}=\frac{\text{初始投资额}+\text{净残值}}{2}$$

如果仅知道投资项目产生的年现金净流量，而不知道年净利润，将年现金净流量减去年折旧额即可得到年净利润，这样做的原因在于净利润是营业收入减去包含折旧在内的全部成本费用，而折旧却不是当期现金流出，因此净现金流量比净利润多出了折旧这一部分（这一问题的具体讨论见本书第十二章），所以存在

$$\text{年平均净利润}=\text{年平均现金净流量}-\text{年平均折旧额}$$

［例 11-3］

根据例 11-1 的资料，并已知甲、乙两个项目均采用直线法计提折旧，且净残值为零。计算甲、乙项目的会计报酬率。

［解答］

甲项目：

$$年平均净利润=200\ 000-\frac{450\ 000}{4}=87\ 500（元）$$

$$年平均投资额=\frac{450\ 000+0}{2}=225\ 000（元）$$

$$ARR_{甲}=\frac{87\ 500}{225\ 000}\times 100\%=38.89\%$$

乙项目：

$$年平均净利润=\frac{350\ 000+300\ 000+\cdots+1\ 000\ 000}{6}-\frac{960\ 000}{6}$$
$$=215\ 000（元）$$

$$年平均投资额=\frac{960\ 000+0}{2}=480\ 000（元）$$

$$ARR_{乙}=\frac{215\ 000}{480\ 000}\times 100\%=44.79\%$$

如果对例 11-3 中的甲、乙项目用会计报酬率法进行决策，若甲、乙两个项目为独立性项目，那么对两个项目的决策取决于企业规定的会计报酬率标准，如果企业规定会计报酬率不能低于 30%，则两个项目都可以接受；若甲、乙两个项目为互斥项目，且企业规定会计报酬率不能低于 30%，则乙项目被接受，而甲项目虽然也符合会计报酬率标准但因互斥而被拒绝。

（三）会计报酬率法的优缺点

会计报酬率法的优点是简明易懂，便于计算，从某种程度上反映了投资所产生的盈利水平。

会计报酬率法的缺点是：

（1）采用净利润的算术平均数，显然忽视了货币的时间价值，这是不科学的。

（2）会计报酬率法使用净利润而非现金流量，忽视了折旧方法可能带来的不同影响。

（3）目标会计报酬率（或必要会计报酬率）的确定具有很大的主观性。

总之，会计报酬率法也只能作为辅助方法使用。在实际工作中，往往将投资回收期法、会计报酬率法与其他方法结合起来使用，从而使投资决策更合理。

【课堂测试 11-2】

1. 利用投资回收期法在下面甲、乙两个项目中做出决策，并分析投资回收期法的局限性。

单位：万元

投资项目	甲项目	乙项目
CF_0	-120	-120
CF_1	40	40
CF_2	40	40
CF_3	40	30
CF_4	20	80
CF_5	20	100

2. 在计算会计报酬率时，有人主张公式的分母用原始投资额就可以了，你认为这样的做法影响是什么？会不会改变项目的优先次序？

第三节 内部投资决策的折现方法

既然非折现方法忽视了货币的时间价值，并不科学，那么折现方法就解决了这一问题。折现方法将货币时间价值与资本成本的原理运用到投资决策上，是投资项目评价中使用的基本方法，主要包括净现值法和内含报酬率法。

一、净现值法

（一）净现值法的基本原理及相关计算

净现值（Net Present Value, NPV）是指特定项目未来现金流入现值与现金流出现值之间的差额，它是评价投资项目是否可行的最重要的指标。按照这一定义，将一个投资项目所有的（包括投资期在内）未来现金流入和现金流出都折算为现值，然后用现金流入的现值减去现金流出的现值，即可得到净现值。用公式表示为

$$NPV=\sum_{t=0}^{n}\frac{CFI_t}{(1+k)^t}-\sum_{t=0}^{n}\frac{CFO_t}{(1+k)^t}$$

式中，CFI_t——第 t 年的现金流入量；

CFO_t——第 t 年的现金流出量；

k——折现率（通常选择资本成本）；

n——项目期限。

实际上，如果以正负号来表示现金流量的方向，即正号表示现金流入量，

负号表示现金流出量，那么净现值相当于项目寿命期内所有现金流量的总现值。用公式表示为

$$NPV=\sum_{t=0}^{n}\frac{NCF_t}{(1+k)^t}$$

式中，NCF_t——第 t 年的现金净流量（可正可负）；

k——折现率（通常选择资本成本）；

n——项目期限。

此外，在实务中，人们认为投资项目在初始投资期一般表现为现金的大量流出，而在项目运营期则一般表现为现金净流入。所以，若假设初始投资期非常短暂（期限为零），那么净现值就是项目运营期预计每年产生的现金净流量（Net Cash Flow）[①]的现值总和减去初始投资之后的差额，用公式表示为

$$\begin{aligned}NPV&=\frac{NCF_1}{1+k}+\frac{NCF_2}{(1+k)^2}+\cdots+\frac{NCF_n}{(1+k)^n}-C_0\\&=\sum_{t=1}^{n}\frac{NCF_t}{(1+k)^t}-C_0\end{aligned}$$

式中，NCF_t——第 t 年的现金净流量（可正可负）；

C_0——初始投资的现金流出；

k——折现率（通常选择资本成本）；

n——项目期限。

上述几种思路对净现值的理解是完全一致的，只是公式形式存在差异而已。实际上，净现值反映的是一个投资项目在未来带来的现金流入量的基础上，首先考虑现金流出，得到现金净流量；然后考虑资本成本，计算现值；最后考虑减去初始投资的成本，得到净现值。可以看出，净现值是考虑了所有成本、支出之后，投资项目带来的净增价值。所以，若净现值为正，则说明该投资项目能够给企业带来净增价值，增加股东财富；若净现值为负，则说明该投资项目会降低企业价值，减少股东财富。

基于上述的分析，净现值法决策的准则[②]是：对于独立性项目，净现值大

---

① 项目运营期的现金净流量一般为正值，即净流入；但有时也可能为负值，即净流出，比如预期该年会产生大修理费用的时候。

② 该准则中，若净现值等于 0，一般认为此时投资项目属于临界状态，需要结合其他决策指标进行进一步分析。

于 0，接受该项目；净现值小于 0，拒绝该项目。对于互斥项目，在项目净现值大于 0 的前提下，选择净现值最大的项目。

[例 11-4]

根据例 11-1 的资料，若企业的资本成本为 10%，计算甲、乙项目的净现值，并进行决策。

[解答]

甲项目的运营期现金净流量构成普通年金，所以

$$NPV_{甲}=200\ 000\times\frac{1-\left(1+10\%\right)^{-4}}{10\%}-450\ 000=183\ 973.09\text{（元）}$$

乙项目的运营期现金流量需要分别折现，所以

$$NPV_{乙}=\frac{350\ 000}{1+10\%}+\frac{300\ 000}{\left(1+10\%\right)^{2}}+\cdots+\frac{1\ 000\ 000}{\left(1+10\%\right)^{6}}-960\ 000=588\ 159.22\text{（元）}$$

因为 $0<NPV_{甲}<NPV_{乙}$，所以若甲、乙两个项目为独立性项目，则甲、乙两个项目都可以接受；若甲、乙两个项目互斥，则接受乙项目，拒绝甲项目。

（二）净现值法的优缺点

从理论上讲，净现值法是资本预算各种方法中最正确和最有效的方法。它的优点包括：

（1）使用现金流量而非会计利润，因而能更客观地反映企业的实际财务状况，不受折旧方法等会计政策的影响。

（2）在现金流量累加时采用折现的方法，考虑了货币的时间价值。

（3）投资项目的净现值可以明确算出项目给企业增加的价值，其他方法做不到。

不过，净现值法也存在某些缺点，主要包括：

（1）净现值法使用的折现率是资本成本，这一成本不可能长期保持不变，并带有一定的主观色彩。

（2）净现值法以预期净现金流量为基础，而准确预测项目未来的现金流量绝非易事。

（3）净现值概念本身往往会给企业的决策者造成误解，特别是企业的决策者对财务知识理解不够深刻时。比如，一些人会将净现值和净利润混淆，当一个项目需要投资数百万元而预期净现值只有几万元时，他们会因净现值太小而错误地拒绝该项目。

（4）当投资规模不同时，仅仅使用净现值法来评判多个互斥方案时可能会做出

错误的决策。比如，当比较两个投资机会时，其中一个投资机会的投资额是另一个投资机会的 10 倍，而净现值仅比另一个投资机会略大，那么此时就不能仅仅以净现值标准简单地接受前一个投资机会，而应该深入考虑、权衡利弊，做出选择。

（三）净现值法的延伸——获利指数法

净现值法是项目现金流入现值与现金流出现值之间的绝对差额，它在投资规模不同的投资方案之间进行对比时会存在一些局限。为了克服这一局限，人们在净现值法思路的基础上引入了一种考虑相对数的方法，即获利指数法。**获利指数**（Profitability Index, PI）又称利润指数或现值指数，是指**特定项目未来现金流入现值与现金流出现值之间的比值**。其计算公式为

$$PI = \sum_{t=0}^{n} \frac{CFI_t}{(1+k)^t} \Bigg/ \sum_{t=0}^{n} \frac{CFO_t}{(1+k)^t}$$

式中，CFI_t——第 t 年的现金流入量；

CFO_t——第 t 年的现金流出量；

k——折现率（通常选择资本成本）；

n——项目期限。

与净现值类似，若假设初始投资期非常短暂（期限为 0），**获利指数就是项目运营期现金净流量的总现值与初始投资额的比值**，即

$$PI = \left[\frac{NCF_1}{1+k} + \frac{NCF_2}{(1+k)^2} + \cdots + \frac{NCF_n}{(1+k)^n} \right] \Bigg/ C_0$$

$$= \sum_{t=1}^{n} \frac{NCF_t}{(1+k)^t} \Bigg/ C_0$$

式中，NCF_t——第 t 年的现金净流量（可正可负）；

C_0——初始投资的现金流出；

k——折现率（通常选择资本成本）；

n——项目期限。

从定义上来看，净现值是项目未来现金流入现值与现金流出现值之间的差额（可以理解为 $A-B$），而获利指数则是项目未来现金流入现值与现金流出现值之间的比值（可以理解为 A/B）。所以，在净现值法决策准则的基础上，获利指数法的决策准则[①]是：对于独立性项目，获利指数大于 1，接受该项目；获利

① 若获利指数等于 1，与净现值等于 0 一样，需要结合其他决策指标进行进一步分析。

指数小于 1，拒绝该项目。对于互斥项目，在项目获利指数大于 1 的前提下，选择获利指数最大的项目。

［例 11-5］

根据例 11-1 的资料，若企业的资本成本为 10%，计算甲、乙项目的获利指数，并进行决策。

［解答］

甲项目的运营期现金净流量构成普通年金，所以

$$PI_{甲}=\left[200\ 000\times\frac{1-\left(1+10\%\right)^{-4}}{10\%}\right]\div 450\ 000=1.41$$

乙项目的运营期现金流量需要分别折现，所以

$$PI_{乙}=\left[\frac{350\ 000}{1+10\%}+\frac{300\ 000}{\left(1+10\%\right)^{2}}+\cdots+\frac{1\ 000\ 000}{\left(1+10\%\right)^{6}}\right]\div 960\ 000=1.61$$

因为$1<PI_{甲}<PI_{乙}$，所以若甲、乙两个项目为独立性项目，则甲、乙两个项目都可以接受；若甲、乙两个项目互斥，则接受乙项目，拒绝甲项目。

获利指数法同样作为一种折现方法，考虑了货币的时间价值，其优点与缺点均与净现值法类似。不过，获利指数法是用相对数表示的，能够真实地反映投资项目的盈利能力，有利于投资规模不同的方案之间进行对比；然而，获利指数只代表盈利能力并不代表可能获得的财富，在互斥项目的选择上，同样可能会得出错误的结论。比如，可能会存在这样的项目，其获利指数很高，但由于需要的初始投资额有限，其对企业价值带来的增量还不如获利指数稍小但初始投资额很大的项目多。

篇中案例 11-2

对净现值法的理解

郑先生是一个有经验的财务人员，在一家规模不大的公司工作几年后，已经升任财务经理。最近，公司开始扩张，在进行投资项目可行性分析汇报时，郑先生发现公司创建者同时也是董事长的吴总很难理解净现值的概念。例如，一个投资 200 万元的项目，当净现值为 5 万元时，吴总会认为这样的项目难以接受。虽然净现值法能够很好地为投资决策提供标准，但郑先生不得不采用投资回收期、会计报酬率等更为直观的指标来对投资项目进行汇报。如果你是郑先生，你能向吴总解释清楚净现值法的意义吗？或者，你还能想到更易理解也更为科学的其他决策指标向吴总进行汇报吗？

二、内含报酬率法

（一）内含报酬率法的基本原理及相关计算

内含报酬率（Internal Rate of Return, IRR）也叫内部收益率，它是指能够使未来现金流入量现值等于未来现金流出量现值的折现率，或者说是使投资项目净现值为 0 的折现率。要计算内含报酬率，需要解如下方程：

$$\sum_{t=0}^{n}\frac{CFI_t}{(1+IRR)^t}=\sum_{t=0}^{n}\frac{CFO_t}{(1+IRR)^t}$$

式中，CFI_t——第 t 年的现金流入量；

CFO_t——第 t 年的现金流出量；

n——项目期限。

求解折现率，即为内含报酬率（IRR）。

与净现值类似，若假设初始投资期非常短暂（期限为 0），那么内含报酬率就是使项目运营期预计每年产生的现金净流量的现值总和等于初始投资（或者减去初始投资等于 0）的折现率，即解如下的方程，求解 *IRR*。

$$C_0=\frac{NCF_1}{1+IRR}+\frac{NCF_2}{(1+IRR)^2}+\cdots+\frac{NCF_n}{(1+IRR)^n}$$

即

$$C_0=\sum_{t=1}^{n}\frac{NCF_t}{(1+IRR)^t}$$

已知，NCF_t——第 t 年的现金净流量（可正可负）；

C_0——初始投资的现金流出；

n——项目期限。

通过分析可以发现，项目投资的内含报酬率与债券的到期收益率非常相似。债券的到期收益率是投资者接受债券市场价格、隐含在投资过程中的真实收益率，是债券这种金融资产投资的真正的收益率。那么，内含报酬率也可以看作投资项目这种实物资产投资的真正的报酬率。既然如此，根据投资报酬率与资本成本的关系，那么当内含报酬率大于资本成本时，企业的价值将增加；当内含报酬率小于资本成本时，企业的价值将减少。

基于上述的分析，内含报酬率法决策的准则[①]是：对于独立性项目，内含报酬率大于资本成本，接受该项目；内含报酬率小于资本成本，拒绝该项目。

① 若内含报酬率等于资本成本，此时企业价值将保持不变，项目是否接受需要结合其他决策指标进行进一步分析。

对于互斥项目，在项目内含报酬率大于资本成本的前提下，选择内含报酬率最高的项目。

对于投资项目内含报酬率的计算，需要求解含有内含报酬率的方程（即前述的两个方程），显然应该采用“试误法”，其原理在本书第六章已经讨论过，这里不再赘述。

[例 11-6]

FML 公司面临一个为期 5 年的投资项目，前期启动成本总计为 650 万元。第一年现金净流量为 100 万元，第二年现金净流量为 150 万元，第三年现金净流量为 200 万元，第四年现金净流量为 250 万元，第五年现金净流量为 300 万元。试计算该投资项目的 *IRR*。如果公司筹资的资本成本为 15%，问是否应该进行这项投资？

[解答]

要计算 *IRR* 需要列方程为

$$650=\frac{100}{1+IRR}+\frac{150}{(1+IRR)^2}+\cdots+\frac{300}{(1+IRR)^5}$$

当$IRR=15\%$时，右边$=623.973$；

当$IRR=14\%$时，右边$=641.964$；

当$IRR=13\%$时，右边$=660.735$。

所以，$IRR=13\%+\dfrac{660.735-650}{660.735-641.964}\times(14\%-13\%)=13.57\%$

因为，$13.57\%<15\%$，即内含报酬率小于资本成本，所以不应该进行该投资。

（二）内含报酬率法的优缺点

内含报酬率法同样是资本预算中常用的投资决策方法，它的优点是考虑了货币的时间价值，能够得出投资项目的真正的报酬率。

内含报酬率法的缺点是：

（1）使用资本成本作为决策的基准，但这一成本不可能长期保持不变，并带有一定的主观色彩。

（2）若投资项目的现金流量反常（在经营期出现现金净流量为负的情况），则可能会出现多个内含报酬率（如例 11-7）或无报酬率的情况，这取决于求内含报酬率方程的解的情况。

（3）对规模不同的投资方案进行互斥选择时，内含报酬率法可能会导致错误的决策。

当企业面临多个独立性投资项目且需要筹集的总资金会跨越筹资突破点时，则需要结合内含报酬率和边际资本成本进行决策。这是因为，内含报酬率就是投资项目真正的报酬率。具体过程类似于第八章的例 8-11，这里不再赘述。

[例 11-7]

假定有一个采矿项目，需要 60 万元的投资。第一年的现金流量为 155 万元，到第二年矿产已经采完，但是必须花 100 万元修整矿区。求这个项目的 *IRR*。

[解答]

要计算 *IRR* 需要列方程为

$$60=\frac{155}{1+IRR}+\frac{-100}{(1+IRR)^2}$$

解得，$IRR_1=25\%$或$IRR_2=33.33\%$

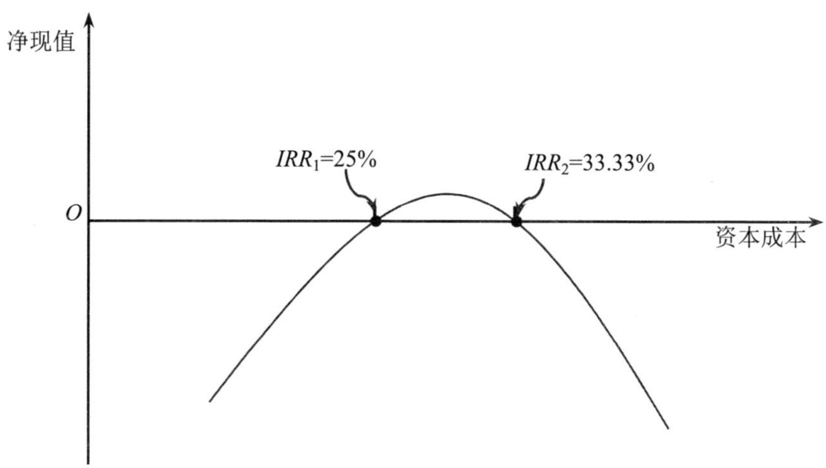

图 11-1　异常现金流导致的两个内含报酬率的情况

可见，由于该投资现金流量反常，所以出现了两个内含报酬率，如图 11-1 所示，只有当资本成本在 25%～33.33%之间时，该项目才是可行的。显然，当出现多个内含报酬率时，无法按照一般的内含报酬率准则进行决策。

三、净现值法与内含报酬率法的比较

净现值法和内含报酬率法都属于项目投资决策的折现方法，这两种方法存在密切的联系，通常会得到相同的结论，但偶尔也会出现分歧。

（一）对于独立性项目的比较

前面讨论过，反常现金流可能会导致多个内含报酬率或无内含报酬率的情况，使投资决策无法按一般的准则进行。为了避免这种情况，这里假设投资项目的现金流不存在反常情况。那么，可以将投资项目的净现值和内含报酬率绘制于“资本成本-净现值”坐标图上，如图 11-2 所示，现金净流量正常的投资项目的净现值与资本成本的关系曲线呈现出单调下降的趋势，该曲线与横轴的交点代表净现值等于 0 情况下的折现率，即内含报酬率（IRR）。从图 11-2 中可以看出，当内含报酬率大于资本成本时，净现值同时大于零；当内含报酬率小于资本成本时，净现值同时小于 0。可见，对于独立性投资项目，当不存在反常现金流量的情况时，净现值法与内含报酬率法决策的结论是完全一致的。

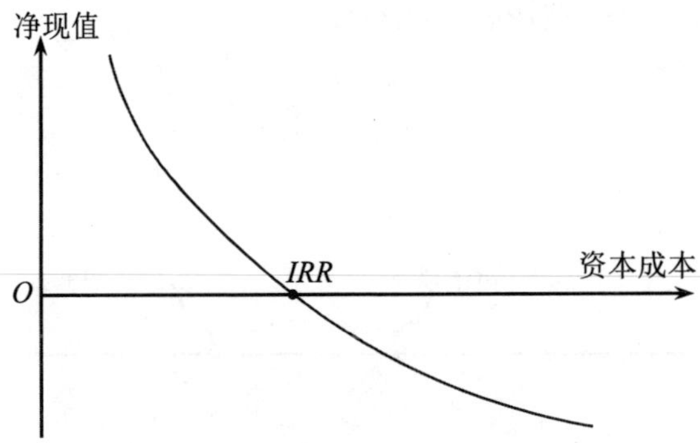

图 11-2　净现值与内含报酬率的关系曲线

（二）对于互斥项目的比较

在互斥项目中，两种方法得出的结果未必完全一致，这是因为当两个投资项目投资规模不同时，净现值大的项目，内含报酬率未必也高；内含报酬率高的项目，净现值未必也大。下面举一个非常简单的例子来说明这一问题。

[例 11-8]

有甲、乙两个为期 1 年的互斥项目，其现金流量情况如表 11-3 所示。若资本成本为 10%，试用净现值法和内含报酬率法进行互斥决策。

表 11-3　甲、乙两个投资项目的现金流量

单位：万元

投资项目	初始投资	第一年现金净流量
甲项目	1 000	1 200
乙项目	3 000	3 500

［解答］

$$NPV_{甲}=\frac{1\,200}{1+10\%}-1\,000=90.91（万元）$$

$$NPV_{乙}=\frac{3\,500}{1+10\%}-3\,000=181.82（万元）$$

若按照净现值法，显然应该选择乙项目。

若按内含报酬率法，

$$1\,000=\frac{1\,200}{1+IRR_{甲}}\Rightarrow IRR_{甲}=20\%$$

$$3\,000=\frac{3\,500}{1+IRR_{乙}}\Rightarrow IRR_{乙}=16.67\%$$

则应该选择甲项目。

通过对例 11-8 的计算，我们发现对于互斥项目，净现值法与内含报酬率法的决策出现了分歧，由于企业财务管理的目标是股东财富最大化或企业价值最大化，净现值代表项目给企业带来的净增价值，所以，一般来说净现值法的结果更为可取。为了进一步分析，不妨将两个项目的净现值和内含报酬率绘制于“资本成本-净现值”坐标图上，如图 11-3 所示。可以看出，两个项目的净现值曲线存在交点 C（经求解对应的折现率为 15%），只有当实际的资本成本大于 15%（C 点），按照净现值法和内含报酬率法所得出的结论才是一致的；否则，两种方法就会得到矛盾的结果。例 11-7 中，实际的资本成本为 10%，小于 15%，两种方法出现矛盾也就不足为奇了。

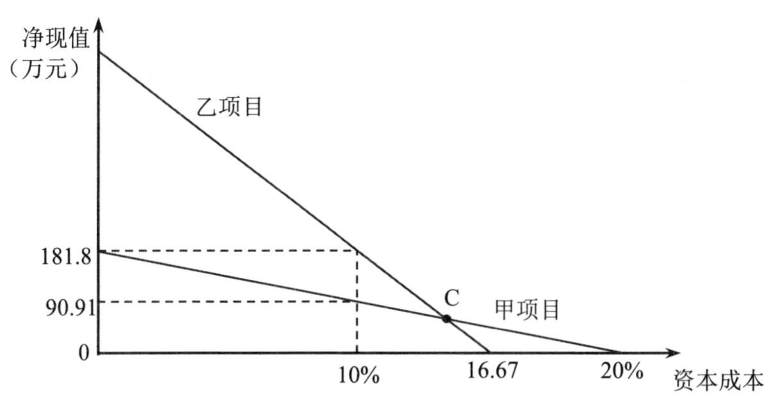

图 11-3　甲、乙两个项目的净现值与内含报酬率的比较

篇中案例 11-3

企业更中意的投资决策方法

根据资料，在美国这样的经济发达国家，几乎所有大公司在进行资本预算时会倾向于使用更准确的折现方法。不过，虽然从理论上说净现值指标更好一些，但实际上公司使用内含报酬率法却更为频繁。这可能是因为人们更习惯于报酬率指标，而对净现值指标的理解不那么顺畅。不过好在这一偏好不太可能会改变未来决策的顺序。

然而，在中小型企业中，情况有所不同。研究表明，大约有80%的中小企业在进行资本预算时仅简单采用投资回收期指标，而几乎不做正式的项目分析。可能的原因包括两个：一是中小企业经理的财务知识有限，不太习惯那些烦琐的技术；二是因为中小企业更加关注短期现金流量。在短期，投资回收期指标已经足够反映投资项目的优劣了。

资料来源：William R. Lasher. Practical Financial Management, Fifth Edition, Thomson South-Western, 2008: 441.

【课堂测试 11-3】

若你所在的部门正在考虑甲、乙两个投资项目，两个项目的前期投资均为250万元；估计投资的资本成本为10%，预计项目产生的现金净流量如下表。

单位：万元

年份	甲项目	乙项目
1	50	200
2	100	100
3	150	80
4	200	60

a. 两个项目的投资回收期各为多少年？

b. 两个项目的折现投资回收期各为多少年？

c. 如果两个项目独立，根据净现值法，两个项目都可以接受吗？

d. 如果两个项目互斥，并假定资本成本为5%，根据净现值法，应该接受哪个项目？

e. 如果两个项目互斥，并假定资本成本为15%，根据净现值法，应该接受哪个项目？

f. 两个项目的内含报酬率分别为多少？

本章小结

内部投资是指企业内部的长期经营性投资，包括固定资产投资和项目投资，需要一年以上的时间才能收回资金。企业长期经营性资金支出的计划和统筹又称为资本预算。对企业来说，内部投资决策和资本预算至关重要，其成败直接关系到企业的价值创造，甚至影响到企业未来的生存和发展。为了对内部投资进行科学决策，首先需要将内部投资项目划分为独立性项目和互斥项目，然后考虑内部投资项目评价的基本原则，最后按照科学的程序完成投资项目的评价。

企业内部投资决策所运用的财务方法分为两个基本类别：一类是非折现方法，常见非折现方法包括投资回收期法和会计报酬率法；另一类是折现方法，常见的折现方法包括净现值法和内含报酬率法。投资回收期是指通过项目的现金净流量使初始投资收回所需要的时间。会计报酬率是指投资项目在寿命期内平均的年投资报酬率。投资回收期法和会计报酬率法的计算相对简单，但共同的缺陷是没有考虑货币的时间价值。

净现值是指特定项目未来现金流入的现值与现金流出现值之间的差额，它是评价投资项目是否可行的最重要的指标。净现值法决策的准则是：对于独立性项目，净现值大于 0，接受该项目；净现值小于 0，拒绝该项目。对于互斥项目，在项目净现值大于 0 的前提下，选择净现值最大的项目。内含报酬率是指能够使未来现金流入量现值等于未来现金流出量现值的折现率。内含报酬率可以看作投资项目的真正报酬率。内含报酬率法决策的准则是：对于独立性项目，内含报酬率大于资本成本，接受该项目；内含报酬率小于资本成本，拒绝该项目。对于互斥项目，在项目内含报酬率大于资本成本的前提下，选择内含报酬率最大的项目。一般情况下，对于独立性投资项目，当不存在反常现金流量的情况时，净现值法与内含报酬率法决策的结论是完全一致的。在互斥项目中，两种方法得出的结果未必完全一致，当出现矛盾时，一般来说净现值法的结果更为可取。

篇后案例

长信科技的项目投资分析

20X0 年 8 月 10 日，芜湖长信科技股份有限公司（长信科技：300088）的董事会对外公告准备投资建设高档 STN 型 ITO 透明导电玻璃项目。公告称：为保证公司募集资金的合理使用，使其尽快产生效益，以回报社会和股东，该计划将于 20X0 年 9 月开始建设，总投资 9 064.09 万元（建设投资

7 326.09 万元，流动资金垫支 1 738 万元）。项目计划在已建成的厂房内建造两条高档真空镀膜生产线，具有年产 600 万片 STN 型 ITO 透明导电玻璃的能力，产品的目标定位为中小尺寸 STN 型 LCD 显示器，主要应用领域为 3D 液晶电视专用眼镜、车载显示器、工控仪器等。项目计划分两个阶段进行，第一阶段为项目前期工作，完成立项、落实资金、生产设备的选型、车间厂房工程建设等；第二阶段为项目建设阶段，完成设备采购、安装调试，配套设施施工，最后投入试生产。项目建设期预定为 1 年，建设资金在建设期内全部到位，流动资金在生产期投产年、达产第 1 年分别投入。为了确保本项目的顺利运行，公司进行了大量前期分析和测算，包括国外市场考察和调研、咨询业内专家等，从行业市场分析、建设方案、技术和设备、项目选址、环境保护、职业安全卫生和消防、节能和资源、项目组织、项目实施进度、投资估算和资金筹措、财务效益分析、风险分析等方面做了充分论证和分析，确保项目顺利实施。根据本项目的建设要求和实际情况，总建设期暂定为 1 年，计划于 20X1 年 9 月正式运营。该项目基本的财务效益分析如下：

该项目正常运营期年销售收入 10 800 万元，利润总额 2 967 万元，净利润 2 522 万元。投资的会计报酬率为 27.82%，投资回收期 3.15 年，净现值（i_c=12%）8 065 万元，内含报酬率 31.20%。

根据上述的财务效益数据，你能指出其中会计报酬率的算法吗？你能测算出该公告中并未提及的项目运营期每年的现金净流量吗？

核心概念

资本预算（Capital Budgeting）

独立性项目（Stand-Alone Projects）

可行性分析（Feasibility Analysis）

互斥项目（Mutually Exclusive Projects）

投资回收期（Payback Period）

平均投资报酬率（Average Rate of Return）

净现值（Net Present Value）

现金净流量（Net Cash Flow）

获利指数（Profitability Index）

内含报酬率（Internal Rate of Return）

思考题

1. 解释互斥项目的含义并举例说明。

2. 投资回收期法的局限是什么？解释投资回收期法会导致相对短期投资倾向的原因。

3. 净现值的含义是什么？为什么只要投资项目的净现值大于 0 就可以接受？

4. 获利指数法与净现值法的关系如何？二者对投资项目的决策是完全一致的吗？

5. 会计报酬率和内含报酬率的区别是什么？哪一个更合理？

6. 在净现值法中，为什么通常选择资本成本作折现率？

7. 对于互斥方案，当投资规模不同时，净现值法决策可能出现失误的原因是什么？

8. 什么情形下会出现反常现金流？反常现金流对投资决策的影响是什么？

9. 对于互斥方案，在什么情况下 NPV 法和 IRR 法的结论会出现分歧？这样的分歧会出现在独立性投资项目决策中吗？为什么？

练习题

（一）单项选择题

1. 下列不属于长期项目投资的是（　　）。

A. 购买原材料　　B. 购置新的固定资产

C. 固定资产更新　　D. 上马新项目

2. 下列不属于内部投资特点的是（　　）。

A. 资产循环周期长

B. 成本回收与实物更新分离

C. 资产变现能力很强

D. 投资数额较大

3. 下列投资项目中属于独立性投资项目决策的是（　　）。

A. 固定资产更新决策

B. 项目的可行性分析

C. 不同工艺生产设备的选择

D. 受资金总量制约的两个投资方案选择

4. 下列投资决策方法中，属于非折现方法的是（　　）。

A. 净现值法　　B. 内含报酬率法

C. 获利指数法　　D. 投资回收期法

5. 某企业购入一台生产设备，价款为5万元，年折旧率为10%。预计投产后每年可获净利润0.75万元，则投资回收期为（　）。

A. 6.25年　　B. 5年　　C. 4年　　D. 6.67年

6. 某公司计划投资一项目，初始投资额为60万元，税法规定的折旧年限为12年，按直线法计提折旧，期满无残值。该项目投产后预计每年能够为公司创造税后利润15万元，则该项目的投资回收期为（　）。

A. 2年　　B. 3年　　C. 4年　　D. 5年

7. 下列不属于投资回收期法的缺点的是（　）。

A. 投资回收期法忽略了货币的时间价值

B. 投资回收期法不考虑投资风险

C. 投资回收期法不考虑回收期届满之后的现金流贡献

D. 投资回收期法具有一定的主观性

8. 下面有关会计报酬率法的描述正确的是（　）。

A. 会计报酬率法属于折现方法

B. 会计报酬率法反映了投资项目真正的收益率

C. 会计报酬率越大，投资项目越好

D. 会计报酬率法使用的项目收益是现金净流量

9. 在进行投资项目评价时，不以事先确定折现率为计算前提的折现指标是（　）。

A. 会计报酬率　　B. 内含报酬率

C. 净现值　　D. 投资回收期

10. 一般情况下，与投资项目的净现值呈现反方向变动的因素是（　）。

A. 资本成本　　B. 项目在未来产生的现金净流量

C. 项目期限　　D. 项目净利润

11. 下列有关净现值的说法中正确的是（　）。

A. 净现值大于0，投资项目可接受

B. 净现值大于0，投资项目不能接受

C. 净现值小于0，投资项目可以接受

D. 净现值大于0的项目，仍然需要考虑投资规模才能决定是否接受

12. 某投资项目原始投资为6 000万元，当年完工投产，寿命期3年，每年可获得现金净流量2 300万元。则该项目的内含报酬率为（　）。

A. 7.33%　　B. 7.68%　　C. 8.32%　　D. 6.68%

13. 当折现率为 10%时，某项目的净现值为 500 元，则说明该项目的内含报酬率（　）。

A. 高于 10%　　B. 低于 10%
C. 等于 10%　　D. 无法确定

14. 一般而言，下列说法正确的是（　）。

A. 净现值大于 0，投资回收期一定短于规定的投资回收期
B. 净现值大于 0，会计报酬率一定高于目标会计报酬率
C. 净现值大于 0，内含报酬率一定大于资本成本
D. 净现值大于 0，内含报酬率一定小于资本成本

15. 内含报酬率法的缺点不包括（　）。

A. 内含报酬率法在决策时假定企业资本成本保持不变
B. 内含报酬率法不考虑资金的时间价值
C. 反常的现金流可能会带来内含报酬率并不唯一
D. 投资规模不同的项目，在互斥决策时，内含报酬率法可能会导致失误

16. 一般情况下，有关内含报酬率法和净现值法，下列说法正确的是（　）。

A. 资本成本与内含报酬率相等时，净现值为 0
B. 资本成本低于内含报酬率时，净现值为负数
C. 无论是独立性方案还是互斥方案，净现值法与内含报酬率法的决策都是一致的
D. 对于互斥方案的决策，当内含报酬率法与净现值法出现分歧时，内含报酬率法的结果更可取

（二）多项选择题

1. 下列属于营运资本投资的包括（　　）。

A. 固定资产更新　　B. 新项目上马
C. 购买原材料　　D. 雇用工人　　E. 赊销产品

2. 下列属于长期项目投资的包括（　　）。

A. 购买原材料　　B. 雇用工人　　C. 固定资产更新改造
D. 购置新的固定资产　　E. 上马新项目

3. 内部投资的特点包括（　　）。

A. 资产循环周期长
B. 成本回收与实物更新分离

C. 资产变现能力很强

D. 投资数额较大

E. 占用财务总监的时间最多

4. 下列投资项目中属于互斥项目的是（　　）。

A. 固定资产更新决策

B. 项目可行性分析

C. 彼此并不排斥的两个投资项目决策

D. 不同工艺生产设备的选择

E. 受资金总量制约的两个投资方案选择

5. 下列投资决策方法中，折现方法包括（　　）。

A. 投资回收期法　　B. 净现值法　　C. 内含报酬率法

D. 会计报酬率法　　E. 动态回收期法

6. 评价投资项目的投资回收期指标的主要缺点包括（　　）。

A. 不可能衡量企业的投资风险

B. 没有考虑货币的时间价值

C. 没有考虑回收期届满后的现金流量

D. 不能衡量投资项目投资报酬率的高低

E. 投资回收期标准的确定往往比较主观

7. 下列有关折现投资回收期法的说法正确的包括（　　）。

A. 折现投资回收期法考虑了货币的时间价值

B. 折现投资回收期又称为动态回收期

C. 折现投资回收期可以衡量投资的报酬率

D. 折现投资回收期比投资回收期更科学

E. 折现投资回收期在计算中一般以资本成本作为折现率

8. 在下列投资决策方法中，需要考虑资本成本的包括（　　）。

A. 投资回收期法　　B. 动态回收期法　　C. 会计报酬率法

D. 净现值法　　E. 内含报酬率法

9. 下列有关会计报酬率法的描述正确的包括（　　）。

A. 会计报酬率法不考虑货币的时间价值

B. 会计报酬率不是投资项目的真正的报酬率

C. 会计报酬率越大，投资项目越好

D. 会计报酬率法用到的项目收益是税后利润

E. 会计报酬率法在项目投资决策中往往只作为辅助方法

10. 一般情况下，对同一个投资方案来讲，下列表述正确的有（　　）。

A. 资本成本越高，净现值越小

B. 资本成本越高，净现值越大

C. 资本成本与内含报酬率相等时，净现值为 0

D. 资本成本高于内含报酬率时，净现值为负数

E. 净现值法与内含报酬率法的决策是一致的

11. 一般情况下，与投资项目的净现值呈反方向变动的因素包括（　　）。

A. 资本成本　　B. 投资项目的风险　　C. 项目期限

D. 初始投资额　　E. 项目在未来产生的现金净流量

12. 净现值法的主要优点包括（　　）。

A. 净现值法采用现金净流量，不受会计政策的影响

B. 净现值法考虑了货币的时间价值

C. 净现值法可以算出项目给企业增加的价值

D. 净现值法的决策不受投资规模的影响

E. 净现值法可以计算出项目的投资收益率

13. 下列有关内含报酬率法的描述中，正确的包括（　　）。

A. 内含报酬率法能够得到投资项目的真实收益率

B. 对于独立性项目，内含报酬率大于资本成本，则该项目接受

C. 对于互斥项目，应该在内含报酬率大于资本成本的基础上选择内含报酬率最大的项目

D. 内含报酬率法考虑了货币的时间价值，属于折现方法

E. 在投资规模不同的投资项目进行互斥决策时，仅仅使用内含报酬率法可能会出现失误

14. 内含报酬率法的缺点包括（　　）。

A. 内含报酬率法在决策时假定企业资本成本保持不变

B. 内含报酬率法不考虑资金的时间价值

C. 反常的现金流可能会带来内含报酬率并不唯一

D. 投资规模不同的项目，在进行互斥决策时，内含报酬率法可能会导致失误

E. 内含报酬率法得到的项目收益率并非项目的真实报酬率

15. 若甲、乙两个投资项目互斥，投资的资本成本为 10%；甲项目净现值 10 万元，内含报酬率 15%；乙项目净现值 15 万元，内含报酬率 12%。那么下列说法中正确的包括（　　）。

A. 甲、乙两个投资项目的初始投资规模不同

B. 无论采用净现值法还是内含报酬率法，都应选择甲项目

C. 无论采用净现值法还是内含报酬率法，都应选择乙项目

D. 按照净现值法应选择乙项目，按照内含报酬率法应该选择甲项目

E. 综合考虑，选择乙项目更可取

16. 如果一个现金流量无异常的投资项目净现值大于0,则说明(　　)。

A. 该项目在整个寿命期内的现金流入量的现值一定大于现金流出量的现值

B. 该项目的内含报酬率一定大于资本成本

C. 该项目的投资回收期一定小于投资者设定的标准回收期

D. 该项目的会计报酬率一定大于预期报酬率

E. 该项目的获利指数一定大于1

（三）判断题

1. 多元化经营是企业有效控制经营风险的重要手段。(　　)

2. 对于多个独立性项目，在投资决策中只能选择其中的一个。(　　)

3. 动态回收期跟静态回收期一样，都属于投资决策的非折现方法。(　　)

4. 投资回收期不考虑货币的时间价值，也没有考虑回收期满后的现金流量状况。(　　)

5. 投资回收期法能促使企业考虑尽快收回投资，在一定程度上可以降低企业的投资风险。(　　)

6. 企业投资回收期标准的确定，拥有客观统一的判断标准。(　　)

7. 会计报酬率反映了投资的真实报酬率，因此会计报酬率越大越好。(　　)

8. 若投资项目的净现值为负，则说明该投资项目会减少企业价值，降低股东财富。(　　)

9. 若资本市场有效，则企业投资于净现值大于0的项目，企业的股票价格会上涨。(　　)

10. 净现值法的缺点之一在于，准确预测项目未来的现金流非常困难。(　　)

11. 在进行长期投资决策时，如果某一备选方案净现值比较大，那么该方案内含报酬率也相对较高。(　　)

12. 一般情况下，使某投资方案的净现值小于0的折现率，一定高于该投资方案的内含报酬率。(　　)

13. 内含报酬率法在计算时无须先确定折现率，因此内含报酬率法的决策

与资本成本无关。（　　）

14. 对于独立性投资项目，一般情况下，净现值法与内含报酬率法的决策是一致的。（　　）

15. 在投资项目进行互斥决策时，如果净现值与内含报酬率的结论出现矛盾，一般应以净现值为准。（　　）

16. 在投资项目进行互斥决策时，净现值与内含报酬率的结论出现矛盾的根本原因是这两种方法隐含的折现率不同。（　　）

（四）计算综合题

1. KJ 公司正在考虑一个投资项目，预计现金净流量如下表：

单位：万元

CF_0	CF_1	CF_2	CF_3	CF_4
-500	200	240	100	160

已知该公司不愿考虑投资回收期多于 3 年的项目。只有项目通过了投资回收期审查，才会利用净现值法和内含报酬率法进一步考虑。公司的资本成本为 9%。要求：

（1）计算项目的投资回收期。这个项目应该进一步考虑吗？

（2）计算该项目的净现值。如果该项目是独立的，是否可以接受呢？

（3）计算该项目的内含报酬率。如果该项目是独立的，是否可以接受呢？

2. WL 公司考虑一个投资项目，拟定的互斥投资方案有甲、乙、丙 3 种，有关数据预测如下表：

投资方案	初始投资额（万元）	年现金净流量（万元）			
		第一年	第二年	第三年	第四年
甲	90	25	33	37	45
乙	45	15	15	15	15
丙	135	63	56	45	36

若该公司的资本成本为 10%，要求：

（1）用投资回收期法做出决策。

（2）用折现投资回收期法做出决策。

（3）若甲、乙、丙 3 个方案均采用年限平均法计提折旧，年折旧额分别为 20 万元、10 万元和 32 万元，用会计报酬率法做出决策。

（4）用净现值法做出决策。

（5）用内含报酬率法做出决策。

3. 计算并将下表中的“？”处补充完整。

项目	初始投资额（万元）	寿命期（年）	年现金净流量（万元）	资本成本	净现值
甲	100	5	35	8%	?
乙	200	4	?	13%	35
丙	300	7	50	?	15
丁	400	?	56.098	9%	20
戊	?	6	75	10%	25

4. NTC 公司考虑甲、乙两个互斥的投资项目。甲项目需要初始投资 100 万元，未来的 5 年每年产生 30 万元的现金净流量。乙项目需要投资 240 万元，在未来 5 年中，前两年每年产生 40 万元的现金净流量，第三、四年每年产生 80 万元的现金净流量，第五年产生 100 万元的现金净流量。要求：

（1）分别计算甲、乙两个项目的内含报酬率。

（2）分别计算甲、乙两个项目在资本成本依次为 0、4%、8%、12%、16% 情况下的净现值，并将计算结果绘制成表格。

（3）当资本成本为多少时，内含报酬率法和净现值法的互斥决策结果是一致的？

5. GUE 公司考虑以下两个投资项目，只能投资于其中的一个。假定公司的资本成本为 10%，两个项目预计未来的现金净流量如下表所示：

单位：万元

投资项目	CF_0	CF_1	CF_2	CF_3	CF_4	CF_5	CF_6
S 项目	-2 500	1 000	1 000	750	750	500	250
L 项目	-2 500	500	500	750	1 000	1 000	1 250

（1）若公司要求项目投资必须在 3 年之内收回，应选择哪个项目？

（2）若采用净现值法决策，应选择哪个项目？

（3）若采用内含报酬率法决策，应选择哪个项目？

（4）综合考虑，你会选择哪个项目？为什么？

6. TX 公司的有关资本成本和目标资本结构数据如下表所示：

资本来源	新筹集资金的范围（万元）	资本成本（万元）	目标资本结构
长期借款	小于 1 000	6%（税前）	40%
	1 000～3 000	8%（税前）	
	3 000 以上	12%（税前）	
权益资本	0～2 400	12%	60%
	2 400 以上	14%	

根据上述资料，若公司适用的所得税税率为25%，你认为在下列的投资项目中可以接受的有哪些？为什么？

投资项目	初始投资（万元）	寿命期	年现金净流量（万元）
甲	2 000	5	540
乙	3 000	4	926
丙	1 000	7	223
丁	6 000	8	1 064
戊	2 000	6	500
己	1 000	6	216
庚	3 000	5	832
辛	2 500	4	789

7. 已知DSH公司现有资本10 000万元，其中长期借款6 000万元，普通股股本3 500万元，留存收益500万元。假设普通股和留存收益的成本均为公司股票的必要报酬率，长期借款的资本成本（税前）为8%。有关投资咨询机构的统计资料表明，该上市公司股票的系统风险是整个股票市场风险的1.5倍。目前整个股票市场平均收益率为10%，无风险报酬率为5%。公司适用的所得税税率为25%。公司拟通过再融资发展甲、乙两个投资项目。有关资料如下。

资料一：甲项目投资额为1 200万元，经测算，甲项目的资本收益率存在−5%、12%和20%三种可能，三种情况出现的概率分别为0.2、0.5和0.3。

资料二：乙项目投资额2 000万元，经过逐次测试得到以下数据：当设定折现率为14%和15%时，乙项目的净现值分别为4.946 8万元和−7.420 2万元。

资料三：乙项目所需资金有A、B两个筹资方案可供选择（假设均无发行成本）。A方案：平价发行票面年利率为10%、期限为3年的公司债券；B方案：增发普通股，用债券报酬率加风险增溢法，估计风险增溢为3%。

要求：

（1）指出该公司股票的β系数。

（2）计算该公司股票的必要报酬率。

（3）计算甲项目的预期收益率。

（4）计算乙项目的内含报酬率。

（5）以该公司股票的必要报酬率为标准，判断是否应当投资于甲、乙项目。

（6）分别计算乙项目A、B两个筹资方案的资本成本。

（7）根据乙项目的内含报酬率和筹资方案的资本成本，对 A、B 两方案的经济合理性进行分析。

（8）计算乙项目分别采用 A、B 两个筹资方案再筹资时，该公司的加权平均资本成本。

第十二章　内部投资的现金流分析及决策应用

在第十一章，我们讨论了企业内部投资决策的方法，主要是利用一些非折现指标和折现指标来判断投资项目是否可行。在计算这些指标时，需要用到投资项目产生的现金流量，本章针对这一问题探讨投资项目未来现金流量的分析和预测方法，并结合例题探索其在实际投资决策中的应用。通过本章的学习，可以了解投资项目现金流量的有关概念、现金流量估计的原则以及内部投资风险的类别；熟悉初始现金流量、经营现金流量、终结现金流量的构成以及内部投资风险的衡量与处置；掌握投资项目现金流量预测的方法以及内部投资决策综合问题的解决和处理方法。

开篇案例

东方电子三角形变压器生产线项目分析

20X1 年 3 月 25 日，东方电子股份有限公司（东方电子：000682）在投资项目公告中宣布，该公司将投资建设年产 3 000 台三角形卷铁芯变压器生产线，预计建设期为 24 个月，20X3 年 3 月建成投产。从该公告的财务评估中可知，该生产线总投资约为 5 000 万元，包括设备投资及垫支的流动资金等部分，一期总投资 2 462 万元，其中包括流动资金 1 500 万元；二期总投资 2 538 万元，其中包含流动资金 1 500 万元；项目所需资金由该公司自筹。预计项目全部投产后年营业收入 2.205 亿元，预计实现净利润在 750 万元到 1 016 万元之间。有关该项目的其他资料并未予以披露，那么，该公司的公众投资者能否根据公开资料来判断一下该项目的优劣或可行性呢？根据这些公开资料，在投资回收期、会计报酬率、净现值和内含报酬率这四个决策指标中，哪些能够测算？哪些不能测算？若要进行测算，还需要哪些数据呢？

第一节　内部投资现金流量估计的原则

企业内部投资决策和资本预算离不开现金流预测。在上一章我们讲授企业内部投资决策的方法时，往往假定投资项目的未来现金流是给定的，实际上预测投资项目未来的现金流量并不容易。因此，深入分析投资项目的现金流量无疑是内部投资决策的关键步骤，在现金流分析中需要特别注意其中存在的不容忽视的误区和风险。

一、现金流量的概念

在企业内部投资决策中，所谓现金流量（Cash Flow），指的是一个投资项目引起的企业现金支出和现金收入增加的数量。这里的"现金"是广义的现金，它不仅包括各种货币资金，而且包括投资项目需要投入的企业现有非货币资源的变现价值。例如，一个投资项目需要使用公司原有的厂房，投资的现金流出就需要包括该厂房的变现价值，而不是账面价值。对新建项目来说，现金流量往往需要考虑现金流入量、现金流出量以及现金净流量。

现金流入量（Cash Inflows）是指一个投资项目引起的企业现金收入的增加额；现金流出量（Cash Outflows）是指一个投资项目引起的企业现金支出的增加额；现金净流量指的是由投资项目引起的、一定时期（通常为 1 年）之内现金流入量与现金流出量的差额。当现金流入量大于现金流出量时，现金净流量为正值，反之，现金净流量为负值。一个典型的投资项目，通常在项目开始运营前需要初始投入，现金净流量表现为负值；随后在项目可预见的运营期内，现金净流量一般表现为正值。当然，有一些项目初始投资期较长（如大型工程项目），会出现连续几年负的现金净流量，随后在正式的运营期才会产生正的现金净流量。

二、现金流量估计的原则

预计投资项目的现金净流量需要考虑很多因素，并且往往需要销售、研发、生产等多部门的参与。财务人员的主要任务是：为销售、生产等部门的预测建立共同的基本假设条件，如物价指数、折现率等；协调参与预测工作的各部门人员，使之能相互衔接和配合；防止预测者因个人偏好或部门利益而高估（或低估）收入（或成本）。

在确定投资方案的相关现金流量时，应遵循的最基本的原则是：只有增量现金流量（Incremental Cash Flow）才是与项目相关的现金流量。也就是说，只有那些由于采纳某个项目引起的现金流入增加额，才是该项目的现金流入；只有那些由于采纳某个项目引起的现金支出增加额，才是该项目的现金流出。根据这一原则，预测现金流量还应该注意以下几个方面问题。

（一）沉没成本问题

有一些看似与投资项目有关的支出不应该作为相关现金流量，沉没成本（Sunk Costs）就是典型代表。沉没成本是指在分析时（或之前）就已经支出的资金。应该注意到，项目的未来决策，无论是接受还是否决，都不会改变沉没成本已经流逝的事实。投资决策的现金流分析仅应考虑那些与决策相关的未来成本，沉没成本显然不在此列。

例如，某公司在 20X0 年曾经打算新建一个车间，并请一家咨询公司做过可行性分析，支付咨询费用 5 万元。后来由于本公司有了更好的投资机会，该项目被搁置下来，该笔咨询费用已经入账了。20X2 年旧事重提，在进行投资分析时，这笔咨询费是否仍是相关成本呢？答案当然是否定的，因为该笔咨询费用已经发生，属于沉没成本。不管本公司是否采纳新建车间的方案，都无法改变过去的费用支出，这笔咨询费用与公司未来的总现金流量无关。

（二）不要忽视机会成本

在投资决策的现金流分析中，不能忽视投入资源的机会成本（Opportunity Cost），机会成本是指该资源最有利的替代用途能够产生的价值，是以其不得不放弃的最大利益作为适当的成本。

例如，某投资项目需要使用一处企业当前闲置的设备，不需要任何现金支出，那么是不是意味着该设备在投资项目现金流分析中的现金支出为 0 呢？显然不是，即使假定该设备没有任何其他的生产用途，但就算卖掉该设备也能收获 10 万元（假定这是最有利可图的替代选项），那么 10 万元就应该是该投资项目使用这台设备的机会成本，应该作为现金流出量处理。

（三）考虑投资项目对公司其他部门的影响

投资项目可能对公司其他部门产生影响，这些影响可能是有利的，也可能是不利的。例如，新项目的产品上市后，企业原有其他产品的销路可能减少，这一减少效应显然应该考虑。当然，也可能出现相反的情况，若新产品和原有其他产品是互补品，可能存在相互促进的作用，那么也应该将原有产品因为新项目而产生的收入增加考虑进来。当然，诸如此类的交互影响，事实上很难准确计量，但决策者在进行投资分析时要将其考虑在内，尽可能估计其对现金流量的影响。

（四）所得税的影响

投资项目通常会给企业带来利润，但是更多的利润意味着更多的所得税。因此，在计算增量现金流量时应该考虑因为项目引起的所得税的增加。当然，项目引起的成本、费用的增加也会使企业的应税收入减少。也就是说，在内部投资分析时，应该考虑税后现金流量。

（五）对营运资本的影响

在一般情况下，当公司开办一个新业务并使销售额扩大后，对于存货和应收账款等经营性流动资产的需求也会增加，公司必须筹措新的资金以满足这种额外需求；另一方面，公司扩充的结果，应付账款（包括应付票据、预收账款等）和一些应计费用等经营性流动负债也会同时自发地增加，从而降低公司营运资本的实际需要。所谓营运资本的需要，是指增加的经营性流动资产与增加的经营性流动负债之间的差额。

当投资项目的寿命周期快要结束时，公司将与项目有关的存货出售，应收账款变为现金，应付账款和应付费用也随之偿付，营运资本会回到应有水平。通常，在进行内部投资分析时，假定开始投资时筹措的营运资本在项目结束时收回，因此这笔现金流出被称为营运资本垫支或流动资金垫支。

（六）原有旧设备的处理

有些投资项目，特别是更新重置型项目，涉及原有旧设备的处理问题。这些旧设备可以在二手市场上转卖，其提供的现金流入量在一定程度上能够抵消一部分新设备的支出。因此，在现金流分析时应考虑旧设备变价净收入产生的资金来源。当然，在对原有设备处理时，同样不能忽视所得税对现金流量的影响（具体见本章第二节）。

【课堂测试 12-1】

1. 绝大多数公司高管在评价经营业绩时普遍采用净利润指标而不是现金流量指标，那么，为什么内部投资决策时却要用增量现金流量分析而不用增量净利润呢？请讨论并尝试给出答案。

2. 指出下列事项中所包含的成本类型，并确定该事项所产生现金流量是否为相关现金流量。

a. MS 公司推出新版本的操作系统，致使公司早期版本操作系统的用户流向新版本操作系统。

b. ATL 公司准备将 20 年前耗资 200 万元购建、目前已经废弃的职工单身公寓改造成快捷酒店，需要估计该快捷酒店的初始投资。

c. FML 公司半年前聘请一家投资咨询公司帮助评估是否应该上马一条新的生产线，咨询公司提交了评估报告，并收取了一笔不菲的费用。当前，公司对这条新生产线的建设进行资本预算。

第二节　内部投资决策的相关现金流量

投资项目的现金流量一般由初始现金流量、经营现金流量和终结现金流量 3 部分构成，分别探讨如下：

一、初始现金流量

初始现金流量（Initial Cash Flow）是指项目投资开始至建成投入使用之前（初始投资期）的现金流量，一般是项目的投资支出。其主要包括：

（1）投资在固定资产上的现金流量，包括固定资产的购建成本、运输费用、安装调试费用等。

（2）垫支在营运资本上的资金，主要是指为了配合长期投资，用于原材料、在产品、产成品、现金和应收账款等方面的资金。

（3）原有固定资产的变价收入和清理费用。如果投资项目是固定资产的更新、改造项目，则初始现金流还包括原有固定资产的变价收入和清理费用支出（涉及所得税的讨论见本节第三目次）。

（4）其他投资费用，包括与投资项目相关的且不能列入上述几项的费用支出，如职工培训费、谈判费用和注册登记费等。

初始现金流量可能还会包括在无形资产上的投资，这取决于项目投资阶段是否购入或自主开发无形资产。初始现金流量主要表现为现金的流出，即项目的原始总投资。

二、经营现金流量

经营现金流量（Operating Cash Flow）是指投资项目建成投入运行后，在其整个寿命周期中（运营期），由于生产经营而发生的现金流入和现金流出的数量。经营现金流量一般按会计年度计量，它主要包括：

（1）经营现金流入：与投资项目相关的产品销售或劳务提供所得到的现金流入。

（2）经营现金流出：与投资项目相关的原料采购、职工薪酬支付、燃料动力费、期间费用等而引起的现金流出；缴纳的各项税金的现金支出。

假定投资项目的年营业收入等于年经营现金流入，年付现成本（不包括折旧等非付现成本）等于年经营现金流出，则年经营现金净流量的公式为

$$年经营现金净流量（NCF）= 现金流入 - 现金流出$$
$$= 营业收入 - 付现成本 - 所得税$$

[例 12-1]

FML 公司某投资项目的 20X4 年的损益情况如表 12-1 所示，试计算该项目的年度经营现金净流量。

表 12-1 投资项目 20X4 年度损益情况

单位：元

项目	金额
营业收入	1 000 000
制造成本（不含折旧）	500 000
折旧	200 000
销售和管理费用	100 000
减：成本费用合计	800 000
税前利润	200 000
减：所得税费用（所得税税率 25%）	50 000
净利润	150 000

[解答]

分析：该项目的营业收入可以看作现金流入；所有的成本费用中制造成本、销售和管理费用产生现金流出，但折旧不产生现金流出；所得税同样会产生现金流出。所以，

$$NCF = 1\,000\,000 - (800\,000 - 200\,000) - 50\,000 = 350\,000（元）$$

在例 12-1 中，该投资项目产生的净利润为 150 000 元，但经营现金净流量却为 350 000 元，差距在于：虽然折旧作为利润计算中的成本费用的一部分，但其实当期并没有现金流出，因此是非付现成本（Non-Pocket Cost）。可以看出：

$$年经营现金净流量 = 营业收入 - 付现成本 - 所得税$$

$$= 营业收入 - (付现成本 + 折旧) - 所得税 + 折旧$$
$$= 净利润 + 折旧$$

年经营现金净流量

$$= [营业收入 - (付现成本+折旧)] \times (1 - 所得税率) + 折旧$$
$$= (营业收入 - 付现成本) \times (1 - 所得税税率) - 折旧 \times (1 - 所得税税率) + 折旧$$
$$= (营业收入 - 付现成本) \times (1 - 所得税税率) + 折旧 \times 所得税税率$$

在例 12-1 中，用上述两式也可以算出年经营现金净流量，即

$NCF = 150\ 000 + 200\ 000 = 350\ 000$（元）

$NCF = (1\ 000\ 000 - 600\ 000) \times (1 - 25\%) + 200\ 000 \times 25\% = 350\ 000$（元）

三、终结现金流量

终结现金流量（End Cash Flow）是指投资项目终结时（终结期）发生的现金流量，主要包括固定资产的变价收入、项目启动时垫支在营运资本上资金的回收、停止使用的土地的变价收入以及终结项目而发生的清理费用。

其中，在计算固定资产变价①时，对于固定资产残值形成营业外收入的，需缴纳所得税，所以形成的现金流入量为：残值收入－营业外收入×所得税税率；对于固定资产残值形成营业外支出的，会抵减部分所得税，所以形成的现金流入量为：残值收入+营业外支出×所得税税率。

[例 12-2]

ATL 公司为拓展业务，扩大市场份额，拟通过内部投资扩充企业生产能力。假设投资项目需购建固定资产投资 600 000 元，使用寿命为 6 年，采用直线法计提折旧，规定残值为 30 000 元。现金流预计如下：该项目启动时需要流动资金垫支 100 000 元，在项目终结时可以全部收回；项目终结时固定资产变价能够取得净收入 24 000 元；项目投入运营后，每年可产生 360 000 元的销售收入，年生产成本及经营费用（付现成本）140 000 元。若该公司适用的所得税税率为 25%，分析该投资项目的现金流量。

[解答]

（1）初始现金流量

① 按照会计准则的要求，当固定资产的变价净收入（即变价收入扣除相应的清理费用和缴纳的增值税，下同）大于规定残值或折余价值时，会形成营业外收入；反之，当固定资产的变价净收入小于规定残值或折余价值时，会形成营业外支出。

固定资产投资：－600 000 元

流动资金垫支：－100 000 元

（2）经营现金流量

每年经营现金净流量都相等，即 NCF＝净利润+折旧

折旧＝(600 000－30 000)/6＝95 000（元）

净利润＝(360 000－140 000－95 000)×(1－25%)＝93 750（元）

NCF＝93 750+95 000＝188 750（元）

（3）终结现金流量

固定资产变价形成营业外支出＝30 000－24 000＝6 000（元）

固定资产变价的现金流入＝24 000+6 000×25%＝25 500（元）

流动资金垫支的回收：100 000 元

具体的现金流情况如表 12-2 所示。

表 12-2 ATL 公司投资项目现金流量分析表

单位：元

t（年）	0	1	2	3	4	5	6
固定资产投资（1）	-600 000						
流动资金垫支（2）	-100 000						
销售收入（3）		360 000	360 000	360 000	360 000	360 000	360 000
付现成本（4）		140 000	140 000	140 000	140 000	140 000	140 000
折旧（5）		95 000	95 000	95 000	95 000	95 000	95 000
税前利润（6）=（3）－（4）－（5）		125 000	125 000	125 000	125 000	125 000	125 000
所得税（7）=（6）×25%		31 250	31 250	31 250	31 250	31 250	31 250
净利润（8）=（6）－（7）		93 750	93 750	93 750	93 750	93 750	93 750
固定资产变价收入（9）							25 500
流动资金垫支回收（10）							100 000
现金净流量（11）	-700 000	188 750	188 750	188 750	188 750	188 750	314 250

篇中案例 12-1

长信科技投资项目的现金流分析

20X0 年 8 月 10 日，长信科技（300088）的董事会对外公告准备投资建设高档 STN 型 ITO 透明导电玻璃项目。该项目建设期为 1 年，预计投资 9 064.09 万元。在预计投资总额中，建设投资 7 326.09 万元，假定为建设期初投入；流动资金垫支 1 738 万元，假定为建设期末投入。该公司固定资产净残值规定为 5%，预计该设备折旧年限为 8 年。预计经营期年销售收入 10 800 万元，利润总额 2 967 万元，净利润 2 522 万元。那么，该投资项目的现金流预测为：

初始现金流量：第 0 年，现金流出 7 326.09 元；第 1 年，现金流出 1 738 万元。

经营现金流量：因为每年折旧 870 万元（7 326.09×0.95÷8），所以第 2 年至第 9 年的经营现金净流量为 3 392 万元（2 522+870）。

终结现金流量：第 9 年末固定资产变价 366.30 万元，流动资金垫支回收 1 738 万元，共计 2 104.30 万元。

按照这样的现金流预测，若该项目的资本成本为 12%，你会计算该项目的投资回收期、净现值和内含报酬率吗？

【课堂测试 12-2】

WKC 实业是一家从事大型工程建设的公司。为了某一工程项目，该公司考虑购买一台推土机，该型号推土机售价 20 万元，另外还需要花费 2 万元对推土机进行改造，以便能够更加适用于该工程。假定该公司规定，此类推土机的残值率为 10%，采用直线法计提折旧，折旧期为 10 年。3 年后，该工程结束时，公司考虑将推土机变卖，预计价格为 12 万元。此外，该推土机的使用需要营运资本增加 6 000 元。对 WKC 公司来说，推土机的购买不会对营业收入产生影响，但预期每年可以节省 8 万元的营业成本（主要是劳动成本）。WKC 公司适用的所得税税率为 25%。那么，

a. 如果该公司购买该推土机，则初始现金流量是多少？

b. 3 年之中的经营现金流量是多少？

c. 终结现金流量是多少？

第三节　内部投资决策举例

本章第一节和第二节介绍了投资项目现金流分析的基本原则和基本方法，结合上一章讲述过的内部投资决策的方法，我们就可以尝试对一些投资项目进行决策分析。下面从扩充型投资决策、更新型投资决策、具备时机或后续选择性的项目投资决策和项目可行性分析 4 个方面举例说明。

一、扩充型投资决策

扩充型投资决策是指新建或扩大收入的投资项目决策，如新建一个车间、购买新的设备、上马新的生产线或进入新的经营领域等。

[例 12-3]

根据例 12-2 的资料，若 ATL 公司的资本成本为 16%，计算该投资项目的净现值并进行决策。

[解答]

根据例 12-2 估算出的各年现金净流状况，则

$$NPV = 188\ 750 \times \frac{1-(1+16\%)^{-6}}{16\%} + 125\ 500 \times (1+16\%)^{-6} - 700\ 000$$
$$= 47\ 004.41（元）$$

因为净现值大于 0，所以该投资项目可行。

[例 12-4]

FML 公司准备上马某一项目，投资总额 1 000 万元，该项目工程款自项目启动时开始分 5 次支付，每年 200 万元。项目 3 年后开始投产，寿命期为 5 年，5 年后无残值。投产开始时（第 4 年年初）需要垫支 200 万元的流动资金，项目结束时可收回。预计该项目每年产生销售收入 1 000 万元，付现成本 600 万元。设公司所得税税率为 25%，采用直线法计提折旧。试估算此项目的现金流量，并用内含报酬率法进行决策（假设该企业资本成本为 12%）。

[解答]

初始现金流量（1～3 年）

（1）项目投资：-1 000 万元，分 5 年支付，每年-200 万元，可延至第 5 年年初（第 4 年年末）；

垫支的流动资金（第 4 年年初/第 3 年年末）：－200 万元；

（2）营运期（4～8 年）现金流量

每年折旧：1000/5=200 万元

净利润：（1000－600－200）×（1－25%）=150（万元）

经营现金流量：150+200=350（万元）

（3）终结期现金流量

垫支的流动资金回收（第 8 年年末）：200 万元

具体的现金流情况如表 12-3 所示：

表 12-3　FML 公司工程项目现金流量分析表

单位：万元

t（年）	0	1	2	3	4	5	6	7	8
项目投资（1）	−200	−200	−200	−200	−200				
流动资金垫支（2）				−200					200
销售收入（3）					1000	1000	1000	1000	1000
付现成本（4）					600	600	600	600	600
折旧（5）					200	200	200	200	200
税前利润 （6）=（3）－（4）－（5）					200	200	200	200	200
所得税 （7）=（6）×25%					50	50	50	50	50
净利润 （8）=（6）－（7）					150	150	150	150	150
经营现金流量 （9）=（5）+（8）					350	350	350	350	350
现金净流量 （10）=（1）+（2）+（9）	−200	−200	−200	−400	150	350	350	350	550

根据现金流量列方程：

$$-200+\frac{-200}{1+IRR}+\frac{-200}{(1+IRR)^2}+\cdots+\frac{550}{(1+IRR)^8}=0$$

当$IRR=12\%$时，左边$=28.984$

当$IRR=13\%$时，左边$=-5.106$

所以，$IRR=12\%+\dfrac{28.984-0}{28.984-(-5.106)}\times(13\%-12\%)=12.85\%$

因为IRR大于资本成本（12%），所以该投资项目可行。

二、更新型投资决策

更新型投资决策是指为了维持原有的生产经营能力或提高劳动效率、节约费用、降低成本而进行的投资，主要表现为对现有固定资产的升级、技术改造或替换。若更新前后固定资产的寿命周期未发生变化，一般采用增量现金流量法进行决策；若更新前后固定资产的寿命周期发生变化，则需要采用平均年成本法进行决策。

[例 12-5]

GDL 公司为降低生产成本，准备用一台新设备代替旧设备。旧设备原值为 100 000 元，已提折旧 50 000 元，估计还可以使用 5 年，期满无残值；若现在出售，可得价款 40 000 元。新设备的买价、运费、安装费共需 110 000 元，可使用 5 年，年折旧额 20 000 元。新旧设备均按直线法计提折旧。新设备年经营成本（付现）50 000 元，旧设备年经营成本（付现）80 000 元。新旧设备产品销售收入不变，所得税税率为 25%。试用增量现金流法分析现金流量，并用净现值法进行决策（假设公司资本成本为 15%）。

[解答]

由于新旧设备的寿命周期未发生变化，所以可以采用增量现金流量法进行决策。

（1）初始现金流量增量的计算

新设备买价、运费、安装费　　－110 000 元

旧设备出售收入　　40 000 元

旧设备营业外支出税金结余　　（50 000－40 000）×25%=2 500（元）

新设备初始投资现金流增量　　－110 000+（40 000+2 500）=－67 500（元）

（2）经营现金流量增量的计算

年折旧分析：

新设备年折旧 20 000 元，即存在残值　110 000－20 000×5=10 000（元）

旧设备年折旧　　（100 000－50 000）/5=10 000（元）

年折旧增量=20 000－10 000=10 000（元）

经营现金净流量的增量=净利润增量+折旧增量=25 000（元），具体测算见表 12-4。

（3）终结现金流量增量的计算

由于新设备存在残值，旧设备无残值，所以，

终结现金流量增量　10 000－0=10 000（元）

新设备代替旧设备的增量现金流量估计具体如表 12-4 所示。

表 12-4　GDL 公司设备更新增量现金流分析

单位：元

时期（年）	0	1～4	5
1. 初始投资Δ	-67 500		
2. 经营现金流量Δ（6）+（3）		25 000	25 000
（1）销售收入Δ		0	0
（2）付现成本Δ		-30 000	-30 000
（3）折旧Δ		10 000	10 000
（4）税前利润Δ（1）-（2）-（3）		20 000	20 000
（5）所得税Δ（4）×25%		5 000	5 000
（6）净利润Δ（4）－（5）		15 000	15 000
3. 终结现金流量Δ			10 000
4. 现金净流量Δ	-67 500	25 000	35 000

根据增量现金流量，则

$$NPV = 25\,000 \times \frac{1-(1+15\%)^{-5}}{15\%} + 10\,000 \times (1+15\%)^{-5} - 67\,500$$
$$= 21\,275.64（元）$$

因为净现值大于 0，所以应该用新设备代替旧设备。

［例 12-6］

TML 公司现有一陈旧设备，工程技术人员提出更新要求，预计有关数据如表 12-5 所示（除表中数据差异外，认为其他因素相同）。若该企业的资本成本为 15%，试决策是否应该更新该设备。

表 12-5　TML 公司新旧设备有关数据表

项目	旧设备	新设备
原值（万元）	210	220
预计使用年限（年）	10	10
已经使用年限（年）	4	0
最终残值（万元）	10	20
变现价值（万元）	60	220
年运行成本（万元）	75	50

［解答］

分析：由于没有适当的现金流入，无论新设备还是旧设备均无法计算净现值和内含报酬率。而且，两个方案的剩余年限不同，也不能直接比较新旧设备的成本。在这种情况下，只能采用平均年成本法，即将寿命周期内所有成本的总现值按等额年金的方式（即类似分期偿还贷款）分摊到各年，得到平均年成本；再比较平均年成本，选择平均年成本较低的方案。如果将旧设备的变现价值作为继续使用的机会成本，则新旧设备成本的现金流量如图 12-1 所示，图中，上面的现金流量图代表旧设备，下面的现金流量图代表新设备。

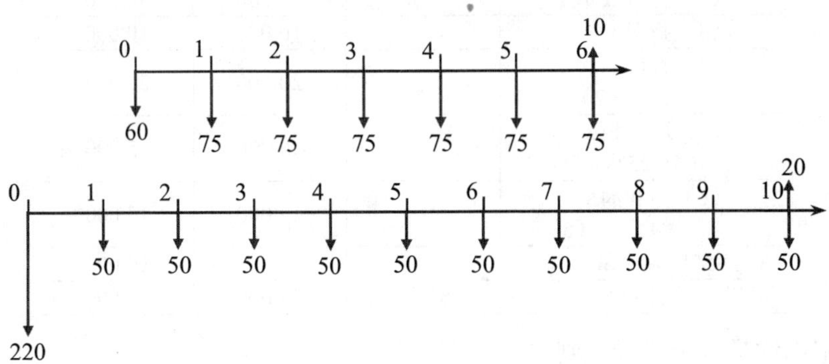

图 12-1 新旧设备成本的现金流量图

根据现金流量图，

$$旧设备的年限总成本 = 60 + 75 \times \frac{1-(1+15\%)^{-6}}{15\%} - 10 \times (1+15\%)^{-6}$$

$$= 339.513（万元）$$

$$旧设备平均年成本 = \frac{339.513 \times 15\%}{1-(1+15\%)^{-6}} = 89.71（万元）$$

$$新设备的年限总成本 = 220 + 50 \times \frac{1-(1+15\%)^{-10}}{15\%} - 20 \times (1+15\%)^{-10}$$

$$= 465.995（万元）$$

$$新设备平均年成本 = \frac{465.995 \times 15\%}{1-(1+15\%)^{-10}} = 92.85（万元）$$

因为继续使用旧设备的平均年成本较低，所以不宜进行设备更新。

篇中案例 12-2

华天科技生产线技术改造项目

20X9 年 8 月 28 日，天水华天科技股份有限公司（华天科技：002185）对外公告了其董事会通过的“DFN 型微小形封装集成电路生产线技术改造”项目的议案。公告显示：该公司准备利用自主研究开发并掌握的一系列完整的、拥有自主知识产权的 DFN 型集成电路封装技术，在现有封装能力的基础上，引进国内外先进集成电路封装设备、仪器及动力配套设施，建成一条具有国际先进水平的 DFN 型微小形集成电路封装生产线，项目实施完成后将新增 DFN 型微小形集成电路系列产品 5 亿块的年封装能力。与此同时，公司根据项目实施需要和基础条件，对现有 1 900m^2 的厂房进行适应性改造，在充分利用现有动力设备及条件的情况下，新增必要的辅助动力设备，以保证生产对动力设施的要求。

项目总投资 20 000 万元，其中固定资产建设投资 19 000 万元，垫支流动资金 1 000 万元。项目完成后，公司将建成一条具有国际先进水平的 DFN 型微小形集成电路封装生产线，年新增 DFN 型微小形集成电路封装系列产品 5 亿块的规模生产能力，年新增销售收入 17 250 万元、利润总额 3 738 万元、税金 1 471 万元。

在这一案例中，你认为华天科技的这一投资项目属于扩充型投资还是更新型投资呢？

三、具备时机或后续选择性的项目投资决策

在本书第六章我们曾经探讨过，具备时机或后续选择性的项目投资相当于附带看涨期权。因此，这类投资项目的决策不能忽视看涨期权的战略价值。实际上，项目投资决策中的这类实物期权恰恰体现了财务管理工作的价值创造。下面分两种情况进行探讨。

（一）投资时机选择性的项目投资决策

如果一个投资项目需要的投资额为 C_0（简单起见，这里假定投资期非常短暂），项目未来现金净流量的总现值为 PV，那么该项目的净现值 $NPV=PV-C_0$。根据净现值法则，项目上马与否取决于净现值是否大于 0。实务中，当净现值接近于 0 时，决策者会比较犹豫；特别是当这个项目不必马上做出投资决策，而是今后 T 年内（比如 3 年内）都可以做决策时，决策者往往会选择等待时机。这样的项目便是投资时机具备选择性的项目。经分析可知，该投资项目就相当

于到期时间为 T 年的美式看涨期权。这个看涨期权的标的资产（即投资项目）是支付“现金股利”的，即项目上马后产生的现金净流量。该项目早上马意味着早得现金流，但要早投入资本 C_0；晚上马意味着损失现金流，但省下资本 C_0 的利息。根据第六章的相关讨论我们知道，无现金股利的美式看涨期权是不会被提前执行的；有现金股利的美式看涨期权如果现金股利的现值足够大，会在现金股利支付前执行，如果现金股利的现值比较小，也不会被提前执行。财务总监在投资决策时也会采用相同的策略，当投资项目预期现金净流量足够大（使 NPV 足够大于 0）时，他们会马上投资；当预期现金净流量较小（NPV 接近于 0）时，他们会倾向于延迟决策（以保持看涨期权）。实际上，在 NPV 接近于 0 时，延迟决策会给企业增加价值，也就是说，如果是“好”项目，晚上马会造成损失；如果是“坏”项目，晚上马或不上马则带来收益。权衡利弊得失，找出最优上马时间（或放弃）是财务管理者的任务。

［例 12-7］

FML 公司经研发掌握了一种净水新技术并申请了专利，该技术优于当前流行的多层过滤和反渗透技术，对于该技术 FML 公司在近两年内可以无忧独享。FML 公司考虑上马新项目以推出基于此净水技术的产品，现进行资本预算。该项目若上马需要投资 9 000 万元，初步预测正常情况下每年可实现现金净流量 1 000 万元，近似永久持续，假定公司筹资的资本成本为 10%。然而，该项目的现金流量预测存在很大的不确定性因素，这主要取决于消费者对新技术的认可程度和竞争产品的营销策略。如果第 1 年新产品的需求低，则第 1 年的现金净流量为 800 万元；如果第 1 年新产品的需求高，则第 1 年的现金净流量为 1 300 万元。在第 1 年市场低需求的情况下，若第 2 年仍为低需求，则第 2 年的现金净流量会降至 640 万元；若第 2 年变为高需求，则第 2 年的现金净流量会达到 1 040 万元。在第 1 年市场高需求的情况下，若第 2 年仍为高需求，则第 2 年的现金净流量会达到 1 690 万元；若第 2 年变为低需求，则第 2 年的现金净流量会降至 1 040 万元。假定市场上无风险报酬率为 4.5%，试对该投资项目进行决策。

［解答］

首先，按照初步预测，该项目的现值为：$PV = 1\,000/10\% = 10\,000$（万元）

那么项目的净现值 $NPV = 10\,000 - 9\,000 = 1\,000$（万元）。

若项目不具备时机选择性，因为净现值大于 0，则项目可以接受；不过该项目具备投资时机选择性，需要做进一步分析。

其次，按照美式看涨期权进行分析，那么，

第 1 年年末，低需求时项目现值为：$PV_1=800/10\%=8\ 000$（万元）

高需求时项目现值为：$PV_1=1\ 300/10\%=13\ 000$（万元）

第 2 年年末，连续两年低需求时，$PV_2=640/10\%=6\ 400$（万元）

连续两年高需求时，$PV_2=1\ 690/10\%=16\ 900$（万元）

需求先低后高时，$PV_2=1\ 040/10\%=10\ 400$（万元）

需求先高后低时，$PV_2=1\ 040/10\%=10\ 400$（万元）

投资项目项目的现值情况如图 12-2 所示。

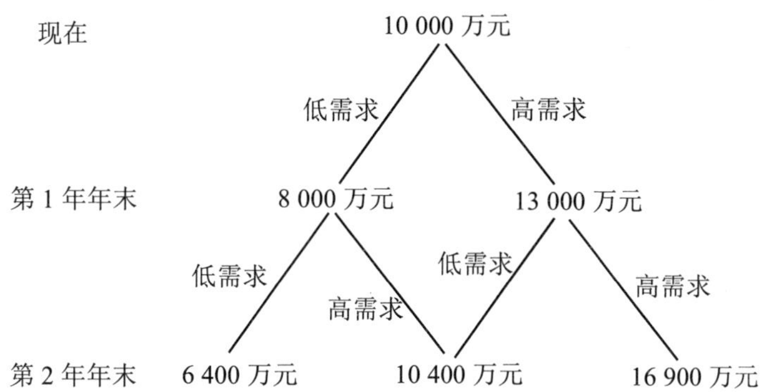

图 12-2　投资项目可能的现值

再次，根据风险中性原理，测算低需求和高需求的概率。

如图 12-2，该投资项目理解为美式看涨期权的话，标的资产当前的价值为 10 000 万元；第 1 年年末高需求可以获得现金股利（即第 1 年现金净流量）1 300 万元，除息后标的资产价值 13 000 万元，高需求投资收益率 43%；第 1 年年末低需求可以获得现金股利 800 万元，除息后标的资产价值 8 000 万元，低需求投资收益率-12%。假定高需求的概率为 p，则低需求概率为 $1-p$，则

$$4.5\%=43\%\times p+(-12\%)\times(1-p)\text{，求得 } p=0.3,\ 1-p=0.7$$

最后，测算看涨期权的（当前）价值（结果如图 12-3 所示）。

从图 12-3 可以看出，到第 2 年年末时，考虑到执行价格为 9 000 万元（即投资成本），3 种情况看涨期权的价值分别为 0，1 400 万元和 7 900 万元。

当第 1 年为低需求时，第 2 年年末看涨期权价值的期望值为

$$0\times0.7+1\ 400\times0.3=420\text{（万元）}$$

折算到第 1 年年末，则看涨期权的价值为

$$420 \div (1+4.5\%)=401.91\text{（万元）}$$

这种情况下，项目的现值为 8 000 万元，净现值小于 0，项目不能上马，保留看涨期权的价值为 401.91 万元。

当第 1 年为高需求时，第 2 年年末看涨期权价值的期望值为

$$1\ 400\times 0.7+7\ 900\times 0.3=3\ 350\text{（万元）}$$

折算到第 1 年年末，则看涨期权的价值为

$$3\ 350\div (1+4.5\%)=3\ 205.74\text{（万元）}$$

这种情况下，项目的现值为 13 000 万元，净现值为 4 000 万元，大于持有看涨期权的价值 3 205.74 万元，此时项目应该决定上马该项目。

进一步地，可以测算出看涨期权的当前价值为

$$\frac{401.91\times 0.7+4\ 000\times 0.3}{1+4.5\%}=1\ 417.55\text{（万元）}$$

可见，由于看涨期权（当前）价值（1 417.55 万元）大于上马该项目的净现值（1 000 万元），所以应该等待时机。

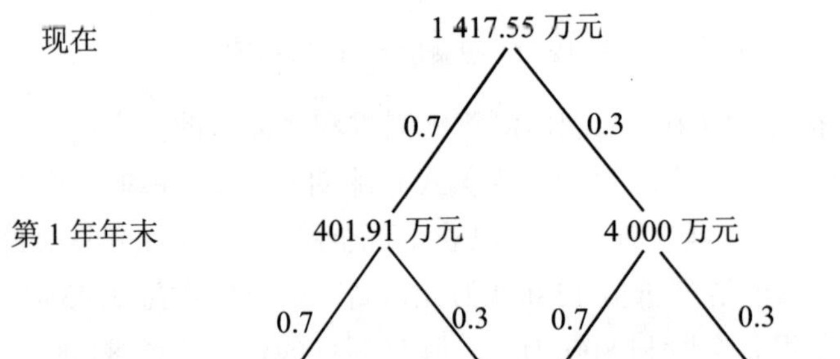

图 12-3　投资项目看涨期权可能的价值

综上，最终的决策为：由于当前等待时机的预期价值（1 417.55 万元）大于现在上马项目的预期净现值（1 000 万元），所以现在不应上马项目，应选择等待时机；若第 1 年为高需求，此时等待时机的预期价值（3 205.74 万元）小于上马项目的预期净现值（4 000 万元），所以在这种情况下第 1 年末应上马项目；若第 1 年为低需求，此时上马项目的净现值小于 0，显然不可取，但继续

等待时机预期仍有价值（401.91 万元）；若第 2 年转为高需求，因为净现值（1 400 万元）大于 0，项目应上马；若第 2 年仍为低需求，此时项目的净现值远小于 0，应放弃项目。

（二）后续投资选择性的项目投资决策

在竞争激烈的高科技领域，经常存在这样的情况，即某项投资项目本身的净现值小于 0 或接近于 0，但企业决策者却坚持项目上马。这可能是基于未来战略的考虑。因为在这一领域，只有项目上马了，才有可能涉足这一新领域，后续的极富前景的项目才有可能纳入日程；若现项目不上马，企业就很可能失去进入新领域竞争的机会。现在的这一项目就是附带后续选择性的项目，其投资决策不仅需要考虑项目本身带来的现金净流量，还要考虑后续的战略选择权的价值。经分析可知，若现项目上马，T 年后的后续项目才能有机会成为备选，这就相当于是一个期限为 T 年的欧式看涨期权，因此该期权的价值应该加到现在决策项目的净现值中去，即存在

$$\begin{matrix}\text{现项目的}\\\text{净现值}\end{matrix}=\begin{matrix}\text{不考虑后续投资的}\\\text{项目的净现值}\end{matrix}+\begin{matrix}\text{后续项目投资}\\\text{看涨期权的价值}\end{matrix}$$

实际上，企业中的很多战略决策都具有“实物期权”的性质，在决策时不能忽视它的存在，否则就可能因为价值低估而坐失良机。为企业创造更多期权价值恰恰是优秀企业决策者的基本素质。

［例 12-8］

GREL 公司是一家从事智能电子产品研发、生产和销售的知名大公司。近期公司决策层考虑上马一个新能源汽车项目，公司在汽车行业并无经验，但总经理将目光锁定在未来几年很可能会成为热点的“自动驾驶汽车”领域。该领域是智能电控技术和新能源汽车技术的结合，而前者恰恰是目前公司的强项，所以公司亟须在新能源汽车领域补足短板。公司考虑通过一个并购方案进入新能源汽车领域，并购需要投资 80 000 万元，预计在未来 15 年（寿命期）中新能源汽车每年能够给公司带来现金净流量 10 000 万元，期末无残值。有了新能源汽车方面的基础，公司预计 5 年后可以考虑自动驾驶汽车项目，初步预测到那时需要投资 300 000 万元，投产后首年可实现现金净流量 9 000 万元，此后的 10 年中，现金净流量每年增长 20%，再之后转入稳定增长期，现金净流量年增长率保持在 4%。由于自动驾驶汽车市场尚不明朗，项目未来现金流量具有高度的不确定性，其变化率的标准差估计为 20%。公司的资本成本为 12%，无风险报酬率为 5%。试决策公司是否应该实施新能源汽车的并购方案。

［解答］

首先，考虑新能源汽车项目本身的净现值为

$$NPV = 10\ 000 \times \frac{1-(1+12\%)^{-15}}{12\%} - 80\ 000 = -11\ 891.36（万元）$$

若单纯考虑新能源汽车项目本身，其净现值小于 0，不能接受。

其次，考虑后续自动驾驶汽车项目（在第 5 年年末）的净现值。

该项目上马后未来 10 年的现金净流量估计分别为 9 000 万元，10 800 万元，12 960 万元，15 552 万元，18 662.4 万元，22 394.880 万元，26 873.856 万元，32 248.627 万元，38 698.353 万元，46 438.023 万元，第 11 年的现金净流量为 48 295.544 万元。则（在第 5 年年末的）净现值为

$$\sum_{t=1}^{10} \frac{NCF_t}{(1+12\%)^t} + \frac{48\ 295.544}{(12\%-4\%)(1+12\%)^{10}} - 300\ 000 = 6\ 150.42（万元）$$

该净现值折算到现在，并与新能源汽车项目的净现值求和：

$$-11\ 891.36 + \frac{6\ 150.42}{(1+12\%)^5} = -8\ 401.44（万元）$$

两个项目的净现值之和仍然小于 0，似乎项目仍不可接受。

再次，考虑后续项目包含的欧式看涨期权的价值。

根据布莱克-斯科尔斯模型，则

$$P_0 = \frac{306\ 150.42}{(1+12\%)^5} = 173\ 717.97（万元）$$

$$d_1 = \frac{\ln(173\ 717.97/300\ 000) + (0.05+0.20^2/2)\times 5}{0.20\times\sqrt{5}} = -0.215$$

$$d_2 = \frac{\ln(173\ 717.97/300\ 000) + (0.05-0.20^2/2)\times 5}{0.20\times\sqrt{5}} = -1.110$$

$$N(d_1) = 0.414\ 7$$

$$N(d_2) = 0.133\ 5$$

$$V_C = 0.414\ 7\times 173\ 717.97 - 0.133\ 5\times 300\ 000\times e^{-0.05\times 5}$$
$$= 40\ 849.87（万元）$$

最后，考虑后续项目包含的欧式看涨期权之后，新能源汽车并购方案的净现值为：

−11 891.36+40 849.87=28 958.52（万元）

综上，因为新能源汽车并购方案的净现值大于 0，所以公司应该实施该并购方案。

四、项目可行性分析举例

可行性分析是投资决策前必不可少的环节，主要对投资项目的市场、技术、财务、工程、经济和环境等方面进行精确系统、完备无遗的分析，选定最佳方案，据此就是否应该投资开发该项目以及如何投资，或就此终止投资还是继续投资开发等给出意见，为投资决策提供科学依据，并作为进一步开展工作的基础。其中，财务分析的结论是对投资项目进行投资决策的重要依据，它采用静态分析（非折现方法）和动态分析（折现方法）相结合，以动态为主的办法，利用投资回收期、会计报酬率、净现值以及内含报酬率等财务评价指标判断投资项目在财务上是否可行。

［例 12-9］

锂离子电动自行车项目可行性分析

1. 项目介绍

近年来，电动自行车在我国已经实现了产业化，市场规模不断扩大。市场上的电动自行车大多采用铅酸蓄电池，虽然没有一次污染，但有严重的二次污染；而且铅酸蓄电池自重大，使得电动自行车既笨重又耗能。社会的进步，城市化的发展急需开发环保的绿色交通工具。锂离子电池技术当前已经比较成熟，其特点是使用寿命长，安全性能比较好，没有一次污染，也没有二次污染。把锂离子电池应用于电动自行车领域，同时采用镁合金材质，其重量仅为铅酸蓄电池电动自行车的 1/3，这无疑是一项前景极为广泛的技术。

本公司拟上马的锂离子电动自行车项目，既符合国家节能减排的政策，又是轻型代步工具的一次革命，具有良好的市场前景。

2. 项目投资预测

该项目拟建年产 6 万辆锂离子电动自行车的生产线，项目建设总投资 8 000 万元，当年即可达到设计生产能力。预计项目生命周期为 10 年，期末无残值。投产后需投入 1 000 万元的流动资金，可在项目生命周期终结时收回。资金来源预计包括：向商业银行贷款 3 600 万元，贷款利率 10%；利用公司内部留存获得 5 400 万元，对于该公司股票，投资者希望的最低报酬率为 20%。此外，企业适用的所得税税率 25%，并希望保持此资本结构。

3. 盈利能力预测

预计第一年该电动自行车可销售 6 万辆，出厂价 1 200 元/辆，单位付现成本 800 元/辆。随后几年，虽然该产品市场规模会逐渐扩大，但竞争也会日趋激烈，预计项目寿命周期内的前 5 年，销售量、单价和成本能够维持不变；从第 6 年起，由于技术不断发展，平均出厂价会下降 10%，这样仍能够保证每年 6 万辆的销售量，成本方面由于受到多方因素的影响，只能维持原来的水平。该项目初始投资采用直线法计提折旧，每年折旧成本 800 万元。

4. 项目财务指标分析

①计算银行贷款的税后资本成本以及初始筹资的加权平均资本成本。

②预算该项目各年的净利润。

③预算该项目各年的现金净流量。

④计算该项目的预期投资回收期。

⑤计算该项目的预期会计报酬率。

⑥计算该项目的预期净现值。

⑦计算该项目的预期内含报酬率。

⑧根据上述财务指标判断该项目的可行性。

[解答]

（1）长期借款的税后资本成本：

$$k_{dT}=10\%\times(1-25\%)=7.5\%$$

初始筹资的加权平均资本成本：

$$\begin{aligned}k_a&=w_d\times k_{dT}+w_s\times k_s\\&=\frac{3\,600}{8\,000+1\,000}\times7.5\%+\frac{5\,400}{8\,000+1\,000}\times20\%\\&=15\%\end{aligned}$$

（2）$\text{前5年每年净利润}=\left[(1\,200-800)\times6-800\right]\times(1-25\%)=1\,200\text{（万元）}$

$\text{后5年每年净利润}=\left[(1\,200\times90\%-800)\times6-800\right]\times(1-25\%)=660\text{（万元）}$

（3）①初始现金流量

项目建设投资：－8 000 万元

流动资金垫支：－1 000 万元

②经营现金流量

前 5 年：$NCF_{1\sim5}$=1 200+800=2 000 万元

后 5 年：$NCF_{6\sim10}$=660+800=1 460 万元

③终结现金流量

流动资金垫支的回收：1 000 万元

（4）项目建设总投资 8 000 万元，经测算投资回收期在 5 年以内，前 5 年现金净流量相等。

$$投资回收期=\frac{8\ 000}{2\ 000}=4（年）$$

（5）项目建设总投资8 000万元，期末无残值。

$$平均投资额=\frac{8\ 000+0}{2}=4\ 000（万元）$$

$$平均净利润=\frac{1\ 200\times5+660\times5}{10}=930（万元）$$

$$ARR=\frac{930}{4\ 000}\times100\%=23.25\%$$

（6）根据投资项目现金流分析，则

$$NPV=2\ 000\times\frac{1-(1+15\%)^{-5}}{15\%}+1\ 460\times\frac{1-(1+15\%)^{-5}}{15\%\times(1+15\%)^{5}}+$$

$$1\ 000\times(1+15\%)^{-10}-9\ 000=384.75（万元）$$

（7）列关于内含报酬率的方程

$$9\ 000=2\ 000\times\frac{1-(1+IRR)^{-5}}{IRR}+1\ 460\times\frac{1-(1+IRR)^{-5}}{IRR\times(1+IRR)^{5}}+1\ 000\times(1+IRR)^{-10}$$

当$IRR=15\%$时，右边$=9\ 384.751$

当$IRR=16\%$时，右边$=9\ 051.314$

当$IRR=17\%$时，右边$=8\ 737.246$

所以，$IRR=16\%+\frac{9\ 051.314-9\ 000}{9\ 051.314-8\ 737.246}\times(17\%-16\%)=16.16\%$

（8）根据折现指标，该项目的净现值大于 0，且内含报酬率大于资本成本；再考虑非折现指标作为辅助指标，投资回收期为 4 年，会计报酬率为 23.25%。综合来看，该项目可行。

【课堂测试 12-3】

1. 根据【课堂测试 12-2】第 1 题的资料，若该公司资本成本为 13%，请用净现值法判断是否应该购买该款推土机。

2. WWT 公司准备上马一条新生产线，该生产线产品的销量和价格面临很大的不确定性，因此，生产线的净现值也无法准确预测。公司将未来产品销售假设为三种情况，即最坏情况、一般情况和最好情况。预计三种情况出现的概率及相应净现值如下表，计算该生产线的期望净现值及其标准差，并做出决策。

情况	概率	年销量（件）	单价（元）	净现值（元）
最坏情况	0.3	10 800	64.80	-12 000
一般情况	0.5	18 000	75.60	23 000
最好情况	0.2	23 400	79.20	50 000

第四节　内部投资风险的衡量与处置

在前面的分析中，我们大都假设项目的现金流量是可以准确预测的，但实际上真正意义上的投资项目总是有风险的，投资项目未来现金流量总会具有某种程度上的不确定性。

一、内部投资风险的类别

在投资项目分析中，项目的风险可以从以下 3 个层次来分析：

第一，项目的特有风险。特有风险是指项目本身的风险，它可以用项目预期报酬率的波动性来衡量。例如，一项高新技术项目失败的可能性大，但是如果成功可以获得很高的报酬率，收益的波动性很大。如果公司只有一个项目，投资人只投资于这个公司，那么项目的特有风险可以衡量投资人的风险；但通常情况下，企业的整体风险会低于项目的风险，因为企业可以通过多元化投资分散项目的特有风险。

第二，项目的公司风险。它是指项目给公司带来的风险，可以用投资项目对于公司未来收入不确定的影响大小来衡量。如果一个新项目的风险比公司现有资产的平均风险大，采纳该项目会增加公司未来收益的不稳定性。因此，应着重考虑新项目对企业现有项目组合的整体风险可能产生的增量。

第三，项目的市场风险。市场风险是指新项目给股东带来的风险。从股东角度来看，项目的特有风险能够被公司的多元化投资分散一部分，还能够被股东的分散化投资再分散掉一部分，从而只剩下系统风险。所以，对投资项目来说，唯一影响股东预期收益的是项目的系统风险。

对投资项目来说，面对风险的问题就必须有所考虑，第三节中涉及的在项目投资决策过程中考虑看涨期权的价值，其实就考虑了风险。此外，对于风险的处置还有一些比较常用的方法，包括风险调整折现率法、风险调整现金流量法、敏感性分析法和决策树模型法等。

二、风险调整折现率法

风险调整折现率法（Risk-Adjusted Discount Rates, RADR）是将与投资项目有关的风险报酬率加到资本成本或必要报酬率上，构成按风险调整的折现率，并据以进行投资决策的方法。这种方法的思路是：对于高风险的项目，采用较高的折现率来计算净现值，然后根据净现值的决策准则选择方案。由于折现率的提高，扩大了净现值模型中的分母，未来现金净流量现值会减少，因此可以使净现值更稳健。风险调整折现率法通常采用资本资产定价模型来调整折现率，特定投资项目按风险调整的折现率为

$$k_i = r_f + \beta_i \times \left(r_m - r_f\right)$$

式中，k_i——项目 i 按风险调整的折现率或必要报酬率；

r_f——无风险报酬率；

β_i——项目 i 系统风险的贝塔系数；

r_m——市场平均报酬率。

［例 12-10］

当前的无风险报酬率为 4%，市场平均报酬率为 12%。现有甲、乙两个投资项目，预期现金净流量如表 12-6 所示，若以无风险报酬率计算净现值，那么甲项目要好于乙项目。不过，甲项目预期现金净流量的不确定性较大，其 β 值为 1.5；乙项目预期现金净流量的不确定性较小，其 β 值为 0.75。试用风险调整折现率法计算甲、乙两个项目的净现值。

表 12-6　甲、乙两个项目的现金净流量状况

单位：万元

年数	甲项目			乙项目		
	现金净流量	现值系数（4%）	未调整现值	现金净流量	现值系数（4%）	未调整现值
0	−400	1.000 0	−400	−500	1.000 0	−500

续表

年数	甲项目			乙项目		
	现金净流量	现值系数（4%）	未调整现值	现金净流量	现值系数（4%）	未调整现值
1	120	0.961 5	115.38	130	0.961 5	125.00
2	120	0.924 6	110.95	130	0.924 6	120.20
3	120	0.889 0	106.68	130	0.889 0	115.57
4	120	0.854 8	102.58	130	0.854 8	111.12
5	120	0.821 9	98.63	130	0.821 9	106.85
6	120	0.790 3	94.84	130	0.790 3	102.74
净现值			229.06			181.48

[解答]

甲项目风险调整的折现率 $=4\%+1.5\times(12\%-4\%)=16\%$

乙项目风险调整的折现率 $=4\%+0.75\times(12\%-4\%)=10\%$

甲项目风险调整之后的净现值：

$$NPV_{甲}=120\times\frac{1-(1+16\%)^{-6}}{16\%}-400=42.17（万元）$$

乙项目风险调整之后的净现值：

$$NPV_{乙}=130\times\frac{1-(1+10\%)^{-6}}{10\%}-500=66.18（万元）$$

可见，经风险调整之后，乙项目优于甲项目。

三、风险调整现金流量法

风险调整现金流量法（Risk-Adjusted Cash Flow）是把不确定的现金流量按照一定方法调整为确定的现金流量，然后以此现金流量进行投资决策的方法。风险调整现金流量法缩小了净现值模型中的分子，从而使净现值更稳健。具体的调整方法主要有肯定当量法和概率法。

（一）肯定当量法

肯定当量法是把不确定的各年现金流量，按照一定的肯定当量系数（或称约当系数）折算为相对确定的现金流量，然后利用无风险报酬率作为折现率计算净现值，并据以进行投资决策的方法。其中，肯定当量系数是0～1之间的一个数，它表示将不确定的现金流量转化为投资者满意的肯定的现金流量所使用的系数，预期现金流量的不确定性越大，肯定当量系数越小。肯定当量系数需要根据经验确定。根据肯定当量系数调整法，确定的预期现金流量与不确定的预期现金流量的关系为：

确定的预期现金流量=肯定当量系数×不确定的预期现金流量

利用肯定当量系数可以把不肯定的现金流量折算成肯定的现金流量，或者说可以去掉现金流量中的风险部分，使之成为“安全”的现金流量。由于经肯定当量系数调整过的现金流量已经消除了风险，在计算净现值时，相应的折现率应该选用无风险报酬率。

[例 12-11]

根据例 12-10 的资料，若甲、乙两个项目各年预期现金净流量的肯定当量系数如表 12-7 所示。试用风险调整现金流量法计算甲、乙两个项目的净现值。

[解答]

经肯定当量系数调整后，甲项目的净现值为

$$NPV_{甲}=\frac{120\times 0.9}{1+4\%}+\frac{120\times 0.8}{(1+4\%)^2}+\cdots+\frac{120\times 0.4}{(1+4\%)^6}-400=25.94\text{（万元）}$$

经肯定当量系数调整后，乙项目的净现值为

$$NPV_{乙}=\frac{130\times 0.9}{1+4\%}+\frac{130\times 0.9}{(1+4\%)^2}+\cdots+\frac{130\times 0.7}{(1+4\%)^6}-500=48.74\text{（万元）}$$

可见，经肯定当量系数进行风险调整之后，乙项目优于甲项目。

表 12-7　甲、乙两个项目的预期现金净流量的肯定当量系数

年数	甲项目		乙项目	
	现金净流量（万元）	肯定当量系数	现金净流量（万元）	肯定当量系数
0	-400	1	-500	1
1	120	0.9	130	0.9
2	120	0.8	130	0.9
3	120	0.7	130	0.8
4	120	0.6	130	0.8
5	120	0.5	130	0.7
6	120	0.4	130	0.7

（二）概率法

概率法是指通过发生概率来调整各期的现金流量，并计算投资项目的期望现金净流量和期望净现值，进而进行投资决策的一种方法。概率法适用于各期现金流量相互独立的投资项目。运用概率法时，各年期望现金净流量的计算公式为

$$E(NCF_t)=\sum_{i=1}^{n}NCF_{ti}\times p_{ti}$$

式中，E（NCF_t）——第 t 年的期望现金净流量；

NCF_{ti}——第 t 年第 i 种结果的净现金流量；

p_{ti}——第 t 年第 i 种结果发生的概率；

n——第 t 年可能结果的数量。

［例 12-12］

ATL 公司面临一个投资项目，各年的现金净流量及其发生的概率情况如表 12-8 所示。若公司的资本成本为 15%，试对该项目做出决策。

表 12-8　ATL 公司各年现金净流量及概率情况

当前		第 1 年		第 2 年		第 3 年		第 4 年	
概率	NCF_0（元）	概率	NCF_1（元）	概率	NCF_2（元）	概率	NCF_3（元）	概率	NCF_4（元）
1.00	−90 000	0.3	20 000	0.2	30 000	0.4	20 000	0.2	40 000
		0.4	30 000	0.5	50 000	0.4	40 000	0.6	30 000
		0.3	40 000	0.3	10 000	0.2	60 000	0.2	30 000

［解答］

$E(NCF_1)=20\ 000\times0.3+30\ 000\times0.4+40\ 000\times0.3=30\ 000$（元）

$E(NCF_2)=30\ 000\times0.2+50\ 000\times0.5+10\ 000\times0.3=34\ 000$（元）

$E(NCF_3)=20\ 000\times0.4+40\ 000\times0.4+60\ 000\times0.2=36\ 000$（元）

$E(NCF_4)=40\ 000\times0.2+30\ 000\times0.6+30\ 000\times0.2=32\ 000$（元）

该投资项目的期望净现值为

$$E(NPV)=\frac{30\ 000}{1+15\%}+\frac{34\ 000}{(1+15\%)^2}+\frac{36\ 000}{(1+15\%)^3}+\frac{32\ 000}{(1+15\%)^4}-90\ 000$$
$$=3\ 762.53（元）$$

因为期望净现值大于 0，所以该项目可以接受。

在风险调整折现率法和风险调整现金流量法这两类方法中，从理论上讲风险调整现金流量法优于风险调整折现率法。因为前者可以对不同的年份进行不同的处理，充分考虑了年限风险；而后者采用单一的折现率意味着无法单独分离年限风险。不过，从实务来看，经常应用的是风险调整折现率法，主要原因是调整折现率比调整现金流量容易估计。此外，大部分财务决策都使用资本成本（或报酬率）来决策，调整折现率更符合人们的习惯。

篇中案例 12-3

江枫公司的多元化投资选择

江枫公司是一家从事机械设备制造的大型企业，目前资金比较充足，所以一直在寻找多元化投资机会。公司的市场营销副总对与公司当前业务联系不太紧密的一个投资领域特别感兴趣。不过，其他高管建议还是应该着眼于与公司当前业务联系更密切的领域。在一次资本预算会议上各抒己见之后，形成了3个备选方案。财务副总让财务部门对各方案的现金流量进行了预测，并计算了各方案的内含报酬率。结果如下：市场营销副总推荐的投资项目几乎是全新的领域，内含报酬率16.88%；生产副总推荐的投资项目同样是与当前经营业务差别相当大的领域，内含报酬率16.33%；研发副总推荐的投资项目与当前经营业务联系比较密切，内含报酬率15.12%。看到这样的结果，市场营销副总站了起来，他指出很显然自己心仪的投资项目是最佳选择。研发副总欠了欠身，欲言又止，似乎不太同意市场营销副总的说法，但又不知如何反驳。如果你是财务副总，你会如何表述呢？

四、敏感性分析

敏感性分析（Sensitivity Analysis）是投资项目评价中衡量不确定性因素变化对项目评价指标（如NPV、IRR等）的影响及影响程度的一种分析方法。敏感因素一般包括销售收入、经营成本、生产能力、初始投资、寿命期、建设期等。若某因素的小幅变化导致评价指标发生了较大变化，则说明该因素敏感性强，称为敏感因素；反之，若某因素的大幅变化才会导致评价指标发生较明显变化，则说明该因素敏感性弱，称为非敏感因素。

对投资项目进行敏感性分析的步骤是：

（1）确定具体的评价指标作为敏感性分析的对象，如NPV。

（2）选择不确定性因素。主要选择自身不确定性大且对评价指标影响比较直接的因素。

（3）对所选因素的不确定性进行分类划分（比如好、中、差，或乐观、正常、悲观等），并做出估计。

（4）估算出基础状态（正常情况）下的评价指标数值。

（5）改变其中一个影响因素，并假设其他因素保持正常状态的情况下，估算对应的评价指标数值。

（6）以正常情况下的评价指标作为标准，分析其对各种因素的敏感程度，进而对该项目的可行性做出分析判断。

敏感性分析主要包括最大最小法和敏感程度法两种分析方法，前者测算在评价指标达到临界值（如 NPV 等于 0）时，不确定因素的最大（或最小）值；后者假设不确定因素发生一定幅度的变化（如±10%），确定其引起评价指标的变化幅度，从而确定因素敏感性程度。下面以一道例题来说明敏感性分析的一般做法。

[例 12-13]

根据例 12-2 的资料，ATL 公司的内部投资项目在正常情况下，各年的现金净流量状况如表 12-9 所示。假定公司当前的资本成本为 16%，请以净现值作为敏感性分析的对象，选择固定资产投资、流动资金垫支、销售收入、付现成本、资本成本等因素，采用最大最小法和敏感程度法进行敏感性分析（采用敏感程度法时，假定各因素的变动幅度在－10%～10%之间）。

表 12-9　ATL 公司内部投资项目各年现金净流量情况

单位：元

投资期间	初始投资期	运营期		终结期
t（年）	0	1～5	6	
固定资产投资（1）	-600 000			
流动资金垫支（2）	-100 000			
销售收入（3）		360 000	360 000	
付现成本（4）		140 000	140 000	
折旧（5）		95 000	95 000	
税前利润 （6）=（3）－（4）－（5）		125 000	125 000	
所得税 （7）=（6）×25%		31 250	31 250	
净利润 （8）=（6）－（7）		93 750	93 750	
固定资产变价收入（9）				25 500①
流动资金垫支回收（10）				100 000
现金净流量（11）	-700 000	188 750	314 250	

[解答]

(1)根据例 12-3 的计算，正常情况下该投资项目的净现值为 47 004.41 元，令其等于 0，则各因素的最大（或最小）值如表 12-10 所列，计算过程从略。

① 这里假定固定资产残值和变价收入保持不变。

表 12-10　ATL 公司内部投资项目各因素的最大（最小）值

单位：元

不确定因素	正常值	最大值	最小值	幅度
固定资产投资	600 000	655 530		9.26%
流动资金垫支	100 000	179 728.25		79.73%
销售收入	360 000		342 991.31	-4.72%
付现成本	140 000	157 008.69		12.15%
资本成本	16%	18.35%		14.69%

可见，当固定资产投资达到最大值 655 530 元，增长幅度 9.26%时，投资项目的净现值会变为 0；当流动资金垫支达到最大值 179 728.25 元，增长幅度 79.73%时，投资项目的净现值会变为 0；当销售收入达到最小值 342 991.31 元，减少幅度 4.72%时，投资项目的净现值会变为 0；当付现成本达到最大值 157 008.69 元，增长幅度 12.15%时，投资项目的净现值会变为 0；当资本成本达到最大值 18.35%元，增长幅度 14.69%时，投资项目的净现值会变为 0。所以，对净现值影响敏感性最强的是销售收入，其次是固定资产投资；敏感性最弱的是流动资金垫支。

（2）用敏感程度法，假定各因素的变动为－10%和 10%，其净现值的情况和敏感系数如表 12-11 所示，计算过程从略。其中敏感系数的计算为

$$敏感系数=\frac{目标值变动百分比}{选定变量变动百分比}$$

表 12-11　ATL 公司内部投资项目各因素变动的净现值及敏感系数

单位：元

不确定因素	正常值	+10%	-10%	敏感系数
固定资产投资	47 004.41	-3 783.75	97 792.57	-10.80
流动资金垫支	47 004.41	41 108.83	52 899.98	-1.25
销售收入	47 004.41	146 492.28	-52 483.46	21.17
付现成本	47 004.41	8 314.68	85 694.13	-8.23
资本成本	47 004.41	14 445.68	82 003.51	-6.93

从表 12-11 可以看出，在这 5 个影响因素中，敏感性最强的是销售收入，其增长 1%，会使净现值增长 21.17%；其次是固定资产投资，其增加 1%，会使净现值减少 10.80%；敏感性最弱的则是流动资金垫支，其每增加 1%，会使净现值减少 1.25%。

敏感性分析能够在一定程度上就多种不确定性因素的变化对项目评价指标的影响进行定量分析，它有助于决策者了解项目决策需要重点分析与控制的

因素。不过，敏感性分析也存在一些不足，如没有考虑各种不确定性因素在未来发生变动的概率分布情况，从而影响风险分析的准确性。例如，项目评价标准对某些因素十分敏感，而这些因素发生变动的可能性却很小；相反，一些不太敏感的因素发生变动的可能性却很大，也会对投资决策指标产生重要影响。此外，敏感性分析孤立地处理每一个影响因素的变化，有时也会与事实不符，实际上，许多影响因素都是相互关联的。

五、决策树模型

决策树模型（Decision Tree Model）也是对不确定性投资项目进行分析的一种方法。前面提到的概率法只适用于各期现金流量相互独立的投资项目，决策树模型可用于分析各期现金流量彼此相关的投资项目。决策树直观地展示了一个多阶段项目决策中每一个阶段的投资决策和可能发生的结果及其发生的概率，它可用于识别净现值分析中的系列决策过程。

决策树模型分析的步骤如下：

（1）把项目分成明确界定的几个阶段；

（2）列出每一个阶段可能发生的结果；

（3）基于当前可以得到的信息，列出各个阶段每个结果发生的概率；

（4）计算每一个结果对项目的预期现金流量的影响；

（5）根据前面阶段的结果及其对现金流量的影响，从后向前评估决策树各个阶段所采取的最佳行动；

（6）基于整个项目的预期现金流量和所有可能的结果，并考虑各个结果相应的发生概率，估算第一阶段应采取的最佳行动。

［例 12-14］

HWL 公司是一家生产通信设备的公司，公司目前考虑巩固国内市场还是开拓国际市场。如果选择巩固国内市场，公司需要投入 1 500 万元；如果要开拓国际市场，公司需要投入 4 000 万元。如果目前选择巩固国内市场，两年后选择开拓国际市场，到时需要投入 5 000 万元。假定公司的资本成本为 10%，整个项目的经济寿命为 10 年。无论是巩固国内市场还是开拓国际市场，公司都可能会面对市场需求旺盛、一般和惨淡 3 种情况。可能出现各种情况的概率及最终的净现值情况如图 12-4 的决策树所示（图中方框表示决策点，圆圈表示随机事件点）。试帮助 HWL 公司做出决策。

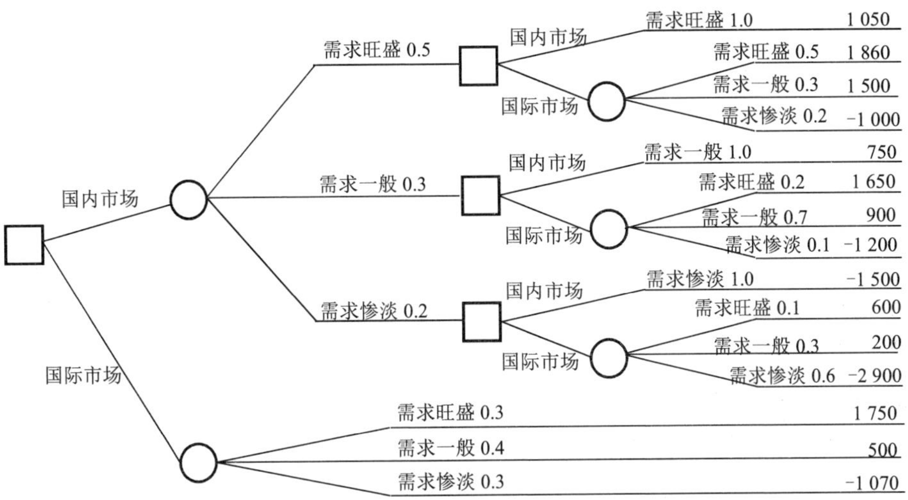

图 12-4　HWL 公司投资项目的决策树

[解答]

（1）依次计算两年后决策点各种情况净现值的期望值，即

$E(NPV_{21})=1\ 050\times1.0=1\ 050$（万元）

$E(NPV_{22})=1\ 860\times0.5+1\ 500\times0.3+(-1\ 000)\times0.2=1\ 180$（万元）

$E(NPV_{23})=750\times1.0=750$（万元）

$E(NPV_{24})=1\ 650\times0.2+900\times0.7+(-1\ 200)\times0.1=840$（万元）

$E(NPV_{25})=-1\ 500\times1.0=-1\ 500$（万元）

$E(NPV_{26})=600\times0.1+200\times0.3+(-2\ 900)\times0.6=-1\ 620$（万元）

将结果列在决策树上，并进行初次“剪枝”，如图 12-5 所示。

（2）利用保留下来的枝杈，计算当前决策点各情况净现值的期望值，即

$E(NPV_{11})=1\ 180\times0.5+840\times0.3+(-1\ 500)\times0.2=542$（万元）

$E(NPV_{12})=1\ 750\times0.3+500\times0.4+(-1\ 070)\times0.3=404$（万元）

将结果列在决策树上，并进行第二次“剪枝”，如图 12-5 所示。

（3）可见最优决策为当前巩固国内市场，待两年后再根据需求情况考虑是否进入国际市场。

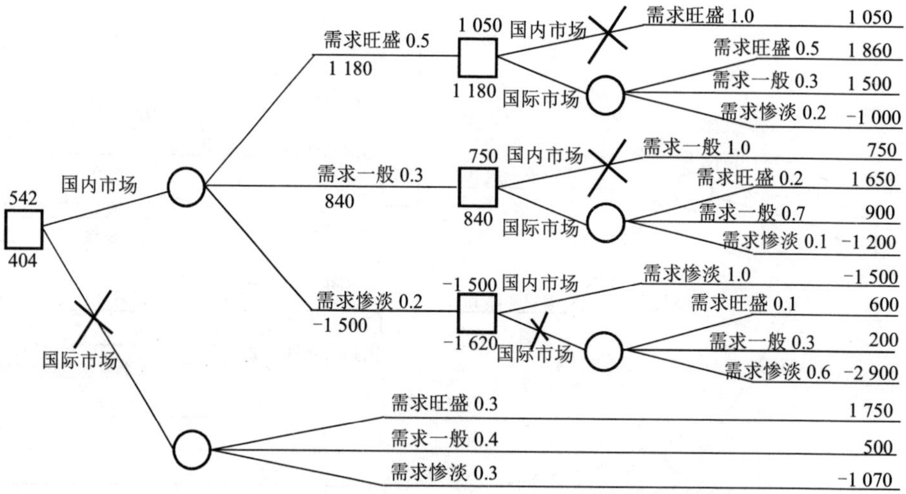

图 12-5 HWL 公司投资项目的决策树的“剪枝”与决策

决策树模型分析为项目决策者提供了很多有用信息，但是创建决策树也需要大量的信息。决策树模型要求被分析的项目可以区分为几个明确的阶段，要求每一阶段的结果必须是相互离散的，而且结果发生的概率及其对现金流量的影响可以事先预测，这些要求减少了可被分析项目的数量，从而使得决策树模型的应用受到限制。

【课堂测试 12-4】

1. 在风险调整折现率法和风险调整现金流量法中，哪一种更适用于考虑风险之后的内含报酬率的计算？为什么？

2. 若你所在的部门正在考虑甲、乙两个互斥的投资项目。估计投资的资本成本为 10%，无风险报酬率为 6%，预计两个项目的现金净流量及风险系数如下表。

单位：万元

年份	甲项目	乙项目
0	-1 600	-2 000
1	600	400
2	600	600
3	600	800
4	600	1 200
风险系数	1.60	0.80

a. 用资本成本作为折现率，计算甲、乙两个项目的净现值，并做出决策；

b. 使用“风险调整折现率=无风险报酬率+风险系数×（资本成本－无风险报酬率）”这一公式，计算两个项目的风险调整折现率；

c. 根据风险调整折现率重新计算两个项目的净现值，并进行决策；

d. 上述 a 和 c 的决策结果哪一个更好？为什么？

本章小结

对新建项目来说，现金流量往往包括现金流出量、现金流入量和现金净流量。现金流出量是指一个投资项目引起的企业现金支出的增加额；现金流入量是指一个投资项目引起的企业现金收入的增加额；现金净流量指的是由投资项目引起的、一定时期之内现金流入量与现金流出量的差额。在确定投资方案相关的现金流量时，应遵循增量现金流量原则。根据这一原则，预测现金流量应该注意沉没成本、机会成本、对其他部门的影响等因素。

投资项目的现金流量一般由初始现金流量、经营现金流量和终结现金流量三部分构成。初始现金流量是指项目投资开始至建成投入使用之间的现金流量，一般是项目的投资支出。经营现金流量是指投资项目建成投入运行后，在其整个寿命周期中由于生产经营而发生的现金流入和现金流出的数量。终结现金流量是指投资项目终结时发生的现金流量。一般而言，常见的投资项目决策包括扩充型投资决策、更新型投资决策、具备时机或后续选择性的项目投资决策和项目可行性分析。

投资项目总是有风险的，因此投资项目未来现金流量总会具有某种程度的不确定性。在第三节中涉及的在项目投资决策过程中考虑看涨期权的价值，其实就考虑了风险。此外，在第四节中我们探讨了有关风险处置的一些比较常用的方法，包括风险调整折现率法、风险调整现金流量法、敏感性分析法和决策树模型法等。

篇后案例

天方药业的项目投资分析

天方药业（600253）于 20Y3 年 7 月 15 日终止股票上市交易，意味着天方药业被中国医药（600056）吸收合并重组即将结束。作为老牌医药上市公司，天方药业几经沉浮终于有了归宿。回首过去，天方药业在 20X7 年和 20X8 年进行的大量投资并未产生预期成效，造成公司连续亏损，早已为天方药业的最终退市埋下了伏笔。20X7 年 8 月 14 日，天方药业对外公告进行盐酸林可霉素原料药项目二期工程，准备将 20X6 年 9 月 16 日开始建设年产 600 吨盐酸林可霉素原料药项目规模扩大一倍，生产盐酸林可霉素的总规模达到年产 1 200 吨。在项目投资公告中，天方药业列举的项目扩建理由是：随着我国经济的快速发展及人民用药水平的提高，林可霉素类产品的市场需求量逐步增加。盐酸林可霉素的市场前景较好，需求量大增，价格不断上扬，公司紧跟市场需求环境扩大该项目的二期工程，以期进一步提高公司的经营业绩，为公司的长远发展打下良好的基础。这样的预测显然过于乐观了。

公司预测，该扩充型投资项目需要总投资 16 185 万元，其中，固定资产投资 13 895 万元，流动资金投资 2 290 万元。资金来源是公司自有资金和银行贷款，其中自有资金为 6 582 万元，银行贷款为 9 603 万元。该项目建设期 1 年，预测年平均销售收入 15 322 万元，年平均利润总额 4 213 万元，年均净利润 2 823 万元。在这样的预测下，将项目按照 5%的残值率、11 年的寿命期计算，每年的折旧额将为 1 200 万元，年现金净流量 4 023 万元。这样计算的投资回收期为 4.45 年（含建设期）。此外，天方药业 20X7 年银行贷款的利率为 6.12%，按照资本市场 9%的平均收益率来看，天方药业的加权平均资本成本为 6.38%。由此计算出该项目的净现值为 14 628 万元，内含报酬率 18.61%。这样的投资项目显然是不错的。

不过，20X7 年底公司资产负债率为 63.32%，到 2008 年底资产负债率为 69.67%，公司的财务风险已经相当明显，再加上市场预测的草率、固定资产比重大量增加导致超高的经营风险，天方药业的总杠杆系数导致较小的销售萎缩就会产生每股收益大幅度萎缩。因此，上述项目的权益资本成本应该会高过 30%，加权平均资本成本则达到 14.92%。用风险调整折现率法计算的净现值为 3 056 万元。若考虑风险调整现金流量法，各年现金流量的肯定当量系数分别为 0.9～0.1 之间，用无风险报酬率 5.44%（3 年期国债等价复利率）计算净现值为－1 148 万元，内含报酬率为 3.91%。很显然，考虑了风险之后，这样的投资项目就不那么可取了。可见，对于财务风险大的企业，进行固定资产投资应该相当慎重，这里面的道理是什么呢？

核心概念

现金流量（Cash Flow）
现金流入量（Cash Inflows）

现金流出量（Cash Outflows）
沉没成本（Sunk Cost）
机会成本（Opportunity Cost）
初始现金流量（Initial Cash Flow）
经营现金流量（Operating Cash Flow）
终结现金流量（End Cash Flow）
风险调整折现率（Risk-Adjusted Discount Rate）
风险调整现金流量（Risk-Adjusted Cash Flow）
敏感性分析（Sensitivity Analysis）
决策树模型（Decision Tree Model）

思考题

1. 在内部投资决策中，最关键的步骤是什么？
2. 运输和安装成本对固定资产投资具有什么影响？
3. 解释增量现金流量的含义并举例说明。
4. 营运资本如何影响项目的初始现金流量？营运资本垫支的资金是如何投入和回收的？
5. 如何理解沉没成本和机会成本？请举例说明。
6. 扩充型投资决策与更新型投资决策有什么区别？
7. 如何理解具备时机选择性的投资项目相当于美式看涨期权？
8. 怎样才能使高风险的项目在投资决策中更不易被接受？
9. 比较风险调整折现率法和风险调整现金流量法的异同点。

练习题

（一）单项选择题

1. 与项目相关的现金流量是（　　）。

A. 全部营业收入　　B. 全部净利润
C. 增量现金流量　　D. 全部现金流量

2. 下列属于沉没成本的是（　　）。

A. 生产成本　　B. 管理费用　　C. 所得税费用　　D. 评估成本

3. 某公司新建厂房需使用公司拥有的一块土地，不必动用资金购买，但当初公司以600万元购入这块土地。假设目前这块土地出售的市价为1 000万元，如欲在这块土地上兴建厂房，应（　　）。

A. 以 600 万元作为投资分析的机会成本考虑

B. 以 1 000 万元作为投资分析的机会成本考虑

C. 以 400 万元作为投资分析的机会成本考虑

D. 以 1 400 万元作为投资分析的机会成本考虑

4. 在投资分析时，可以不考虑的成本是（　　）。

A. 沉没成本　　B. 机会成本　　C. 营运资本　　D. 增量成本

5. 投资项目的初始现金流量一般不包括（　　）。

A. 固定资产购建成本　　B. 营运资本垫支

C. 原有固定资产的变价收入　　D. 投资项目筛选成本

6. 一个投资方案年营业收入 500 万元，年营业成本 380 万元，其中折旧 150 万元，所得税税率为 25%，则该方案年经营现金净流量为（　　）。

A. 90 万元　　B. 240 万元　　C. 120 万元　　D. 262.5 万元

7. 下列属于非付现成本的是（　　）。

A. 生产成本　　B. 管理费用　　C. 销售费用　　D. 折旧

8. 下面有关年经营现金净流量的计算公式中，不正确的是（　　）。

A. 年经营现金净流量=营业收入－营业成本－所得税

B. 年经营现金净流量=营业收入－付现成本－所得税

C. 年经营现金净流量=净利润+折旧

D. 年经营现金净流量=（营业收入－付现成本）×（1－所得税税率）+折旧×所得税税率

9. 下列不属于终结现金流量的是（　　）。

A. 流动资金垫支的回收　　B. 固定资产变价收入

C. 项目终结的清理费用　　D. 新项目更新的成本支出

10. 西方有一句谚语“不要为打翻的牛奶哭泣”，这句话用在企业投资分析时带来的启示是：沉没成本应该被视为投资分析的（　　）。

A. 相关成本　　B. 非相关成本

C. 机会成本　　D. 差额成本

11. ATL 公司某固定资产原值 500 000 元，已计提折旧 467 000 元；现在将该固定资产变卖，变现价值 30 000 元。公司适用的所得税税率为 25%，则该变卖固定资产的交易引起的现金流入量为（　　）。

A. 0 元　　B. 30 000 元　　C. 30 750 元　　D. 33 000 元

12. 下列不属于扩充型投资决策的是（　　）。

A. 对现有固定资产进行改造　　B. 新建一个生产车间

C. 购买新的设备　　D. 上马新的生产线

13. 下列属于更新型投资决策的是（　）。

A. 购买新的设备　　B. 上马新的项目

C. 新建生产车间　　D. 用新设备替换旧设备

14. 下列需要考虑实物期权的投资决策是（　）。

A. 具备后续选择性的投资项目　　B. 购买新的生产线

C. 用新设备替换旧设备　　D. 新建一个生产车间

15. 可以根据各年风险程度不同分别进行风险调整的方法是（　）。

A. 风险调整现金流量法　　B. 风险调整折现率法

C. 风险调整折旧政策法　　D. 风险调整投资回收期法

16. 下列有关内部投资风险的衡量与处置的说法中不正确的是（　）。

A. 对于投资项目的风险可以通过调整折现率来实现

B. 对于投资项目的风险可以通过调整现金流量来实现

C. 通过风险调整，可以使净现值法更加稳健

D. 通过风险调整现金流量法确定的内含报酬率大于未调整时的内含报酬率

（二）多项选择题

1. 下列有关投资项目现金流量的说法中正确的包括（　　）。

A. 现金流入量是指投资项目引起的企业现金收入的增加额

B. 现金流出量是指投资项目引起的企业现金支出的增加额

C. 现金净流量是指投资项目引起现金流入量与现金流出量的差额

D. 典型投资项目，在开始运营前现金净流量为负值

E. 典型投资项目，在运营期内现金净流量一般为正值

2. 下列属于投资项目相关成本的包括（　　）。

A. 生产成本　　B. 管理费用　　C. 项目咨询费用

D. 销售费用　　E. 项目评估费用

3. 预测投资项目现金流量要遵循增量现金流量原则，此时一般需要考虑项目的（　　）。

A. 对其他部门的影响　　B. 历史成本

C. 机会成本　　D. 经营付现成本　　E. 沉没成本

4. 预测投资项目的增量现金流应该注意（　　）。

A. 排除沉没成本

B. 不要忽视机会成本

C. 考虑投资项目对公司其他部门的影响

D. 投资项目对营运资本的影响

E. 所得税投资项目现金流量的影响

5. 对投资项目进行现金流分析一般包括（　　）。

A. 投资项目评估成本的现金支出

B. 投资项目初始现金流量

C. 投资项目经营现金流量

D. 投资项目终结现金流量

E. 投资项目终结后续现金流量

6. 投资项目的初始现金流量一般包括（　　）。

A. 固定资产的购建、运输及安装成本

B. 营运资本垫支

C. 原有固定资产的变价收入

D. 投资项目的筛选成本

E. 投资项目运营前的职工培训费用

7. 下列项目中，属于付现成本的有（　　）。

A. 生产成本　　B. 折旧费用　　C. 长期待摊费用

D. 管理费用　　E. 销售费用

8. 能够计算出年经营现金净流量的公式有（　　）。

A. 税后收入－税后成本+折旧抵税

B. （营业收入－付现成本）×（1－所得税税率）+折旧×所得税税率

C. 净利润+折旧

D. 营业收入－付现成本－所得税

E. 营业收入－营业成本－所得税

9. 下列属于投资项目终结现金流量的有（　　）。

A. 营运资本垫支的回收

B. 固定资产的变价收入

C. 新项目更新的成本支出

D. 项目终结的清理费用

E. 新项目选择的咨询费用

10. 下列有关固定资产变价产生现金流量的描述正确的是（　　）。

A. 固定资产变价产生的现金流量一定等于固定资产残值

B. 固定资产变价产生的现金流量一定小于固定资产残值

C. 固定资产变价产生的现金流量可能等于固定资产残值
D. 固定资产变价产生的现金流量可能大于固定资产残值
E. 固定资产变价产生的现金流量可能小于固定资产残值

11. 对于扩充型项目投资决策，可以采用的方法包括（　　）。
A. 投资回收期法　B. 会计报酬率法　C. 净现值法
D. 内含报酬率法　E. 平均年成本法

12. 下列内部投资属于扩充型投资的有（　　）。
A. 对现有固定资产进行改造
B. 对现有固定资产进行技术更新
C. 新建一个生产车间
D. 购买新的设备
E. 上马新的生产线

13. 下列内部投资属于更新型投资的有（　　）。
A. 对现有固定资产进行改造
B. 对现有固定资产进行技术更新
C. 新建一个生产车间
D. 购买新的设备
E. 上马新的生产线

14. 投资项目进行更新决策时，需要采用平均年成本法的原因包括（　　）。
A. 新旧设备的收入和成本不具备可比性
B. 新旧设备没有适当的现金流入数据
C. 新旧设备的剩余使用年限不同
D. 旧设备的投资成本属于过去
E. 新旧设备的年折旧额不同

15. 在投资项目的可行性分析中，有关财务分析的说法中正确的有（　　）。
A. 投资项目的可行性分析只需要进行财务分析
B. 财务分析的结论是对投资项目进行投资决策的重要依据
C. 投资项目的财务分析采用静态分析与动态分析相结合的方法
D. 投资项目的财务分析以静态分析为主
E. 投资回收期、会计报酬率、净现值以及内含报酬率等均可作为投资项目财务分析的指标

16. 在投资项目分析中，项目的风险主要考虑（ ）。

A. 经济运行风险

B. 项目带来的财务风险

C. 项目的特有风险

D. 项目的公司风险

E. 项目的市场风险

（三）判断题

1. 当一项投资需要挪用其他部门资产时，应以该资产账面价值作为投资的现金流出。（ ）

2. 在投资项目的运营期内，现金净流量一定为正值。（ ）

3. 在确定投资项目的相关现金流量时，只有增量现金流量才是与项目相关的现金流量。（ ）

4. 沉没成本不应该作为投资项目的相关现金流量。（ ）

5. 更新重置型项目，原有旧设备的变价收入属于相关现金流量。（ ）

6. 垫支在营运资本上的资金，主要是指为了配合长期投资，用于原材料、在产品、产成品、现金和应收账款等方面的资金。（ ）

7. 固定资产的残值收入直接可以作为项目的终结现金流量。（ ）

8. 扩充型投资是指新建或扩大收入的投资项目。（ ）

9. 任何情况下，对于更新型投资决策都可以采用增量现金流量法。（ ）

10. 平均年成本法适用于剩余年限不同的更新型投资决策。（ ）

11. 风险调整折现率法是调整净现值模型的分子，使净现值更加稳健的方法。（ ）

12. 企业可以通过投资项目的分散化消除项目的特有风险。（ ）

13. 肯定当量法需要把不确定的现金流量按照一定的肯定当量系数调整为确定的现金流量。（ ）

14. 概率法通过概率来调整各期的现金流量，从而在一定程度上消除风险。（ ）

15. 由于经肯定当量系数调整过的现金流量中已经消除了风险，在计算净现值时，相应的折现率应该选用无风险报酬率。（ ）

16. 风险调整折现率法可以根据各年风险程度的不同分别进行风险调整。（ ）

17. 经敏感性分析得到不敏感因素一定不会对投资决策指标产生重要影响。（ ）

（四）计算综合题

1. BY 公司准备引进一条新的生产线。预计购置该生产线的成本为 100 000 元，该生产线的寿命周期为 5 年，5 年后无残值。投入使用后每年能生产并销售 12 000 件产品，单价 9 元。每件产品所需支付的生产成本及经营费用为 6 元。此外，公司开始销售时需要 30 000 元的流动资金垫支，设公司所得税税率为 25%，采用直线法折旧。

要求：估算此项目的现金流量，并用内含报酬率法进行决策（假设该企业资本成本为 15%）。

2. ATL 公司准备购建一条新生产线，现有甲、乙两种方案可供选择。两种方案需要增加的营运资本均为 80 万元，每年产销 A 产品的数量均为 50 000 件，单位售价 60 元。

甲方案选择购入技术水平相对较低的设备，其初始投资额为 200 万元，预计残值为 15 万元，生产的 A 产品单位变动成本为 45 元，卖家负责设备维护，因此无须专门支付维护费用。乙方案选择购入技术水平相对较高的设备，其初始投资额为 300 万元，预计残值为 20 万元，生产 A 产品的单位变动成本为 42 元；但因其技术水平较高，从第 4 年起每年需要维修一次，费用由本公司自行承担，预计第一次维修费需要 10 000 元，而且随着时间的推移维修范围将扩大，维修费每年需要比上一年增加 3 000 元。该企业对此类设备采用直线法计提折旧，规定的折旧期限为 10 年。假定企业适用的所得税税率为 25%，资本成本为 10%。

要求：按增量现金流量法比较甲、乙两个方案，并进行决策。

3. ZLL 公司有一台旧设备，预计使用期为 10 年，已使用 6 年，设备原值 300 000 元，预计残值 20 000 元，每年运行成本 48 000 元，该设备当前的变现价格为 60 000 元。现在企业的技术人员计划以基本性能相近的设备进行更新，新设备价值 280 000 元，预计可使用 8 年，预计残值 20 000 元，每年的运行成本为 16 000 元。假定企业的资本成本为 9%。

要求：对该企业固定资产更新方案进行分析评价。

4. 某公司有一投资项目，正常投资建设期为 3 年，每年投资 300 万元，3 年共需投资 900 万元。项目建成后经济寿命为 10 年，寿命终结时无残值，项目投入运营之初需垫支营运资本 30 万元，每年产生的现金净流量为 320 万元。如果把投资建设期缩短 1 年，则每年需要投资 500 万元，两年共投资 1 000 万元，竣工投产后项目有效寿命期和每年现金净流量不变。假定该公司的资本成本为 13%。

要求：分析是否应缩短投资建设期。

5. MZH 公司的生产部门正考虑投资于甲、乙两个互斥的投资项目。该公司的资本成本为 14%，当前的无风险报酬率为 8%。两个项目的初始投资、年经营现金净流量、肯定当量系数等数据如下表。

项目	甲项目		乙项目	
年份	现金净流量（万元）	肯定当量系数	现金净流量（万元）	肯定当量系数
0	-2 000	1.00	-2 800	1.00
1	1 000	0.90	1 000	0.95
2	800	0.80	1 200	0.90
3	600	0.70	800	0.85
4	500	0.60	900	0.80
5	500	0.50	600	0.75

要求：

（1）在没有进行风险调整前，计算每个项目的净现值。在这种情况下，哪个项目好？

（2）利用风险调整现金流量法，计算每个项目的净现值。在这种情况下，哪个项目更好？

（3）比较（1）和（2）的结果，你认为该公司应该采纳哪个项目？

6. HY 公司拟建年产 2 万吨澄清型玉米汁饮料生产线，项目建设总投资 6 000 万元，当年即可达到设计生产能力。预计项目生命周期为 10 年，期末无残值。投产后需投入 500 万元的流动资金，可在项目生命周期终结时收回。所需资金计划向商业银行贷款 2 600 万元，贷款利率 10%；其余 3 900 万元自筹，投资者希望的最低报酬率为 20%。企业希望保持此资本结构。

澄清型玉米汁采用 500 mL 的热罐装 PET 瓶包装，预计年销售 3 000 万瓶，出厂价 1.5 元/瓶，年生产总成本 3 300 万元，总成本中折旧等非付现成本 600 万元。项目适用的所得税税率为 25%。要求：

（1）计算银行贷款的税后资本成本以及初始筹资的加权平均资本成本；

（2）计算该项目预计年净利润；

（3）预测该项目各年的现金净流量；

（4）预算该项目的平均投资报酬率；

（5）预算该项目的投资回收期；

（6）预算该项目的净现值；

（7）预算该项目的内含报酬率；

（8）判断该项目是否可行。

第十三章　流动资产管理

企业的内部投资代表了企业重大的长期经营性投资活动，营运资本投资则代表了企业短期经营性投资活动。营运资本投资形成流动资产，本章的流动资产管理即是探讨企业的营运资本投资决策问题。通过本章的学习，可以了解营运资本投资、现金资产、应收账款和存货的相关概念，企业置存这些流动资产的原因等；熟悉营运资本投资策略的类型和衡量方法，现金、应收账款和存货管理的具体策略；掌握最佳现金持有量的各种模型、应收账款信用政策决策以及用经济订货批量模型确定最佳存货量的方法等。

开篇案例

对净营运资本为负数的讨论

一般而言，由于收款时间与付款时间不同步，企业会多准备一些流动资产（如货币资金、存货等）以防止意外，所以流动资产一般会大于流动负债，也就是说净营运资本为正数。不过，也有一些企业的净营运资本接近于0甚至是负数，而且经营得还不错。在这一点上，20X3年的江山股份（600389）就是典型的例子。

江山股份是中国农药生产重点骨干企业，该公司20X3年的年报显示，公司本年营业收入增加5.14%，权益净利率高达28.33%，每股收益1.53元。从资产负债表可以发现，20X3年底该公司流动资产为9.35亿元，而流动负债则为20.05亿元，净营运资本－10.70亿元。从流动资产和流动负债的构成来看，2013年底江山股份的应收预付款项1.86亿元；应付款项3.91亿元，预收款项2.02亿元。可见，江山股份采购时会充分采用赊购方式，形成大量应付款项，而在销售时却预收大量的货款，而且赊销量也不多。因此，江山股份能够充分使用“别人”的钱投入日常运营。你认为江山股份这样的营运资本策略具有什么优势？潜在的风险又是什么呢？

第一节 营运资本投资策略

按照广义的营运资本的概念，营运资本的投资即流动资产的投资，它是除了内部长期投资之外，企业的另一种经营性资金投放活动。资本预算决定企业长期的、重大的经营性投资活动，而营运资本投资则是企业的短期经营性投资活动。对企业的财务总监而言，花费在营运资本投资方面的时间往往超过资本预算。在本节中，营运资本投资策略是指确定流动资产投资的相对规模，使之既能保证企业日常经营的流动性，又不至于造成流动资产的闲置。

一、营运资本投资策略的类型

营运资本投资策略有3种可供选择的类型，即“宽松型”“适中型”和“紧缩型”。这3种策略的区别在于，在销售水平一定的情况下，对流动资产需求量的不同。宽松型营运资本投资策略是指以较多的现金、应收账款和存货来支持一定的销售水平。与之相反，紧缩型营运资本投资策略则要求在一定销售水平下，使现金、应收账款和存货达到最小的占用水平。而适中型营运资本投资政策则介于前两种极端状态之间。3种营运资本的投资策略如图13-1所示。

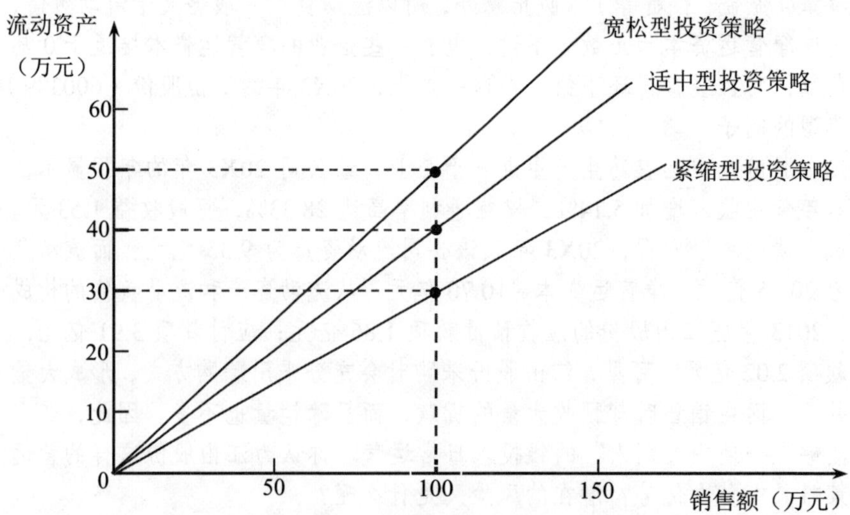

图13-1 营运资本投资策略示意图

（一）适中型投资策略

图 13-1 是某示例企业营运资本投资策略的示意图。假定该企业根据以往经验，流动资产的正常需要量一般占销售额的 30%。为应对企业生产经营中的不确定因素引起的意外情况，流动资产正常的保险储备量一般占销售额的 10%。如图 13-1 所示，当该企业的销售额为 100 万元时，流动资产应为 40 万元。按照这种方法确定有关现金、应收账款和存货等的资金占用额，称为适中型营运资本投资策略。这种策略支持一定销售水平的流动资产数量松紧适度，收益风险均衡，是相对比较中庸的策略。

（二）宽松型投资策略

在适中型投资策略确定的流动资产额度基础上，如果企业增加额外的流动资产储备量，则属于宽松型营运资本投资策略。例如在图 13-1 示例中，当销售额为 100 万元时，流动资产的资金占用量为 50 万元，对应的营运资本投资策略即为宽松型投资策略。采用这一策略的企业现金、应收账款和存货等占用的资金较多，特别是安全存货量大，这样既能够降低企业的违约风险，又能保障较强的偿债能力。不过，占用过多的存货、因过多赊销而形成的大量应收账款，以及持有较多的现金，都有可能使企业产生额外的资金占用成本（存货的储存成本、现金和应收账款的机会成本等），从而降低企业的收益。

（三）紧缩型投资策略

如果企业只安排正常生产经营对流动资产的需要量，不安排或很少安排为应对意外情况的保险储备量，则属于紧缩型营运资本投资策略。例如在图 13-1 示例中，当销售额为 100 万元时，流动资产的资金占用量为 30 万元，对应的营运资本投资策略即为紧缩型投资策略。采用这一策略，如果企业不发生意外情况或能够有效防止和处置意外情况，则可以加快资金流动速度，提高企业的收益水平。但是，企业将流动资产（现金、应收账款、存货等）控制在最小量，没有缓冲空间，很可能造成货款缓付、工资拖欠等，影响企业的信誉；或者出现存货短缺情况，使企业坐失时机。因此，紧缩型营运资本投资策略是一种收益高、风险也高的投资策略。

二、营运资本投资策略的衡量

营运资本投资策略一般可以用流动资产收入比率来衡量，它是流动资产周转率的倒数，也称为一元销售占用的流动资产。

$$流动资产收入比率=\frac{流动资产}{销售收入}$$

宽松型营运资本投资策略，要求保持较高的流动资产收入比率；紧缩型营运资本投资策略，要求保持较低的流动资产收入比率。根据前面的例子，假定某企业认为既能满足流动资产的需要又保持正常的保险储备情况下（即适中型营运资本投资策略）确定的流动资产收入比率为 40%，那么若企业实际的流动资产收入比率大于 40%（如前例中的 50%），则说明该企业实施宽松型营运资本投资策略；若企业实际的流动资产收入比率小于 40%（如前例中的 30%），则说明该企业实施紧缩型营运资本投资策略。流动资产收入比率的变化，也可以反映营运资本投资策略的变化。例如，若上述企业某年的流动资产收入比率由大于 40%变成小于 40%，则说明该企业营运资本投资策略由宽松改变为紧缩。在理论上，适中型营运资本投资策略可能最为有利，不过在实务中，上述三种投资策略都符合“风险收益对等”的原则，难说孰优孰劣。公司具体采用哪种策略取决于公司营运资本的实际情况以及公司决策者愿意承担风险的程度。

【课堂测试 13-1】

在下列财务政策中，哪些更倾向于宽松型营运资本投资策略？哪些更倾向于紧缩型营运资本投资策略？请在括号里表示出来。

a. 企业持有大量现金及有价证券

b. 企业允许少量甚至禁止赊销，从而使应收账款最小化

c. 企业仅储备少量存货

d. 企业储备大量存货

e. 企业保持较低水平的现金余额和少量有价证券投资

f. 企业放宽信用条件，致使应收账款增加

倾向于宽松型营运资本投资策略的包括（　　　　）；倾向于紧缩型营运资本投资策略的包括（　　　　）。

第二节　现金和有价证券管理

营运资本投资需求主要来自现金（及有价证券）、应收账款和存货，有时还包括预付账款等。现金是企业中流动性最强的资产，它的首要特点是普遍的可接受性，可以立即用来购买商品、货物、劳务或偿还债务。属于现金内容的项目，包括企业的库存现金、各种形式的银行存款和银行本票、银行汇票。

本节的有价证券指的是企业会计报表中的“以公允价值计量且其变动计入当期损益的金融资产”，曾经称为“交易性金融资产”，它是企业现金的一种转化形式。有价证券变现能力强，可以随时兑换成现金。当企业有多余现金时，常将现金兑换成有价证券，追求一些短期投资收益；当需要补充现金时，再出让有价证券换回现金。这样，有价证券就成了现金的替代品，是广义现金资产的一部分。

一、企业置存现金的原因

一般而言，企业置存现金，主要是从以下 3 个方面考虑，即企业置存现金的 3 个动机包括交易动机、预防动机和投机动机。

（一）交易动机

交易动机（Transactions Motive）是指企业持有现金以满足日常交易的支付需要，如用于购买原材料、支付职工工资、缴纳税款和支付股利等的需要。企业为此保持一定数量的现金余额，主要原因包括：①企业向客户提供的商业信用条件相对于从供应商那里获得的信用条件不同，企业日常交易的现金收入和现金支出很少是同步发生的；②企业由于季节性的变化，造成现金需求量的临时增加；③其他交易活动引起现金收支的不平衡。

（二）预防动机

预防动机（Precautionary Motive）是指企业持有现金以应对意外事件的需要。企业发生意外事件，一般会出现意想不到的开支，比如发生自然灾害、生产事故、到期的欠款不能如期支付以及政府政策发生不利于企业的突然变化等。因此，企业需要保持一定数量的额外现金以应对未来现金流入和流出的随机变动。预防动机所需现金的多少取决于 3 个因素：①企业甘愿冒多大的现金短缺风险；②企业预测现金收支的准确性；③企业临时融通资金的能力。

（三）投机动机

投机动机（Speculative Motive）是指企业持有现金用于不寻常的购买机会，比如通过证券市场、原材料市场或其他资产市场上的投机买卖来获取投机收益。虽然企业置存现金的主要目的不是为了满足投机的需要，但如果出现良好的短期获利机会，而企业缺乏必需的现金，则会坐失良机，望洋兴叹。

企业缺乏必要的现金显然无法满足以上 3 种动机的需要。然而，因为资金存在成本（资本成本或机会成本），所以如果企业置存过量的现金，会因这些资金不能投入周转无法取得盈利而遭受损失；而且，即使确实无法将现金投入本企业的经营周转，也应尽可能多地投资于能产生高收益的其他资产，避免资金闲置或用于低收益资产而带来损失。这样，企业便面临现金不足和现金过量两个方面的威胁。因此，企业现金管理的目标，就是要在资产的流动性和盈利能力之间做出抉择，以获取最大的长期利润。

二、现金收支管理

现金收支管理的目的在于提高现金使用效率，为达到这一目的，应当注意做好以下几个方面的工作：

（1）力争现金流量同步。虽然企业现金流量很难实现完全同步，但这并不意味着我们在现金管理上可以放弃这方面的要求。如果企业能尽量使它的现金流入和现金支出发生的时间趋于一致，就可以使其所必须持有的交易性现金余额降到最低水平。

（2）使用现金浮游量。所谓现金浮游量，是指企业存款账户上的现金余额与银行账户上所示的存款余额之间的差额。出现这一差额的主要原因是从企业开出支票，收款人收到支票并将其送到银行，至银行将款项划出企业账户，通常需要一段时间。在这段时间里，尽管企业已开出了支票，却仍可动用在活期存款账户上的这笔资金。不过，在使用现金浮游量时，一定要控制好使用的时间，否则会发生银行存款的透支。

（3）加速收款。加速收款主要指尽可能缩短从客户汇款或开出支票到企业收到客户汇款或将其支票兑现的过程。加速收款可以保证及时收回现金，避免本企业的现金被他人无偿占用。同时，早日收回现金，可将现金尽早地投入企业的生产经营中，加速现金的周转速度。不过，在当今激烈的市场竞争中，赊销是扩大销售规模、增加销售收入的必要手段。问题在于如何利用信用政策做到既能够吸引客户，又能够缩短收款时间，这需要在两者之间找到适当的平衡点，并实施妥善的收账策略。

（4）合理利用商业信用，推迟付款。企业用赊购的方式购买原材料，应尽量享受供应商给予的现金折扣条件，并将付款期延至折扣期的最后一天。如遇急需现金，企业可以放弃供应商的现金折扣优惠条件，在信用期的最后一天，甚至延迟付款。当然，这要权衡折扣优惠、信誉损失和急需现金之间的利弊得失而定。

篇中案例 13-1

洋河股份的现金及有价证券

像洋河股份（002304）这样主营业务为白酒的企业，产品的销售具有一定的季节性，一般冬季为销售旺季。分析可知，该企业每年第二季度末的现金需求应该减少，而第四季度末的现金需求应该会增加。根据洋河股份 20X2 年年报和半年报的资产负债表数据，该公司 20X2 年年初时的货币资金为 70.98 亿元（现金 72 万元，银行存款 70.66 亿元），交易性金融资产 12.6 亿元；20X2 年 6 月 30 日时的货币资金 56.42 亿元（现金 81 万元，银行存款 55.04 亿元），交易性金融资产 28.7 亿元；20X2 年 12 月 31 日时的货币资金 76.59 亿元（现金 7 万元，银行存款 75.97 亿元），交易性金融资产 15 亿元。你能够对洋河股份 20X2 年现金及有价证券的变化做出一些解释吗？

三、最佳现金持有量

现金管理最根本的目的是权衡得失，在资产的流动性与收益性之间做出抉择，以确定最佳现金持有量。确定最佳现金持有量的方法或模型较多，常用的有成本分析模式、存货模型和随机模型等。

（一）成本分析模式

成本分析模式是通过分析持有现金的成本，来寻找特定持有成本最低的现金持有量。一般认为，现金持有成本具体包括以下 3 种：

1. 机会成本

企业持有现金是以放弃其他形式的资产利用或投资可能获得的收益为代价的，这种代价就是现金持有的机会成本（Opportunity Cost）。机会成本率通常可以用企业的投资报酬率、有价证券的利息率或企业的资本成本来衡量。由此可见，机会成本与现金持有量呈线性关系，现金持有量越大，机会成本越高。因此，过多的现金持有量在经济上是不合算的。

2. 管理成本

企业持有现金会发生管理费用，如现金管理人员的工资、各种安保措施费等，这些费用就是现金的管理成本（Management Cost）。一般认为，在一定范围内现金持有量与管理成本之间没有明显的比例关系，因此管理成本可以看作一种固定成本。

3. 短缺成本

短缺成本（Shortage Cost）是指企业因缺少必要的现金，不能进行及时的支付而使企业蒙受的损失或付出的代价。比如，丧失较好的购买机会，不能及时购买原材料而造成生产停滞，不能及时付款而造成信用损失或产生放弃现金折扣的成本等。很显然，企业现金持有量越多，发生短缺的可能性越小，所以短缺成本与现金持有量呈反方向变化。

成本分析模式认为能使以上 3 项成本之和最小的现金持有量，就是最佳现金持有量。根据上述分析，可以将 3 种成本绘制在一张坐标图上，具体如图 13-2 所示。

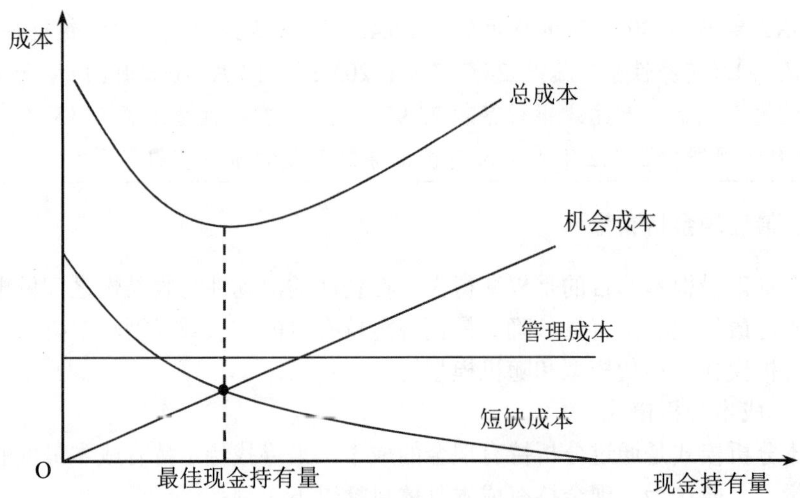

图 13-2 现金的持有成本

在成本分析模式中，最佳现金持有量的具体计算，可以先分别计算各种方案的机会成本、管理成本和短缺成本之和，再从中选出总成本最低的现金持有量，即为最佳现金持有量。

[例 13-1]

ATL 公司有 5 种现金持有量方案，它们各自的机会成本、管理成本和短缺成本如表 13-1 所示。试确定在这 5 种方案中最佳现金持有量。

表 13-1 现金持有量备选方案及成本比较表

单位：元

方案	甲	乙	丙	丁	戊
现金持有量	20 000	40 000	60 000	80 000	100 000
机会成本	2 400	4 800	7 200	9 600	12 000
管理成本	8 000	8 000	8 000	8 000	8 000
短缺成本	15 000	10 000	6 000	3 000	1 000

［解答］

甲方案总成本 = 2 400 + 8 000 + 15 000 = 25 400（元）

乙方案总成本 = 4 800 + 8 000 + 10 000 = 22 800（元）

丙方案总成本 = 7 200 + 8 000 + 6 000 = 21 200（元）

丁方案总成本 = 9 600 + 8 000 + 3 000 = 20 600（元）

戊方案总成本 = 12 000 + 8 000 + 1 000 = 21 000（元）

通过比较可知，丁方案的总成本最低。因此，80 000 元是 ATL 公司最佳现金持有量。

（二）存货模型

存货模型是使用存货经济订货批量模型（具体见本章第四节）类比计算最佳现金持有量的方法。该模型是美国财务专家威廉·鲍莫（William Baumol）于 1952 年用于现金管理的，所以又称为鲍莫模型（Baumol Model）。

存货模型认为，既然有价证券作为现金的替代形式，那么如果企业平时只持有较少的现金，但保有足够的有价证券，就可以在有现金需要时（如手头的现金用尽），通过出售有价证券换回现金（或从银行贷款，下同），便能够既满足现金的需要，避免短缺成本，又能减少机会成本。因此，适当的现金与有价证券之间的转换，是企业提高资金使用效率的有效途径。不过，企业每次以有价证券换回现金是要付出代价的（如支付经纪费用），这被称为现金的交易成本。存货模型假定每次转换的交易成本是固定的，那么，在企业一定期间（如 1 年）现金需求量固定的情况下，每次以有价证券转换为现金的金额越大，企业平时持有的现金量便越高，转换的次数便越少，现金的交易成本就越低；反之，每次转换回现金的金额越低，企业平时持有的现金量便越低，转换的次数会越多，现金的交易成本就越高。

存货模型还假定企业的现金支出稳定并且均匀发生，那么企业在 1 年内所需的现金数量是固定的。例如，某企业初始现金持有量为 80 000 元，每天净支出 4 000 元，那么到第 20 天末，现金持有量为 0；这时企业必须出售有价证券补充现金，使现金恢复到原有水平即 80 000 元，并开始新的支出循环，这一过程如图 13-3 所示。从图 13-3 可以看出，企业在 1 年中的平均现金持有量仅为初始持有量（最高持有量）的一半，即 40 000 元。

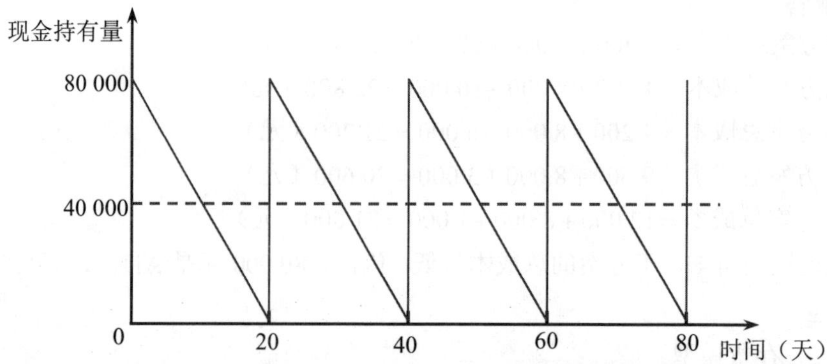

图 13-3　一段时间的现金持有状况

若每次转换的现金数量为 N，有价证券的收益率（或企业贷款的资本成本）为 i，那么企业持有现金的机会成本为

$$机会成本 = \frac{N}{2} \times i$$

再看交易成本，若企业一年中现金需求总量为 T，每次有价证券转换为现金的交易成本为 b，那么企业持有现金的交易成本为

$$交易成本 = \frac{T}{N} \times b$$

在存货模型中，因为管理成本是固定的，不会影响现金持有量的决策，所以不考虑管理成本；而模型中有价证券转换为现金的瞬时性又确保不存在短缺成本。因此，存货模型中，现金持有的总成本（TC）仅包括机会成本和交易成本。从上述两个表达式可以看出，现金持有量对机会成本与交易成本的影响是反方向的，即现金持有量大，机会成本大，但交易成本小；反之，机会成本小，但交易成本大。故此，可以通过总成本的最小值来确定最佳转换现金持有量 N^*，具体过程为

$$TC = \frac{N}{2} \times i + \frac{T}{N} \times b$$

对 N 求一阶导数，令其等于 0，便可得到 TC 的最小值，即

$$TC' = \frac{i}{2} - \frac{Tb}{N^2} = 0$$

可得，$N^* = \sqrt{\dfrac{2Tb}{i}}$

存货模型的成本曲线如图 13-4 所示，可以看出：机会成本随现金持有量逐渐上升，交易成本随现金持有量逐渐下降，总成本先下降后上升；最小总成本对应的现金持有量即为最佳转换现金持有量 N^*；同时对应着机会成本线与交易成本线的交点。

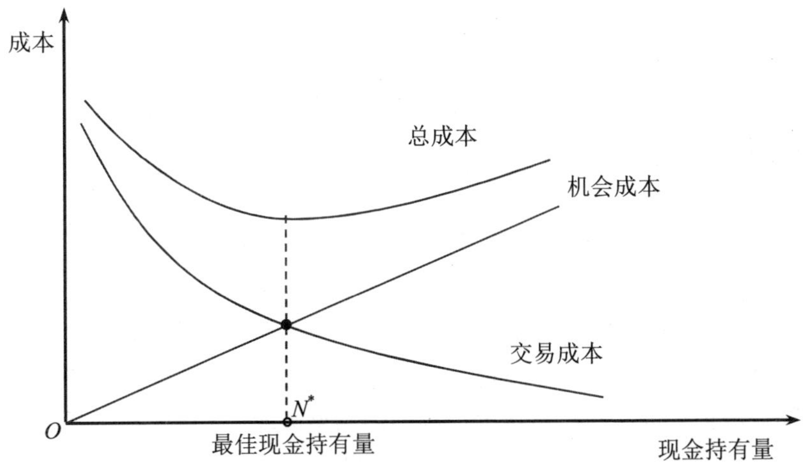

图 13-4　现金存货模型的成本曲线

［例 13-2］

若 FML 公司预计全年需要现金 300 万元，现金与有价证券的转换成本为每次 100 元，短期有价证券的利息率为 6%，则最佳转换现金持有量为多少？

［解答］

$$N^* = \sqrt{\frac{2\times 3\ 000\ 000\times 100}{6\%}} = 100\ 000（元）$$

（三）随机模型

随机模型是在现金需求量难以预知情况下进行现金持有量控制的方法。它是由莫顿 · 米勒（Merton Miller）和丹尼 · 欧尔（Daniel Orr）于 1966 年首先提出的，因此又称作“米勒-欧尔模型”（Miller-Orr Model）。

对企业来讲，现金需求量往往波动大且难以预知，但企业可以根据历史经验和现实需要，测算出一个现金持有量的控制范围，即制订出现金持有量的上限和下限，将现金量控制在上下限之内，如图 13-5 所示。

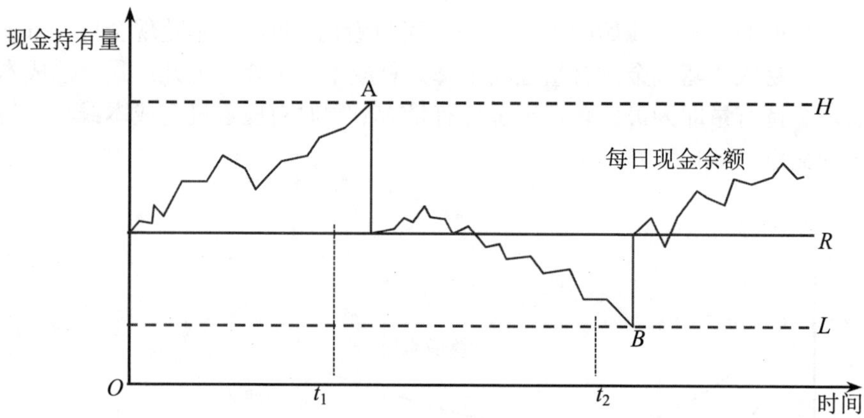

图 13-5　随机模型的现金持有量变动图

在图 13-5 中，当企业每天实际的现金余额在上下限之间变动时，表明企业的现金储备处于可控范围内，无须进行调整。假设当企业现金余额在 t_1 时刻即将突破上限（H）到达 A 点时，表明企业的现金储备超出了可控的范围，企业应该用现金购买有价证券，使现金余额回落到返回线（R）水平；当企业的现金余额在 t_2 时刻即将突破下限（L）到达 B 点时，表明企业的现金储备太少，企业则应该转让有价证券换回现金，使现金余额升至返回线水平，以保证企业生产经营的正常需要。可见，在随机模型中，最重要的是确定现金余额控制的三条线。首先，可以根据企业每日最低现金需要的实际情况以及管理者风险承担倾向等因素确定下限 L；然后，米勒和欧尔根据统计学原理给出了返回线 R 和上限 H 的计算公式，具体如下：

$$R=\sqrt[3]{\frac{3b\delta^2}{4i}}+L$$

$$H=3R-2L$$

式中，b——每次有价证券的固定转换成本；

i——有价证券的日利息率；

δ——预期每日现金余额变化的标准差（可根据历史资料测算）。

[例 13-3]

假定 ATL 公司有价证券的年利率为 9%，每次固定转换成本为 200 元，公司认为任何时候其银行活期存款及现金余额不能低于 5 000 元，又根据以往经验测算出现金余额波动的标准差为 1 500 元。求最优现金返回线 R、现金控制上限 H。

［解答］

$$有价证券日利息率 = \frac{9\%}{360} = 0.025\%$$

$$R = \sqrt[3]{\frac{3 \times 200 \times 1\,500^2}{4 \times 0.025\%}} + 5\,000 = 16\,052.09（元）$$

$$H = 3 \times 16\,052.09 - 2 \times 5\,000 = 38\,156.27（元）$$

随机模型建立在企业的现金未来需求总量和收支不可预测的前提下，因此计算出来的现金持有量范围比较保守。

【课堂测试 13-2】

1. 假定其他条件不变，分析下列事项对企业最佳现金余额的影响。
   a. 企业开始新的记账体系，使现金流入和流出更加同步。
   b. 企业发展了一种新的销售预测技术，提高了销售预测的准确性。
   c. 企业减少了有价证券的余额。
   d. 企业为其支票账户设定透支系统。
   e. 企业的信用记录良好，银行提高了信贷限额。
   f. 基础利率从 3%提高到了 5%。

2. 假设一家企业的现金支出在一个月内并不是均匀的，这会对企业的最佳现金余额产生何种影响？

第三节　应收账款管理

这里的应收账款是指因对外销售产品、材料、供应劳务及其他原因，应向购货单位、接受劳务的单位或其他单位收取的款项，包括应收销售款、其他应收款、应收票据等。应收账款余额水平的高低直接反映企业制订和实施的信用政策，从某种程度上讲，应收账款管理实际上是一种信用管理。

一、应收账款的功能与成本

（一）应收账款的功能

应收账款作为一种营运资本投资，虽然占用了一些资金，但在生产经营中能够发挥重要作用，其功能主要体现在以下两个方面：

（1）在竞争环境中扩大销售

在当今激烈的市场竞争中，企业不得不以各种手段扩大销售。对于同等的产品价格、类似的质量水平、相差无几的售后服务，实行赊销产品的销售额将大于现金销售产品的销售额。这是因为，赊销不但向客户提供了产品，而且还相当于向客户提供了一种无息贷款，即在一定时期内让客户无偿占用其一定量的资金。客户更乐于接受赊销这种方式，所以企业为了扩大销售的竞争需要，不得不形成一定数量的应收账款。

（2）减少企业库存

企业持有存货必然会发生一定的额外成本，如储存成本等。存货水平较高时，赊销可以有效降低库存水平，从而相应降低存货成本。因此，从自身利益出发，企业也会接受赊销这种方式，形成应收账款。

（二）应收账款的成本

应收账款在发挥扩大销售、减少库存以增加收益的同时，也会产生相应的成本，主要包括：

（1）机会成本

与现金及其他流动资产一样，应收账款意味着企业的部分资金被客户无偿占用，从而丧失在其他投资中盈利的机会，这就是机会成本。这种机会成本通常就是资金的时间成本，一般按有价证券的利率或企业的资本成本来计算。

（2）管理成本

应收账款的管理成本是指企业对应收账款进行管理而发生的相关开支，包括对客户资信的调查费用、账簿记录费用、收账费用等。

（3）坏账损失成本

应收账款的坏账损失成本是指企业的部分应收账款会因客户无力支付而最终无法收回所产生的损失，这是企业赊销所面临的最大风险。坏账损失成本一般与应收账款的数量正相关，应收账款越多，可能发生的坏账损失成本越大。

二、信用政策的确定

对企业来说，应收账款是一把“双刃剑”，它一方面会给企业增加收益，另一方面也会给企业带来风险，增加成本负担。因此，在确定应收账款的信用政策时，企业应充分权衡考虑其所增加的盈利与成本。只有当应收账款所增加的盈利超过所增加的成本时，才应当实施应收账款赊销；如果扩大应收账款赊销有着良好的盈利前景，就应当放宽信用条件，增加赊销量。一般而言，应收账款的信用政策包括信用标准、信用期间和现金折扣政策。

（一）信用标准

信用标准（Credit Standards）是指客户为取得企业的商业信用所应达到的基本条件。企业在进行赊销时，通常会对客户的资信进行审核，确定其是否符合企业的信用标准。如果客户达不到相应的信用标准，便不能享受企业的信用或只能享受较低的信用优惠。

对客户资信的调查分析可以借鉴商业银行贷款常用的“5C”原则，该原则主要考察客户的品质（Character）、能力（Capacity）、资本（Capital）、抵押（Collateral）和条件（Condition）5 个方面，以判断客户的还款意愿和还款能力。具体的分析如下：

（1）品质

品质是指客户努力履行其偿债义务的意愿，是评估客户信用水平的首要指标。客户的道德品质可以依据客户以往购货的付款履约记录来分析。客户品质直接决定着企业应收账款的回收速度和回收数额，因而是资信评估中最为重要的因素。

（2）能力

能力是指客户的偿债能力，在本书第四章涉及的偿债能力指标（如流动比率等）均可衡量企业的偿债能力。对商业信用来说，通常考察客户的短期偿债能力，即流动资产的数量和质量以及与流动负债的比例。能力的判断依据通常是对客户的偿债记录和经营状况的实际调查。

（3）资本

资本是指客户的财务实力和财务状况，即资本实力。通常需要调查测定客户的总资产、有形资产净值以及留存收益等，这些反映了客户的经济实力和财务状况，这是偿付债务的最终保证。对于客户资本实力的判断一般可以从其财务报表中获得相关信息。

（4）抵押

抵押是指当客户拒付款项或无力支付款项时能被用作抵押的资产，一旦收不到这些客户的款项，便以抵押品抵补。对于首次交易或信用状况有争议的客户，考虑其是否有足够的抵押品，这一点尤为重要。

（5）条件

条件是指可能影响客户付款能力的经济环境。一般来说，当经济环境较好时，客户的生产经营前景光明，其盈利能力和偿债能力就会提高，资信等级也相应提高。

企业掌握客户以上5个方面的状况后，可以对客户的信用水平进行综合评估。对综合评价高的客户可以适当放宽标准，而对综合评价低的客户就要严格信用标准，甚至可以拒绝提供商业信用以避免坏账损失。

（二）信用期间

信用期间（Credit Period）简称为信用期，是指企业允许客户从购货到付款之间的持续时间，或者说是企业给予客户的付款期间。例如，企业可以在销货发票上给出"*n*/50"的信用条件，这说明企业允许客户在购货后的50天内付款，即信用期为50天。企业在销售商品（或提供劳务，下同）时信用期过短，不足以吸引客户，难以使销量增加；而盲目放宽信用期，销量增加引起的收益则可能会被增长的各种成本所抵消，甚至出现净损失。

信用期的确定，主要是分析改变现行信用期对收入和成本的影响。若考虑延长信用期，对收入的影响主要由销售额的增加引起，对成本的影响主要来自应收账款的机会成本、管理成本和坏账损失成本增加；若考虑缩短信用期，情况与此相反。在上述成本中，应收账款的机会成本一般考虑应收账款的应计利息，它的计算需要用到如下公式：

$$\text{应收账款应计利息}=\text{应收账款占用资金}\times\text{资本成本}$$

$$\text{应收账款占用资金}=\text{应收账款平均余额}\times\text{变动成本率}$$

$$\text{应收账款平均余额}=\text{日平均销售额}\times\text{平均收账期}$$

$$\text{日平均销售额}=\frac{\text{年销售总额}}{360}$$

在上述公式中，考虑到"早收晚付"的原则，平均收账期一般由信用期确定；而应收账款的占用资金，则考虑企业实际资金的占用，所以用"应收账款的平均余额乘以变动成本率"，转化为投入成本的资金占用。下面以一道例题来说明信用期间决策的方法。

［例13-4］

假定ATL公司对某种产品现在采用30天按发票金额付款（*n*/30）的信用条件，拟将信用期放宽至60天（*n*/60），仍按发票金额付款即不给现金折扣，设等风险资金的成本为10%，其他有关数据如表13-2所示，试分析该不该放宽信用期。

表 13-2　ATL 公司信用期间决策的有关资料

信用期项目	30 天	60 天
销售量（件）	300 000	360 000
销售收入（单价 10 元）	3 000 000	3 600 000
销售成本（元）		
变动成本（8 元/件）	2 400 000	2 880 000
固定成本（元）	300 000	300 000
毛利（元）	300 000	420 000
可能发生的收账费用（元）	20 000	30 000
可能发生的坏账损失（元）	30 000	80 000

[解答]

分析：应先考虑放宽信用期增加的收益，再考虑放宽信用期增加的各种成本，然后比较两者的差额，从净收益或净损失判断是否应该放宽信用期。

（1）收益的增加

收益的增加 = 销售量的增加 × 单位边际贡献

$$=(360\,000-300\,000)\times(10-8)=120\,000（元）$$

（2）应收账款占用资金的应计利息增加

$$30天信用期的应计利息=\frac{3\,000\,000}{360}\times 30\times\frac{8}{10}\times 10\%=20\,000（元）$$

$$60天信用期的应计利息=\frac{3\,600\,000}{360}\times 60\times\frac{8}{10}\times 10\%=48\,000（元）$$

应计利息增加 $=48\,000-20\,000=28\,000$（元）

（3）收账费用和坏账损失增加

收账费用增加 $=30\,000-20\,000=10\,000$（元）

坏账损失增加 $=80\,000-30\,000=50\,000$（元）

（4）放宽信用期的税前净损益

$$收益增加-成本费用增加=120\,000-(28\,000+10\,000+50\,000)=32\,000（元）$$

由于收益的增加大于成本增加，故可以采用 60 天的信用期。

上述关于信用期决策分析的方法是比较简略的，可以满足一般制订信用政策的需要。如有必要，也可以进行更加细致的分析，如进一步考虑销售增加引起的存货增加而多占用资金，考虑自发性经营负债增加而节约营运资本等，这里不再详述。

（三）现金折扣政策

现金折扣是企业对客户在商品价格上所做的扣减。向客户提供这种价格上的优惠，主要目的在于吸引客户享受优惠而提前付款（在本书第十章讨论过客户放弃现金折扣可能面临很高的成本），从而缩短企业的平均收账期。

因为现金折扣是与信用期间结合使用的，所以确定折扣程度的方法与程序实际上与前述确定信用期间的方法和程序一致，只不过要把所提供的信用期限放宽条件和现金折扣条件综合起来，看各方案的宽限与折扣能取得多大的收益增量，再计算各方案带来的成本变化，以确定最佳方案。

[例 13-5]

根据例 13-4 的资料，假定 ATL 公司在放宽信用期的同时为了吸引客户尽早付款，提出了“2/30，*n*/60”的现金折扣条件，估计会有一半的客户将享受现金折扣优惠。同时，现金折扣政策会在一定程度上改善单纯的收账费用和坏账损失。具体资料如表 13-3 所示，试分析该公司是否应该采用新的信用条件。

表 13-3 ATL 公司现金折扣决策的有关资料

信用期项目	*n*/30	2/30，*n*/60
销售量（件）	300 000	360 000
销售收入（单价 10 元）	3 000 000	3 600 000
销售成本（元）		
变动成本（8 元/件）	2 400 000	2 880 000
固定成本（元）	300 000	300 000
毛利（元）	300 000	420 000
可能发生的收账费用（元）	20 000	25 000
可能发生的坏账损失（元）	30 000	60 000

[解答]

（1）收益的增加

收益的增加 = 销售量的增加 × 单位边际贡献

$$=(360\,000-300\,000)\times(10-8)=120\,000\text{（元）}$$

（2）应收账款占用资金的应计利息增加

$$30\text{天信用期的应计利息}=\frac{3\,000\,000}{360}\times30\times\frac{8}{10}\times10\%=20\,000\text{（元）}$$

$$2/30，n/60\text{的平均收账期}=30\times50\%+60\times50\%=45\text{（天）}$$

$$60天信用期的应计利息=\frac{3\ 600\ 000}{360}\times 45\times\frac{8}{10}\times 10\%=36\ 000（元）$$

应计利息增加 $=36\ 000-20\ 000=16\ 000$（元）

（3）收账费用和坏账损失增加

收账费用增加 $=25\ 000-20\ 000=5\ 000$（元）

坏账损失增加 $=60\ 000-30\ 000=30\ 000$（元）

（4）估计现金折扣成本的变化

30天信用期的现金折扣成本为0

2/30，n/60的现金折扣成本 $=3\ 600\ 000\times 50\%\times 2\%=36\ 000$（元）

现金折扣损失增加 $=36\ 000-0=36\ 000$（元）

（5）采用新的信用条件的税前净损益

收益增加 − 成本费用增加

$=120\ 000-(16\ 000+5\ 000+30\ 000+36\ 000)=33\ 000$（元）

由于收益的增加大于成本增加，故应当放宽信用期，提供现金折扣。

三、应收账款的回收

应收账款发生后，企业应采取各种措施，尽量争取按期收回款项，否则可能因拖欠时间过长而发生坏账，使企业蒙受损失。

（一）应收账款回收情况的监督

企业已发生的应收账款时间不一，有的尚未过信用期，有的则超过了信用期。一般来说，应收账款拖欠的时间越久，款项收回的可能性越小，形成坏账的可能性越大。企业实施对应收账款回收情况的监督，一般通过编制账龄分析表进行。

账龄分析表是一张能显示应收账款账龄的报告，其格式如表 13-4 所示：

表 13-4　ATL 公司账龄分析表举例

20X4 年 12 月 31 日

应收账款账龄	账户数量	金额（元）	百分率（%）
信用期内	200	2 500 000	50
超过信用期 1～30 天	100	1 000 000	20
超过信用期 31～90 天	50	500 000	10
超过信用期 91～180 天	40	500 000	10
超过信用期 181～360 天	30	300 000	6
超过信用期 361 天以上	10	200 000	4
合　计	430	5 000 000	100

通过账龄分析表，企业可以了解应收账款的回收情况：

（1）有多少欠款尚在信用期内。例如，从表 13-4 可以看出，ATL 公司有价值 2 500 000 元的应收账款处在信用期内，占全部应收账款的 50%。这些款项未到偿付期，欠款是正常的，但仍需要及时监督。

（2）有多少欠款超过了信用期，超过时间长短的款项各占多少，有多少欠款会因拖欠时间太久而可能成为坏账。例如，从表 13-4 可以看出，ATL 公司有价值 2 500 000 元的应收账款超过了信用期，占全部应收账款的 50%。不过，拖欠时间在 3 个月以内的应收账款价值 1 500 000 元，占全部应收账款的 30%，这部分欠款收回的可能性较大。拖欠时间超过 1 年的应收账款 200 000 元，占全部应收账款的 4%，这部分欠款很可能成为坏账。对不同拖欠时间的欠款，企业应采取不同的收账方法，制订出经济、可行的收账政策；对可能发生的坏账损失，则应提前做出准备，充分估计这一因素对损益的影响。

（二）收账政策的制订

企业对各种不同过期账款的催收方式，包括准备为此付出的代价，就是它的收账政策。例如，对过期较短的客户，不过多地打扰，以免将来失去这一市场；对过期稍长的客户，可以通过电子邮件或电话催款，措辞应该比较委婉；对过期较长的客户，可以采用频繁的邮件、电话催款或登门催款；对过期很长的客户，可在登门催款时措辞严厉，也可以交由专门催收过期账款的机构负责收款，若出现纠纷则需要提请有关部门仲裁或提起诉讼等。

催收账款要发生费用，某些催款方式的费用还会很高（如诉讼费等）。因此，制订收账政策，要在收账费用和所减少的坏账损失之间做出权衡。

篇中案例 13-2

拉法基西区公司如何控制应收账款

拉法基（Lafarge）集团，是一家法国大型企业集团，在国际建材业务领域称得上是行业巨擘。该集团在世界范围内的雇员超过 85 000 人，在 75 个国家的经营业务中产生的年营业收入在 120 亿美元左右。拉法基北美公司是由拉法基集团控制 54%股份的子公司，总部位于美国弗吉尼亚州，它是北美大陆最大的多样化建材提供商，其子公司和分支机构遍及美国和加拿大。

首席财务官（CFO）杂志会定期登出在营运资本管理效率方面排名前 1 000 位的公众公司的营运资本评分榜。二十几年前，位于加拿大阿尔伯塔省卡尔加里市的拉法基北美西区公司，因其将平均收账期缩短了 11 天而在营运资本评分榜上的排名上升了 36 位。该公司副总裁兼财务总监曾经列出了带来应收账款管理效率改善的 12 个基本做法，主要包括以下几点：

- 所有职能部门都应该关注销售收款，而不能将其仅看作财务部门的事；
- 制订对某笔应收账款的专门收账人，防止在收账时互相推诿；
- 对客户明确给出信用政策，包括信用期和信用标准；
- 对每一个销售人员设定月度收款目标；
- 培训销售人员关注客户利润率（而不仅仅是销售量）；
- 每周召开信用及收款会议，参与者包括销售团队、信用经理和总经理。

这些基本做法传递的信息很明确，卓越的应收账款管理需要让销售部门意识到他们与财务部门应共担收款责任。在拉法基公司，通过让销售人员负责欠款账户以及接受经理对收款活动的定期审查，从而明确了他们的责任。

资料来源：Steven L. Mintz. Dollars in the Details, Winners Sweat the Small Stuff in the Third Annual Analysis of Working Capital, CFO, The Magazine for Senior Financial Executives(July 1999): 55. 转引自：William R. Lasher. Practical Financial Management, Fifth Edition, Thomson South-Western, 2008: 657.

【课堂测试 13-3】

1. 某企业年销售收入为 72 万元，应收账款平均收账期为 25 天，那么该企业的应收账款平均余额为多少？

2. 标示出下列事项对企业应收账款和销售收入的影响，分别用“↑”“↓”和“#”表示上升、下降和不确定。

a. 企业信用标准变得更严格。应收账款（　　）；销售收入（　　）。

b. 企业的信用政策从“2/10，*n*/30”变为“3/10，*n*/30”。应收账款（　　）；销售收入（　　）。

c. 企业的信用政策从“2/10，*n*/30”变为“3/10，*n*/40”。应收账款（　　）；销售收入（　　）。

d. 信用经理对逾期客户变得更严厉。应收账款（　　）；销售收入（　　）。

第四节　存货管理

存货是指企业在生产经营过程中为销售或耗用而储存的各种有形资产，包括各种原材料、燃料、包装物、低值易耗品、委托加工材料、在产品、半成品、产成品和库存商品等。虽然在不同行业中存货的需要量可能不同，但一般而言存货是企业正常经营必不可少的储备。对存货的管理不当，很可能会导致企业的经营出现问题。

一、存货的功能和管理目标

在理论上，企业若能够随时购入原料，产品销售能够随时出货，就不需要存货。但实际上，企业总有储存货物的需要，并因此占用或多或少的资金。企业需要存货主要是因为存货具有如下功能：

第一，保证生产、经营正常进行。实际上，企业很少能做到随时购入生产或销售所需的各种物资，即使是市场供应充足的物资也是如此。而且，企业销售产品也不是随时供货的，而是批量供货，必要的产品库存不但能够满足销售需要，而且可以对随时到来的订单及时供应。一旦生产或销售所需的物资短缺，生产经营将被迫停顿，造成机会损失。为了避免或减少出现停工待料、停业待货或供不应求等问题的出现，企业需要储备一定量的存货。

第二，降低生产成本。零散购入物资的价格往往较高，运输成本的分摊也会比较大；而整批购买在价格上常有优惠，运输成本分摊也会比较小。此外，一些物资的价格可能会有周期性或季节性波动。所以，企业抓住时机批量购买物资，储备存货无疑可以降低生产成本。

当然，过多的存货要占用较多的资金，这是有成本的；与现金资产和应收账款类似，存货占用资金的成本同样表现为机会成本。此外，存货还会增加包括仓储费、保险费、维护费、物理耗损、管理人员工资在内的各项开支。因此，进行存货管理，就要尽力在各种存货成本与存货效益之间做出权衡，达到两者的最佳契合点，这也就是存货管理的目标。

二、存货成本

要进行存货管理，从财务上应该考虑存货的成本，即耗费在存货上的各种成本、费用的总和。与储备存货有关的成本主要包括以下 4 个方面：

（一）购置（或生产）成本

单位存货的购置（或生产，下同）成本（Purchase Costs）是指为购置一单位存货所发生的费用。对全部存货来说，通常用数量与单价（或单位成本，下同）的乘积表示。若存货的年总需求量为D，单价为P，则存货年度购置成本（TC_P）为

$$TC_P = D \times P$$

（二）订货成本

订货成本（Ordering Costs）是指取得订单的成本，如办公费、差旅费、邮费、网络、维护等支出。订货成本中有一部分与订货次数（或开工次数，下同）无关，如常设机构的基本开支、设备的维护等，称为订货的固定成本，一般用 F_1 表示；另一部分与订货次数有关，如差旅费、开工费等，称为订货的变动成本，一般用 K 表示。一般情况下，上述两种订货成本都与每次订货数量（Q）无直接关系；不过，每次订货数量越少，订货次数越多；每次订货数量越多，订货次数越少。所以，订货的总变动成本与每次订货数量相关。若存货的年总需求量为 D，每次订货数量为 Q，那么每年订货次数为

$$N=\frac{D}{Q}$$

这样，总订货成本（TC_O）的公式为

$$TC_O=F_1+\frac{D}{Q}\times K$$

（三）储存成本

储存成本（Carrying Costs）是指为保持存货而发生的成本，包括存货占用资金的应计利息、仓储费用、保险费用、存货的毁损和变质等。储存成本也分为固定成本和变动成本。固定成本与存货数量的多少无关，如仓库折旧、仓库职工的固定月工资等，一般用 F_2 表示。变动成本与存货的数量有关，如存货的应计利息、存货的破损和变质损失、存货的保险费等，单位存货的年度储存成本一般用 C 来表示。如果企业每次订货数量为 Q，若假设存货的领用量是均匀的，那么如图 13-6 所示，应以年度平均存货数量作为储存变动成本的计算基础。这样，总储存成本（TC_C）的计算公式为

$$TC_C=F_2+C\times\frac{Q}{2}$$

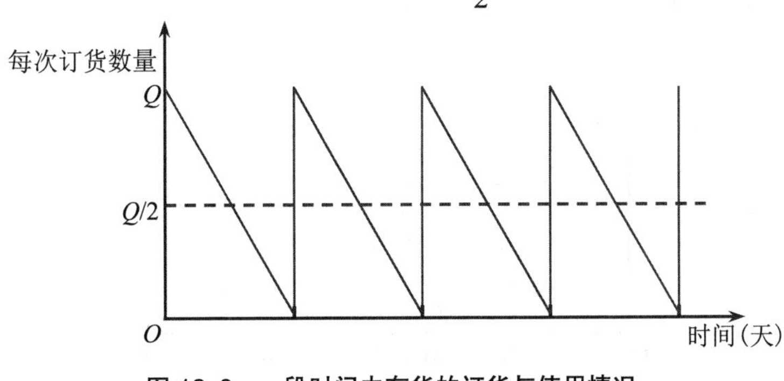

图 13-6　一段时间内存货的订货与使用情况

（四）缺货成本

缺货成本（Shortage Costs）是一种机会损失，通常以存货短缺所付出的代价来衡量。缺货成本主要包括因停工待料而发生的损失，为补足拖欠订货所发生的额外成本支出，延迟交货而被处以的罚金，以及由于丧失销售机会而蒙受的收入损失和信誉损失。如果生产企业以紧急采购待用材料解决库存材料中断之急，那么缺货成本表现为紧急额外购入成本。一般可以用 TC_s 表示缺货成本。

如果以 TC 表示储备存货的总成本，那么它等于上述 4 种成本之和，即

$$TC = TC_P + TC_O + TC_C + TC_S$$
$$= D \times P + F_1 + \frac{D}{Q} \times K + F_2 + C \times \frac{Q}{2} + TC_S$$

很显然，企业存货的最优化，即是使上式 TC 值最小。

三、经济订货批量模型

企业的财务部门常常要对存货的进货时间和进货批量做出决策。决策的标准显然就是使存货的总成本最小。实务中常用经济订货批量模型（Economic Order Quantity Model, EOQ 模型）进行存货决策。

经济订货批量模型存在众多的假设条件，主要包括：

（1）企业能够及时补充存货，即需要订货时便可立即取得存货。

（2）能集中到货而不是陆续入库。

（3）不允许缺货，即无缺货成本。

（4）需求量稳定，并且能够预测。

（5）存货单价不变。

（6）企业现金充足，不会因现金短缺而影响进货。

（7）所需存货市场供应充足，不会买不到需要的存货。

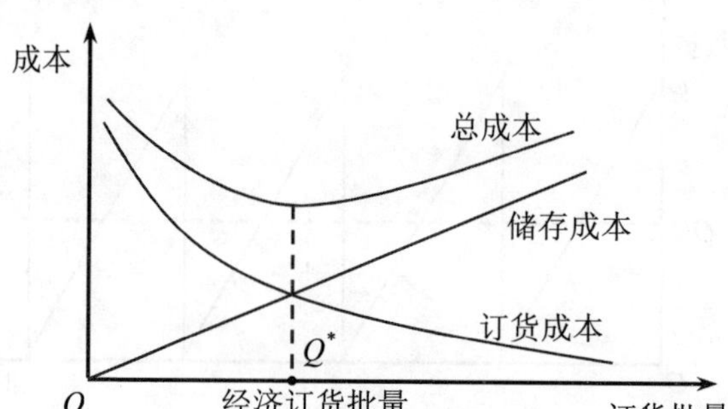

图 13-7 经济订货批量模型示意图

考虑前述储备存货的总成本，根据上述假设，一方面缺货成本不存在；另一方面，购置成本、订货固定成本、储存固定成本与每次订货数量（订货批量）无关。所以，EOQ 模型仅考虑订货变动成本（简称订货成本）和储存变动成本（简称储存成本），并将这两种成本之和称为与订货批量相关的总成本（TC）。EOQ 模型就是通过使与订货批量相关的总成本最小来确定最佳订货批量的方法。可以看出，订货成本和储存成本的高低与订货批量多少是相反的，所以必然存在某一均衡点，使与订货批量相关的总成本最小（如图 13-7 所示）。确定经济订货批量的过程为

$$TC=\frac{D}{Q}\times K+C\times\frac{Q}{2}$$

对Q求一阶导数，令其等于 0，便可得到TC的最小值，即

$$TC'=-\frac{DK}{Q^2}+\frac{C}{2}=0$$

可得

$$Q^*=\sqrt{\frac{2DK}{C}}$$

根据经济订货批量 Q^*，可以确定每年最佳订货次数 N^*和与经济订货批量相关的总成本 TC^*，分别为

$$N^*=\sqrt{\frac{DC}{2K}}$$

$$TC^*=\sqrt{2DKC}$$

［例 13-6］

ATL 公司每年生产需要甲材料 6 400 千克，该材料的单位采购成本 50 元/千克，年度单位储存成本 2 元/千克，平均每次订货成本为 400 元。计算该材料的经济订货批量、年度最佳订货次数、与订货批量相关的总成本。

［解答］

$$Q^*=\sqrt{\frac{2\times 6\ 400\times 400}{2}}=1\ 600（千克）$$

$$N^*=\frac{6\ 400}{1\ 600}=4(次)$$

$$TC^*=\sqrt{2\times 6\ 400\times 400\times 2}=3\ 200（元）$$

四、经济订货批量模型的扩展

经济订货批量模型是在前述各种假设的基础上建立起来的，但现实生活中能够满足这些假设条件的情况十分罕见，为使模型更接近实际情况，具有更好的适用性，可以放宽一些假设，将 EOQ 模型适度扩展。

（一）订货提前期与再订购点

一般情况下，企业的存货不能做到随用随补充，因此不能等存货用光再去订货（或生产，下同），而需要在没有用完时提前订货，即存在订货提前期（Lead Times）。订货提前期一般等于供应商平均交货时间，即供应商供货以及运输到货的在经验上的平均时间。在存在订货提前期的情况下，企业再次发出订单时，尚有存货的库存量，称为再订购点（Reorder Point），用 R 来表示。它的数量等于订货提前期（L）与每日平均需用量（d）的乘积（下式中假定 1 年为 360 天）：

$$R = L \times d = L \times \frac{D}{360}$$

存在订货提前期的情形如图 13-8 所示，可以看出有关存货的每次订货量、平均库存量、订货次数甚至订货间隔等并无变化，与存货瞬时补充时相同，只不过需要在库存数量达到再订购点时就发出订单罢了。所以，订货提前期对经济订货批量没有影响。

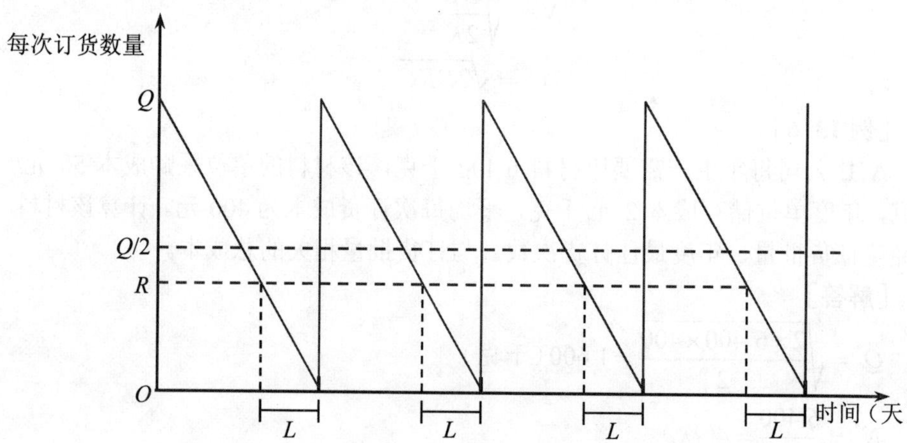

图 13-8　考虑订货提前期和再订购点的情况

（二）安全库存量

前面的讨论假定存货的供需稳定且确知，即每日需求量不变，交货时间也固定不变。实际上，每日需求量可能变化，交货时间也可能变化。按照某一订货批量和再订购点发出订单后，如果需求增大或送货延迟，就会发生缺货或供货中断。为了防止由此造成的损失，就需要多储备一些存货以备不时之需，这称为安全库存量（Safety Stocks）。安全库存在正常情况下不动用，只有在存货过量使用或送货延迟时才动用。安全库存量及其动用的示意图如图 13-9 所示。

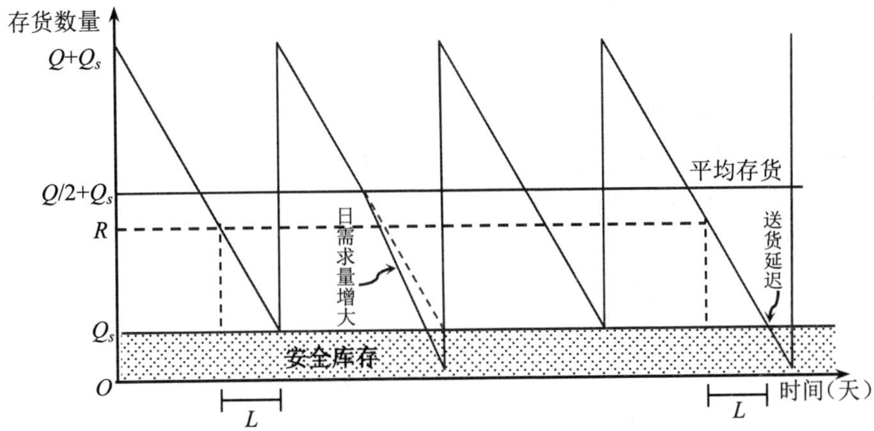

图 13-9　安全库存量及其动用的示意图

在考虑安全库存量（Q_s）之后，存货的平均库存量和再订购点将变为：

$$平均库存量=\frac{Q}{2}+Q_s$$

$$再订购点=L\times d+Q_s$$

由于安全库存量一直存在并假设保持不变，所以加入安全库存量并不影响每次订货量、订货次数；虽然平均存货有所增加，但只相当于储存成本中又加入了固定不变的一部分，所以对经济订货批量也不会产生影响。

（三）存货陆续供应和使用

经济订货批量模型在建立基本模型时，是假设存货一次全部入库，所以库存增加时存量变化表现为垂直的直线。事实上，存货可能陆续入库，使存货量陆续增加。特别是半成品和产成品的入库，几乎总是陆续供应和陆续耗用（或销售）的。在这种情况下，需要对经济订货批量模型进行修正，若忽略安全库存，则企业存货数量和平均存货的变化如图 13-10 所示。

假设每批订货数为 Q，每日送货量为 p，则送货期为 Q/p。若存货每日耗用量为 d（d 小于 p，否则存货不会增加），故送货期内全部消耗量为

$$\frac{Q}{p}\times d$$

由于存货边送边用，所以每批送完时，最高存货量为

$$E=Q-\frac{Q}{p}\times d=Q\times\left(1-\frac{d}{p}\right)$$

平均存货量则为

$$\frac{1}{2}\left(Q-\frac{Q}{p}\times d\right)=\frac{Q}{2}\times\left(1-\frac{d}{p}\right)$$

与批量相关的总成本为

$$TC=\frac{D}{Q}\times K+C\times\frac{Q}{2}\times\left(1-\frac{d}{p}\right)$$

同样，令Q 的一阶导数等于0，可得到TC 的最小值，此时：

$$Q^{*}=\sqrt{\frac{2DK}{C}\times\frac{p}{p-d}}$$

$$TC^{*}=\sqrt{2DKC\left(1-\frac{d}{p}\right)}$$

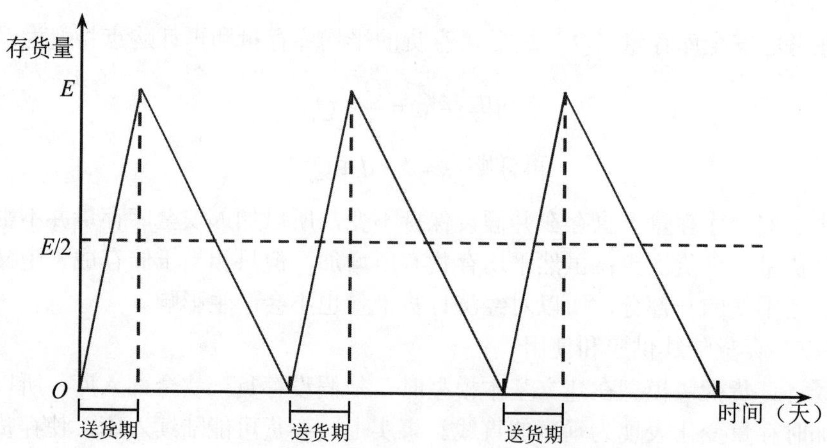

图 13-10 陆续供货时存货数量的变动

[例 13-7]

ATL 公司生产使用 A 零件，可以自制，单位成本 3 元，每次生产准备成本 150 元，每日产量 50 件。零件的全年需要量为 3 600 件，年度单位储存成本为

零件价值的 20%，每日平均需求量为 10 件。试确定每次开工最佳生产件数。

［解答］

$$Q^*=\sqrt{\frac{2\times 3\,600\times 150}{3\times 20\%}\times\frac{50}{50-10}}$$
$$=1\,500（件）$$

篇中案例 13-3

价格折扣情况下的经济订货批量

镇远公司是一家从事机械制造的企业，预计年需要生产用原煤 720 吨。供应商提供的报价为：当购买批量小于 120 吨时，每吨价格 350 元；当购买批量在 120 吨至 360 吨时，每吨价格 349 元；当购买批量超过 360 吨时，每吨价格 348 元。估计每次订货的成本为 30 元，每吨原煤的年储存变动成本为 12 元。在价格存在折扣的情况下，如何确定理想的订货批量呢？当然还是应该考虑与订货批量相关的总成本最小的条件限制，不过此时的购置成本成为相关成本。所以，与批量相关的总成本为：

$$TC=\frac{D}{Q}\times K+C\times\frac{Q}{2}+D\times P_i$$

上述公式中，P_i 随订货批量变动。先不考虑价格折扣情况，此时可以算出的 *EOQ* 为 60 吨，位于单价为 350 元的订货区间。那么，考虑到价格折扣情况，则与批量相关的总成本如下图所示：

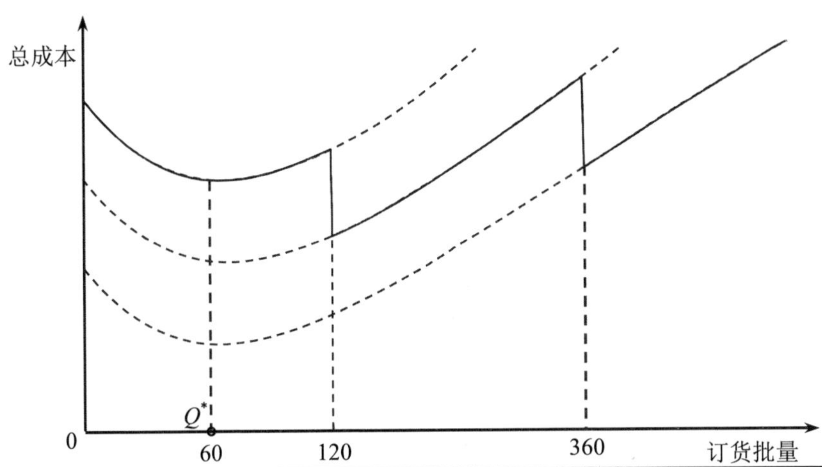

分别计算当订货批量等于60吨、120吨和360吨情况下的相关总成本。当订货批量为60吨时，相关总成本为252 720元；当订货批量为120吨时，相关总成本为252 180元；当订货批量为360吨时，相关总成本为252 780元。所以，理想的订货批量为120吨，此时的购置单价为349元/吨。

（四）考虑缺货成本的安全库存量

在经济订货批量模型中并没有考虑缺货成本，实际上，企业生产经营中往往存在一定的不确定性，比如前面提到的日需求突然增大、送货延迟等，这样就难以完全忽视缺货成本。缺货成本可以根据存货中断的概率和相应的存货中断造成的损失计算。虽然安全库存的存在可以减少缺货成本，但会增加储存成本，所以最优的存货政策需要在这些成本之间进行权衡，选择使总成本（包括订货成本、储存成本和缺货成本）最低的再订购点和安全库存量。下面引入一道例题来说明这一情况。

[例13-8]

XYL公司在生产过程中每年需要某配件10 800件，该配件每次订货的成本为200元，每件配件的年储存成本为27元。公司供应商对该配件平均交货期为3天。若公司发生原料缺货，每次缺货的成本为1 000元，为尽可能避免缺货损失，公司的安全库存量准备在持有0～50件之间进行选择，假定不同安全库存量下每一订货周期缺货的概率如表13-5所示。试计算XYL公司的经济订货批量、最优安全库存量和再订购点。

表13-5　XYL公司不同安全库存量之下的缺货概率

安全库存量(件)	0	5	10	15	20	25	30	35	40	45	50
缺货概率	40%	25%	15%	8%	5%	2.5%	1.2%	0.5%	0.2%	0.1%	0

[解答]

（1）计算经济订货批量、订货次数和订货成本。

经济订货批量

$$Q^*=\sqrt{\frac{2\times 10\ 800\times 200}{27}}=400\text{（件）}$$

订货次数

$$N^*=\frac{10\ 800}{400}=27\text{(次)}$$

年订货成本

$$TC=200\times27=5\ 400（元）$$

（2）计算各安全库存量下的缺货成本。

年缺货成本=1 000×期望缺货次数=1 000×（27×缺货概率）

于是，各种安全库存量下的缺货成本如表 13-6 所示。

表 13-6　XYL 公司不同安全库存量之下的缺货成本

安全库存量（件）	0	5	10	15	20	25
缺货成本	10 800	6 750	4 050	2 160	1 350	675
安全库存量（件）	30	35	40	45	50	
缺货成本	324	135	54	27	0	

（3）计算各安全库存量下的储存成本。

$$年储存成本=27\times\left(\frac{Q^*}{2}+Q_s\right)=27\times\left(200+Q_s\right)$$

于是，各种安全库存量下的储存成本如表 13-7 所示。

（4）计算各种安全库存量下的总成本，并选定最优安全库存量。

总成本=订货成本+储存成本+缺货成本

表 13-7　XYL 公司不同安全库存量之下的储存成本

安全库存量（件）	0	5	10	15	20	25
储存成本	5 400	5 535	5 670	5 805	5 940	6 075
安全库存量（件）	30	35	40	45	50	
储存成本	6 210	6 345	6 480	6 615	6 750	

于是，各种安全库存量下的储存成本如表 13-8 所示。

表 13-8　XYL 公司不同安全库存量之下的总成本

安全库存量（件）	0	5	10	15	20	25
总成本	21 600	17 685	15 120	13 365	12 690	12 150
安全库存量（件）	30	35	40	45	50	
总成本	11 934	11 880	11 934	12 042	12 150	

可见，使总成本最小的最优安全库存量为 35 件。

（5）计算再订购点。

$$R=3\times\frac{10\ 800}{360}+35=125（件）$$

五、存货的 ABC 分类管理

对于存货的日常管理，应用较为广泛的方法是 ABC 分类管理法，它是由意大利经济学家巴雷特于 19 世纪首创，并在具体应用中不断完善和发展的方法。ABC 分类管理就是根据一定的标准，按照重要性，将企业存货划分为 A、B、C 三类，分别实行按品种重点管理、按类别一般控制和按总额灵活掌握的存货管理方法。进行存货分类的标准主要有两个：金额标准和品种数量标准，其中金额标准是基本的，品种数量标准仅供参考。划分时按照企业确定的标准，通过列表、计算、排序等步骤确定各种物品所属类别。通过对存货进行这样的分类，可以使企业分清主次，采取相应的对策进行经济有效的管理和控制。

运用 ABC 分类管理法一般有如下几个步骤：

（1）计算每一种存货在一定时期内（通常是 1 年）的资金占用额；

（2）计算每一种存货资金占用额占全部资金占用额的百分比，并按大小顺序排列，编成表格；

（3）根据事先测定好的标准，把最重要的存货划为 A 类，把一般存货划为 B 类，把不重要的存货划为 C 类；

（4）对 A 类存货进行重点规划和控制，对 B 类存货进行次重点管理，对 C 类存货只进行一般管理。

例如，ADL 公司在生产过程中共需要原材料 20 种，按其所占用金额从大到小排列于表 13-9 中。按照前述的 ABC 分类管理法，将这些原料存货划分为 A、B、C 三类，如表 13-9 中的“类别”一列。

表 13-9　ADL 公司存货 ABC 管理分类表

存货品种编号	年资金占用（万元）	类别	每类品种		每类耗用额	
			品种数量	百分比	金额（万元）	百分比
1 2	5 000 2 500	A	2	10%	7 500	75%
3 4 5 6	1 000 500 300 200	B	4	20%	2 000	20%

续表

存货品种编号	年资金占用（万元）	类别	每类品种		每类耗用额	
			品种数量	百分比	金额（万元）	百分比
7	90					
8	80					
9	70					
10	60					
11	50					
12	40					
13	30					
14	20	C	14	70%	500	5%
15	18					
16	16					
17	14					
18	6					
19	4					
20	2					
合计	10 000					

把存货分为 A、B、C 三类，目的是对存货占用资金进行有效的管理。A 类存货种类虽少，但占用资金多，应集中力量进行管理，对其经济批量要认真规划，对其入库、出库要严格控制；C 类存货虽然种类繁多，但占用资金有限，不必耗费大量人力、物力和财力去管理；B 类存货介于 A 类和 C 类之间，也应给予相当的重视，但不必像 A 类存货那样进行非常严格的控制。

【课堂测试 13-4】

1. 你认为企业利用 EOQ 模型能够防止产品脱销吗？如何应对脱销问题呢？你认为 EOQ 模型存在什么局限呢？

2. 已知 TRY 公司每年约需要某种材料 36 000 吨，每次订货成本 1 250 元，每吨材料的年储存变动成本为 10 元，每吨材料的购置成本为 500 元。试计算：

a. 该材料的经济订货批量；

b. 与批量相关的总成本；

c. 年最优订货次数。

本章小结

营运资本投资策略是指确定既保证企业日常经营的流动性，又不至于造成流动资产闲置的流动资产投资的相对规模。营运资本投资策略有“宽松型”“适中型”和“紧缩型”3 种类型。营运资本投资策略一般可以用流动资产收入比率来衡量。

现金和有价证券统称为现金资产。企业置存现金，主要有交易动机、预防动机和投机动机3个。现金的闲置也会造成机会损失，所以企业现金管理的目标就是要在资产的流动性和盈利能力之间做出抉择，以获取最大的长期利润。现金管理最根本的目的是权衡得失，确定最佳现金持有量。确定最佳现金持有量的方法或模型较多，常用的有成本分析模式、存货模型和随机模型等。

应收账款是指因对外销售产品、材料、供应劳务及其他原因，应向购货单位、接受劳务的单位或其他单位收取的款项，包括应收销售款、其他应收款、应收票据等。应收账款虽然占用了一些资金，但在生产经营中能够发挥在竞争环境中扩大销售、减少企业库存等重要作用。应收账款的信用政策包括信用标准、信用期间和现金折扣政策。在确定应收账款的信用政策时应充分权衡考虑其所增加的盈利与成本。只有当应收账款所增加的盈利超过所增加的成本时，才应当实施应收账款赊销；如果应收账款赊销有着良好的盈利前景，就应当放宽信用条件，增加赊销量。企业一般通过编制账龄分析表对应收账款回收情况进行监督，并制订收账政策。

存货是指企业在生产经营过程中为销售或耗用而储存的各种有形资产。企业需要存货主要在于：存货能够保证生产、经营正常进行；存货能够降低生产成本。不过，企业存货是有成本的，主要包括购置（或生产）成本、订货成本、储存成本和缺货成本。进行存货管理，就要尽力在各种存货成本与存货效益之间做出权衡，达到两者的最佳契合点。实务中常用经济订货批量模型进行存货决策。经济订货批量（EOQ）模型建立在前述各种假设的基础上，现实生活往往放宽一些假设，将EOQ模型适度扩展。

篇后案例

秦川发展的应收账款管理

虽然应收账款并不直接等于坏账，但是当投资者看到公司的财报上有大量的应收账款时仍很不安。而来自有三十多年债务追收经验的EOS观点则是，应收账款管理对减少坏账风险和确保其现金流有特别大的作用。这一点经历金融危机和经济下滑的企业也正逐步意识到，目前加强应收账款的管理已成为许多企业财务主管保证企业资金流的重要手段。

在EOS控股有限责任公司首席财务官Hecking-Veltman看来，中国经济的快速增长对企业应收账款管理带来的影响是复杂的。从发达国家的经验看，经济扩张会导致企业应收账款膨胀，当经济进入调整或减速期，如果企业不能有效地管理应收账款，加速回款速度改善现金状况，将会给企业带来巨大风险。他将这种影响比喻成潮汐，经济增长如同涨潮，水位较高时应收账款膨胀的企业尚且可以浮在水中，一旦经济减速潮水退去，这种企业将面临搁浅的危险。当企业“搁浅”时，回款速度会明显减慢，造成资金流紧张，资金状况恶化。同时经济快速增长所形成的泡沫往往隐藏于庞大的应收账款中，经济泡沫破灭的表现之一便是应收账款坏账率以惊人的速度增长，导致大量企业破产倒闭。

在连续多年的快速增长后，中国经济正面临着一个退潮期，经济增长放缓对企业应收账款管理所带来的影响在过去一年中已经有所显现。根据统计数字，中国 2012 年前两个季度 GDP 总量约为 22.7 万亿元人民币，而同期规模以上企业的应收账款余额为 7.5 万亿元，占 GDP 总量的 1/3，且在此后半年继续增加。尽管没有统一的标准来判断应收账款余额与 GDP 的合理比例，但根据国外经验判断，Hecking-Veltman 认为 30%这个数字已然达到一个相当高的比例，不容忽视。

秦川发展（000837）的应收账款管理相当典型。该公司是总部位于陕西省宝鸡市的一家上市公司，主营业务为机械制造。公司采用赊销的方式销售产品，因此会形成大量的应收账款。该公司将金额为人民币 100 万元以上的应收款项确认为单项金额重大的应收款项，并对单项金额重大的应收款项单独进行减值测试，单独测试未发生减值的金融资产，包括在具有类似信用风险特征的金融资产组合中进行减值测试。在进行应收账款分析时，主要采用账龄分析法。从 20X4 年至 20Y0 年，该公司应收账款管理效率逐年提高，净资产收益率也逐渐改善。不过，受市场需求疲软的影响，从 20Y1 年开始，该公司应收账款管理效率开始降低，导致 20Y2 年净资产收益率大幅度下降，20Y3 年甚至出现亏损。该公司 20X4 年至 20Y3 年应收账款周转率和 ROE 的情况如下图所示：

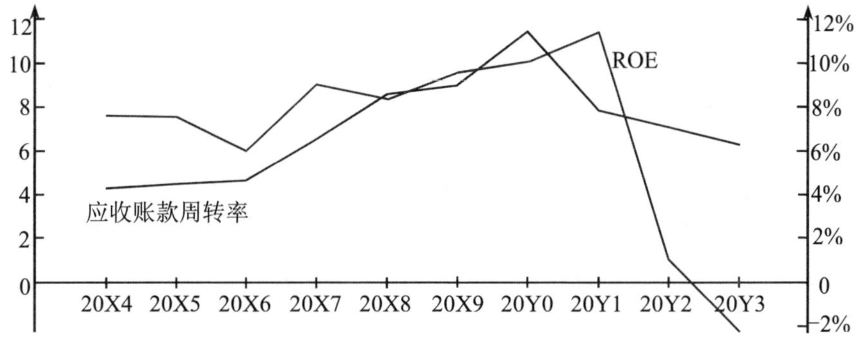

从该图你能得到什么启示呢？

核心概念

交易动机（Transactions Motive）
预防动机（Precautionary Motive）
投机动机（Speculative Motive）
管理成本（Management Cost）
短缺成本（Shortage Cost）
鲍莫模型（Baumol Model）
“米勒-欧尔”模型（Miller-Orr Model）
信用政策（Credit Policy）
信用标准（Credit Standards）
信用期间（Credit Period）
订货成本（Ordering Cost）
储存成本（Carrying Cost）
经济订货批量模型（Economic Order Quantity Model）
订货提前期（Lead Times）
再订购点（Reorder Point）
安全库存量（Safety Stocks）

思考题

1. 营运资本投资策略的种类及相应的收益、风险情况如何？
2. 企业持有现金的动机有哪些？
3. 试比较确定最佳现金持有量的 3 种模型。
4. 在确定信用标准时，应从哪几方面调查客户的资信状况？
5. 如何理解应收账款占用资金的机会成本？
6. “购置成本”在存货订货批量决策时是相关成本还是无关成本？为什么？
7. 什么是订货提前期？它对经济订货批量有什么影响？
8. 什么是安全库存量？它对经济订货批量有什么影响？在存在安全库存量的情况下，如何确定再订购点？
9. 存货的 ABC 分类管理法有什么好处？

练习题

（一）单项选择题

1. 在营运资本投资策略中，收益高、风险也高的投资策略是（　　）。

A. 适中型投资策略　　B. 宽松型投资策略

C. 紧缩型投资策略　　D. 不确定

2. 各种持有现金的动机中，属于应对未来现金流入和流出随机变动的动机是（　　）。

A. 交易动机　　B. 预防动机

C. 投资动机　　D. 投机动机

3. 现金管理的目标就是在满足企业生产经营对现金需求的基础上，力求节约使用资金，也就是在资产的（　　）之间做出最佳选择，以谋求最大的长期利益。

A. 流动性和预防性　　B. 流动性和营利性

C. 流动性和投机性　　D. 流动性和连续性

4. 在现金的成本分析模式中，不属于需要考虑的成本是（　　）。

A. 沉没成本　　B. 机会成本

C. 管理资本　　D. 短缺成本

5. 在存货模型中，与现金持有量成正比的是（　　）。

A. 管理成本　　B. 机会成本

C. 短缺成本　　D. 转换成本

6. 在存货模型中，最佳转换现金持有量是（　　）。

A. 机会成本最小的转换现金量

B. 交易成本最小的转换现金量

C. 短缺成本最小的转换现金量

D. 机会成本与交易成本之和最小的转换现金量

7. 在企业现金需求量不可预知的情况下，进行现金持有量控制的方法应选用（　　）。

A. 成本分析模式　　B. 存货模型

C. 随机模型　　D. 无法确定现金持有量

8. 某公司持有有价证券的平均年利率为 5%，公司的现金最低持有量为 1 500 元，现金余额的最优返回线为 8 000 元。如果公司现有现金 20 000 元，根据现金持有量的随机模型，此时应当增加投资于有价证券的金额是（　　）。

A. 0 元　B. 6 500 元　C. 12 000 元　D. 18 500 元

9. 某公司采用 30 天信用期的产品销售量为 10 000 件，若将信用期放宽至 45 天，产品销售量增加到 12 000 件，产品的单价为 5 元，单位变动成本为 3 元，则该公司由于放宽信用期间而增加的收益为（　）。

A. 2 000 元　B. 4 000 元　C. 20 000 元　D. 24 000 元

10. 在评价客户资信的“5C 系统”中，最为重要的因素为（　）。

A. 能力　B. 资本　C. 抵押　D. 品质

11. 5C 信用评估法中，反映客户经济实力与财务状况的优劣，作为客户偿付债务的最终保证是（　）。

A. 品质　B. 资本　C. 抵押　D. 条件

12. 在下列各项中，属于应收账款机会成本的是（　）。

A. 收账费用

B. 坏账损失

C. 应收账款占用资金的应计利息

D. 对客户信用进行调查的费用

13. 企业使用现金折扣政策能够带来的直接好处不包括（　）。

A. 增加销售收入　B. 提高净利润

C. 吸引客户提前付款　D. 缩短平均收账期

14. 在存货经济订货批量模型中，若平均每次订货的成本降低，且预期存货需求总量也降低，则经济订货批量（　）。

A. 降低　B. 升高　C. 不变　D. 无法确定

15. 某公司采用 EOQ 模型确定原材料每次订货量，下列项目中与存货经济订货批量无关的是（　）。

A. 储存变动成本　B. 每次订货的成本

C. 存货单价　D. 年度计划订货总量

16. 在下列因素中，会影响存货经济订货批量的是（　）。

A. 订货提前期　B. 安全库存量

C. 存货陆续供应和使用　D. 以上全是

17. 某公司采用 EOQ 模型确定原材料每次订货量，若其全年需用某材料 2 400 吨，每次订货成本为 200 元，每吨产品年储存成本为 6 元，则每年最佳订货次数为（　）。

A. 14 次　B. 5 次　C. 6 次　D. 3 次

18. 某公司全年耗用甲材料 3 600 吨，每次订货的变动成本为 30 元，每吨材料年变动储存成本为 15 元，则最佳订货批量为（　　）。

A. 30 吨　　B. 150 吨　　C. 120 吨　　D. 220 吨

19. 建立安全库存量的主要目的是（　　）。

A. 降低存货总成本

B. 降低存货的管理成本

C. 在需求扩大或供货延迟时保证供应

D. 在存货受损时，可以保证供应

（二）多项选择题

1. 营运资本投资策略主要包括（　　）。

A. 更新型投资策略　　B. 扩张型投资策略　　C. 适中型投资策略

D. 保守型投资策略　　E. 宽松型投资策略

2. 企业置存现金的主要动机包括（　　）。

A. 交易动机　　B. 预防动机　　C. 并购动机

D. 投资动机　　E. 投机动机

3. 交易动机反映了公司持有现金以满足日常经营业务现金支付的需要，这些需要主要包括（　　）。

A. 支付工资　　B. 证券投资　　C. 缴纳税款

D. 购买材料　　E. 支付股利

4. 要做好现金收支管理，需要（　　）。

A. 合理利用商业信用，推迟付款

B. 力争现金流量同步

C. 合理使用现金浮游量

D. 加速收款

E. 尽可能少地购买有价证券

5. 在现金成本分析模式中，需要考虑的成本包括（　　）。

A. 沉没成本　　B. 机会成本　　C. 管理成本

D. 投资成本　　E. 短缺成本

6. 在成本分析模式中，最佳现金持有量是（　　）。

A. 机会成本、管理成本和短缺成本之和最小的现金持有量

B. 机会成本线和管理成本线交点所对应的现金持有量

C. 管理成本线和短缺成本线交点所对应的现金持有量

D. 机会成本线和短缺成本线交点所对应的现金持有量

E. 机会成本和管理成本之和最小的现金持有量

7. 在现金持有量的存货模型中，影响最佳现金转换持有量的因素包括（　　）。

A. 一年中现金的总需求量

B. 每次有价证券转换为现金的交易成本

C. 现金持有的管理成本

D. 有价证券的收益率

E. 现金持有的短缺成本

8. 对现金持有量随机模型返回线产生影响的因素包括（　　）。

A. 现金持有量的下限

B. 现金持有量的上限

C. 每次有价证券的固定转换成本

D. 有价证券的日利息率

E. 预期每日现金余额变化的标准差

9. 应收账款的功能包括（　　）。

A. 提高资金使用效率

B. 加速流动资产周转

C. 在竞争环境中扩大销售

D. 减少企业库存

E. 减少企业坏账

10. 应收账款的信用政策主要包括（　　）。

A. 应收账款的账龄管理政策

B. 应收账款的收账策略

C. 应收账款的信用标准

D. 应收账款的信用期

E. 应收账款的现金折扣政策

11. 下列事项中会使企业应收账款平均余额增加的有（　　）。

A. 企业将信用标准变得更严格

B. 企业对客户的逾期付款变得更严厉

C. 企业放宽信用期

D. 企业将信用条件由“2/10，*n*/30”变为“1/10，*n*/30”

E. 企业将信用条件由“2/10，*n*/30”变为“2/10，*n*/45”

12. 企业在进行信用政策变更决策时，应考虑的因素包括（　　）。

A. 销售收入的变化

B. 销售收益的变化

C. 应收账款机会成本的变化

D. 坏账损失及收账费用的变化

E. 现金折扣费用的变化

13. 企业使用现金折扣政策能够带来的直接好处包括（　　）。

A. 增加销售收入

B. 增加净利润

C. 吸引客户提前付款

D. 缩短平均收账期

E. 降低坏账损失

14. 公司持有应收账款所付出的代价主要包括（　　）。

A. 管理成本　　B. 交易成本　　C. 机会成本

D. 短缺成本　　E. 坏账成本

15. 与储备存货有关的成本包括（　　）。

A. 购置或生产成本　　B. 存货的销售费用　　C. 订货成本

D. 储存成本　　E. 缺货成本

16. 在 EOQ 模型中，影响经济订货批量的因素包括（　　）。

A. 购置或生产成本

B. 短缺成本

C. 存货的年需求总量

D. 每次订货的固定成本

E. 储存变动成本

17. 下列项目中与存货经济订货批量无关的是（　　）。

A. 储存变动成本

B. 订货提前期

C. 安全库存量

D. 存货陆续供应时的每日供货量

E. 存货单价

（三）判断题

1. 营运资本的筹资和投资策略直接影响企业的收益，而与企业的风险没有直接关系。（　）

2. 宽松型营运资本投资策略，要求保持较高的流动资产收入比。（　）

3. 现金浮游量是指企业实际现金余额超过最佳现金持有量的部分。（　）

4. 企业拥有现金所发生的管理成本是固定成本，与现金持有量之间无明显的比例关系。（　　）

5. 当企业实际的现金余额与最佳现金余额不一致时，可以通过有价证券的买入或卖出来达到比较理想状态。（　　）

6. 现金持有的随机模型建立在企业的现金未来需求总量和收支不可预测的前提下，因此计算出来的现金持有量范围比较保守。（　　）

7. 企业的信用标准严格，给予客户的信用期限越短，使得应收账款周转率很高，将有利于增加企业的利润。（　　）

8. 计算“应收账款占用资金应计利息”时使用的资本成本，应该是企业等风险投资的必要报酬率。（　　）

9. 为了降低应收账款的机会成本、管理成本和坏账损失，最好的办法是不要对客户进行赊销。（　　）

10. 分析客户的偿债能力是评估客户资信的首要指标。（　　）

11. 公司账龄分析表可以向经理人员显示客户欠款金额、欠款期限和偿还欠款的可能时间。（　　）

12. 一旦客户逾期付款，就需要对其做出严厉惩罚。（　　）

13. 应收账款的收账政策，要在收账费用和所减少的坏账损失之间做出权衡。（　　）

14. 在存货经济订货批量模型中，因为假设可以及时补充存货，所以不考虑缺货成本。（　　）

15. 如果将经济订货批量模型进行扩展，无论是订货提前期还是安全库存量，都会影响经济订货批量。（　　）

16. 若考虑存货的陆续供应，计算的经济订货批量小于一次入库假设下计算的经济订货批量。（　　）

17. 现金、应收账款和存货管理的一般原则都是权衡收益和成本之间的对比关系，换句话说就是在保证生产经营需要的前提下，做到相关成本最低。（　　）

18. 一般情况下，公司的存货不能做到随用随补充，因此不能等存货用光再去订货，而需要在没有用完时提前订货。（　　）

（四）计算综合题

1. THB 公司有 4 种现金持有方案，具体方案数额如下表所示。

项目/方案	甲	乙	丙	丁
现金余额	50 000	100 000	150 000	200 000
管理成本	30 000	30 000	30 000	30 000
短缺成本	28 000	13 500	5 000	0

若公司持有现金的机会成本为8%，要求：确定公司的目标现金余额。

2. ATT公司为保证日常现金的支付需要；规定其库存现金和银行活期存款余额不得低于8 000元，公司有价证券年利率为8.1%，每次有价证券的固定转换成本为80元，根据历史资料测算的现金余额波动的标准差为2 000元。要求：

（1）根据现金余额的随机模型，计算该公司现金余额的最优返回线、控制下限和控制上限。

（2）若某日公司的现金余额达到15 000元，那么，根据现金余额的随机模型，该公司应该如何操作？

3. ZLL公司预计年销售收入为2 400万元，目前的信用条件为“*n*/30”，坏账损失率为2%，收账费用为20万元，变动成本率为70%，资本成本为12.5%。公司准备通过延长信用期间来扩大销售额，现有两个备选方案：A方案的信用条件为“*n*/45”，销售额能增加到2 600万元，坏账损失率为2.5%，收账费用为28万元；B方案的信用条件为“*n*/60”，销售额能增加到2 760万元，坏账损失率为3.5%，收账费用为36万元。假定采用新方案后，变动成本率和资本成本均保持不变。

要求：分析该公司是否应延长信用期间。如需延长，应采用哪一个方案？

4. TY公司20X4年的销售收入为400万元，全部为在“*n*/20”信用条件下的赊销收入。公司的变动成本率为75%，固定成本为50万元。预计该公司20X5年变动成本率和固定成本额与20X4年相同。该公司20X5年准备改变信用条件，有甲、乙两种方案可供选择，预计有关资料如下表：

项目/方案	20X4年	20X5年甲方案	20X5年乙方案
信用条件	*n*/20	2/10，*n*/30	2.5/10，*n*/40
销售收入	400万元	460万元	520万元
平均收账期	30天	20天	25天
资本成本	10%	10%	10%
取得现金折扣的销售额比例	0	40%	60%
坏账损失率	4%	3%	2%
收账费用率	1.5%	1.5%	1.5%

要求：分析该公司是否应该改变信用条件。如需改变，应采用哪一个方案？

5. TNT公司以往销售产品采用现销方式，每年销售20万件产品，产品单价为15元，单位变动成本9元，固定成本20万元。企业尚有40%的剩余生产能力，为提高销售量，现准备采用赊销方式。经过市场调研可知：如果信用期为30天，销量可增加25%，坏账损失率为3%，收账费用为4万元；如果信用期为60天，销售量可增加30%，坏账损失率为4%，收账费用为5万元。假定企业的资本成本为16%。要求：

（1）确定公司应做出何种方案的决策；

（2）如果该公司准备采用30天信用期的方案，为了加快应收账款的回收速度，决定使用现金折扣的办法，条件为“2/10，1/20，*n*/30”，估计将有50%的客户享受2%的折扣，30%的客户享受1%的折扣，坏账损失率下降到1.5%，收账费用下降到2万元；那么，该公司是否应采用该现金折扣方案？

6. HY公司全年需要耗用A材料5 400吨，每吨价格4 000元，每吨A材料年储存变动成本为50元，每次采购的成本为600元。要求：

（1）计算A材料的经济订货批量、全年最优采购次数、与订货批量相关的总成本；

（2）计算经济订货批量条件下的存货平均占用资金额。

7. MGS公司全年耗用C材料2 880千克，每次订货的成本为3 000元，单位存货的年储存成本为300元。该材料每千克为200元，安全库存量为80千克，再订购点为120千克。要求计算：

（1）存货平均占用资金额为多少？

（2）订货至到货的时间为多少天？

第十四章　股利分配

在本章之前，我们系统地讨论了企业的资金筹集、资金投放以及营运资本管理等问题；企业这些决策和管理的最终目的是要获取更大的利润。有了利润，就要考虑利润的分配问题。本章则探讨企业的利润分配特别是股份有限公司的股利分配问题。通过本章的学习，可以了解企业利润分配、股利政策、股票股利、股票分割和股票回购等的相关概念；熟悉利润分配的原则和顺序、股利支付的程序和方式、股利理论以及股利分配政策的影响因素和类型；掌握各种股利分配政策下现金股利的确定方法，股票股利、股票分割和股票回购业务的处理方法等。

开篇案例

不进行利润分配的影响

20X3 年 3 月 26 日，东方航空（600115）发布 20X2 年度财务报告显示，该公司 20X2 年实现净利润 34.3 亿元，同比减少 29.81%。该公司对外公告称：公司 20X2 年度拟不进行利润分配，不送红股，也不进行资本公积金转增股本。披露的财务数据显示，20X2 年度公司实现营业收入 855.69 亿元，同比增长 1.9%；实现每股收益 0.304 2 元，同比减少 29.81%。董事会报告表示，20X2 年全球经济不景气导致国际、国内客货运市场需求不足；燃油价格保持高位运行，成本压力较大；高铁分流航空旅客逐步常态化，国内航线竞争加剧；同时国际突发事件也对公司的国际航线业务产生影响。此外，20X2 年公司汇兑净收益较上年减少逾 17 亿元，对业绩影响明显。包括 20X2 年度在内，东方航空已经连续 5 年未进行利润分配。该公告公布以后，东方航空的股票连续 8 个交易日下跌累计逾 12%。你认为公司盈利但不发放股利的影响如何？

第一节　股利支付的程序和方式

利润分配（Profit Distribution）主要讨论公司净利润的分配问题。一般来说，净利润=利润留存+现金股利。从理论上说，净利润作为公司的剩余收益，都是属于股东的收益，但是每年产生的净利润并非全部以现金股利的形式分配出去，而是要通过利润留存的方式留在公司一部分作为留存收益。利润留存既是利润分配的形式，同时也可以看作公司资金筹集的重要渠道，用以保证公司的未来发展。利润留存和股利支付是同一笔资金的两种分配渠道，因此存在着矛盾。公司理想的利润分配决策和股利政策就需要完美解决这一矛盾，使公司价值达到最大。

一、利润分配的基本原则和顺序

既然利润分配决策的根本目的是权衡利润留存和股利支付之间的矛盾，实现公司价值的最大化，那么在利润分配过程应该遵循一定的原则，按照一定的顺序进行。

（一）利润分配的基本原则

1. 依法分配原则

利润分配的对象是净利润，属于企业的剩余收益，企业有权自主分配。不过国家的有关法律、法规（如《公司法》等）对企业利润分配的基本原则、一般次序和比例分配也做了一些规定，其目的是保障企业利润分配的有序进行，维护企业各方利益主体的合法权益，促使企业增加积累，增强抵御风险的能力。

2. 资本保全原则

资本保全是现代公司的基础性原则之一，企业在分配中不能侵蚀资本金。利润分配是对企业经营中资本增值的分配，不是对资本金的返还。按照这一原则，一般情况下，企业如果存在尚未弥补的亏损，应首先弥补亏损，再进行其他分配。

3. 债权人保护原则

债权人投入资金获得契约收益，股东则拥有剩余收益的索取权，所以企业必须在利润分配之前支付债务利息、偿清所有到期的债务，否则不能进行利润分配。同时，在利润分配之后，企业还应保持一定的偿债能力，以免发生财务危机，威胁企业生存。

4. 长短期利益兼顾原则

企业在权衡利润留存和股利支付时，需要兼顾长短期利益。支付股利虽然可以使股东获得更多当期利益，但从长期看过度支付股利未必对公司的长期价值（或股东的长期财富）有利。因此，由于发展及优化资本结构的需要，除依法必须留用的利润外，企业仍可以出于长远发展的考虑合理留用利润。在资本积累与股利支付关系的处理上，企业不能过于短视，应合理确定提取公积金和分配股利的比例，使利润分配真正成为实现企业长远价值最大化的有效手段。

（二）利润分配的顺序

按照我国《公司法》的有关规定，公司的利润分配应该按以下顺序进行：

第一，计算可供分配的利润（Profit Available for Distribution）。将本年净利润（或亏损）与年初未分配利润（或累计亏损）合并，计算出可供分配的利润。如果可供分配的利润为负数（累计亏损），则不能进行后续分配；如果可供分配的利润为正数，则进行后续分配。

第二，计提法定公积金（Statutory Reserve）。法定公积金在会计上一般也称为法定盈余公积（Statutory Surplus Reserve）。《公司法》第 166 条规定："公司分配当年税后利润时，应当提取利润的百分之十列入公司法定公积金，公司法定公积金累计额为公司注册资本的百分之五十以上的，可以不再提取。公司的法定公积金不足以弥补以前年度亏损[①]的，在依照前款规定提取法定公积金之前，应当先用当年利润弥补亏损[②]。"此外，还要注意不能用资本发放股利，也不能在没有累计盈余的情况下计提公积金。尽管我国《公司法》没有规定，但按照一般做法，若企业存在优先股，则应在计提法定公积金之后支付优先股股息。

第三，计提任意公积金（Discretionary Reserve）。任意公积金在会计上一般也称为任意盈余公积（Discretionary Surplus Reserve），它是根据公司章程及股东（大）会的决议，从公司盈余中提取的公积金。任意公积金的提取与否及提取比例由股东（大）会根据公司发展的需要和盈余情况决定，法律不进行强制规定。同样要注意不能在没有累计盈余的情况下计提任意公积金。

第四，向普通股东支付现金股利（Dividend）、派送红股、盈余公积转增、资本公积转增或者它们之中两种或两种以上方式的组合。

---

① 根据《企业所得税法》第 18 条，"企业纳税年度发生的亏损，准予向以后年度结转，用以后年度的所得弥补，但结转年限最长不得超过五年"。可见，《企业所得税法》允许用税前利润弥补五年之内的亏损，而《公司法》此处的"以前年度亏损"指的是用税后利润弥补的，那么它一定是超过五年之前的未弥补亏损。

② 根据《公司法》的文字表述，若公司当年税后利润弥补以前年度亏损后有剩余的，也要坚持提取当年税后利润的百分之十列入法定公积金，而不是按照弥补亏损后剩余的税后利润的百分之十，这里是值得商榷的。因为，可能存在一种情况，就是当年税后利润弥补以前年度亏损后的剩余不足当年税后利润的百分之十，这样即使将这些剩余的税后利润全部提取法定公积金也无法满足《公司法》的要求。

二、股利支付的程序

上市公司的股利支付首先由公司董事会根据公司盈利水平和股利政策，制订股利分派方案，提交股东大会审议，通过后方能生效。董事会应当在股东大会召开后两个月内完成股利派发事项。在此期间，董事会需要对外发布股利分配公告，以确定分配的具体程序和时间安排。股利分配公告一般在股权登记日前 3 个工作日发布，公告内容包括：①利润分配方案；②股利分配对象，一般为股权登记日当日登记在册的全体股东；③股利发放方法。

在向股东支付股利的过程中，涉及几个重要日期，简要介绍如下：

股利宣告日（Declaration Date），即董事会将股东大会通过本年度利润分配方案的情况以及股利支付情况予以公告的日期。公告中将宣布每股派发股利、股权登记日、除息日、股利支付日以及派发对象等事项。

股权登记日（Record Date），即有权领取本期股利的股东资格登记截止日期。凡是在股权登记日这一天登记在册的股东才有资格领取本期股利，而在这一天之后登记在册的股东，即使是在股利支付日之前买入的股票，也无权领取本期分配的股利。

除息日（Ex-Dividend Date），也称除权日，是指股利所有权与股票本身分离的日期，将股票中含有的股利分配权利予以解除，即在除息日当日及以后买入的股票不再享有本次股利分配的权利。我国上市公司的除息日通常是在股权登记日的下一个交易日，即股权登记日收盘时登记在册的股东才有资格领取本期股利，除息日开盘后交易购买股票的股东没有领取本次股利的权利。与我国上市公司不同，在美国的上市公司一般把除息日确定在股权登记日之前的第二个交易日，这是非电子化股权登记留下的传统。

股利支付日（Payment Date），是公司确定的向股东正式支付股利的日期。公司通过资金清算系统或其他方式将股利支付给股权登记日登记在册的股东。

[例 14-1]

FML 公司 20X3 年 6 月 28 日将前一日股东大会审议通过的股利配发事宜公告如下。

本公司 20X2 年年度权益分派方案：以公司现有总股本 183 000 000 股为基数，向全体股东每 10 股派 1.00 元人民币现金（含税）。

本次权益分派股权登记日：20X3 年 8 月 12 日。

除息日：20X3 年 8 月 13 日。

本次分派对象：截至 20X3 年 8 月 12 日下午收盘时，登记在册的本公司全体股东。

本公司此次委托中国结算深圳分公司代派的现金红利将于 20X3 年 8 月 16 日通过股东托管证券公司直接划入其资金账户。

根据上述资料，指出 FML 公司此次股利支付程序中的股利宣告日、股权登记日、除息日和股利支付日。

[解答]

从资料可以看出 FML 公司此次股利支付的股利公告日为 20X3 年 6 月 28 日（星期五），股权登记日为 20X3 年 8 月 12 日（星期一），除息日为 20X3 年 8 月 13 日（星期二），股利支付日为 20X3 年 8 月 16 日（星期五）。这几个重要日期如图 14-1 所示。

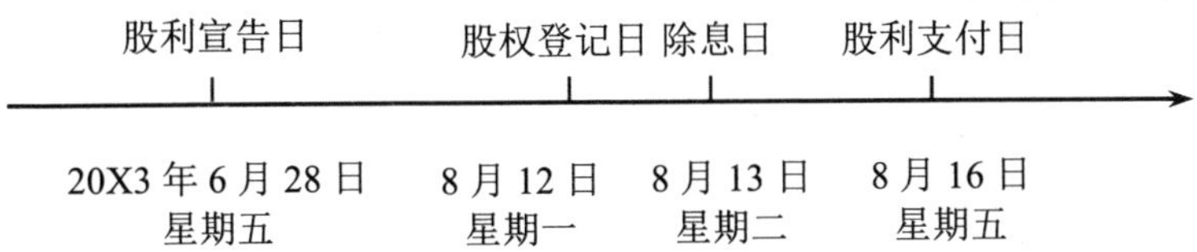

图 14-1 FML 公司股利支付程序

三、股利支付的方式

股利支付的方式有多种，最常见的有以下两种：

（1）现金股利。现金股利是以现金支付的股利，它是股利支付的主要方式。公司支付现金股利除了要有累计盈余外，还要有足够的现金，因此公司在支付现金股利前需筹备充足的现金。

（2）股票股利。股票股利是公司以增发的股票作为股利支付方式，本章第三节将做详细讨论。

在我国上市公司股利分配实践中，股利支付方式也可以是上述两种方式的组合。此外，公司还可以使用财产（如公司持有的其他企业的债券、股票等）和负债（应付票据等）支付方式支付股利。财产股利和负债股利实际上是现金股利的替代，在我国公司实务中很少使用，但并非法律所禁止。

【课堂测试 14-1】

1. 2014 年 3 月 21 日，中国证监会正式公布了《优先股试点管理办法》，规定优先股持有人优先于普通股股东分配公司利润和剩余财产。那么，在下列利润分配的传统顺序中，指出你认为优先股股息支付的合理位置。

a. 计算可供分配的利润；

b. 计提法定公积金；

c. 计提任意公积金；

d. 向普通股东支付股利。

2. 在股利支付过程中，我国上市公司的除息日通常是在股权登记日的下一个交易日，而美国的上市公司一般把除息日确定在股权登记日之前的第二个交易日。你认为这两种确定除息日的方法在操作上的差异是什么？为什么会产生这样的差异？

第二节　股利理论与股利分配政策

一、股利理论

关于股利支付对公司价值的影响问题，实际上代表着股东当期现金收入与未来长期利益的偏好问题，这一问题曾经是公司财务学的理论热点。围绕这一问题，主要有两类不同的股利理论——股利无关论和股利相关论。

（一）股利无关论

1961 年，米勒和莫迪格利安尼发表了一篇著名的论文《股利政策、增长和股票价值》，在文章中，他们提出了股利无关论："企业的价值只依赖于其基本盈利能力和经营风险，而不依赖于如何把净利润在保留盈余和股利之间进行划分"。这一观点是广义 MM 理论的一部分[①]。MM 股利理论建立在完美市场假设的前提之下，主要包括：①不存在个人或公司所得税；②不存在股票的发行或交易费用；③公司的投资决策独立于股利政策，彼此互不影响；④股利政策不影响普通权益成本；⑤公司的投资者和管理层能获得关于公司未来投资机会同样多的信息。

股利无关论认为：首先，股东对现金股利和资本利得并无偏好。这是因为，如果公司留下较多的利润用于再投资，若有利可图，则会导致公司股票价格上升；此时尽管现金股利较少，但需要现金的股东可以转让股票换取现金。如果公司发放较多的现金股利，公司再投资需要发行新股，得到股利的股东可以用

① MM 理论还包括在本书第九章提到的现代资本结构理论中的 MM 资本结构理论。

现金再买入一些股票以扩大投资。其次，既然股东对现金股利和资本利得并无偏好，公司的价值就完全由其投资政策及其获利能力所决定，公司的净利润在保留盈余和股利之间的分配并不影响公司的价值，既不会使公司价值增加，也不会使公司价值降低。

对于股利政策，MM 理论将其看作利润留存、现金股利和发行新股三者的结果。如果公司已经决定了新的投资方案和资本结构，那么公司的资本需要量和负债比例就是确定的，这样公司就可以确定需要多少权益资本，留存之后剩余的净利润就分发给股东。如果发了过多的现金股利或者当年净利润不能满足投资的需要，公司就增发新股。

篇中案例 14-1

莫顿·米勒谈 MM 理论

在 MM 理论发表 30 年以后，莫顿·米勒接受电视台采访，谈到他与莫迪格利安尼的卓越贡献。记者让他以尽可能短的语言概括 MM 理论。米勒首先从经济学的角度简要谈了谈 MM 理论，记者并不满意。于是，米勒说，“把公司想象成装满所有牛奶的大桶。农夫可以把整桶牛奶卖掉，或者可以把乳脂单独分离出来以一个高于整桶出售牛奶价格的可观的高价出售。当然，农夫所剩下来的将是乳脂含量低的稀奶，它们所能卖出的价格比整桶出售牛奶的价格低得多。MM 理论指出如果分离是没有成本的，乳脂加上稀奶能够带来与整桶牛奶相同的价格。”记者还是嫌这样的说法太冗长，太学究气。最后，米勒说，“把公司想象成一张巨大的比萨饼，分成四份。现在，如果你把每一份再对半分开，总共分成 8 份，MM 定理说的是你只是份数多了而已，实际分得的比萨饼并没有多出来”。

改编自：Stephen A. Ross, Randolph W. Westerfield, Bradford D. Jordan. Fundamentals of Corporate Finance, Sixth Edition, McGraw-Hill, 2003: 577.

（二）股利相关论

股利相关论认为，MM 理论是在完美资本市场假设条件下提出的，如果放宽这些假设条件，股利支付政策就会显现出对公司价值的影响。股利相关论的理论观点很多，这里仅简要介绍影响较大的 3 种：

1.“在手之鸟”论

受“双鸟在林，不如一鸟在手”谚语的影响，部分学者认为股利收入能够使股东直接获得现金支付，因此风险较小；而股票价格上涨产生的资本利得受股价波动影响，风险较大。这样，同样是一元钱的现金股利和资本利得，投资者会偏好现金股利。公司发放现金股利能够消除股东的不确定感，从而对股票价格会产生实质影响。"在手之鸟"论所体现的收益与风险的选择偏好说明，股东更偏好于现金股利而非资本利得，倾向于选择股利支付率高的股票，这会导致股利支付率高的企业权益资本成本下降，企业价值增大。若按照"在手之鸟"论的观点，企业应实行高股利支付率的政策。

2. 信号传播论

信号传播论的理论根源同样与不确定感的消除密切相关。有些学者坚持，股利给投资者传递了企业收益现状的信息，或者反映了公司管理层有了改善经营状况的决心。如果一个公司经营状况不理想，可能会长期实施低支付率的股利政策。一旦公司改变股利政策，提高股利支付率，投资者会认为公司的财务状况已经得以改善，或者未来即将有所改变。股利的提高传递了公司未来可能创造更多利润的信息，这样的股票会吸引更多的投资者。如果一家公司降低红利，那么则会传递相反的信息，股东可能会抛售股票。当然，增发股利是否一定向投资者传递了好消息，这一点并不被广泛认同。这是因为一家成熟企业增发股利，可能是企业欠缺投资机会的信号；而一家高增长企业发放较少股利，可能是存在较好的投资机会和投资前景的信号。尽管如此，信号传播论为解释股利是否具有信息含量提供了一个基本的分析逻辑。

3. 税差理论

税差理论认为，在现实条件下，现金股利税和资本利得税会表现出差异性。这一理论强调了税收在股利分配中对股东财富的重要作用。一般来说，出于保护和鼓励资本市场的目的，政府会采用股利收益税率高于资本利得税率的差异税率制度，致使股东会偏好资本利得而不是派发现金股利。例如，在我国，《个人所得税法》第 3 条和第 6 条规定利息、股息和红利所得属于应纳税项目，税率为 20%；而一直未开征资本利得税。即使股利与资本利得具有相同的税率，股东在支付税金的时间上也是存在差异的。股利收益纳税是在收取股利的当时，而资本利得纳税只是在出售时才发生，显然继续持有股票来延迟资本利得的纳税时间，可以体现递延纳税的时间价值。

税差理论认为，如果不考虑股票交易成本，分配股利的比率较高时，股东的股利收益纳税负担会明显高于资本利得纳税负担，因此，企业应采取低现金股利比率的分配政策，以提高留存收益再投资比率，使股东在实现未来的资本利得中享有税收节省。

二、股利分配政策的影响因素

股利政策（Dividend Policy）是指公司在支付股利方面所持的策略。影响公司股利政策的因素主要包括：法律因素、债权人约束、股东因素、公司内部因素和其他外部因素等。

（一）法律因素

公司在考虑制订股利政策时，要考虑法律方面的约束。

1. 资本保全的限制

各国法律都要求公司在支付股利时要保全资本，禁止资本损害行为。资本是股东投资形成的，如果将资本作为股利发放给股东，债权人的利益有可能受到损害。我国《公司法》规定："股东会、股东大会或者董事会违反前款规定，在公司弥补亏损和提取法定公积金之前向股东分配利润的，股东必须将违反规定分配的利润退还公司。"这一条从程序上保证了资本的完整性。

2. 企业积累的限制

为了防止公司支付股利的任意性，我国《公司法》规定："公司分配当年税后利润时，应当提取利润的百分之十列入公司法定公积金"。此外还鼓励公司提取任意公积金，只有当提取的法定公积金达到注册资本的50%时，才可以不再提取。提取公积金之后的净利润才可以用于支付股利。

3. 净利润的限制

法律规定，公司年度累计净利润必须为正数时才可以发放股利，以前年度亏损必须足额弥补。

4. 超额累计利润的限制

资本利得税一般低于股利收入税，这样的规定是为了鼓励公司积累资本。但有些公司通过积累利润，使股价上涨，帮助股东避税。因而许多国家规定公司不得超额累积利润。如美国国内税务局就对不合理的留存利润征收惩罚性税收。目前，我国法律并没有此类的限制性规定。

5. 无力偿付的限制

基于对债权人的利益保护，如果一个公司已经无力偿付负债，或股利支付会导致公司失去偿债能力，则不能支付股利。

（二）债权人约束

公司长期负债的债权人为了自我保护，防止股东和管理层滥用权力，往往在合同中加入现金股利支付程度的限制性条款，比如规定每股股利的最高限额、限制公司的某些重要财务比率（尤其是反映公司偿债能力的比率）等。这些限制有可能使公司的股利政策受到约束。

（三）股东因素

1. 稳定收入的要求或避税要求

股东对待风险有两种态度：避免风险和承担风险。具有前一种态度的投资者往往是那些依靠股利维持生活的股东，他们要求公司支付稳定的股利，并倾向于高股利支付率。具有后一种态度的投资者往往是那些有其他大笔收入来源的股东，他们偏好风险，出于避税的考虑，会反对高股利支付率，偏好资本利得。

2. 限制控制权稀释

股东知道，发行新股必然使自己持有股票的份额下降，自己对公司的控制权弱化，这就是控制权的稀释。如果公司实施高支付率股利政策，保留盈余必然减少，这意味着公司发行新股筹资的可能性加大。有些股东，尤其控制权较大的股东不愿看到自己的控制权被稀释，宁肯不分配股利而反对增发新股。

（四）公司内部因素

1. 利润和现金的稳定性

公司具有累计净利润是支付股利的前提基础。利润不稳定的公司一般只能采取低股利政策，而利润稳定的公司则在支付股利时有更大的灵活性。此外，股利通常是由现金支付的，因此，现金状况是股利支付的一个重要限制因素。即使企业有巨额利润，也未必有足够的现金。

2. 资产的流动性

资产的流动性是指资产的变现能力。支付现金股利会减少公司现金的持有量。当现金持有量降至一定指标，公司会发生财务危机。而增加现金的一种办法就是将资产变现，这就对公司资产的流动性有一定的要求。

3. 偿债能力

支付现金股利后，有可能会影响公司到期偿债能力，严重的可能会导致企业破产。因此，当支付现金股利会影响公司到期偿债时，公司应少支付或不支付现金股利。

4. 举债能力

具有较强举债能力的公司往往能及时筹措所需的现金，可采取宽松的股利政策，否则只能采取较紧的股利政策。

5. 股息支付频数

有些公司按季支付股息，有的则按年或半年支付。股息支付频数会影响公司的股利政策。

（五）其他外部因素

1. 投资机会的影响

公司可行的投资机会和现行的投资项目也都极大影响着股利政策。公司的投资会需要大量现金，因此股利支付受到限制；同时现行投资项目的资金占用和现金产生能力也影响公司的股利政策。

2. 资本成本的影响

投资项目需要大量资金，在筹集资金时，留存收益比发行股票的成本低。大部分公司将留存收益作为筹资的第一渠道，这当然会影响股利支付政策。

3. 通货膨胀

在通货膨胀情况下，公司折旧基金的购买力下降，会导致没有足够的资金来源重置固定资产。这时净利润会被当作弥补折旧基金购买力水平下降的资金来源，因此在通货膨胀时期公司股利政策往往偏紧。

三、股利分配政策

考虑到净利润的分配与留存之间此消彼长的关系，在总的筹资需求一定的情况下，减少现金股利分配，会增加利润留存份额，从而减少外部筹资需求；增加现金股利分配，会减少利润留存份额，从而增加外部筹资需求。所以，企业的股利决策也代表内部筹资决策。在公司实务中，各公司受到股利理论和各种因素的影响确定了各自的股利政策，常见的股利政策主要有剩余股利政策、固定或持续增长股利政策、固定股利支付率政策和低正常股利加额外股利政策。

（一）剩余股利政策

采用剩余股利政策（Residual Dividend Policy），就是将公司的净利润首先作为内部筹资以供投资，而后再将剩余的净利润用于向股东分配现金股利。公司在存在有利可图的投资机会时，按照目标或最佳的资本结构，计算出投资所需要的股东权益资本额，先从当年可供分配的净利润中留用，然后将剩余的净利润作为现金股利予以分配。

采用剩余股利政策时，应遵循 4 个步骤：①确定最佳的资本预算；②根据目标（或最佳）资本结构，确定资本预算中所需要筹集的权益资本额；③最大限度地运用留存收益来满足资本预算中所需要的权益资本额；④当利润满足最佳资本预算后仍有剩余，才可以用剩余的利润支付股利。

根据上述 4 个步骤，要确定支付股利的总额先要确定资本预算中所需的权益资本，它可以采用如下的公式计算：

$$\text{资本预算中所需的权益资本}=\text{目标资本结构中权益的比重}\times\text{资本预算中所需的资本总额}$$

由于《公司法》规定，若公司（或弥补以前年度亏损后）存在净利润，则必须从净利润中计提 10%作为法定公积金，所以计算出的资本预算中所需的权益资本在处于如图 14-2 所示的 3 个区间时，支付股利的总额并不相同。

在第（1）区间，资本预算中所需的权益资本小于法定公积金计提的数量，但法定公积金必须计提，所以，支付股利总额=净利润－法定公积。

在第（2）区间，资本预算中所需的权益资本大于法定公积金但小于净利润，所以：支付股利总额=净利润－资本预算中所需的权益资本。

在第（3）区间，资本预算中所需的权益资本大于净利润，无剩余资金可供分配股利，支付股利总额为 0，而且需要发行新股筹集权益资本。

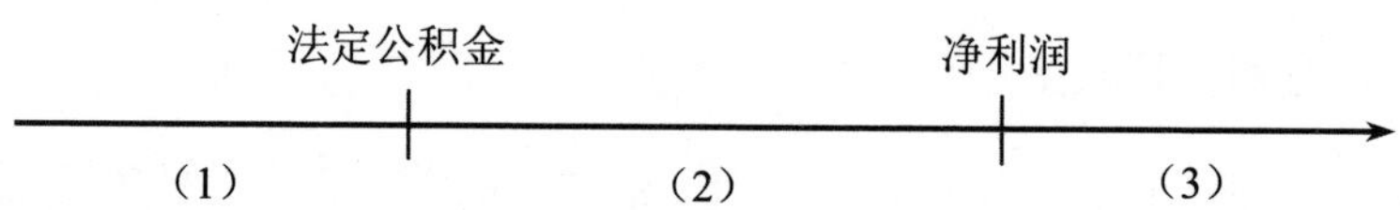

图 14-2　所需权益资本的 3 个可能区间

［例 14-2］

FML 公司以前年度无未弥补亏损，20X2 年净利润 4 375 万元，20X2 年底公司讨论决定股利的分配数额。预计 20X3 年需要再增加投资资本 4 200 万元。公司的目标资本结构是权益资本占 60%。按法律规定至少提取净利润的 10%作为法定公积金。公司采用剩余股利政策，问公司应该支付多少现金股利？

［解答］

首先判断资本预算所需权益资本所处区间：

4 200×60%=2 520（万元）

4 375×10%=437.5（万元）

因为 437.5＜2 520＜4 375，所以所需权益资本处在第（2）区间，那么

支付现金股利总额：4 375－2 520=1855（万元）

奉行剩余股利政策，意味着公司只将剩余的净利润用于支付现金股利。这样做的根本理由是为了保持理想的资本结构，使加权平均资本成本最低。然而，由于公司的利润水平和投资的资金需求在各个年度会发生变化，所以严格遵循这个政策会导致每年的股利变化，即某一年度因投资机会良好，公司可能宣派零股利，再另一年度可能因投资机会少而支付大量的现金股利。同样，利润的

波动也会造成现金股利的变动。

（二）固定或持续增长股利政策

采用固定或持续增长股利政策（Stable Dividend Policy）时，公司将每年发放的现金股利固定在某一水平上并在较长的时期保持不变，只有当公司确信未来的净利润（或每股收益）将显著、不可逆转地提高时，才增加年度的现金股利发放额。固定或持续增长股利政策如图 14-3 所示。

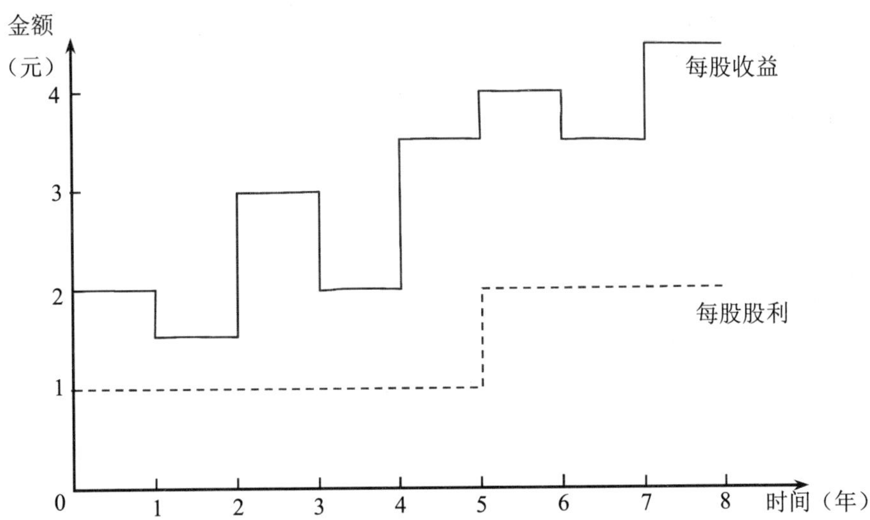

图 14-3　固定或持续增长股利政策

公司采用固定股利或持续增长股利政策的理由在于：①该政策能增强投资者的信心；②该政策能满足投资者取得正常稳定收入的需要；③该政策能在一定程度上降低资本成本并提高企业价值。然而，固定或持续增长股利政策导致股利的支付与净利润相脱节。在净利润下降的时期，公司仍支付固定的股利，可能会导致资金短缺；如果公司处在经济不稳定的时期，其净利润变化很大，那么即使支付稳定的股利也无法给市场一种潜在稳定的感觉，而且也难以优化资本成本。

（三）固定股利支付率政策

固定股利支付率政策（Target Payout Ratio Dividend Policy）是指公司按照一个固定不变的股利支付率发放现金股利。在这一政策下，公司支付给股东的现金股利随净利润（或每股收益）的多少而相应变化，盈利高的年份现金股利发放额就多，反之，盈利低的年份发放额就会少。固定股利支付率政策如图 14-4 所示。

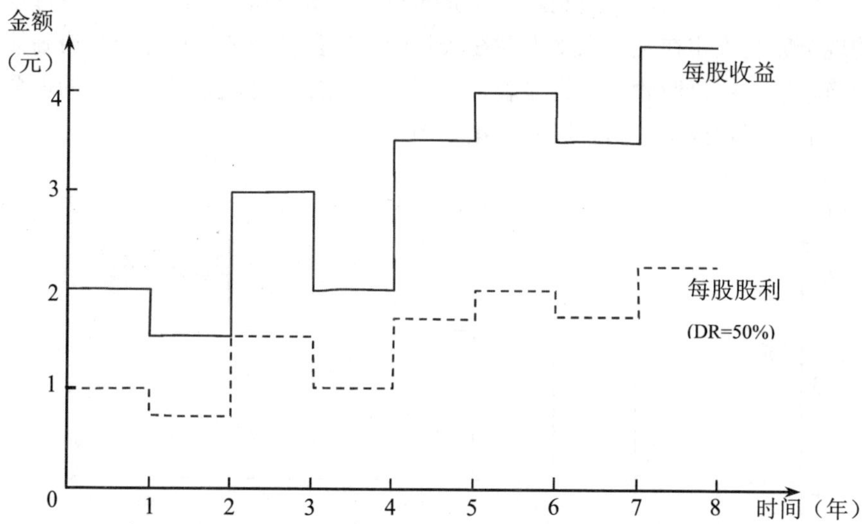

图 14-4 固定股利支付率政策

公司采用固定股利支付率政策的理由是：这一政策能使现金股利与公司的净利润紧密连在一起，充分体现出多盈多分、少盈少分、不盈不分的原则，在一定程度上保存企业的经济实力。然而，当公司盈利不稳定时，采用这一政策会使各年度的现金股利发放额变化较大，容易造成公司的信誉下降，股东投资信心动摇，资本成本升高，股票价格上下波动。

（四）低正常股利加额外股利政策

低正常股利加额外股利政策（Small Regular with Extra Dividend Policy）是指公司在一般情况下，每年只支付固定的、数额较低的现金股利；在公司经营业绩较好的年份，除了按期支付给股东固定股利外，再加付额外的现金股利。公司支付的额外股利并不固定化，也不意味着永远存在。低正常股利加额外股利政策的示意图如图 14-5 所示。

低正常股利加额外股利政策能使公司具备较强的机动灵活性；固定的现金股利部分，能够满足偏好稳定现金股利的股东的基本要求；灵活而恰到好处地支付额外股利，既不会造成公司现金流量捉襟见肘，又能使股东分享公司繁荣的好处，并向市场传递有关公司当前和未来经营业绩良好的信息。这种股利政策可以使依赖现金股利收入的股东在各年能够得到最起码的收入而且比较稳定，偶尔还能带来“惊喜”收入，因而对这种投资者有很强的吸引力。不过，如果公司财务状况恶化，连正常股利也无法保证的话，那么向资本市场传递不良信号的程度往往会超过其他股利政策。

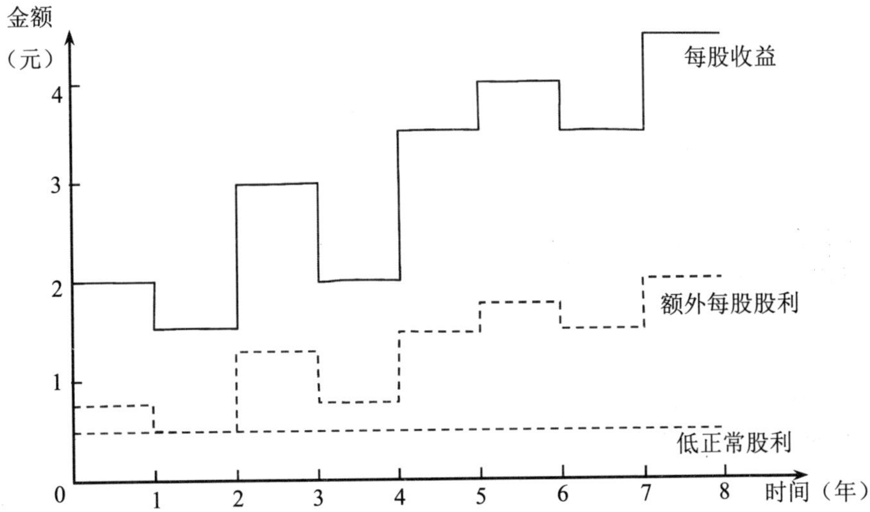

图 14-5　低正常股利加额外股利政策

篇中案例 14-2

三精制药的股利政策修订

20X4 年 4 月 3 日，哈药集团三精制药股份有限公司（三精制药：600829）公告修改公司章程。在股利政策方面的修改如下。

原公司章程确定的公司现金分红的具体条件和比例为：“在现金流满足公司正常经营、投资规划和长期发展的前提下，公司最近三年以现金方式累计分配的利润不少于最近三年实现的年均可分配利润的百分之三十。”

新公司章程更改为：“公司董事会应当综合考虑所处行业特点、发展阶段、自身经营模式、盈利水平以及是否有重大资金支出安排等因素，区分下列情形，并按照公司章程规定的程序，提出差异化的现金分红政策：（1）公司发展阶段属成熟期且无重大资金支出安排的，进行利润分配时，现金分红在本次利润分配中所占比例最低应达到 80%；（2）公司发展阶段属成熟期且有重大资金支出安排的，进行利润分配时，现金分红在本次利润分配中所占比例最低应达到 40%；（3）公司发展阶段属成长期且有重大资金支出安排的，进行利润分配时，现金分红在本次利润分配中所占比例最低应达到 20%。”

“公司具备现金分红条件的，应当采用现金分红进行利润分配。公司拟实施现金分红时应至少同时满足以下条件：（1）公司该年度实现的可分配利润（即公司弥补亏损、提取公积金后所余的税后利润）为正值且现金充裕的，实施现金分红不会影响公司后续持续经营。（2）审计机构对公司该年度财务报告出具标准无保留意见的审计报告。”

“在现金流满足公司正常经营、投资规划和长期发展的前提下，公司最近三年以现金方式累计分配的利润不少于最近三年实现的年均可分配利润的百分之三十。”

“在满足上述现金分配股利之余，公司在经营情况良好，并且董事会认为公司股票价格与公司股本规模不匹配、发放股票股利有利于公司全体股东整体利益时，可以在满足上述现金分红的条件下，提出股票股利分配预案。”

根据三精制药公司章程的修改，你认为该公司未来即将实施何种股利政策？公司章程修改前后，股利政策主要有什么差别？

【课堂测试 14-2】

1. 在其他因素固定的情况下，你认为下列因素的变动会如何影响社会平均股利支付率？为什么？

a. 个人股息税税率提高；

b. 允许更多资产采用加速折旧法；

c. 基础利率上升；

d. 所有公司利润水平上升；

e. 社会投资机会减少；

f. 准许公司的股利像债务利息一样在税前列支（假定）；

g. 将资本利得税税率变得与股息税相同。

2. APC 公司的股利支付率固定为 35%，公司预计本年每股股利为 0.7 元，请计算：

a. APC 公司的 EPS 是多少？

b. 如果公司股票的市盈率为 14 倍，则该公司股票除息前后的市场价格分别为多少？

c. 如果其他条件不变，公司将股利支付率削减为 20%，股东每股股利收入将减少多少？

d. 如果股利支付率的变动不会影响股票市场价格，若某股东持有 1 000 股

股票，他需要卖出多少股才能弥补在股利方面的损失？（假定不考虑所得税和交易成本的影响）

第三节 股票股利、股票分割和股票回购

对股利支付而言，现金股利是最常见的方式，不过在上市公司股利分配实践中股票股利也是常见的方式，它或单独使用或与现金股利结合使用。本节主要介绍股票股利以及相关的两种股权变动方式，即股票分割和股票回购。

一、股票股利

股票股利（Stock Dividends）是公司以本公司股票作为股利的支付方式。在国外，公司可将库存股或增发的新股作为股利发放给股东；在我国，目前《公司法》规定公司不允许持有用于发放股利的库存股，因而要发放股票股利，只能增发新股。在我国公司实务中，发放股票股利称为送股或分派红股。股票股利并不直接增加股东的财富，不导致公司资产的变动或负债的增加，但会引起所有者权益各项目的结构发生变化。

对于股票股利的会计操作，目前我国上市公司与美国等西方国家不同。我国上市公司是按照股票面值从未分配利润转入股本的；而美国上市公司通常是以发放前某一基准日的股票市价为基础，将股票股利从留存收益（先未分配利润后盈余公积）中转出，其中按照面值部分转至股本项目，股票市价与面值差额部分转入资本公积项目。

［例 14-3］

若COA上市公司准备采用每10股送2股的方式派发股票股利（即发放20%股票股利），该公司派发前所有者权益情况如表14-1所示，基准的股票市价为10元/股，则经过对股票股利的会计处理后该公司的所有权权益情况如何？

表 14-1 COA 公司所有者权益情况表（派发股票股利前）

单位：万元

项 目	金 额
股本（面值1元，已发行普通股30 000万股）	30 000
资本公积	45 000
盈余公积	8 000
未分配利润	57 000
所有者权益（或股东权益）合计	140 000

[解答]

（1）如果按照中国上市公司的操作，则

发放股票股利增加的股本=30 000×20%=6 000（万元）

即从未分配利润中转出 6 000 万元，进入股本项目，

股利分配后的未分配利润=57 000－6 000=51 000（万元）

（2）如果按照美国上市公司的操作，则

需要从留存收益中划出的资金=10×30 000×20%=60 000（万元）

这 60 000 万元来自全部未分配到利润 57 000 万元，盈余公积金 3 000 万元。

转入股本金额=1×30 000×20%=6 000（万元）

转入资本公积的金额=（10－1）×30 000×20%=54 000（万元）

（3）上述两种操作的比较如表 14-2 所示。

表 14-2 COA 公司所有者权益情况表（派发股票股利后）

单位：万元

项 目	发放前	发放后（中国方式）	发放后（美国方式）
股本（面值 1 元）	30 000	36 000	36 000
资本公积	45 000	45 000	99 000
盈余公积	8 000	8 000	5 000
未分配利润	57 000	51 000	0
所有者权益（或股东权益）合计	140 000	140 000	140 000

从例 14-3 可以看出，发放股票股利后，无论采用上述哪种方式，所有者权益不会发生变化，只是所有者权益各项目的结构发生了变化。如果净利润总额和市盈率不变，会由于普通股股数增加而引起每股收益和每股市价下降；但又由于股东所持股份的比例不变，每位股东所持股票的市场价值总额仍保持不变。

发放股票股利后对每股收益和每股市价的影响，可以通过对每股收益、每股市价的调整直接算出：

$$\text{发放股票股利后的每股收益}=\frac{EPS_0}{1+D_s}$$

$$\text{发放股票股利后的每股市价}=\frac{P_0}{1+D_s}$$

式中，EPS_0——发放股票股利前每股收益；

P_0——股利分配权转移日每股市价；

D_s——股票股利发放率。

[例 14-4]

假定在例 14-3 中，COA 公司本年净利润为 36 000 万元，某股东持有 300 万股普通股，假设市盈率不变，发放股票股利对该股东的影响如何？

[解答]

$$发放股票股利前的每股收益 = \frac{36\,000}{30\,000} = 1.2（元/股）$$

$$发放股票股利后的每股收益 = \frac{1.2}{1+20\%} = 1（元/股）$$

$$发放股票股利后的每股市价 = \frac{10}{1+20\%} = 8.33（元/股）$$

照此计算，发放股票股利对该股东的影响如表 14-3 所示。

表 14-3 股票股利发放前后对比表

项 目	发放前	发放后
每股收益（元/股）	1.2	1
每股市价（元/股）	10	8.33
持股比例	（300/30 000）×100%=1%	（360/36 000）×100%=1%
所持股总价值（万元）	10×300=3 000	8.33×360=3 000

从实务看，我国上市公司在实施利润分配方案时，可以是单独实施发放现金股利或股票股利的分配方案，也可以是现金股利与股票股利的组合方案，或者同时伴随从资本公积（或盈余公积）转增股本的方案。由于股票股利与资本公积转增都会增加股本数量，但每个股东持有股份的比例并未改变，结果导致每股价值被稀释，从而使股票交易价格下降。具体表现为，与前一交易日相比，除息日股票价格呈现断崖式下跌。

虽然从纯粹经济学来看，股票股利没有改变公司所有者权益总额，既不增加股东财富，也不改变财富的分配，仅仅增加了股份数量，但对股东和公司都有特殊意义。股票股利的意义主要表现在：

对股东而言，发放股票股利通常是成长中的公司的一种股利发放方法，在除息日经历断崖式下跌之后，股价往往开始回升，股东可以获得实质好处；此外，因为现金股息税往往高于资本利得税，所以发放股票股利，能提高股东的灵活性并能获得纳税好处。

对公司而言，发放股票股利，能使公司保留更多的现金，增强其机动灵活性；发放股票股利，能吸引更多的投资者；发放股票股利，能传递公司发展的信息。

二、股票分割

股票分割（Stock Splits）是指将面额较高的股票交换成面额较低的股票的行为。例如，将原来的一股股票转换成两股股票。公司进行股票分割，意味着股票面额减少而使发行在外的股票份数增加。如果净利润总额和市盈率不变，则每股收益下降，但公司价值不变，股东权益总额、权益各项目的金额及其相互间的比例也不会改变。

[例 14-5]

ATL 公司原发行面额 2 元的普通股 3 000 万股，若按 1 股换成 2 股的比例进行股票分割，分割前与分割后的所有者权益项目如表 14-4 所示。假定公司净利润为 4 500 万元，分割前股票市场价格为 30 元/股，若公司股票分割前后市盈率保持不变，试分析股票分割的影响。

表 14-4 ATL 公司股票分割前后的所有者权益资料

单位：万元

项目（分割前）	金额	项目（分割后）	金额
股本 （面额 2 元，发行 3 000 万股）	6 000	股本 （面额 1 元，发行 6 000 万股）	6 000
资本公积	9 000	资本公积	9 000
盈余公积	5 000	盈余公积	5 000
未分配利润	30 000	未分配利润	30 000
所有者权益合计	50 000	所有者权益合计	50 000

[解答]

从表 14-4 可以看出，公司进行股票分割，在会计处理上只需要将股票面额由 2 元变为 1 元，流通股份数从 3 000 万股变为 6 000 万股，股本总额不变。所有者权益的其他项目也不会发生变化。

$$股票分割前每股收益=\frac{4\,500}{3\,000}=1.5（元/股）$$

$$股票分割后每股收益=\frac{4\,500}{6\,000}=0.75（元/股）$$

$$股票分割后每股市价=\frac{30}{2}=15（元/股）$$

可见，由于流通股份数翻了一番，所以每股收益变为分割前的一半；若市盈率不变，则股票市价也变为分割前的一半。不过，由于每个股东持有的股份数均翻了一番，所以股东财富不会变化。

从实践效果来看，股票分割与股票股利是一致的，但会计处理不同。比如，若将例 14-5 的股票分割理解为每 10 股送 10 股的股票股利，则按照中国上市公司的会计处理，需要从未分配利润中划出 6 000 万元（3 000×2）转至股本项目，如表 14-5 所示。

表 14-5　ATL 公司股票股利发放（10 股送 10 股）前后的所有者权益资料

单位：万元

项目（发放前）	金额	项目（发放后）	金额
股本 （面额 2 元，发行 3 000 万股）	6 000	股本 （面额 2 元，发行 6 000 万股）	12 000
资本公积	9 000	资本公积	9 000
盈余公积	5 000	盈余公积	5 000
未分配利润	30 000	未分配利润	24 000
所有者权益合计	50 000	所有者权益合计	50 000

通过比较表 14-4 和表 14-5 可以发现，同样实践效果的两个过程，若宣告形式不同则会计处理不同。股票股利导致股本增加、未分配利润减少，但股票面额不变；股票分割导致股票面额减少，但股本不变，其他所有者权益项目也不变。为了防止会计操作的随意性，许多国家的证券管理部门会制订具体规定区分股票股利和股票分割，例如，美国纽约证券交易所规定，派发股份少于 25%为股票股利，大于或等于 25%为股票分割。目前，我国证监会并未对股票股利与股票分割的划分做出规定。而且，在实务中，由于我国的股份有限公司绝大多数在成立时股本面额为 1 元，这也成为实质上的惯例，所以公司一般不实施股票分割以免造成股本面额的改变；取而代之的是高比例的送红股和资本公积（或盈余公积）转增股本，即所谓的“高送转”。

对公司来讲，实行股票分割的主要目的在于通过增加股票数量降低每股市价，从而吸引更多的投资者。设想如果微软等优秀公司从来不进行股票分割（或发放股票股利），其股价恐怕早已到达 6 000 美元以上，会大大超出正常的交易价格范围。此外，股票分割往往是成长中公司的行为，所以宣布股票分割后，容易给人一种“公司正处于发展之中”的印象，这种利好信息会对公司有所帮助（如降低筹资成本等）。

当然，若公司认为自己股票的价格过低，为了提高股价，会采取反分割（也称股票合并）的措施。反分割是股票分割的相反行为，即将数股面额较低的股票合并为一股面额较高的股票，这里不做详述。

篇中案例 14-3

微软公司的股票分割

微软公司（NASDAQ：MSFT）是目前全球最大的电脑软件提供商，由比尔·盖茨与保罗·艾伦创始于 1975 年，公司总部设立在华盛顿州的雷德蒙市。微软的 IPO 是在 1986 年 3 月 14 日，股票最初定价 21 美元，但由于需求旺盛，第一笔交易的价格为 25.50 美元。上市第一天微软的股价最高达到 29.25 美元，收盘价 27.75 美元，当日股票规模仅为 350 万股。

由于公司持续高速发展，1986 年至 2003 年，微软的股票进行了 9 次分割。其中在 1987 年 9 月 18 日、1990 年 4 月 12 日、1994 年 5 月 20 日、1996 年 12 月 6 日、1998 年 2 月 20 日、1999 年 3 月 26 日、2003 年 2 月 14 日进行了 7 次一分为二的股票分割。1991 年 6 月 26 日、1992 年 6 月 12 日，进行了 2 次两股分成三股的股票分割。

从 2003 年起微软开始支付股息，2003 年首次支付年度股息 0.08 美元，紧接着上升到每年 0.16 美元。2004 年第四季度开始，微软每季度支付 0.08 美元；到 2006 年第二季度，涨至每季度 0.09 美元；2007 年第一季度，涨至每季度 0.10 美元；2008 年第一季度，涨至每季度 0.11 美元；2009 年第一季度，涨至每季度 0.13 美元。在 2004 年 12 月 2 日，微软还曾支付特别股利每股 3 美元。

自从上市以来，微软的表现无与伦比。如果一个投资者在微软上市时以每股 21 美元预订股票，时至今日他的收益率将超过 300 倍；而在 1999 年微软股价的达到顶峰时，初始投资者的收益率甚至超过 600 倍。

资料来源：http://www.ehow.com/about_5077008_microsoft-stock-split-history.html.

三、股票回购

股票回购（Stock Repurchase）是指公司出资购回自身发行在外股票的行为。公司用多余现金购回股东所持有的股份，使流通在外的股份减少，每股收益增加，从而会使股价上升，股东因此获得资本利得，这相当于公司支付给股东现金股利。所以，可以将股票回购看作一种现金股利的替代方式。不过，因为股票回购时股东获得的是资本利得，而资本利得税往往低于股息税，所以股票回购具有避税效用。

股票回购在西方国家的上市公司屡见不鲜，但在中国，目前对股票回购的限制还比较严格。根据我国现行《公司法》第 142 条的相关规定，公司只有在以下 6 种情形下才能回购本公司的股份：①减少公司注册资本；②与持有本公司股份的其他公司合并；③将股份用于员工持股计划或者股权激励；④股东因对股东大会做出的公司合并、分立决议持异议，要求公司收购其股份；⑤将股份用于转换上市公司发行的可转换为股票的公司债券；⑥上市公司为维护公司价值及股东权益所必需。

公司因第①项、第②项规定的情形收购本公司股份的，应当经股东大会决议；公司因前款第③项、第⑤项、第⑥项规定的情形收购本公司股份的，可以依照公司章程的规定或者股东大会的授权，经三分之二以上董事出席的董事会会议决议。

公司收购本公司股份后，属于第①项情形的，应当自收购之日起 10 日内注销；属于第②项、第④项情形的，应当在 6 个月内转让或者注销；属于第③项、第⑤项、第⑥项情形的，公司合计持有的本公司股份数不得超过本公司已发行股份总额的百分之十，并应当在 3 年内转让或者注销。上市公司收购本公司股份的，应当依照《中华人民共和国证券法》的规定履行信息披露义务。上市公司因上述第③项、第⑤项、第⑥项规定的情形收购本公司股份的，应当通过公开的集中交易方式进行。

可见，目前我国法律已适度允许公司持有可在资本市场上直接出售的库存股（Treasury Shares），比如上述第⑥项就接近这种情况，但限制还比较严格。一方面，持有比例受限，即合计持有的本公司股份数不得超过本公司已发行股份总额的 10%；另一方面，持有时间受限，即不超过 3 年。在西方国家，库存股受限较少，它可以作为公司的资金储备，当现金不足时，公司可以抛售库存股来获取现金，出售库存股不必经过股东同意，也不一定要老股东认购。

公司实施股票回购会产生什么影响呢？下面以一道例题说明：

［例 14-6］

SML 公司所有者权益及当年每股收益、每股市价情况等资料如表 14-6 所示。若公司准备从当年净利润中拿出 50%，从下面两种方案中选择一种：一是支付现金股利；二是回购公司股票，若公司股票市盈率保持不变，试分析两种方案的异同。

表 14-6 SML 公司所有者权益及当年收益等资料

单位：元

项　目	金　额
股本（面额 1 元，发行 1 000 000 股）	1 000 000
资本公积	1 700 000
盈余公积	800 000
期初未分配利润	3 000 000
当年净利润	1 000 000
每股收益	1
每股市价	12
市盈率	12

[解答]

（1）若公司支付 500 000 元现金股利，则股东每股股利为

$$DIV=\frac{500\,000}{1\,000\,000}=0.5\text{（元 / 股）}$$

（2）若公司用 500 000 元进行股票回购，则假设回购价为 P，则

回购股票的数量为 $\frac{500\,000}{P}$ ，流通在外的股份数为 $1\,000\,000-\frac{500\,000}{P}$

回购后每股收益将变为 $EPS=\frac{1\,000\,000}{1\,000\,000-\frac{500\,000}{P}}$

市盈率为 $\frac{P}{EPS}=\frac{1\,000\,000P-500\,000}{1\,000\,000}=P-0.5$

因为市盈率保持不变，所以方程为 $P-0.5=12\Rightarrow P=12.5$（元 / 股）

可见，一旦公司宣布用 500 000 元回购股票，公司股价将会上涨至 12.5 元/股。

（3）由上述（1）、（2）比较可知，若公司支付 500 000 元现金股利，每股将获得 0.5 元股息；

若公司用 500 000 元回购股票，股价将上涨至 12.5 元/股，每股实现资本利得 0.5 元。

若股息税与资本利得税相同，两种方案对股东具有同等效应。

假设当年净利润计提 10%的法定公积金，则两种方案形成的所有者权益情况如表 14-7 所示。

表 14-7　SML 公司实施两种方案的所有者权益比较

单位：元

项目	方案 1	方案 2	
股本（面额 1 元）	1 000 000	1 000 000	960 000
资本公积	1 700 000	1 700 000	1 240 000
减：库存股	—	500 000	—
盈余公积	900 000	900 000	900 000
未分配利润	3 400 000	3 900 000	3 900 000
所有者权益合计	7 000 000	7 000 000	7 000 000

若公司实施股票回购（方案二），在表 14-7 中列出了两种情况，左边一列是存在库存股的情况，右边一列是注销股本之后的情况。其中，若存在库存股，则其数量为 40 000 股（500 000÷12.5）；若注销股本，则按面额注销股本 40 000 元（1×40 000），其余部分注销资本公积 460 000 元。可以看出，实施两种方案的结果是所有者权益总量相同，但各项目之间的数额存在差异。

通过对例 14-6 的分析可以发现，股票回购与现金股利之间似乎发挥了同等效用；然而，股票回购实际上却有着与发放现金股利不同的意义。

对股东而言，股票回购后股东得到的是资本利得，其税率相对较低（我国目前并未开征资本利得税）；而发放现金股利后股东则需缴纳股息税，其税率相对较高，因此股票回购使股东可以得到纳税上的好处。

对公司而言，进行股票回购应着眼于公司的价值增加，具体体现在以下几个方面：

第一，公司进行股票回购可以向市场传递股价被低估的信号。股票回购有着与股票发行相反的作用。股票发行被认为是公司股票被高估的信号，如果管理层认为公司目前的股价被低估，通过股票回购，向市场传递积极信息。股票回购的市场反应通常是提升股价，有利于公司稳定股票价格。

第二，当公司可支配的现金流明显超过投资项目所需的现金流时，可以用自由现金流（Free Cash Flow）进行股票回购，有助于增加每股盈利水平。股票回购减少了公司自由现金流，能够起到降低管理层代理成本的作用，避免管理层的盲目投资。

第三，当公司剩余现金流是暂时的或者是不稳定的，没有把握能够长期维持高股利政策时，可以在维持一个相对稳定的股利支付率的基础上，通过股票回购发放股利。

第四，如果公司认为资本结构中权益资本的比例过高，可以通过股票回购提高负债比率，改变公司的资本结构，并有助于降低加权平均资本成本。特别是若通过发行债券筹资回购本公司股票，则可以快速提高负债比率，发挥财务杠杆作用。

第五，通过股票回购，可以减少外部流通股的数量，提高股票价格，在一定程度上可以降低公司被收购的风险。

第六，公司回购的股票，可以用来交换被收购或被兼并公司的股票；可以实施员工持股或股权激励计划，奖励职工；也可用来满足可转换债券持有人转换公司普通股的需要；还可以在执行管理层与员工股票期权时使用，避免因发行新股而稀释收益。

篇中案例 14-4

宗申动力的股票回购

重庆宗申动力机械股份有限公司（宗申动力：001696）是一家从事摩托车制造业的上市公司，1997 年 3 月 6 日上市。20X3 年 6 月 14 日，宗申动力正式公告回购部分社会公众股份。公告显示，回购实施前该公司股份总数约 118 650 万股，其中无限售条件流通股 78.57%；本次回购股份的种类为公司发行的 A 股社会公众股份。回购资金总额不超过 2 亿元人民币、回购价格不超过 6 元/股、回购公司股份不超过 4 500 万股。按最高回购数量 4 500 万股计算，回购股份占本公司已发行总股本的 3.79%。

公告称“经过多年、持续稳定的发展，公司市场竞争力和抗风险能力稳步提升。20X0 年、20X1 年、20X2 年分别实现营业总收入 39.65 亿元、46.10 亿元、42.63 亿元；实现归属于上市公司股东的净利润分别为 3.45 亿元、3.42 亿元、3.37 亿元；经营活动产生的现金流量净额分别为 1.56 亿元、0.34 亿元、3.55 亿元。公司主营产品摩托车发动机产销量维持在较大规模，在国内市场占有率继续保持高水平。受宏观经济形势以及资本市场整体走势不佳的影响，公司股价持续低迷。根据对公司基本面及公司成长价值的综合判断，公司决定以自有资金回购部分社会公众股份，以维护公司资本市场形象，增强投资者对公司的信心。”

20X3 年 9 月 4 日，宗申动力对外公告称已经完成此次股票回购计划，从 20X3 年 6 月 17 日该公司首次实施了回购部分股份的方案起，截至 20X3 年 9 月 3 日，该公司回购股份数量为约 4 147 万股，占公司总股本的比例为 3.50%，成交的最高价为 5.28 元/股，最低价为 4.40 元/股，支付总金额为 19 999.98 万元（含印花税、佣金等交易费用），已达到本次回购股份总金额上限。20X3 年 9 月 6 日，宗申动力对外公告完成股份注销，公司总股本将由约 118 650 万股减少为约 114 503 万股。这标志着在随后按照相关规定履行章程变更、工商注册登记变更等相关程序后，宗申动力通过股票回购注销资本的计划最终完成。你认为宗申动力实施的股票回购会产生怎样的影响呢？

【课堂测试 14-3】

1. 判断下列说法的正误。如果你认为说法错误，请解释原因。

a. 如果企业在公开市场上回购股票，则持有股票的股东很可能需要缴纳资本利得税。（　　）

b. 如果某人拥有某公司 100 股普通股，若该公司实施一分为二的股票分割，则在股票分割之后他将拥有该公司 200 股普通股。（　　）

c. 企业发放股票股利会增加可用的权益资本数量。（　　）

d. 股息税和资本利得税的差异会促使企业发放更大比例的现金股利。（　　）

e. 如果公司大部分股东都倾向于现金股利，则该公司不太可能采取剩余股利政策。（　　）

f. 在其他条件不变的情况下，如果投资机会增加，则采用剩余股利政策的公司其现金股利支付额将会上升。（　　）

2. 如果你拥有某上市公司 1 000 股普通股票，当前股价为每股 88 元。计算在下述股票分割条件下，除权日后你将会拥有的股票数量以及每股股价。

a. 1 股变 2 股的股票分割；

b. 1 股变 3 股的股票分割；

c. 2 股变 3 股的股票分割；

d. 4 股变 3 股的股票合并（反分割）；

e. 3 股变 5 股的股票分割。

本章小结

利润分配主要讨论公司净利润的分配问题，一般来说企业净利润可以有利润留存和现金股利支付两种分配渠道，它们之间存在一定的矛盾。公司理想的利润分配决策和股利政策就需要完美解决这一矛盾，使公司价值达到最大。利润分配过程应该遵循一定的原则，按照一定的顺序进行。对于股份有限公司，股利支付需要履行一定的程序，股利支付的形式也包括现金股利、股票股利、财产股利和负债股利等。

对股利支付对公司价值影响问题的讨论，形成了股利理论。股利理论主要包括股利无关论和股利相关论。股利无关论主要由MM提出，他们认为股利政策不影响企业价值。股利相关论则包括“在手之鸟”论、信号传播论和税差理论等多种理论。股利政策是指公司在支付股利方面所持的策略。影响公司股利政策的因素主要包括：法律因素、债权人约束、股东因素、公司内部因素和其他外部因素等。在公司实务中，各公司常见的股利政策主要有剩余股利政策、固定或持续增长股利政策、固定股利支付率政策和低正常股利加额外股利政策。

股票股利是公司以本公司股票作为股利的支付方式。股票股利并不直接增加股东的财富，不导致公司资产的变动或负债的增加，但会引起所有者权益各项目的结构发生变化。对于股票股利的会计操作，目前我国上市公司与美国等西方国家不同。股票分割是指将面额较高的股票交换成面额较低的股票的行为。公司进行股票分割，公司价值不变，股东权益总额、权益各项目的金额及其相互间的比例也不会改变。股票回购是指公司出资购回自身发行在外的股票的行为。股票回购可以看作一种现金股利的替代方式，不过股票回购实际上却有着与发放现金股利不同的意义。

篇后案例

中珠控股20X2年中期利润分配

中珠控股股份有限公司（中珠控股：600568）是一家注册地在湖北省潜江市的主营业务为医药制造的上市公司。20X2年11月2日，该公司对外公告实施20X2年半年度分红派息及转增股本的利润分配方案。公告称：截止于20X2年6月30日，母公司资本公积金余额约为426 266 571.75元，未分配利润为230 372 573.78元。以20X2年6月30日公司总股本166 466 600股为基数，资本公积每10股转增10股，共计166 466 600股；以20X2年6月30日公司总股本166 466 600股为基数，未分配利润每10股送2股，派现金0.25元（含税），共计33 293 320股，派现金4 161 665.00元；实施完成后公司总股本增加至366 226 520股。

股利公告日：20X2年11月2日（星期五）；

股权登记日：20X2年11月9日（星期五）；

除息日：20X2年11月12日（星期一）；

新增可流通股份上市日：20X2年11月13日（星期二）；

现金红利发放日：20X2年11月16日（星期五）。

分派对象为截至股权登记日（20X2年11月9日）下午上海证券交易所收市后，在中国证券登记结算有限责任公司上海分公司登记在册的全体股东。结合中珠控股 20X2 年半年财报，则该公司利润分配前后的股东权益情况如下表：

利润分配前		利润分配后	
股本（面值 1 元）	166 466 600.00	股本（面值 1 元）	366 226 520.00
资本公积	426 266 571.75	资本公积	259 799 971.75
盈余公积	33 943 351.44	盈余公积	33 943 351.44
未分配利润	230 372 573.78	未分配利润	192 917 588.78
股东权益合计	857 049 096.97	股东权益合计	852 887 431.97

此次利润分配对股票价格的影响如下图所示：

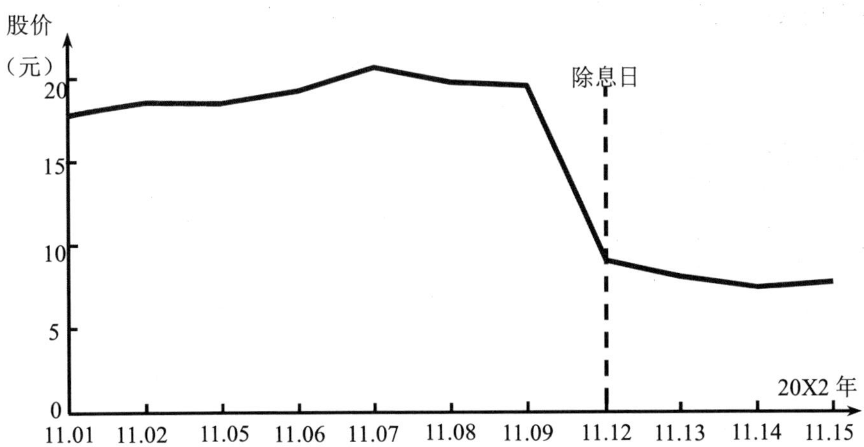

从这个案例中，你能得到什么启示呢？

核心概念

利润分配（Profit Distribution）
股利宣告日（Declaration Date）
股权登记日（Record Date）
除息日（Ex-Dividend Date）
股利支付日（Payment Date）
股利政策（Dividend Policy）
股票股利（Stock Dividend）
股票分割（Stock Splits）

股票回购（Stock Repurchase）

思考题

1. 企业利润分配的原则和顺序如何？
2. 现金股利的支付程序如何？
3. 常见的几种股利理论的基本观点是什么？
4. 公司股利分配政策的影响因素有哪些？
5. 什么是剩余股利政策？运用这一政策应该遵循什么步骤？
6. 固定或持续增长股利政策的优缺点是什么？
7. 评价固定股利支付率政策和低正常股利加额外股利政策。
8. 什么是股票股利？它与股票分割有什么异同？
9. 什么是股票回购？它对公司有什么意义？

练习题

（一）单项选择题

1. 按照我国《公司法》的规定，公司的利润分配第一步要（　　）。

A. 提取法定公积金　　B. 计算可供分配的利润
C. 提取任意公积金　　D. 向普通股东支付股利

2. 领取股利的权利与股票相互分离的日期是（　　）。

A. 股利宣告日　　B. 股权登记日
C. 除息日　　D. 股利支付日

3. 股利支付的方式不包括（　　）。

A. 现金股利　　B. 股票股利　　C. 负债股利　　D. 权利股利

4. 下面的股利理论中属于股利无关论的是（　　）。

A. MM 理论　　B. “在手之鸟”论
C. 信号传播论　　D. 税差理论

5. 下列因素一般认为不会影响股利政策的是（　　）。

A. 通货膨胀　　B. 法律因素
C. 董事长学历　　D. 限制控制权稀释

6. 某公司奉行剩余股利政策，若资本预算中所需的权益资本小于法定公积金计提的数量，则当年应该支付股利的数额为（　　）。

A. 净利润

B. 0

C. 净利润-资本预算中所需的权益资本

D. 净利润-法定公积金

7. 受到未来投资机会影响最大的股利政策是（　　）。

A. 剩余股利政策　　B. 固定或持续增长股利政策

C. 固定股利支付率政策　　D. 低正常股利加额外股利政策

8. 最容易导致股利的支付与公司净利润相脱节的股利政策是（　　）。

A. 剩余股利政策　　B. 固定或持续增长股利政策

C. 固定股利支付率政策　　D. 低正常股利加额外股利政策

9. 当公司盈利不稳时，会使各年度的股利发放额变化较大，影响公司信誉的股利政策是（　　）。

A. 剩余股利政策　　B. 固定或持续增长股利政策

C. 固定股利支付率政策　　D. 低正常股利加额外股利政策

10. 既能满足依赖股利收入股东的要求，又能使股东分享公司繁荣的好处的股利政策是（　　）。

A. 剩余股利政策　　B. 固定或持续增长股利政策

C. 固定股利支付率政策　　D. 低正常股利加额外股利政策

11. 在现金股利支付程序中，（　　）之后的股票交易，其交易的价格会明显下降。

A. 股利宣告　　B. 股权登记　　C. 除息　　D. 股利支付

12. 下列股利支付方式中，不会造成股东权益合计发生变化的是（　　）。

A. 现金股利　　B. 股票股利　　C. 财产股利　　D. 负债股利

13. 以下操作中，会使股东权益合计发生变化的是（　　）。

A. 股票股利　　B. 股票分割　　C. 股票合并　　D. 股票回购

14. 某公司现有发行在外的普通股为 1 000 000 股，每股面额 1 元，资本公积 3 000 000 元，未分配利润 8 000 000 元，股票市价 20 元。若按 10%的比例发放股票股利并按市价折算(即美国方式),公司资本公积的报表列示将为(　　)。

A. 1 000 000 元　　B. 2 900 000 元　　C. 4 900 000 元　　D. 3 000 000 元

15. 下列关于股票股利和现金股利的说法中不正确的是（　　）。

A. 股票股利没有现金流出企业

B. 资本利得税往往低于现金股息税

C. 股票股利和现金股利都不会造成股本增加

D. 无论是现金股利还是股票股利，在除息日之后股票价格都会呈现断崖式下跌

16. 股票分割与股票股利最大的区别是（ ）。

A. 增加股票的绝对数量 B. 处理费用较高

C. 股票市价下降 D. 不引发所有者权益结构的变化

17. 下列有关股票股利与股票分割的说法中不正确的是（ ）。

A. 股票股利和股票分割在实践效果上一致

B. 股票股利和股票分割都不会导致股本总额发生变化

C. 股票股利和股票分割都不会导致股东权益合计发生变化

D. 理论上，股票股利和股票分割都不会导致股东财富发生变化

18. 下列有关股票回购的说法中正确的是（ ）。

A. 股票回购不会导致市场上股票价格的变化

B. 股票回购不会导致股东权益合计发生变化

C. 股票回购不会导致现金流出企业

D. 若忽略所得税的差异，股票回购与现金股利在理论上具有相互替代的效果

（二）多项选择题

1. 利润分配的基本原则包括（ ）。

A. 依法分配原则 B. 强制分配原则 C. 资本保全原则

D. 债权人保护原则 E. 长短期利益兼顾原则

2. 公司股利支付的方式包括（ ）。

A. 现金股利 B. 股票股利 C. 财产股利

D. 负债股利 E. 权利股利

3. 下列股利理论中，属于股利相关论的是（ ）。

A. MM 理论 B. “在手之鸟”论 C. 信号传播论

D. 税差理论 E. 以上都是

4. 下列影响股利政策的因素中，属于外部因素的有（ ）。

A. 法律因素 B. 偿债能力 C. 经济环境

D. 基础利率 E. 通货膨胀

5. 下列影响股利政策的因素中，属于内部因素的有（ ）。

A. 利润和现金的稳定性 B. 资产的流动性

C. 偿债能力 D. 举债能力 E. 股息支付频率

6. 不会直接受到未来投资机会影响的股利政策包括（ ）。

A. 剩余股利政策 B. 固定股利政策

C. 固定股利支付率政策 D. 持续增长股利政策

E. 低正常股利加额外股利政策

7. 如果某公司认为，目前的股票市价较高，想要降低公司的股票价格，可以采取的方式有（　　）。

A. 发放股票股利　B. 发放现金股利　C. 进行股票分割

D. 进行股票合并　E. 回购股票

8. 对于股票股利的会计处理结果，中国上市公司与美国上市公司的差异可能出现在（　　）上。

A. 股本　B. 资本公积　C. 盈余公积

D. 未分配利润　E. 股东权益合计

9. 下列操作会造成每股收益下降的是（　　）。

A. 股票股利　B. 股票分割　C. 股票回购

D. 配股　E. 股票合并

10. 下列股利支付（或操作）方式中，会造成股东权益合计发生变化的有（　　）。

A. 现金股利　B. 股票股利　C. 财产股利

D. 负债股利　E. 股票回购

11. 以下操作中，不会使股东权益合计发生变化的有（　　）。

A. 股票股利　B. 配股　C. 股票分割

D. 股票合并　E. 股票回购

12. 一般而言，会对资本市场传递正面信号的股票操作包括（　　）。

A. 股票股利　B. 股票分割　C. 发行新股

D. 股票合并　E. 股票回购

13. 会使流通在外的普通股数量增加的操作包括（　　）。

A. 股票股利　B. 配股　C. 股票回购

D. 股票分割　E. 发行新股

14. 下列有关股票股利与股票分割的说法中正确的有（　　）。

A. 股票股利和股票分割在实践效果上一致

B. 股票股利和股票分割都不会导致股本总额发生变化

C. 股票股利和股票分割都不会导致股东权益合计发生变化

D. 理论上，股票股利和股票分割都不会导致股东财富发生变化

E. 股票股利和股票分割都不会导致股票面值发生变化

15. 下列有关股票回购的说法中正确的有（　　）。

A. 股票回购不会导致市场上股票价格的变化

B. 股票回购不会导致股东权益合计发生变化

C. 股票回购不会导致现金流出企业

D. 若忽略所得税的差异，股票回购与现金股利在理论上具有相互替代的效果

E. 股票回购可以向市场传递股价被低估的信号

16. 现金股利与股票回购的相同之处有（　　）。

A. 公司市场价值都将降低

B. 都产生现金流出

C. 都将减少股东权益

D. 股票价格都会有所变化

E. 都将减少发行在外的流通股数

17. 股票回购对公司的意义不同于股票分割，下列各项中，属于股票回购给公司带来的好处有（　　）。

A. 股票回购在一定程度上降低了公司被收购的风险

B. 股票回购可改变公司的资本结构，减少负债比例，发挥财务杠杆作用

C. 避免股利波动带来的负面影响

D. 通过股票回购，可以减少流通股的数量，降低股票价格

E. 导致公司股票价格上升，使公司价值达到最大

18. 我国《公司法》规定的公司可以回购本公司股份的情形包括（　　）。

A. 公司认股权证执行时

B. 公司减少公司注册资本

C. 公司与持有本公司股份的其他公司合并

D. 公司将股份用于员工持股计划或者股权激励

E. 公司将股份用于转换上市公司发行的可转换债券

（三）判断题

1. 利润留存和股利支付是同一笔资金的两种分配渠道，因此存在着矛盾。（　　）

2. 企业如果存在尚未弥补的亏损，可以先进行利润分配，然后再弥补亏损。（　　）

3. 按《公司法》规定，公司需要按可供分配的利润计提法定公积金。（　　）

4. 除息日是指股利所有权与股票本身分离的日期，在除息日当日及以后买入的股票不再享有本次股利分配的权利。（　　）

5. 在股利宣告日宣布股利发放方案之后，新购入股票的人不能分享本次宣

告发放的股利。（　　）

6. 股利无关论认为，股东对现金股利和资本利得并无偏好。（　　）

7. “在手之鸟”论认为，股东更加偏好现金股利。（　　）

8. 税差理论认为，资本利得税高于现金股息税，所以股东更加偏好现金股利。（　　）

9. 投资者认为股利政策中包含管理人员对未来预期的信息，当管理人员预期未来的经营情况会有所好转时，会减少现金股利的发放。（　　）

10. 剩余股利政策的做法是，公司的净利润首先作为内部筹资以供投资，而后再将剩余的利润用于向股东分配股利。（　　）

11. 公司采用剩余股利政策时，若支付零股利，一定是因为公司没有盈利。（　　）

12. 固定或持续增长股利政策会导致股利的支付与净利润相脱节。（　　）

13. 公司采用固定股利支付率政策时，若支付零股利，一定是因为公司没有累计盈利。（　　）

14. 低正常股利加额外股利政策，既能保持股利的稳定性，又能实现股利与盈余之间较好的配合。（　　）

15. 对股东来说，股票股利与现金股利具有相同的效果。（　　）

16. 发放股票股利会由于普通股股数的增加而引起每股收益下降，进而引起每股市价下跌，因而每位股东所持股票的市场价值也将随之下降。（　　）

17. 股票分割与股票股利一样，都不会改变股东权益各项目的比例关系。（　　）

18. 如果忽略股息税和资本利得税的差异，在有效资本市场上，股票回购可以看作现金股利的替代方式。（　　）

（四）计算综合题

1. JY 公司奉行固定股利支付率政策，目标的股利支付率为 30%。公司本年净利润为 800 万元，目标资本结构为 40%的资产负债率。由于公司刚刚接受了长期大额订单，明年需要投资 1 500 万元以扩大生产能力。要求：计算 JY 公司为扩大生产能力必须筹集的外部权益资本额。

2. WEL 公司按照剩余股利政策支付股利，20X1 年实现净利润 800 万元。20X1 年年底时，公司考虑 3 个独立的投资机会，每个投资机会均需要 500 万元投资，估计的内含报酬率和资本成本情况如下表：

项目	风险	投资额	资本成本	内含报酬率
项目甲	高	500 万元	12%	15%
项目乙	中	500 万元	9%	8%
项目丙	低	500 万元	6%	7.5%

若公司的目标资产负债率为 50%，那么公司 20X1 年的股利支付率应为多少？

3. ZLL 公司流通在外的普通股为 1 000 万股，本年度实现净利润 2 000 万元，公司股票的市场价格为 40 元。公司考虑利用可支配货币资金在公开市场上回购本公司 20%的股份。假定回购不会改变公司的净利润及股票的市盈率。要求：计算公司股票在股票回购之后的市场价格。

4. TY 公司当前的股东权益情况如下表，其股票的现行市价为 50 元/股。

单位：万元

股本（每股面值 5 元）	2 200
资本公积	3 300
留存收益	7 000
股东权益合计	12 500

根据所给数据，请回答：

（1）若公司发放 10%的股票股利，分别按照中国上市公司的处理方式和美国上市公司的处理方式确定该公司股东权益各项目情况。

（2）若公司将进行一分为二的股票分割，确定该公司股东权益各项目情况。

5. CIA 公司是一家国有上市公司，有关资料如下。

资料一：20X9 年 3 月 31 日 CIA 公司股票每股市价 30 元，每股收益 2 元。股东权益项目构成如下：普通股 40 000 万股，每股面值 1 元，共计 40 000 万元；资本公积 5 000 万元；留存收益 90 500 万元。公司实行稳定增长股利政策，股利年增长率 3%。当前 1 年期国债利息率 4%，市场组合的风险增益 4.5%。不考虑通货膨胀因素。

资料二：20X9 年 4 月 1 日，CIA 公司宣告其 20X8 年分红方案为：凡在 20X9 年 4 月 4 日当日登记在册的本公司股东，有权享有本次现金分红，每 10 股派发 8.5 元现金，除息日是 20X9 年 4 月 5 日，本次现金分红将在 4 月 25 日汇入登记在册股东的相应账户中。要求：

（1）根据资料一，计算：a. CIA 公司股票的市盈率；b. 若 CIA 公司股票所含系统风险与市场组合的风险一致，确定 CIA 公司股票的 β 系数；c. 若 CIA 公司股票的 β 系数为 1.05，运用资本资产定价模型计算其必要报酬率。

（2）假定除息日 CIA 公司普通股每股市价为 29 元，根据资料一和资料二，运用股利增长模型计算公司留存收益的成本。

（3）假定 CIA 公司发放 10%的股票股利替代现金分红，并于 20X9 年 4 月 5 日完成该分配方案，结合资料一计算完成分红方案后的下列指标：a. 普通股股数；b. 股东权益个项目的数额（假设按美国上市公司方式操作）。

（4）假定 20X9 年 3 月 31 日，CIA 公司准备用现金按照每股市价 30 元回购 2 000 万股股票，且公司净利润与市盈率保持不变，结合资料一计算下列指标：a. 净利润；b. 股票回购之后的每股收益；c. 股票回购之后的每股市价。

6. TNT 公司在股利发放前资产负债表（简表）如下表所示，现在宣布派发 8%的股票股利加上每股 0.6 元的现金股利。现金股利按稀释后的股份发放，公司股票当前的市价为每股 30 元。

资产项目	金额（万元）	负债及股东权益项目	金额（万元）
货币资金	750	长期负债	9 000
其他流动资产	3 250	股本（每股面值 1 元）	600
流动资产合计	4 000	资本公积	1 800
固定资产	9 000	留存收益	6 600
其他非流动资产	5 000	股东权益合计	9 000
资产总计	18 000	负债及股东权益总计	18 000

假定现金股利暂时形成应付股利，且公司按照美国上市公司方式进行会计处理，要求：根据上述资料编制一份预计的资产负债表。

7. KEE 公司 20X4 年实现净利润 2 000 万元，支付股利 600 万元。公司长年来净利润一直保持 10%的增长率，不过预计 20X5 年公司将实现超常增长，净利润会达到 2 400 万元，20X5 年底新投资机会的资本预算为 1 500 万元。此外，公司 20X5 年的超常增长率被认为是暂时的，20X6 年以后将恢复 10%的增长水平。假定公司的目标资产负债率为 40%。要求：

（1）若公司按照长期盈利增长率实施持续增长股利政策，那么 20X5 年支付的股利总额为多少？

（2）若公司按照以 20X4 年为准实施固定股利支付率政策，那么 20X5 年支付的股利总额为多少？

（3）若公司奉行剩余股利政策，那么 20X5 年支付的股利总额为多少？

（4）若公司奉行低正常股利加额外股利政策，正常股利按照盈利长期增长率确定，额外股利根据利润剩余来确定，那么 20X5 年支付的股利总额为多少？

（5）在上述 4 种股利政策中，你推荐哪一个？为什么？

（6）假定投资者预期该公司 20X5 年支付的总股利为 1 200 万元，并能够保持 10%的持续增长；若目前公司股票的总市值为 30 000 万元，则公司权益的资本成本为多少？

（7）若（6）中投资者的预期能够实现，则公司的长期平均权益净利率为多少？

（8）根据（6）和（7）的计算结果，你认为投资者预期 20X5 年的总股利 1 200 万元是否合理？如果不合理，应该调高还是调低？

8. 20X8 年底，BTC 公司着手考虑来年的资本预算问题。近年来，公司一直支付的每股现金股利为 0.8 元，大多数股东希望公司的每股股利在未来几年保持稳定。该公司的目标资本结构为 75%权益资本，25%长期负债。目前，公司流通在外的普通股为 500 万股，20X8 年度实现净利润 1 200 万元。公司财务总监预计，20X9 年可取的投资机会需要新增筹资 1 200 万元。要求：

（1）如果公司奉行剩余股利政策，则 20X8 年应新增多少留存收益用于资本预算？

（2）如果公司奉行剩余股利政策，则 20X8 年的每股股利和股利支付率应为多少？

（3）如果公司仍然支付每股股利 0.8 元，则会有多少留存收益可用于资本预算？

（4）如果公司既想保持当前资本结构，又想保持固定股利政策，面对 20X9 年 1 200 万元的资本预算，在不增发新股的情况下能否实现？

（5）若公司管理层坚决反对削减股利，并考虑通过增加长期负债的方式筹资外部资本（假定新增负债不会影响资本成本），面对 20X9 年 1 200 万元的资本预算，那么企业需要增加多少长期负债？

（6）如果公司既想保持当前资本结构，又想保持固定股利政策，面对 20X9 年 1 200 万元的资本预算，则公司至少需要多少外部权益资本？

（7）如果公司既想保持当前资本结构，又想保持固定股利政策，同时避免增发新股，那么公司应将 20X9 年的资本预算缩减为多少？

9. ATL 公司多年来销售和利润增长比较稳定，但由于近年来市场环境发生了变化，公司考虑上马新项目。预计未来购置新生产线需要 1 200 万元，投资的内含报酬率约为 18%；其他投资机会需要资本 300 万元，预计投资回报率 12%。

公司目前流通在外的普通股为 1 000 万股，多年来一直采用固定股利政策，每股支付 0.7 元现金股利。公司总经理认为，如果有更好的理由，可以改变这一股利政策。公司目前的资产负债率为 40%，股票市场价格为 20 元，本年实现净利润 1 000 万元。公司目前可以选择的外部融资方式及成本如下：a. 长期借款，利率 8%；b. 新发股票，每股 20 元，净得 16 元，投资者要求的必要报酬率为 10%。假定公司适用的所得税税率为 25%，要求：

（1）若公司想保持当前资本结构和固定股利政策，计算筹资突破点前后的边际资本成本。

（2）若公司改用剩余股利政策，则每股股利应发多少钱？

（3）对于该公司你推荐的股利政策如何？为什么？

（4）分析风险因素如何影响 ATL 公司的资本成本、资本结构和股利政策。

第十五章　企业并购与重组

在前面十四章中，我们主要探讨企业财务管理的通用业务，本章将探讨企业财务管理活动中的一类特殊业务，即并购与重组。并购是公司扩张的一种重要而又常见的方式；重组则是对公司资源的重新组合和优化配置活动。通过本章的学习，可以了解企业兼并与收购、资产重组与债务重组等的相关概念；熟悉企业并购的类型、动因、程序和支付方式，资产重组和债务重组的方式等；掌握企业价值评估的各种方法、企业资产重组的实务操作方法等。

开篇案例

美的收购东芝家电，任重而道远

2016 年 3 月 30 日，美的宣布与东芝正式签约，将以约 537 亿日元（约 4.73 亿美元）的代价获得东芝生活电器株式会社 80.1%的股份，东芝将保留 19.9%的股份。并购完成后，东芝将继续开发、制造和销售东芝品牌的白色家电，包括冰箱、洗衣机、吸尘器以及其他小家电。美的可在全球范围内使用东芝家电品牌，许可期限为 40 年。此外，美的还会受让超过 5 000 项专利技术。东芝的生产制造能力和工艺水平，与美的的供应链体系、规模化生产经验之间存在巨大的互补性。东芝的品牌影响力、专利技术、渠道能力等，对于美的进入日本市场及东南亚市场，会产生极大的促进作用。此次并购，美的和东芝将产生协同效应，帮助双方在国内国外发展。

一切看起来很完美，然而，完成收购只是一个阶段的结束，但对未来的整合风险和挑战来说，这又是一个开始。面对文化背景差异，美的如何能够在实现并购协同效应的同时，度过并购后痛苦的磨合期，并购后整合至关重要。美的采取的整合策略目前已获得阶段性成功，双方获益颇丰。根据案例你可以谈谈此次并购的类型和动因吗？

第一节　企业并购

现代企业的法人所有权使公司产权的流转变得相对容易，这也为资源的优化配置提供了合理的选项。公司的发展需要走向扩张时，内部投资和资源外取是两种可行的道路。当公司内部成长的速度跟不上扩张的速度或者外购比自建收益更大时，并购活动就显得十分必要且经济可行。并购作为社会资源优化配置的基本方式，已成为公司扩大规模、提高核心竞争力的重要途径。

一、企业并购的概念

并购是兼并和收购（Merger & Acquisition）的简称，英文简写为 M&A。其中，兼并（Merger）泛指两家或两家以上公司的合并，原公司的权利与义务由存续（或新设）公司享有（或承担）。按照我国现行《公司法》规定，公司合并可以采取吸收合并或新设合并两种形式。一个公司吸收其他公司为吸收合并，被吸收公司解散，即 A+B=A（B）的形式；两家以上公司合并设立为一个新的公司为新设合并，合并各方解散，即 A+B=C 的形式。

收购（Acquisition）是指一家公司在市场上，用现金、债券或股票收购另一家公司的股票或资产，以获得对该公司（或其某项资产）的控制权的行为。收购可以分为股权收购或资产收购。股权收购是指通过购买目标公司发行在外的股票或认购新股的方式获得目标公司的控制权。资产收购是购买目标公司资产的行为，这种行为的目的是获取某项具有使用价值的资产，而被收购方只是出卖部分资产，并不影响其继续经营。股权收购和资产收购的主要区别是股权收购完成后，收购方成为目标公司的股东，而资产收购中收购方并不成为其股东。

通常，在并购活动中，我们把购买方（或主并企业）称为收购公司（Acquirer）、出价公司（Bidder）或称进攻公司（Raider）等，另一方称为被收购公司（Acquiree）、目标公司（Target）或标的公司（Subject Company）等。

二、企业并购的类型

并购按不同的标准可以分为不同的类型。

（一）按并购双方所处的行业分类

按照并购双方所处行业的性质来划分，企业并购方式包括横向并购、纵向并购和混合并购 3 种。

横向并购是指具有竞争关系的、经营领域或生产产品基本相同的同一行业之间的并购。比如，海尔收购通用家电、宝钢和武钢合并等，都属于横向并购。横向并购有利于扩大规模、提高竞争实力，实现生产和销售的协同效应等。

纵向并购是指生产和经营上构成上下游关系的企业间的并购，目的是形成纵向一体化。比如，蒙牛收购现代牧业、太极集团收购桐君阁等，都属于纵向并购。纵向并购能够使企业掌控采购或销售环节，降低交易成本，提高经济协作效益。

混合并购是指并购企业既非竞争对手，也非客户或供应商，在生产和职能上无直接联系的两家或多家企业间的并购。比如，阿里巴巴收购高德地图、海澜之家收购英氏婴童等，在并购当时都属于混合并购。混合并购往往是为了扩大经营范围，追求多元化经营，规避行业风险，实现财务上的协同效应等。

（二）按并购程序分类

按照并购程序来划分，企业并购方式可以分为善意并购和敌意并购。

善意并购通常是指收购公司与目标公司双方通过友好协商确定并购各项事宜的并购。这种并购方式一般先由收购公司确定目标公司，然后设法与目标公司的管理层接洽，商讨并购事宜。通过讨价还价，在双方可接受的条件下签订并购协议。最后经双方董事会批准，股东大会 2/3 以上赞成票通过。协议通过后，目标公司甚至会主动向收购公司提供基本经营资料，董事会、管理层一般也会规劝公司股东接受收购要约，从而完成并购行为。

敌意收购是指当友好协商遭到拒绝时，收购公司不顾目标公司的意愿而采取非协商性购买的手段，强行并购目标公司。目标公司在得知收购公司意图后，出于不愿接受较为苛刻的并购条件等原因，通常会做出拒不接受并购的反应，并可能采取“反收购”措施。收购公司和目标公司之间将展开一场激烈的“收购-反收购战”。在激烈对抗中，收购公司往往需要付出相当大的代价，甚至需要发动要约收购，才能实现目的。当然，收购公司可能会在反收购对策下妥协，放弃收购；目标公司也可能在对方不断进攻中妥协，化敌意收购为善意收购。

（三）按并购的出资方式分类

按照并购的出资方式或支付方式来划分，企业并购可以分为现金支付并购、股权支付并购和混合支付并购。

现金支付并购包括现金购买资产和现金购买股票两种，分别对应资产并购和股权并购。现金购买资产并购是指收购公司使用现金购买目标公司全部或部分资产以实现某种目的。现金购买股票并购是指收购公司使用现金购买目标公司一定比例的股份，以实现对目标公司的控制，可以通过一级市场进行，也可以通过二级市场进行。

股权支付并购包括股票换取资产和股票互换。股票换取资产并购是指收购公司向目标公司发行自己的股票以交换目标公司的部分资产（站在目标公司的角度，是资产换取了对方的股票，但比例较小[①]）。股票互换并购是指收购公司直接向目标公司股东发行收购公司的股票，以交换目标公司的大部分股票。

混合支付并购是指收购公司同时使用现金支付和股权支付手段，实现并购。由于并购活动往往需要支付的对价金额数量巨大，单纯的现金支付会使收购公司现金大量流出，带来巨大的筹资压力和现金流不足风险，所以在国际上大规模的并购交易一般不会单独采用现金支付方式，主要采用股票互换方式或现金支付规模有限的混合支付方式。目前，在中国企业的并购活动中，现金支付的比例还比较大，但也有向国际接轨股权支付比例越来越大的趋势。

三、企业并购的动因

公司为什么要进行并购，这个问题在理论上存在不同的解释，从而形成了不同的并购理论。概括起来，大多数理论都认为并购可以产生某一方面或某种程度的协同效应。这种协同效应是公司管理层热衷于并购的主要理由[②]。下面我们讨论协同效应的主要来源。

（一）收入增加

由于并购双方的管理效率不同，具有较高管理效率的企业并购管理效率较低的企业，目标企业管理的低效率可以通过外部管理层的介入和增加管理资源的投入而得到改善，从而增加收入。

公司合并后，可以通过战略协同、营销策略的调整或者减少竞争对手等手段，使合并后的企业取得比两家单一公司更多的收入，从而使并购产生协同效应。

（二）成本下降

合并后的公司可能比两家单一公司更有效率，从而降低经营成本。一般而言，公司并购后可以从以下几个方面提高经营效率。

---

① 换取资产的股票比例应该比较小，若比例较大的话（比如超过 20%），那么收购公司与目标公司的角色可能互换。

② 还有理论观点认为管理层热衷并购的原因在于代理问题。首先，管理者的报酬和权力与企业规模正相关，管理者有扩大企业规模的动机；其次，支付现金股利会降低管理者所控制的资源量，从而削弱他们的权力，管理者有动力用自由现金流进行并购；最后，管理者过度自信，对自己的能力或并购对象判断失误，低估并购整合的困难，从而导致更多并购事件的发生。

第一，规模经济效应。理论上的规模经济是指大规模的生产带来的经济效益，企业在一定范围内，随着产量的增加，产品的平均成本会降低，从而给企业带来盈利增长。具体的，由于各种固定成本和费用具有不可分割性，在合理范围内，分摊这些成本的产品数量越大，单位产品的成本就越低。所以，并购（特别是横向并购）能够给企业带来经营协同效应，实现规模经济。

第二，纵向整合的经济效应。企业通过纵向并购，使产业链上下游的协作更加容易，这有利于促进合作，方便管理沟通，降低交易成本。当然，纵向并购并非越多越好，超过了一定限度反而使管理效率降低。

第三，多元化优势效应。企业多元化经营并不是为了最大化股东财富，而是为了分散企业经营的风险，从而降低企业管理者和员工的人力资本投资风险。多元化经营还可以提供更多岗位，增加员工升迁的机会。此外，如果企业原本具有商誉、客户群体或供应商方面的关系型无形资产，多元化经营可以使这些资源得到充分利用。

第四，资源的互补与协同效应。如果两家公司资源互补，通过合并就可以实现“1+1>2”的效果，合并后的公司会更有价值。例如，当一方具有充足的现金而缺乏投资机会，而另一方有巨大的成长潜力但缺乏筹资渠道时，两者的合并就会产生财务协同效应。此外，并购后企业的借贷能力往往大于并购前各自的借贷能力，负债的避税效应将降低企业的资本成本。

篇中案例 15-1

吉利汽车进军东南亚

2017 年 6 月 23 日，浙江吉利控股集团与马来西亚 DRB-HICOM 集团签署最终协议，以大约 12 亿元的代价收购 DRB-HICOM 旗下宝腾汽车（PROTON）49.9%的股份以及豪华跑车品牌路特斯（Lotus）51%的股份。至此，吉利集团正式成为宝腾汽车的独家外资战略合作伙伴。

对吉利来说，收购宝腾与当年收购沃尔沃相比，可谓云泥之别。后者是以收购换取技术，而前者则是以收购输出技术。沃尔沃带给吉利的技术和运营经验，宝腾给不了，而路特斯附加红利的兑现也遥遥无期。对此，宝腾管理层坦承吉利将为宝腾带来新产品、新技术、新的运营管理经验，协助宝腾成立新的研发中心，建立吉利右舵车生产基地。吉利方面则认为，将宝腾纳入麾下，其供应商也将纳入吉利全球供应商体系，这可以使吉利一举跨过右舵车组装技术的准入门槛，其生产研发和零部件配套设施方面的成本将有效降低，并且无须考虑关税问题，对开拓新市场的吉利来说这种成本竞争优势是非常有利的。此外，东盟市场在排放方面的政策也较为宽松，给予吉利这种后进企业更充分的弯道超车时间。

虽然在吉利与宝腾之间未来还面临着诸多风险与不可控因素，但吉利收购宝腾是在恰当时机中的恰当选择。伴随着全球汽车市场电动化、智能化的趋势，吉利在东南亚市场的扩张难度可能没有想象中那么高不可攀。倘若吉利能抓住机遇，它极有可能会成为中国首个全球化的汽车制造企业。根据这一案例，你认为吉利并购宝腾的动因是什么？

四、企业并购的程序

公司并购既是一种经济行为，也是一种法律行为，必须遵循一定的法律程序。按照我国《公司法》《证券法》以及其他相关法规的规定，公司并购（不包括股权收购）的程序一般如下：

第一，并购双方提出并购意向。公司并购前通常由并购的一方或双方提出并购意向，并购意向也可以由公司的大股东提出。并购意向经双方确认之后，双方应互换有关资料，并就并购的有关事宜进行谈判。

第二，签订并购协议。签订并购协议主要适用于善意并购。并购各方就并购的有关具体事宜进行谈判并达成一致意见之后，就可以由并购各方的法定代表人或其代理人签订并购协议。

第三，股东大会通过并购决议。并购协议必须经股东大会通过，形成合并决议之后才能生效。根据我国《公司法》的规定，股东大会对公司合并做出决议，必须经出席会议的股东所持表决权的2/3以上通过才具有法律效力。

第四，通告债权人。公司并购协议经过股东大会决议通过之后，即具备法律效力，并购各方应当在法定期限内通知债权人。债权人可以自接到通知后在法定期限内提出合并异议，如果超过法定期限，债权人未提出异议，即可视为承认公司的合并。

第五，办理合并登记手续。公司并购完成之后，被合并的公司消亡，取消法人资格，应当到工商行政管理部门注销登记，并吊销营业执照。存续公司或新设公司则应在法定期限内到工商行政管理部门办理登记手续，并进行通告。

【课堂测试 15-1】

自行搜索相关资料，讨论以下几个企业间并购事件的并购类型和并购动因。

a. 2014 年，意大利汽车制造商菲亚特（Fiat）集团通过收购使克莱斯勒（Chrysler）成为其全资子公司；

b. 2014 年，全球前两大水泥生产商法国的拉法基（Lafarge）与瑞士的豪瑞（Holcim）宣布合并；

c. 2016 年，万达集团宣布以不超过 35 亿美元现金收购美国传奇影业（Legendary Pictures）公司 100%的股权；

d. 2016 年，京东宣布与沃尔玛（Wal-Mart）达成深度战略合作，并以增发 5%的股本换得后者旗下 1 号店的核心资产；

e. 2017 年，众信旅游集团宣布并购星舟国际旅行社，后者改名为苏州众信星舟国际旅行社。

第二节 企业价值评估

企业价值评估是并购活动中的一个重要问题，它决定了收购公司收购目标公司所付出的代价。如果高估了目标公司的价值，就会导致并购公司付出过高的代价，从而使收购公司的收购成本过高，增加并购风险。在实践中，许多公司并购失败的重要原因之一就是对目标公司的估价过高。

一、企业价值评估概述

企业价值评估简称企业估值，它指的是为了特定目的分析和衡量一个企业的公平市场价值。企业价值评估可能存在不同的目的，主要包括企业投资分析、企业价值管理、企业并购、企业上市定价等。企业价值评估的对象是企业整体的经济价值，即企业作为一个整体的公平市场价值。

对并购活动来说，企业价值评估也称为并购估价，其实质是对目标公司进行综合分析，以确定目标公司的价值。在并购中，评估价值不是确定最终的支付价格，而是为交易的双方在进行谈判时提供重要参考。

在企业价值评估时，采用不同的价值评估方法可能会得出不同的评估结果。因此，应根据评估目的和待评估公司的具体情况来确定合适的价值评估方法。在实践中，常见的评估方法主要有成本法、市场比较法、现金流量折现法和实物期权价值法等。如果企业价值评估的目的是并购，那么评估目标公司的价值时往往不能忽视目标公司的增长性和并购协同效应，因此存在如下几个困难：①企业整体估价不是各种资源要素价值的简单相加，而是体现着一种整体大于个别要素相加之和的效率特征。②对于可以预计未来现金流量的企业，可以通过增量现金流量的折现对公司未来增长性进行估价；而对于在很长时间内不产生现金流量的企业，如一些互联网公司，现金流量折现法往往很难应用。③很多时候目标公司对收购公司来说存在各种协同效应或战略价值，因而产生价值增值预期，多数方法对这些增值预期无能为力；即使采用实物期权价值法，需要的数据也难以准确估计。

二、成本法

成本法也称重置成本法，是指以企业账面价值为基础对企业价值进行评估的方法。它的理论基础是“替代原则”，即理性的投资者在购置一项资产时，所愿意支付的价格不会超过创建一个具有相同用途的替代品所需的成本（即重置成本）。在成本法中，企业的价值等于所有有形资产和无形资产的重置成本之和减去负债。在实践中应用成本法时，往往首先考虑资产的账面价值，因为账面价值的优点是客观的、历史的、可追溯的；但账面价值不等于重置成本，它缺乏对非确定成本形成的无形资产和商誉的考虑，也缺乏对物价指数（或通货膨胀）影响的资产价值的考虑；因此，利用账面价值评估企业价值时必须加以调整。在评估企业价值时，成本法的应用不多，主要有以下几种情况：一是我国上市公司中的国家股和法人股在协议转让或合并换股时，由于其流通性差，一般以账面净资产作为基础；二是当企业处于财务危机或濒临破产时，其清算价值的评估往往采用成本法。常见的属于成本法的具体方法包括账面价值调整法、托宾 Q 比率法等。

（一）账面价值调整法

账面价值调整法，是以公司账面净资产作为基础来评估公司的价值。由于账面价值与公平市场价值差别很大，因此操作时必须根据目标企业的实际情况，对目标企业的账面价值进行调整。在实务中，一般采用加成系数对公司账面价值进行调整，加成系数主要考虑公司资产的潜在价值、公司的盈利能力和成长能力等方面。具体的公式如下：

$$公司评估价值=公司账面净资产\times（1+加成系数）$$

［例 15-1］

AQL 公司准备协议并购 AQE 公司，并购后 AQE 公司将解散，现需要对 AQE 公司的价值进行评估。AQE 公司账面净资产价值为 8 000 万元，评估人员准备从房地产增值、无形资产增值、权益净利率和销售收入增长率 4 个方面测算加成系数，工作底稿如表 15-1 所示。试用账面价值调整法评估 AQE 公司的价值。

表 15-1 AQE 公司价值评估的工作底稿

指 标	数值	行业均值	增值	权重
房地产	1 000 万元	—	2	15%
无形资产	150 万元	—	9	5%
权益净利率	7.37%	6.15%	0.20	40%
销售收入增长率	1.5%	2.5%	-0.4	40%

［解答］

$$加成系数=15\%\times 2+5\%\times 9+40\%\times 0.20+40\%\times\left(-0.4\right)=0.67$$

$$AQE公司评估价值=8\ 000\times\left(1+0.67\right)=13\ 360（万元）$$

（二）托宾 Q 比率法

托宾 Q 比率（Tobin's Q Ratio），是詹姆斯·托宾（James Tobin）于 1969 年提出的，它是公司市场价值对其资产重置成本的比率。托宾 Q 比率反映的是一个企业两种不同价值估计的比值。由于按照严格定义来计算上市公司的托宾 Q 比率其数据难以获得，特别是分母“公司资产重置成本”尤其难以测算，所以在实务中一般采用托宾 Q 比率的近似值，分子用“股权市场价值与债务账面价值之和”，而分母则采用“总资产账面价值”，即

$$托宾Q比率=\frac{股权市场价值+债务账面价值}{总资产账面价值}$$

将这一近似算法的公式变形，恰恰提供了一种评估企业价值的方法，即

公司评估价值=公司总资产账面价值×托宾 Q 比率－负债账面价值

［例 15-2］

AQL 公司拟收购 TAR 公司，现对其价值进行评估。TAR 公司最近的财务报告显示，其总资产的账面价值为 12 500 万元，负债的账面价值为 6 000 万元。TAR 公司所在行业托宾 Q 比率的均值为 1.55。试评估 TAR 公司的价值。

［解答］

TAR 公司评估价值=12 500×1.55－6 000=13 375（万元）

三、市场比较法

市场比较法也称为相对价值法，它是以资本市场上与目标公司的经营业绩和风险水平相当的公司的平均市场价值作为参照标准，以此来估算目标公司价值的一类价值评估方法。市场比较法的基本假设是：在有效的市场中，类似的资产应该具有类似的价值。在并购交易的公司价值评估中，涉及股权并购时，

经常采用市场比较法。常见的属于市场比较法的具体方法包括可比公司分析法、可比交易分析法和换股估价法。

（一）可比公司分析法

可比公司分析法首先选择在经营上或财务上与目标公司具有相似特征的若干家公司（可比公司）；其次，计算可比公司基于某一可测变量的市场比率的均值，作为目标公司的预期市场比率；最后，用目标公司的可测变量根据预期市场比率测算目标公司的公平市场价值。根据可测变量的差异，可比公司分析法又分为市盈率法、市净率法和市销率法。

1. 市盈率法

市盈率法根据可比公司平均市盈率水平来确定目标公司的合理市盈率，据此用净利润来评估目标公司的价值。评估公式如下：

$$\text{市盈率}=\frac{\text{股票每股市价}}{\text{每股收益}}=\frac{\text{股票市值}}{\text{净利润}}$$

$$\text{公司评估价值}=\text{公司净利润}\times\text{市盈率}$$

［例 15-3］

AQL 公司拟收购 NOL 非上市公司，现需要评估其价值。经调查研究发现，资本市场上与 NOL 公司具有可比性的 3 家同行业公司，它们近期市盈率的均值为 18 倍。NOL 公司近年来的净利润比较稳定，其上一年度的净利润为 1 200 万元。试评估 NOL 公司的价值。

［解答］

若以 3 家可比公司的平均市盈率作为 NOL 公司的预期市盈率，则

$$\text{NOL公司评估价值}=1\,200\times18=21\,600\text{（万元）}$$

2. 市净率法

市净率法根据可比公司平均市净率水平来确定目标公司的合理市净率，据此用净资产（账面价值）来评估目标公司的价值。评估公式如下：

$$\text{市净率}=\frac{\text{股票每股市价}}{\text{每股净资产}}=\frac{\text{股票市值}}{\text{净资产}}$$

$$\text{公司评估价值}=\text{公司净资产}\times\text{市净率}$$

3. 市销率法

市销率法根据可比公司平均市销率水平来确定目标公司的合理市销率，据此用销售收入来评估目标公司的价值。评估公式如下：

$$市销率=\frac{股票每股市价}{每股销售收入}=\frac{股票市值}{销售收入}$$

$$公司评估价值=公司销售收入\times市销率$$

（二）可比交易分析法

可比交易分析法首先选择几起近期发生的并购交易，其中被收购公司与待评估公司在行业、经营状况、财务状况等方面具备可比性；其次，计算可比交易中的一些相关乘数，比如支付价格收益比、账面价值倍数、市场价值倍数等；再次，运用选出的这些乘数分别测算被评估公司的价值估计数；最后，对公司价值的各个估计数进行平均，作为目标公司评估价值。

［例 15-4］

ALB 公司近期准备收购 MRY 公司，现要对 MRY 公司进行估值。MRY 公司是特定领域的区域性电商企业，目前该公司净资产账面价值 1 900 万元，股票市值 12 000 万元，注册用户 3 200 万人，最近会计年度实现净利润 40 万元。为了对企业进行估值，经调查找到了近期发生的类似行业的并购交易 5 起，具体数据如表 15-2 所示。试用可比交易分析法评估 MRY 公司的价值。

表 15-2 近期 5 起可比交易的相关数据

交易时间	收购方	被收购方	支付方式	支付价格收益比	账面价值倍数	市场价值倍数	价格注册用户比
20X6 年	ALB	ELM	现金	400	42	5	15
20X6 年	TCT	KG	现金	2 000	35	—	21
20X7 年	MT	MBL	股权	—	18	—	12
20X8 年	JDL	IHD	股权	800	15	3	10
20X9 年	BTD	DY	股权	—	24	—	9

［解答］

支付价格收益比均值=$(400+2\ 000+800)\div3=1\ 066.67$

由支付价格收益比确定的估值=$40\times1\ 066.67=42\ 667$（万元）

账面价值倍数均值=$(42+35+18+15+24)\div5=26.8$

由账面价值倍数确定的估值=$1\ 900\times26.8=50\ 920$（万元）

市场价值倍数均值=$(5+3)\div2=4$

由市场价值倍数确定的估值=$12\ 000\times4=48\ 000$（万元）

价格注册用户比均值=$(15+21+12+10+9)\div 5=13.4$

由价格注册用户比确定的估值=3 200×13.4=42 880（万元）

用简单算术平均数测算的MRY公司的价值为

$$\frac{42\,667+50\,920+48\,000+42\,880}{4}=46\,117\text{（万元）}$$

（三）换股估价法

如果并购双方都是股份有限公司，则可以采用换股并购即股票换股票方式实现并购，并购公司用本公司股票交换目标公司股东的股票，从而实现对目标公司的收购。在有效市场环境下，股票的市场价格反映了公司价值，股东财富取决于股票价格的高低。因此，在并购活动中，并购的协同效应也应当反映在股票价格上，只有并购后双方原有股东所持有的股票市值大于并购前所持有的股票市值时，并购活动才能被双方股东接受。采用换股并购时，对目标公司的估值评估主要体现在换股比例的大小上，换股比例是指换取目标公司 1 股股票需要收购公司的股票数。

假定 A 公司换股收购 B 公司，并购前后的市盈率 PE 保持不变，则并购后公司股票价格可用下式表示：

$$P_{AB}=\frac{(E_A+E_B)\times(1+g)}{N_A+ER\times N_B}\times PE$$

式中，P_{AB} 表示并购后公司的股票价格；E_A 表示并购前 A 公司的净利润；E_B 表示并购前 B 公司的净利润；g 表示协同效应带来的利润增长率；N_A 表示并购前 A 公司的普通股股数；N_B 表示并购前 B 公司的普通股股数；ER 表示换股比率。

对 A 公司股东来说，只有当并购之后的股价 P_{AB} 大于并购前股价 P_A 时，股东才能接受并购，由此得出 A 公司股东可以接受的最高换股比率为：

$$ER=\frac{PE\times(E_A+E_B)\times(1+g)-P_A\times N_A}{P_A\times N_B}$$

同理，对 B 公司股东来说，只有当并购之后的股价 P_{AB} 与换股比率的乘积大于并购前股价 P_B 时，股东才能接受并购，由此得出 B 公司股东可以接受的最低换股比率为：

$$ER=\frac{P_B\times N_A}{PE\times(E_A+E_B)\times(1+g)-P_B\times N_B}$$

从理论上讲，采用换股并购时，换股比例应当在最低比率与最高比率之间；在实务中，换股比率是并购双方谈判的结果。

［例 15-5］

20X9 年初，AQL 公司计划收购 AQE 公司，经双方谈判，同意以换股方式进行收购。并购前，AQL 公司 20X8 年度净利润 5 000 万元，普通股总股份数为 12 500 万股；AQE 公司 20X8 年度净利润 1 000 万元，普通股总股数 2 000 万股。经预测，并购后实现的协同效应带来净利润的增长率为 10%，并购前两家公司以及并购后公司的市盈率不变，均为 25 倍。计算 AQL 公司股东可接受的最高换股比率以及 AQE 公司股东可接受的最低换股比率。

［解答］

AQL 公司可接受的最高换股比率为：

$$P_1=\frac{5\ 000}{12\ 500}\times 25=10(\text{元/股})$$

$$ER=\frac{25\times(5\ 000+1\ 000)\times(1+10\%)-10\times 12\ 500}{10\times 2\ 000}=2$$

AQE 公司可接受的最低换股比率为：

$$P_2=\frac{1\ 000}{2\ 000}\times 25=12.5(\text{元/股})$$

$$ER=\frac{12.5\times 12\ 500}{25\times(5\ 000+1\ 000)\times(1+10\%)-12.5\times 2\ 000}=1.116$$

因此，AQL 公司并购 AQE 公司的换股比率应该在 1.116～2 之间。如果换股比率低于 1.116，则 AQE 公司股东财富受损；如果换股比率高于 2，则 AQL 公司股东财富受损。

四、现金流量折现法

企业本身也可以看作一项资产，具有资产的一般特征。这样来看，现金流量折现法（Discounted Cash Flow Model）应该是企业价值评估理论中最为合理的模型，因为它最符合资产价值等于其在未来带来的现金净流量的现值总和的理念。根据现金流量折现法的基本原理，目标公司的价值等于其未来持续经营期间所产生的现金流量的现值。在企业价值评估方法中，广义上属于现金流量折现法的包括自由现金流折现法和经济增加值法。

（一）自由现金流折现法

自由现金流（Free Cash Flow, FCF）的概念最早是由美国哈佛大学的詹森（Michael Jensen）、西北大学的拉帕波特（Alfred Rappaport）等学者于20世纪80年代提出的，它指的是企业产生的、在满足了再投资需要之后剩余的现金流量，这部分现金流量是在不影响公司持续发展的前提下可供分配给企业资本提供者的最大现金额。自由现金流量按照计算范围的不同，可以分为公司自由现金流量（Free Cash Flow for the Firm, FCFF）和股权自由现金流量（Free Cash Flow for the Equity Holders, FCFE）。在企业价值评估中，公司自由现金流量用于测算企业整体价值，包括股权价值和债务价值；股权自由现金流量用于计算企业的股权价值。下面分别介绍基于两种自由现金流量的企业价值评估模型。

1. 公司自由现金流量折现模型

采用公司自由现金流量折现模型测算持续经营企业的整体价值，需要计算公司自由现金流量，并用企业的加权平均资本成本（WACC）作为折现率。

（1）公司自由现金流量

公司自由现金流量是以目标公司为主体计算出的现金流量，它是公司经营活动产生的（税后）现金净流量扣除资本性支出和净营运资本增加额后剩余的净现金流量。公司自由现金流量是公司在一定期间（通常为1年）内为包括普通股股东、优先股股东（后文中忽略优先股）和债权人在内的所有投资者创造的现金净流量。如果直接从现金流量表中获得“经营活动产生的现金流量净额”，则公司自由现金流量的计算公式为：

$$FCFF=\begin{matrix}\text{经营活动产生的}\\\text{现金流量净额}\end{matrix}-\begin{matrix}\text{资本性}\\\text{支出}\end{matrix}-\begin{matrix}\text{净营运资本}\\\text{增加额}\end{matrix}$$

如果从“净利润”算起，则“抵税后利息支出”不算经营活动产生的现金流量，应该加回；另外以“折旧”为代表的非付现成本也应该加回。那么，公司自由现金流量的计算公式为：

$$\begin{aligned}FCFF&=\text{净利润}+\begin{matrix}\text{利息}\\\text{支出}\end{matrix}\times\left(1-\begin{matrix}\text{所得税}\\\text{税率}\end{matrix}\right)+\text{折旧}-\begin{matrix}\text{资本性}\\\text{支出}\end{matrix}-\begin{matrix}\text{净营运资本}\\\text{增加额}\end{matrix}\\&=\left(\begin{matrix}\text{税前}\\\text{利润}\end{matrix}+\begin{matrix}\text{利息}\\\text{支出}\end{matrix}\right)\times\left(1-\begin{matrix}\text{所得税}\\\text{税率}\end{matrix}\right)+\text{折旧}-\begin{matrix}\text{资本性}\\\text{支出}\end{matrix}-\begin{matrix}\text{净营运资本}\\\text{增加额}\end{matrix}\\&=\begin{matrix}\text{息税前}\\\text{盈余}\end{matrix}\times\left(1-\begin{matrix}\text{所得税}\\\text{税率}\end{matrix}\right)+\text{折旧}-\begin{matrix}\text{资本性}\\\text{支出}\end{matrix}-\begin{matrix}\text{净营运资本}\\\text{增加额}\end{matrix}\end{aligned}$$

在此基础上，拉帕波特提出了一个预测公司自由现金流量的模型，即

$$FCFF_t = S_{t-1} \cdot (1+g_t) \cdot P_t \cdot (1-T) - S_{t-1} \cdot g_t \cdot (F_t + W_t)$$

式中，$FCFF_t$——第 t 年的公司自由现金流量；

S_{t-1}——第 t-1 年的销售收入；

g_t——第 t 年的销售收入增长率；

P_t——第 t 年的息税前利润率；

T——公司所得税税率；

F_t——第 t 年边际资本性支出率；

W_t——第 t 年边际净营运资本支出率。

其中

$$P_t = \frac{息税前盈余}{销售收入}$$

$$F_t = \frac{资本性支出-折旧}{销售收入增加额}$$

$$W_t = \frac{净营运资本增加额}{销售收入增加额}$$

（2）加权平均资本成本

公司自由现金流量折现模型所适用的折现率应该是加权平均资本成本，计算加权平均资本成本的方法在本书第八章已经介绍过，这里再简要概括一下计算步骤：

第一步，明确目标公司的资本结构。明确目标公司的资本结构可以为加权平均资本成本的计算提供市值权数。

第二步，估算各种筹资方式的要素资本成本。负债的资本成本需要采用税后资本成本；（股权）权益的资本成本可以采用股利增长模型或资本资产定价模型计算。

第三步，计算公司的加权平均资本成本，即

$$WACC = \sum_{i=1}^{n} w_i k_i$$

式中，w_i 表示第 i 种要素资本成本占全部资本的价值权重；k_i 表示第 i 种要素资本成本。

（3）折现模型

对于公司自由现金流量的折现，可以采用类似于本书第六章股票估价的方法，假定目标公司零增长或固定增长，从而采用零增长模型或固定增长模型；当然，更为合理的方法是类似于非固定增长企业股票价值估计的方法，将对公

司自由现金流量的估计分为两个阶段，即：相对容易预测的近期（通常选择 5～10 年作为预测期）和难以预测的远期（5～10 年以后）。按照这种方法，企业整体价值的计算公式为

$$企业价值=\sum_{i=1}^{n}\frac{FCFF_t}{(1+WACC)^t}+\frac{SV}{(1+WACC)^n}$$

式中，n——预测期年限；

SV——企业的远期残值。

难以预测的远期距离现在时间较远，一般采用相对简单的模型确定企业的远期残值，主要包括固定增长模型和市盈率模型，公式分别如下：

固定增长模型：$SV=\frac{FCFF_{n+1}}{WACC-g}$，$g$ 表示 $FCFF$ 的远期固定增长率。

市盈率模型：$SV=\frac{预计的远期}{市盈率}\times\frac{目标企业预测期}{末年度的净利润}$

［例 15-6］

20X1 年初，AQL 公司计划收购 AQE 公司，现需要对 AQE 公司的价值进行评估。根据 AQE 公司财务报告数据，该公司 20X0 年实现销售收入 63 000 万元，在过去的 3 年中，公司销售收入的年平均增长率为 18%，息税前利润率均值为 15%，边际资本性支出率均值为 50%，边际净营运资本支出率均值为 10%。公司适用的所得税税率为 25%，目标资本结构为付息债务和权益分别各占 50%。目前公司债务的平均利率为 6%，公司股票的 β 系数为 1.5，中长期国债的利率为 5%，股票市场多年的平均报酬率为 8%。假定 AQE 公司的资本成本保持不变，公司自由现金流量的预测期为 10 年，预测期前 5 年所需各项指标与过去 3 年的平均数相同，后 5 年除销售收入增长率降为 12%外，其余指标仍与过去 3 年的平均数相同。假定 10 年之后的残值预测采用固定增长模型，预计公司自由现金流量的增长率保持在 4%。试评估 AQE 公司的整体价值。

［解答］

（1）根据拉帕波特模型，20X1 年公司自由现金流量为

$S_{20X1}=63\ 000\times(1+18\%)=74\ 340$（万元）

$FCFF_{20X1}=63\ 000\times(1+18\%)\times15\%\times(1-25\%)-63\ 000\times18\%\times(50\%+10\%)$
$=1\ 559.25$（万元）

如此计算下去，预测期各年公司自由现金流量如表 15-3 所示。

表 15-3　AQE 公司预测期销售收入和公司自由现金流情况

单位：万元

年份	20X1	20X2	20X3	20X4	20X5
S	74 340.00	87 721.20	103 511.02	122 143.00	144 128.74
FCFF	1 559.25	1 839.92	2 171.10	2 561.90	3 023.04
年份	20X6	20X7	20X8	20X9	20X0
S	161 424.19	180 795.09	202 490.50	226 789.36	254 004.08
FCFF	7 782.95	8 716.91	9 762.94	10 934.49	12 246.63

（2）测算 AQE 公司加权平均资本成本

债务的税后资本成本　　$k_{dT}=6\%\times(1-25\%)=4.5\%$

权益的资本成本　　$k_s=5\%+1.5\times(8\%-5\%)=9.5\%$

$WACC=50\%\times4.5\%+50\%\times9.5\%=7\%$

（3）计算预测期公司自由现金流量的现值

$$\frac{1\,559.25}{1+7\%}+\frac{1\,839.92}{(1+7\%)^2}+\cdots+\frac{12\,246.63}{(1+7\%)^{10}}=37\,416.28\text{（万元）}$$

（4）计算远期残值的现值

$FCFF_{20X1}$=12 246.63×(1+4%)=12 736.50（万元）

$$SV=\frac{12\,736.50}{7\%-4\%}=424\,549.84\text{（万元）}$$

$$\text{远期残值的现值}=\frac{424\,549.84}{(1+7\%)^{10}}=215\,819.61\text{（万元）}$$

（5）加总公司整体价值

AQE公司整体价值＝37 416.28+215 819.61=253 235.89（万元）

2. 股权自由现金流量折现模型

如果根据公司自由现金流量折现模型估算出了公司整体价值，那么它扣除负债价值（近似可以采用负债账面价值）之后即可得到公司的股权价值。例如，在例 15-6 中，若 AQE 公司负债的账面价值为 70 000 万元，则公司股权价值为 183 235.89 万元。当然，也可采用股权自由现金流量折现模型估计公司股权价值。股权自由现金流量（FCFE）是公司普通股股东所能获得的自由现金流量，它等于公司经营活动产生的（税后）现金净流量先扣除税后债务利息支出、再扣除非新增负债融资支持的资本性支出和净营运资本增加额之后剩余的净现金流量。如果直接扣除资本性支出和净营运资本增加额，那么需要将新增负债部分加回。公式如下：

$$FCFE = \text{经营活动产生的现金流量净额} - \text{利息支出} \times \left(1 - \text{所得税税率}\right) - \text{资本性支出} - \text{净营运资本增加额} + \text{负债净增加额}$$

如果从“净利润”算起，以“折旧”为代表的非付现成本应该加回。那么，股权自由现金流量的计算公式为

$$FCFE = \text{净利润} + \text{折旧} - \text{资本性支出} - \text{净营运资本增加额} + \text{负债净增加额}$$

股权自由现金流量与公司自由现金流量的差异在于税后利息支出和负债净增加额，所以从公司自由现金流量计算股权自由现金流量的计算公式为

$$FCFE = FCFF - \text{利息支出} \times \left(1 - \text{所得税税率}\right) + \text{负债净增加额}$$

如果公司的资产负债率保持不变，仅为增量资本性支出和净营运资本增量进行筹资，并且通过发行新债来偿还旧债，则股权自由现金流量的计算公式可以写成

$$FCFE = \text{净利润} - \left(\text{资本性支出增量} + \text{净营运资本增量}\right) \times \left(1 - \text{资产负债率}\right)$$

在此基础上，仿照拉帕波特预测公司自由现金流量的预测模型改写成股权自由现金流量预测模型，即

$$FCFE_t = S_{t-1} \cdot \left(1 + g_t\right) \cdot ROS_t - S_{t-1} \cdot g_t \cdot \left(F_t + W_t\right) \cdot \left(1 - Lev\right)$$

式中，$FCFE_t$ 表示第 t 年的股权自由现金流量；ROS_t 表示销售净利率；Lev 表示资产负债率，其他指标的定义与拉帕波特公司自由现金流量预测模型相同。

股权自由现金流量折现模型的折现率应该选择（股权）权益的资本成本，它可以采用股利增长模型或资本资产定价模型来计算。

对于股权现金流量的折现同样可以分为相对容易预测的近期（预测期）和难以预测的远期两个阶段。按照这种方法，企业股权价值的计算公式为

$$\text{企业股权价值} = \sum_{i=1}^{n} \frac{FCFE_t}{\left(1 + k_s\right)^t} + \frac{SEV}{\left(1 + k_s\right)^n}$$

式中，n——预测期年限；

k_s——权益资本成本；

SEV——股权的远期残值。

股权远期残值的估算可以采用相对简单的固定增长模型，其公式如下：

$$SEV = \frac{FCFE_{n+1}}{k_s - g}$$

其中，g 表示 $FCFE$ 的远期固定增长率。

［例 15-7］

20X1 年初，AQL 公司计划收购 AQE 公司，现需要对 AQE 公司的股权价值进行评估。根据 AQE 公司财务报告数据，该公司 20X0 年实现销售收入 63 000 万元，在过去的 3 年中，公司销售收入的年平均增长率为 18%，销售净利率均值为 10%，边际资本性支出率均值为 50%，边际净营运资本支出率均值为 10%。公司适用的所得税税率 25%，目标资本结构为付息债务和权益分别各占 50%。目前公司股票的 β 系数为 1.5，中长期国债的利率为 5%，股票市场多年的平均报酬率为 8%。假定 AQE 公司的权益资本成本保持不变，股权自由现金流量的预测期为 10 年，预测期前 5 年所需各项指标与过去 3 年的平均数相同，后 5 年除销售收入增长率降为 12%外，其余指标仍与过去 3 年的平均数相同。假定 10 年之后的残值预测采用固定增长模型，预计股权自由现金流量的增长率保持在 4%。试评估 AQE 公司的股权价值。

［解答］

（1）根据股权自由现金流量预测模型，20X1 年股权自由现金流量为

$$S_{20X1} = 63\,000 \times (1+18\%) = 74\,340 \text{（万元）}$$

$$FCFE_{20X1} = 63\,000 \times (1+18\%) \times 10\% - 63\,000 \times 18\% \times (50\% + 10\%) \times (1-50\%) = 4\,032 \text{（万元）}$$

如此计算下去，预测期各年股权自由现金流量如表 15-4 所示。

表 15-4　AQE 公司预测期销售收入和股权自由现金流情况

单位：万元

年份	20X1	20X2	20X3	20X4	20X5
S	74 340	87 721.20	103 511.02	122 143.00	144 128.74
FCFE	4 032.00	4 757.76	5 614.16	6 624.71	7 817.15
年份	20X6	20X7	20X8	20X9	20Y0
S	161 424.19	180 795.09	202 490.50	226 789.36	254 004.08
FCFE	10 953.78	12 268.24	13 740.43	15 389.28	17 235.99

（2）测算 AQE 公司权益资本成本

权益的资本成本 $k_s = 5\% + 1.5 \times (8\% - 5\%) = 9.5\%$

（3）计算预测期公司自由现金流量的现值

$$\frac{4\ 032}{1+9.5\%}+\frac{4\ 757.76}{(1+9.5\%)^2}+\cdots+\frac{17\ 235.99}{(1+9.5\%)^{10}}=54\ 756.56\text{（万元）}$$

（4）计算股权远期残值的现值

$$FCFE_{20Y1}=17\ 235.99\times(1+4\%)=17\ 925.43\text{（万元）}$$

$$SEV=\frac{17\ 925.43}{9.5\%-4\%}=325\ 916.90\text{（万元）}$$

$$\text{股权远期残值的现值}=\frac{325\ 916.90}{(1+9.5\%)^{10}}=131\ 512.09\text{（万元）}$$

（5）加总公司股权价值

AQE公司股权价值 = 54 756.56+131 512.09=186 268.65（万元）

（二）经济增加值法

经济增加值（Economic Value Added, EVA）也称为企业的经济利润，它是指企业投入的资本所产出的利润超过资本成本的剩余收益，这里的资本成本不仅包括使用债权人资本的代价，也包括使用所有者资本的代价，即 EVA 等于经济调整后的税后经营利润（Net Operating Profit After Taxes, NOPAT）减去债务资本成本和股权资本成本的剩余收益。经济增加值的概念是美国的斯特恩·斯图尔特（Stern Stewart）咨询公司于 1982 年提出的，他们认为传统的“净利润”指标虽然考虑了债务资本成本的代价，但忽略了股权资本的成本代价；若以“经济效益”为原则，在“净利润”的基础上还需扣减股权资本的成本代价才是真正的经济利润，即某一期间（通常为 1 年）企业增加的价值。也就是说，经济增加值可以用下式表示：

$$\begin{aligned}EVA &= \text{净利润}-\text{股权成本}\\ &=\text{净利润}+\text{债务税后成本}-\text{债务税后成本}-\text{股权成本}\\ &=\begin{matrix}\text{税前}\\\text{利润}\end{matrix}\times\left(1-\begin{matrix}\text{所得税}\\\text{税率}\end{matrix}\right)+\begin{matrix}\text{利息}\\\text{支出}\end{matrix}\times\left(1-\begin{matrix}\text{所得税}\\\text{税率}\end{matrix}\right)-\text{债务税后成本}-\text{股权成本}\\ &=\text{息税前盈余}\times(1-\text{所得税税率})-\text{债务税后成本}-\text{股权成本}\\ &=EBIT\times(1-T)-D\times k_d\times(1-T)-E\times k_s\end{aligned}$$

若将上式的最终结果进一步推导，则可以存在以下两式：

$$EVA=EBIT\times\left(1-T\right)-IC\times\left[\frac{D}{IC}\times k_d\times\left(1-T\right)+\frac{E}{IC}\times k_s\right]$$
$$=NOPAT-IC\times WACC$$
$$EVA=IC\times\left\{\frac{EBIT\times\left(1-T\right)}{IC}-\left[\frac{D}{IC}\times k_d\times\left(1-T\right)+\frac{E}{IC}\times k_s\right]\right\}$$
$$=IC\times\left(ROIC-WACC\right)$$

式中，IC——期初投资资本；

$NOPAC$——税后经营利润（或称息前税后利润）；

$ROIC$——期初投资回报率（Return on Invested Capital），它表示为

$$ROIC=\frac{EBIT\times\left(1-T\right)}{IC}=\frac{NOPAT}{IC}$$

$WACC$——加权平均资本成本。

在经济增加值的基础上，企业整体价值评估的基本原理为

$$\text{企业价值}=\text{期初投资资本}+\sum\text{经济增加值现值}$$

可以看出，企业价值评估的经济增加值法需要将企业未来年度产生的所有经济增加值进行折现并求和再累加在期初投资资本上，它当然属于广义上的现金流量折现法。经济增加值法进行企业价值评估的具体做法如下：

1. 经济增加值的具体计算

EVA 的具体计算需要对息税前盈余和投入资本进行一定的调整，斯特恩·斯图尔特公司曾列出了 164 个调整项目，调整的主要目的在于：①稳健性原则的考虑；②降低公司盈余管理的机会；③消除会计计量误差的影响。以公开的财务报告来说，常见的调整项目主要有资本化研发费用、商誉、递延税项、存货跌价、各种准备金等，这里不做赘述。2012 年 12 月 26 日国资委发布《中央企业负责人经营业绩考核暂行办法》[①]，其中给出了 EVA 调整细则，主要对利息支出、研究开发费用、无息流动负债和在建工程 4 项进行了调整，有关计算公式如下：

$$EVA=\begin{matrix}\text{调整后的}\\\text{税后经营利润}\end{matrix}-\begin{matrix}\text{调整后的}\\\text{投入资本}\end{matrix}\times\begin{matrix}\text{加权平均}\\\text{资本成本}\end{matrix}$$

① 国资委自 2019 年 4 月 1 日起施行新的《中央企业负责人经营业绩考核办法》，原有的考核办法废止，但其中仍保留了对经济增加值指标的考核。

$$\text{调整后的税后经营利润}=\text{净利润}+\left(\text{利息支出}+\text{研究开发费用调整项}\right)\times(1-25\%)$$

另外，企业通过变卖主业优质资产等取得的非经常性收益在税后净营业利润中全额扣除。

$$\text{调整后的投入资本}=\text{平均所有者权益}+\text{平均负债合计}-\text{平均无息负债合计}-\text{平均在建工程}$$

有关项目具体确定方式如下：

（1）利息支出是指企业财务报表中“财务费用”项下的“利息支出”。

（2）研究开发费用调整项是指企业财务报表中“管理费用”项下的“研究与开发费”和当期确认为无形资产的研究开发支出。对于勘探投入费用较大的企业，经国资委认定后，将其成本费用情况表中的“勘探费用”视同研究开发费用调整项按照一定比例（原则上不超过 50%）予以加回。

（3）无息流动负债是指企业财务报表中“应付票据”“应付账款”“预收款项”“应交税费”“应付利息”“应付职工薪酬”“应付股利”“其他应付款”和“其他流动负债（不含其他带息流动负债）”；对于“专项应付款”和“特种储备基金”，可视同无息流动负债扣除。

（4）在建工程是指企业财务报表中的符合主业规定的“在建工程”。

2. 加权平均资本成本的确定

经济增加值的计算需要用到企业的加权平均资本成本，基于经济增加值的企业价值评估方法也需要以加权平均资本成本作为折现率。对于中央企业，国资委曾指定了资本成本，即①中央企业资本成本率原则上定为 5.5%；②对军工等资产通用性较差的企业，资本成本率定为 4.1%；③资产负债率在 75%以上的工业企业和 80%以上的非工业企业，资本成本率上浮 0.5 个百分点。不过，对于在并购交易中的目标企业其加权平均资本成本还需按照本书在前面探讨过的加权平均资本成本的计算方法计算，这里不再赘述。

3. 折现模型

与公司自由现金流量折现模型类似，经济增加值法也可以将对公司经济增加值的估计分为相对容易预测的近期（预测期）和难以预测的远期两个阶段。按照这种方法，企业整体价值的计算公式为：

$$\text{企业价值}=IC+\sum_{i=1}^{n}\frac{EVA_t}{(1+WACC)^t}+\frac{SAV}{(1+WACC)^n}$$

式中，n——预测期年限；

SAV——企业增加值的远期残值。

难以预测的远期距离现在时间较远，一般采用固定增长模型确定企业增加值的远期残值，公式如下：$SAV=\dfrac{EVA_{n+1}}{WACC-g}$，$g$ 表示 EVA 的远期固定增长率。

［例 15-8］

20X1 年初，AQL 公司计划收购 AQE 公司，现需要对 AQE 公司的价值进行评估。根据 AQE 公司财务报告数据，该公司 20X0 年净利润 5 000 万元，调整的利息支出 2 800 万元，年末调整后的投入资本为 90 000 万元。在过去的 3 年中，净利润和调整的利息支出的增长率均为 10%。公司适用的所得税税率 25%，目标资本结构为付息债务和权益分别各占 50%。目前公司债务的平均利率为 6%，公司股票的 β 系数为 1.5，中长期国债的利率为 5%，股票市场多年的平均报酬率为 8%。假定 AQE 公司的加权平均资本成本保持不变，公司经济增加值的预测期为 10 年，预测期前 5 年净利润和调整的利息支出的增长率与过去 3 年的平均数相同，后 5 年净利润和调整的利息支出的增长率降为 8%。假定 10 年之后的企业增加值的残值预测采用固定增长模型，预计经济增加值的增长率保持在 4%。试评估 AQE 公司的价值。

［解答］

（1）测算 AQE 公司加权平均资本成本。

债务的税后资本成本　　$k_{dT}=6\%\times(1-25\%)=4.5\%$

权益的资本成本　　$k_s=5\%+1.5\times(8\%-5\%)=9.5\%$

$WACC=50\%\times4.5\%+50\%\times9.5\%=7\%$

（2）根据经济增加值法，测算 AQE 公司 20X1 年 EVA 及 20X2 初投入资本。

$净利润_{20X1}=5\ 000\times(1+10\%)=5\ 500$（万元）

$调整的利息支出_{20X1}=2\ 800\times(1+10\%)=3\ 080$（万元）

$EVA_{20X1}=5\ 500+3\ 080\times(1-25\%)-90\ 000\times7\%=1\ 510$（万元）

$IC_{20X2}=IC_{20X1}+EVA_{20X1}=90\ 000+1\ 510=91\ 510$（万元）

如此计算下去，预测期各年经济增加值及相关数据如表 15-5 所示。

表 15-5　AQE 公司预测期投入资本和经济增加值情况

单位：万元

年份	20X1	20X2	20X3	20X4	20X5
IC	90 000	91 510	93 695.30	96 586.73	100 220.77
净利润	5 500	6 050	6 655	7 320.5	8 052.55
利息支出	3 080	3 388	3 726.8	4 099.48	4 509.43
EVA	1 510	2 185.3	2 891.43	3 634.04	4 419.17
年份	20X6	20X7	20X8	20X9	20Y0
IC	104 639.94	109 664.53	115 325.36	121 656.91	128 697.60
净利润	8 696.75	9 392.49	10 143.89	10 955.41	11 831.84
利息支出	4 870.18	5 259.80	5 680.58	6 135.03	6 625.83
EVA	5 024.6	5 660.82	6 331.55	7 040.69	7 792.38

（3）计算预测期经济增加值的现值。

$$\frac{1\ 510}{1+7\%}+\frac{2\ 185.3}{(1+7\%)^2}+\cdots+\frac{7\ 792.38}{(1+7\%)^{10}}=29\ 952.72\text{（万元）}$$

（4）计算企业增加值远期残值的现值。

$$EVA_{20Y1}=7\ 792.38\times(1+4\%)=8\ 104.08\text{（万元）}$$

$$SAV=\frac{8\ 104.08}{7\%-4\%}=270\ 135.84\text{（万元）}$$

$$\text{股权远期残值的现值}=\frac{270\ 135.84}{(1+7\%)^{10}}=137\ 323.36\text{（万元）}$$

（5）加总公司价值。

AQE公司价值＝90 000+29 952.72+137 323.36=257 276.08（万元）

五、实物期权价值法

将期权定价理论引入企业价值评估中是企业价值评估理论的最新发展方向。这是因为，人们发现在企业并购交易中存在一种现象，一些业绩亏损的公司或相当长时间未见明显盈利的公司在成为并购目标时，其交易价值远高于用传统企业价值评估方法所得到的价值。特别是近年来在高科技“互联网+”领域的很多并购案例，这方面的表现尤为明显。当主导实施并购的高管在回应股东质疑或接受采访时，他们往往会提出并购的目的或者是基于某种全局战略定位，或者是考虑未来的盈利机会，又或者是实现某种特殊的协同效应。按照这样的思路，企业价值应该是现有的各种经营业务所产生的未来现金流量的折现价值，再加上企业所拥有的能够带来某种盈利机会的选择权（实物期权）的价值。也就是说，企业并购的价值还在于能够产生实物期权效应。

目标企业拥有能够带来未来盈利机会的选择权，可以理解为是一种看涨期权。当目标企业是那些高科技的 IT 企业或“互联网+”企业时尤为明显，这些企业无形资产比重大，盈利机会大但盈利能力高度不确定，高成长性伴随高度风险，在某一未来领域的市场中可能是“胜者通吃”，也可能是“败者全输”。当做出收购这类企业的决策时，企业价值评估往往需要考虑其中实物看涨期权的价值。也就是说：

$$企业价值=\begin{matrix}企业当前业务\\现金净流量的现值\end{matrix}+\begin{matrix}实物看涨\\期权价值\end{matrix}$$

其中，企业当前业务现金净流量的现值可以用股权自由现金流量模型，实物看涨期权期权的价值可以采用期权定价模型。

［例 15-9］

ALB 公司正努力打造互联网领域的产业生态系统，其近期并购目光瞄准了一家创办仅 3 年的高成长网络公司——GDM 公司。据估计 GDM 公司的未来成长期不超过 10 年，10 年后若无法实现长久盈利，风险投资者预计会放弃该公司，该公司也将走向失败。GDM 公司目前持续亏损，本年度亏损 1 000 万元，若考虑股权自由现金流量的话，其 FCFE 为 800 万元，预计未来 10 年股权自由现金流量的增长率为 20%。目前，GDM 公司为某领域领先的两家公司之一，注册活跃用户高达 6 000 万人。若收购 GDM 公司，估计在 5 年后 ALB 公司只要再追加投资 30 000 万元，就可能在与 GDM 业务相关的拓展领域大展拳脚并实现大幅盈利（若不收购则很难有这样的机会），预计投资后首年可实现现金净流量 3 000 万元，以后每年增长 5%并永久持续。不过，该领域具有高度的不确定性，其未来现金净流量的变化率估计为 30%。假设 GDM 公司的权益资本成本为 15%，ALB 公司的资本成本为 7.5%，无风险报酬率为 5%。试评估并购目标 GDM 公司的价值。

［解答］

（1）估计 GDM 公司当前业务股权自由现金流量 10 年的现值。

$$V_1=\frac{800}{1+15\%}+\frac{800\times(1+20\%)}{(1+15\%)^2}+\cdots+\frac{800\times(1+20\%)^9}{(1+15\%)^{10}}=8\ 488.04（万元）$$

（2）估计追加投资带来的价值增值。

追加投资在第5年年末的现值：

$$PV=\frac{3\ 000}{7.5\%-5\%}=120\ 000（万元）$$

追加投资在第5年年末的净现值：

$$NPV=120\ 000-30\ 000=90\ 000（万元）$$

追加投资在第5年年末净现值的现值：

$$V_2=\frac{90\ 000}{\left(1+7.5\%\right)^5}=62690.28（万元）$$

（3）考虑后续追加投资包含的欧式看涨期权的价值。

根据布莱克-斯科尔斯模型，则：

$$P_0=\frac{120\ 000}{\left(1+7.5\%\right)^5}=83\ 587.04（万元）$$

$$d_1=\frac{\ln\left(83\ 587.04/30\ 000\right)+\left(0.05+0.30^2/2\right)\times 5}{0.30\times\sqrt{5}}=2.235\ 6$$

$$d_2=\frac{\ln\left(83\ 587.04/30\ 000\right)+\left(0.05-0.30^2/2\right)\times 5}{0.30\times\sqrt{5}}=1.564\ 8$$

$$N\left(d_1\right)=0.987\ 3$$

$$N\left(d_2\right)=0.941\ 2$$

$$V_3=0.987\ 3\times 83\ 587.04-0.941\ 2\times 30\ 000\times \mathrm{e}^{-0.05\times 5}$$
$$=60\ 535.27（万元）$$

（4）估计并购目标GDM公司的价值。

$$V=V_1+V_2+V_3=8\ 488.04+62\ 690.28+60\ 535.27=131\ 713.59（万元）$$

篇中案例15-2

阿里巴巴收购“饿了么”——高估值的背后

2018年4月2日，阿里巴巴集团、蚂蚁金服集团与“饿了么”联合宣布，阿里巴巴已经签订收购协议，将联合蚂蚁金服以95亿美元完成对“饿了么”的全资收购。此次收购的支付方式是现金支付为主、换股为辅。

从2016年4月获得阿里巴巴和蚂蚁金服12.5亿美元融资开始，到2017年5月再获阿里10亿美元的增资，“饿了么”曾经获得过来自并购方总共22.5亿美元的融资。如此说来，此次全资收购便是水到渠成的事。成为阿里巴巴集团一员后，“饿了么”与阿里巴巴整个生态的联系会更加紧密，协同效应会更加显著，“饿了么”用户、商户和合作伙伴都将共同分享阿里生态带来的巨大红利。“饿了么”将获得来自淘宝、支付宝等App的独家外卖入口，5亿用户量为“饿了么”提供充足的流量资源；同时来自蚂蚁金服对商家和个人的信贷，也从资金上扶持“饿了么”平台的壮大。

此次并购最引人注目的无疑是估值。半年的时间，“饿了么”（含百度外卖）的估值从60亿美元上升到95亿美元。那么，“饿了么”凭什么值95亿美元？

从“饿了么”的主业来说，外卖市场逐渐形成了美团、“饿了么”两家独大的竞争格局，而且据中国行业研究报告网发布的《2018年外卖市场现状和发展情景》来看，“中国的外卖市场从2011年开始就保持高速增长的态势，其中，在2016年市场规模达到1 662.4亿美元，增长率高达33%，到2017年，市场规模达到了2 045.6亿美元，增长开始放缓，其中，20～25岁的年轻人是消费主力……”。“饿了么”的主业显然难以支撑如此高的估值。并购完成时，阿里巴巴集团CEO张勇曾表示，“未来‘饿了么’将依托阿里集团数字经济生态的商业基础设施，与阿里众多业务产生奇妙的化学反应，成为阿里新零售战略的一支重要力量”。可见，对阿里巴巴来说，答案就是新零售的重点战略布局。

“饿了么”另一项吸引人的“资产”是这些年着力构建的完整的外卖业务链路。2015年8月，“饿了么”成立了全国性即时配送体系——蜂鸟配送，专注于即时配送本地生活最后一公里。并购发生之时，蜂鸟日均配送订单达到450万单，服务覆盖1 200多个大中小城市，合作商户数100万家，骑手人数300万人。蜂鸟的服务品类涵盖外卖、商超、鲜花、蛋糕、文件等，提供全时段配送。

2017年6月，阿里巴巴集团旗下的天猫超市对外喊出“三公里理想生活圈”服务。随着即时配送的进一步成熟，新零售和新消费将在“三公里近场景”战斗的趋势越发明显。越来越多的新品类得到消费者的呼应，渴望通过即时配送服务获得。“饿了么”的同城物流配送能力，恰恰是阿里巴巴在新零售战略布局中看重的能力。此次收购完成后，阿里巴巴将以餐饮作为本地生活服务的切入点，以“饿了么”作为本地生活服务高频应用之一的外卖服务，结合口碑以数据技术赋能线下餐饮商家的到店服务，产生化学反应，形成对本地生活服务领域的全新拓展。“饿了么”外卖服务形成的庞大立体的本地即时配送网络，协同阿里新零售“三公里理想生活圈”、盒马“半小时达”和24小时家庭救急服务、“天猫超市一小时达”、众多一线品牌“线上下单门店发货两小时达”等一起，成为支撑阿里巴巴集团各种新零售场景的物流基础设施。

通过对案例的分析，你认为在并购中阿里巴巴集团对“饿了么”的估值是否合理？

【课堂测试 15-2】

东建公司和西建公司是两家建筑公司。东建公司的总市值 25 000 万元，西建公司的总市值 20 000 万元。两家公司为了扩大市场，经协商准备合并，合并能够带来的成本节约效应现值为 6 000 万元。

a. 合并后公司的总市值是多少？

b. 如果合并费用为 7 500 万元，合并是否应该继续？

第三节 企业重组

在本章第一节我们主要探讨了企业并购问题，在实务中，往往并购与重组并称；而且广义上重组的概念涵盖并购。在这一节中，我们探讨相对狭义的重组，是把并购排除在外的。

一、企业重组概述

企业重组（Corporate Restructuring）是指企业以资本保值增值为目的，对公司所有权或控制权结构的一种重新安排，它针对企业产权关系，对企业的资产、债务及其他管理结构进行改组、整顿与整合，以此从整体上和战略上改善企业的经营管理状况，强化企业在市场上的竞争能力。广义上的重组包括扩张重组、自身重组和破产重组。扩张重组主要通过并购活动实现，在本章第一节已经探讨过；破产重组是濒临破产企业进行的重整活动；本节主要探讨相对狭义的自身重组活动，所以后文中所谓的企业重组就是自身重组。

从资产负债表来看，企业重组影响的因素包括资产、负债及股权，因此公司重组可以分为资产重组、负债重组和股权重组。负债重组和股权重组合并在一起可以称为财务重组。由于法人所有权的存在，企业的边界有时变得比较模糊，比如企业集团在法律上是多家法人企业的形式，但在战略决策和组织管理上则具有类似一个“企业大家庭”的实质。因此，在我国会计准则中，将企业合并分为同一控制下的企业合并和非同一控制下的企业合并；同一控制下的企业合并属于企业集团内部非交易性的资产重组和财务重组。在财务重组中，股权重组是指企业对股权结构以及资本结构的重新安排，这部分内容在前面的章节中已经有所涉及，本节不再赘述。所以，本节主要探讨企业的资产重组和债务重组活动。

二、资产重组

资产重组（Assets Restructuring）是指对企业集团合并会计报表中的资产部分进行重新组合、调整或配置的过程。常见的资产重组形式包括资产剥离、公司分拆、公司分立、股权转移和资产置换。

（一）资产剥离

1. 资产剥离的有关概念

资产剥离（Divestiture）是指公司将其现有的部分子公司、部门、产品生产线、其他固定资产或无形资产等出售给其他经济主体，并取得现金或有价证券作为回报的经济活动。可见，资产剥离可以分为出售固定资产、出售无形资产、出售子公司等形式。由于资产剥离可以取得现金（或有价证券）收入，因此资产规模并未减小，只是实物资产转化成了货币资产；不过，从公司经营业务的角度看，资产剥离实现了经营规模的缩减。最为常见的资产剥离形式是母公司将一个子公司或分支机构出售给另一家公司，对购买方而言这相当于公司收购或资产收购。在这个交易过程中，对出售方而言实现了经营业务的收缩，对购买方而言则实现了经营业务的扩张。比如，海尔收购通用家电的交易，对海尔而言是收购过程；而对通用（GE）来说，则是剥离了家电领域的资产（或子公司）。公司在进行资产剥离时，应对出售的子公司、部门或资产进行价值评估，评估的程序和方法类似于本章第二节的相关探讨，这里不再赘述。

2. 资产剥离与并购的关系

首先，如前面所说，资产剥离与收购是同一交易的不同角度的理解，对出售方而言是资产剥离，对购买方而言则是收购。

其次，在一个公司并购交易完成后，收购公司可能会采用资产剥离的方式出售部分被收购公司的资产，取得一定的现金回报以弥补并购支付时大量的现金流出；也可能会通过剥离公司原有部分资产或业务的方式，以避免反垄断法的起诉；有时还可以通过资产剥离的方式来纠正一些草率的甚至是错误的收购业务。

最后，当一家公司不幸成为目标公司，受到来自其他公司敌意收购威胁时，可能会采用资产剥离的方式售出进攻公司最看重的资产业务（即所谓的“皇冠上的明珠”），从而抵制进攻公司的收购意图，在这里资产剥离成了一种反收购措施。

3. 资产剥离的原因

按照是否符合公司的意愿，资产剥离可以分为自愿剥离和非自愿剥离。资产剥离具体的原因如下：

（1）归核化战略的考虑。在公司规模扩张的过程中，有时会发现多元化经营不符合公司未来的发展战略，公司需要尽快脱离某些行业以实施归核化战略，此时就需要对这些资产进行剥离。此时，资产剥离有利于降低公司的机会成本，实现未来更好的发展；将这些资产出售给更擅长这一领域的公司，也有利于更好地挖掘资产的价值，创造社会财富。此外，一些综合性的多元化公司（比如同时经营制药行业和房地产行业），会令投资者感到难以判断该公司行业前景，从而影响其投资意愿。此时，进行资产剥离能够为公司带来更多的资本市场机会。

（2）盈利状况欠佳。如果公司的某一子公司或部门的盈利状况欠佳或市场占有率低下，投资收益率无法达到公司的要求，且未来也没有很好的成长前景[①]，那么公司就应考虑将其出售。有时公司的管理层可能不愿意剥离这样的部门，因为这样就等于承认其管理不力或者先前的决策错误。但是，从股东的利益出发，公司应尽早进行资产剥离，以免这些部门拖公司业绩的后腿。

（3）负协同效应。公司并购的主要动机是追求协同效应，但是并非所有并购都可以产生协同效应。如果并购后不能进行有效整合，则可能事与愿违，产生负协同效应。负协同效应是指某一部门单独衡量时的价值要超过其在公司整体结构中的价值。在这种情况下，资产剥离可以解决并购带来的负协同效应问题，以求增强公司的核心竞争力。剥离的资产一般情况下会被外部收购，但如果这些资产的管理者对未来经营有信心的话，也可能会实施管理层收购。

（4）补充现金流量。公司通过资产剥离出售一些非战略性的资产或部门，能够立刻给公司带来大量的现金流入，改善公司的现金流量状况。有时处于财务困境的公司通常会被迫出售有价值的资产来改善其现金流状况。比如，某房地产开发公司为了偿还大量的到期银行贷款，不得不出售一个盈利稳定的物业管理部门，以避免陷入财务困境。

（5）反垄断法的要求。公司进行资产剥离大多是主动的，但有时也可能是被动的，这主要是因为政府的反垄断管制。如果政府的市场监管部门认为一家

① 这类业务即波士顿矩阵战略分析中的瘦狗（Dog）类业务。

公司存在垄断情况，就可能根据反垄断法强制公司进行资产剥离，这种剥离无疑是被动的。

（二）公司分拆

公司分拆（Company Carve-Outs）是指公司将一个或若干能够构成完整业务单元的部分资产分割出来新设立一家子公司的过程。新设立的子公司表面上是一家新公司，但实际上其经营业务并非新开展的业务，而是已经相当成熟的业务。从操作上来看，公司分拆可以分为横向分拆和纵向分拆。前者是指在分拆过程中，母公司将其在子公司的股份按比例分配给母公司现有股东，最终出现两家独立的、股权结构相同的公司；后者是指在分拆过程中，母公司保持其对子公司的法人所有权，形成具有纵向产权纽带关系的两家公司。

无论是横向分拆还是纵向分拆，分拆都不是最终目的。分拆的主要目的往往是为了实现分拆上市，当然纵向分拆也有可能最终进行资产剥离。新设的分拆公司公开发行新股（IPO）并上市就称为分拆上市。若原母公司是非上市公司，通过将相对优质的资产业务打包、重组、分拆，最终实现上市，有利于资源的优化配置，也有利于集团的部分资产获得上市的溢价效应，同时促进集团筹资渠道的畅通。例如，曾经有不少总体业绩不符合上市要求的集团公司就通过分拆上市的方式实现了集团内部分优良资产成功上市并筹集资金。若原母公司本来就是上市公司，同样可以将其部分业务或者某个子公司分拆出来，另行公开招股上市。现阶段，中国证监会积极鼓励主板上市的公司依法分拆其业务独立、符合条件的子公司在创业板或科创板招股上市，这不但有利于我国资本市场的活跃与成熟，而且对更好地服务科技创新和经济高质量发展具有积极意义。

当一家公司不断发展时，贪多求大的冲动往往会使之逐渐成为一家规模庞大的多元化经营的公司。然而，臃肿的“身躯”往往带来的不是规模经济，而是规模不经济和“大企业病”，此时借助分拆可以实现业务的聚焦和均衡发展，而分拆上市则可以提升公司价值。这是因为，资本市场并不十分喜欢同时经营不同业务的多元化控股公司，因为这类公司通常不透明，难以对其真实价值进行分析，而且投资者也会怀疑公司是否有能力同时经营好互不相关的行业。当这类多元化公司将主要子公司分拆上市时，往往多会得到市场的欢迎。不论原母公司，还是分拆后独立上市的子公司，估值都会有所提升，出现所谓价值释放的现象。其原因就在于独立后的子公司管理层获得了更大的自主权，有更多动力将业务扩大，将业绩搞好；而且，分拆后不论原母公司还是子公司会有更丰富透明的信息披露，便于投资者进行正确的估值定价。

篇中案例 15-3

分拆上市“上瘾” 金山软件一分为四

2019 年 11 月 18 日，金山办公在科创板挂牌上市，首日暴涨 175%，市值逼近 600 亿元。金山办公是办公软件和服务提供商，旗下有 WPS 系列办公软件、金山词霸、WPS 邮件等，这些都是金山软件的早期业务。金山软件成立于 1988 年，是国内少有的已过而立之年的互联网公司，目前拥有金山办公、西山居、金山云、猎豹移动四个子公司。其实，金山办公并不是金山软件分拆上市的开始，早在 2014 年 5 月，猎豹移动就已经分拆，并在美国独立上市。金山办公则是继猎豹移动之后又一家分拆后独立上市的子公司，下一个要分拆上市的是金山云。金山云是金山软件于 2012 年成立的独立子公司，主要从事云计算服务。2019 年 11 月 14 日，金山软件发布公告称，建议金山云分拆，并于一家获认可的证券交易所独立上市。如果金山云完成分拆上市计划，金山软件的业务主体将只剩下西山居运营的网络游戏。

从猎豹移动、金山办公到金山云，金山软件始终围绕着优质板块进行分拆。金山软件在一拆为四的过程中，营业收入的支柱也逐渐转移。那么金山软件实施如此分拆上市的目的何在？有的企业分拆是为了甩包袱，有的是为了强项更强，金山软件的逻辑是后者，始终围绕着优质资产进行。其实，一家老牌企业分拆子公司上市是必然趋势。子公司独立，会给管理团队更大的成长空间，这是分拆上市的基本逻辑。对金山软件来说，它是另一个上市公司的大股东，收益得以维持，金山软件的发展也可以延续。按照金山软件高管的说法，“随着公司不断壮大，金山软件考虑各种商业可能性，期待在未来业务不断精进以更好地服务客户及股东群体”。可见，分拆上市是金山软件的战略性思考。分拆后的金山软件很可能会向控股投资公司的角色转变，这符合软件企业做轻的大方向，只有这样才能有机会关注日新月异的新领域和新业务方向。综合各业务表现，2019 年三季度金山软件净利润 3 606 万元，但运营亏损 1.32 亿元。对于一家成立 31 年的企业，如此的盈利能力略显尴尬，不过金山软件似乎从未忘记寻找新的增长点。金山软件通过分拆上市不断盘整资产，可见这一老牌公司并未老朽，希望它能够找到新的突破。

请根据案例，分析概括金山软件不断进行分拆上市的动因。

（三）公司分立

公司分立（Company Spin-Offs）是指一个公司依法签订分立协议，不经清算程序，分设为两个或两个以上公司的法律行为，分立一般为合并的反过程。

公司分立时，其财产做相应的分割，应当编制资产负债表及财产清单；公司分立前的债务按所达成的协议由分立后的公司承担。

公司分立可以分为派生分立和新设分立。派生分立（存续分立），指一个公司按照法律规定的条件和程序，将其部分资产或业务进行分离，另设一个或数个新的公司，原有公司继续存在的公司分立形式。新设分立，指一个公司按照法律规定的条件和程序，将其资产或业务进行分割，然后分别设立两个或两个以上的新设公司，原有公司法律主体资格消灭的公司分立形式。

派生分立与公司分拆比较类似，在实务中有时人们也会混淆两种操作。其实在理论上，派生分立的新公司与存续公司不再具有产权上的联系，是完全独立的两家公司，股权结构也不相同。与之不同的是，公司分拆后新设立的公司与原公司仍然具有产权上的联系；要么它们的股权结构相同，即拥有相同的股东及持股比例，这种情况适用于横向分拆；要么新设立的公司是原公司的（全资）子公司，这种情况适用于纵向分拆。

例如，在20X0年1月1日，新大洲药业有限公司（简称新大洲药业）与扬州一洋制药有限公司（简称扬州一洋）宣布合并，更名为海南新大洲一洋药业有限公司（简称新大洲一洋）。新公司股权结构为：新大洲控股持股41.2%，香港远升国际持股7.6%，江苏高邮粮食工业公司（简称高邮粮食）持股27.1%，韩国一洋药品株式会社（简称韩国一洋）持股24.1%。合并后不久，由于新大洲一洋公司经营状况恶化，于20X1年11月30日实施派生分立。新大洲药业为存续公司，新大洲控股持股84.4%，远升国际持股15.6%；扬州一洋为新设公司，高邮粮食持股52.95%，韩国一洋持股47.05%。从这个例子中即可看出派生分立与公司分拆的区别。

（四）股权转移

股权转移（Equity Transfer）是指在同一企业集团内部发生的控制权转移行为。因为在我国会计准则中，同一控制下的企业合并被认为是资产重组和财务重组，所以当类似于非同一控制之下的企业兼并、收购（或资产剥离）等交易发生在企业集团内部时，控制权在企业集团内部发生转移，这些交易属于资产重组或股权重组，我们称之为股权转移。股权转移的原因可能是企业集团内部基于某种战略的考虑，比如优化股权结构、优化资源配置等。

例如，20X5年6月20日，美的电器召开临时股东大会，以高票通过议案将因处于产业培育期而长期亏损的美的小家电业务从上市公司美的电器中“剥离”，由大股东美的集团溢价“收购”。这里所谓的“剥离”和“收购”就应该属于股权转移，美的小家电的控制权由美的电器转移到了美的集团，由集团内的二级子公司变成了一级子公司。从上市公司脱离后，美的小家电业务受到社会公众股东盈利要求的压力减小，同时也能够更直接地获得美的集团强大的资源支持，从而更容易得到培育和扶持，使之做大做强。

（五）资产置换

资产置换（Assets Swap）是指公司以自己的资产交换另一公司的资产，包括整体资产置换与部分资产置换等形式。其中，整体资产置换是指一家公司以其经营活动的全部或其独立核算的分支机构与另一家公司的经营活动的全部或其独立核算的分支机构进行整体交换，资产置换的双方都不解散。至于在资产重组中发生的资产置换，则是指上市公司控股股东以优质资产或现金置换上市公司的呆滞资产，或以主营业务资产置换非主营业务资产等情况。这样的资产置换属于整合型资产重组，是一种重要的资本运作形式，已经在我国的资本市场中得到广泛的实际应用。资产置换后往往公司的产业结构将得以调整，资产状况将得以改善。

例如，2018 年上半年，中粮集团无偿受让兵装集团所持有的中原特钢 67.42%的股份；之后到 2018 年年底，经证监会审核批准，中粮集团用优质资产——中粮资本 64.51%股权，置换了中原特钢原有的全部资产及负债，中原特钢随即又购买了中粮资本剩下 35.49%的股权。经重大资产置换与股权购买之后，中粮集团的子公司中原特钢完全控股中粮资本。中原特钢在当时除了名称未改变（2019 年 9 月已更名为中粮资本），实质已经由原来的钢铁企业“转型”为以中粮资本为主体的金融业务的投资控股平台。中原特钢通过置出盈利能力较弱的资产，注入优质的资产，实现了“脱胎换骨”，摆脱持续亏损、优化财务状况指日可待。

三、债务重组

根据资本结构理论，由于企业负债具有乘数效应和杠杆效应，再加上商业信用和应计费用的无息（或低息）属性，使企业具有负债经营的动机。在企业中，债权人对借出资金及其产生的利息拥有索取权。因此，负债带来的可不仅仅是好处，还会带来风险。若财务风险防范不力，企业债务危机不期而至，那么债务重组便是债务人的自救措施，也是债权人避免损失扩大的手段。

（一）债务重组及其发生的条件

债务重组（Debt Restructuring），是指在债务人发生财务困难的情况下，债权人按照其与债务人达成的协议或者法院的裁定做出让步的事项。债务重组涉及债权人和债务人。对债权人而言，为“债权重组”，对债务人而言，为“债务重组”，为叙述方便，统称为“债务重组”。

从定义可以看出，债务重组发生的必要条件有两个：一是“债务人发生财务困难”；二是“债权人做出让步”。所谓债务人发生财务困难，是指债务人出现资金周转困难、经营陷入困境等，导致无法或者没有能力按原定条件偿还债务；所谓债权人做出让步，是指债权人认可财务困难并同意债务人现在或者将来以低于重组债务面值的金额或者价值偿还债务。如果债务人发生实质的财务危机，但债权债务双方分歧太大，无法达成债务重组协议，负债公司可能就不得不进行破产清算。

（二）债务重组的意义

1. 对债权人的意义

虽然债务重组中的“让步”会导致债权人的资产减少，产生债务重组损失，但若不进行债务重组损失可能更大，贷款或应收款长期挂账、占用资金，不但需要承担资金成本，最终还会形成呆账、坏账。进行债务重组，对债权人的意义是：①可以减少债权人资金占用量，降低资本成本；②活化呆滞资金，加速资金周转；③提高资产的真实性，保证速动资产的质量，增强资金的增值能力；④可以避免部分坏账损失，提高企业损益的真实性。

2. 对债务人的意义

对于债务人，通过债务重组成功“赖掉”部分债务，做到无债一身轻。其意义在于：①债务重组可以使债务人度过财务困难的难关，避免进一步危机；②债务重组可以使债务人改善财务结构，降低资本成本；③通过债务重组，债务人可以借机重估资产，确认减值损失，轻装上阵，优化资产质量，改善营运能力和获利能力；④债务重组可以降低债务风险，留住供应商、员工和客户。

（三）债务重组的一般方式

根据我国会计准则的有关规定，构成企业债务重组的方式主要包括：

（1）以资产清偿债务，即非现金资产抵债；

（2）将债务转为资本，也就是通常所说的债转股；

（3）修改其他债务条件，如减少债务本金、减少债务利息等；

（4）以上 3 种方式的组合。

对于企业因拖欠银行贷款而进行债务重组的方式，根据相关法律法规的规定，银行业机构不得直接以“债转股”持有企业股权，所以银行往往通过修改债务条件的方式实施债务重组。此外，近年来一些相关法规允许银行向非本行所属实施机构转让债权实施转股，并支持不同银行通过所属实施机构交叉实施市场化债转股。因此，银行可以向非本行所属的资产管理公司剥离不良资产，再由资产管理公司代为实施债转股及后续管理。

篇中案例 15-4

澳柯玛公司的债务重组

截至 20X1 年 12 月 31 日，青岛澳柯玛（600336）公司（乙方）在中国农业银行青岛市北区第一支行（甲方）28 235 万元的贷款逾期，除本金外，贷款尚结欠利息总计 18 012.22 万元。由于乙方发生财务困难，双方达成债务重组协议如下：

（1）甲方同意乙方所欠的下列贷款可以根据本协议减免所欠部分利息：贷款总金额 28 235 万元，贷款结欠利息总计 18 012.22 万元。

（2）甲乙双方同意乙方在 20X3 年 1 月 6 日前偿还贷款本金 28 235 万元整，利息 1 500 万元整，具体还款期限、金额根据约定的还款计划执行。

（3）甲方同意在乙方履行上述还款义务后，免除乙方所欠剩余利息 16 512.22 万元及至本息清偿日止新生利息。

澳柯玛方面的公告称，“公司可获得协议约定的重组收益，将对公司当期及下一会计年度的业绩产生积极影响，有效改善公司的资产负债结构，提高盈利能力。”

从股票市场的表现来看，债务重组前 3 个月澳柯玛公司股票累计上涨逾 22%，同期上证综指累计仅上涨 4.85%；债务重组后 3 个月，澳柯玛公司股票累计下跌逾 30%，上证综指同期下跌 12.23%；6 个月综合来看，澳柯玛下跌了 15%，而上证综指下跌 8%。可见，债务重组前资本市场对澳柯玛有所期待，但债务重组后资本市场可能认为澳柯玛债务重组效果达不到期待值，恢复悲观情绪。

从净资产收益率（ROE）上来看，20X0—20X4 年澳柯玛的数据如下：

年份	20X0	20X1	20X2（*）	20X3	20X4
ROE（%）	13.10	6.36	24.06	18.06	7.48

可以看出，债务重组前，澳柯玛的盈利能力在下降（20X1 年到底），20X2 年进行债务重组，产生重组收益，当期业绩最好；20X3 年业绩有所保持，20X4 年又下降到接近债务重组前的水平，债务重组并没有带来财务状况的实质改善。

根据案例，指出澳柯玛公司实施债务重组的方式，讨论这种方式会给澳柯玛公司带来什么好处。

【课堂测试 15-3】

讨论本节所学的 5 种资产重组方式（资产剥离、公司分拆、公司分立、股权转移和资产置换）的区别和联系。

本章小结

并购是兼并和收购的简称，它是公司扩大规模、提高核心竞争力的重要途径。其中，兼并泛指两家或两家以上公司的合并，合并可以采取吸收合并或新设合并两种形式；收购是指一家公司用现金、债券或股票收购另一家公司的股票或资产，以获得对该公司（或其某项资产）控制权的行为，收购可以分为股权收购或资产收购。按照并购双方所处行业的性质来划分，企业并购分为横向并购、纵向并购和混合并购；按照并购程序来划分，企业并购方式分为善意并购和敌意并购；按照并购的支付方式来划分，企业并购分为现金支付并购、股权支付并购和混合支付并购。并购可以产生某一方面或某种程度的协同效应，这种协同效应是公司并购的根本动因。

企业价值评估是并购活动中的一个重要问题，它决定了出价公司收购目标公司所付出的代价。企业价值评估指的是为了特定目的分析和衡量一个企业的公平市场价值。在并购中，评估价值不是确定最终的支付价格，而是为交易的双方在进行谈判时提供重要参考。在实践中，常见的评估方法主要有成本法、市场比较法、现金流量折现法和实物期权价值法等。属于成本法的具体方法包括账面价值调整法、托宾 Q 比率法；属于市场比较法的具体方法包括可比公司分析法、可比交易分析法和换股估价法；属于现金流量折现法的包括自由现金流折现法和经济增加值法；实物期权价值法评估往往需要考虑实物看涨期权的价值。

企业重组是指企业以资本保值增值为目的，对公司所有权或控制权结构的一种重新安排。企业重组可以分为资产重组、负债重组和股权重组。负债重组和股权重组合并在一起可以称为财务重组。资产重组是指对企业集团合并会计报表中的资产部分进行重新组合、调整或配置的过程。常见的资产重组形式包括资产剥离、公司分拆、公司分立、股权转移和资产置换。债务重组是指在债务人发生财务困难的情况下，债权人按照其与债务人达成的协议或者法院的裁定做出让步的事项。债务重组是债务人的自救措施，也是债权人避免损失扩大的手段。

篇后案例

海尔收购通用家电案例

2016 年 1 月 15 日，海尔公告称通过现金方式收购通用（GE）家电，交易最终金额定为 55.8 亿美元（约合人民币 366 亿元）。6 月 7 日，海尔同通用电气方面正式签署所需交易的文件，海尔将以自有资金（40％）和贷款（60％）现金支付的方式来支付，代表着通用家电成为海尔的一员。通过本次并购，海尔的版图成功渗透到北美市场，并获得了通用家电的知名品牌、研发实力，坐稳了全球白电业巨头的位置。

1. 并购背景

海尔集团成立于1984年，总部设在山东青岛，经过了三十多年的努力，海尔集团已经发展成为一家综合性的家电产品制造商，并成为我国家电的行业领军企业。此次收购，海尔看中的不仅是通用家电的品牌价值及优秀的管理团队，更是其在北美市场强大的渠道优势和成熟的质量控制体系。通用家电对海尔而言无疑是一块优良资产，这也是海尔出手拿下通用家电的重要原因。

通用家电是美国通用电气（GE）的一家子公司。公开资料显示，通用家电在美国5个州拥有9家工厂，在美家电市场占有率近20%，是全美第二大家电品牌。对通用电气来说，出售通用家电这家子公司相当于资产剥离。此次与海尔的交易，通用电气不但剥离了收益率相对较低的业务，更重要的是获得了来自海尔的巨额现金，这为志在强化主业、巩固市场地位的通用电气提供了必要的现金流支持。可见，此次交易对双方来讲是“你情我愿”的事。

2. 并购动因

（1）品牌因素。通用家电在家电领域有很好的品牌效应。在欧美国家，通用、博世、惠而浦等品牌占据高端市场已久；而海尔的产品大都走大众路线，很少涉及高端市场；所以海尔要想在高端市场获得一席之地的难度不小。通用家电在美国是标志性的企业，占据家电市场份额在美国排名第二，其品牌定位于美国家电行业高端市场，百年通用的背书，使其产品深受美国民众的认可。收购通用家电，对志在进军国际中高端市场的海尔而言，无疑具有重大意义。在这次并购之后，通用家电这一品牌归属于海尔，很好地填补了海尔在这一部分的空白，对其品牌形成十分有利，为海尔更好地迈入高端家电市场打下了基础。

（2）市场开发战略。此次收购符合海尔公司积极打造国际一流的家电服务商的发展战略。经过近三十年的不断发展，在国内市场海尔集团已经做到“三分天下有其一”。然而，海尔若想打破全球家电的格局，北美市场是海尔的第一难题。北美市场的特点是竞争激烈且较为成熟，海尔单凭一己之力想要在这一市场获取一席之地比较困难。通用家电则主要致力于全球市场的开发，其销售网覆盖全球众多国家。并购通用家电对于海尔进军全球市场非常有利，在国际市场开发方面，通用家电拥有丰富的经验可供海尔借鉴学习，有利于海尔逐步建立起适合自己的国际销售管理体系。并购通用家电后的海尔，可以在美国市场中处于更有利的竞争地位，并有希望能够借此进入美国家电的主市场，使得公司获得持续稳定的发展。

（3）技术因素。技术是一个公司经过长时间发展积累下来的宝贵资源，先进的技术是企业能够不断成长的必要条件。收购通用家电之前，海尔集团不乏专利，但是核心技术却屈指可数，这就使得其在国际市场竞争中处于相对弱势地位。通用家电则拥有行业所需的许多专利和核心技术。通过这次收购，海尔能够获得家电方面的资产、完整的产品线以及相关的核心技术，这对海尔而言，能够节约研发成本，提高生产竞争力和研发层次。例如，通用家电最具优势、最有实力的厨电产品，就与海尔现在拥有的产品线非常互补。经过整合之后，海尔将其厨电技术引入中国市场，并结合海尔对国内市场的经营推广，定然事半功倍。此外，海尔对于通用家电的收购，不仅可以获得通用家电所有的家电专利技术，而且通用家电的相关研究机构及其技术人员也会成为海尔的一分子，并与海尔所拥有的五大研发中心协同，这能够为海尔实现产品和技术的创新发展奠定深厚的基础。近年来，海尔一直致力于研发智慧家电，在此次并购之后，海尔也可借助于通用家电的科技创新水平，对家电与智能居家系统的连接进行研发，在智慧家电中获得发展，成为行业之中智慧家电的“领头羊”。

3. 并购整合

此次并购在短时间内对海尔的股票市场产生了积极的影响，然而并购带来的大规模、高难度的业务整合难度，使其带来的效应未能得到更为充分的显现。因此，即使通用家电在北美市场拥有成熟的销售网络与采购渠道，但就目前而言对海尔整体的营运与盈利能力带来实质性的提升仍旧有限，同时高额的并购成本还在未来给海尔带来持续的负债压力。因此，海尔还要着力于后续资源的整合，将通用家电的优势资源转化为自己的核心竞争力，从而推动综合实力的不断增强。

针对并购整合，海尔提出了“轻度整合”策略。第一，让被并购方管理层也参与到新公司的日常经营管理中，而不是孤立他们；第二，为了被并购公司的品牌实现能够保值、增值的目标，设置专门的管理机构进行维护管理；第三，海尔实行放权政策，被并购后通用家电仍然保留原有的管理模式（包括销售模式等）进行运营而不是统一化管理；第四，为防止被并购方公司优秀人才的流失，海尔为这些人提供了更加宽广的职业平台，并通过股权激励制度与高薪报酬等激励手段进行奖励；第五，通过考察调研来评估两家企业的文化差异性，加强两家企业之间的紧密度，以减少文化差异带来的负面影响。

可见，“轻度整合”的重点在于，在追求成本协同的同时，也更加重视收入协同（尤其是不同地域市场的收入协同），重视对通用家电先进的技术和管理经验的引进。海尔的“轻度整合”策略在对斐雪派克、三洋家电的并购整合中发挥了良好的化学反应，这些企业在被海尔并购后仍然维持着原有的管理模式进行独立经营，企业的文化整合效果也达到了预期目标。根据海尔以往的成功经验，海尔也希望“轻度整合”能够在通用家电身上同样发挥神奇的效应。

4. 初步成果与启示

从财务分析来看，海尔并购通用家电之前，资产负债比率是0.64，并购之后是0.69，增幅达到7.81%，这反映出在此次并购交易结束后，企业资本结构几乎没有改变。然而，海尔并购通用家电之前现金流量比率是0.17，并购之后是0.25，增长幅度达到47%；海尔并购通用家电之前速动比率是1.19，并购之后是3.37，增长幅度达到183%；海尔并购通用家电之前流动比率是1.37，并购之后是3.71，增长幅度达到171%，由此可见，在海尔并购通用家电之后，海尔偿债能力全面提升，海尔并购通用家电获得了一定的财务协同效应。

在经营协同方面，整合后海尔的盈利能力存在稳定提高的希望，同时在海尔并购通用家电之后，业务互补，资源共享，经营竞争力增加，节约采购成本。在管理协同效应方面，企业的营运能力有希望提高，并且在文化整合、人力资源整合方面比较良好。

在中国家电行业的并购案例中，海尔收购通用家电是目前最大的跨境并购。如今来看，这项收购不仅补充了海尔的资源，还带来了协同效应。并购给家电行业内其他企业提供了很好的示范，同时也为其他行业的跨国并购提供了不错的经验。相信随着我国经济日益发展，跨国并购案会层出不穷，海尔为中国企业走向国际化给出了良好的示范。

结合本章内容，综合分析案例。

核心概念

兼并和收购（Merger & Acquisition）

托宾Q比率（Tobin’s Q Ratio）

现金流量折现法（Discounted Cash Flow Model）

自由现金流（Free Cash Flow）

经济增加值（Economic Value Added）

企业重组（Corporate Restructuring）

资产重组（Assets Restructuring）

资产剥离（Divestiture）

公司分拆（Company Carve-Outs）
公司分立（Company Spin-Offs）
股权转移（Equity Transfer）
资产置换（Assets Swap）
债务重组（Debt Restructuring）

思考题

1. 比较分析企业外部并购与内部扩张式成长两种发展方式的利弊。
2. 什么是吸收合并与新设合并？
3. 什么是横向并购、纵向并购和混合并购？举例说明。
4. 按照支付方式划分，并购可以分为几种类型？
5. 企业并购能增加社会财富吗？
6. 你认为收购一家上市公司，采取哪种评估方法更合理？
7. 什么是公司自由现金流量？如何计算？
8. 什么是股权自由现金流量？如何计算？
9. 什么是经济增加值？如何计算？
10. 公司为什么要进行资产剥离？
11. 公司分拆和公司分立的区别是什么？
12. 债务重组对债务人和债权人的意义各是什么？

练习题

（一）单项选择题

1. 海尔收购通用家电的交易，按并购双方所处行业划分属于（　　）。
   A. 横向并购　　B. 纵向并购
   C. 混合并购　　D. 无法判断
2. 紫金矿业出资购买甘肃礼县金矿 100%的股权，这种并购方式是（　　）。
   A. 横向并购　　B. 纵向并购
   C. 混合并购　　D. 无法判断
3. 并购活动按照出资方式或支付方式进行分类，不包括（　　）。
   A. 现金支付　　B. 债券支付
   C. 股权支付　　D. 混合支付
4. 甲公司拟并购乙公司，并购前公司价值分别为 V_A 和 V_B，并购后两家公

司合并价值为 V_{AB}，如果 $V_{AB}>V_A+V_B$，其间的差额是（　）。

A. 并购的经济效应　　B. 并购的协同效应

C. 并购的协作效应　　D. 并购的经济效应

5. 大商集团通过并购快速进入了东北地区日用品销售市场，这种并购效应是（　）。

A. 财务协同效应　　B. 成本协同效应

C. 税负协同效应　　D. 收入协同效应

6. 企业价值评估是为了特定目的分析和衡量一个企业的（　）。

A. 未来价值　　B. 账面价值

C. 公平市场价值　　D. 交易价值

7. 当企业处于财务危机或濒临破产时，其清算价值的评估往往采用（　）。

A. 成本法　　B. 市场比较法

C. 现金流量折现法　　D. 实物期权价值法

8. 某目标总资产的账面价值为 2 500 万元，负债的账面价值为 800 万元，其所在行业托宾 Q 比率的平均值为 1.2，则该公司股权价值估计为（　）。

A. 1 700 万元　　B.3 000 万元　　C. 2 500 万元　　D. 2 200 万元

9. 甲公司为一家非上市公司，其上一年度的净利润为 1 000 万元；股票市场上与甲公司具备可比性的 3 家公司的市盈率均值为 20 倍，则甲公司的价值估计为（　）。

A. 1 000 万元　　B. 10 000 万元　　C. 20 000 万元　　D. 50 万元

10. 下面的乘数中，（　）不是可比交易分析法企业价值评估中的常用乘数。

A. 支付价格收益比　　B. 账面价值倍数

C. 市场价值倍数　　D. 重置价值倍数

11. 下列有关公司自由现金流量的说法中正确的是（　）。

A. 公司自由现金流量用于计算企业的股权价值

B. 公司自由现金流量等于经营活动产生的现金流量净额

C. 公司自由现金流量是公司经营活动产生的现金净流量扣除资本支出后剩余的净现金流量

D. 公司自由现金流量是公司普通股股东所能获得的自由现金流量

12. 下列有关经济增加值（EVA）的计算公式中，不正确的是（　）。

A. $EVA=$净利润-股权成本

B. EVA=税后经营利润-期初投资资本×加权平均资本成本

C. EVA=期初投资资本×（期初投资回报率-加权平均资本成本）

D. EVA＝净利润+折旧

13. 下列有关资产剥离的说法中正确的是（　　）。

A. 资产剥离会造成企业规模减小

B. 资产剥离时无需对剥离资产进行价值评估

C. 在资产剥离交易中，对购买方而言相当于收购

D. 所有的资产剥离活动都是企业主动的战略选择

14. 下列有关企业分拆上市的说法中不正确的是（　　）。

A. 企业分拆的唯一目的就是为了实现分拆上市

B. 分拆上市有利于企业集团资源的优化配置

C. 分拆上市有利于企业集团的部分资产获得上市的溢价效应

D. 分拆上市能够促进企业集团筹资渠道的畅通

15. 下列有关企业分立的说法中不正确的是（　　）。

A. 企业分立一般为合并的反过程

B. 企业分立与企业分拆是一回事

C. 企业分立可以分为派生分立和新设分立

D. 派生分立的新公司与存续公司不再具有产权上的联系

16. 根据我国会计准则的有关规定，下列不构成企业债务重组的是（　　）。

A. 债务人发生财务危机，债权人同意债务人以资产清偿债务

B. 债务人发生财务危机，债权人同意将债务转为资本

C. 债务人发生财务危机，债权人未同意做出让步

D. 债务人发生财务危机，债权人同意豁免利息

（二）多项选择题

1. 下列经济活动中属于并购活动的（　　）。

A. 吸收合并　　B. 新设合并　　C. 公司分拆

D. 资产收购　　E. 股权收购

2. 按照并购双方所处行业的性质来划分，企业并购方式包括（　　）。

A. 横向并购　　B. 协议收购　　C. 纵向并购

D. 要约收购　　E. 混合并购

3. 按照并购的出资方式或支付方式来划分，企业并购可以分为（　　）。

A. 现金支付并购　　B. 应付款并购　　C.债券支付并购

D. 股权支付并购　E. 混合支付并购

4. 企业并购协同效应的主要来源包括（　　）。

A. 目标企业的管理低效率得到改善

B. 经营协同效应

C. 纵向整合的经济效应

D. 多元化优势效应

E. 资源的互补与协同效应

5. 企业价值评估可能存在不同的目的，主要包括（　　）。

A. 人力资源管理　B. 企业投资分析　C. 企业价值管理

D. 企业并购　E. 企业上市定价

6. 在企业价值评估时，采用不同的价值评估方法可能会得出不同的评估结果，常见的评估方法主要有（　　）。

A. 成本法　B. 市场比较法　C. 现金流量折现法

D. 头脑风暴法　E. 实物期权价值法

7. 企业价值评估中的账面价值调整法一般采用加成系数对公司账面价值进行调整，确定加成系数主要考虑（　　）。

A. 公司资产的潜在价值　B. 公司资产的减值

C. 公司的盈利能力　D. 公司的成长能力　E. 公司的偿债能力

8. 企业价值评估中的可比公司分析法又可具体分为（　　）。

A. 托宾 Q 比率法　B. 换股估价法　C. 市盈率法

D. 市净率法　E. 市销率法

9. 用可比交易分析法评估企业价值时常用的乘数包括（　　）。

A. 支付价格收益比　B. 账面价值倍数　C. 市场价值倍数

D. 重置价值倍数　E. 清算价值倍数

10. 下列有关公司自由现金流量的说法中正确的有（　　）。

A. 公司自由现金流量用来测算持续经营企业的整体价值

B. 公司自由现金流量是公司为普通股股东、优先股股东和债权人创造的现金净流量

C. 公司自由现金流量就是经营活动产生的现金流量净额

D. 公司自由现金流量是公司经营活动产生的现金净流量扣除资本支出后剩余的净现金流量

E. 公司自由现金流量是公司普通股股东所能获得的自由现金流量

11. 下列有关股权自由现金流量折现模型的说法中正确的有（　　）。

A. 股权自由现金流量折现模型用来估计公司股权的价值

B. 股权自由现金流量折现模型用来测算持续经营企业的整体价值

C. 股权自由现金流量折现模型的折现率应该选择加权平均资本成本

D. 股权自由现金流量折现模型的折现率应该选择权益资本成本

E. 股权自由现金流量折现模型可以估测企业年度增加价值

12. 下列有关经济增加值（EVA）的计算公式中，正确的有（　　）。

A. EVA＝净利润-股权成本

B. EVA=税后经营利润-期初投资资本×加权平均资本成本

C. EVA=期初投资资本×（期初投资回报率-加权平均资本成本）

D. EVA＝净利润+折旧

E. EVA＝息税前盈余×(1－所得税率）-债务税后成本-股权成本

13. 企业重组的影响因素包括资产、负债及股权，因此公司重组可以分为（　　）。

A. 资产重组　　B. 债务重组　　C. 现金重组

D. 应收账款重组　　E. 股权重组

14. 下列有关资产剥离的说法中正确的有（　　）。

A. 资产剥离不会造成企业规模减小

B. 资产剥离时无需对剥离资产进行价值评估

C. 在资产剥离交易中，对购买方而言相当于收购

D. 所有的资产剥离活动都是企业主动的战略选择

E. 资产剥离能够实现企业经营规模的缩减

15. 下列有关企业分拆上市的说法中正确的有（　　）。

A. 企业分拆的唯一目的就是为了实现分拆上市

B. 分拆上市有利于企业集团资源的优化配置

C. 分拆上市有利于企业集团的部分资产获得上市的溢价效应

D. 分拆上市能够促进企业集团筹资渠道的畅通

E. 当多元化公司将主要子公司分拆上市时，估值会有所提升

16. 下列有关企业分立的说法中正确的有（　　）。

A. 企业分立一般为合并的反过程

B. 企业分立与企业分拆是一回事

C. 企业分立可以分为派生分立和新设分立

D. 派生分立的新公司与存续公司不再具有产权上的联系

E. 公司分立前的债务按所达成的协议由分立后的公司承担

17. 根据我国会计准则的有关规定，下列构成企业债务重组的是（　　）。

A. 债务人发生财务危机，债权人同意债务人以资产清偿债务

B. 债务人发生财务危机，债权人同意将债务转为资本

C. 债务人发生财务危机，债权人未同意做出让步

D. 债务人发生财务危机，债权人同意豁免利息

E. 债务人发生财务危机，债权人同意债务人以资产清偿债务同时豁免部分利息

（三）判断题

1. 当公司内部成长的速度跟不上扩张的速度或者外购比自建收益更大时，并购活动经济可行。（　　）

2. 当两家或两家以上的公司合并时，根据有限责任原则，原有的公司负债可以不再偿还。（　　）

3. 股权收购和资产收购的主要区别在于收购方是否成为目标公司的股东。（　　）

4. 纵向并购是指具有竞争关系的、经营领域或生产产品基本相同的同一行业之间的并购。（　　）

5. 收购公司不顾目标公司的意愿而实施强行并购属于敌意收购。（　　）

6. 公司管理层热衷于并购的主要理由是并购能够提高个人收入。（　　）

7. 股东大会出席会议的股东所持表决权的1/2以上同意即可通过公司合并的决议。（　　）

8. 企业价值评估的对象是企业整体的经济价值。（　　）

9. 企业整体估价是各种资源要素价值的加总求和。（　　）

10. 账面价值调整法是以公司账面净资产为基础评估公司的价值。（　　）

11. 从理论上讲，采用换股并购时，换股比例应当在最低比率与最高比率之间。（　　）

12. 自由现金流量是在不影响公司持续发展的前提下可供分配给企业资本提供者的最大现金额。（　　）

13. 公司自由现金流量可以直接从现金流量表“经营活动产生的现金流量净额”中获得。（　　）

14. 经济增加值的计算需要用到企业的加权平均资本成本。（　　）

15. 在并购中，目标企业拥有能够带来未来盈利机会的选择权，可以理解为是一种看涨期权。（　　）

16. 资产剥离属于企业的资产重组，与并购无关。（　　）

17. 公司派生分立与公司分拆在操作上是完全相同的。（　　）

18. 股权转移是指公司控制权在企业集团内部发生转移。（　　）

19. 债务重组是债务人的自救措施，也是债权人避免损失扩大的手段。（　　）

20. 银行可以以“债转股”的方式持有企业股权。（　　）

（四）计算综合题

1. FM 公司董事会正在考虑收购同行业的 AT 公司，收购拟通过换股的方式实现，相关信息如下表所示。FM 公司拟以高于 AT 公司市价 20%的溢价进行并购。要求：

项　目	FM 公司	AT 公司
净利润（万元）	6 000	2 000
普通股股数（万股）	3 000	800
每股收益（元）	2	2.5
市盈率	20	8

（1）计算股票转换比率，并确定 FM 公司需增发的普通股股数。

（2）如果并购后预计 FM 公司和 AT 公司的净利润分别增长 10%和 5%，计算收购后 FM 公司的每股收益。

（3）若收购后 FM 公司的市盈率为 16 倍，计算其每股市价。

2. FM 公司拟收购一家非上市公司 NOL 公司，现需要评估其价值。NOL 公司近年来进入稳定发展期，其上一年度的净利润为 2 400 万元，销售净利率 8%，权益净利率（期末）6%。经调查研究发现，资本市场上与 NOL 公司具有可比性的 3 家同行业公司，它们近期市盈率、市净率、市销率的均值分别为 24 倍、1.45 倍和 1.9 倍。要求：

（1）用市盈率法估算 NOL 公司的价值。

（2）用市净率法估算 NOL 公司的价值。

（3）用市销率法估算 NOL 公司的价值。

（4）NOL 公司价值的合理采纳值为多少？

3. 20X1 年初，QL 公司董事会计划收购同行业的 QE 公司，经双方谈判，同意以换股方式进行收购。并购前，QL 公司 20X0 年度净利润 8 000 万元，普通股总股份数为 8 000 万股；QE 公司 20X0 年度净利润 3 000 万元，普通股总股数 2 000 万股。经预测，并购后实现的协同效应带来净利润的增长率为 20%，并购前两家公司以及并购后公司的市盈率不变，均为 20 倍。要求：

（1）计算 QL 公司股东可接受的最高换股比率。

（2）计算 QE 公司股东可接受的最低换股比率。

（3）若谈判确定的换股比率为 1.2，则并购分别给 QL 和 QE 公司股东带来多大的好处？

4. JLL 公司是一家拥有 5 个分店的地区连锁超市，通过采取先进的管理技术取得了不俗的经营业绩。JLL 公司的主要竞争对手是 HML 公司。HML 公司是一家拥有 10 个分店的连锁超市，但其管理水平落后，最近两年发生亏损，因此其股东有意退出，并开始与 JLL 公司接触洽谈并购事宜。经双方协商，JLL 公司决定以 5 000 万元的价格收购 HML 公司。假定两家公司各自每个分店的经营业绩相同，下表分别列示了两家公司单个分店的主要财务数据。

单位：万元

项　目	JLL 公司单个分店	HML 公司单个分店
营业收入	4 500	3 800
营业成本	4 350	3 850
其中：付现成本	4 310	3 820
折旧	40	30
税前利润	150	-50
所得税费用	37.5	0
净利润	112.5	-50

如果 JLL 公司收购 HML 公司，将以每店 100 万元的价格剥离原 HML 公司的 3 个与自己连锁超市距离比较近的分店。留下的连锁店需要进行升级改造，每店需投入 300 万元，预计留下的分店会保持当前亏损状态 1 年，之后被收购的连锁店的经营业绩会与原 JLL 的其他连锁店相同。经测算，JLL 公司的资本成本为 12%，其适用的所得税税率为 25%。

（1）假设收购对 JLL 公司原有的 5 个分店没有影响，并且收购 HML 公司每年所带来的现金流量是固定和永续的，请对 HML 公司进行价值评估，并判断 JLL 公司按约定的价格收购 HML 公司是否可行。

（2）如果你是 JLL 公司的 CEO，在决定收购 HML 公司时，除了价格因素，是否还考虑其他因素？

5. 20X1 年初，ZSH 公司计划收购 HXL 公司，现需要对 HXL 公司的价值进行评估。根据 HXL 公司财务报告数据，该公司 20X0 年实现销售收入 12 000

万元，该年末调整的资本投入量为 18 000 万元，资产负债率 45%（假设不存在无息负债）。HXL 公司适用的所得税税率为 25%，20X0 年实现净利润 1 200 万元，利息支出 200 万元。目前 HXL 公司债务的平均利率为 7.2%，股票的 β 系数为 1.1，中长期国债的利率为 5%，股票市场多年的平均报酬率为 8%。过去 3 年，HXL 有关财务指标的均值如下表所示。假定 HXL 公司的资本成本保持不变，公司价值评估的预测期为 5 年，预测期所需各项财务指标与过去 3 年的均值相同。假定 5 年之后的残值预测采用固定增长模型，预计销售收入的增长率保持在 3%，其他财务指标与销售收入的比例关系不变。

财务指标	过去 3 年的均值
销售收入增长率	10%
息税前利润率	15%
销售净利率	10%
边际资本性支出率	40%
边际营运资本支出率	20%
净利润增长率	10%
利息支出增长率	10%

要求：

（1）利用公司自由现金流量折现模型评估 HXL 公司的整体价值。

（2）利用股权自由现金流量折现模型评估 HXL 公司的整体价值（公司整体价值=公司股权价值+负债价值）。

（3）利用经济增加值法评估 HXL 公司的整体价值。

附录一

复利终值系数表 $(1+i)^n$

n/i	0.25%	0.33%	0.5%	0.67%	0.75%	1%	1.5%	2%	2.5%	3%	3.5%
1	1.0025	1.0033	1.0050	1.0067	1.0075	1.0100	1.0150	1.0200	1.0250	1.0300	1.0350
2	1.0050	1.0067	1.0100	1.0134	1.0151	1.0201	1.0302	1.0404	1.0506	1.0609	1.0712
3	1.0075	1.0100	1.0151	1.0201	1.0227	1.0303	1.0457	1.0612	1.0769	1.0927	1.1087
4	1.0100	1.0134	1.0202	1.0269	1.0303	1.0406	1.0614	1.0824	1.1038	1.1255	1.1475
5	1.0126	1.0168	1.0253	1.0338	1.0381	1.0510	1.0773	1.1041	1.1314	1.1593	1.1877
6	1.0151	1.0202	1.0304	1.0407	1.0459	1.0615	1.0934	1.1262	1.1597	1.1941	1.2293
7	1.0176	1.0236	1.0355	1.0476	1.0537	1.0721	1.1098	1.1487	1.1887	1.2299	1.2723
8	1.0202	1.0270	1.0407	1.0546	1.0616	1.0829	1.1265	1.1717	1.2184	1.2668	1.3168
9	1.0227	1.0304	1.0459	1.0616	1.0696	1.0937	1.1434	1.1951	1.2489	1.3048	1.3629
10	1.0253	1.0338	1.0511	1.0687	1.0776	1.1046	1.1605	1.2190	1.2801	1.3439	1.4106
11	1.0278	1.0373	1.0564	1.0758	1.0857	1.1157	1.1779	1.2434	1.3121	1.3842	1.4600
12	1.0304	1.0407	1.0617	1.0830	1.0938	1.1268	1.1956	1.2682	1.3449	1.4258	1.5111
13	1.0330	1.0442	1.0670	1.0902	1.1020	1.1381	1.2136	1.2936	1.3785	1.4685	1.5640
14	1.0356	1.0477	1.0723	1.0975	1.1103	1.1495	1.2318	1.3195	1.4130	1.5126	1.6187
15	1.0382	1.0512	1.0777	1.1048	1.1186	1.1610	1.2502	1.3459	1.4483	1.5580	1.6753
16	1.0408	1.0547	1.0831	1.1122	1.1270	1.1726	1.2690	1.3728	1.4845	1.6047	1.7340
17	1.0434	1.0582	1.0885	1.1196	1.1354	1.1843	1.2880	1.4002	1.5216	1.6528	1.7947
18	1.0460	1.0617	1.0939	1.1270	1.1440	1.1961	1.3073	1.4282	1.5597	1.7024	1.8575
19	1.0486	1.0653	1.0994	1.1346	1.1525	1.2081	1.3270	1.4568	1.5987	1.7535	1.9225
20	1.0512	1.0688	1.1049	1.1421	1.1612	1.2202	1.3469	1.4859	1.6386	1.8061	1.9898
21	1.0538	1.0724	1.1104	1.1497	1.1699	1.2324	1.3671	1.5157	1.6796	1.8603	2.0594
22	1.0565	1.0760	1.1160	1.1574	1.1787	1.2447	1.3876	1.5460	1.7216	1.9161	2.1315
23	1.0591	1.0795	1.1216	1.1651	1.1875	1.2572	1.4084	1.5769	1.7646	1.9736	2.2061
24	1.0618	1.0831	1.1272	1.1729	1.1964	1.2697	1.4295	1.6084	1.8087	2.0328	2.2833
25	1.0644	1.0868	1.1328	1.1807	1.2054	1.2824	1.4509	1.6406	1.8539	2.0938	2.3632
30	1.0778	1.1050	1.1614	1.2206	1.2513	1.3478	1.5631	1.8114	2.0976	2.4273	2.8068
40	1.1050	1.1424	1.2208	1.3045	1.3483	1.4889	1.8140	2.2080	2.6851	3.2620	3.9593
50	1.1330	1.1810	1.2832	1.3941	1.4530	1.6446	2.1052	2.6916	3.4371	4.3839	5.5849
60	1.1616	1.2210	1.3489	1.4898	1.5657	1.8167	2.4432	3.2810	4.3998	5.8916	7.8781
90	1.2520	1.3492	1.5666	1.8185	1.9591	2.4486	3.8189	5.9431	9.2289	14.300	22.112
120	1.3494	1.4908	1.8194	2.2196	2.4514	3.3004	5.9693	10.765	19.358	34.711	62.064
180	1.5674	1.8203	2.4541	3.3069	3.8380	5.9958	14.584	35.321	85.172	204.50	488.95
240	1.8208	2.2226	3.3102	4.9268	6.0092	10.893	35.633	115.89	374.74	1204.9	3852.0
300	2.1150	2.7138	4.4650	7.3402	9.4084	19.788	87.059	380.23	1648.8	7098.5	30346
360	2.4568	3.3135	6.0226	10.936	14.731	35.950	212.70	1247.6	7254.2	41822	239070

续表

n/i	4%	4.5%	5%	6%	7%	7.5%	8%	9%	10%	11%	12%
1	1.0400	1.0450	1.0500	1.0600	1.0700	1.0750	1.0800	1.0900	1.1000	1.1100	1.1200
2	1.0816	1.0920	1.1025	1.1236	1.1449	1.1556	1.1664	1.1881	1.2100	1.2321	1.2544
3	1.1249	1.1412	1.1576	1.1910	1.2250	1.2423	1.2597	1.2950	1.3310	1.3676	1.4049
4	1.1699	1.1925	1.2155	1.2625	1.3108	1.3355	1.3605	1.4116	1.4641	1.5181	1.5735
5	1.2167	1.2462	1.2763	1.3382	1.4026	1.4356	1.4693	1.5386	1.6105	1.6851	1.7623
6	1.2653	1.3023	1.3401	1.4185	1.5007	1.5433	1.5869	1.6771	1.7716	1.8704	1.9738
7	1.3159	1.3609	1.4071	1.5036	1.6058	1.6590	1.7138	1.8280	1.9487	2.0762	2.2107
8	1.3686	1.4221	1.4775	1.5938	1.7182	1.7835	1.8509	1.9926	2.1436	2.3045	2.4760
9	1.4233	1.4861	1.5513	1.6895	1.8385	1.9172	1.9990	2.1719	2.3579	2.5580	2.7731
10	1.4802	1.5530	1.6289	1.7908	1.9672	2.0610	2.1589	2.3674	2.5937	2.8394	3.1058
11	1.5395	1.6229	1.7103	1.8983	2.1049	2.2156	2.3316	2.5804	2.8531	3.1518	3.4785
12	1.6010	1.6959	1.7959	2.0122	2.2522	2.3818	2.5182	2.8127	3.1384	3.4985	3.8960
13	1.6651	1.7722	1.8856	2.1329	2.4098	2.5604	2.7196	3.0658	3.4523	3.8833	4.3635
14	1.7317	1.8519	1.9799	2.2609	2.5785	2.7524	2.9372	3.3417	3.7975	4.3104	4.8871
15	1.8009	1.9353	2.0789	2.3966	2.7590	2.9589	3.1722	3.6425	4.1772	4.7846	5.4736
16	1.8730	2.0224	2.1829	2.5404	2.9522	3.1808	3.4259	3.9703	4.5950	5.3109	6.1304
17	1.9479	2.1134	2.2920	2.6928	3.1588	3.4194	3.7000	4.3276	5.0545	5.8951	6.8660
18	2.0258	2.2085	2.4066	2.8543	3.3799	3.6758	3.9960	4.7171	5.5599	6.5436	7.6900
19	2.1068	2.3079	2.5270	3.0256	3.6165	3.9515	4.3157	5.1417	6.1159	7.2633	8.6128
20	2.1911	2.4117	2.6533	3.2071	3.8697	4.2479	4.6610	5.6044	6.7275	8.0623	9.6463
21	2.2788	2.5202	2.7860	3.3996	4.1406	4.5664	5.0338	6.1088	7.4002	8.9492	10.804
22	2.3699	2.6337	2.9253	3.6035	4.4304	4.9089	5.4365	6.6586	8.1403	9.9336	12.100
23	2.4647	2.7522	3.0715	3.8197	4.7405	5.2771	5.8715	7.2579	8.9543	11.026	13.552
24	2.5633	2.8760	3.2251	4.0489	5.0724	5.6729	6.3412	7.9111	9.8497	12.239	15.179
25	2.6658	3.0054	3.3864	4.2919	5.4274	6.0983	6.8485	8.6231	10.835	13.585	17.000
30	3.2434	3.7453	4.3219	5.7435	7.6123	8.7550	10.063	13.268	17.449	22.892	29.960
40	4.8010	5.8164	7.0400	10.286	14.974	18.044	21.725	31.409	45.259	65.001	93.051
50	7.1067	9.0326	11.467	18.420	29.457	37.190	46.902	74.358	117.39	184.56	289.00
60	10.520	14.027	18.679	32.988	57.946	76.649	101.26	176.03	304.48	524.06	897.60
90	34.119	52.537	80.730	189.46	441.10	671.06	1018.9	2335.5	5313.0	11997	26892
120	110.66	196.77	348.91	1088.2	3357.8	5875.1	10253	30987	92709	274636	805680
180	1164.1	2760.1	6517.4	35897	194572	450322					
240	12246	38718	121740								
300	128825	543109									
360											

续表

n/i	13%	14%	15%	16%	17%	18%	19%	20%	24%	30%	36%
1	1.1300	1.1400	1.1500	1.1600	1.1700	1.1800	1.1900	1.2000	1.2400	1.3000	1.3600
2	1.2769	1.2996	1.3225	1.3456	1.3689	1.3924	1.4161	1.4400	1.5376	1.6900	1.8496
3	1.4429	1.4815	1.5209	1.5609	1.6016	1.6430	1.6852	1.7280	1.9066	2.1970	2.5155
4	1.6305	1.6890	1.7490	1.8106	1.8739	1.9388	2.0053	2.0736	2.3642	2.8561	3.4210
5	1.8424	1.9254	2.0114	2.1003	2.1924	2.2878	2.3864	2.4883	2.9316	3.7129	4.6526
6	2.0820	2.1950	2.3131	2.4364	2.5652	2.6996	2.8398	2.9860	3.6352	4.8268	6.3275
7	2.3526	2.5023	2.6600	2.8262	3.0012	3.1855	3.3793	3.5832	4.5077	6.2749	8.6054
8	2.6584	2.8526	3.0590	3.2784	3.5115	3.7589	4.0214	4.2998	5.5895	8.1573	11.703
9	3.0040	3.2519	3.5179	3.8030	4.1084	4.4355	4.7854	5.1598	6.9310	10.604	15.917
10	3.3946	3.7072	4.0456	4.4114	4.8068	5.2338	5.6947	6.1917	8.5944	13.786	21.647
11	3.8359	4.2262	4.6524	5.1173	5.6240	6.1759	6.7767	7.4301	10.657	17.922	29.439
12	4.3345	4.8179	5.3503	5.9360	6.5801	7.2876	8.0642	8.9161	13.215	23.298	40.037
13	4.8980	5.4924	6.1528	6.8858	7.6987	8.5994	9.5964	10.699	16.386	30.288	54.451
14	5.5348	6.2613	7.0757	7.9875	9.0075	10.147	11.420	12.839	20.319	39.374	74.053
15	6.2543	7.1379	8.1371	9.2655	10.539	11.974	13.590	15.407	25.196	51.186	100.71
16	7.0673	8.1372	9.3576	10.748	12.330	14.129	16.172	18.488	31.243	66.542	136.97
17	7.9861	9.2765	10.761	12.468	14.426	16.672	19.244	22.186	38.741	86.504	186.28
18	9.0243	10.575	12.375	14.463	16.879	19.673	22.901	26.623	48.039	112.46	253.34
19	10.197	12.056	14.232	16.777	19.748	23.214	27.252	31.948	59.568	146.19	344.54
20	11.523	13.743	16.367	19.461	23.106	27.393	32.429	38.338	73.864	190.05	468.57
21	13.021	15.668	18.822	22.574	27.034	32.324	38.591	46.005	91.592	247.06	637.26
22	14.714	17.861	21.645	26.186	31.629	38.142	45.923	55.206	113.57	321.18	866.67
23	16.627	20.362	24.891	30.376	37.006	45.008	54.649	66.247	140.83	417.54	1178.7
24	18.788	23.212	28.625	35.236	43.297	53.109	65.032	79.497	174.63	542.80	1603.0
25	21.231	26.462	32.919	40.874	50.658	62.669	77.388	95.396	216.54	705.64	2180.1
30	39.116	50.950	66.212	85.850	111.06	143.37	184.68	237.38	634.82	2620.0	10143
40	132.78	188.88	267.86	378.72	533.87	750.38	1051.7	1469.8	5455.9	36119	219562
50	450.74	700.23	1083.7	1670.7	2566.2	3927.4	5988.9	9100.4	46890	497929	
60	1530.1	2595.9	4384.0	7370.2	12335	20555	34105	56348	402996		
90	59849	132262	290272	632731							
120											
180											
240											
300											
360											

附录二

复利现值系数表 $(1+i)^{-n}$

n/i	0.25%	0.33%	0.5%	0.67%	0.75%	1%	1.5%	2%	2.5%	3%	3.5%
1	0.9975	0.9967	0.9950	0.9934	0.9926	0.9901	0.9852	0.9804	0.9756	0.9709	0.9662
2	0.9950	0.9934	0.9901	0.9868	0.9852	0.9803	0.9707	0.9612	0.9518	0.9426	0.9335
3	0.9925	0.9901	0.9851	0.9803	0.9778	0.9706	0.9563	0.9423	0.9286	0.9151	0.9019
4	0.9901	0.9868	0.9802	0.9738	0.9706	0.9610	0.9422	0.9238	0.9060	0.8885	0.8714
5	0.9876	0.9835	0.9754	0.9673	0.9633	0.9515	0.9283	0.9057	0.8839	0.8626	0.8420
6	0.9851	0.9802	0.9705	0.9609	0.9562	0.9420	0.9145	0.8880	0.8623	0.8375	0.8135
7	0.9827	0.9770	0.9657	0.9546	0.9490	0.9327	0.9010	0.8706	0.8413	0.8131	0.7860
8	0.9802	0.9737	0.9609	0.9482	0.9420	0.9235	0.8877	0.8535	0.8207	0.7894	0.7594
9	0.9778	0.9705	0.9561	0.9420	0.9350	0.9143	0.8746	0.8368	0.8007	0.7664	0.7337
10	0.9753	0.9673	0.9513	0.9357	0.9280	0.9053	0.8617	0.8203	0.7812	0.7441	0.7089
11	0.9729	0.9641	0.9466	0.9295	0.9211	0.8963	0.8489	0.8043	0.7621	0.7224	0.6849
12	0.9705	0.9609	0.9419	0.9234	0.9142	0.8874	0.8364	0.7885	0.7436	0.7014	0.6618
13	0.9681	0.9577	0.9372	0.9172	0.9074	0.8787	0.8240	0.7730	0.7254	0.6810	0.6394
14	0.9656	0.9545	0.9326	0.9112	0.9007	0.8700	0.8118	0.7579	0.7077	0.6611	0.6178
15	0.9632	0.9513	0.9279	0.9051	0.8940	0.8613	0.7999	0.7430	0.6905	0.6419	0.5969
16	0.9608	0.9481	0.9233	0.8991	0.8873	0.8528	0.7880	0.7284	0.6736	0.6232	0.5767
17	0.9584	0.9450	0.9187	0.8932	0.8807	0.8444	0.7764	0.7142	0.6572	0.6050	0.5572
18	0.9561	0.9419	0.9141	0.8873	0.8742	0.8360	0.7649	0.7002	0.6412	0.5874	0.5384
19	0.9537	0.9387	0.9096	0.8814	0.8676	0.8277	0.7536	0.6864	0.6255	0.5703	0.5202
20	0.9513	0.9356	0.9051	0.8756	0.8612	0.8195	0.7425	0.6730	0.6103	0.5537	0.5026
21	0.9489	0.9325	0.9006	0.8698	0.8548	0.8114	0.7315	0.6598	0.5954	0.5375	0.4856
22	0.9466	0.9294	0.8961	0.8640	0.8484	0.8034	0.7207	0.6468	0.5809	0.5219	0.4692
23	0.9442	0.9263	0.8916	0.8583	0.8421	0.7954	0.7100	0.6342	0.5667	0.5067	0.4533
24	0.9418	0.9232	0.8872	0.8526	0.8358	0.7876	0.6995	0.6217	0.5529	0.4919	0.4380
25	0.9395	0.9202	0.8828	0.8470	0.8296	0.7798	0.6892	0.6095	0.5394	0.4776	0.4231
30	0.9278	0.9050	0.8610	0.8193	0.7992	0.7419	0.6398	0.5521	0.4767	0.4120	0.3563
40	0.9050	0.8754	0.8191	0.7666	0.7416	0.6717	0.5513	0.4529	0.3724	0.3066	0.2526
50	0.8826	0.8467	0.7793	0.7173	0.6883	0.6080	0.4750	0.3715	0.2909	0.2281	0.1791
60	0.8609	0.8190	0.7414	0.6712	0.6387	0.5504	0.4093	0.3048	0.2273	0.1697	0.1269
90	0.7987	0.7412	0.6383	0.5499	0.5104	0.4084	0.2619	0.1683	0.1084	0.0699	0.0452
120	0.7411	0.6708	0.5496	0.4505	0.4079	0.3030	0.1675	0.0929	0.0517	0.0288	0.0161
180	0.6380	0.5494	0.4075	0.3024	0.2605	0.1668	0.0686	0.0283	0.0117	0.0049	0.0020
240	0.5492	0.4499	0.3021	0.2030	0.1664	0.0918	0.0281	0.0086	0.0027	0.0008	0.0003
300	0.4728	0.3685	0.2240	0.1362	0.1063	0.0505	0.0115	0.0026	0.0006	0.0001	0.0000
360	0.4070	0.3018	0.1660	0.0914	0.0679	0.0278	0.0047	0.0008	0.0001	0.0000	0.0000

续表

n/i	4%	4.5%	5%	6%	7%	7.5%	8%	9%	10%	11%	12%
1	0.9615	0.9569	0.9524	0.9434	0.9346	0.9302	0.9259	0.9174	0.9091	0.9009	0.8929
2	0.9246	0.9157	0.9070	0.8900	0.8734	0.8653	0.8573	0.8417	0.8264	0.8116	0.7972
3	0.8890	0.8763	0.8638	0.8396	0.8163	0.8050	0.7938	0.7722	0.7513	0.7312	0.7118
4	0.8548	0.8386	0.8227	0.7921	0.7629	0.7488	0.7350	0.7084	0.6830	0.6587	0.6355
5	0.8219	0.8025	0.7835	0.7473	0.7130	0.6966	0.6806	0.6499	0.6209	0.5935	0.5674
6	0.7903	0.7679	0.7462	0.7050	0.6663	0.6480	0.6302	0.5963	0.5645	0.5346	0.5066
7	0.7599	0.7348	0.7107	0.6651	0.6227	0.6028	0.5835	0.5470	0.5132	0.4817	0.4523
8	0.7307	0.7032	0.6768	0.6274	0.5820	0.5607	0.5403	0.5019	0.4665	0.4339	0.4039
9	0.7026	0.6729	0.6446	0.5919	0.5439	0.5216	0.5002	0.4604	0.4241	0.3909	0.3606
10	0.6756	0.6439	0.6139	0.5584	0.5083	0.4852	0.4632	0.4224	0.3855	0.3522	0.3220
11	0.6496	0.6162	0.5847	0.5268	0.4751	0.4513	0.4289	0.3875	0.3505	0.3173	0.2875
12	0.6246	0.5897	0.5568	0.4970	0.4440	0.4199	0.3971	0.3555	0.3186	0.2858	0.2567
13	0.6006	0.5643	0.5303	0.4688	0.4150	0.3906	0.3677	0.3262	0.2897	0.2575	0.2292
14	0.5775	0.5400	0.5051	0.4423	0.3878	0.3633	0.3405	0.2992	0.2633	0.2320	0.2046
15	0.5553	0.5167	0.4810	0.4173	0.3624	0.3380	0.3152	0.2745	0.2394	0.2090	0.1827
16	0.5339	0.4945	0.4581	0.3936	0.3387	0.3144	0.2919	0.2519	0.2176	0.1883	0.1631
17	0.5134	0.4732	0.4363	0.3714	0.3166	0.2925	0.2703	0.2311	0.1978	0.1696	0.1456
18	0.4936	0.4528	0.4155	0.3503	0.2959	0.2720	0.2502	0.2120	0.1799	0.1528	0.1300
19	0.4746	0.4333	0.3957	0.3305	0.2765	0.2531	0.2317	0.1945	0.1635	0.1377	0.1161
20	0.4564	0.4146	0.3769	0.3118	0.2584	0.2354	0.2145	0.1784	0.1486	0.1240	0.1037
21	0.4388	0.3968	0.3589	0.2942	0.2415	0.2190	0.1987	0.1637	0.1351	0.1117	0.0926
22	0.4220	0.3797	0.3418	0.2775	0.2257	0.2037	0.1839	0.1502	0.1228	0.1007	0.0826
23	0.4057	0.3634	0.3256	0.2618	0.2109	0.1895	0.1703	0.1378	0.1117	0.0907	0.0738
24	0.3901	0.3477	0.3101	0.2470	0.1971	0.1763	0.1577	0.1264	0.1015	0.0817	0.0659
25	0.3751	0.3327	0.2953	0.2330	0.1842	0.1640	0.1460	0.1160	0.0923	0.0736	0.0588
30	0.3083	0.2670	0.2314	0.1741	0.1314	0.1142	0.0994	0.0754	0.0573	0.0437	0.0334
40	0.2083	0.1719	0.1420	0.0972	0.0668	0.0554	0.0460	0.0318	0.0221	0.0154	0.0107
50	0.1407	0.1107	0.0872	0.0543	0.0339	0.0269	0.0213	0.0134	0.0085	0.0054	0.0035
60	0.0951	0.0713	0.0535	0.0303	0.0173	0.0130	0.0099	0.0057	0.0033	0.0019	0.0011
90	0.0293	0.0190	0.0124	0.0053	0.0023	0.0015	0.0010	0.0004	0.0002	0.0001	0.0000
120	0.0090	0.0051	0.0029	0.0009	0.0003	0.0002	0.0001	0.0000	0.0000	0.0000	0.0000
180	0.0009	0.0004	0.0002	0.0000	0.0000	0.0000	0.0000	0.0000	0.0000	0.0000	0.0000
240	0.0001	0.0000	0.0000	0.0000	0.0000	0.0000	0.0000	0.0000	0.0000	0.0000	0.0000
300	0.0000	0.0000	0.0000	0.0000	0.0000	0.0000	0.0000	0.0000	0.0000	0.0000	0.0000
360	0.0000	0.0000	0.0000	0.0000	0.0000	0.0000	0.0000	0.0000	0.0000	0.0000	0.0000

续表

n/i	13%	14%	15%	16%	17%	18%	19%	20%	24%	30%	36%
1	0.8850	0.8772	0.8696	0.8621	0.8547	0.8475	0.8403	0.8333	0.8065	0.7692	0.7353
2	0.7831	0.7695	0.7561	0.7432	0.7305	0.7182	0.7062	0.6944	0.6504	0.5917	0.5407
3	0.6931	0.6750	0.6575	0.6407	0.6244	0.6086	0.5934	0.5787	0.5245	0.4552	0.3975
4	0.6133	0.5921	0.5718	0.5523	0.5337	0.5158	0.4987	0.4823	0.4230	0.3501	0.2923
5	0.5428	0.5194	0.4972	0.4761	0.4561	0.4371	0.4190	0.4019	0.3411	0.2693	0.2149
6	0.4803	0.4556	0.4323	0.4104	0.3898	0.3704	0.3521	0.3349	0.2751	0.2072	0.1580
7	0.4251	0.3996	0.3759	0.3538	0.3332	0.3139	0.2959	0.2791	0.2218	0.1594	0.1162
8	0.3762	0.3506	0.3269	0.3050	0.2848	0.2660	0.2487	0.2326	0.1789	0.1226	0.0854
9	0.3329	0.3075	0.2843	0.2630	0.2434	0.2255	0.2090	0.1938	0.1443	0.0943	0.0628
10	0.2946	0.2697	0.2472	0.2267	0.2080	0.1911	0.1756	0.1615	0.1164	0.0725	0.0462
11	0.2607	0.2366	0.2149	0.1954	0.1778	0.1619	0.1476	0.1346	0.0938	0.0558	0.0340
12	0.2307	0.2076	0.1869	0.1685	0.1520	0.1372	0.1240	0.1122	0.0757	0.0429	0.0250
13	0.2042	0.1821	0.1625	0.1452	0.1299	0.1163	0.1042	0.0935	0.0610	0.0330	0.0184
14	0.1807	0.1597	0.1413	0.1252	0.1110	0.0985	0.0876	0.0779	0.0492	0.0254	0.0135
15	0.1599	0.1401	0.1229	0.1079	0.0949	0.0835	0.0736	0.0649	0.0397	0.0195	0.0099
16	0.1415	0.1229	0.1069	0.0930	0.0811	0.0708	0.0618	0.0541	0.0320	0.0150	0.0073
17	0.1252	0.1078	0.0929	0.0802	0.0693	0.0600	0.0520	0.0451	0.0258	0.0116	0.0054
18	0.1108	0.0946	0.0808	0.0691	0.0592	0.0508	0.0437	0.0376	0.0208	0.0089	0.0039
19	0.0981	0.0829	0.0703	0.0596	0.0506	0.0431	0.0367	0.0313	0.0168	0.0068	0.0029
20	0.0868	0.0728	0.0611	0.0514	0.0433	0.0365	0.0308	0.0261	0.0135	0.0053	0.0021
21	0.0768	0.0638	0.0531	0.0443	0.0370	0.0309	0.0259	0.0217	0.0109	0.0040	0.0016
22	0.0680	0.0560	0.0462	0.0382	0.0316	0.0262	0.0218	0.0181	0.0088	0.0031	0.0012
23	0.0601	0.0491	0.0402	0.0329	0.0270	0.0222	0.0183	0.0151	0.0071	0.0024	0.0008
24	0.0532	0.0431	0.0349	0.0284	0.0231	0.0188	0.0154	0.0126	0.0057	0.0018	0.0006
25	0.0471	0.0378	0.0304	0.0245	0.0197	0.0160	0.0129	0.0105	0.0046	0.0014	0.0005
30	0.0256	0.0196	0.0151	0.0116	0.0090	0.0070	0.0054	0.0042	0.0016	0.0004	0.0001
40	0.0075	0.0053	0.0037	0.0026	0.0019	0.0013	0.0010	0.0007	0.0002	0.0000	0.0000
50	0.0022	0.0014	0.0009	0.0006	0.0004	0.0003	0.0002	0.0001	0.0000	0.0000	0.0000
60	0.0007	0.0004	0.0002	0.0001	0.0001	0.0000	0.0000	0.0000	0.0000	0.0000	0.0000
90	0.0000	0.0000	0.0000	0.0000	0.0000	0.0000	0.0000	0.0000	0.0000	0.0000	0.0000
120	0.0000	0.0000	0.0000	0.0000	0.0000	0.0000	0.0000	0.0000	0.0000	0.0000	0.0000
180	0.0000	0.0000	0.0000	0.0000	0.0000	0.0000	0.0000	0.0000	0.0000	0.0000	0.0000
240	0.0000	0.0000	0.0000	0.0000	0.0000	0.0000	0.0000	0.0000	0.0000	0.0000	0.0000
300	0.0000	0.0000	0.0000	0.0000	0.0000	0.0000	0.0000	0.0000	0.0000	0.0000	0.0000
360	0.0000	0.0000	0.0000	0.0000	0.0000	0.0000	0.0000	0.0000	0.0000	0.0000	0.0000

附录三

普通年金终值系数表 $\frac{1}{i}[(1+i)^n-1]$

n/i	0.25%	0.33%	0.5%	0.67%	0.75%	1%	1.5%	2%	2.5%	3%	3.5%
1	1.0000	1.0000	1.0000	1.0000	1.0000	1.0000	1.0000	1.0000	1.0000	1.0000	1.0000
2	2.0025	2.0033	2.0050	2.0067	2.0075	2.0100	2.0150	2.0200	2.0250	2.0300	2.0350
3	3.0075	3.0100	3.0150	3.0200	3.0226	3.0301	3.0452	3.0604	3.0756	3.0909	3.1062
4	4.0150	4.0200	4.0301	4.0402	4.0452	4.0604	4.0909	4.1216	4.1525	4.1836	4.2149
5	5.0251	5.0334	5.0503	5.0671	5.0756	5.1010	5.1523	5.2040	5.2563	5.3091	5.3625
6	6.0376	6.0502	6.0755	6.1009	6.1136	6.1520	6.2296	6.3081	6.3877	6.4684	6.5502
7	7.0527	7.0704	7.1059	7.1416	7.1595	7.2135	7.3230	7.4343	7.5474	7.6625	7.7794
8	8.0704	8.0940	8.1414	8.1892	8.2132	8.2857	8.4328	8.5830	8.7361	8.8923	9.0517
9	9.0905	9.1209	9.1821	9.2438	9.2748	9.3685	9.5593	9.7546	9.9545	10.1591	10.3685
10	10.1133	10.1513	10.2280	10.3054	10.3443	10.4622	10.7027	10.9497	11.2034	11.4639	11.7314
11	11.1385	11.1852	11.2792	11.3741	11.4219	11.5668	11.8633	12.1687	12.4835	12.8078	13.1420
12	12.1664	12.2225	12.3356	12.4499	12.5076	12.6825	13.0412	13.4121	13.7956	14.1920	14.6020
13	13.1968	13.2632	13.3972	13.5329	13.6014	13.8093	14.2368	14.6803	15.1404	15.6178	16.1130
14	14.2298	14.3074	14.4642	14.6231	14.7034	14.9474	15.4504	15.9739	16.5190	17.0863	17.6770
15	15.2654	15.3551	15.5365	15.7206	15.8137	16.0969	16.6821	17.2934	17.9319	18.5989	19.2957
16	16.3035	16.4063	16.6142	16.8254	16.9323	17.2579	17.9324	18.6393	19.3802	20.1569	20.9710
17	17.3443	17.4610	17.6973	17.9376	18.0593	18.4304	19.2014	20.0121	20.8647	21.7616	22.7050
18	18.3876	18.5192	18.7858	19.0572	19.1947	19.6147	20.4894	21.4123	22.3863	23.4144	24.4997
19	19.4336	19.5809	19.8797	20.1842	20.3387	20.8109	21.7967	22.8406	23.9460	25.1169	26.3572
20	20.4822	20.6462	20.9791	21.3188	21.4912	22.0190	23.1237	24.2974	25.5447	26.8704	28.2797
21	21.5334	21.7150	22.0840	22.4609	22.6524	23.2392	24.4705	25.7833	27.1833	28.6765	30.2695
22	22.5872	22.7874	23.1944	23.6107	23.8223	24.4716	25.8376	27.2990	28.8629	30.5368	32.3289
23	23.6437	23.8633	24.3104	24.7681	25.0010	25.7163	27.2251	28.8450	30.5844	32.4529	34.4604
24	24.7028	24.9429	25.4320	25.9332	26.1885	26.9735	28.6335	30.4219	32.3490	34.4265	36.6665
25	25.7646	26.0260	26.5591	27.1061	27.3849	28.2432	30.0630	32.0303	34.1578	36.4593	38.9499
30	31.1133	31.4961	32.2800	33.0889	33.5029	34.7849	37.5387	40.5681	43.9027	47.5754	51.6227
40	42.0132	42.7132	44.1588	45.6675	46.4465	48.8864	54.2679	60.4020	67.4026	75.4013	84.5503
50	53.1887	54.3099	56.6452	59.1104	60.3943	64.4632	73.6828	84.5794	97.4843	112.797	130.998
60	64.6467	66.2990	69.7700	73.4769	75.4241	81.6697	96.2147	114.052	135.992	163.053	196.517
90	100.788	104.756	113.311	122.774	127.879	144.863	187.930	247.157	329.154	443.349	603.205
120	139.741	147.250	163.879	182.946	193.514	230.039	331.288	488.258	734.326	1123.70	1744.69
180	226.973	246.090	290.819	346.038	378.406	499.580	905.625	1716.04	3366.87	6783.45	13941.4
240	328.302	366.775	462.041	589.020	667.887	989.255	2308.85	5744.44	14949.5	40128.4	110028
300	446.008	514.130	692.994	951.026	1121.12	1878.85	5737.25	18961.7	65910.7	236584	867007
360	582.737	694.049	1004.52	1490.36	1830.74	3494.96	14113.6	62328.1	290129	1394021	6830556

续表

n/i	4%	4.5%	5%	6%	7%	7.5%	8%	9%	10%	11%	12%
1	1.0000	1.0000	1.0000	1.0000	1.0000	1.0000	1.0000	1.0000	1.0000	1.0000	1.0000
2	2.0400	2.0450	2.0500	2.0600	2.0700	2.0750	2.0800	2.0900	2.1000	2.1100	2.1200
3	3.1216	3.1370	3.1525	3.1836	3.2149	3.2306	3.2464	3.2781	3.3100	3.3421	3.3744
4	4.2465	4.2782	4.3101	4.3746	4.4399	4.4729	4.5061	4.5731	4.6410	4.7097	4.7793
5	5.4163	5.4707	5.5256	5.6371	5.7507	5.8084	5.8666	5.9847	6.1051	6.2278	6.3528
6	6.6330	6.7169	6.8019	6.9753	7.1533	7.2440	7.3359	7.5233	7.7156	7.9129	8.1152
7	7.8983	8.0192	8.1420	8.3938	8.6540	8.7873	8.9228	9.2004	9.4872	9.7833	10.0890
8	9.2142	9.3800	9.5491	9.8975	10.2598	10.4464	10.6366	11.0285	11.4359	11.8594	12.2997
9	10.5828	10.8021	11.0266	11.4913	11.9780	12.2298	12.4876	13.0210	13.5795	14.1640	14.7757
10	12.0061	12.2882	12.5779	13.1808	13.8164	14.1471	14.4866	15.1929	15.9374	16.7220	17.5487
11	13.4864	13.8412	14.2068	14.9716	15.7836	16.2081	16.6455	17.5603	18.5312	19.5614	20.6546
12	15.0258	15.4640	15.9171	16.8699	17.8885	18.4237	18.9771	20.1407	21.3843	22.7132	24.1331
13	16.6268	17.1599	17.7130	18.8821	20.1406	20.8055	21.4953	22.9534	24.5227	26.2116	28.0291
14	18.2919	18.9321	19.5986	21.0151	22.5505	23.3659	24.2149	26.0192	27.9750	30.0949	32.3926
15	20.0236	20.7841	21.5786	23.2760	25.1290	26.1184	27.1521	29.3609	31.7725	34.4054	37.2797
16	21.8245	22.7193	23.6575	25.6725	27.8881	29.0772	30.3243	33.0034	35.9497	39.1899	42.7533
17	23.6975	24.7417	25.8404	28.2129	30.8402	32.2580	33.7502	36.9737	40.5447	44.5008	48.8837
18	25.6454	26.8551	28.1324	30.9057	33.9990	35.6774	37.4502	41.3013	45.5992	50.3959	55.7497
19	27.6712	29.0636	30.5390	33.7600	37.3790	39.3532	41.4463	46.0185	51.1591	56.9395	63.4397
20	29.7781	31.3714	33.0660	36.7856	40.9955	43.3047	45.7620	51.1601	57.2750	64.2028	72.0524
21	31.9692	33.7831	35.7193	39.9927	44.8652	47.5525	50.4229	56.7645	64.0025	72.2651	81.6987
22	34.2480	36.3034	38.5052	43.3923	49.0057	52.1190	55.4568	62.8733	71.4027	81.2143	92.5026
23	36.6179	38.9370	41.4305	46.9958	53.4361	57.0279	60.8933	69.5319	79.5430	91.1479	104.603
24	39.0826	41.6892	44.5020	50.8156	58.1767	62.3050	66.7648	76.7898	88.4973	102.174	118.155
25	41.6459	44.5652	47.7271	54.8645	63.2490	67.9779	73.1059	84.7009	98.3471	114.413	133.334
30	56.0849	61.0071	66.4388	79.0582	94.4608	103.399	113.283	136.308	164.494	199.021	241.333
40	95.0255	107.030	120.800	154.762	199.635	227.257	259.057	337.882	442.593	581.826	767.091
50	152.667	178.503	209.348	290.336	406.529	482.530	573.770	815.084	1163.91	1668.77	2400.02
60	237.991	289.498	353.584	533.128	813.520	1008.66	1253.21	1944.79	3034.82	4755.07	7471.64
90	827.983	1145.27	1594.61	3141.08	6287.19	8934.14	12723.9	25939.2	53120.2	109053	224091
120	2741.56	4350.40	6958.24	18119.8	47954.1	78321.4	128150	344289	927081	2496682	6713994
180	29078.2	61314.4	130328	598263	2779583	6004286					
240	306130	860371	2434771								
300	3220612										
360											

续表

n/i	13%	14%	15%	16%	17%	18%	19%	20%	24%	30%	36%
1	1.0000	1.0000	1.0000	1.0000	1.0000	1.0000	1.0000	1.0000	1.0000	1.0000	1.0000
2	2.1300	2.1400	2.1500	2.1600	2.1700	2.1800	2.1900	2.2000	2.2400	2.3000	2.3600
3	3.4069	3.4396	3.4725	3.5056	3.5389	3.5724	3.6061	3.6400	3.7776	3.9900	4.2096
4	4.8498	4.9211	4.9934	5.0665	5.1405	5.2154	5.2913	5.3680	5.6842	6.1870	6.7251
5	6.4803	6.6101	6.7424	6.8771	7.0144	7.1542	7.2966	7.4416	8.0484	9.0431	10.1461
6	8.3227	8.5355	8.7537	8.9775	9.2068	9.4420	9.6830	9.9299	10.9801	12.7560	14.7987
7	10.4047	10.7305	11.0668	11.4139	11.7720	12.1415	12.5227	12.9159	14.6153	17.5828	21.1262
8	12.7573	13.2328	13.7268	14.2401	14.7733	15.3270	15.9020	16.4991	19.1229	23.8577	29.7316
9	15.4157	16.0853	16.7858	17.5185	18.2847	19.0859	19.9234	20.7989	24.7125	32.0150	41.4350
10	18.4197	19.3373	20.3037	21.3215	22.3931	23.5213	24.7089	25.9587	31.6434	42.6195	57.3516
11	21.8143	23.0445	24.3493	25.7329	27.1999	28.7551	30.4035	32.1504	40.2379	56.4053	78.9982
12	25.6502	27.2707	29.0017	30.8502	32.8239	34.9311	37.1802	39.5805	50.8950	74.3270	108.437
13	29.9847	32.0887	34.3519	36.7862	39.4040	42.2187	45.2445	48.4966	64.1097	97.6250	148.475
14	34.8827	37.5811	40.5047	43.6720	47.1027	50.8180	54.8409	59.1959	80.4961	127.913	202.926
15	40.4175	43.8424	47.5804	51.6595	56.1101	60.9653	66.2607	72.0351	100.815	167.286	276.979
16	46.6717	50.9804	55.7175	60.9250	66.6488	72.9390	79.8502	87.4421	126.011	218.472	377.692
17	53.7391	59.1176	65.0751	71.6730	78.9792	87.0680	96.0218	105.931	157.253	285.014	514.661
18	61.7251	68.3941	75.8364	84.1407	93.4056	103.740	115.266	128.117	195.994	371.518	700.939
19	70.7494	78.9692	88.2118	98.6032	110.285	123.414	138.166	154.740	244.033	483.973	954.277
20	80.9468	91.0249	102.444	115.380	130.033	146.628	165.418	186.688	303.601	630.165	1298.82
21	92.4699	104.768	118.810	134.841	153.139	174.021	197.847	225.026	377.465	820.215	1767.39
22	105.491	120.436	137.632	157.415	180.172	206.345	236.438	271.031	469.056	1067.28	2404.65
23	120.205	138.297	159.276	183.601	211.801	244.487	282.362	326.237	582.630	1388.46	3271.33
24	136.831	158.659	184.168	213.978	248.808	289.494	337.010	392.484	723.461	1806.00	4450.00
25	155.620	181.871	212.793	249.214	292.105	342.603	402.042	471.981	898.092	2348.80	6053.00
30	293.199	356.787	434.745	530.312	647.439	790.948	966.712	1181.88	2640.92	8729.99	28172.3
40	1013.70	1342.03	1779.09	2360.76	3134.52	4163.21	5529.83	7343.86	22728.8	120393	609890
50	3459.51	4994.52	7217.72	10435.6	15089.5	21813.1	31515.3	45497.2	195373	1659761	
60	11761.9	18535.1	29220.0	46057.5	72555.0	114190	179495	281733	1679147		
90	460372	944725	1935142	3954562	8058947						
120											
180											
240											
300											
360											

附录四

普通年金现值系数表 $\frac{1}{i}[1-(1+i)^{-n}]$

n/i	0.25%	0.33%	0.5%	0.67%	0.75%	1%	1.5%	2%	2.5%	3%	3.5%
1	0.9975	0.9967	0.9950	0.9934	0.9926	0.9901	0.9852	0.9804	0.9756	0.9709	0.9662
2	1.9925	1.9900	1.9851	1.9802	1.9777	1.9704	1.9559	1.9416	1.9274	1.9135	1.8997
3	2.9851	2.9801	2.9702	2.9604	2.9556	2.9410	2.9122	2.8839	2.8560	2.8286	2.8016
4	3.9751	3.9669	3.9505	3.9342	3.9261	3.9020	3.8544	3.8077	3.7620	3.7171	3.6731
5	4.9627	4.9504	4.9259	4.9015	4.8894	4.8534	4.7826	4.7135	4.6458	4.5797	4.5151
6	5.9478	5.9306	5.8964	5.8625	5.8456	5.7955	5.6972	5.6014	5.5081	5.4172	5.3286
7	6.9305	6.9076	6.8621	6.8170	6.7946	6.7282	6.5982	6.4720	6.3494	6.2303	6.1145
8	7.9107	7.8813	7.8230	7.7652	7.7366	7.6517	7.4859	7.3255	7.1701	7.0197	6.8740
9	8.8885	8.8518	8.7791	8.7072	8.6716	8.5660	8.3605	8.1622	7.9709	7.7861	7.6077
10	9.8639	9.8191	9.7304	9.6429	9.5996	9.4713	9.2222	8.9826	8.7521	8.5302	8.3166
11	10.8368	10.7831	10.6770	10.5724	10.5207	10.3676	10.0711	9.7868	9.5142	9.2526	9.0016
12	11.8073	11.7440	11.6189	11.4958	11.4349	11.2551	10.9075	10.5753	10.2578	9.9540	9.6633
13	12.7753	12.7017	12.5562	12.4130	12.3423	12.1337	11.7315	11.3484	10.9832	10.6350	10.3027
14	13.7410	13.6561	13.4887	13.3242	13.2430	13.0037	12.5434	12.1062	11.6909	11.2961	10.9205
15	14.7042	14.6074	14.4166	14.2293	14.1370	13.8651	13.3432	12.8493	12.3814	11.9379	11.5174
16	15.6650	15.5556	15.3399	15.1285	15.0243	14.7179	14.1313	13.5777	13.0550	12.5611	12.0941
17	16.6235	16.5006	16.2586	16.0217	15.9050	15.5623	14.9076	14.2919	13.7122	13.1661	12.6513
18	17.5795	17.4424	17.1728	16.9089	16.7792	16.3983	15.6726	14.9920	14.3534	13.7535	13.1897
19	18.5332	18.3812	18.0824	17.7903	17.6468	17.2260	16.4262	15.6785	14.9789	14.3238	13.7098
20	19.4845	19.3168	18.9874	18.6659	18.5080	18.0456	17.1686	16.3514	15.5892	14.8775	14.2124
21	20.4334	20.2493	19.8880	19.5357	19.3628	18.8570	17.9001	17.0112	16.1845	15.4150	14.6980
22	21.3800	21.1787	20.7841	20.3997	20.2112	19.6604	18.6208	17.6580	16.7654	15.9369	15.1671
23	22.3241	22.1050	21.6757	21.2579	21.0533	20.4558	19.3309	18.2922	17.3321	16.4436	15.6204
24	23.2660	23.0283	22.5629	22.1105	21.8891	21.2434	20.0304	18.9139	17.8850	16.9355	16.0584
25	24.2055	23.9484	23.4456	22.9575	22.7188	22.0232	20.7196	19.5235	18.4244	17.4131	16.4815
30	28.8679	28.5036	27.7941	27.1088	26.7751	25.8077	24.0158	22.3965	20.9303	19.6004	18.3920
40	38.0199	37.3898	36.1722	35.0090	34.4469	32.8347	29.9158	27.3555	25.1028	23.1148	21.3551
50	46.9462	45.9851	44.1428	42.4013	41.5664	39.1961	34.9997	31.4236	28.3623	25.7298	23.4556
60	55.6524	54.2991	51.7256	49.3184	48.1734	44.9550	39.3803	34.7609	30.9087	27.6756	24.9447
90	80.5038	77.6436	72.3313	67.5142	65.2746	59.1609	49.2099	41.5869	35.6658	31.0024	27.2793
120	103.562	98.7702	90.0735	82.4215	78.9417	69.7005	55.4985	45.3554	37.9337	32.3730	28.1111
180	144.805	135.192	118.504	104.641	98.5934	83.3217	62.0956	48.5844	39.5304	33.1703	28.5130
240	180.311	165.022	139.581	119.554	111.145	90.8194	64.7957	49.5686	39.8933	33.3057	28.5640
300	210.876	189.452	155.207	129.565	119.162	94.9466	65.9009	49.8685	39.9757	33.3286	28.5705
360	237.189	209.461	166.792	136.283	124.282	97.2183	66.3532	49.9599	39.9945	33.3325	28.5713
∞	400.000	300.000	200.000	150.000	133.333	100.000	66.6667	50.0000	40.0000	33.3333	28.5714

续表

n/i	4%	4.5%	5%	6%	7%	7.5%	8%	9%	10%	11%	12%
1	0.9615	0.9569	0.9524	0.9434	0.9346	0.9302	0.9259	0.9174	0.9091	0.9009	0.8929
2	1.8861	1.8727	1.8594	1.8334	1.8080	1.7956	1.7833	1.7591	1.7355	1.7125	1.6901
3	2.7751	2.7490	2.7232	2.6730	2.6243	2.6005	2.5771	2.5313	2.4869	2.4437	2.4018
4	3.6299	3.5875	3.5460	3.4651	3.3872	3.3493	3.3121	3.2397	3.1699	3.1024	3.0373
5	4.4518	4.3900	4.3295	4.2124	4.1002	4.0459	3.9927	3.8897	3.7908	3.6959	3.6048
6	5.2421	5.1579	5.0757	4.9173	4.7665	4.6938	4.6229	4.4859	4.3553	4.2305	4.1114
7	6.0021	5.8927	5.7864	5.5824	5.3893	5.2966	5.2064	5.0330	4.8684	4.7122	4.5638
8	6.7327	6.5959	6.4632	6.2098	5.9713	5.8573	5.7466	5.5348	5.3349	5.1461	4.9676
9	7.4353	7.2688	7.1078	6.8017	6.5152	6.3789	6.2469	5.9952	5.7590	5.5370	5.3282
10	8.1109	7.9127	7.7217	7.3601	7.0236	6.8641	6.7101	6.4177	6.1446	5.8892	5.6502
11	8.7605	8.5289	8.3064	7.8869	7.4987	7.3154	7.1390	6.8052	6.4951	6.2065	5.9377
12	9.3851	9.1186	8.8633	8.3838	7.9427	7.7353	7.5361	7.1607	6.8137	6.4924	6.1944
13	9.9856	9.6829	9.3936	8.8527	8.3577	8.1258	7.9038	7.4869	7.1034	6.7499	6.4235
14	10.5631	10.2228	9.8986	9.2950	8.7455	8.4892	8.2442	7.7862	7.3667	6.9819	6.6282
15	11.1184	10.7395	10.3797	9.7122	9.1079	8.8271	8.5595	8.0607	7.6061	7.1909	6.8109
16	11.6523	11.2340	10.8378	10.1059	9.4466	9.1415	8.8514	8.3126	7.8237	7.3792	6.9740
17	12.1657	11.7072	11.2741	10.4773	9.7632	9.4340	9.1216	8.5436	8.0216	7.5488	7.1196
18	12.6593	12.1600	11.6896	10.8276	10.0591	9.7060	9.3719	8.7556	8.2014	7.7016	7.2497
19	13.1339	12.5933	12.0853	11.1581	10.3356	9.9591	9.6036	8.9501	8.3649	7.8393	7.3658
20	13.5903	13.0079	12.4622	11.4699	10.5940	10.1945	9.8181	9.1285	8.5136	7.9633	7.4694
21	14.0292	13.4047	12.8212	11.7641	10.8355	10.4135	10.0168	9.2922	8.6487	8.0751	7.5620
22	14.4511	13.7844	13.1630	12.0416	11.0612	10.6172	10.2007	9.4424	8.7715	8.1757	7.6446
23	14.8568	14.1478	13.4886	12.3034	11.2722	10.8067	10.3711	9.5802	8.8832	8.2664	7.7184
24	15.2470	14.4955	13.7986	12.5504	11.4693	10.9830	10.5288	9.7066	8.9847	8.3481	7.7843
25	15.6221	14.8282	14.0939	12.7834	11.6536	11.1469	10.6748	9.8226	9.0770	8.4217	7.8431
30	17.2920	16.2889	15.3725	13.7648	12.4090	11.8104	11.2578	10.2737	9.4269	8.6938	8.0552
40	19.7928	18.4016	17.1591	15.0463	13.3317	12.5944	11.9246	10.7574	9.7791	8.9511	8.2438
50	21.4822	19.7620	18.2559	15.7619	13.8007	12.9748	12.2335	10.9617	9.9148	9.0417	8.3045
60	22.6235	20.6380	18.9293	16.1614	14.0392	13.1594	12.3766	11.0480	9.9672	9.0736	8.3240
90	24.2673	21.7992	19.7523	16.5787	14.2533	13.3135	12.4877	11.1064	9.9981	9.0902	8.3330
120	24.7741	22.1093	19.9427	16.6514	14.2815	13.3311	12.4988	11.1108	9.9999	9.0909	8.3333
180	24.9785	22.2142	19.9969	16.6662	14.2856	13.3333	12.5000	11.1111	10.0000	9.0909	8.3333
240	24.9980	22.2216	19.9998	16.6667	14.2857	13.3333	12.5000	11.1111	10.0000	9.0909	8.3333
300	24.9998	22.2222	20.0000	16.6667	14.2857	13.3333	12.5000	11.1111	10.0000	9.0909	8.3333
360	25.0000	22.2222	20.0000	16.6667	14.2857	13.3333	12.5000	11.1111	10.0000	9.0909	8.3333
∞	25.0000	22.2222	20.0000	16.6667	14.2857	13.3333	12.5000	11.1111	10.0000	9.0909	8.3333

续表

n/i	13%	14%	15%	16%	17%	18%	19%	20%	24%	30%	36%
1	0.8850	0.8772	0.8696	0.8621	0.8547	0.8475	0.8403	0.8333	0.8065	0.7692	0.7353
2	1.6681	1.6467	1.6257	1.6052	1.5852	1.5656	1.5465	1.5278	1.4568	1.3609	1.2760
3	2.3612	2.3216	2.2832	2.2459	2.2096	2.1743	2.1399	2.1065	1.9813	1.8161	1.6735
4	2.9745	2.9137	2.8550	2.7982	2.7432	2.6901	2.6386	2.5887	2.4043	2.1662	1.9658
5	3.5172	3.4331	3.3522	3.2743	3.1993	3.1272	3.0576	2.9906	2.7454	2.4356	2.1807
6	3.9975	3.8887	3.7845	3.6847	3.5892	3.4976	3.4098	3.3255	3.0205	2.6427	2.3388
7	4.4226	4.2883	4.1604	4.0386	3.9224	3.8115	3.7057	3.6046	3.2423	2.8021	2.4550
8	4.7988	4.6389	4.4873	4.3436	4.2072	4.0776	3.9544	3.8372	3.4212	2.9247	2.5404
9	5.1317	4.9464	4.7716	4.6065	4.4506	4.3030	4.1633	4.0310	3.5655	3.0190	2.6033
10	5.4262	5.2161	5.0188	4.8332	4.6586	4.4941	4.3389	4.1925	3.6819	3.0915	2.6495
11	5.6869	5.4527	5.2337	5.0286	4.8364	4.6560	4.4865	4.3271	3.7757	3.1473	2.6834
12	5.9176	5.6603	5.4206	5.1971	4.9884	4.7932	4.6105	4.4392	3.8514	3.1903	2.7084
13	6.1218	5.8424	5.5831	5.3423	5.1183	4.9095	4.7147	4.5327	3.9124	3.2233	2.7268
14	6.3025	6.0021	5.7245	5.4675	5.2293	5.0081	4.8023	4.6106	3.9616	3.2487	2.7403
15	6.4624	6.1422	5.8474	5.5755	5.3242	5.0916	4.8759	4.6755	4.0013	3.2682	2.7502
16	6.6039	6.2651	5.9542	5.6685	5.4053	5.1624	4.9377	4.7296	4.0333	3.2832	2.7575
17	6.7291	6.3729	6.0472	5.7487	5.4746	5.2223	4.9897	4.7746	4.0591	3.2948	2.7629
18	6.8399	6.4674	6.1280	5.8178	5.5339	5.2732	5.0333	4.8122	4.0799	3.3037	2.7668
19	6.9380	6.5504	6.1982	5.8775	5.5845	5.3162	5.0700	4.8435	4.0967	3.3105	2.7697
20	7.0248	6.6231	6.2593	5.9288	5.6278	5.3527	5.1009	4.8696	4.1103	3.3158	2.7718
21	7.1016	6.6870	6.3125	5.9731	5.6648	5.3837	5.1268	4.8913	4.1212	3.3198	2.7734
22	7.1695	6.7429	6.3587	6.0113	5.6964	5.4099	5.1486	4.9094	4.1300	3.3230	2.7746
23	7.2297	6.7921	6.3988	6.0442	5.7234	5.4321	5.1668	4.9245	4.1371	3.3254	2.7754
24	7.2829	6.8351	6.4338	6.0726	5.7465	5.4509	5.1822	4.9371	4.1428	3.3272	2.7760
25	7.3300	6.8729	6.4641	6.0971	5.7662	5.4669	5.1951	4.9476	4.1474	3.3286	2.7765
30	7.4957	7.0027	6.5660	6.1772	5.8294	5.5168	5.2347	4.9789	4.1601	3.3321	2.7775
40	7.6344	7.1050	6.6418	6.2335	5.8713	5.5482	5.2582	4.9966	4.1659	3.3332	2.7778
50	7.6752	7.1327	6.6605	6.2463	5.8801	5.5541	5.2623	4.9995	4.1666	3.3333	2.7778
60	7.6873	7.1401	6.6651	6.2492	5.8819	5.5553	5.2630	4.9999	4.1667	3.3333	2.7778
90	7.6922	7.1428	6.6666	6.2500	5.8823	5.5556	5.2632	5.0000	4.1667	3.3333	2.7778
120	7.6923	7.1429	6.6667	6.2500	5.8824	5.5556	5.2632	5.0000	4.1667	3.3333	2.7778
180	7.6923	7.1429	6.6667	6.2500	5.8824	5.5556	5.2632	5.0000	4.1667	3.3333	2.7778
240	7.6923	7.1429	6.6667	6.2500	5.8824	5.5556	5.2632	5.0000	4.1667	3.3333	2.7778
300	7.6923	7.1429	6.6667	6.2500	5.8824	5.5556	5.2632	5.0000	4.1667	3.3333	2.7778
360	7.6923	7.1429	6.6667	6.2500	5.8824	5.5556	5.2632	5.0000	4.1667	3.3333	2.7778
∞	7.6923	7.1429	6.6667	6.2500	5.8824	5.5556	5.2632	5.0000	4.1667	3.3333	2.7778

主要参考文献

[1] Brigham E F, Houston J F. Fundamentals of Financial Management (9th ed)［M］. Harcourt Inc, 2001.

[2] Ross S A, Westerfield R W, Jordan B D. Fundamentals of Corporate Finance (6th ed)［M］. McGraw-Hill, 2003.

[3] Lasher W R. Practical Financial Management (5th ed)［M］. Thomson South-Western, 2008.

[4] 白蔚秋，潘秀丽. 财务管理学（第 2 版）［M］. 北京：经济科学出版社，2010.

[5] 曹惠民. 财务管理学（第 2 版）［M］. 上海：立信会计出版社，2011.

[6] 陈国欣. 财务管理学（第 2 版）［M］. 天津：南开大学出版社，2011.

[7] 郭复初，王庆成. 财务管理学（第 3 版）［M］. 北京：高等教育出版社，2009.

[8] 荆新，王化成，刘俊彦. 财务管理学（第 8 版）［M］. 北京：中国人民大学出版社，2018.

[9] 李曜. 公司并购与重组导论（第 3 版）［M］. 上海：上海财经大学出版社，2019.

[10] 刘淑莲. 财务管理学（第 2 版）［M］. 北京：中国人民大学出版社，2016.

[11] 卢家仪，蒋冀. 财务管理（第 3 版）［M］. 北京：清华大学出版社，2006.

[12] 马元驹. 财务管理学模拟实验教程［M］. 北京：中国人民大学出版社，2015.

[13] 齐寅峰. 公司财务学（第 3 版）［M］. 北京：经济科学出版社，2002.

[14] 王化成，刘亭立，等. 高级财务管理学（第 3 版）［M］. 北京：中国人民大学出版社，2017.

[15] 王遐昌，印浩. 财务管理学——理论与实务［M］. 上海：立信会计出版社，2004.

[16] 闫华红. 财务管理学（第 3 版）［M］. 北京：首都经济贸易大学出版社，2015.

[17] 中国注册会计师协会. 财务成本管理［M］. 北京：中国财政经济出版社，2018.

[18] 朱学义，李文美，刘建勇，等. 财务分析教程（第 2 版）［M］. 北京：北京大学出版社，2014.

[19] 滋维・博迪. 投资学（第 10 版）［M］. 汪昌云，张永骥，译. 北京：机械工业出版社，2017.

